DONALD SPOTO
SIR
LAURENCE
OLIVIER

Donald Spoto

Sir Laurence Olivier

Eine Biographie

Wilhelm Heyne Verlag
München

Titel der amerikanischen Originalausgabe:
Laurence Olivier. A Biography

Deutsch von Bettina Blumenberg

Die Originalausgabe erschien im Verlag HarperCollins
Publishers, Inc,, New York 1992
Copyright © 1992 by Donald Spoto
Copyright © 1992 der deutschen Ausgabe
by Wilhelm Heyne Verlag GmbH & Co. KG, München
Umschlaggestaltung: Norbert Härtl
Umschlagfotos: Ullstein Bilderdienst, Berlin (Titel),
Inter Topics, Hamburg (Rückseite)
Satz: Kort Satz GmbH, München
Druck und Bindung: Pustet, Regensburg
Printed in Germany

ISBN 3-453-05596-9

Für Douglas Alexander,
dessen unschätzbar hilfreicher Einfluß
überall in diesem Buch spürbar ist.

Ich sage, wir sind ganz und gar
von Wohltaten umfangen

Gerard Manley Hopkins

INHALT

Doch ist er von sanftem Gemüt, nicht belehrt und dennoch unterrichtet, voll edlen Trachtens, von jedermann bis zur Verblendung geliebt; und in der Tat so fest im Herzen der Leute.

Wie es euch gefällt

Erstes Kapitel

1907–1920

Er ist seit einer halben Stunde dort in der Sonne gewesen,
und hat seinem eignen Schatten Künste gelehrt.

Maria, *Was ihr wollt II, 5*

Das Städtchen Dorking in der Grafschaft Surrey im Südosten von England wird in alten Handschriften schon im 12. Jahrhundert erwähnt. Damals war es ein abgeschiedener Marktflecken in der Flußebene der Mole. Erst in viktorianischer Zeit, als ein Eisenbahnnetz gebaut wurde, kamen die Einwohner in den Genuß, auch größere Städte schnell und bequem erreichen zu können. Um 1900 arbeiteten die meisten der zehntausend Einwohner auf Bauernhöfen in der Viehwirtschaft oder als Landarbeiter, um die umliegenden Weizen-, Hafer- und Gerstenfelder zu bestellen. Hier schlugen Zigeuner und fahrendes Volk oft ihr Lager auf.

In dem nur zwanzig Meilen nordöstlich gelegenen London wimmelte es im Jahr 1907 von neuen Autobussen, auf den Straßen von Dorking aber ratterten noch immer die türlosen, überdachten und mit Troddeln geschmückten Pferdewagen, die sogenannten Surreys. An einem Frühlingsmorgen desselben Jahres parkte ein solches Gefährt an der Wathen Road, nur wenige Schritte von der High Street entfernt. In einem bescheidenen Zweifamilienhaus brachte ein Arzt aus der Gegend den Sohn von Agnes und Gerard Olivier auf die Welt.

Olivier ist ein alter französischer Name, er bezeichnet einen Olivenbauern. Die Oliviers sind tatsächlich eine alte französische Familie, die auf Laurent de Olivier zurückgeht, nach dem das neugeborene

11

Kind benannt wurde. Jener Laurent lebte im 16. Jahrhundert in Nay, einem Dorf nahe den Pyrenäen im Südwesten Frankreichs. Sein Nachkomme, der Hugenotte Jourdain Olivier, kam im Jahre 1688 als Geistlicher Wilhelms von Oranien nach England; die kirchliche Tradition der Familie wurde durch dessen Sohn Jerome fortgeführt, der in London zur Welt kam. Im Stammbaum der Oliviers finden sich bemerkenswert viele kirchliche Würdenträger, und das Wappen der Familie drückt das Ideal der frommen Dienerschaft aus: Neben dem Ölzweig als Friedenssymbol steht als Motto der zehnte Vers des 52. Psalms, ...*sicut oliva virens laetor in aede Dei...* – »Ich aber werde bleiben wie ein grünender Ölbaum im Hause Gottes.«

Um 1800 wurde der Enkel von Jerome Olivier, der Reverend Daniel Stephen Olivier, zum Pfarrer der Staatskirche von Clifton in Bedfordshire ernannt. Daniels Sohn Henry wurde Oberstleutnant der Armee und heiratete Mary Dacres, die Tochter eines Konteradmirals. Eines ihrer Kinder war der Reverend Dacres Olivier, der durch die Heirat mit Emma Eden, der Tochter des Kirchenprimas von Schottland, die ehrwürdige Familiengeschichte fortsetzte. Dacres selbst wurde Pfarrer von Wilton und starb als Domherr der Kathedrale von Salisbury. Dacres und Emma hatten zehn Kinder, darunter den Reverend Henry Eden Olivier (der die Tochter des Geistlichen von Königin Victoria heiratete) und die Romanautorin Edith Olivier.

Der älteste Sohn von Generalleutnant Henry Stephen Olivier war der Reverend Henry Arnold Olivier, Pfarrer von Poulshot in Wiltshire. Er war nicht nur Vater von sechs Töchtern, er hatte auch vier Söhne: Henry wurde Offizier im diplomatischen Dienst. Sydney war Kommandeur von Jamaica und seit 1924 Staatssekretär in Indien, nachdem er geadelt und somit zum ersten Lord Olivier geworden war. Herbert wurde ein anerkannter Porträt- und Landschaftsmaler, und in der Zeit zwischen 1914 und 1919 war er der offizielle britische Kriegsmaler. Der jüngste der vier Söhne war Gerard Kerr Olivier.

Er wurde am 30. April 1869 geboren und zunächst in Winchester erzogen. Da er mit einer schönen Sing- und Sprechstimme ausgestattet war, wollte er dem Beispiel seines Vaters folgen und Geistlicher werden. Von diesem Plan mußte man wieder Abstand nehmen, nachdem er vom Merton College in Oxford relegiert worden war, und zwar wegen seiner extravaganten Lebensweise und seiner wilden Besäufnisse. Als Gerard von seinen Eltern zur Rede gestellt wurde, erklärte er ganz ruhig, daß er seine Pläne in bezug auf den geistlichen Stand aufgegeben habe und lieber Lehrer werden wollte. Daraufhin besuchte er das Hatfield College an der Universität von Durham, wo er sein Examen machte und sich als nützliches Mitglied der Cricket-Mannschaft erwies.

Gerard, der eher für sein verbindliches Wesen und sein attraktives Äußeres als für eine bemerkenswerte Intelligenz bewundert wurde, machte als Zwanzigjähriger eine gute Figur; er war groß und schlank, blickte mit durchdringenden grauen Augen in die Welt und hatte einen ausdrucksvollen, breiten Mund. Während der Semesterferien erklärte er sich einmal bereit, seinem Bruder Herbert für ein Gemälde Modell zu sitzen, das ihn als anmutigen, halbnackten griechischen Jüngling zeigt.

Gerard war sich seiner natürlichen Vorzüge ganz und gar bewußt, und im Jahre 1894, im Alter von fünfundzwanzig Jahren (nach weiteren Studien in Heidelberg), gelang es ihm ohne Schwierigkeiten, sich eine Stelle als Hilfslehrer an einer Grundschule in Guildford in der Grafschaft Surrey zu sichern. Aufgeweckt und selbstbewußt wie er war, zog er bald die Aufmerksamkeit von Agnes Louise Crookenden, der Schwägerin des Schuldirektors, auf sich. Agnes, Tochter eines Angestellten in einem Gaswerk, war am 1. Dezember des Jahres 1871 in Kidbrooke in Kent zur Welt gekommen; sie war eine ausnehmend hübsche und intelligente junge Frau mit vollem kastanienfarbenem Haar, leuchtenden braunen Augen, alabasterner Haut und einem schnellen Verstand.

Die Verlobungszeit dauerte vier Jahre, während deren Gerard und seine zukünftige Frau genügend Geld sparten, um heiraten und eine eigene Schule eröffnen zu können. Bald nach ihrer Heirat, die am 30. April 1898 (Gerards 29. Geburtstag) in der Kirche von St. James in Kidbrooke stattfand, zogen sie um nach Dorking ins Tower House und nahmen die ersten Schüler auf. Gerard war ein strenger Lehrer, der die ihm anvertrauten Jungen auf dem Cricketplatz ebenso im Zaume hielt wie im Klassenzimmer. Am 26. Juli 1901 – während sich jede Stadt in England auf die in zwei Wochen stattfindende Krönung von König Edward VII. vorbereitete – brachte Agnes eine Tochter zur Welt, der sie den Namen Sybille gaben.

Wenig später gingen an Gerards Schule – wie überall in England – die Schülerzahlen in erschreckendem Maße zurück. Da die meisten Kinder aus der Gegend zu Hause gebraucht wurden, um das Einkommen ihrer Familien aufzubessern, gab es 1901 in ganz Surrey nur noch vierundzwanzig Schüler über vierzehn Jahren, die eine Schule besuchten.

Zur gleichen Zeit eröffnete Gerard seiner Frau, daß er zu seinem Glauben zurückgefunden habe und sein Entschluß feststehe, Priester zu werden. Diese Entscheidung erwies sich für Agnes nicht als besonders glücklich, denn das Leben eines Landpfarrers war traditionsgemäß sehr genügsam, wenn nicht geradezu armselig. Er jedoch bestand darauf, daß der geistliche Stand ihm zweierlei Vorteile bieten würde: ein größeres Betätigungsfeld für seine Talente als Lehrer und die Möglichkeit, an die beachtliche kirchliche Familientradition anzuknüpfen. Während der nächsten zwei Jahre betrieb Gerard neben seiner Lehrertätigkeit die notwendigen theologischen Studien. Im Jahre 1903 wurde er von der Englischen Staatskirche in sein Amt eingesetzt.

Gerard Olivier gehörte zu der großen Zahl derer, die die römische Bezeichnung »Pater« dem anglikanischen »Reverend« oder »Herr« vorzogen; genauso bevorzugte er das gesungene Hochamt, den Weihrauch und die mit Goldbrokat besetzten Amtsroben; in der Öffentlichkeit trug er eine Soutane, und wochentags hielt er fromme Andachten ab – all diese Elemente der kirchlichen Repräsentation waren in der Englischen Staatskirche seit der Oxforder Bewegung wieder sehr populär geworden. Diese Bewegung, angeführt von John Henry Newman, John Keble und Edward Pusey, trat für die Übernahme etlicher römisch-katholischer Zeremonien, Rituale und Kleiderordnungen ein; die Oxforder Studenten und Lehrer suchten eine Erneuerung der alteingesessenen anglokatholischen Kirche gegenüber den protestantischen Tendenzen einer »Niederen Kirche«. Als einer der Erben der Bewegung sah Pater Olivier sein christliches Englischsein eng verbunden mit einer angestammten heiligen, apostolischen Tradition.

Er war ein strenger, auf Distanz und Zurückhaltung bedachter Schulleiter, der gleichwohl einen Hang zu ausgewählter Kleidung und bombastischer Redeweise hatte. Der Schauspielerin Sybil Thorndike[1] zufolge (deren Vater etliche Jahre später ein Priesterkollege werden sollte) wäre Gerard gern selbst Schauspieler geworden, denn bei seinen Predigten trat er gern höchst dramatisch auf, und seine ganze Erscheinung wirkte sehr elegant. Als Pater Olivier nahm er seine Gemeindepflichten ernst, und wenn er auch kein allzu frommer Mann gewesen zu sein scheint, so war er doch kein Scheinheiliger. Über seine Zeit in Dorking gibt eine Eintragung im Kirchenregister die folgende Auskunft: »Während der vielen Jahre seiner beharrlichen und tatkräftigen Arbeit für die Gemeinde war er sehr beliebt.«[2] Seine Einstellung zur Religion wurde gesellschaftlich anerkannt und für ethisch einwandfrei und vernünftig gehalten, sie war jedoch nicht unbedingt mystisch zu nennen; er pflegte ein Christentum, das den König als

Statthalter Gottes, die Bischöfe als Gottes Gesandte und den Patriotismus als ein sicheres Anzeichen von Göttlichkeit glorifizierte. Dies war die geistige Haltung, die schon seine Vorfahren beseelt hatte und die er auch seinen Kindern mit auf den Weg geben wollte.

1904 schloß Gerard seine Schule auf dem Tower Hill und zog mit seiner Familie in den Norden der Stadt, in die Wathen Road 26, in ein kleines rotes Backsteinhaus mit Wohnzimmer und Küche im Erdgeschoß, zwei kleinen Schlafzimmern darüber und einem Gärtchen hinter dem Haus. In diesem Sommer wurde er zum Unterpfarrer der Gemeindekirche St. Martin von Dorking ernannt. Das neugotische Kirchengebäude beherrschte das Stadtbild seit 1875. Es war mit einem marmornen Altaraufsatz ausgestattet, mit einer prächtigen Kreuzigungsszene über dem Chor, mit kunstvollen Buntglasfenstern und einer teuren Orgel. All das gefiel Gerard Olivier ausnehmend gut. Der sechzig Meter hohe Kirchturm war von der Wathen Road Nummer 26 aus, die nur wenige hundert Meter entfernt lag, gut sichtbar. Am Taufbecken dieser Kirche taufte Pater Olivier seinen Sohn Gerard Dacres (der Dickie genannt wurde) kurz nach der Geburt am 5. September 1904. Und eben dort taufte er sein drittes und letztes Kind, Laurence Kerr Olivier, das am 22. Mai 1907 in der Wathen Road auf die Welt gekommen war. Die Edwardianische Ära erlebte gerade ihren Höhepunkt.

Edward VII. war ein lebensfroher und sportbegeisterter König, der allen Arten von Vergnügungen zugetan war, wozu auch das Theater gehörte. Das knappe Jahrzehnt seiner Herrschaft – die er 1901 mit neunundfünfzig Jahren antrat – war geprägt von einem üppigen und ungezwungenen Leben am Hof, das Bühnendichter, Schauspieler und Unterhaltungskünstler genauso selbstverständlich willkommen hieß wie regierende Häupter. »Das moderne englische Theater wurde von König Edward geschaffen«[3], sagte der Produzent und Schauspieler Charles Wyndham damals. »Seine Majestät hat das Theater in Mode gebracht und ihm zu Ansehen verholfen.« Der König war ein Mann von begrenzter Intelligenz, dafür aber mit einem hinreißenden Charme, und er verband seine ihm angeborene Lebensart mit einer ungekünstelten und keineswegs gönnerhaften Achtung für seine Untergebenen aus der Arbeiterklasse.

Doch um das Jahr 1907 fanden größere Veränderungen in der Gesellschaft statt als nur der bloße Wechsel des Herrschaftsstils. Großbritannien war sich nicht mehr so unangreifbar seiner ewigen Vorherrschaft unter den Nationen sicher, wie es die viktorianischen

Priester und Staatsmänner gern behauptet hatten. Edward selbst, der politischen Realitätssinn und Kompromißbereitschaft vorzog, spürte deutlich, daß die früheren Selbstverständlichkeiten in bezug auf Klassenunterschiede und Wirtschaftsfragen, aber auch hinsichtlich der Wege zur Erlangung von politischer Macht einem langsamen, aber nicht mehr umkehrbaren Prozeß von Veränderung und Zerstörung unterworfen waren.

In England erlebte der leutselige Herrscher den Aufstieg des Liberalismus in der Politik und die Ausbreitung des Sozialismus in einer um sich greifenden Arbeiterbewegung. Trotz wichtiger Reformen im Unterrichtssystem blieb schulische Ausbildung für den Großteil der englischen Haushalte ein Luxus. Auf dem Kontinent und in Übersee fanden zur gleichen Zeit blutige Konflikte in Südafrika statt, die Beziehungen zu Deutschland waren unausgeglichen, mit Japan und Rußland waren nur schwer Übereinkünfte zu erzielen, und mit China herrschte Streit. Glänzende Zuversicht am Hofe stand im schärfsten Kontrast zur erbitterten Unruhe im Parlament, und die Beschwerden über die Notlage einer überwältigenden Mehrheit von Armen wurde immer drängender und erboster.

Doch in den feinen Londoner Salons wurden gewisse viktorianische Traditionen immer noch hoch geschätzt, und so kam es zu lebhaften Streitgesprächen darüber, ob der Gehrock der Männer durch den bequemeren Straßenanzug ersetzt werden solle. Noch um einiges hitziger wurde der deutlich sichtbare Rückgang der Fischbeinkorsetts in der Frauengarderobe diskutiert, und es gab eine Debatte darüber, ob die Rocksäume zwei oder sogar drei Fingerbreit über den Knöcheln enden dürften. Für viele besorgte Mitglieder der feinen Gesellschaft galten diese Fehltritte gegen den Anstand – und der Individualismus, der sich darin ankündigte – als Vorboten des bevorstehenden Untergangs des Empire.

Nirgendwo sonst machte sich der Niedergang der Gleichförmigkeit deutlicher bemerkbar als in religiösen Belangen. Glaube und gottesdienstliche Praxis der etablierten und offiziellen Englischen Staatskirche wurden durch die immer zahlreicher auftretenden Freidenker, durch die steigende Scheidungsrate und die zunehmende Häufigkeit von konfessionellen Mischehen geschwächt; hinzu kamen die vielen Neugründungen von Sekten und die Ausbreitung der nonkonformistischen »Niederen Kirche«, die allmähliche Integration der römisch-katholischen Bevölkerung in alle Bereiche des öffentlichen Lebens (gemäß dem »Catholic Emancipation Act« von 1829, der ihnen bürgerliche und politische Rechte zusprach), und auch die offene Kritik an traditionellen Doktrinen und Dogmen durch Schriftsteller, Philosophen und Politiker.

»Glaubensbekenntnisse wurden von der überwiegenden Mehrheit der Mittel- und Oberschicht leichtgenommen«[4], bemerkte ein englischer Historiker. »Die Bibel verlor ihre Wirkung auf sie, und das Maß der religiösen Einflußnahme von außen nahm ständig ab, während sich die sozialistischen Bewegungen wuchernd ausbreiteten« über den Rest von Glauben im Reich. Dennoch galt ein Geistlicher im edwardianischen England als entfernter Angehöriger des erweiterten königlichen Hofes, der mehr Bischöfe im Oberhaus und mehr Priester auf Gartenfesten zählte als Mitglieder der königlichen Familie beim Rennen in Ascot.

Ein höflicher, duldender Respekt, der oft für große Tugend gehalten wird, bedeutet stets eine Gefahr für die Integrität einer etablierten Nationalreligion. Eine etablierte Geistlichkeit kann ein Freibrief für hohes soziales Ansehen sein, und ein Mann, der nicht über besondere geistige Fähigkeiten verfügt, jedoch begierig auf gesellschaftliche Anerkennung ist, hat berechtigte Hoffnung darauf, sich einem Aristokraten oder gar einem Mitglied der königlichen Familie anzuschließen. Die Romane von Jane Austen und Anthony Trollope zeichnen ein satirisches Bild vom niederen geistlichen Stand, der den Hochadel bewunderte, seine Sprache nachahmte und manchmal seine Manieriertheiten auf vulgäre Weise nachäffte.

Gerard Olivier strebte diesen verehrten geistlichen Stand an, als er sich entschied, seinen Lehrerrock gegen eine Soutane einzutauschen, jenes Gewand, das so viele seiner berühmten Vorfahren getragen hatten. In Gerard Kerr Olivier vereinigte sich problemlos die zwillingshafte Hingabe an Krone und Kreuz; in seinem Sohn Laurence wurde diese Legierung noch durch einen, im wörtlichen wie im übertragenen Sinn, militaristischen Stolz vervollständigt. Wenn der Vater ein Aufseher war, dann war der Sohn ein Befehlshaber.

Als Laurence zwei Jahre alt war, zogen die Oliviers Richtung Nordosten in ein größeres Haus, das sie (nach dem Regierungsbezirk Deepdene) East Dene nannten. Es lag in der Nähe der dichten Wälder von Box Hill und näher am Flußufer der Mole. Im Garten zog Agnes Blumen und Gemüse, und zu den frühesten, noch schemenhaften Erinnerungen des Sohnes gehört der Anblick seiner Mutter mit weißem Sonnenhut und fließendem weißen Kleid, die glücklich ihre kleine Ernte einbringt, während er in ihrer Nähe in einem Kinderwagen thront. Für sie war er »Larry« oder »Baby«, sie seine »Mums«.

1910 zogen sie wieder um, diesmal nach London, wo Gerard sich eine Pfarrstelle verschafft hatte, von der er sich mehr Ansehen versprach. Es war die von St. James in Notting Hill, und sie lebten im Elgin Crescent 86. Dieses vierstöckige Haus an der Ecke Ladbroke Grove war der Ort, mit dem sich Larrys erste deutliche Erinnerungen verbinden. Von dem rückwärtigen Fenster seines Schlafzimmers überblickte er einen großen grünen Park, der zwischen den Häusern von Elgin Crescent und denen von Blenheim Crescent lag, und in diesem Park brachte ihm seine Mutter die Namen von Blumen und Bäumen bei und legte den Grundstein für seine lebenslange Liebe zu Gärten und Gartenarbeit. Die Familie lebte nicht gerade in vornehmer Armut, wie Olivier später sagte.[5]

Der junge Larry wurde regelmäßig in die Kirche seines Vaters mitgenommen, die in den Grünanlagen von St. James lag. Dort sah er zum erstenmal ein imposantes, lebensgroßes Kruzifix, hörte die Musik des Chors und schnupperte (wie er später sagte) »das Gefühl von einer Show«[6]. Vor seinem fünften Geburtstag kam es zu einer weiteren Veränderung – diesmal aufgrund von Renovierungen an der Kirche von St. James. Während der Umbauarbeiten schlossen sich die Gläubigen der Gemeinde von St. Clement an, die nur wenige Straßen entfernt lag. Eine doppelte Besetzung des Gemeindeklerus war unnötig, und so zog Pater Olivier bald mit seiner Familie in die Lupus Street 22 im Stadtteil Pimlico, wo sie ein schmales Reihenhaus schräg gegenüber seiner neuen Pfarrstelle St. Saviours bewohnten.

In diesem neuen Haus kamen zwei Charakterzüge des jungen Larry deutlich zum Vorschein: Er wurde ein überragender Lügner, und gleichzeitig gab er sozusagen sein Bühnendebüt.

Auch wenn Lügen bei Kindern gang und gäbe sind – vielleicht, weil sie ihren eigenen Kopf und ihren Willen gegenüber der Allwissenheit ihrer Eltern durchsetzen wollen –, war die Erinnerung daran für Olivier doch so bedeutsam, daß er dieser Sünde siebzig Jahre später eine Seite in seiner Autobiographie »Bekenntnisse eines Schauspielers« widmete. Offenbar gehörte diese Angewohnheit zu seinem Charakter, denn er verstand es, die Dinge geschickt zu deichseln. Zum Mißfallen seines Vaters wurde er von seiner Mutter ziemlich verzogen (»Ich war ihr Augapfel«[7]). Das Lügen wurde jedoch ein beunruhigender Zug, und seiner Mutter blieb zeitweise nichts anderes übrig, als ihm eine Tracht Prügel[8] zu verpassen, um ihn davon abzubringen.

Das Lügen mag auch ein frühes Anzeichen einer lebendigen Phantasie gewesen sein, worauf Larrys Gaukelspiele in der Lupus Street hindeuten. Zudem war er ein begabter kleiner Mime, der die kirchlichen

18

Rituale seines Vaters mit Hilfe eines Kreuzes, eines Kerzenstummels und einer Decke als liturgisches Gewand nachahmte. Daneben unterhielt er Freunde der Familie mit allen möglichen Geräuschen, mit Vogelstimmen und Hundegebell und sogar dem Pfeifen einer Eisenbahn.

Sehr viel bemerkenswerter waren all die Vergnügungen, die er häufig zu Hause inszenierte, seit er fünf oder sechs Jahre alt war. Larry schleppte dann eine Holztruhe vor ein Fenster und drapierte die Vorhänge so darüber, daß der Effekt einer Bühne entstand. Als Rampenlichter stellte er Kirchenlichte in Zigarettenschachteln, und auf dieser selbstgebastelten Bühne sang, tanzte und improvisierte er, was er für Auszüge aus Stücken hielt, die an der Schule seines Bruders Dickie aufgeführt worden waren. Sein Publikum bestand aus seiner Schwester, einem Verwandten, der gerade zu Besuch war, oder einem Nachbarskind, doch stets, und immer höchst begeistert, seiner Mutter – »mein Himmel, meine Hoffnung, meine ganze Welt, meine angebetete Mummy«[9], wie er sie noch im hohen Alter nannte. Vor ihr spielte er ohne alle Hemmungen, und wenn er stolperte, ermutigte sie ihn, um dann herzlich zu applaudieren, wenn er eine Szene zu Ende gebracht hatte, und am Schluß des Stückes nahm sie ihn fest in den Arm. Seine Schwester Sybille erinnert sich:

> Mummy war einfach alles. Sie war wirklich eine wunderbare Frau. Das Haar so lang, daß sie darauf sitzen konnte. Sie war ganz einfach bestimmend für unsere Kindheit, und sie himmelte Larry an. Er gehörte ihr. Er amüsierte sie immer sehr. Er war mit ganzer Seele Clown. Er schaffte es, den ganzen Eßtisch vor Lachen zum Wackeln zu bringen.[10]

Doch weder Sybille noch Larry erwähnen je eine vergleichbare Warmherzigkeit ihres Vaters. Ganz im Gegenteil, denn Larry hatte Angst vor ihm und bezeichnete ihn später als eine furchteinflößende viktorianische Gestalt, die ihr jüngstes Kind für eine nutzlose Geldausgabe hielt, da schon eine hübsche Tochter und ein männlicher Erbe vorhanden waren.[11] Gerard war ständig auf der Suche nach Mitteln und Wegen, Geld einzusparen, und darum ließ er Larry in dem Wasser baden, das er selbst und Dickie vorher benutzt hatten. Larry war später der Ansicht, daß die Bevorzugung durch seine Mutter seinen Vater weiter in die Gegenposition getrieben habe, doch kann Agnes' Motiv dafür genausogut in ihrem Wunsch gelegen haben, Gerards Feindseligkeit wiedergutzumachen. Sybille beschrieb das Temperament ihres Vaters als stürmisch, als einen wütenden Tornado, der sich fast ausschließlich gegen Larry richtete und nur selten gegen sie selbst oder Dickie.

»Ich war verängstigt. Mehr als das, ich war verschreckt«[12], sagte Laurence Olivier Jahre später über seine Kindheit. Und als wollte er diese Furcht noch vergrößern, vertrat dieser Mann, von dem er liebevolle Unterstützung erwartete und der ihm nur kühle Indifferenz entgegenbrachte, die unaussprechliche, unvorstellbare Welt Gottes. In der staubigen Dunkelheit der Kirche von St. Saviours beobachtete er, wie sich die Gemeindemitglieder seinem Vater beugten. Er sah den autokratischen Zeremonienmeister, der, in altmodische Gewänder gehüllt, mysteriöse Riten vollführte, hörte ihn von der Kanzel über die Dinge des Jenseits sprechen, hörte seine Warnungen vor der ewigen Verdammnis.

Als Larry dann in die Grundschule kam, nahm die gespannte Beziehung zu seinem Vater eine neue Richtung, da Larry ein ruhiges, melancholisches Verhalten an den Tag legte und manchmal für lange Zeit wortlos zu Hause sitzen blieb; zeitweise schien etwas Abweisendes und Trauriges um das Kind zu sein. Seine Kindheit bestand aus dem dramatischen Auf und Ab von Kinderzimmerpossen und mütterlichem Trost gegenüber den dunklen, frommen Verwünschungen, in denen die göttliche und die irdische Vaterschaft verwechselt wurden. Das Ergebnis war ein Durcheinander aller Gefühlsbereiche, von jugendlichen Scherzen, die in einer Atmosphäre kühler, respektierlicher Steifheit überlebten. Photographien aus dieser Zeit zeigen einen hübschen, mondgesichtigen Jungen mit wirrem Haar, dessen klare braune Augen zusammen mit dem sanften Anflug eines Lächelns eine fast furchtsame Unsicherheit darüber andeuten, was die Welt der Erwachsenen wohl von ihm hielte.

1914 schickte man Larry in eine Tagesschule nach Blackheath, südlich der Themse. Sein kurzer Aufenthalt dort war geprägt von tränenreichem Heimweh nach seiner Mutter. Agnes meldete ihn für ein Trimester an einer Schule in Cliveden Place, Sloane Square, an, die nahe genug lag, daß sie ihren siebenjährigen Sohn hinbringen und wieder abholen konnte.

Bald jedoch entstand ein Trauma, das bei weitem größer war als die gefühlsmäßige Anpassung an die ersten Schultage. Seit 1066 war keine fremde Macht an Englands Küsten gelandet, und London hatte als uneinnehmbar gegolten, bis im Juni 1915 die deutschen Zeppelin-Angriffe des Weltkriegs begannen. Im August wurden die Bombardierungen im East End fortgesetzt, und im darauffolgenden Monat loderten Feuer in den Straßen, gerade als Larry seine Schulzeit an der Francis Holland Church of England School in Graham Terrace begonnen hatte.

Das Leben in London wurde spürbar eintöniger. Das Bootsrennen zwischen Oxford und Cambridge und die Cricket-Vorentscheidungen mußten ausfallen, die British Library, die Tate Gallery und der größte Teil des Victoria and Albert Museum wurden geschlossen. Die Beförderung über das Straßennetz, das erst vor kurzem weiter ausgebaut worden war, wurde stark eingeschränkt, da die Busse an die Front nach Frankreich verschifft worden waren. Zugleich hatte die Benzinknappheit zur Folge, daß Einschränkungen im Gebrauch von Taxis und Privatwagen hingenommen werden mußten. Leute aus allen Bevölkerungsschichten benutzten die Untergrundbahn und die Straßenbahnen, was eine nie zuvor dagewesene gesellschaftliche Vermischung zur Folge hatte, die über den Krieg hinaus Bestand haben sollte.

Nahezu jede Familie in London wurde durch den Krieg in Mitleidenschaft gezogen, sei es durch irgendwelche Schäden zu Hause oder durch den Verlust eines Familienangehörigen auf dem Kontinent oder in Übersee. Von acht Millionen eingezogenen Engländern wurden zwei Millionen verwundet, und nahezu eine Million fand den Tod. König George V., der seinem Vater Edward VII. im Jahre 1910 auf den Thron gefolgt war, ermunterte die Bevölkerung zu wachsamer Opferbereitschaft. Die Londoner brannten vor Patriotismus, und jeder junge Mann rechnete damit, daß er den älteren demnächst in den Krieg folgen würde.

Im Herbst 1916 erhielten Agnes und Gerard die Mitteilung, daß der neunjährige Larry nach einem Vorsingen in die Schule aufgenommen worden war, die Dickie bereits besuchte – All Saints, in der Margaret Street nahe dem Oxford Circus. Nachdem er die Erstkommunion und Konfirmation erhalten hatte, verzeichnete ihn das Register der Schule als den zweihundertdreiundachtzigsten Schüler in der Geschichte von All Saints.

Seit ihrer Eröffnung im Jahre 1848 hatte All Saints den Ruf erworben, eine der exklusivsten Chorschulen Großbritanniens zu sein, die ideale Voraussetzung für einen englischen Jungen, sich auf die Public School vorzubereiten. Ihre vierzehn Schüler wuchsen in einer von Disziplin geprägten Umgebung auf. All Saints wurde zwar aufgrund seiner akademischen und musikalischen Tradition respektiert, war aber wie so viele andere Schulen ein Schmelztiegel von Ungeschliffenheit,

Roheit und kleinen Grausamkeiten. Körperliche Züchtigung war an der Tagesordnung, und dies war für die Jungen das Vorbild, nach dem sie sich richteten. Das Leben im Schlafsaal verlangte den Schülern Zähigkeit ab, und sie mußten auf der Hut sein, Raufbolde gab es im Überfluß. Auch wenn hier nicht die schaurigsten Greuelgeschichten passierten, so herrschten doch nicht Anstand und Sitte einer Klosterschule.

Wenn die Choristen nicht im Chor sangen, wozu sie in ein liturgisches Gewand gekleidet waren, das aus schwarzem oder rotem Umhang, Kragen und weißem Chorhemd bestand, trugen sie die Schuluniform, bestehend aus grauer Hose, roter Krawatte und passenden Socken, einem breiten Eton-Kragen und Lackschuhen mit silberner Schnalle. Die Kosten für diese Kleidung waren in der jährlichen Schulgebühr von vierundzwanzig Pfund enthalten.

Für den Vikar von All Saints, den gestrengen, humorlosen H.F.B. Mackay[13], war die Chorschule von besonderer Wichtigkeit. Er liebte Würde und Protokoll, und er war kalt und hart. Mackays Chorknaben waren irgendwie steif und zu gut abgerichtet, aber er bestand darauf, daß es niemals ein Zuviel an perfekten Manieren geben könne. Die Kinder mußten sich im Gleichschritt und Einklang bewegen, marschieren und sich umdrehen, stets sauber und ordentlich sein und mit perfekt gestärkten und gebügelten Chorhemden antreten. Sie sollten den Kirchgängern ein Bild vom rechten religiösen Benehmen und vornehmer Etikette bieten. Vor allem in der Kapelle wurde Disziplin verlangt. Das Gebäude war unter dem Einfluß des Anglokatholizismus erbaut worden. Im Blickpunkt stand ein einzelner Altar, der von einer Marmorwand umschlossen wurde. Die Gewölbe des Kirchenschiffes wurden von Säulen aus rotem Aberdeen-Granit getragen und lenkten das Auge vorwärts zum Allerheiligsten und zur Kanzel, die mit vielfarbigen Marmorintarsien geschmückt war. Dies war die feierlichste Kirche, die Larry je gesehen hatte, und hier verbrachte er über vier Jahre lang täglich mindestens zwei Stunden. Wenn Pater Mackay predigte, schwang seine Stimme, stieg und fiel in reichen Kadenzen – in einem Augenblick hingebungsvoll, im nächsten warnend, erst zärtlich, dann streng –, und hier lernte der junge Chorist, daß sein Vater nicht der einzige erfolgreiche Darsteller in der Öffentlichkeit war, nicht der einzige Mittelpunkt des Interesses. Der Prediger machte sich all die rhetorischen Fertigkeiten des Schauspielers zunutze, um die Aufmerksamkeit seiner Gemeinde zu gewinnen.

Wie all ihre Klassenkameraden, kamen Larry und Dickie einmal im Monat auf ein Wochenende nach Hause. Außer bei den feierlichen

Sonntagsgottesdiensten sangen sie zur Frühmesse und zum Abendgebet, an Feiertagen und, das ganze Jahr über, bei Gemeindehochzeiten und Beerdigungen. Sie beherrschten die Werke von Bach, Mozart, Händel und Schubert ebensogut wie die von Tallis, Wesley, Steiner, Standford und anderen aus der britischen Chortradition. In den Klassenzimmern wurde täglich Unterricht in Religion, Literatur, Mathematik und Geschichte abgehalten. Sport war ebenso Pflicht.

Die bekannteste der kulturellen Aktivitäten der Schüler war jedoch die Theatergemeinschaft. Jedes Jahr im Dezember und Januar führten die Schüler unter der Regie von Pater Geoffrey Heald Auszüge aus Stücken auf. Im Winter 1916 gab es während der Ferien eine besondere Belohnung für alle Jungen – für Larry war sie besonders wichtig. Henry Pelham-Clinton, der Herzog von Newcastle, ein frommer Kirchenmann und Patron der Schule von All Saints, lud die Jungen und ihre Lehrer als seine Gäste ins Strand-Theater zur Weihnachtsaufführung von *Babes in the Wood* ein. Die pantomimische Vorstellung bot ein Durcheinander von Szenen und Satiren: ein Kinderballett; eine Tänzerin mit dem unglaublichen Namen Pauline Prim, die eine mit einem Knäuel spielende Katze mimte; etliche Szenen aus der Sage von Robin Hood wurden von einem Mädchen und einem Jungen dargestellt, wobei das Mädchen den Jungen und der Junge das Mädchen gab; kurze Burlesken, komische Lieder, akrobatische Einlagen und die stets so beliebten Rollentauschstückchen zwischen Männern und Frauen. Danach führte der Herzog die Jungen hinter die Bühne, damit sie die Darsteller kennenlernten und die Bühnentechnik inspizieren konnten.

Auch im Jahre 1917 hatte Larry es nicht leicht im Umgang mit seinesgleichen. Schlank, eigentlich sogar schmächtig, wie er war, von seiner Mutter zu sehr beschützt und von seinem Vater nicht beachtet, zog es ihn nicht auf den Sportplatz oder zum Spiel. »Ich war irgendwie ein verkorkster Junge, ein Schwächling«, erinnerte er sich. »Als Kind war ich ein Knirps, als Jugendlicher ein Kümmerling – eine schrecklich dünne Kreatur, deren Arme wie Drähte von den Schultern herabhingen.«[14] Diejenigen, die Larrys frühreife Vorführungen zu Hause nicht gesehen hatten, konnten sicher nichts Außergewöhnliches an ihm finden. Sein Mitschüler Laurence Naismith (der ebenfalls Schauspieler wurde) erinnerte sich an einen normalen Jungen, an dem nichts Bemerkenswertes war.[15]

Der junge Olivier brachte es jedoch in Rede und Vortrag zu beachtlicher Meisterschaft. »Die Unterschiede zwischen den einzelnen Vokalen dürfen nicht verschwimmen, noch darf die Aussprache ungenau sein oder der Gesichtsausdruck steif«[16], warnte das 1912 erschienene Handbuch der Erziehungsbehörde mit Richtlinien für Lehrer, *Suggestions for the Consideration of Teachers*. Freiwillige Gesprächsklassen wurden auf den Stundenplan gesetzt – ihr Zweck war, Schüchternheit abzubauen und spontane Diskussion zu pflegen. »Deutliche Aussprache ist erforderlich«, fährt das Handbuch für Lehrer fort. »Beim Vorlesen müssen die Schüler sich vor übertriebenem oder affektiertem Ausdruck ebenso hüten wie vor der rein mechanischen Beachtung von Regeln, etwa bei einem Komma die Stimme zu heben. Die wichtigste Forderung ist die nach Klarheit der Aussprache.«[17] In diesem Punkt legten die Priester von All Saints größten Ehrgeiz an den Tag, denn schließlich waren sie alle für die Kanzel geschult worden.

Larrys Lehrer legten besonderen Wert auf das Rezitieren von Gedichten, und vier Jahre lang mußte er lange Passagen aus den Werken von Scott, Macaulay, Longfellow und Tennyson auswendig lernen. »Shakespeare ist womöglich der schwierigste aller Autoren für die Schule«, warnte das Lehrerhandbuch, »jedoch können die fortgeschrittenen Schüler an manchen der einfacheren Stücke – wie *Heinrich V.* – Gefallen finden.«[18]

Jeder Schüler von All Saints wurde wie ein fortgeschrittener behandelt, und weil die Lehrer darauf verzichteten, gekürzte Fassungen oder Inhaltsangaben in Prosa auszuteilen, wurden die Zehnjährigen mühsam durch das Dickicht der jambischen Pentameter geführt. Nur wenige sollten aus diesen Übungen so unmittelbar und so erfolgreich Gewinn ziehen wie Laurence Olivier.

Sehr bald bekam er die erste Gelegenheit dazu. Im Gemeindesaal studierte Pater Heald Szenen aus *Julius Cäsar* ein, und Larry, der Jüngste und Kleinste, bekam die Rolle eines Bürgers; sein Bruder Dikkie spielte den Caesar. Der Junge, der den Brutus spielen sollte, erwies sich als nicht geeignet, und so wurde Larry diese Rolle übertragen. Obwohl er dafür recht klein und dünn war und die anderen Jungen älter waren als er, konnte er Pater Heald mit seiner schnellen Auffassungsgabe beeindrucken. Die Proben wurden oft von Luftangriffen unterbrochen, aber Larry ging so sehr in seinem Text auf, daß er unter einen Tisch in der Krypta kroch und seine Texte auswendig lernte.

»Wir begannen mit den Römischen Szenen von *Julius Cäsar*«[19], erinnerte sich Geoffrey Heald Jahre später. »Es lag an der vollgestopften Bühne, daß wir wie zur elisabethanischen Zeit mitten im Publikum spielten.« Sybil Thorndike hielt Heald für einen der heimlichen Visionäre des Theaters und seine Inszenierungen für progressiver als die meisten seiner Zeit, da er den gesamten Zuschauerraum (auch die Seitenschiffe) für die Handlung seiner Einstudierungen nutzte.

Zur Aufführung kamen nicht nur Eltern und Gemeindemitglieder, sondern auch Sybil Thorndike mit ihrem Vater, der ein Freund Gerards und Priester von St. James in Pimlico war, sowie die große Ellen Terry; sie war wohl zu der Zeit die berühmteste Schauspielerin der Welt, und sie besuchte regelmäßig die hochgeschätzten Inszenierungen von All Saints. Jahre später entsann sich Sybil Thorndike der bemerkenswerten Leistung, die Larry dort gezeigt hatte. Ebenfalls im Publikum befand sich Evelyn Light, die auch einer Klerikerfamilie entstammte; sie war die Tanzlehrerin der Jungen von All Saints.

> Nach der Aufführung lobte jeder den Caesar und den Antonius, doch Ellen Terry legte die Papiertüte mit Karamelbonbons, die sie ständig naschte, zur Seite und sagte »Nein«. Und es gab eine Stille, ich werde sie nie vergessen. »Der Junge, der den Brutus gespielt hat«, sagte sie, »der dunkle kleine Junge – er ist ein geborener Schauspieler!«[20]

(Als Larry von Ellen Terrys Lob hörte, fragte er: »Wer ist sie?«[21]). Die beifälligen Bemerkungen von Thorndike, Light und anderen fielen natürlich erst viele Jahre später, und man erkennt leicht, wieviel weiser sie alle im Nachhinein sind. Larrys Spiel mag für seine Jugend und Unerfahrenheit erstaunlich gewesen sein, für ein Kind eine bewundernswerte Leistung, jedoch wohl kaum für einen ausgereiften Profi. Auf jeden Fall erklärte Larry Pater Heald sehr bald, daß er Schauspieler werden wolle. In diesem Fall, antwortete der Priester, müsse er Dickens lesen, dann würde es ihm niemals an Vorbildern für seine Charakterstudien fehlen.

Das Schuljahr ging weiter, und der Stundenplan enthielt nun Unterricht in britischer Geschichte, dazu gehörten Rezitationen von passenden Gedichten (Macaulays *Spanish Armada* stand auf der Liste, daneben eine Auswahl aus dem Werk Walter Scotts), in anderen Stunden wurde das Leben heldenhafter Männer und Frauen behandelt (Sokrates, Hannibal, Mark Aurel, Karl der Große, Franz von Assisi, Jeanne d'Arc und Heinrich IV. von Frankreich). »Besonderer Wert sollte«, drängte das Lehrerhandbuch, »auf die Charaktereigenschaften der Helden der Geschichten gelegt werden, und die Abbildungen und Illustrationen... sollten kühn und dramatisch sein.«[22] Kein Lehrer hätte darauf verzichtet, die Männer, die in den Schützengräben für England kämpften, zu erwähnen; kein Schuljunge wäre – während die Vorträge von Kriegsmeldungen und Luftalarm unterbrochen wurden – von diesen Zeugnissen des Heldentums unbewegt geblieben. Dieser Zusammenhang zwischen großen Persönlichkeiten und der Würde des Patriotismus sollte für Larry immer bestehen bleiben und großen Einfluß auf seine späteren Leistungen ausüben.

Die großen Männer des Theaters wurden keineswegs in dieser Ehrenliste vergessen, denn sie befanden sich unter den bekanntesten Patrioten, sowohl als Kämpfer wie auch als Propagandisten des Sieges. Schauspieler wie Basil Rathbone und Lewis Casson (der mit Sybil Thorndike verheiratet war) dienten mit größtem Einsatz auf dem Kontinent und wurden mit dem Verdienstkreuz ausgezeichnet, ihre Kollegen Godfrey Tearle, Ivor Novello, Ben Travers und Cedric Hardwicke kämpften ebenfalls im Krieg. Auf Varietébühnen, im Hyde Park und bei Konzerten traf man regelmäßig Schauspieler an, die patriotische Reden hielten oder entsprechende Werke rezitierten. Sir Frank Benson begründete eine Tradition, indem er Auszüge aus Shakespeares Werken auswählte, um sie zu einem aufrüttelnden Programm patriotischer Stücke zusammenzustellen.

In diesem Herbst war Larry immer noch von recht schmächtiger Statur – genau die richtige Besetzung für Pater Heald, der eine überzeugende Maria für die Weihnachtsaufführung von Szenen aus *Was ihr wollt* brauchte. Als »kleiner Zeisig« muß Maria niedlich, aber gewitzt aussehen. Larry stürzte sich auf diese Rolle und huschte über die Bühne, um Malvolio durch den gefälschten Brief zum Narren zu halten. (Als der Junge, der für die Rolle des Sir Toby Belch vorgesehen war, plötzlich krank wurde, sprang im letzten Moment die Tochter eines Kirchenvorstehers namens Ethel McGlinchy für ihn ein; sie sollte später unter dem eindrucksvolleren Namen Fabia Drake berühmt werden.) Wieder einmal befanden sich bekannte Theaterleute im Publikum, allen voran die begeisterte Ellen Terry.

1918 bekam Gerard die Stelle des Rektors von St. Mary in Letchworth in der Grafschaft Hertfordshire. Er und Agnes bezogen das große Pfarrhaus aus der Queen-Anne-Zeit, und im selben Jahr ging Sybille nach London, um Unterricht in Gesang und Schauspiel zu erhalten, den sie jedoch bald aufgab, um in einem Büro zu arbeiten. Niemand hatte sich so sehr gewünscht, Theater zu spielen, wie Sybille, sagte Olivier Jahre später. »Sie hatte allen Ehrgeiz dieser Welt, aber sie war ganz einfach nicht gut, der arme Liebling.«[23] Dickie verließ All Saints und ging nach Radley, wo auch Larry hinzukommen hoffte.

Während seiner Zeit in All Saints waren Larrys schulische Leistungen stets durchschnittlich. Da ihn die meisten Fächer außer Poesie und zeitweilig Botanik und Geschichte langweilten, tat er sich bei den Prüfungen nicht hervor. Er genoß die religiösen Rituale von All Saints, die Verantwortung der Chorknaben und das feierliche Schauspiel der Liturgie. Am allerliebsten übernahm er die Aufgabe des Weihrauchträgers, des Jungen, der das an Ketten aufgehängte Gefäß hoheitsvoll, im großen Bogen und dennoch vorsichtig, schwenkte, um Altar und Kirchenschiff mit Schwaden von durchdringendem Rauch zu erfüllen.

Larry war inzwischen etwas mutiger geworden, was seine Sensibilität Lügen strafte – vielleicht, um seine mit zwölf Jahren immer noch unreife Erscheinung auszugleichen. An Samstagabenden, wenn es keine Aufgaben zu erledigen oder Vorbereitungsstunden zu absolvieren gab, unterhielt er seine Klassenkameraden oft dadurch, daß er aus dem Stegreif Menschen nachahmte, etwa den Organisten, das Küchenpersonal oder Filmschauspieler wie Charles Chaplin. Manches Mal wurde Larry geradezu vermessen, und ein Tag im Chor sollte ihm für immer in Erinnerung bleiben: Ihm war eine Solopartie zugewiesen worden, und er schloß ruhig sein Gesangbuch, überzeugt davon, daß er alles auswendig könne. Als er nach oben blickte und das Notenbuch ignorierte, als würde nur ein absoluter Anfänger es benötigen, wurde er von einem Schuldgefühl für sein hochmütiges Verhalten überwältigt. Plötzlich ging ihm die Luft aus, seine Stimme brach, und er verpaßte seinen Einsatz. Olivier mußte immer wieder an diesen peinlichen Moment denken, an dem sein Stolz bestraft wurde.

Im Frühjahr 1920 sah Larry zum erstenmal Sybil Thorndike, die Freundin der Familie, auf der Bühne. Sie lud die Oliviers zu einer Aufführung von *The Mystery of the Yellow Room* ein. Nach dem letzten Vorhang unterhielten sich Sybil und Larry angeregt hinter der Bühne; nur die Abwesenheit von Agnes, die sich nicht wohl fühlte, warf einen Schatten auf den Tag. Schon im vergangenen Herbst hatte Agnes von Zeit zu Zeit über Kopfschmerzen geklagt und mehrere Ohnmachtsanfälle erlitten. Bei Larrys monatlichen Besuchen versteckte sie ihr wachsendes Unwohlsein vor ihm, jedoch im Winter litt sie unter häufigen Schwindelanfällen, und zeitweise war ihre Sicht vollkommen getrübt. Anfang März wurde ein Arzt konsultiert, der bald die traurige Diagnose stellte. Agnes litt an einem Glioblastom, einem besonders schnell wachsenden, nicht operablen, tödlichen Tumor des Großhirns. Mit bewundernswerter Ruhe und, wie es scheint, ausschließlicher Besorgnis um die Zukunft ihres jüngsten Kindes, bereitete Agnes sich und ihre Familie so gut wie möglich auf das Unvermeidliche vor. Larry wurde nur gesagt, daß seine Mutter Ruhe brauche, da sie krank gewesen sei, daß ihr jedoch alle Hilfe durch Medizin und Gebete zukommen würde.

An einem Sonntag Mitte März bereitete er sich darauf vor, in die Schule zurückzukehren, nachdem er ein Wochenende zu Hause verbracht hatte. Agnes, die inzwischen teilweise gelähmt war, rief ihn zu sich an ihr Bett, so erinnerte sich Sybille. Ihre Mutter sah viel älter aus als achtundvierzig und wirkte sehr müde, als sie ihm zuflüsterte: »Good-bye, my darling.«[24] Sie umarmten sich einen Moment lang, und Larry blieb noch kurz in der Tür stehen, angetan mit seinem schäbigen Wintermantel, die Schulmütze in seiner Hand. Er sah sie nicht wieder. Zwei Wochen später, am Abend des 27. März 1920, es war ein Sonnabend, kam Pater Heald nach der Chorprobe zu Larry und sagte ihm, daß seine Mutter zu Gott gegangen sei.

ZWEITES KAPITEL

1920–1926

Gehn die Sachen kraus und bunt,
Freu' ich mich von Herzensgrund.

Puck, *Sommernachtstraum III, 2*

Für den zwölfjährigen Larry Olivier, dem die Zuneigung und Bestätigung seiner Mutter alles bedeutete, war ihr Tod wirklich furchtbar. Ihre plötzliche Abwesenheit ließ in ihm ein Gefühl der Verlassenheit und Einsamkeit entstehen und sorgte für einen allzu abrupten Übergang in die Unabhängigkeit des Jünglingsalters; sie vermittelte ihm vielleicht außerdem eine Ahnung davon, daß jede liebevolle Beziehung im Leben plötzlich und unvorhersehbar ein Ende finden könnte. »Ich glaube nicht, daß ich je darüber hinweggekommen bin«, hat er später häufig gesagt. »Sie war wunderbar zu mir. Ich war das Baby, sie war die Welt für mich, und ich gehörte zu ihr. Ich kannte meinen Vater nicht. Als sie starb, war dies das niederschmetterndste Erlebnis, das man sich vorstellen kann.«[1]

Agnes Olivier, die zielstrebig die Interessen ihres Sohnes unterstützt hatte, war eine außergewöhnlich tatkräftige, lebenslustige, humorvolle Frau gewesen, und Larry hatte ihr Wesen genauso verinnerlicht wie die düstere, distanzierte, kirchliche Förmlichkeit seines Vaters. In seiner Mutter hatte er eine vergnügte, amüsante und zufriedene Angehörige des Mittelstands gesehen, in seinem Vater einen Mann, der nach sozialem Aufstieg und Einfluß strebte und anscheinend erfüllt war vom standesgemäßen Leben eines aristokratischen Träumers. Der erwachsene Laurence Olivier konnte später sowohl ein angenehmer, unprätentiöser Gesprächspartner sein, als auch die gefeierte Persönlichkeit mit der würdevollen Ausstrahlung eines Aristokraten.

Ob das Wort »Sünde« erwähnt wurde oder nicht, ein unvorbereitetes Kind fühlt sich häufig am Tod eines geliebten Elternteils schuldig. Das Problem der Sündhaftigkeit war ein oft erwähntes Thema in den Moralpredigten, die Larry von Kindheit an hatte hören müssen: Zuerst waren es die Predigten seines Vaters, durch die er das Böse kennenlernte, und dann wurde das Thema genauer in den Mahnreden seiner geistlichen Lehrer von All Saints behandelt. Respektlosigkeit, Unhöflichkeit, Lügenhaftigkeit, Faulheit, die ganz normale sexuelle Neugier der Kinder – all dies wurde von der viktorianisch-edwardianischen Gesellschaft und von der Kirche im Besonderen als nicht gottgefällig bezeichnet und hatte deshalb Bestrafung verdient.

Da der Tod seiner Mutter nicht als Strafe für ihre Sünden angesehen werden konnte, wäre es verständlich gewesen, wenn er seine eigenen Sünden zum Teil dafür verantwortlich gemacht hätte – weil er ungezogen war oder weil er Gott mißfallen hatte, indem er seinem Vater mißfallen hatte. Schuld und Sünde sollten für Laurence Oliviers ganzes Leben, im geschriebenen oder gesprochenen Wort, häufig vorkommende Vokabeln bleiben; und er sollte sich ständig Vorwürfe über getane oder unterlassene Handlungen machen, deren er sich schuldig fühlte. »Segne mich, Leser, denn ich habe gesündigt«, steht zu Anfang seiner Memoiren. »Seit meiner letzten Beichte, die schon mehr als fünfzig Jahre her ist, habe ich die folgenden Sünden begangen...«[2] Diese Gleichsetzung der eigenen Lebensgeschichte mit einem Katalog moralischer Verfehlungen ist recht befremdlich, sie entspricht eher dem Wesen eines ängstlichen Chorknaben als dem eines erwachsenen Mannes.

Mit Ausnahme von Wochenenden und Ferien war Larry drei Jahre lang nicht zu Hause gewesen und hatte sich nach Agnes' seltenen Besuchen anläßlich von Schulveranstaltungen gesehnt; seine Beziehung zu Gerard hingegen war immer mit dem Gefühl gegenseitiger Befangenheit verbunden. Die Kinder sprachen untereinander nie über den Tod der Mutter, wie sich Jahre später Sybille erinnerte. Er war einfach zu schrecklich gewesen, um darüber zu sprechen. Sybil Thorndikes Kinder versuchten, Larry zu trösten, der nur sagte, daß er »sehr sehr traurig«[3] sei, und wochenlang einen Trauerflor am Ärmel trug. Trost erhielt er von seinem Onkel, dem Maler Herbert Olivier, und dessen Ehefrau Margaret, die ihn in ihrem großen viktorianischen Haus in

Airlie Gardens in Kensington herzlich aufnahmen. Hier wurde er geradezu verhätschelt und aufgemuntert, und es machte ihm Spaß, auf dem Blasebalg der großen Hausorgel zu pumpen, während Herbert einen schönen Nachmittag lang für die Familie lustige Lieder spielte, die sich wohltuend unterschieden von den gesetzen Melodien von *Oh, for the Wings of a Dove* oder dem strengen Patriotismus von *For Thee, Oh Dear, Dear Country*, beides Lieder, die regelmäßig in der Schule gesungen wurden.

Im Herbst des Jahres 1920 begann Larrys letztes Schuljahr in All Saints. Er entwickelte einen Geschmack an ernsthafter Lyrik, unter anderem lernte er ein Gedicht von Yeats auswendig, um seine Aussprache zu vervollkommnen:

Had I the heavens' embroidered cloths,
Enwrought with golden and silver light,
The blue and the dim and the dark cloths
Of night and light and the half-light,
I would spread the cloths under your feet:
But I, being poor, have only my dreams;
I have spread my dreams under your feet;
Tread softly because you tread on my dreams.[4]

Als Sybille ihn einmal in der Schule besuchte, entdeckte sie eine ernste Seite an ihm. Sie bemerkte, daß er lange Zeit dasaß und nichts sagte, als ob er alles in Gedanken erst ausformulierte, bevor er sprach.

Zu Weihnachten führte Pater Heald *Der Widerspenstigen Zähmung* auf. Er gab Larry die Rolle der Katharine und schuf eine lebendige Darstellung, die das Publikum begeisterte. Sein Klassenkamerad Laurence Naismith erinnert sich daran, daß Larry mit seiner schwarzen Perücke, einem ausladenden Hut, in einem bunten Kleid und eindrucksvoll geschminkt glaubhaft ein unbezähmbares junges Mädchen abgab; und Ellen Terry war der Ansicht, daß er die Widerspenstige besser als jede andere Schauspielerin außer Ada Rehan gespielt hatte und daß er »eine Vorstellung davon vermittelt hätte, wie die Knaben-Schauspieler (die damals die Frauenrollen spielten) zu Shakespeares Zeit gewesen sein müssen«[5]. Auch Sybil Thorndike hielt seine Darstellungsweise für genau getroffen, »ein richtiges kleines Biest – er konnte die Mädchen wunderbar spielen«.[6] Auch Theodor Komisarjevsky, der erst vor kurzem nach England gekommen war und schon bald einer der einflußreichsten Bühnenbildner und Produzenten werden sollte, schrieb an Pater Mackay und lobte die Ernsthaftigkeit und Wahrhaftigkeit der Gruppe, allen voran die besonders eindrucksvolle Katharine.

Nach der Vorführung wurde Larry gelobt für seine weibliche Anmut und die Falten auf seiner Stirn, die er sich erst aufgeschminkt und für das Ende des Stückes wieder abgewischt habe. »Das waren meine eigenen Falten!« erklärte er ausdrücklich. Obwohl die Besetzung von weiblichen Rollen mit Schuljungen (und umgekehrt) zu jener Zeit und auch später recht üblich war, waren Larrys weibliche Gesten wohl von seiner Mutter inspiriert, sein Stirnrunzeln von seinem Vater.

Im Herbst des Jahres 1921 wurde es Zeit, eine weiterführende Schule zu besuchen, und Larry kam als einer von dreißig Neuen in die St. Edwards School in Oxford; das Register nennt ihn als den 1885. Jungen, der die Schule seit ihrer Gründung im Jahre 1863 besuchte. Insgesamt waren in diesem Jahr 213 Jungen an der Schule eingeschrieben, die meisten davon Kinder von Geistlichen, die zum halben Schulgeld von sechzig Pfund pro Jahr aufgenommen wurden. St. Edwards, das kein Institut von besonderem Ruf war, bestand aus einem Gebäudekomplex, der um einen quadratischen Hof angeordnet war, eine Nachahmung der Architektur der Colleges von Oxford. Eine Kapelle im romanischen Stil verband die Klassenzimmer und die Bibliothek mit dem Speisesaal und dem Wohnhaus des Direktors; außerdem gab es Wohnräume für die Schüler, Läden, ein kleines Theater, einen Cricket-Platz und einen Pavillon. Die Schule stellte ein Musterbeispiel für Zucht und Ordnung der Staatskirche dar; es war eine Fortsetzung des Lebens in All Saints, Chorgesang war nicht vorgeschrieben, doch das tägliche Abend- und Morgengebet zusätzlich zur Sonntagsmesse war Pflicht. Zur gleichen Zeit kam ein anderer neuer Schüler, Richard F. Wyatt, in diese Schule.[7] Er erinnerte sich, daß Larry sofort und mit großem Erfolg bei Schulaufführungen auftrat. Aber wie andere Mitschüler erfuhr auch Wyatt, daß Larry keine Begabung für Freundschaften gehabt hat. Er blieb in der Schule für sich, so J. D. Newhouse[8], und niemand hielt ihn für besonders beachtenswert, bis er in einer Schulaufführung mitspielte.

»Ich war ein Geächteter«[9], schrieb Olivier später. »Ich war ein Filou, der wie ein Engel sang und hübsch genug war, um das Schlimmste in gewissen männlichen Wesen zu erwecken«, womit er nicht nur die älteren Kameradenschinder meinte, sondern vor allem jene gehemmten, homosexuellen Lehrer, die ihren Frustrationen freien Lauf ließen, indem sie die begehrten, jedoch verbotenen Jungen sadistisch verprügelten. »Auf jeden Fall wurde ich nirgendwo gemocht. Meine Art war geziert, ich war mädchenhaft und etwas weibisch.«[10] Diese Züge ließen ihn zum geeigneten Opfer für die sexuellen Avancen älterer Jungen werden, mit denen er (wie er später seinen Freunden offen gestand) während der ganzen Schulzeit seinen Spaß hatte. Solche Abenteuer waren typisch für die englische Internatstradition (und nicht nur für diese), doch bei Larry hinterließen sie gottlob keine neurotischen Schuldgefühle.

Larrys Hingabe an die Vortrags- und Schauspielkunst wurde weitgehend respektiert, und seine Fähigkeiten entwickelten sich immer besser. Sein Klassenkamerad Carew Wallace[11] berichtete, daß der junge Olivier oft allein in den Waschräumen im Souterrain zu finden war, wo er laut Shakespeare-Szenen übte und dabei Lautstärke und Betonung ständig veränderte. Seine Schauspielerei war vielleicht Trost und Flucht aus seiner Einsamkeit und Unbeliebtheit sowie ein Refugium vor dem bohrenden Schmerz, den der Tod der Mutter für ihn bedeutete. Wenn er in einer Rolle aufging, verlor er sich nicht nur in gefälligen Phantasien, sondern fand auch Anerkennung durch andere, so wie er sich früher durch seine kleinen Szenen zu Hause den Applaus von Agnes verdient hatte.

Larrys Erfolg als Katharine in *Der Widerspenstigen Zähmung* war den Patres Heald und Mackay noch frisch in Erinnerung, als All Saints aufgefordert wurde, im Frühjahr 1922 an einer Veranstaltung zu Shakespeares Geburtstag im Memorial Theater von Stratford teilzunehmen; sie luden den fünfzehnjährigen Larry als Ehrenmitglied der Schule ein.

Und so bestiegen am 27. April Larry und die Priester und Choristen einen Privatzug, den die Great Western Railway zur Verfügung gestellt hatte, um sie und ihre umfangreichen Requisiten von London nach Stratford zu befördern.

Um halb zwölf erreichte die Abordnung von All Saints, in Chorgewänder gekleidet, die Holy Trinity Church, den Ort, an dem Shakespeare begraben liegt. Pater Mackay schrieb einen nur für die private Verbreitung bestimmten Bericht über die Reise, in dem er die Jungen bei ihren Vornamen nannte (dies sollte das Aufkommen von Hochmut vermeiden helfen – aus dem gleichen Grund wurden in den Theaterprogrammen der Schule die Namen der Schauspieler nicht aufgeführt).

> »Die Prozession der Choristen mit ihrem Vorsänger ging über den mit Kalksteinplatten belegten Weg zur Vorhalle, die Choristen in ihren violetten Mützen und Umhängen, und... in der Mitte Larry, der den Lorbeerkranz des Dichters trug, mit römischem Purpurband gebunden... Als sich die Choristen um das Grab versammelten, neigte sich Larry auf die Knie und legte den Kranz nieder.«[12]

Die Jungen sangen das Klagelied »Fear no more the heat o' the sun« (aus dem vierten Akt von *Cymbeline*), das W. S. Vale vertont hatte, der Chorleiter und Organist von All Saints.

Auf ein offizielles Mittagessen im Hotel folgte eine Besichtigung von Shakespeares Geburtsort und der bekanntesten Sehenswürdigkeiten von Stratford. Der amerikanische Schauspieler James K. Hackett studierte gerade seinen *Othello* am Memorial Theater ein, und er begrüßte die Jungen und erläuterte während der Proben mit Jago (Baliol Holloway) und Desdemona (seiner Ehefrau, Beatrice Beckley) Einzelheiten des Bühnenbildes und der Technik bei den Szenenwechseln.

Die Aufführung der *Widerspenstigen* fand am Freitag nachmittag statt, und obwohl sein Name auf dem Programm und in den Kritiken fehlte, erhielt Laurence Olivier durch diese Inszenierung seine erste öffentliche Anerkennung. »In Katharine brennt ein ganz besonderes Feuer«[13], schrieb der Korrespondent der *Times*. »Man spürt, wenn jemand dieser Katharine einen Apfel zuwürfe, würde sie ihn instinktiv in ihrem Schoß auffangen wollen, und sollte sie Äpfel mögen, wünschen wir ihr von ganzem Herzen, daß jemand dieses Experiment wagen wird.« Der Berichterstatter des *Daily Telegraph* war ebenfalls in Stratford: »Der Junge, der die Rolle der Kate übernommen hatte, präsentierte eine edle, kühne, schwarzäugige Wilde, die der Zähmung dringend bedurfte, und ich kann mich nicht erinnern, je eine Schauspielerin in dieser Rolle gesehen zu haben, die sich besser dafür geeignet hätte.«[14] Der Kritiker der *Post* aus Birmingham lobte die Darstellung des Jungen als »kühn und kräftig gespielt, mit dunklen, leuchtenden Augen und einer boshaften Stimme«[15], und sogar der Stratforder *Herald* – der sich normalerweise bei Aufführungen der Schüler und Studenten zurückhielt – hob Larrys letzten Monolog hervor, »diese Zeilen wurden so köstlich gesprochen, wie man sie sich nur vorstellen kann ... nicht einer der wesentlichen Charakterzüge der Figur fehlte«.[16]

Larry kehrte mit neuem Selbstvertrauen nach St. Edwards zurück, und in diesem Frühjahr bewarb er sich erfolgreich um einen Platz in der Rudermannschaft. Doch er hatte noch immer eine pubertäre Unbeholfenheit und Schlampigkeit, die sich erst Jahre später bessern sollten. Bürste und Kamm schienen ihm unbekannt zu sein, seine ärmliche Garderobe saß unabänderlich schlecht und war stets ungebügelt, seine Manieren waren ohne Anmut.

Wie All Saints besaß auch St. Edwards einen begeisterten Schauspiellehrer. W. H. A. Cowell, der Englisch und alte Sprachen lehrte, hatte Schüler seit 1882 bei Aufführungen von Shakespeare-Szenen angeleitet, und zu Weihnachten 1923 – dem sechzigsten Gründungstag der Schule – wurde *Ein Sommernachtstraum* gezeigt. Nach einem Wochenende, das angefüllt war mit Fußballspielen, feierlichen Messen in der Kapelle, ausgedehnten Mahlzeiten und langen Reden, begann am Nachmittag des 11. Dezember, einem Montag, die Aufführung des Stückes. Mit der Rolle des Puck, so stand es im Programm, war L. K. Olivier betraut, der die kleinen Lieder und Tänze des bösen Kobolds mit drahtiger Behendigkeit zum besten gab. Bei dieser Inszenierung, die Cowell als eine der »offenen Bühne«[17] bezeichnete, hatte Larry sich Taschenlampen um seine Brust gebunden, um sein Gesicht zu beleuchten, und so rannte er fröhlich auf die Bühne und wieder davon, stapfte durch den Zuschauerraum und stürmte durch die Eingangstüren ein und aus.

Nach den Herausforderungen, die die Rollen von Brutus, Maria und Kate bedeutet hatten, hatte Larry das Gefühl, daß die Rolle des beflissenen Puck unter seiner Würde war: »Diese verdammte Rolle«, wie er sie nannte, »diese absolut hoffnungslose, sogenannte gute Gelegenheit.«[18] Eine solche Einstellung beeinflußte seine Darstellung, sie war offensichtlich herablassend gegenüber den anderen Mitspielern, und durch seine Bemühungen, die Zuschauer zu beeindrucken, wirkte er leicht hysterisch. »Der Junge, der den Puck spielte«, kommentierte ein Lokalreporter, »auch wenn er eine kraftvolle Bühnenausstrahlung besaß, erregte durch übertriebene und insgesamt unnötige Effekte Aufsehen, als ob er seine Schauspielerkollegen an der Nase herumführen wollte und nicht das Publikum.«[19] Und ein älterer Schüler namens R. C. Mortimer (der spätere Bischof von Exeter) beschrieb Larrys Auftritt als »den bei weitem bemerkenswertesten, wenn er nicht sogar etwas zu robust und jovial war... er spielte jedoch in sich stimmig und bewies durch seine Gesten und Bewegungen, daß er vom Schauspielen etwas versteht und die Technik sehr wohl beherrscht«.[20]

Während der Winterferien 1923/24 fuhr Larrys Bruder Dickie, der mittlerweile neunzehn war, auf einem Segelschiff nach Indien, um auf einer Gummiplantage zu arbeiten. Da Larry im letzten Schuljahr von St. Edwards war und nicht die geringste Vorstellung von seiner weiteren Zukunft hatte, fragte er seinen Vater, wann er diese Reise machen dürfe, um sich seinem Bruder anzuschließen. Die Antwort folgte auf dem Fuß: »Sei kein Narr. Du gehst nicht nach Indien, du gehst zur Bühne.«[21] Diese Aussage wiederholte Laurence Olivier in späteren Jahren so häufig, daß ihr die mystische Bedeutung einer großen Offenbarung zukam – der unerwartete, alles verändernde Augenblick, der über sein Schicksal entschied. Der distanzierte, unbeteiligte Vater, dem er es nie hatte recht machen können, hatte ihm, so sah er es, seine zukünftige Karriere vorgeschlagen.

Glaubt man Olivier, fand dieses Gespräch in Letchworth statt, als er gerade im lauwarmen Badewasser saß, das Gerard ihm überlassen hatte, da er immer noch darauf bestand, daß Larry auf die Extravaganz von frischem, heißem Wasser verzichtete. Aber ebenso wie diese allzu klägliche Situation ist wohl auch der Ausspruch des Vaters dramatisch zu perfekt, zu gekonnt konstruiert, um glaubhaft zu sein. Die Worte, die Larry überliefert, stehen jedoch möglicherweise genau für das, was er von seinem Vater hören wollte – sowohl anno 1924 als auch in den nun folgenden schwierigen Jahren, bevor ihm ein Erfolg bestätigt werden sollte.

Bis zu diesem Zeitpunkt gab es keine Anzeichen dafür, daß Gerard großes Interesse an Larrys Talent oder seiner Zukunft bekundete, und auch später schien er nicht sehr beeindruckt von den Fortschritten in der Laufbahn seines Sohnes, von dessen schließlichem Ruhm und seinen Erfolgen. Ganz im Gegenteil, Gerard Oliviers Interesse war ausschließlich finanzieller Art; aus diesem Grunde hatte er Dickie zu der exotischen Reise gedrängt, denn in Indien gab es Arbeit. Darüber hinaus war die Bühne damals (wie auch heute) eine höchst unsichere Karriere, eine unzuverlässige Einkommensquelle und nicht für jemand geschaffen, der ein geregeltes, ordentliches Leben führen sollte (mit Ausnahme der Thorndikes natürlich, deren Erfolge auf der Bühne und ihr gleichzeitig vorbildliches christliches Familienleben Gerard nicht für typisch hielt). Andererseits hatte Agnes Larrys Schauspielerei zu Hause und in der Schule ermutigt und gefördert; ihre Anerkennung gab ihm Auftrieb. Mit Sechzehn fühlte er sich wohl auf der Bühne und gefiel ganz offensichtlich seinen Regisseuren und dem Publikum. Keine andere berufliche Karriere konnte ihn begeistern, und es war lebenswichtig, daß er Gerards Unterstützung für sich gewann. So erhält die knappe Badezimmerszene den Anschein einer dramatischen Rekonstruktion. Und weil sie uns etwas darüber erzählt, wie sehr ein Sohn seinem Vater zu gefallen sucht (sogar in der Rückschau), enthält sie eine tiefere Wahrheit, als ein Stenograph an jenem Abend hätte mitschreiben können.

Eine ernsthafte Ausbildung war das erste Ziel. Da junge Männer an der Central School of Speech and Drama in London dringend benötigt wurden, um einen Ausgleich zu den überwiegend weiblichen Studierenden zu schaffen, waren Stipendien und Beihilfen zum Lebensunterhalt sehr leicht zu bekommen. Das wußten sie von Sybille, die einen leichten Sprachfehler dadurch hatte überwinden können, daß sie für kurze Zeit bei Elsie Fogerty, der bekannten und berüchtigten Leiterin der Schule, Unterricht nahm. Larry bewarb sich dort und bekam zur Antwort, daß er zunächst sein letztes Trimester in St. Edwards beenden solle, bevor er im Spätfrühling nach London zum Vorsprechen käme. Elsie verwies ihn außerdem an eine Tourneetheatergruppe in Letchworth, wo er bei einer Aufführung von *Macbeth* auftrat (in seiner bislang kleinsten Rolle, als Lennox) und die Pflichten eines Regieassistenten wahrnahm (Schauspieler auf ihren Auftritt vorzubereiten, Stichwörter zu geben und als allgemeiner Handlanger zu arbeiten).

Während Larry seine Schulzeit in St. Edwards beendete, bereitete sich sein Vater darauf vor, die Leitung einer kleinen Pfarrei in Addington, Buckinghamshire, zu übernehmen. Gerard machte zu dieser Zeit Isobel Buchanan Ronaldson den Hof, die er am 27. Juni 1924 heiratete; mit ihren fünfundvierzig Jahren war sie zehn Jahre jünger als er. Larry jedoch lehnte diesen Mutterersatz ab; als er im gleichen Monat an der Central School vorsprach, war er froh über die Möglichkeit, allein zu leben – in einer kleinen Dachkammer an der Castellain Road im Londoner Stadtteil Paddington.

Die Gründung der Academy of Dramatic Art im Jahre 1904 (vom Hof anerkannt im Jahre 1920) und der Central School of Speech and Drama im Jahre 1906 bedeutete eine größere Anerkennung der Schauspielkunst, weil sie in den Rang eines Studienfaches erhoben wurde. Noch kurz zuvor waren Schauspieler oft als »Schurken und Vagabunden« wie in elisabethanischer Zeit bezeichnet worden. Die Tochter des großen Schauspielers und Regisseurs Samuel Phelps wurde in den fünfziger Jahren des 19. Jahrhunderts von der Schule gewiesen, als bekannt wurde, daß ihr Vater ein Schauspieler war; die Ehefrau von Henry Irving spottete so sehr über die Schande, die sein Beruf mit sich brachte, daß er sich von ihr scheiden ließ, und ihr Enkel wurde als »Sohn eines schmutzigen Schauspielers«[22] verdammt. Noch im Jahr 1889 – als sie kurz davor stand, internationale Berühmtheit zu erlangen – erhielt Mrs. Patrick Campbell einen Brief von ihrer Tante Kate, in dem diese sie als »armes, unglückliches Kind«[23] bezeichnete, »das die Schande noch erfahren würde, als Schauspielerin von ehrenhaften Menschen mißachtet zu werden.«

Zu Beginn ihrer Regierungszeit war Königin Viktoria eine interessierte Theaterbesucherin gewesen und hatte Aufführungen nach Windsor Castle kommen lassen. Obwohl sie sich diese Vergnügungen nach dem Tod ihres Mannes Albert zwanzig Jahre lang versagte, besuchte sie später regelmäßig höfische Sondervorstellungen und lud führende Schauspieler zu sich ein. Diese Wertschätzung fand dadurch symbolischen Ausdruck, daß Henry Irving 1895 zum Ritter geschlagen wurde; es war das erste Mal, daß einem Schauspieler eine solche Ehre widerfuhr; endgültig besiegelt wurde die Anerkennung der Schauspielkunst durch Edwards VII. begeisterte Unterstützung des Theaters und seiner Leute.

Während die Volkszählung des Jahres 1881 noch 4565 Schauspieler gezählt hatte, gab es im Jahr 1911 bereits 18 247, und innerhalb dieser dreißig Jahre waren einundzwanzig Theater im Londoner Westend eröffnet worden. In Henry Irvings Fußstapfen traten sechs weitere Schauspieler und Regisseure, die zwischen 1897 und 1913 ebenfalls zu Rittern geschlagen wurden. Inzwischen kamen immer mehr Schauspieler aus der Schicht der Großgrundbesitzer und aus dem Bildungsbürgertum. Das Ansehen des Berufsstandes stieg mehr und mehr in der allgemeinen Achtung, die höheren Gesellschaftsschichten wurden auf der Bühne dargestellt, Amateurtheatergruppen florierten und wurden zahlreicher, ebenso wie die Repertoiretheater. Gleichzeitig begann die Kirche, ein reges Interesse am Leben der Schauspieler zu bekunden und diese zu unterstützen.

An der Central School legte man vor allem auf eines Wert – auf die Sprechausbildung. Die ehemalige Schauspielerin Elsie Fogerty (damals achtundfünfzig Jahre alt) hatte 1906 oberhalb der Albert Hall Räume für Vorlesungen und Proben gemietet und dort mit ihrem Unterricht begonnen, in dessen Zentrum die Vermittlung von »gesunder und natürlicher Sprache«[24] stand. Alle Kurse ihres kunterbunt zusammengesetzten Lehrplanes unterstützten ihre Vorliebe für Aussprache und richtige Stimmbildung: Körpertraining und Tanzstunden zielten auf korrektes Atmen ab, Fechten wurde gelehrt, um rhythmische Bewegung als Hilfsmittel für zusammenhängendes Sprechen einzusetzen. Sogar die Seminare zur Kostümkunde von Herbert Norris und Ethel Radmars Vorlesungen über Benehmen dienten der Sprecherziehung. Norris hob den Einfluß der Kostüme auf die Kontrolle der Atmung hervor, Radmar betonte die gesellschaftlichen und beruflichen Vorzüge einer gewählten Aussprache.

Trotz ihres recht einseitigen Zugangs zu dieser Kunst besaß Elsie Fogerty großen Einfluß auf die Ausbildung von Sprachlehrern: 1913 hatten die Bischöfe von London und Birmingham junge Geistliche zur Weiterbildung zu ihr gesandt, und im darauffolgenden Jahr eröffnete sie eine sprechpathologische Praxis im St. Thomas Krankenhaus, wo sie mit nur wenigen Mitarbeitern Patienten behandelte. Diese exzentrische, jungfräuliche englische Lady, die sich der Förderung des britischen Theaters verschrieben hatte, war ganz anders als die höflichen Geistlichen von All Saints und St. Edwards. John Gielgud, der 1924 schon in London auftrat, erinnert sich an eine nachlässig und formlos gekleidete, jedoch gebieterisch auftretende alte Dame. Angetan mit einem großen Federhut und einer bunt zusammengewürfelten Mischung von Modeschmuck (und oft mit einem vielfarbigen Unterrock, der keck unter ihrem Rocksaum hervorlugte), dirigierte sie mit ihrer befehlenden Baritonstimme die Schüler; häufig sah man sie mit einem Käsebrot in der einen Hand wedeln, während sie mit der anderen eine Atemübung andeutete.

Ihre Ratschläge waren entschieden unorthodox. Als John Gielgud 1933 in *Richard von Bordeaux* spielte und leichte Stimmprobleme bekam, konsultierte er Elsie Fogerty. Sie wies ihn an, sich hinzusetzen und sich vorzustellen, daß sein Kopf ein Topf voller Marmelade sei, der jedem Muskel des Körpers ein Gefühl feuchter Entspannung vermitteln könne. Aus Gründen, die sich Gielgud niemals hat erklären können, half dieser Rat wirklich.[25]

Peggy Ashcroft, die sich zur gleichen Zeit wie Olivier an der Central School eingeschrieben hatte, entsann sich, daß Elsie Fogerty nachdrücklich auf dem bestand, was die Schüler spöttisch als Die Schöne Stimme bezeichneten, daß aber, obwohl Fechtunterricht, Körpertraining und Sprecherziehung ausgezeichnet waren, ein eigentlicher Schauspielunterricht praktisch nicht stattfand. Ashcroft hat mit ihrer Darstellung sicherlich recht; tatsächlich wird der Ruf der Central School in ihren Anfangsjahren von der wohlwollenden Theaterwissenschaft glänzender dargestellt, als eine gerechte Bewertung dies zuläßt.[26]

Immer wieder suchten bekannte Schauspieler wie Gielgud, Thorndike oder Edith Evans Rat und Hilfe bei Elsie Fogerty, wenn sie irgendwelche Stimmprobleme hatten. Doch nur wenige ihrer Schüler machten nach der Ausbildung beim Theater Karriere. Unter ihren fünfundfünfzig Schülern des Jahres 1924 waren fünfzig junge Damen der Gesellschaft, die meisten davon Debütantinnen, denen eine gute Eheschließung wichtiger war als ein Diplom. Sie besuchten die Schule einzig und allein, um das Auftreten und die gesellschaftlichen Umgangsformen zu erlernen, die sie für ein Leben in gehobenen Sphären benötigten.[27]

Im Juni 1924 sprachen nun der siebzehnjährige Larry und vier andere junge Männer, darunter auch George Coulouris, bei Elsie Fogerty vor. Larry hatte seinen Text aus Jaques Monolog der »Sieben

Alter der Menschheit« im zweiten Akt von *Wie es euch gefällt* ausgewählt und legte nun all das in ihn hinein, was er für feurige, jugendliche Begeisterung hielt:

> Die ganze Welt ist Bühne,
> Und alle Fraun und Männer bloße Spieler...
> Sein Leben lang spielt einer manche Rollen.

Aber seine Darbietung war zu feurig, zu begeistert, wie ihm Elsie Fogerty sofort mitteilte, nachdem sie ihn zu sich gebeten hatte. »Wenn du sagst ›schnell zu Händeln‹, ist es nicht notwendig, Fechtangriffe zu mimen.«[28] Und nun tat Elsie Fogerty etwas Sonderbares. »Du hast eine Schwachstelle«, sagte sie und legte einen Finger auf seine Stirn, »hier.« Olivier wiederholte diese Bemerkung häufig, wenn er sich für seine kunstvolle Maske und seine künstlichen Nasen rechtfertigen wollte. Elsie Fogerty jedoch bezog sich offensichtlich auf seine Schüchternheit und seine Unfähigkeit, anderen Spielern auf der Bühne direkt ins Gesicht zu sehen, was er immer durch stürmische Aktionen zu überspielen versuchte.

Trotz seines überschwenglichen Vortrags wurde Olivier in die Schule aufgenommen und erhielt einen Freiplatz mit einem Stipendium von fünfzig Pfund, um für die neun Monate seines Studiums den Lebensunterhalt bestreiten zu können. Mit etwas mehr als einem Pfund pro Woche während der Nachkriegsinflation zu leben, bedeutete elende Armut. »Ich hatte nicht genug zu essen«, sagte er später über diesen Lebensabschnitt. »Ich hatte Hunger und Angst.«[29] Es lag wohl an der Gleichgültigkeit seines Vaters, daß er in dieser Zeit keine Unterstützung von zu Hause erhielt. Peggy Ashcroft erinnert sich, daß er energiegeladen und ehrgeizig, jedoch äußerst unbeholfen und sogar völlig linkisch war und daß seine Kleidung, die er meist von seinem Bruder oder anderen Verwandten geerbt hatte, ziemlich schäbig war. Einige Studenten erzählten, daß Olivier barfuß durch den Hyde Park lief und seine Schuhe in der Hand trug, um das Leder zu schonen, denn er besaß nur dieses eine Paar und konnte sich ein neues nicht leisten.

Zu jener Zeit hatte Laurence Olivier seine endgültige Körpergröße von einem Meter achtundsiebzig erreicht. Er war nach wie vor sehr mager, und seine Mitschülerin Evelyn Ascherson berichtete, daß er sich nicht einmal einen Wintermantel leisten konnte. »Aber er war voller Leben – unkontrollierbar wie seine Haare, seine Hände und seine Füße. Immer wieder wurde ihm gesagt, daß er mit seinen Händen zu übertrieben gestikulierte, dafür fielen ihm aber ganz ausgefallene

Dinge ein, auf die niemand sonst gekommen wäre.«[30] Einer dieser originellen Einfälle bezog sich auf seinen bestürzenden Auftritt in Shakespeares *Der Sturm* in jenem Herbst. Er trat als der mißgestaltete Caliban auf, und die weiblichen Studenten wollten plötzlich den Raum verlassen, eine fiel in Ohnmacht und mehrere verlangten nach Riechsalz, denn Olivier hatte sich von Kopf bis Fuß mit grünem Schleim bedeckt und gefärbte Verbände auf sein Gesicht und seine Hände geklebt, die wie eiternde Beulen aussahen. Er hatte die Beschreibung des Autors wörtlich genommen, der Caliban als einen »gefleckten Welpen, eine Hexenbrut, nicht durch menschliche Gestalt geehrt« darstellt. Daß seine Mitschüler nach Luft schnappen mußten, war ihm eine ebenso große Bestätigung wie Lachen oder Applaus.

Kurz darauf trat er mit Peggy Ashcroft in der Szene am Hof im *Kaufmann von Venedig* auf (er als Shylock, sie als Gerichtsschreiber). Zu dieser Zeit waren sie für Elsie Fogerty die Stars unter den Jungen und Mädchen, wie George Coulouris Jahre später sagte.[31] Olivier lernte offenbar, seine Stimme zu variieren und seine Gesten zu verfeinern, denn die Schauspielerin Athene Seyler (die mit großem Erfolg in Komödien aus der Restaurationszeit aufgetreten war) erinnerte sich an seine differenzierte Darstellung in dieser Szene des *Kaufmann*. Sie hatte das Gefühl, daß Olivier dem Publikum etwas Neues an Shylock zu entdecken gegeben hatte. Sein Haar fiel ihm tief in die Stirn, und durch seine buschigen Augenbrauen und die starke Schminke konnte sie sein Gesicht kaum erkennen.[32]

Am 30. November und am 1. Dezember spielte Henry Oscar (der zeitweilig Vorlesungen an der Central School hielt) die Hauptrolle bei zwei Aufführungen eines von ihm inszenierten neuen Stückes am Century Theatre in Bayswater.

Im Stück *Byron*, geschrieben von der Historikerin Alice Law, spielte Olivier – dessen Vorname im Programm fälschlicherweise »Lawrence« geschrieben wurde – die kleine Nebenrolle eines byzantinischen Offiziers, für die ihm jede besondere Schminke verboten wurde. Dies war sein erster Auftritt als Berufsschauspieler in London, und er erntete überhaupt keine Anerkennung. Es gab auch keinerlei Anzeichen dafür, daß Oscar ihn noch einmal engagieren würde, denn dieser hatte das Gefühl, daß Olivier von »einem unsichtbaren Wall des Unbehagens« umgeben sei.[33]

Für dieses Unbehagen muß es verschiedene Gründe gegeben haben, abgesehen von Oliviers Überzeugung, daß ein siebzehnjähriger Engländer ohne die richtige Fettschminke kaum überzeugend die Rolle eines Orientalen verkörpern konnte. Der erste Grund könnte gewesen sein, daß er sich gesellschaftlich unterlegen fühlte, denn der Pfarrerssohn war über Nacht von der rauhen, konformistischen, isolierten Künstlichkeit der kirchlichen Knabenschule in eine Umgebung geworfen worden, auf die er überhaupt nicht vorbereitet war. Zum erstenmal sah er sich in der Schule mit wohlerzogenen und gebildeten jungen Damen aus gutsituierten Familien konfrontiert, bei denen Elsie Fogerty zuvor Privatunterricht gegeben hatte. Diese fanden ihn manchmal amüsant (und als Caliban schockierend), aber er war arm und unverbesserlich schlampig, und außerdem hatte er einen Hang zum Vulgären.

Olivier war nun weiter denn je von seiner Familie entfernt und hatte niemanden, der ihm mit liebevollem Rat zur Seite stand. Seit er neun Jahre alt war, hatten ihm strenge Geistliche (und ein paar Laienlehrer, die ebenso unnachsichtig und unnahbar gewesen waren) als wichtigste Vorbilder gedient, an Schulen, wo Uniformen getragen wurden und es keine Vorbereitung auf die heterosexuelle Erwachsenenwelt gab. Niemand hatte ihm je Ratschläge hinsichtlich Körperpflege, Kleidung und Manieren erteilt, und diese einseitige Ausbildung hatte aus ihm einen jungen Mann ohne jeden gesellschaftlichen Schliff gemacht. Dem jungen Olivier erging es wie so vielen anderen, die Aufmerksamkeit auf sich lenken wollen und andere unwillentlich durch ihre übertriebenen Bemühungen, akzeptiert zu werden, abstoßen; entsprechend fühlte er sich zurückgewiesen und verstört, und so war es ganz natürlich, daß er sich hinter einem »unsichtbaren Wall« versteckte. Das Bewußtsein seiner gesellschaftlichen Minderwertigkeit war wahrscheinlich noch bedrückender angesichts seiner finanziellen Situation, denn er hatte kaum genug Geld für sein eigenes Essen; eine junge Dame zum Tee, zum Tanz oder zu einem anderen Vergnügen einzuladen, das lag jenseits seiner Möglichkeiten.

Neben den üblichen Schwierigkeiten der Jugendlichen in diesem Alter gab es also noch eine Reihe anderer Konflikte, denen sich Olivier kurz vor seinem achtzehnten Geburtstag gegenübersah. Und wenn es schon für jeden jungen Erwachsenen notwendig ist, Anerkennung und Unterstützung zu finden, braucht eine Künstlerpersönlichkeit dreimal soviel davon. Auf der Schwelle zur Reife stehend, war Olivier zu einsamer Unabhängigkeit gezwungen, und daher brauchte und ersehnte er Anerkennung auf sozialer und beruflicher Ebene – nicht nur, weil er im Grunde keine Familie hatte, an die er sich wenden konnte, sondern weil er ein äußerst begabter junger Mann war und seine Talente Beachtung und Verfeinerung erforderten. Aber so wie seine Kleidung und sein Gehaben grob und ohne Schliff waren und

42

dringend der Veränderung bedurften, waren auch seine künstlerischen Fähigkeiten – deren er sich noch nicht sicher sein konnte – unentwickelt. Man kann auch sagen, daß sein Talent noch nicht mit seinem Genie in Einklang stand.

Um sein mageres Budget aufzubessern, studierte Olivier die Vorsprechlisten der Theater und lauerte den Theateragenten der Charing Cross Road auf, stets in der Hoffnung, einen Job zu ergattern. Von Zeit zu Zeit bescherte ihm sein Warten eine bescheidene Belohnung. 1924 arbeitete er über Weihnachten als zweiter Inspizient und Zweitbesetzung bei einem Kindertheaterstück namens *Through the Crack* an der Schule St. Christopher in Letchworth; dies verbesserte sein Einkommen gerade um drei bis vier Pfund. Im Februar wurde er kurz im Regent-Theater in London gesehen, in zwei kleinen (und von der Kritik nicht beachteten) Rollen in *Heinrich IV., Zweiter Teil* – als der Gerichtsdiener, der Falstaff festnimmt, und als Thomas, Herzog von Clarence. Da er in jenem Winter mindestens ebenso begierig nach einer guten Rolle wie nach einer heißen Mahlzeit war, beneidete er wohl den Schauspieler, der den Shellow spielte: Zu seinem eigenen Vergnügen lernte Olivier große Teile der Rolle auswendig, und viele Jahre später sollte er mit der Verkörperung dieses Charakters, der zu einer seiner Lieblingsrollen wurde, Berühmtheit erlangen.

In diesem Monat opferte er etliche Mahlzeiten für einen billigen Platz im Theatre Royal in Haymarket, um John Barrymores *Hamlet* zu sehen. Im Nachhinein bedeutete dies Erlebnis Nahrung für Jahre der Inspiration. Barrymore besaß eine ausgezeichnete Diktion, vollendeten Charme und zwei darstellerische Techniken, die Olivier sehr beeindruckten. Zunächst schien er aus jeder Zeile nur ein Wort zur besonderen Betonung auszuwählen, und dieses sprach er mit Leidenschaft aus; das Ergebnis war ein Rhythmus, bei dem Betonung und unterschiedliche Lautstärke abwechselten, und das ließ die Zuschauer an seinen Lippen hängen. Zum zweiten war Barrymore ein ausgezeichneter Sportler: sein Hamlet wurde durch große Sprünge und unerwartete, blitzschnelle Gesten und Bewegungen lebendig. Zu jener Zeit wurde Shakespeare oft mit einer fast blutarmen Schlaffheit gespielt; Barrymore jedoch ließ Hamlets Seelenkämpfe glaubhaft werden.

Es gab auch noch andere Einflüsse. Die meisten der in London gezeigten Filme wurden aus Amerika importiert (1925 wurden in England nur vierunddreißig Filme gedreht, in den USA jedoch mehr als dreihundert), und für nur wenige Pence konnte Olivier sehen, welche

Schauspieler die vollbesetzten Kinos in Begeisterungsstürme versetzten. Ronald Colman, ein Engländer, der vor kurzem nach Hollywood ausgewandert war, spielte als Partner von Lillian Gish in dem Film *The White Sister*. Er zählte zu den beliebtesten unter der Masse der nach Amerika ausgewanderten Schauspieler (neben Clive Brook, George Arliss und Victor McLaglen), denn er verkörperte die Eleganz des englischen Gentleman. Das amerikanische Idol der Matineevorstellungen, Rod La Rocque (in *Forbidden Paradise*), gefiel sowohl Frauen wie Männern, denn er verfügte über eine eindrucksvolle und überzeugende sexuelle Ausstrahlung. Die Darstellungen eines Douglas Fairbanks (in *Der Dieb von Bagdad*) und eines Lon Chaney (in *Das Phantom der Oper*) führten Olivier eine neue Art von kühner Sinnlichkeit vor und zeigten ihm eine Fülle der Möglichkeiten für Kostüme und kühne Schminkvarianten.

Es lag sehr viel Amerika in der Londoner Luft dieses Jahres. Überall in der Stadt konnte man Lieder wie *Tea for Two, Indian Love Call* und *California, Here I Come* hören, und eine Menge von Amerikanismen verliehen der Sprechweise der britischen Jugend eine besondere Würze. Im Juli 1925 kam der Charleston in einem Tanzsalon in Soho an, und Olivier wurde von einer Mitschülerin überredet, den brandneuen Tanz auszuprobieren. Ihren Namen wissen wir nicht, doch muß sie ein sorgloser Backfisch gewesen sein, und er fand ihr Lachen und ihre Fröhlichkeit ansteckend. Sie tanzten über eine Stunde, bevor das Mädchen am Arm eines älteren Mannes fortging.

Die Zeit der Cocktails und Cabarets war in London angebrochen, man nannte sie die Ära der *Bright Young Things*. Diejenigen, die es sich nicht leisten konnten, Beatrice Lillie oder Sophie Tucker in den *Midnight Follies* im Hotel Metropole anzuschauen oder die Musikbands und Varietévorführungen bei den *Revels* im Piccadilly Hotel mitzuerleben, die fanden ihren Weg zu einer der zahllosen Partys, die unter einem bestimmten Motto veranstaltet wurden. Überall in London schienen Cliquen im ständigen Kampf um die verrücktesten Kostüme und Dekorationen zu liegen: Es gab Wildwest- und Dschungel-Partys, griechische, russische, Nackt- und Baby-Partys. Bei manchen gab es Kokain (das in London zuerst »Schnee« genannt wurde) als Alternative zum Pink Lady Cocktail, und obwohl Drogen nicht illegal waren, erwiesen sich doch einige ihrer Wirkungen als gesetzeswidrig, so daß schon bald die Moralwächter auf den Plan traten, um sich für das Verbot dieses Lasters einzusetzen. Mit all diesen Dingen war Olivier konfrontiert – durch die Menschen, die er im täglichen Gedränge des Nachkriegs-London traf, durch die Lektüre der Zeitschriften

The Era und *The Stage* (die er nach Rollenangeboten durchforstete), durch die Agenten und Produzenten, die er abklapperte, und durch seine gemeinsamen kärglichen Mittagessen mit anderen Schauspielschülern, die ebenso sparsam waren wie er, aber weltoffener. Immer noch besuchte er jeden Sonntag die Kirche von All Saints, wo er oft als Meßdiener fungierte, und Pater Mackay schrieb an Gerard, als er sah, wie mager Larry war; daraufhin traf hin und wieder mit der Post eine Pfundnote von Pater Olivier ein.

Als sein Unterricht an der Central School in der Mitte des Jahres 1925 zu Ende ging, spielte Olivier in einer kurzen Szene aus Pineros *Trelawny vom »Wells«.* Peggy Ashcroft erinnert sich, daß sie sich plötzlich aufsetzte, als hätte sie ihn soeben das erste Mal gesehen, und zu sich selber sagte: »Meine Güte, der Junge kann spielen!« Trotz seiner Ungeschliffenheit war er dynamisch. Olivier und Ashcroft bekamen (was niemanden wunderte) einen Preis der Schule, den Dawson Millard Pokal, benannt nach einem in jener Zeit beliebten Schauspieler. Sie erhielten die Auszeichnung nicht nur für ihre Leistungen im allgemeinen, sondern vor allem für eine entsetzlich amateurhafte Komödie namens *Mr. and Mrs. Inkpen,* was beiden Schauspielern ziemlich peinlich war.

Im Spätsommer oder im Herbst wurde Olivier von dem Produzenten Julian Frank für einen Auftritt in *The Unfailing Instinct* engagiert, ein Music-Hall-Reißer mit der Schauspielerin Ruby Miller. (Der Name des Jungen, den er zu spielen hatte, Armand St. Cyr, hörte sich bei weitem eindrucksvoller an, als die Rolle in Wirklichkeit war, nämlich die eines Fans, der entdecken muß, daß sein großes Idol seine Mutter ist). Nachdem er vier Wochen mit diesem unbedeutenden Stück auf Tournee gewesen war – in Manchester, Liverpool und Brighton –, wurde sein Gehalt von zwei Pfund die Woche leicht angehoben, und dafür durfte er dem Bühnenmeister assistieren und die stumme Rolle des Polizisten in dem Melodrama *The Ghost Train* spielen, einem Stück, das Ruby Miller in London einen großen Erfolg beschert hatte. Olivier konnte keinen solchen Erfolg verzeichnen: Der Theaterkritiker in Brighton erwähnte ihn nur, um auf seinen unfreiwillig dramatischen Auftritt anzuspielen. Ungeachtet aller Warnungen des Bühnenmeisters, vor der erhöhten Schwelle der Kulissentür aufzupassen, machte Olivier aus einer spannenden Szene eine lächerliche Farce, indem er stolperte und gefährlich nahe auf die Rampenlichter zurutschte.

Bei seinem nächsten Engagement ging es ihm nicht besser, obwohl es einen anderen Grund für die Lächerlichkeit und die Kürze seiner Anstellung gab. Im Oktober bekam Olivier eine Stelle in einem bescheidenen Repertoiretheater, das von Lena Ashwell geleitet wurde. Auch sie war eine der unbeirrbaren und unermüdlichen Ladys der englischen Bühne. Wie Elsie Fogerty war sie mütterlich und unterstützte ihn in vieler Hinsicht – doch sollte sich herausstellen, daß sie weniger geduldig war.

Sein Eintritt in die Ashwell-Truppe stand unter glücklichen Vorzeichen. Lena Ashwell, die damals dreiundfünfzig Jahre alt war, erzählte Olivier, daß auch sie ihre Mutter sehr früh verloren hätte und ihr Vater sich spät für ein geistliches Amt entschieden habe. Ihr erster Auftritt war im Jahr 1891 gewesen, und vier Jahre später feierte sie als Elaine an der Seite von Henry Irvings König Arthur Erfolge. Das Theater wurde für Lena Ashwell bald zu einer Mission, und während des Krieges organisierte sie fünfundzwanzig Schauspieltruppen, um die Soldaten zu unterhalten. Dann gründete sie die »Once-a-Week-Players«, um den Daheimgebliebenen gute und preiswerte Unterhaltung in verschiedenen Stadthallen zu bieten. 1924 erwarb sie das Bijou Theatre in Bayswater und gab ihm den Namen »Century« (hier hatte Oliviers Auftritt im *Byron* mit der Lyceum Club Stage Society stattgefunden). Darüber hinaus ließ sie ihre Leute allabendlich für die Armen spielen – in verschiedenen Fürsorgeheimen, öffentlichen Bädern, in Hallen am Hafen und Bürgersälen, an Orten wie Battersea, Ilford, Deptford und Camberwell.

Olivier war von ihrer Hingabe an das Theater beeindruckt, jedoch nicht von der übertriebenen Kargheit ihrer Inszenierungen. Um eine Bühne zu schaffen, wurden Bretter über Schwimmbecken gelegt, in einer nicht beleuchteten alten Schulaula wurden in aller Eile Lichter installiert, Schauspieler mußten in einem Stück mehrere Rollen übernehmen. Schließlich konnte er das ganze Unternehmen nicht mehr ernst nehmen, als er für eine Gruppe von Schuljungen sowohl den Flavius als auch den Antonius in *Julius Cäsar* spielen sollte. Einem Schauspieler rutschten die Hosen runter, die er unter seinem Kostüm trug, und Larry – der offen in das ungebremste Gelächter der Zuschauer einstimmte – verließ einfach die Bühne. Am nächsten Tag rief ihn Lena Ashwell keineswegs belustigt zu sich und bestand darauf, daß er auch die Truppe verließ.

Es bleibt unklar, auf welche Weise es zu dieser neuen Begegnung kam, aber im Dezember 1925 arbeitete Olivier bei Sybil Thorndike und ihrem Mann Lewis Casson, die mit dem Produzenten Bronson Albery

46

im Empire Theatre am Leicester Square Stücke aufführten. Für drei Pfund die Woche spielte er einen Diener in Shakespeares *Heinrich VIII.*, und Carol Reed – der später als Regisseur von Filmen wie *Der dritte Mann* und *Oliver!* berühmt wurde – war sein Nebenmann, als sie Sybil Thorndike, die die Königin Katherine spielte, die schwere Schleppe trugen. Außerhalb des Stückes waren die beiden jungen Männer Rivalen um die Gunst der Darstellerin der Anna Boleyn, Angela Baddeley, die glücklich verheiratet war und die liebeskranken jungen Schauspieler nicht beachtete. »Sie stritten sich wie die Verrückten um Angela«, so die Thorndike. »Ich mußte ihnen immer wieder sagen ›Seid still, ihr zwei, und kümmert euch um eure Angelegenheiten‹.«[34]

Auf der Bühne erfüllte Olivier regelmäßig seine Pflichten, dann und wann unterbrochen von einem amateurhaften Lachanfall, der durch ein verpaßtes Stichwort oder eine ihm absurd erscheinende Textstelle ausgelöst wurde. Außerhalb der Bühne sah es anders aus. Als Assistent des Bühnenmeisters (in solchen Stücken, in denen er auch eine kleine Rolle spielte) ließ er den Vorhang einmal eine ganze Minute zu früh fallen, und er schockierte Bronson Albery (den er nicht erkannt hatte), indem er ihn bat, während der Probe still zu sein. Seine unglaubliche Vernarrtheit, sein Kichern auf der Bühne, seine Nachlässigkeit bei Arbeiten, die ihn langweilten – alles dies waren Anzeichen für seine mangelhafte Reife, was manche seiner Kollegen an der Ernsthaftigkeit seiner beruflichen Ziele zweifeln ließ. Sybil Thorndike zum Beispiel hielt ihn in jener Saison für gänzlich unzuverlässig.

Und doch setzten sie und ihr Mann Lewis (die wie Eltern für Larry waren) ihre Protektion weiter fort. Im März des Jahres 1926 spielte Olivier Orsinos Diener in der Wiederaufnahme von Shelleys Drama *Die Cenci*, ein kurzer Auftritt von siebenundzwanzig Wörtern. Er war zwar froh über das Geld, doch die Rollen waren immer noch keine Herausforderung für ihn, und sein Leben kurz vor seinem neunzehnten Geburtstag erschien ihm wie ein Stillstand. In einem Brief an Dickie in Indien schrieb er, daß er drauf und dran sei, das Theater aufzugeben und sich auf den Weg nach Übersee zu machen.

DRITTES KAPITEL

1927—1930

Zermalm sich der Schulmeister sein Hirn
Mit Grammatik und Pauken und Nonsens;
Guter Schnaps, behaupte ich kühn,
Setzt den Geist in den Stand der Erkenntnis.

Tony Lumpkin, in: Goldsmith, *Irrtümer einer Nacht*

Außerhalb Londons – vor allem in Liverpool, Stratford, Manchester und Birmingham – florierte das System der Repertoire-Theater in England schon vor dem Ersten Weltkrieg. Repertoiretruppen spielten am Montag dieses, am Dienstag jenes, am Mittwoch ein drittes und oft sogar danach noch ein viertes oder fünftes Stück; die auftretenden Schauspieler probten derweil ein weiteres Stück und lernten bereits den Text für ein drittes. Repertoiretheater boten ein großartiges Übungsfeld für einen Schauspieler, hier konnte er sein Gedächtnis trainieren und seine Kenntnisse erweitern; so lernte ein Neuling, während er mit bekannten Schauspielern auftrat, sowohl klassische Rollen als auch neue Stücke kennen.

Barry Jackson, der reiche Erbe des Maypole Dairies Milchimperiums, hatte schon eine Amateurgruppe, die Pilgrim Players, geleitet, bevor er im Februar 1913 das Birmingham Repertoiretheater eröffnete. Jackson überwachte persönlich die Ausstattung des Gebäudes, und er bestand auf einem nah an die Bühne grenzenden, intimen Zuschauerraum, bei dem kein Sitz weiter als fünfundzwanzig Meter von der Bühne entfernt war; neben der Wiederaufführung der üblichen Klassiker unterstützte er ebenfalls die Inszenierung neuer und umstrittener Bühnenwerke. Sein erklärtes Ziel bestand darin, den ästhetischen Sinn des Publikums zu erweitern und zu verbessern... lebenden Autoren eine Möglichkeit zu geben, ihre Stücke auf der Bühne zu sehen und durch die Neuinterpretation der gängigen Klassiker etwas zu lernen; kurz gesagt, der Kunst zu dienen, anstatt die Kunst dem Geschäft unterzuordnen.[1]

George Bernard Shaw, dessen gigantisches fünfteiliges Stück *Zurück zu Methusalem* in Birmingham uraufgeführt wurde (es dauert eine ganze Woche), profitierte von Jacksons Idealismus und nannte das Repertoiretheater einen Ort, an dem »alle wahren Künstler sich glücklich und wie zu Hause fühlten«[2]. Stücke, die dort zur Uraufführung kamen, wurden oft in London und an anderen Orten nachgespielt. Mitglieder der jungen Birmingham-Truppe, die ihren Weg machen sollten, waren Felix Aylmer, Leslie Banks, Gwen Ffrangçon-Davies und Cedric Hardwicke. Noël Coward tauchte im Jahre 1919 kurz dort auf, und unter den Birmingham-Eleven befanden sich Peggy Ashcroft, Edith Evans, Ralph Richardson und Laurence Olivier, den die Gruppe während der Londoner Spielzeit am Kingsway Theatre im Frühjahr 1926 bei sich aufnahm.

Obwohl seine erste Rolle nur klein war, garantierte sie ihm ein Monatseinkommen (sechs Pfund und zehn Schilling pro Woche) und die Zusicherung weiterer Rollen. Oliviers erster Auftritt fand am 7. April statt, und zwar in der Rolle eines fahrenden Sängers in dem Stück *Die wunderbare Geschichte des Heiligen Bernhard* von Henry Ghéon und Barry Jackson, einer Neufassung eines Mysterienspiels. Olivier war beeindruckt von den Ausgaben, in die sich Jackson gestürzt haben mußte, um das dreiteilige Bühnenbild herzustellen – es zeigte Himmel, Erde und Hölle und sah aus wie eine Illumination aus einem mittelalterlichen Stundenbuch.

Gwen Ffrangçon-Davies, die eine Braut spielte, die von ihrem frommen Verlobten verlassen wird, erinnerte sich nicht daran, daß an Oliviers Bühnenpräsenz oder seinem Spiel irgend etwas Besonderes zu finden gewesen wäre[3]; und der Schauspieler Denys Blakelock behielt die deutliche Erinnerung an einen mittelmäßig aussehenden jungen Mann mit schlechten Zähnen, dicht zusammengewachsenen Augenbrauen und einem Schopf aus widerspenstigen Haaren. Blakelock zufolge konnte Olivier von überraschender Offenheit sein. Als sie einmal in einem Restaurant namens Cabin in the Strand saßen, hatte Blakelock seine Hände auf dem Tisch liegen. Olivier schaute sie an und sagte: »Das sind aber komische dicke kleine Hände!«[4] Ebenfalls in der Truppe war eine junge Schauspielerin namens Muriel Hewitt,

50

für die Olivier eine romantische Schwärmerei entwickelte, die unerwidert blieb. Wie schon Angela Baddeley war auch sie verheiratet und gegen seine Verehrung immun.

Die Laufzeit vom *Heiligen Bernhard* wurde Anfang Mai durch den Generalstreik unterbrochen, den schlimmsten von mehr als dreihundert Arbeitskämpfen, die Großbritannien dieses Jahr erschütterten. Um die Sache der Bergarbeiter zu unterstützen, streikte praktisch jede Gewerkschaft am 4. Mai. Londons Busse, Straßen- und U-Bahnen sowie andere notwendige Dienstleistungen wurden von Freiwilligen übernommen und durch die Polizei geschützt; Olivier arbeitete während des Streiks neun Tage lang als U-Bahn-Schaffner auf der Circle Line. Der Streik brachte den bedrängten Bergarbeitern keine Vorteile, und Olivier hielt im Nachhinein diese kurze Arbeitseinlage für eine Art Scherz.

Der Heilige Bernhard wurde am 12. Juni zum letztenmal gespielt, doch hatte Olivier schon eine kleine Rolle in D.T. Davies Stück *The Barber and The Cow* geprobt; hierbei handelte es sich um eine farblose walisische Komödie über einen Dorfbarbier, eine Kuh im Koma und Wahlen auf dem Lande. Das Stück fiel schon bald nach seiner Premiere in Clacton-on-Sea völlig zu Recht in Ungnade. Ralph Richardson, der mit Muriel Hewitt verheiratet war, spielte eine Hauptrolle; auch ihm sollte es in den kommenden Jahren unendlich viel besser gehen.

Richardson, 1902 in Cheltenham geboren, hatte seit 1921 bei Amateurtheatergruppen gespielt. Er und seine Frau (die Kit genannt wurde) kamen 1924 zum Birmingham Repertoiretheater, und schon bald ging er mit Eden Phillpotts' populärer und einträglicher Komödie *The Farmer's Wife* auf Tournee. Im Sommer 1926 erhoffte er sich ein großes Debüt in London, und seine Rivalität mit Olivier um verschiedene Rollen wurde durch dessen offene Bewunderung für Kit noch verstärkt. Richardson hielt seinen jungen Kollegen für einen »naseweisen kleinen Welpen voller Feuer und Energie«, im Gegenzug hielt ihn Olivier für überheblich und anmaßend.[5]

Eines Tages während der Sommertournee mit *The Barber and the Cow* boten Richardson und seine Frau Olivier an, ihn von Clacton nach Bridlington mitzunehmen. Richardson fuhr an diesem besonders heißen Tag mit seinem neuen Morris Cowley, und plötzlich bemerkte er, daß das Kühlwasser kurz vor dem Kochen stand. Während Olivier und Kit fröhlich miteinander plauderten, hielt er an, um das Innenleben des Wagens zu überprüfen. Umgeben von einer Dampfwolke, sah er Olivier auf sich zukommen.

»Ich will dich etwas fragen, Ralph«, sagte dieser unheilvoll.

»Was zum Teufel ist los, Larry?«

»Würde es – würde es dich stören – wenn ich zu Muriel Kit sagte?«[6]

So heikel Olivier sich hier zeigte, wo es um einen Spitznamen ging, so unangenehm rücksichtslos konnte er sein, sobald er am Steuer saß – das sollte Richardson bald klar werden, der selber auch nicht gerade zart besaitet war und noch mit Siebzig auf einem Motorrad durch den Londoner Verkehr tobte. Als Olivier etliche Monate später nach Brighton fuhr, kam er an eine gefährliche Kreuzung ohne Ampel. Anstatt langsamer zu werden, beschleunigte er wie verrückt und schoß, ungeachtet jeglicher Gefahr, über die Kreuzung. »Laurence«, sagte Richardson bedächtig, »niemals – niemals – solange ich lebe, werde ich dir das verzeihen.« Der Fahrer reagierte jedoch munter: »Es ist doch eine bekannte Tatsache, Ralphie, daß, wenn man an einen gefährlichen Punkt kommt, man so schnell wie möglich darüber hinwegkommen muß.«[7]

Die Tournee mit *The Barber and the Cow* dauerte bis in den Herbst hinein, als Olivier die Rolle des liebeskranken Bauernjungen Richard Coaker in *The Farmer's Wife* erhielt (vorher hatte Richardson diese Rolle gespielt). Nachdem er die Rolle etliche Wochen in Brighton und anderswo gespielt hatte, trat Olivier im Dezember zum erstenmal in Birmingham auf. Das ganze Jahr 1927 hindurch blieben seine Lebensbedingungen äußerst bescheiden, denn wie auch der Rest der Truppe erhielt er nur sechs Pfund pro Woche und konnte sich nur ein kleines Zimmer in einer Pension leisten.

Abends und an manchen Nachmittagen spielte Olivier auf der steil ansteigenden Bühne von Jacksons Station Street Theatre, wo er in diesem Jahr in mehr als einem Dutzend Rollen gesehen werden konnte. »Die Vielseitigkeit, mit der ich das Publikum beeindrucken wollte, entwickelte sich nach und nach während dieser ganzen Zeit«, erinnerte er sich später. »Ich wollte nicht von einer Woche auf die nächste wiedererkannt werden.«[8] Das gelang ihm häufig. Egal ob als stummer Statist oder in der Hauptrolle eines klassischen Stückes, Olivier benutzte eine Unmenge verschiedener Stile, Sprechweisen, Kostüme und Masken.

Doch sein nicht zu unterdrückender Sinn für Späße gefährdete etliche Male seine Karriere. Im Januar bekam er zum Beispiel die Rolle eines reichen jungen Mannes mit Monokel und Oxbridge-Akzent in Eden Phillpotts' Komödie *Something To Talk About*, einem Einakter, der von einem Dieb handelt, der am Weihnachtsmorgen in ein Herrenhaus einbricht. Olivier hatte enormen Spaß daran, den geschniegelten Sohn zu spielen, und er konnte der Versuchung nicht widerstehen, kleine Veränderungen in den Text einzubringen. Auf das wütende »Wer seid ihr?« des Eindringlings sollte er antworten »Wir sind Konservative!«. Dies erschien ihm nicht komisch genug, und statt dessen sagte er: »Wir sind Freimaurer, Schaumschläger und Gakkerer!« Der Regisseur, W.G. Fay, war außer sich und verlangte Oliviers Rausschmiß, doch Jackson ließ ihn mit einer kleinen Predigt über professionelles Verhalten davonkommen. In weiteren Rollen dieser Spielzeit verbesserte sich sein Benehmen. Er spielte in diesem Winter einen Narren in Synges religiöser Phantasie *Die Quelle der Heiligen*, einen jungen Romantiker in R.R. Whittakers *The Third Finger*, einen reichen jugendlichen Liebhaber in Murray McClymonts *The Mannoch Family* und einen stummen Statisten in Henry Ghéons *The Comedian*.

Im April 1927 folgten dann zwei Hauptrollen. Um Tschechows Onkel Wanja zu spielen, kleisterte sich Olivier solche Mengen von Schminke ins Gesicht und klebte sich so viele falsche Barthaare an, daß ihn die Kollegen hinter der Bühne zuerst nicht erkannten. Dann trat er als der spöttische, zynische und verlogene Parolles in einer modernen Inszenierung von *Ende gut, alles gut* auf; dies war bei weitem die schwierigste und herausforderndste Rolle, die er bislang erhalten hatte. Obwohl der Mann durch und durch verwerflich ist, werden doch seine Demaskierung und sein Fall zum Schluß von dem Bewußtsein der eigenen Minderwertigkeit begleitet:

> Wäre groß mein Herz
> Jetzt bräch' es! Mit der Hauptmannschaft ist's aus;
> Doch soll mir Speis' und Trank und Schlaf gedeihn,
> Als wär ich Hauptmann; nähren muß ich nun
> Mein nacktes Selbst. Wer sich erkennt als Prahler,
> Der nehm' ein Beispiel dran; es kann nicht fehlen,
> Kein Großmaul weiß sein Eselsohr zu hehlen.
> Verroste, Schwert, und Scham, fahr hin; Glück auf;
> Beginn als Narr den neuen Lebenslauf,
> Denn noch sind Platz und Unterhalt zu Kauf.

Jahre später sagten Kollegen aus Birmingham, daß Olivier, der damals noch keine zwanzig war, den finsteren Humor der Rolle erfaßt habe und daß es ihm gelungen sei, am Ende die Sympathie der Zuschauer für Parolles zu gewinnen, wie es in dem Stück angelegt ist. Im Frühling und Sommer übernahm er kleine Rollen in Beatrice Mayors *The Pleasure Garden* (er spielte einen träumerischen jungen Romantiker in einem Park) und in J. M. Barries *Quality Street* (hier war er der sanfte Ensign Blades, der sich nach einer hübschen Tanzpartnerin sehnt). Die *Birmingham Mail* erwähnt ihn erstmals nach seinem Auftritt als der unbeholfene Landjunker Tony Lumpkin (mit viel Fettschminke und einer wilden Perücke) in *Irrtümer einer Nacht* von Goldsmith; er wurde dafür gelobt, daß er Tony nicht nur als groben Tölpel dargestellt hatte. Mittlerweile war Jackson bereit, Olivier den jugendlichen Liebhaber spielen zu lassen. Am 3. September trat er mit seiner früheren Mitstudentin Peggy Ashcroft in John Drinkwaters *Bird in Hand* auf und spielte den Sohn eines Landadligen, der sich in die Wirtstochter verliebt. Ein Kritiker tadelte ihn sanft dafür, daß er sehnsuchtsvoll die Zimmertür der Geliebten geküßt hatte.[9]

Diese kleine Geste war wohl seine Art, mit der dummen Rolle fertig zu werden, egal ob Hauptrolle oder nicht. Aber der Kuß drückte sicherlich auch seine Gefühle für seine Partnerin aus. Viel später vertraute er Peggy Ashcroft an, daß er ihr einen Heiratsantrag machen wollte, als sie sich gemeinsam zu Besuch in der Wohnung eines Kollegen aufhielten und der Gastgeber sich für einen Moment entschuldigt hatte. Olivier zögerte, das Geräusch der Toilettenspülung verdarb ihm die romantische Stimmung, und die Frage wurde nie gestellt. Peggy erinnerte sich auch an ein Wochenende in Stratford, eine Einladung des Autors von *Bird in Hand*. Nach einem opulenten Abendessen besuchten alle eine Aufführung von *Antonius und Kleopatra* in einem Kino am Ort (das Memorial Theatre war gerade erst abgebrannt). Es sei ein romantisches, aber platonisches Wochenende gewesen.

Später, im September, trat er in Herbert Farjeons und Horace Horsnells Komödie *Advertising April* als Mervyn Jones auf, ein liebeskranker Bewunderer einer Dame namens April Mawne. Mit besonderem Genuß stürzte er sich in die Liebesqual seiner Figur und deklamierte wild:

> Ich fühle, wie sich Hamlet schon gefühlt, als er die Mutter zurechtwies. »Die Tat, die Anmut und Erröten der Bescheidenheit befleckt.« Und dann sagte sie, daß er ihr Herz entzwei gerissen. Und er sagte: »Wirf weg den schlechtren Teil davon, und lebe mit der andren, beßren Hälfte.« Das ist, was ich dir sage – dir – Schauspielerin!… Die ganze Welt ist *nicht nur* Bühne. Und alle Fraun und Männer sind *nicht* bloß Spieler!

»Der einzige Schauspieler, der eine glaubwürdige Figur machte, war Laurence Olivier«, schrieb der Kritiker der *Birmingham Post*.

Olivier legte eine ähnlich aufrichtige Kraft in seine nächste Rolle, die eines zügellosen Mannes in John Galsworthys *The Silver Box*. Als sich der Vorhang hob, sah man Olivier bei seinem langen Monolog im Abendanzug als einen gutsituierten Mann, der betrunken nach Hause kommt. Die Herbstspielzeit beschloß er mit dem Stück *Die Rechenmaschine* von Elmer Rice – seinem ersten amerikanischen Stück – und in Thomas Holcrofts *The Road to Ruin*, einem Stück aus dem 18. Jahrhundert. Zwischen diesen beiden lag sein Auftritt als ein hoffnungsvoller Erfinder und bevormundeter Ehemann in Harris Deans schwacher Komödie *Aren't Women Wonderful!*

Der ständige Wechsel von Auftritten, Proben und Rollenstudium ließ den Schauspielern wenig Zeit für ihr Privatleben. Mit Zwanzig feilte Olivier an seinen schauspielerischen Fertigkeiten, außerhalb der Bühne aber war er immer noch ein linkischer, inzwischen zu groß geratener Chorknabe. Er fühlte sich zu Frauen hingezogen (Angela Baddeley, Muriel Hewitt, Peggy Ashcroft und Jane Welsh, die sechs Monate bei der Truppe war), diese Zuneigung wurde jedoch nicht erwidert. Später sagte er, daß 1927 für ihn ein Jahr voll heftiger sexueller Wünsche war, und er meinte, sich diese nur als Ehemann legitim erfüllen zu dürfen – eine Haltung, die von jungen Männern nicht sehr häufig geteilt wurde.

Darüber hinaus schien sich Olivier zu jener Zeit seiner selbst nicht sicher gewesen zu sein: In der ersten Fassung seiner Memoiren, die er zwischen 1980 und 1981 schrieb, gab er zu, daß die homoerotischen Erfahrungen seiner Schulzeit bis zum Alter von achtzehn, neunzehn andauerten. Und wenn man zu jener Zeit ein Mädchen einlud, machte man ihm nicht notwendigerweise den Hof oder bedrängte es sexuell; so näherte er sich seinem Erwachsenendasein wohl mit einem vor sich selbst unausgesprochenen Konflikt bezüglich seiner wahren Neigungen. Im Nachhinein war es leicht, dies mit nicht erfüllten Begierden und unerwiderten Sehnsüchten zu begründen, und die Frau, die er sich mit Dreiundzwanzig als Ehefrau erkor, schien genauso verwirrt zu sein wie er.

Freundschaftliche Beziehungen, die nicht mit Liebe verbunden waren, wurden schon früh im Jahre 1928 vertieft, als Oliviers Bekanntschaft mit Ralph Richardson zu einer Freundschaft wurde, und zwar während das Birmingham Repertoiretheater in London am Royal Court, Sloane Square, gastierte. Sie entdeckten ihre gemeinsame Ablehnung der Konventionen eines veralteten Schauspielstils und die gemeinsame Vorliebe für lang andauernde Trinkgelage in dem Pub um die Ecke; beide konnten erstaunlich viel Alkohol vertragen. Darüber hinaus verband sie ihre Besorgnis über die allmählich fortschreitenden und inzwischen unübersehbaren Anzeichen von Kits Krankheit. (Schließlich wurde bei ihr eine Gehirnhautentzündung diagnostiziert, an der sie vierzehn verheerende Jahre lang bis zu ihrem Tod 1942 litt.)

Bei seinem ersten Engagement am Court Theatre im Januar 1928 bekam Olivier dieselbe Rolle aus Rices Stück *Die Rechenmaschine,* die er früher schon einmal gespielt hatte; das Stück ist eine expressionistische Anklage gegen das Nachkriegschaos und die Verwandlung des Menschen in eine Maschine. Olivier war besorgt, daß sein britischer Akzent nicht zu der Rolle eines Amerikaners paßte, also rief er Denys Blakelock an, der zu der Zeit im Westend in Sydney Howards Stück *The Silver Cord* zusammen mit der amerikanischen Schauspielerin Clare Eames, Howards Ehefrau, auftrat. Olivier bat Blakelock, ihn nach der Vorstellung mit Clare Eames bekannt zu machen, und er bat sie sogleich, ihm Unterricht im härtesten New Yorker Akzent zu geben. »Larry schaute mich mit dem Blick eines Eroberers an«[10], sagte sie später zu ihrem Mann. Und Olivier hatte Erfolg. Seine Mühen wurden belohnt, seine lässige Bewältigung der amerikanischen Aussprache bescherte ihm das Lob des Theaterkritikers St. John Ervine, der im *Observer* schrieb, daß Oliviers kurzer Auftritt am 9. November das Beste an der Aufführung gewesen sei. Dies war anscheinend das erstemal, daß er besondere Anstrengungen unternahm, um die spezifische sprachliche Färbung zu erreichen, die die Rolle seiner Meinung nach erforderte; von nun an sollte die Suche nach dem richtigen Timbre und der passenden Struktur stets die wichtigste Vorbereitung sein, um die richtige Ausdrucksebene für die Gestaltung seiner Figur zu finden. Dadurch erweiterte er systematisch seine Möglichkeiten in Lautstärke, Stimmfarbe, Akzentuierung und Modulation, und das verlieh ihm die Fähigkeit, eine Vielzahl unterschiedlicher Charaktere und Gefühle mit äußerster Glaubwürdigkeit darzustellen.

Bis 1920 hatten sich die Schauspieler vor allem auf ihre rhetorischen Fähigkeiten verlassen, arbeiteten mit weit ausladenden Gesten und Bewegungen, deren Künstlichkeit häufig eher komisch wirkte. Henry Irving und Herbert Beerbohm Tree, so berühmt sie als Schauspieler im 19. Jahrhundert auch waren, spielten offensichtlich »Theater«. Doch nach dem Zweiten Weltkrieg entwickelte sich ein viel realistischerer, ein mehr situationsbezogener Schauspielstil, der größeren Wert auf die Rolle als auf den Darsteller legte. Ein Grund für diese Veränderung ist bei den Themen und Schauplätzen der aktuellen Nachkriegsstücke zu suchen: Es geht darin um drastische gesellschaftliche Veränderungen, um Nachkriegsinflation, Armut, psychische Krankheit und auch um die Dekadenz des Adels; ein anderer Grund liegt in der freizügigen und äußerst kreativen Grundstimmung jener Jahre. Vor allem jedoch wurde der Trend zu natürlicherer Darstellung von der Mehrheit der Schauspieler selbst getragen. Gerald du Maurier war jener Mann, von dem behauptet wird, er habe sich als erster von der theatralischen Effekthascherei mit der großen Geste abgewandt und einen nahezu unsichtbaren Realismus eingeführt. Seine Kunst bestand gerade darin, seine Kunst verborgen zu halten.

Olivier selbst hat einmal die Ansicht geäußert, daß du Maurier überhaupt nicht spielte, sondern daß er sein ganz alltägliches Verhalten auf der Bühne beibehielt. Über seinen Auftritt in *The Last of Mrs. Cheyney* sagte er viele Jahre später: »Wir glaubten, er verhielte sich ganz natürlich... aber in Wirklichkeit war er ein technisches Genie, weil er diesen Eindruck erweckte.«[11] Raymond Massey, ein Freund von du Maurier, schrieb darüber: »Die sanfte Natürlichkeit seiner Darstellung beruhte auf mühsamer Vorbereitung.«[12] Massey beobachtete den Schauspieler, wie er stundenlang vor einem Spiegel Gesten mit einer Zigarette oder einem Glas in der Hand einübte. »Solche kleinen Dinge fallen mir nicht leicht«, sagte du Maurier selbst.

Sie fielen auch Olivier nicht leicht, der du Mauriers Technik sehr bewunderte. Seit 1928 begann auch er, sehr viel mehr Stunden mit der Vorbereitung zu Hause zu verbringen, und schon bald erschien er bereits zur ersten Probe mit komplett auswendig gelerntem Text und bühnenwirksamen Details, die er sich ausgedacht hatte. Wie schon du Maurier begann auch er bei äußerlichen Dingen wie Stimme, Haltung, Kostümierung und Maske, um sich von dort der inneren Wahrheit der Rolle zu nähern; und bald sollte er du Maurier überholen, was die Breite seines Ausdrucksvermögens, die Tiefe der Darstellung und den Ruhm betraf. So gab auch Olivier die übertriebenen Manierismen der vorigen Generation auf und wandte sich einem mehr realistischen Rollenstudium zu.

Nun kann man Oliviers Technik, ebensowenig wie die von du Maurier, keinesfalls »natürlich« nennen. Alle seine Auftritte bestanden in sorgfältig berechneten äußeren Details; dazu gehörten die mit größter Sorgfalt aufgetragene Schminke, die effektsicher eingeübten Stimmmodulationen und der Nuancenreichtum der Gestik. Das einzig »Natürliche« daran war, daß diese Technik (fast immer) ganz und gar glaubwürdig wirkte und als eine erkennbar menschliche Darstellungsweise den Sieg davontrug, auch wenn sie im Studierzimmer oder gemeinsam mit Regisseuren und Mitspielern erarbeitet worden war. Die

Figuren erwachten zum Leben, und die Emotionen wurden vom Publikum zutiefst mitempfunden. Laurence Oliviers Genie bestand darin, daß er die Bandbreite menschlicher Charaktere und Empfindungen weiter spannte als irgendein anderer Schauspieler seiner Zeit. Er ging weit über Irvings heroische Porträts oder du Mauriers Salonlöwen hinaus.

Am 6. Februar zeigte Jackson *Macbeth* im Royal Court Theatre, und Olivier spielte den Malcolm. Jessica Tandy, die kürzlich ihr Debüt in London gegeben hatte und der Truppe des Birmingham Repertory beigetreten war, erinnerte sich, daß Olivier der einzig Bemerkenswerte gewesen sei: Die Aufführung war unbefriedigend, vermutlich aufgrund der unpassenden modernen Kostüme und des Bühnenbildes.

Schließlich kann man das Stück nicht einfach dadurch in eine andere Epoche versetzen, daß man die Hexen als Londoner Putzfrauen auftreten läßt und aus schottischen Heerführern Gentlemen aus Mayfair macht, die seidene Morgenröcke und Flanellanzüge tragen. Auch die Bankettszene wird nicht glaubhafter, wenn Champagner, Pfirsich Melba und Zigarren gereicht werden. Am 5. März trat Olivier als Martellus auf, einer Figur im fünften Teil von Shaws Epos *Zurück zu Methusalem*, das im Jahr 31 920 spielt. Schon zu dieser Zeit, erinnerte sich die weibliche Hauptfigur Gwen Ffrangçon-Davies, konnte er moderne Texte großartig deklamieren und bewies mehr berufliches und privates Selbstvertrauen.

Danach gab ihm Jackson seine erste Londoner Hauptrolle; er führte eine Neufassung von Tennysons Versdrama *Harold* auf, die am 2. April Premiere hatte. Durch seine schwerfällige Feierlichkeit war das Stück über die Ereignisse des Jahres 1066 schon von der ersten Probe an zum Mißerfolg verdammt. Die farbenprächtigen Bühnenbilder, die durch die Wandteppiche von Bayeux inspiriert waren, stellten das einzig erfolgreiche Element der Aufführung dar. Sogar Oliviers differenziert vorgetragene Monologe (er trug eine lange blonde Perücke) brachten keinen Ausgleich gegenüber der undramatischen Weitschweifigkeit des Textes und Oliviers Unfähigkeit, überzeugend eine heldenhaft-romantische Haltung anzunehmen; immerhin war er nicht einmal einundzwanzig Jahre alt.

Am 30. April bekam er die viel kleinere Rolle eines Lords in der modernen Inszenierung *Der Widerspenstigen Zähmung*. Nach einem kurzen ersten Auftritt mußte Olivier mit ein paar anderen Schauspielern ein »Publikum« in der Bühnenloge spielen. Von der ersten Aufführung an beschloß Olivier, sich einen Spaß auf Kosten seines Kollegen Ralph Richardson zu machen, der den komischen Diener Tranio darstellte. Zunächst versuchte er durch völlig unpassende Grimassen und Gesten Richardson »zur Leiche« zu machen – er sollte auf der Bühne lachen und dadurch die eigene Rolle »umbringen«. Olivier winkte ihm zu, flüsterte mit anderen, streckte die Zunge heraus oder stellte sich schlafend, sobald Richardson zu sprechen begann – nichts von alledem beeinflußte den Schauspieler in seinem Auftreten, denn er vermied es, Olivier ins Gesicht zu sehen. Schließlich blieb der Unheilstifter absolut still sitzen, stellte sich todernst und beobachtete Richardson mit gespannter Aufmerksamkeit, bis dieser vor Angst die Nerven verlor und sich doch zu Olivier umdrehte, der denselben eingefrorenen, ernsthaften Gesichtsausdruck beibehielt. Das war zu viel: Richardson und die Zuschauer brachen in schallendes Lachen aus.

Als Olivier am 21. Mai einundzwanzig Jahre alt wurde, war er trotz der Hauptrolle in *Harold* immer noch ein unbekannter Repertoireschauspieler, der nur ein gelegentliches Nicken der Anerkennung von einem der vierzig oder fünfzig täglich schreibenden Theaterkritiker in London erhielt. Um seine Aussichten zu verbessern, arbeitete er nun mit einem Agenten namens Peacock, der die Büros der Geldgeber durchstreifte, mit Theaterleitern telefonierte und einflußreiche Kontakte ausschlachtete, stets in der Hoffnung auf gehaltvolle Hauptrollen. In diesem Frühjahr zog sich Olivier aus Jacksons Repertoiretruppe zurück.

»Natürlich wollte ich Schauspieler im Westend sein«, sagte er viel später, »natürlich wollte ich Geld verdienen. Ich wollte unbedingt heiraten, ich wollte alle Statussymbole, die der Erfolg mit sich bringt – sie waren genauso verlockend für mich wie für jeden anderen.«[13] Er wollte, mit anderen Worten gesagt, »nach oben kommen«. Doch die Erfolgsleiter ließ sich nicht so leicht erklimmen, und schon bald war er im wahrsten Sinne des Wortes ohne einen Penny. Eines Tages traf er Evelyn Light, als er gerade aus seiner kleinen Wohnung in der Margret Street kam. Als sie sah, daß er ganz blaß, mager und niedergeschlagen war, lud sie ihn sofort zum Essen ein; es war seine erste Mahlzeit seit einer Woche, sagte er ihr.

Kurz darauf hörte Olivier davon, daß Patrick Susands, der in der Londoner Wiederaufnahme des Stücks *Bird in Hand* auftrat, ausscheiden würde und das kleine Royalty Theatre in der Dean Street dringend einen Ersatz suchte. Gegen Ende Juni war er auf der Bühne zu sehen, diesmal mit einer Schauspielerin namens Jill Esmond. Mit ihren zwanzig Jahren war sie eine recht zurückhaltende Brünette, eher attraktiv als schön und mit ernsthaften Wesenszügen. Sie kam aus einer alten Theaterfamilie, und ihre berufliche Karriere übertraf die seine bei weitem. Sie hatte keine der Allüren, die andere junge Frauen aus berühmten Familien oft haben, und sie war weder ein sorgloser Backfisch noch von gespielter Schüchternheit. Ihre Zurückhaltung gegenüber dem anderen Geschlecht ähnelte der Oliviers.

Jill Esmond Moore, wie sie sich manchmal gern nannte, war die Tochter der Schauspielerin Eva Moore und des Schauspielers und Bühnenautors Henry Vernon Esmond, der seinen wahren Nachnamen Jack schon zu Beginn seiner Laufbahn aufgegeben hatte. Jill hatte an der Royal Academie of Dramatic Art studiert, und nach ihrem Debüt als Federchen in *Peter Pan* spielte sie regelmäßig in London oder auf Tourneen; ihre bemerkenswertesten Auftritte hatte sie in Noël Cowards *Heufieber* und Sutton Vanes *Outward Bound*. Als sie Olivier traf, lebte sie noch immer mit ihrer verwitweten Mutter in demselben Haus, in dem sie geboren wurde, einer Pseudo-Tudor-Maisonette in Whitehead's Grove in Chelsea.

Es ist schwer zu sagen, ob Olivier die ironische Beziehung zwischen seiner eigenen Person und seiner Rolle in *Bird in Hand* sah, aber es wurde bald deutlich, daß er die Handlung auch außerhalb der Bühne weiterführen wollte, jedoch mit vertauschten Rollen. Er war nun nicht der hochwohlgeborene Sohn eines Edelmanns, der einer armen Wirtstochter den Hof macht, sondern er stellte sich als armen Lehrling vor, der entschlossen ist, das Kind berühmter Eltern zu heiraten. Er hatte sofort entschieden, daß für ihn keine bessere mehr in Frage käme, und da ihr Ruf gut war und er unbedingt heiraten wollte, wählte er Jill Esmond. Sie jedoch blieb ihm gegenüber entschieden ablehnend. Als er sie nach etlichen bescheidenen gemeinsamen Essen bat, Mrs. Olivier zu werden, lächelte sie und lehnte höflich ab; sie schlug nur vor, daß man sich vor einem solchen Schritt erst besser kennenlernen sollte. Er beschloß, dies ganz einfach für eine weibliche Laune zu halten, und verstärkte seine Bemühungen, als eine gute Partie aufzutreten. Unter ihrer freundlichen Anleitung unternahm er während der nächsten Monate etliche wichtige kosmetische Veränderungen; er zupfte seine buschigen Augenbrauen, legte sich eine Brillantine-Frisur zu, wie sie die Filmschauspieler dieser Tage trugen, und unterzog sich einer größeren Zahnbehandlung, bei der er seine Zähne richten und säubern ließ. Zur gleichen Zeit stellte er sich bei Jills Mutter vor, die ihn unterhaltsam und akzeptabel fand, denn Eva Moore lag viel daran, daß ihre Tochter einen guten Ehemann fand – am liebsten einen Theaterkollegen, wie sie sich selbst zu ihrer Zeit einen ausgesucht hatte.

Die Spielzeit von *Bird in Hand* dauerte den ganzen Herbst, und außerdem trat Olivier in einer einzigen Aufführung von *The Dark Path* auf, einem aufgeblasenen Kostümdrama, das im Japan des 19. Jahrhunderts spielt. Im Dezember war er wieder arbeitslos, jedoch gab es in der Londoner Theaterwelt begründete Vermutungen, daß der Produzent und Regisseur Basil Dean ein großes Projekt plante – eine Bühnenfassung von P. C. Wrens Roman *Beau Geste*, der erst kürzlich mit Ronald Colman erfolgreich verfilmt worden war. Jeder wußte, daß Dean ganz London durchkämmte, um einen überzeugenden Hauptdarsteller zu finden, denn Brian Aherne, der zuerst zugesagt hatte, lehnte dann doch ab, weil ihm das Textbuch nicht gefiel. Olivier gehörte zu einem ganzen Dutzend von Schauspielern, die darauf hofften, die Rolle zu erhalten, und so entschied er sich, eine Hauptrolle für zwei Aufführungen in einem Theaterclub anzunehmen. Das Stück hieß *Die andere Seite*, und jedermann dachte, es würde still und leise wieder von der Bühne verschwinden; das sollte aber nicht geschehen, bevor nicht sicher war, daß Basil Dean eine der geplanten Vorstellungen besuchen würde. Für seinen Auftritt in *Die andere Seite* gab Olivier sich alle Mühe, Ronald Colmans Erscheinungsbild in *Beau Geste* sorgfältig nachzuahmen; er ließ sich einen strammen Schnurrbart stehen und scheitelte sein Haar mit Brillantine, wie Jill es ihm geraten hatte.

R. C. Sherriff, der Autor des Stückes, war ein Kaufmann, der all den Schmerz und die Frustrationen, die er in den Schützengräben des Ersten Weltkrieges erlitten hatte, in *Die andere Seite* hatte einfließen lassen. Das Stück verherrlichte nichts; wie auch *Im Westen nichts Neues* war es eine bittere und scharfe Anklage gegen den Krieg. Im Jahr 1928 rechnete ihm kein Regisseur oder Schauspieler irgendeine Chance für einen kommerziellen Erfolg aus, denn man hielt das Stück für entschieden zu schrecklich. Als sich am 9. Dezember der Vorhang des Apollo Theatre hob, war ein Schützengraben zu sehen, in dem sich die ganze weitere Handlung abspielte. Olivier spielte den Captain Stanhope, einen vormals idealistischen Soldaten, der mittlerweile alkoholabhängig geworden war, um seine Nerven zu beruhigen und um mit seiner Todesangst fertig zu werden. In der Rolle eines jungen Soldaten sah man Maurice Evans, der ebenfalls hoffte, in *Beau Geste* auftreten zu können.

In seinen Memoiren und späteren Interviews hielt Olivier an der Version fest, daß Dean gleich nach der Montagsmatinee von *Die andere Seite* zu ihnen kam und Evans bat, die gemeinsame Garderobe zu verlassen, da er ihn nicht verletzen wollte, um dann Olivier die Rolle des

Beau Geste anzubieten. Evans und anderen zufolge erschien Dean jedoch mit zwei Textbüchern: Er wollte Olivier für die Hauptrolle und Evans für die Rolle des Bruders haben. Evans glaubte an eine Zukunft für *Die andere Seite* (und wollte nicht so bald wieder in einer kleineren Rolle neben Olivier auftreten müssen), so daß er das Angebot ablehnte. Olivier, der als Stanhope nur höflichen Applaus geerntet hatte (manche Kritiker hielten ihn für zu überschwenglich), nahm das Angebot für *Beau Geste* auf der Stelle an.

Bald dachte er jedoch anders darüber, denn Basil Dean ähnelte oft einem schreienden Hauptfeldwebel. Madeleine Carroll, die weibliche Hauptrolle, brach oft in Tränen aus, wenn Dean während der Proben Beschuldigungen und Flüche herausschrie, und auch Olivier war den Tränen nahe, wenn die Schauspieler nach einem Zehn-Stunden-Tag mit Text- und Kostümproben einzeln an die Reihe kamen, seine wüsten Beleidigungen anzuhören. Die ganze Truppe hatte Angst vor Dean, und genau dies schien seine Absicht gewesen zu sein, um sich ihrer Aufmerksamkeit zu versichern und ihr Durchhaltevermögen zu testen. Alle Männer wurden jeden Morgen zu einem zweistündigen zermürbenden Sportunterricht gezwungen, gefolgt von einem einstündigen Marsch. Danach folgten acht Stunden Proben sowie eine Stunde, in der Soldatenlieder und Militärmärsche gesungen wurden. Wer bei nur einer dieser Übungen fehlte, wurde hinausgeworfen.

Dean verlangte, daß alles in *Beau Geste* authentisch sein sollte. Bei sämtlichen Proben mußten schwere genagelte Armeestiefel getragen werden, und Uniformen der Fremdenlegion waren aus Frankreich importiert worden – deren Beliebtheit wurde auch durch regelmäßige Entlausung nicht größer. In der Zwischenzeit stand am 21. Januar 1929 *Die andere Seite* am Savoy Theatre wieder auf dem Spielplan. Colin Clive hatte Oliviers Rolle übernommen. Nachdem der amerikanische Schauspieler und Produzent Maurice Browne genug Mittel für diese Wiederaufnahme hatte auftreiben können, begann eine erfolgreiche Spielzeit mit sechshundert Aufführungen; schon bald wurde das Stück von Ensembles in New York und in aller Welt gespielt.

Am 30. Januar wurde das schwerfällig überladene, ungeschickt zusammengeschriebene Stück *Beau Geste* im His Majesty's Theatre uraufgeführt. Dean war es nicht gelungen, schrieben die Kritiker, eine zusammenhängende Geschichte über die drei Geste-Brüder und ihre Unternehmungen im Wüstenkrieg unter französischer Flagge zu erzählen. Der Text troff vor Sentimentalität und erinnerte eher an ein Kindermärchen als an ein glaubhaftes Porträt von Legionären. Die letzte Szene, in der Oliviers Figur Beau von seinen Brüdern verbrannt wird, setzte der schrecklichen Premiere die Krone auf. Als der Rauch von einem kleinen, in der Nähe entfachten Feuer aufstieg, sprang der Feuerwehrmann des Theaters, der neu war und das Stück nicht kannte, auf und ließ den Eisernen Vorhang herunter, der lautstark auf die Bühnenbretter krachte. Nachdem er wieder hochgezogen worden war und die Schauspieler sich auf der Bühne versammelten, um ihren Applaus entgegenzunehmen, war His Majesty's Theatre leer. Einen Monat später wurde das Stück abgesetzt, denn die Londoner Kritiker und das Publikum waren nicht willens, den »langweiligen Edelmut«, wie es die *Times*[14] nannte, zu ertragen. Ebensowenig konnten die riesigen Bühnenprospekte und die technischen Zaubertricks einen Ersatz für überzeugende Charaktere im Drama bieten. »Olivier wird von seiner kränklichen Rolle und dem Gewicht der Bühnendekorationen erdrückt«, schrieb der Kritiker Charles Morgan[15]. Nach neun Produktionen in London war Oliviers Bühnenkarriere auf Eis gelegt, wo sie für fünf Jahre bleiben sollte.

Basil Dean konnte ihn noch einmal unterbringen, so daß Olivier am 14. März wiederum in einem exotischen Spektakel auftrat, im *Kreidekreis* von James Laver, einer auf Klabund beruhenden Nacherzählung jener chinesischen Geschichte von einem Prinzen (Olivier), der ein fälschlich eines Verbrechens angeklagtes Mädchen rettet. Die aufgeblasene Chinoiserie, schlecht sitzende Kostüme und ein übler Fall von Halsentzündung am Abend der Premiere konnten dem glücklosen Olivier nicht gerade weiterhelfen.

Zum Glück war Jill nicht am New Theatre, um sein Unglück mitanzusehen. Sie war nach New York gefahren, um dort am 4. April ihr Debüt in dem Dauerbrenner *Bird in Hand* zu geben. Während ihrer Abwesenheit – schließlich waren sie noch nicht offiziell verlobt – ging Olivier mit Betty Chester aus, die als Sängerin und Tänzerin im Komödienfach bekannt geworden war. Sie spielte in einer alljährlichen Revue-Serie namens *The Co-Optimists*, die in diesem Jahr im Juli begann und siebzehn Wochen lang gespielt wurde. Doch Betty Chester, die zwölf Jahre älter war, zeigte kein Interesse, denn Olivier sprach andauernd von Jill. Ihre Abwesenheit schien seine Liebe zu vertiefen.

Ende April spielte er an der Seite von Herbert Marshall und Edna Best eine Nebenrolle in Philip Barrys Komödie *Paris Bound*, im Juni den Liebhaber einer Tänzerin in dem langweiligen Stück *The Stranger Within*. Beide Stücke hatten nur eine kurze Laufzeit, und so ist es nicht verwunderlich, daß Olivier sofort ein Angebot für sein Debüt in Amerika annahm. Der Schauspieler Frank Voster spielte die Hauptrolle bei den Londoner Aufführungen seines eigenen Stücks *Murder on the Second Floor*, wollte aber nicht selbst auf Tournee gehen. Der New Yorker Produzent A.H. Woods zahlte zehn Wochen lang eine garantierte Wochengage von fünfhundert Dollar, und am 10. August ging Olivier – von Voster selbst für die Rolle empfohlen – an Bord der Aquitania.[16]

Er hatte seine Ankunft vor Jill geheimgehalten, und sein unerwartetes Erscheinen in ihrer Garderobe nach einer Woche war wohl nicht völlig unwillkommen, denn schon nach wenigen Tagen hatte er ihr erneut einen Heiratsantrag gemacht. Diesmal nahm sie ihn an, unter der mysteriösen Bedingung eines Aufschubs von einem Jahr. Wäre Olivier nicht so sehr an einer Heirat interessiert gewesen und gleichzeitig so unsicher bezüglich seiner finanziellen und sexuellen Verantwortung, hätte er wohl das Gefühl gehabt, daß ihn ihre Bedingung in eine andere Rolle drängte: die des verlorenen Helden eines verlorengegangenen Märchens der Brüder Grimm, des Liebhabers, der ständig von der Geliebten abgewiesen wird. Trotzdem gab es keinen greifbaren Grund für ihn, sich über Jill zu beschweren, denn sie verlangte nichts weiter von ihm als die Verschiebung des Aufgebots.

Murder on the Second Floor wurde am 11. September im Eltinge Theatre zum erstenmal gegeben, Olivier spielte die Rolle des Bühnenautors, der eine Mordgeschichte erfindet, um seine Geliebte zu beeindrucken: Die Geschichte, die er erzählt, wird auch gespielt, wobei alle Nachbarn eine Rolle übernehmen. Das New Yorker Publikum war nicht beeindruckt, und auch Olivier machte keinen besseren Eindruck als das Stück: Ein Kritiker hielt fest, daß Olivier »mit einer stellenweise gefährlichen Anlehnung an Alfred Lunt«[17] spielte, während ein anderer seine »engagierte und geradlinige Art zu spielen«[18] hervorhob, was etwa genauso begeistert klang wie die Kritiken, die er zu Hause bekommen hatte. Wie zu erwarten war, wurde das Stück nur fünf Wochen gespielt.

Die restlichen fünf Wochen bedeuteten also bezahlten Urlaub, da Jill aber noch Vorstellungen hatte, waren ihre Treffen auf Tagesausflüge beschränkt. Um in seinem Hotelzimmer Gesellschaft zu haben, nahm Olivier einen Straßenköter bei sich auf, doch mußte er das arme Tier wieder aufgeben, nachdem es süchtig nach »Badewannengin« geworden war: Die Direktion des Algonquin war bekannt dafür, daß sie aus Tradition exzentrische Gäste willkommen hieß – auch solche, die ihren eigenen Whiskeyvorrat während der Prohibition mitbrachten – jedoch ein Hund, der regelmäßig in der Lobby oder im Aufzug in Ohnmacht fiel, das war zu viel. Als der Börsenkrach Ende Oktober den Beginn der großen Depression einläutete, was sofort die allgemeinen Lebensbedingungen in der New Yorker Gesellschaft beeinflußte, sagte Olivier Jill Adieu und ging an Bord der schlichten Lancastria, die nach Southampton fuhr. Im November pendelte er bereits täglich zwischen einer kleinen Wohnung in Notting Hill und den Proben für seine Rolle in Frank Harveys übertrieben gefühlvollem Melodrama *The Last Enemy*; er spielte einen Piloten, der wegen eines Bombentraumas den Dienst quittiert. Das Stück, das am 20. Dezember zur Uraufführung kam, lief zehn Wochen lang. Daraufhin begannen die Proben für eine einwöchige Aufführungsreihe im März am Arts Theatre, wo Olivier in John van Drutens künstlich-gefühlvollem Familienmelodram *After All* den spröden Künstler Ralph spielte.

Sein Unvermögen, sich Hauptrollen zu verschaffen, die andauernden Auftritte in zum Untergang verurteilten Stücken und die ungenügende finanzielle und emotionale Grundlage für eine baldige Heirat – all diese Probleme kamen zu Beginn des Jahres 1930 zusammen, um das Ego des Zweiundzwanzigjährigen zu bedrohen. Er konnte sich des Erfolgs nicht sicher sein, und er hätte nach wie vor keinen Grund nennen können, warum er seinem Bruder Dickie nicht nach Indien hätte folgen sollen. Angst und Unsicherheit führen oft zu einer intoleranten und überheblichen Art anderen gegenüber, und in kaum einem Bereich ist dies besser zu verstehen als beim Theater, denn dies ist ein Berufsstand, in dem selbst in besten Zeiten nur ein geringer Prozentsatz seiner Angehörigen beschäftigt werden kann. 1930 kam nur eine glückliche Minderheit dazu, in Publikumsrennern wie *Die andere Seite*, Cowards *Bitter Sweet* oder Shaws *Der Kaiser von Amerika* zu spielen. Unter diesem Gesichtspunkt kann man eine epidemische Unsicherheit leicht verstehen, gegenüber der auch Olivier nicht immun war, wie sein Schauspielerkollege Denys Blakelock sich erinnert. Blakelock fuhr seinen Freund zu einer Verabredung, während die Proben für *After All* andauerten, und Olivier sagte: »Ich habe dich für die Hauptrolle vorgeschlagen, aber John sagte: ›Denys ist ein sehr guter Schauspieler, aber er hat nicht das Zeug zu einem Star.‹«[19]

Im Frühjahr 1930 bekam Olivier ein Filmangebot, das er unverzüglich annahm, da er Geld brauchte. Trotz der allgemeinen Ablehnung von Filmaufnahmen durch die Bühnenschauspieler waren schon Künstler wie Ivor Novello, Isabel Jeans, Malcolm Keen und Sara Allgood auf der Leinwand erschienen, und in diesem Jahr bekam Herbert Marshall die Hauptrolle in Alfred Hitchcocks frühem Tonfilm *Murder!*, während George Arliss mit der Hauptrolle in dem Film *Disraeli* dazu beitrug, dem Image des britischen Filmschauspielers Würde und Ansehen zu verleihen.

Die britische Filmgeschichte blickte auf eine wechselvolle Vergangenheit, seitdem der erste »kinematoskopische Saal« in der Oxford Street im Jahr 1894 eröffnet worden war. Zwei Jahre später wurden erzählende und »wirkliche« Filme (mit Amateurdarstellern) in jeder größeren Music Hall des Landes gezeigt. Das neue Medium blieb eine Neuheit, bis im Jahre 1908 Godfrey Tearle in seinem Film *Romeo und Julia* zum erstenmal britische Bühnenschauspieler – darunter auch Tearle selbst – auf die Leinwand brachte. Herbert Tree erhielt drei Jahre darauf die fürstliche Summe von eintausend Pfund für sein Auftreten in einer Filmversion von *Heinrich VIII*. Vor dem Ersten Weltkrieg existierten in England dreiundfünfzig größere Produzentenfirmen, und Berufsschauspieler traten oft in Filmen auf: Man hielt die Arbeit im Vergleich zum Theater für leicht und lukrativ, und die Akteure waren froh, eine (wenn auch stumme) Aufnahme von ihren Auftritten zu haben. 1916 gab es über viertausend Kinos in England, die pro Jahr etliche Millionen Eintrittskarten verkauften.

Der Krieg jedoch schädigte das Gewerbe schwer, reduzierte die verfügbaren Talente und beschränkte die erforderlichen Materialien; 1926 stammten weniger als fünf Prozent aller gezeigten Filme aus dem eigenen Land. Das mit günstigen wirtschaftlichen, geographischen und klimatischen Bedingungen gesegnete Hollywood produzierte Filme, die den Weltmarkt beherrschten; viele britische Talente wanderten in die Vereinigten Staaten aus. Die britischen Produzenten waren oft gezwungen, amerikanische und deutsche Schauspieler und Techniker ins Land zu holen.

Als Reaktion auf die Krise des Jahres 1927 war der Cinematograph Films Act verabschiedet worden, der besagte, daß ein bestimmter Prozentsatz der in Großbritannien gezeigten Filme von britischen Firmen produziert sein mußte – eine Quote, die bis zum Jahr 1935 auf 20 Prozent erhöht werden sollte. Trotzdem wurde das Land von amerikanischen Filmen überschwemmt, und überall in Großbritannien wurde jede Woche ein neues Kino mit dreitausend Plätzen eröffnet. Die Filmstudios fühlten sich zwar vom Gesetz geknebelt, aber sie waren daran interessiert, Material für die neuen Filmpaläste zu liefern; also zogen sie alle Trickregister, meldeten die Firma in London an und koproduzierten einfach an anderen Orten, vielfach in Zusammenarbeit mit der aufstrebenden deutschen Filmindustrie in Berlin, wo die technischen Möglichkeiten weitaus besser waren. Für eine solche englisch-deutsche Koproduktion engagierte Erich Pommer Laurence Olivier.

Am 7. April startete Olivier vom Flugplatz Croydon aus und landete nach acht Stunden, mit Zwischenlandungen in Rotterdam und Hannover, in Berlin. Der Film, der den Titel *The Temporary Widow* bekam und auf dem Stück *Hokuspokus* von Curt Goetz basiert, zeigt Olivier als einen Künstler, der seine eigene Ermordung vortäuscht, um mehr Aufmerksamkeit für seine Arbeiten zu gewinnen. Während der dreiwöchigen Filmaufnahmen (für die Olivier dreihundert Pfund erhielt) besuchten Olivier und seine Kollegen die Berliner Oper und gingen zu einem Maibowlenfest, das in einem Seehotel außerhalb der Stadt stattfand. Am 18. Mai war Olivier wieder in London und brannte darauf, die lukrative Filmarbeit fortsetzen zu können.

Er brauchte nicht lange darauf zu warten. Mitte Juni arbeitete er in den Twickenham Studios bei London und spielte dort einen reichen Playboy in der Kriminalkomödie *Too Many Crooks*. Obwohl Olivier nur vier Abende drehte und das Endprodukt keine vierzig Minuten dauerte, erhielt er eine günstige (oder sogar begünstigende) Erwähnung im Fachblatt *The Bioscope*: »Sollte seine zukünftige Arbeit denselben Standard erreichen, den er hier vorgegeben hat, dann ist ihm sein Auftritt in einer Hauptrolle eines anspruchsvolleren Filmprojekts sicher.«[20] Viel wichtiger jedoch war es, daß *Too Many Crooks* Olivier einen Freund fürs Leben bescherte.

Laurence Evans[21] war als Tontechniker in Twickenham tätig, als er im Juni 1930 Laurence Olivier kennenlernte. Die Studios wurden Tag und Nacht gebraucht, und der technische Stab arbeitete in zwei Schichten, so daß rund um die Uhr Filme hergestellt werden konnten. Der junge Tonmann Evans war der Nachtschicht und damit den Aufnahmen für *Too Many Crooks* zugeteilt worden, und er trug die Verantwortung für die Tonaufzeichnungen der Dialoge. Er erinnert sich daran, daß Olivier freundlich und nicht überheblich war und eine bemerkenswerte Geduld aufbrachte, wenn es darum ging, Dialogpassagen nachträglich noch einmal aufzuzeichnen, die bei der Filmaufnahme nicht deutlich genug herausgekommen waren – was zu den gängigen Problemen im ersten Jahr des britischen Tonfilms gehörte. Die beiden Männer erledigten ihre Arbeit anscheinend ausgezeichnet, denn *The Bioscope* kommentierte wohlwollend: »Alle Stimmen wurden perfekt aufgenommen, kein einziges Wort ging bei der Produktion verloren.« Die Freundschaft zwischen Olivier und Evans überdauerte die nächsten sechzig Jahre und führte sogar zu gemeinsamen kreativen und geschäftlichen Unternehmungen. Oft begrüßten sich die beiden mit den Worten »Und was hast du seit *Too Many Crooks* getan?«

Die Filmaufnahmen fanden nachts statt, aber Olivier kam auch tagsüber nicht zum Schlafen. Am Morgen des 18. Juni war er bei Noël Coward eingeladen, der ihn im Bett empfing, wo er gerade frühstückte. Olivier war von Cowards lässiger Eleganz beeindruckt, ebenso von seinem Witz, seinem genialen Stil und seinen teuren Seidenpyjamas. Der Bühnenautor überreichte ihm eine Tasse Kaffee und ein Manuskript.[22]

Coward hatte gerade sein Stück *Intimitäten* fertiggeschrieben, in dem er und seine berühmte Freundin Gertrude Lawrence bald die Hauptrollen spielen würden – als das kurios-witzige Paar Elyot und Amanda, ein geschiedenes Ehepaar, das sich zufällig auf der Hochzeitsreise mit dem jeweils neuen Ehepartner wiedertrifft und feststellt, daß ihre alte Liebe – so problematisch sie gewesen sein mag – nicht auszulöschen ist. Der Handlungsfaden war dünner als das Papier, auf dem die Geschichte geschrieben war, doch die Dialoge sprühten von einem brillanten, scharfen Humor; Elyot und Amanda waren unzweifelhaft als typische Vertreter jener Champagner-und-Morgenrock-Gesellschaft der High Society der dreißiger Jahre zu erkennen.

Coward suchte zwei attraktive Schauspieler für die Rollen von Victor und Sybil, jenen glücklosen Jungvermählten, die auf der Strecke bleiben, nachdem die anderen beiden wieder zueinander finden. Coward räumte ein, daß diese Figuren nur Staffage neben dem Paar in der Hauptrolle blieben, doch hatte Adrianne Allen, die Frau von Raymond Massey, zugesagt, die Sybil zu spielen. Und da Coward der Ansicht war, daß nur ein attraktiver Schauspieler einen Langweiler darstellen sollte, fragte er Olivier, ob er den Victor spielen wollte. *Intimitäten* würde ein Triumph werden, sagte Coward ganz ohne Arroganz, und wäre für Olivier eine gute Auftrittschance; außerdem brächte es ihm fünfzig Pfund die Woche, eine ganz hübsche Summe in jener Zeit. Zu Cowards Überraschung sagte Olivier, er würde die Hauptrolle vorziehen, aber da mittlerweile sein Hochzeitstermin mit Jill feststand – der 25. Juli –, brauchte er diesen Job. Die Proben für *Intimitäten* begannen zu Anfang dieses Monats. Es war eine Zeit, die jede Menge Gefühlsverwicklungen auf und hinter der Bühne mit sich brachte, denn Noël Coward hatte sich in Laurence Olivier verliebt.

Viertes Kapitel

1930–1933

Victor:
Weißt du, daß ich in deiner Nähe
ziemliche Angst vor dir habe?
Amanda:
Das kann ja heiter werden.

Noël Coward, *Intimitäten*

Der dreißigjährige Noël Coward, groß, schlank und aristokratisch, spielte seit seinem zwölften Lebensjahr Theater und inszenierte selbst, seitdem er zwanzig war. Als er Olivier zu einem Morgenkaffee in sein Haus an der Gerald Road in Belgravia einlud, war er bereits fest etabliert als ein Meister des Theaters, als Autor von gescheiten Dramen *(The Vortex, Easy Virtues)* und brillanten Komödien *(Fallen Angels, Heufieber)*, als Komponist von Liedern für seine Stücke und als Librettist für seine Lieder. Ebenso überwachte er alle seine Produktionen bis in die letzten Feinheiten, oft führte er selbst Regie; und er war der absolut beste unter den führenden Darstellern. Aber es sollten noch größere Erfolge auf ihn zukommen, mit *Intimitäten* begann seine Glückssträhne.

Coward, vor allem mit intelligentem Witz gesegnet, war schlagfertig auf dem Papier und ein ebenso schneller Kontrahent bei Rededuellen. Als der König und die Königin einmal eines seiner Stücke besuchten, erhob sich das Publikum von seinen Plätzen, um bei ihrem Einzug in die königliche Loge zu applaudieren. »Was für ein Auftritt!« flüsterte Gertrude Lawrence, als sie mit Coward in den Kulissen wartete. »Was für eine Rolle!«[1], erwiderte er.

Coward war zwar aristokratisch, aber dennoch sehr offen, er haßte Verstellungen, und mit seinen Stücken kämpfte er heftig dagegen an. Auf den Brief eines Geschäftsmannes, dessen Briefpapier die Kopfzeile trug »Vom Schreibtisch des...«, schrieb er zurück: »Lieber Schreibtisch des...«[2] Einmal suchte ihn ein ausnehmend sarkastischer Kritiker nach dem Auftritt in einem Stück eines anderen Autors hinter der Bühne auf und teilte Coward mit: »Ich habe immer schon gesagt, daß Sie besser spielen als schreiben.«[3] Und ohne Pause fiel Coward ein: »Und ich habe schon immer dasselbe über Sie gesagt.« Zu alledem war Coward ein überzeugter und hundertprozentiger Homosexueller.

Während die Proben von *Intimitäten* in jenem Sommer gut vorangingen, wurde jedem in der Truppe deutlich, daß sich eine zuneigungsvolle und symbiotische Bindung zwischen dem Schauspieler und seinem Regisseur und Autor entwickelt hatte. Olivier beherrschte seinen Text schon bei der ersten Leseprobe, er war eine ausnehmend gutaussehende Erscheinung, und dank des Geldes, das er für seine zwei Filme erhalten hatte, kleidete er sich auch modisch. Er nahm Ratschläge von Coward gern an, bewunderte dessen Charme und Intelligenz und fragte ihn sowohl bei beruflichen als auch bei privaten Sachen um Rat.[4]

Coward, der nur acht Jahre älter war, stellte sich bereitwillig als Mentor zur Verfügung. Als Olivier zugab, daß er außer den Stücken, in denen er aufgetreten war, kaum etwas gelesen habe, gab ihm Coward eine Liste – zunächst mit Werken von den Schwestern Brontë, von Somerset Maugham und Arnold Bennett, danach Gedichte und weitere Romane, Geschichtswerke und die Klassiker. Als Olivier viel später einmal gefragt wurde, welche Leute ihn in seinem Leben am meisten beeinflußt hätten, antwortete er:

> Noël Coward, in jeder nur denkbaren Hinsicht... Er war ein großer Horizonterweiterer und sehr anregend... Ich denke, daß Noël vermutlich der erste Mann war, der mich in seinen Bann zog und mich zum Nachdenken brachte, er brachte mich dazu, mein dummes kleines Gehirn zu gebrauchen. Er taxierte mich mit seinem Scharfsinn, seiner Sprödigkeit und seinem sprühenden Geist, und er wies mich darauf hin, wenn ich Unsinn redete, etwas, das niemand zuvor je getan hatte. Er vermittelte mir das Gefühl dafür, was gut und was schlecht war.

Aus Cowards Sicht waren seine Aufmerksamkeit und Hingabe die natürliche Folge der Tatsache, daß er sich stark zu Olivier hingezogen fühlte, woraus bald eine zärtliche Liebe werden sollte. Cole Lesley, einer der engsten Freunde und Biograph Cowards, berichtet: »Noël betete Larry an, es gibt kein anderes Wort dafür.«[5] Allerdings war die Londoner Theaterwelt klein und in sich abgeschlossen, und Coward hatte durch Freunde und eigene Beobachtungen allen Grund zu dem Verdacht, daß die Hochzeit von Laurence Olivier und Jill Esmond keine gute Idee, ja zum Scheitern verurteilt sei.

Nichtsdestotrotz tauschten Olivier und Jill Esmond am 25. Juli 1930 bei einer kurzen Zeremonie in der Kirche von All Saints in der Margaret Street die Ringe. Beim Standesamt hinterließ Olivier, der fast jeden Monat in eine neue Wohnung umgezogen war, die Adresse der Kirche als seine eigene. Für die Presse war die Hochzeit aufgrund der Berühmtheit der Braut erwähnenswert; diese war gerade von einem erfolgreichen Engagement in New York zurückgekehrt und spielte schon wieder im Westend in einem Erfolgsstück mit, Aimée und Philip Stuarts *Nine Till Six*, in dem sie auch nach der Eheschließung weiterhin auftrat. Die Theatergeschichte ihrer Familie und ihre eigene Berühmtheit hatten Jill gelehrt, wie wichtig Publicity war, und kurz vor der Hochzeit hatte sie einem Reporter mit erstaunlicher Direktheit etliches anvertraut. Sie glaube nicht, sagte sie geradeheraus, daß »das Eheleben ein einziger langer Traum ist – niemand würde einen solchen Geisteszustand über längere Zeit ertragen.... Man richtet sich ein, findet ein Gleichgewicht nach einer Phase der gegenseitigen Anpassung... Ich werde sicherlich Geheimnisse und Freunde haben, von denen mein Ehemann nichts weiß.«[6]

Das Interview wurde am 22. Mai abgedruckt, dem dreiundzwanzigsten Geburtstag ihres Verlobten, und es muß Olivier verärgert haben, dem sicherlich in seinem Alter ein solches langweiliges Gleichgewicht nicht besonders erstrebenswert erschien. Doch die ersten alarmierenden Anzeichen zeigten sich.

Nach einem Empfang in Whiteheads Grove fuhren Braut und Bräutigam zur Hochzeitsreise aufs Land, wo ein Freund von Eva Moore ihnen sein Haus zur Verfügung gestellt hatte. Jahre später sagte Olivier, daß er und seine Frau »die gleiche unaussprechliche Furcht vor dem, was von uns vor dem Einschlafen erwartet wurde«[7], teilten. Nach einer recht unbeholfenen Fummelei »wandten wir uns schließlich voneinander ab«.

Olivier behauptete später, daß Jill »nicht fähig war und nicht versuchte, sich selbst vorzumachen, daß sie nur im geringsten in mich verliebt sei, und sie wußte, daß es mir völlig bewußt war«. Aber ihm war so sehr an einer seriösen Ehe gelegen (wie sie seine Freunde, die Cassons und die Richardsons, führten), daß er sie fortsetzen wollte, und offenbar war er sicher, daß es ihm gelingen würde, ihr Zögern und seine eigene Schüchternheit zu überwinden.

Wenn Jill auch schon im Jahre 1930 klar wurde, daß die Aussicht auf Sex mit einem attraktiven jungen Mann ziemlich unangenehm war, so entdeckten sie beide erst während der nächsten Jahre die volle Wahrheit. Obwohl sie augenscheinlich glaubte, die Ehe aufrechterhalten zu können, zog sie doch die Gesellschaft von Frauen vor und suchte mehr und mehr bei ihnen Trost; als sie dreißig wurde, war es überall bekannt, daß ihre sexuellen Neigungen ausschließlich lesbisch waren. Wie die Presse schon warnend unterrichtet worden war, besaß sie ihre Geheimnisse.

Was zum Zeitpunkt der Eheschließung nur ihre eigene Unsicherheit und Verwirrung gewesen sein mag, hatte die vorsehbaren unglücklichen Auswirkungen. Das Trauma der Hochzeitsnacht, als sie sich von ihrem Mann aus heftigem Ekel vor Sex abwandte, hatte für ihn nicht nur zur Folge, daß er sich unattraktiv fühlte und sich schämte, sondern er empfand sich auch als fehl am Platze und unzulänglich. Für einen jungen Mann, der ebenso sehr der beruflichen und persönlichen Bestätigung wie der weiblichen Umsorgung bedurfte, war diese Erfahrung höchst zerstörerisch. Und während er hoffte, daß ihm *Intimitäten* eine Art Erfüllung geben würde, hatte er niemals damit gerechnet, daß ihm diese in der Ehe versagt bleiben würde. Etliche Zeit verging, doch die Ehe wurde nicht vollzogen.

»Larry hatte nie wirklich Spaß daran, diese Rolle zu spielen«[8], sagte Noël Coward über dessen Auftritt als Victor Prynne in *Intimitäten*. »Aber ich glaube, er genoß es, an meiner Seite zu spielen, wir hatten viel Spaß, und so verrückt es auch klingt, es tat ihm wirklich gut.«

Während Oliviers Ehe sich als Irrum erwies, arbeitete er nun in der gewähltesten und großartigsten Gesellschaft, die er je kennengelernt hatte. An einem Sommertag traf er Denys Blakelock, als er gerade von einem ausgiebigen Mittagessen im Ivy, einem beliebten Theaterrestaurant in der Nähe von Covent Garden, zu einer Cocktailparty in Belgravia hastete; später am Abend stand ein Dinner im Savoy Hotel auf dem Programm. Olivier fand sich in dieser neuen Welt schnell zurecht und lernte, den Ansprüchen dieser Umgebung gerecht zu werden, er bemühte sich, angenehm aufzufallen und amüsant zu sein und in der Menge Aufmerksamkeit auf sich zu lenken. Seine Mittel unterschieden sich im Grunde nicht von dem gekonnten Auftreten, das er an Coward beobachten konnte: ironischer und manchmal gewagter Witz, Eleganz der Kleidung und der Manieren sowie der rechte Gebrauch einer ausgefeilten Körpersprache. Indem Coward ihn zu verschiedenen gesellschaftlichen Ereignissen mitnahm, verschaffte er ihm Eintritt bei den meistbegehrten Exponenten der Gesellschaft. Während also Olivier gleichzeitig unter Jills abweisender Zurückhaltung litt, war es Coward, der ihm jederzeit zur Seite stand und bereit war, ihn weiter in die Gesellschaft einzuführen und ihm jede liebevolle Unterstützung zukommen zu lassen.

Aber Coward war sich wahrscheinlich schon früh darüber im klaren, daß Olivier nicht der geeignete Kandidat für die Rolle des Liebhabers im richtigen Leben war, wie stark auch immer seine Gefühle gegenüber dem Schauspieler gewesen sein mögen. Aber im Gegensatz zu diesem war Coward beruflich etabliert, allseits anerkannt und zudem ernsthaft an Oliviers ungeformtem Talent interessiert. Und so bot er ihm eine männliche Zuneigung und Freundschaft, die dem jungen Schauspieler bislang versagt geblieben war. Die Beziehung scheint tatsächlich eher für Olivier eine Bereicherung gewesen zu sein als für Coward, für den die Situation recht bitter war. In seinen Memoiren spricht Olivier von einem »nahezu leidenschaftlichen Einlassen mit dem einzigen Mann, mit dem sexuelle Beziehungen«[9] möglich schienen, und dieser einzige Mann, dessen Name nicht genannt wird, war Noël Coward. Es läßt sich nicht mehr mit Sicherheit feststellen, wie aufrichtig Olivier wirklich ist, wenn er darauf besteht, daß er niemals nachgegeben habe und die Beziehung mit Coward keine körperliche war; andere Spekulationen besagen, daß sie zumindest für eine kurze Zeit auch eine sexuelle war; einzig gesichert ist in Wirklichkeit nur, daß diese tiefe und beständige Freundschaft mehr als vierzig Jahre gewährt hat.

Die Tournee von *Intimitäten* begann in Edingburgh und führte über andere Städte schließlich nach London; Coward hielt fest, daß man bei diesem Unternehmen »im Luxus badete«[10]; der Produzent Charles B. Cochran hatte Eisenbahnwaggons und Hotels erster Klasse zur Verfügung gestellt. Eines Abends beim Dinner verhielt sich Olivier wie ein alberner Schuljunge; er schnippte Brotstückchen über den Tisch hinweg auf Coward zu, und schließlich nahm er auch noch die Essensreste von seinem Teller dazu her. Coward hielt mit, so gut er konnte, und schon bald lieferten sich die beiden eine Sahnetortenschlacht in bester Mack-Sennett-Manier.

Intimitäten kam am 18. September im Londoner Theater Phoenix zur Premiere und war sofort ein Erfolg. Drei Monate später fand die Abschlußvorstellung statt, denn Coward wollte nicht riskieren, in die

Langeweile eines Dauerrenners zu geraten, und er hatte sich schon ein anschließendes Engagement in New York gesichert. Über Olivier schrieb er später: »Larry schaffte es durch seine Überzeugungskraft und seinen ganzen persönlichen Charme, den hölzernen Viktor mit soviel Realität auszustatten, daß er ganz und gar glaubwürdig erschien.«[11] Dies war die ausführlichste Kritik, die Olivier erhalten hatte, denn die Theaterkritiker hatten sich in ihren Artikeln ganz auf das Stück, Coward und die Lawrence beschränkt.

In jenem Herbst spielte Jill in der Verfilmung von John Galsworthys Stück *The Skin Game* mit, übrigens nicht gerade eines von Alfred Hitchcocks Meisterwerken. Zur gleichen Zeit spielte Olivier neben seinen abendlichen Theaterauftritten die Hauptrolle in Maurice Elveys Film *Potiphar's Wife*; die Dreharbeiten zu beiden Filmen fanden in den Elstree Studios in Herfordshire statt. Die Drehzeiten der beiden Oliviers lagen so verschieden, daß sie einander nur im Vorübergehen sahen, aber da sie, wie Olivier schrieb, »herzlich wenig gemeinsam hatten, um darüber zu sprechen«[12], nahmen sie sich gegenseitig ihre Lebensweise nicht übel.

Olivier, der mehr denn je einem Ronald-Colman-Double glich, spielte die Rolle des Chauffeurs bei einer reichen und unglücklich verheirateten Frau, die ihn, nachdem er ihre Annäherungsversuche zurückgewiesen hat, mit der Anschuldigung der versuchten Vergewaltigung vor Gericht schleppt (daher der biblische Titel des Films). Die Ironie der Geschichte im Vergleich zu seiner eigenen verfahrenen Situation als der verschmähte Ehemann scheint Olivier wohl klargeworden zu sein; auf jeden Fall war er in diesem Film einfach zu sanft und zu sehr darauf bedacht, glaubhaft als ein Mann zu erscheinen, für den die verführerische Nora Swinburne eher eine Gefahr bedeutete als eine Verlockung.

Am 27. Januar 1931 begann die Spielzeit von *Intimitäten* im New Yorker Square Theatre; es war Jill Esmonds eigener Vorschlag, statt der schwangeren Adrianne Allen die Rolle der Sybil zu übernehmen. Amerika befand sich mitten in einer Wirtschaftskrise, aber es gab noch immer ein Theaterpublikum für etliche Dauererfolgsstücke wie *Strictly Dishonorable, The Green Pastures, Once in a Lifetime, Girl Crazy* und *Grand Hotel. Intimitäten* hatte sofort einen sogar noch größeren Erfolg als in London. Auf der Bühne waren die Oliviers begnadete Schauspieler; außerhalb des Theaters gelang es ihnen, eine halbwegs herzliche Freundschaft zu erhalten, denn ihre Verbindung zu Noël Coward bedeutete für beide willkommene Publicity und Einladungen zu den begehrtesten Soireen der Stadt.

Auf der Bühne lernte Olivier eine wichtige Lektion. Er hatte seinen Hang, aus der Rolle zu fallen, indem er an den unpassendsten Stellen in Gelächter ausbrach, noch nicht überwunden, was Coward sehr ärgerte. »Sobald ich etwas tat, das nur im Ansatz komisch war, bekam Larry Lachkrämpfe, anstatt mürrisch zu reagieren, also sagte ich: ›Von jetzt an werde ich versuchen, dich zum Lachen zu bringen, und jedesmal wenn du's tust, bringe ich dich um.‹«[13] Cowards Methode, die er schon vorher mit Gertrude Lawrence ausgeheckt hatte, war einfach und wirkungsvoll. Falls Olivier lachen sollte, warnte Coward, würde er vor versammelter Truppe zusammengestaucht werden. Am nächsten Abend wollte Coward ihn testen: In einer Szene mit Gertrude Lawrence, in der sie ihren Kaffee verschüttet, mußte Olivier sie hart auf den Rücken schlagen. Statt mit ihrem Text fortzufahren, verschluckte sie sich, drehte sich zu ihm um und improvisierte: »Du großer Knüppel!«, und Coward fügte noch hinzu: »Der Mann mit dem Knüppelfuß.« Olivier mußte sich zusammenreißen, nicht zu kichern, und so hatte Coward ihn schließlich geheilt.

Nach drei Monaten in New York verließ Coward die Truppe, und eine neue Besetzung übernahm die Rollen in *Intimitäten*. Nach der Premiere am 11. Mai schifften sich der Autor und seine weibliche Hauptdarstellerin wieder nach London ein. Die Oliviers bereiteten sich währenddessen auf die Fahrt nach Kalifornien vor.

Jedes Studio in Hollywood unterhielt Büros an der Ostküste, um vom Broadway gut ausgebildete und ausgereifte Schauspieler für Filmrollen zu engagieren; die Oliviers waren für jene New Yorker Talentsucher ein gefundenes Fressen, denn sie waren als Paar attraktiv und hatten bereits Filmerfahrung. Beauftragte verschiedener Studios, darunter auch Metro-Goldwyn-Mayer und Paramount, luden sie ein, zu Kostüm- und Stimmproben vorbeizukommen. Nach einer solchen Probeaufnahme schickte ein junger Angestellter der Paramount Studios namens David O. Selznick ein Telegramm an seinen Vorgesetzten mit dem Urteil über die Oliviers: »UNENTSCHIEDEN, MEHRHEIT FINDET ESMOND FÜR KOSTÜMROLLEN GEEIGNETER ALS OLIVIER... DESSEN MÖGLICHKEITEN TROTZDEM AUSGEZEICHNET.«[14]

Auch RKO Pictures boten ihnen Probeaufnahmen an. In einem engen Studio in Manhattan stand Olivier dann mit weißer Krawatte und im Frack vor der Kamera und hielt eine eigene Rede, eine Lobeshymne auf das Studio:

Ladys und Gentlemen, erlauben Sie einem vergleichsweise jungen englischen Schauspieler, denjenigen seinen untertänigsten Dank auszusprechen, die dieses Unternehmen ins Leben gerufen haben. Hollywood hat einen sehr hohen Produktionsstandard erreicht, aber ich weiß ganz genau, daß das britische Wissen und das britische Kapital, welche in diesem und in den anderen Studios verankert sind, dazu beitragen werden, daß der britische Film Hollywoods erfolgreichster Rivale werden wird.

Seine irgendwie unpassende patriotische Aussage war sicherlich kein Meisterstück des logischen Denkens (geschweige denn des Taktgefühls), aber die Leute der RKO behielten einen weichen, gediegenen englischen Akzent in Erinnerung, den sie vielleicht gebrauchen könnten. Jills Probeaufnahme (die irgendwann verlorenging) war anscheinend viel beeindruckender, denn ein RKO-Mann empfahl dem Studio, sie ohne ihren Ehemann unter Vertrag zu nehmen: »Er hat keine Chance – er versucht, wie Ronny Colman auszusehen.«[15] Seine Ähnlichkeit mit Colman war wirklich verblüffend und seit der Zeit von *Beau Geste* auch beabsichtigt, was dann dazu führte, daß die Vorgesetzten jenes kritischen Mitarbeiters sich für das Gegenteil entschieden. Sie hofften, Laurence Olivier als ihre Antwort auf Ronald Colman vermarkten zu können, und so bot RKO ihm und Jill Verträge an.

Wenige Tage nach den Probeaufnahmen unterschrieben die Oliviers – für eine Gage von siebenhundert Dollar pro Woche mit einer Vierzig-Wochen-Garantie, das bedeutete ein extrem hohes Einkommen für das Jahr 1931, jedoch gemessen an Hollywoods Standards nicht außergewöhnlich. »Ich habe es nur wegen des Geldes gemacht«, gab Olivier zu, »und wegen der Chance, berühmt zu werden.«[16]

Er sah das alles recht munter, scheint es. Er ließ Jill in New York zurück, denn sie mußte sich von ihrer Blinddarmoperation erholen, und fuhr nach Los Angeles, wo er einen Bungalow im Tudor-Stil mit der Adresse 8856 Appian Way mietete. Das Haus, das in atemberaubend schöner Lage inmitten der Hügel über Los Angeles lag, bot einen einzigartigen Blick südwärts über den Laurel Canyon hinweg auf die Stadt.

Als Olivier das Angebot, nach Hollywood zu kommen, annahm, wird er nicht gewußt haben, daß es sich nur um den Teilbereich einer sich weit ausbreitenden Stadt handelte. H.H. Wilcox, ein Schutzzolleintreiber aus Kansas, hatte einen Teil von Los Angeles, im Grundbuch unter dem Namen Cahuenga Valley bekannt, als eine Pfründe angelegt; er ließ sich dort im Jahre 1887 auf einer großen Ranch nieder. Im Jahr darauf taufte seine Frau das Anwesen Hollywood, in Erinnerung an das Haus eines Freundes in Chicago. Der Name ging bald auf das ganze Dorf über, und 1903 wurde er offiziell übernommen. Als im Jahr 1910 Hollywood und seine 5000 Einwohner den Anschluß an die Kanalisation der Stadt brauchten, wurde der Ort nach Los Angeles eingemeindet, behielt jedoch seinen Namen.

Gegen Ende des 19. Jahrhunderts befand sich der Großteil der amerikanischen Filmindustrie in New York und Chicago, doch das einladende Klima in Südkalifornien und die abwechslungsreiche Landschaft mit Stränden, Wüste, welligen Hügeln und schneebedeckten Bergen nah beieinander zogen bald Filmtechniker und Geschäftsleute an.

1913 gründeten in New York der Regisseur Cecil B. De Mille, der Musikimpresario Jesse L. Lasky und sein Schwager, der Handschuhverkäufer Samuel Goldfish (später Goldwyn), die Firma Jesse L. Lasky Feature Plays. Drei Jahre später fusionierte sie mit Adolph Zukors Famous Players, und am Ende war es Zukor, der das Studio leitete und nach einer kleinen Vertriebsfirma benannte – Paramount.

Auch andere Unternehmen florierten. Metro-Goldwyn-Mayer residierte 1931 in Culver City, südlich von Hollywood; die Universal Studios hatten ihre eigene Stadt, Universal City, im Norden von Hollywood; die Fox Film Company nahm einen ganzen Häuserblock zwischen Sunset Boulevard und Western Avenue ein; und Columbia Pictures hatten ihre Einrichtungen Ecke Sunset und Gower Street, und außerdem eine Ranch in Burbank, etwas oberhalb der Berge von Santa Monica im San Fernando Valley. Drei Brüder namens Warner hatten ebenfalls seit 1929 ihre Studios in Burbank.

RKO, Oliviers Vertragspartner, wurde gegründet, nachdem David Sarnoff, Präsident der Radio Corporation of America (RCA), ein neues Tonsystem hatte patentieren lassen und nun auf der Suche nach einem Studio war. Er fand eines, es hieß Film Booking Offices of America und gehörte Joseph P. Kennedy, einem Unternehmer aus Massachusetts. Nachdem sich Sarnoff und Kennedy einig geworden waren, wurde 1928 die Firma RKO aus der Taufe gehoben; ihr Name war eine Zusammensetzung aus RCA und den Keith-Orpheum-Theatern, die sie zur Vorführung ihrer Filme erwarben. Der größte und bislang einzige Erfolg des Studios, das an der Kreuzung von Gower Street und Melrose Avenue in Hollywood lag, war im Jahre 1929 *Rio Rita* gewesen, ein verschwenderisch ausgestatteter musikalischer Western mit Bebe Daniels und John Boles.

Laurence Olivier traf viele englische Schauspieler, die ebenfalls in die Hauptstadt des Films gezogen waren. Nach der Ankunft von Ronald Colman und George Arliss ließ sich eine eigene britische Kolonie in Südkalifornien nieder, dazu gehörten Cedric Hardwicke, Claude Rains, Herbert Marshall, Nigel Bruce, Charles Laughton, Ray Milland, Cary Grant, Basil Rathbone, C. Aubrey Smith, William Henry Pratt, der bald unter dem Namen Boris Karloff bekannt wurde, und James Whale, der Regisseur von *Die andere Seite*, der auch *Frankenstein* mit Karloff inszenierte.

Oliviers engster Freund in Hollywood war der amerikanische Schauspieler Douglas Fairbanks Jr., der Sohn des Stummfilmstars und zu jener Zeit der Ehemann von Joan Crawford. Er erinnerte sich, daß Olivier allgemein für gutaussehend gehalten wurde, daß er aber ein recht steifer junger Engländer mit einem französischen Namen war, der nicht viel von Filmen hielt und von der größeren Beliebtheit seiner Frau Jill nicht angetan war. Fairbanks hatte den Eindruck, daß Olivier am liebsten sofort nach London zurückgekehrt wäre.[17] Trotzdem wurde Olivier im Juni für den Film *Friends and Lovers* neben Lily Damita, Adolphe Menjou und Erich von Stroheim engagiert. So hübsch er in diesem Film auch anzusehen war mit seiner britischen Kolonialuniform und einem Schnurrbart à la Colman, war er doch fehlbesetzt neben der sinnlichen Damita und dem unverbindlichen Menjou, und vor der Kamera wirkt er recht unwichtig und unreif. Seine Schultern und Arme sehen spindeldürr aus, und es strahlt etwas Geschlechtsloses von ihm aus, was nicht darauf hoffen ließ, daß er sich jemals zu etwas Besserem eignen würde als zu einer glänzenden romantischen Larve. Olivier ist weder überzeugend noch tiefgründig, und der schwülstige Text fügt ihm obendrein Schaden zu; nur an einer Stelle wirkt er glaubhaft, wenn er Robert Browning zitiert: »Ach wär' ich doch jetzt im April in England!« Nachdem *Friends and Lovers* in die Kinos kam, büßte die Firma zweihundertsechzigtausend Dollar ein, das gesamte Budget lag nur geringfügig höher.

Während der Dreharbeiten traf Jill aus New York ein und wurde sofort an Paramount ausgeliehen, um in dem Film *Once a Lady* aufzutreten. Olivier beendete seine Aufnahmen für *Friends and Lovers*, und nachts erforschte er mit Fairbanks Hollywoods exotische Bars. Eines dieser Nachtlokale war der Russische Club, in dem sie regelmäßig mit den Balalaikaspielern Lieder anstimmten, viele Gläser eisgekühlten Wodkas vernichteten und im Rausch beschworen, die Wiedereinsetzung von Zar Nikolaus II. zu unterstützen. Dort bot ihnen ein Vaudevillekünstler, den sie einmal in Grauman's Chinese Theatre gesehen hatten, Kokain an, und da sie in einer Hol's-der-Teufel-Laune waren, nahmen sie es an – allerdings nur einmal, wenn man Fairbanks glauben darf.

Oliviers nächstes Engagement sollte eine Rolle in einem Melodrama mit Pola Negri sein, aber kaum hatten im Juli die Dreharbeiten begonnen, zog er sich eine Hepatitis zu und wurde umgehend durch Basil Rathbone ersetzt.

Kaum hatte er die Gelbsucht und seine Lethargie überwunden, trieb ihn RKO schon zu seinem nächsten Film, der ironischerweise den Titel *The Yellow Ticket* trug. Das Textbuch von Jules Furthman und Guy Bolton basierte ziemlich eindeutig auf *Tosca*, hatte jedoch nicht die Leidenschaft und Farbigkeit dieser Geschichte, genausowenig war irgend etwas an Olivier beeindruckend. Der Regisseur Raoul Walsh betonte nur Oliviers schönes Profil und sein strahlendes Lächeln und wies die Maskenbildner an, große Mengen Brillantine zu verwenden. Als der Film im folgenden Oktober in die Kinos kam, brachte er allen Beteiligten nur wenig Anerkennung. Jill, die mittlerweile zu RKO zurückgekehrt war, spielte Nebenrollen in vier nicht erinnernswerten Filmen, während Selznick, den man von Paramount abgeworben hatte, um RKOs sinkende Verkaufszahlen in die Höhe zu treiben, seine Suche nach einem Film mit einer Hauptrolle für sie vorantrieb.

Die Ehe der Oliviers stand wie schon in London nur auf dem Papier. Er war vierundzwanzig, attraktiv und neugierig, und es herrschte kein Mangel an Frauen mit eben diesen Qualitäten; tatsächlich erzählte er Freunden wie Fairbanks und Laurence Evans, der zu jener Zeit ebenfalls in Hollywood arbeitete, von seinen langen Nächten mit Lily Damita und später mit Elissa Landi, seiner Partnerin in *The Yellow Ticket*. Aufgrund seiner Ehrlichkeit über die wenigen außerehelichen Romanzen, auf die er sich einließ, gibt es keinen Anlaß, an seinen Worten zu zweifeln.

»Es war ein unglaublich wilder Ort in jenen Tagen«, beschreibt Olivier das Hollywood jener Zeit, »und Bob Montgomery, Doug Fairbanks und ich, wir waren die wildesten.«[18] In diesem Sommer erzählte Fairbanks Olivier, daß eine schöne und äußerst reiche Frau sich in ihn verliebt habe. Dies war aber eine klassische Finte, wie sie sich häufig gegenseitig Streiche spielten. Fairbanks kannte keine solche Frau, sondern bat eine Statistin des Studios, sich mit Olivier auf einen Drink zu treffen. Als die beiden sich sahen, begann eine heftige Romanze. Fairbanks, der das Spiel weiterverfolgte, arrangierte ein Treffen der beiden im Apartment seines Onkels in Hollywood. Als er sich sicher war, daß die beiden sich für die Nacht dort verabredet hatten, wies er einen muskelbepackten Stuntman, den er mitgebracht hatte, an, das Paar zu überraschen und »Was machst du mit meiner Frau?« zu schreien. Fairbanks berichtet, daß Olivier auf der Stelle in Ohnmacht fiel.

Oliviers schrullige Art begünstigte solche Streiche. Zu Beginn ihrer nächsten Dreharbeiten nahm er eine Einladung von Fairbanks und Montgomery an, die eine Yacht gechartert hatten, um ein Wochenende bei Mazatlan in Mexiko zu angeln. Aber sie hatten noch viel Ärgeres geplant. Als Olivier mit einem einmotorigen Flugzeug ankam, wurde er von Soldaten mit ernsten Gesichtern erwartet, die ihn ohne nach seinen Papieren zu fragen in das örtliche Gefängnis transportierten. Anscheinend erwarteten sie ein Schmiergeld. Nach etlichen beklemmenden Stunden wurde Olivier befreit, als Fairbanks erschien und erklärte, daß er die Inhaftierung mit der freudigen Unterstützung des hilfsbereiten Bürgermeisters arrangiert habe. Olivier nannte den eigentlichen Grund seiner Besorgnis: Er hatte weder Visum noch Paß bei sich.

Zurück in Hollywood, kam Olivier mit Ann Harding in Selznicks Produktion *Westward Passage* zusammen; dieser ansprechende Film war geprägt durch Ann Hardings angenehme Erscheinung auf der Leinwand. Auch sie erteilte Olivier etwas Unterricht in ruhiger, großzügiger Zusammenarbeit bei den Dreharbeiten; sie bestand darauf, daß seine Rolle erweitert wurde, und stritt oft dafür, daß er besonders gut in Großaufnahmen herauskäme. Ihre Darstellungsweise war ungekünstelt, und so spielte auch Olivier natürlicher und verzichtete auf übertriebene Selbstdarstellung. Zum erstenmal wurde etwas von seiner Persönlichkeit vor der Kamera sichtbar. Wenn die beiden zur Musik von *Wonderful One* tanzen, wird seine Hingabe absolut glaubwürdig, und sobald er leidenschaftliche Verse aus Miltons *Das Verlorene Paradies* zitiert, findet man zum erstenmal in seiner Filmarbeit das Selbstvertrauen eines Erwachsenen. Bei *Westward Passage* kam ein neuer Aspekt der Persönlichkeit von Laurence Olivier zum Vorschein, ein Filmschauspieler mit einem Hang zur Grausamkeit und auch mit einem Sinn für Komik.

Leider hatte Selznick keine weiteren Pläne für Olivier, nachdem der Film im Herbst des Jahres 1931 fertiggestellt war, und Helen Hayes, die in jenem Jahr auch in Hollywood war, sagte: »Larry wurde als Staubfänger ins Regal gestellt, und er war sehr unglücklich.«[19] Er fühlte, fügte Douglas Fairbanks Jr. hinzu, den Drang eines talentierten Menschen, der ungeduldig auf seinen Durchbruch wartet und immer wieder enttäuscht wird.

Seine Widerspenstigkeit war berechtigt, denn seine sieben Bühnen-engagements nach *Die andere Seite* waren schon längst in Vergessen-heit geraten, und obwohl sein Auftritt in *Intimitäten* sein gesellschaft-liches Umfeld erweitert und ihm die wertvolle Verbindung mit Co-ward beschert hatte, war seine Karriere dadurch nicht in Schwung ge-kommen. Und dieses Jahr in Amerika, das mit den glänzendsten Versprechungen begonnen hatte, sollte ihm nichts weiter gebracht haben als ein paar flüchtige Romanzen mit Hauptdarstellerinnen, Ab-lenkungen, die ihm nicht die psychologische Unterstützung brachten wie sein Spielen.

Oliviers berufliche Ambitionen konnten nur noch verstärkt werden, als er am 23. Dezember das Biltmore Theatre im Zentrum von Los Angeles besuchte, um *König Lear* in einem Gastspiel der Stratford Festival Company zu sehen. Nach der Aufführung begab er sich hinter die Bühne, um den Hauptdarsteller Randle Ayrton zu treffen. »Wäh-rend wir uns gegenseitig Komplimente machten«, schrieb er später, »traf ich eine Entscheidung... Ich war entschlossen, der größte Schauspieler aller Zeiten zu werden.«[20] Während der nächsten vierzig Jahre sollte jede persönliche und berufliche Entscheidung diesem Schwur dienen, war jedes Teilstück seines Lebens dieser Verpflichtung untertan.

Tatsächlich fällte Olivier in diesem Winter eine unerwartete Ent-scheidung. Da die Weltwirtschaftskrise und das Ausbleiben von Kas-senknüllern RKO in große Schwierigkeiten gebracht hatten, entschloß sich Selznick, die Gehälter aller Schauspieler zu kürzen. Sofern sie einer Vertragserneuerung zustimmten, sollten sie kaum mehr erhalten als während ihres ersten Jahres. Olivier hatte nicht vor, sich mit klei-nen Rollen zufriedenzugeben, und so teilte er Jill mit – die für die Hauptrolle in *A Bill of Divorcement* im Gespräch war –, daß sie so-fort nach London zurückkehren müßten: Nur das Theater, nur große Rollen wie sie Ayrton gespielt hatte, könnten ihn zum größten Schau-spieler aller Zeiten machen.

Jahre später behauptete Olivier, er habe Jill davon überzeugt, daß auch sie bei RKO keine Zukunft habe. Er hätte ein Schreiben in Selz-nicks Büro gesehen, sagte er, aus dem hervorging, daß die New Yor-ker Bühnenschauspielerin Katharine Hepburn gerade von RKO unter Vertrag genommen worden sei. Dies, sagte er, bedeutete das Ende jeder Chance für Jill, der neue weibliche Star des Studios zu werden, denn sicherlich werde die Hepburn und nicht Jill die Hauptrolle in *A Bill of Divorcement* bekommen, auch wenn Selznick noch unschlüs-sig tat. In diesem Punkt kann Oliviers Bericht nicht stimmen, denn gegen Ende des Jahres 1931 hat er unmöglich ein solches Dokument in Selznicks Büro sehen können. Katharine Hepburns Vertrag wurde erst kurz vor Beginn der Dreharbeiten zu *A Bill of Divorcement* endgültig ausgehandelt, und das war im Juli 1932. Daß Olivier darauf bestand, daß Jill mit ihm nach London zurückkehrte, muß an seiner Eifersucht gelegen haben, vielleicht gab es aber noch andere Gründe.

Ein wesentlicher Punkt war sicher, daß er sich nicht von Jill trennen wollte; dies hätte eine Katastrophe für die ohnehin bereits gefährdete und problematische Ehe bedeutet, die keiner von beiden vorerst aufzugeben bereit war. Die Rolle des Ehemanns war für den immer noch unsicheren Laurence Olivier sehr wichtig, und er mag sich verpflichtet gefühlt haben, die Ehe zu retten und schließlich doch ein guter und begehrenswerter Ehemann, vielleicht sogar der Vater ihrer Kinder zu werden. Darüber hinaus war Jills Erfolg in London für beide von größerem Nutzen, denn dort hatte sie in Theaterkreisen einen guten Ruf. Und außerdem hatte er ein Angebot von der amerikanischen Schauspielerin Gloria Swanson erhalten, die gerade einen Engländer geheiratet hatte und Olivier als ihren Partner in einem Film haben wollte, der in London gedreht werden sollte. Und so stimmte Jill, deren Privatleben nicht glücklicher war als seins und die sich in Hollywood nicht sehr wohl fühlte, ihrem Ehemann zu, mit ihm gemeinsam abzureisen.

Anfang Februar, nach einer Reise mit Douglas Fairbanks Jr. und dessen Frau Joan Crawford, waren sie wieder in London. Fairbanks erinnerte sich, daß Jill sich sehr zurückzog, und es wurde klar, daß die Ehe der Oliviers in Schwierigkeiten steckte. In London wurden die Spannungen durch die Arbeit überdeckt, weil Olivier mit einem dichtgedrängten Arbeitsplan ausgelastet war; bei dem Swanson-Film handelte es sich um eine schwache und keineswegs pikante Gesellschaftskomödie namens *Perfect Understanding*, die sich kommerziell als katastrophaler Reinfall erweisen sollte. Die Rolle ähnelte wahrscheinlich zu sehr seinem eigenen Leben, denn Olivier stellte einen Mann dar, dem seine Frau vorschlägt, sich in gegenseitigem Einverständnis sexuelle Freiheit außerhalb der Ehe einzuräumen.

Olivier hatte aus Hollywood das Image lässiger Eleganz mitgebracht. Anthony Quayle, der damals achtzehn Jahre alt war und gerade zum erstenmal auf der Bühne stand, erinnert sich daran, wie er Olivier an einer Straßenecke in Chelsea traf, schick gekleidet und mit zwei Schnauzern an der Leine. Sicherlich war er ein attraktiver Mann und außerdem elegant gekleidet; doch sein Talent, zu dessen Entfaltung er so wenig Gelegenheit hatte, war noch unausgegoren, unerkannt und ungenutzt, und der Erfolg konnte allein in seinem Image liegen. Er hatte keine Angebote außer einem langweiligen Drehbuch, das später im Jahr realisiert werden sollte. Viele seiner Kollegen hingegen erlebten den Aufstieg. Der größte Erfolg im Westend in jenem Frühjahr war Cowards neuestes Stück, *Kavalkade;* ein weiteres, *Words and Music,* sollte bald ins Theater kommen, doch für ihn hatte Coward keine Rolle. Russell und Eileen Thorndyke, Sybils Geschwister, trafen Olivier etliche Male nach ihren Auftritten in Shakespeare-Stücken hinter der Bühne; sie traten als Lord und Lady Macbeth auf, dann in *Der Kaufmann von Venedig, Der Widerspenstigen Zähmung, Romeo und Julia, Was ihr wollt* und *Hamlet* – alles Stücke im Repertoiretheater, die innerhalb einer Woche gespielt wurden. Das neue Memorial Theatre in Stratford wurde im April eröffnet, und Olivier sah sich dort im Juni mindestens zwei Aufführungen an, während in London Peggy Ashcroft und Ralph Richardson in Shaw-Stücken auftraten. Der hoffnungsvolle »größte Schauspieler« war in einer aussichtslosen Lage.

Angesichts seiner eigenen Beschäftigungslosigkeit bescherten ihm solche Theaterbesuche keine ungetrübte Freude, denn Regisseure und Theaterleiter hielten den fünfundzwanzigjährigen Laurence Olivier für eine gute Besetzung für Nebenrollen, einen von Hunderten junger englischer Schauspieler, die keine besonderen Verdienste zu verzeichnen hatten. Er war der Londoner Bühne, auf der neun von zehn Stükke, in denen er zuletzt auftrat, durchgefallen waren, eineinhalb Jahre ferngeblieben; für das Publikum hieß das: aus den Augen, aus dem Sinn.

Die Ersparnisse aus ihren RKO-Einkommen ermöglichten es den Oliviers, ein Haus in Chelsea zu kaufen, an dem allerdings umfangreiche Renovierungen und Neugestaltungen der Innenräume notwendig waren, so daß sie ab März 1932 für ein Jahr eine möblierte Wohnung in South Kensington, 13 Roland Gardens, mieteten.

Mittlerweile hatten Jill und er Rollen in einer Filmkomödie angenommen, die *No Funny Business* hieß und ihrem Titel ganz und gar gerecht wurde. In diesem einschläfernd langweiligen Film spielen sie zwei professionelle Scheidungszeugen, die einem ehebrecherischen Paar eine Falle stellen sollen; wie vorauszusehen, verlieben sie sich ineinander. Doch so einvernehmlich sie im Studio zusammenarbeiteten, außerhalb gab es keine Romanze zwischen den Oliviers. Allerdings waren im Jahre 1931 die Gründe, aus denen eine Scheidung möglich war, genau festgelegt, und da sie sich nicht den üblichen Demütigungen unterziehen wollten, die ein Fall von Ehebruch mit sich brachte (gemietete Zeugen, häßliche Machenschaften und jene Stolpersteine, wie sie in *No Funny Business* beschrieben wurden), blieben die Oliviers zusammen. Aber sie waren überhaupt nicht glücklich miteinander, erinnert sich Laurence Evans, der etwa um die gleiche Zeit nach London zurückgekehrt war. Olivier schien sich stillschweigend mit dem Arrangement abgefunden zu haben, während Jill sich recht herrisch gebärdete und bald von seinen Freunden »Feldwebel« genannt wurde.

Als das Angebot kam, im Frühjahr 1933 in einem neuen Stück aufzutreten, waren inzwischen zwei Jahre vergangen, seit Laurence Olivier zuletzt auf einer Londoner Bühne gestanden hatte. Die Schauspielerin Gladys Cooper, die ihn in *Die andere Seite* und *Intimitäten* gesehen hatte, schlug Olivier für die Rolle des jungen Schulmeisters Stevan Beringer in Keith Winters Stück *The Rats of Norway* vor, einem morbiden, düsteren Melodram, das in einer Schule von Northumberland spielt. Dies Unternehmen nützte weder Oliviers Ruf, noch erfüllte es seine Hoffnungen auf eine Hauptrolle, so daß er während der ersten Hälfte des Jahres 1933 oft sehr niedergeschlagen war. Am Tag nach seinem sechsundzwanzigsten Geburtstag wurde er gebeten, bei einer Aufführung der Central School of Drama als Juror mitzuwirken. Er benahm sich ausnehmend schlecht und brachte seine Verachtung darüber deutlich zum Ausdruck, wie die Schüler mit Schminktopf und Maske umgingen.[21]

Olivier war nur wenig begeistert von dem Gedanken, London wieder zu verlassen und gegen Ende des Jahres nach New York zu gehen, doch Noël Coward hatte Jill und ihn überzeugt, ein Angebot des amerikanischen Regisseurs und Produzenten Jed Harris anzunehmen. Als sich Harris in jener Spielzeit in London aufhielt, um im Westend Aufführungen ausfindig zu machen, die sich auch für den Broadway eigneten, hatte er sich für Mordaunt Shairps erfolgreiches und umstrittenes Drama *The Green Bay Tree* entschieden. Das Stück war kaum lustiger als *The Rats of Norway*, aber zumindest würden die beiden Oliviers die Hauptrollen spielen und jeder mehr als tausend Dollar wöchentlich erhalten; mit ihren großen Ausgaben und angesichts der weltweiten Wirtschaftskrise war es ein Angebot, das sie annehmen mußten.

Im Juni bezogen sie endgültig ihr neues Haus, 74 Cheyne Walk, das am Ufer der Themse nahe der Chelsea Old Church lag. Das dreistöckige Haus hatte acht Zimmer mit über vier Meter hohen Decken, dazu eine Musikergalerie im großen Empfangssalon. Sie versahen es mit weißen Seidenvorhängen, einem riesigen Kamin, einem Flügel, üppigen Polstermöbeln und Wandteppichen, und sie hielten sich einen Ringelschwanz-Lemuren in einem Messingkäfig. Sofort gaben sie Einladungen, die häufig sehr opulent waren. »Er träumte so sehr von Grandeur«[22], sagte Noël Coward ein wenig belustigt über den Olivier dieses Jahres, denn er war enttäuscht darüber, daß sein Freund in der Affektiertheit Ersatz für den fehlenden Erfolg suchte.

Fünftes Kapitel

1933–1935

Der Narben lacht, wer Wunden nie gefühlt.

Romeo, *Romeo und Julia* II, 2

Kurz nach der Premiere von *The Rats of Norway* erhielt Olivier ein Telegramm von Frank Joyce, seinem Agenten in Hollywood: Metro-Goldwyn-Mayer bot ihm zehn Monate Filmarbeit für tausend Dollar pro Woche. Zuerst lehnte er ab, da er für *Rats of Norway* und im nächsten Herbst für *The Green Bay Tree* am Broadway verpflichtet war. Aber die Angebote von MGM wurden wiederholt, eine Verlokkung folgte der anderen. Sein erstes Engagement sollte *Königin Christine* mit Greta Garbo sein, die das Recht hatte, sich ihren Partner selbst auszusuchen; beeindruckt von seiner Leistung in *Westward Passage*, hatte sie Olivier ausgewählt. Rouben Mamoulian, der Regie führen sollte, hatte schon zur Vorsicht gemahnt: Die endgültige Entscheidung für Olivier, teilte er der Garbo und MGM mit, werde davon abhängen, ob er auch in Kostüm und Maske mit seiner Erfahrung und Ausdruckskraft neben der Garbo bestehen könne. Während weiterer Verhandlungen im Mai und Juni akzeptierte das Studio Oliviers Gagenforderung von fünfzehnhundert Dollar pro Woche und einer Mindestzeit von vier Wochen ausschließlich für den Garbo-Film; ebenfalls sicherte man ihm zu, daß er zur festgesetzten Zeit in New York sein werde, um mit Jed Harris *The Green Bay Tree* zu proben.

Am 7. Juli 1933 teilte die Presse mit, daß es zu einer Einigung zwischen MGM und Olivier gekommen sei. In der Woche darauf bereitete er alles vor, um aus *The Rats of Norway* auszusteigen, und am 23. Juli kamen er und Jill in Los Angeles an. Sie mieteten einen Bungalow des grandiosen Garden-of-Allah-Hotels, das ein berühmter Treffpunkt in Hollywood war, und richteten sich für einen dreimonatigen Aufenthalt ein.

Ihre Pläne änderten sich jedoch bald. Am 1. August kam Olivier in die MGM-Studios in Culver City, wo er die scheue, zurückgezogen lebende Garbo traf. Bei seinem Versuch, ein unterhaltsames Gespräch mit ihr zu führen, fand er die Atmosphäre irgendwie unbehaglich; sie reagierte kaum auf irgend etwas, was er sagte. Mamoulian[1] rief zu den ersten Aufnahmen, und die Garbo beendete Oliviers Monolog, indem sie murmelte: »O ja, das Leben ist schon eine Qual«[2], und mit dieser für sie typischen geheimnisvollen Bemerkung folgte sie ihm ins Aufnahmestudio. Ihre Kühle taute auch in der Szene, die sie zu spielen hatten, nicht auf; Olivier, der den spanischen Botschafter Don Antonio darstellte, hatte die Garbo mit solcher Leidenschaft zu umarmen, daß Königin Christine seinetwegen ihr ganzes Leben ändern würde. Sie probten mehrere Male, jedoch die Garbo reagierte nie auf ihren Partner, und trotz wiederholter Aufnahmen blieb die Szene leblos.[3] Es schien, als sei Greta Garbo gegenüber Oliviers Avancen genauso leidenschaftslos und unberührt geblieben wie Jill Esmond. Jener Morgen in Culver City trug also nichts dazu bei, sein Selbstwertgefühl als Schauspieler oder als Mann, der sich seiner Ausstrahlung bewußt ist, zu stärken.

Nach wenigen Tagen wurde Olivier ins Büro des Produzenten bestellt, wo man ihm mitteilte, daß sowohl die Hauptdarstellerin als auch der Regisseur ihn für unbrauchbar hielten. »Obwohl er Qualitäten besaß, die der Rolle entgegenkamen«, kommentierte Mamoulian, »hatte er nicht genug Reife und schauspielerisches Gewicht, um mit der Garbo mitzuhalten. Kurz und gut, er war zu jung und zu unerfahren für den Don Antonio.«[4] Die Rolle wurde dann auf Drängen der Garbo ihrem Freund und früheren Partner John Gilbert übertragen. Jahre später versicherte Olivier, daß er »kaum überrascht war. . . . Ich kam einfach nicht an sie ran«.[5]

Doch in diesem Sommer des Jahres 1933 war er nicht so gleichgültig, und zwei Tage nach seinem Rauswurf kündigten er und Jill ihren Mietvertrag mit dem Garden of Allah. Sie wurden nicht vor Oktober in New York erwartet, und da sie über eine für vier Wochen garantierte Gage verfügten, buchten sie eine Schiffsreise nach Honolulu. Kurz nach ihrer Ankunft brach sich Olivier einen Zeh beim Surfen, und so verbrachten sie die meiste Zeit mit Nichtstun. Immerhin lernten sie aber ihren Text für *The Green Bay Tree*, und gegen Ende September fuhren sie nach New York und warteten darauf, daß sich Jed Harris wegen der Proben meldete. Trotz der wirtschaftlichen Krise des Landes florierte das Theater auch im schlimmsten Jahr der Großen Depression.

Seit er das Birmingham Repertoiretheater im Jahr 1928 verlassen hatte, war Laurence Olivier seinem Ziel noch nicht näher gekommen, einer der führenden Männer des Theaters zu werden. Er hatte dann und wann Lob für kleinere oder Nebenrollen erhalten (in *Die Rechenmaschine*, *Intimitäten* und *The Rats of Norway*), doch war er in mehr als einem halben Dutzend Flops oder Stücken mit nur kurzen Laufzeiten aufgetreten. Man hatte ihn auf seine einstudierte Ähnlichkeit mit Ronald Colman festgelegt, was die Engländer »seine jugendliche Ausstrahlung« nannten, und obwohl es Tausende von talentierten jungen Schauspielern gab, lieferte nur eine Handvoll erfolgreicher britischer Autoren passende Stücke. (Noël Coward war der produktivste und beliebteste unter ihnen). Dies ist eine mögliche Erklärung, warum London sich auf die Klassiker verließ, für die es Olivier an solider Erfahrung mangelte. Da ihm sowohl eine sichere Karriere als auch eine glückliche Ehe versagt blieben, wurde er zu einem ungeduldigen jungen Mann ohne klare berufliche oder private Aussichten, die über das nächste zwielichtige Stück hinausgingen. Im Gesellschaftsleben war er abhängig von seiner attraktiven Erscheinung und einem lässigen, fröhlichen Charme – Qualitäten, die ihn zu einem angenehmen Gesellschafter machten, die aber überall zu finden waren.

Jill dagegen fand sich trotz ihrer berühmten Familie und ihres kurzen Aufleuchtens am Hollywood-Himmel in einer Reihe unbedeutender Nebenrollen wieder und war unsicher, ob sie eine andere Karriere anstreben sollte. Diese Quälerei wurde nur noch durch ihren Kampf verstärkt, ihre Homosexualität zu akzeptieren, was Olivier 1933 endgültig und schmerzlich bewußt wurde. In Kalifornien und in New York machte sie ihre Ankündigung wahr, »Geheimnisse und Freunde ohne das Wissen meines Mannes«[6] zu haben, und sie führte ein recht unabhängiges Leben mit anderen lesbischen Frauen, die eine verschwiegene Gemeinde bildeten, aber zugleich eine große und einflußreiche Gruppe darstellten. Dazu gehörten Produzentinnen, Agentinnen, Autorinnen und Schauspielerinnen, darunter die Schauspielerin Alla Nazimova, die Autorin Mercedes de Acosta, die Produzentin Cheryl Crawford und die Impresarios Natasha Rambova und Elisabeth Marbury, um nur einige zu nennen.

Durch Zufall wurden Olivier und Jill in ihrem nächsten Stück mit dem Thema Homosexualität konfrontiert. In *The Green Bay Tree* sollte er einen jungen Mann spielen, dessen Streben nach Reife und Freiheit durch seine Selbstsucht und eine ungesunde, auf gegenseitiger Ausbeutung beruhende Verbindung mit einem älteren Liebhaber zerstört wird. Und Jill hatte die Rolle einer Frau zu spielen, die für kurze Zeit seine Liebe gewinnt, ihn aber schon bald wieder an sein Sybaritenleben verliert.

Das Stück war vom ersten Probentag an eine unangenehme Erfahrung, denn es stellte sich heraus, daß Jed Harris nicht der höfliche und amüsante Gentleman war, den sie in London getroffen hatten. Dort hatten sie ihn von seiner angenehmen Seite kennengelernt, so verkaufte er sich erfolgreich in der Öffentlichkeit. In Wirklichkeit war er jemand, der wegen seines bombastischen Auftretens, seiner sarkastischen Bemerkungen und seiner grundsätzlich schlechten Laune sehr unbeliebt war.

Bei den Proben übertrieb er und war boshaft; und wenn er eine grausame Attacke auf einen Schauspieler vorbereitete, breitete sich ein sarkastisches Grinsen über sein Gesicht. Harris machte aus den dreiwöchigen Proben einen Alptraum für das Ensemble. Es war bekannt, daß er in jeder Truppe einen Prügelknaben hatte, und bei *The Green Bay Tree* fiel seine Wahl auf Olivier, dem er mitten in der Rede das Wort abschnitt, über dessen Frisur er sich lustig machte und über dessen Akzent er witzelte. Sein Opfer reagierte auf diese Behandlung mit bewundernswerter Geduld und Gelassenheit und verweigerte Harris die Genugtuung, sich von ihm aus der Ruhe bringen zu lassen. Doch Olivier vergaß ihm seine Grausamkeit nie, und später entwickelte er den Charakter von Richard III. in seiner Bühnen- und Filminterpretation nach dem Vorbild von Jed Harris. Jill hatte ebenfalls unter seinen häufigen Ausbrüchen zu leiden, und Olivier reagierte mehrmals wütend, wenn Harris sich besonders schlecht ihr gegenüber benahm. Für einige Herbstwochen waren die beiden durch ihre gemeinsame Antipathie gegen den Regisseur vereint.

So schrill und ätzend Harris auch war, gelang ihm doch eine hervorragende Interpretation der verschrobenen, bedrohlichen Atmosphäre von Shairps Stück, und Olivier erhielt, trotz der Unannehmlichkeiten, mit dem das ganze Unternehmen für ihn verbunden war, nach der Premiere am 20. Oktober im Cort Theatre nur wohlwollende Kritiken. Darin war bezeichnenderweise zu lesen, sein Spiel sei »kein Schauspie*len*[7], sondern die Zurschaustellung eines emotionalen Zusammenbruchs... eine außergewöhnliche Charakterstudie, die allmähliche

Gestaltung der Figur eines geistig beweglichen Schwächlings, eine Interpretation voller Bewegung und tragischer Empfindung.«[8] In allen Besprechungen kam er besser weg, als die Probenbedingungen oder seine eigene Ablehnung der Rolle hätten erwarten lassen; tatsächlich schien er ein gewaltiges Energiereservoir angezapft zu haben, und das Ergebnis war eine Darstellung, die sein Talent sichtbar auf eine neue Stufe hob. Das Stück lief nahezu sechs Monate und brachte Olivier beachtenswerten Ruhm und eine treue Anhängerschaft unter den New Yorker Produzenten und Zuschauern.

Jill wurde ebenfalls für ihre Rolle in *The Green Bay Tree* gelobt, doch hatte sie sich mehr und mehr aus jenem Gesellschaftsleben zurückgezogen, an dem teilzunehmen man von ihnen erwartete, zumindest dann und wann. Seit der Zeit ihrer Transatlantikreise mit Fairbanks war ihre Zurückhaltung bekannt, aber mittlerweile war ihre freundliche Art, die sie in der Öffentlichkeit notfalls angenommen hatte, fast völlig verschwunden. Alexander Clark war in dieser Spielzeit wieder in New York, und er lud die Oliviers in sein Elternhaus nach Pound Ridge, Westchester County, ein. Die Atmosphäre war spannungsgeladen, und Clark bemerkte Jills Kühle, ihre Distanz und ihr augenscheinliches Unglücklichsein; er hatte den Eindruck, daß sie am liebsten ganz woanders gewesen wäre.

Zufällig war zu der Zeit auch Noël Coward in New York. Nachdem er die Oliviers ermutigt hatte, zusammen in *Intimitäten* zu spielen, anschließend nach Hollywood zu fahren und so oft wie möglich gemeinsam aufzutreten, fügte er nun hinzu, daß sie doch eine britische Ausgabe der Lunts werden könnten: Lynne Fontanne und Alfred Lunt waren das erste amerikanische Schauspielerpaar, das in jenem Jahr in Cowards *Unter uns Vieren* aufgetreten war. Dieser Rat von seinem Mentor war für Olivier ein Ansporn, mit Jill zusammenzubleiben. (Coward schwebte vielleicht noch eine andere Parallele vor, denn die Ehe der Lunts war ebenfalls platonisch, da sie beide homosexuell waren.) Clark, der in S. N. Behrmans Stück *Biographie und Liebe* auftrat, das schon im achten Monat lief, teilte Olivier mit, daß Coward demnächst bei der Londoner Inszenierung Regie führen werde. Olivier hatte *Biographie und Liebe* während der Proben zu *The Green Bay Tree* gesehen. Wenige Tage nach ihrem Besuch in Pound Ridge waren Coward und Olivier wieder vereint. Die Aussicht, mit Coward zu arbeiten und in London in einer Komödie zu spielen, war für Olivier so verlockend, daß er das Angebot einer Nebenrolle annahm.

The Green Bay Tree wurde am 10. März 1934 zum letztenmal gegeben, und nach achtmonatiger Abwesenheit kehrten die Oliviers sofort nach London zurück. Das Haus im Cheyne Walk war noch nicht lange bewohnt gewesen, als sie im vorigen Juli nach Hollywood abgereist waren, und nun genossen sie die Rückzugsmöglichkeit, die ihnen die getrennten Schlafzimmer boten. Gerade als Olivier mit den Proben für *Biographie und Liebe* begann, bekam Jill eine Rolle in der Londoner Aufführung eines anderen amerikanischen Stücks, Kingsleys *Men in White*, und sie nahmen ihr berufliches und gesellschaftliches Leben wieder auf.

In *Biographie und Liebe* spielte Olivier einen fanatisch idealistischen Zeitschriftenverleger, dessen Ideale ihn unfähig machten, normale menschliche Beziehungen aufzunehmen. Oliviers Darstellung konnte einem so verächtlichen Charakter kaum Nuancen hinzufügen, und darum las er mit Erleichterung die Ankündigung, daß das Stück abgesetzt werde: Die Darsteller wurden am Ende der ersten Woche (1. Mai) auf halben Lohn gesetzt, das Stück wurde bald darauf vom Spielplan genommen. Jill hingegen blieb vier Monate lang beschäftigt, bis in die Mitte des Herbstes.

Für Olivier gab es sofort eine neue Rolle. Während der Proben zu Gordon Daviots *Queen of Scots* sah jedermann ganz klar, daß Ralph Richardson eine Fehlbesetzung für die Figur des Bothwell war, dieses polternden, leidenschaftlich romantischen Träumers, der der dritte Ehemann der Königin wird, nachdem er den Tod von Lord Darnley ausgeheckt hat. Die Hauptdarstellerin Gwen Ffrangçon-Davies, die Olivier seit Birmingham kannte, und der Regisseur John Gielgud, der Olivier einige Male in *Die andere Seite* gesehen hatte, schlugen eine Umbesetzung vor. Gielgud war ein gefeierter Schauspieler und einfühlsamer Regisseur, und wie schon Coward erkannte er ein Talent, das mehr versprach, als Olivier bislang hatte zeigen können. Bothwell war die perfekte Nebenrolle für einen gutaussehenden Anfänger, und Gielgud hatte keine Schwierigkeiten, Olivier dafür zu gewinnen. In nur einer Woche Vorbereitungszeit bis zur Premiere am 8. Juni lernte Olivier seinen Text, probte täglich vierzehn Stunden mit Gielgud und der Truppe und verwandelte sich in die Rolle des »größten Krakeelers in Schottland, rothaarig, gutgebaut, vor Lebenskraft strotzend«, wie es im Text heißt.

In Wams und hohen Stiefeln, mit einem roten Spitzbart maskiert, stürzte sich Olivier in die Rolle des Schürzenjägers Bothwell, der sogar, wenn er Maria Stuart küßt, zugibt, daß für ihn die Lippen aller Frauen gleich sind. Die Zeichnung dieses Porträts gelang ihm *con brio*, und es war für die Kollegen wie für die Zuschauer gleichermaßen beeindruckend. Aber das Stück wurde zu einer Zeit aufgeführt, da es noch keine Klimaanlage im Zuschauerraum gab, und das brütende Sommerwetter zwang sie schon im August, die Vorstellungen abzusetzen. Die Kostüme waren unerträglich schwer, erzählte Gwen Ffrangçon-Davies Jahre später, und dazu kam noch der Rückgang der Zuschauerzahlen, weil die Leute die überhitzten Theater mieden.

Ungeachtet der Sommerhitze hatte Olivier neue Lebenskraft gewonnen, und hinter der Bühne war er der anregende Gastgeber, der der Truppe jeden Abend nach der Aufführung Getränke ausschenkte und mit dem einen oder anderen Kollegen ein spätes Abendessen und noch etliche Drinks zu sich nahm. Die Schauspielerin Constance Cummings, Ehefrau von Benn Levy, dem Mitautor von *The Temporary Widow*, beschrieb Olivier als einen in jenen Tagen sehr geselligen Menschen, der es liebte, mit Kollegen zu trinken und zu zechen. Da seine Ehe praktisch am Ende war, setzte er mehr denn je auf seine Freunde.[9]

Mit seiner nächsten Rolle erzielte Olivier weitere Fortschritte. Brian Aherne war für ein Stück unter Vertrag, bei dem Noël Coward Regie führen sollte, doch er war durch Dreharbeiten in Amerika verhindert. Coward bat Olivier, auf der Tournee außerhalb Londons für Aherne einzuspringen. Obwohl Olivier nicht gerade begeistert war, als Ersatz in der Provinz aufzutreten, wollte er Coward nicht enttäuschen. Er akzeptierte die Gage von hundert Pfund die Woche und übernahm die Nebenrolle des Anthony Cavendish in *Theatre Royal*, einer Satire von George S. Kaufman und Edna Ferber über die Barrymores. Am Broadway hieß das Stück *The Royal Family*.

Die Rolle basierte auf dem »realen« John Barrymore und gab Olivier die Gelegenheit, alles, was er über diesen Schauspieler wußte, ins Komische zu überzeichnen und zugleich das ganze Spektrum seines Könnens zu entfalten: Eleganz und sportliches Auftreten, romantisches Gehabe eines Liebhabers, komödiantisches Talent und satirische Aufschneiderei. Nach den Mißerfolgen seiner letzten Rollen war dies ein komischer Part, den er nicht wieder abgeben wollte. Also trumpfte er in seiner Rolle so sehr auf und wurde vom Publikum und seinen Kollegen so begeistert gefeiert, daß die Nachricht von seinem Erfolg bis zu Aherne drang. Diesem verging die Lust, die Nachfolge einer so glänzenden Vorstellung anzutreten, und da er weitere Angebote in New York hatte, schickte er ein Telegramm, in dem er seinen Verzicht auf die Rolle mitteilte. Zum zweitenmal hatte er damit zum Fortschritt in Oliviers Karriere beigetragen. Das Stück hatte am 23. Oktober 1934 in London Premiere und lief fast sechs Monate.

In Pelzmäntel und Cashmereschals gehüllt, mit breitrandigem Hut und Tweedjackett angetan, mit Schminke und Puder sein starkes Kinn und seine ausdrucksvollen Augen betonend, wirkte Olivier größer als ein Meter achtundsiebzig, imposanter als ein Mann mit seiner schlanken Figur und seinem schmalen Knochenbau. Cavendish ist als Privatmann wie auf der Bühne immer derselbe: Innerhalb von wenigen Augenblicken kann er ein Gefecht mit einem tabletttragenden Bediensteten vom Zaun brechen, eine Treppe hinunterspringen, um einen Gast zu begrüßen, oder auf seine Mutter zuschreiten wie Hamlet, der sich Gertrude nähert.

Oliviers Charakterzeichnung war sicherlich geprägt durch den Eindruck, den er von John Barrymore auf der Bühne gewonnen hatte, aber zusätzlich färbte er die Figur dieses sonderbaren Bohemiens mit einer schillernden sexuellen Ausstrahlung. Er flirtete mit den Darstellern auf der Bühne, er spielte oft unverblümt zum Publikum hin und benutzte alle altbekannten Affektiertheiten des Dandys, um eine Karikatur eines selbstverliebten Bühnenstars zu zeichnen. Keine körperliche Herausforderung war ihm zu groß, wenn er über Balkone sprang, sich über Treppenabsätze stürzte und Geländer hinunterrutschte. Die Rolle war ein Feuerwerk der Showeffekte, und er absolvierte sie mit sprühendem Elan. Dabei ließ er keine Chance aus, das Publikum zu überraschen und zu schockieren. Kritiker und Zuschauer waren erneut von seiner Darbietung begeistert.

Constance Cummings erinnert sich, daß Olivier gesagt habe, für einen Lacher würde er sich mit Freuden ein Bein brechen. Das war tatsächlich nicht übertrieben, denn während einer Vorstellung im Dezember trat er mit enormem Schwung zum zweiten Akt auf, hechtete sich auf den Balkon und schwang sich von dort aus auf die Treppe. Doch an jenem Abend war er wohl zu hochgemut. Als er zum Sprung über die Brüstung ansetzte, verschätzte er sich in der Entfernung, und wenige Augenblicke später wurde er von der Bühne getragen, schmerzverzerrt mit einem gebrochenen Fußgelenk. Dies war die erste aus einer lebenslang nicht abreißenden Kette von Verletzungen, die er sich bei der Arbeit zuzog.

Kurz vor diesem Mißgeschick hatte der Produzent Gilbert Miller mit ihm Kontakt aufgenommen und ihm aufgrund seines Erfolgs als Anthony Cavendish die höchste Gage seiner Bühnenlaufbahn angeboten (fast zweihundert Pfund die Woche). Anfang 1935 traf Olivier mit dem Autor Keith Winter und dem Regisseur Raymond Massey zusammen und unterschrieb einen Vertrag für das Stück *Ringmaster*. Als besonderen Anreiz und der zusätzlichen Publicity wegen bot man Jill die Rolle seiner Partnerin an. Da er sich von dieser ganz anderen Rolle großen Erfolg versprach, gab er die groteske Komödie *Theatre Royal* auf und begann mit der Arbeit an dem bitteren Stück *Ringmaster*.

Die Rolle des Peter Hammond schien sich gut für ihn anzulassen. Es handelte sich dabei um einen ehemaligen Publikumsliebling bei Unterhaltungsmatineen, der bei einem Autounfall schwer verletzt und fortan von seiner geduldigen Frau betreut wird. Sie eröffnen ein Hotel an der Küste von Devon, wo Peter die Rolle eines Zirkusdirektors im Leben seiner Gäste einnimmt. Er ist zwar charmant, aber auch herrschsüchtig und gehässig, er legt ihre Affären vor allen offen und benutzt ihre Schwächen, um seine eigenen zu verdecken. Schließlich stiftet er so viel Zwist unter denen, die ihm einmal vertraut haben, daß sie sich alle von ihm abwenden.

Oliviers Auftritte hatten Momente von größtem Charme, die eine tiefliegende Bosheit überdeckten; es war ihm gelungen, genau das psychologische Netzwerk zu spinnen, das ein Publikum wach und neugierig hält. Doch wie in *The Rats of Norway* war der vorherrschende Tenor dieses Stückes irgendwie unerquicklich in seinem eichenfurnierten, chintzbezogenen Landhausstil, und die Dialoge waren gesättigt von Vorahnungen über den Einbruch von Familienzwistigkeiten, verweigerter oder erkaufter Liebe und nicht erhaltenem Dank. Winters Dramen waren gebildet und literarisch, aber auch trostlos und ohne dramatische Bewegung. Olivier fehlte es jedoch an literarischem Urteilsvermögen, um zu erkennen, daß *Ringmaster* ganz einfach schlecht war. Er brauchte Arbeit, aber leider war *Ringmaster* in seiner Qualität nicht besser als die meisten anderen englischen Stücke, die in diesem Jahr auf die Bühne kamen. Er muß darin eine Gelegenheit gesehen haben, sich in einem neuen Bravourstück zu präsentieren, diesmal nicht als ein springender Sportsmann, sondern als ein an den Stuhl gefesselter Antiheld, der andere unterjocht, abwechselnd scharfe Befehle und freundliche Ratschläge erteilt, bis er schließlich zusammenbricht und sich heulend vor Schmerzen auf dem Boden windet. Olivier erfüllte die Bühne mit nervöser Spannung, er spielte den bewegungsunfähigen Peter Hammond ebenso dynamisch wie den quirligen Anthony Cavendish.

Doch seine Zufriedenheit hielt nur eine Woche an, denn am 18. März wurde das Stück aus dem Programm genommen, weil es keine guten Kritiken bekam und keine Kasse machte. Dies war nun Oliviers erste Hauptrolle, und er wird sich an seine unkluge Entscheidung von vor sechs Jahren erinnert haben, als er *Die andere Seite* für

Beau Geste aufgab. Seine Enttäuschung wurde noch dadurch verstärkt, daß er für die Aufführungsrechte an *Ringmaster* Geld gegeben hatte und insofern rechtlich Gilbert Millers Partner war. Er hatte also Geld und Ansehen verloren.

Dennoch war er in diesem arbeitsreichen Jahr in schneller Folge mit zwei weiteren Produktionen beschäftigt. Als erstes nahm er ein Angebot von Alexander Korda für einen Film an, den dieser unter der Ägide seiner eigenen Produktionsfirma, der London Films, drehte. Olivier übernahm eine kleine Rolle in einem unbedeutenden Film, doch damit begann gleichzeitig eine wichtige Verbindung mit einem der einflußreichsten Männer in der britischen Unterhaltungsindustrie. Korda hatte in seinem Heimatland Ungarn, in Österreich, Deutschland, Hollywood und Frankreich Filme produziert, bevor er sich in England niederließ, wo er mit seinen Brüdern Vincent (einem Künstler und Designer) und Zoltàn (einem Regisseur) unglaublich erfolgreiche und gutgemachte Filme drehte.

Conquest of the Air gehörte jedoch nicht zu seinen bemerkenswerten Produkten. Es hatte ursprünglich ein Film über die Geschichte der Luftfahrt werden sollen, der begonnen wurde, wieder aufgegeben und erneut begonnen; dies alles zog sich über sieben Jahre hin, und dem Endprodukt, das 1940 schließlich in die Kinos kam, sieht man an, daß seine Entstehung Flickwerk war. Es gibt darin Passagen über Leonardo da Vinci und die Brüder Wright, und Olivier hat einen kurzen Auftritt als Vincent Lunardi, den ersten Luftreisenden in England, der 1784 London mutig in einem Ballon überflog. Für seine wenigen Szenen mußte Olivier lediglich in einem Ballon – einer Studio-Attrappe – stehen und zuversichtlich lächeln. Doch Korda erkannte Oliviers Möglichkeiten auf der Leinwand, seine Ausstrahlung und seine Präsenz, und er versprach ihm eine Hauptrolle für einen späteren Zeitpunkt des Jahres.

Die Dreharbeiten für *Conquest of the Air* in Kordas Denham-Studio nahmen nur ein paar Tage Anfang April in Anspruch. Unmittelbar anschließend stürzte sich Olivier in ein ehrgeizigeres Projekt; er willigte ein, mit Maurice Browne die Koproduktion für ein neues Stück zu übernehmen, *Golden Arrow* von Sylvia Thompson und Victor Cunard.

In *Golden Arrow* sollte Olivier die Hauptrolle spielen, einen jungen, aufsteigenden englischen Politiker, der sich weigert, seine amerikanische Geliebte auf eine Dienstreise (in einem Zug namens Goldpfeil) durch den Kontinent mitzunehmen. Sie beschließt, statt dessen mit einem gutaussehenden Franzosen zu verreisen, doch bevor ihre Tugend weiter kompromittiert werden kann, ist sie wieder mit ihrem Engländer vereint und heiratet ihn. Das Stück machte wenig Lärm um nichts, seine Seichtheit fiel Olivier offenbar nicht auf, oder er wollte es nicht bemerken, denn das Angebot von Browne war nicht uninteressant. Ein Stück zu produzieren war in London gleichbedeutend damit, die Regie zu übernehmen, und der große Ehrgeiz seiner Generation war es, wie er später sagte, die Verantwortung zu übernehmen, sein eigener Chef zu sein.

Produktion und Regie waren neue und wichtige Funktionen am englischen Theater nach dem Ersten Weltkrieg. Früher wurde von Schauspielern erwartet, daß sie die notwendigen und traditionell festgelegten Gesten und Gänge beherrschten, sie bekamen nur selten Rat und Führung; man sah es als überflüssig und sogar als kränkend für einen versierten Schauspieler an. Aber die großen Schauspieler-Regisseure wie Gerald du Maurier, Charles Hawtrey, Nigel Playfair, Ben Greet oder Seymour Hicks hatten begonnen, an dieser Tradition zu rütteln. Für die Inszenierung eines Stückes trieben sie Gelder auf, mieteten Theater, stellten das Ensemble zusammen und übernahmen die gesamte Verantwortung – und sie gaben den Schauspielern Anweisungen.

Um 1935 war der Einfluß der Schauspieler-Regisseure weitgehend abgeschafft, jetzt gab es Regisseure, die Produzenten genannt wurden. Sie wurden vor allem darum gebraucht, weil die Unternehmer im Theatergeschäft jetzt überwiegend Geschäftsleute und Finanziers waren und weil die technischen Aspekte der Aufführungen, etwa Beleuchtung und elektrische Anlagen, sehr viel komplizierter geworden waren. Außerdem erforderten die neuartigen Stücke der Nachkriegszeit ein Umdenken: Die psychologischen Motive, die den Handlungen und Gesten zugrunde lagen, waren weniger sichtbar, und die Dialoge waren oft indirekt und verschlüsselt, kontrapunktisch zur Handlung angelegt, und häufig erforderten sie Erklärung, Interpretation und Hilfestellung für die Schauspieler, das heißt also Führung. David Belasco war in New York bereits ein anerkannter Regisseur, in Europa gab es Max Reinhardt, Konstantin Stanislawski und Jacques Copeau.

Olivier stellte sein Ensemble zusammen, und nach der ersten Leseprobe von *Golden Arrow* kündigte er an, daß er die Proben völlig anders machen wolle als bisher. Anstatt das Stück langsam über Wochen wachsen zu lassen, indem man mit äußerster Aufmerksamkeit an allen Details der Stimme und der Gestik Szene für Szene arbeitete (eine Methode, die ihn oft verärgert und gelangweilt hatte), ging er mit seinen

Akteuren innerhalb von fünf Tagen den gesamten Text durch. Dadurch, so begründete er seine Entscheidung, bekämen die Schauspieler ein besseres Gefühl für ihre Rolle und für das Stück als Ganzes; dann erst probierten sie Szene für Szene und veränderten Gestik, Sprache und stimmlichen Ausdruck nach den inneren Notwendigkeiten.

Doch schon bei diesen ersten Proben wurde Browne klar, daß *Golden Arrow* nicht der Erfolg werden würde, den sie sich erhofft hatten. Er zog sich zurück, und Olivier – der entweder Brownes Warnungen nicht ernst genug nahm oder aber davon überzeugt war, daß er dem Stück einen Witz geben könnte, den es leider nicht hatte – übernahm die gesamte Verantwortung. Nun konnte er auf den Theaterzetteln und Ankündigungen neben Regie und Darstellerverzeichnis außerdem noch lesen: »Laurence Olivier zeigt«. Er war der Star, der Produzent und Manager.

Trotz des schwachen Textes übernahm Olivier seine Verantwortung mit größtem Ernst, und das brachte bisher verborgen gebliebene Fähigkeiten an den Tag. Jetzt war er nicht nur mit seiner eigenen Rolle befaßt, sondern mit ihrer Bedeutung für das gesamte Stück, und das brachte seine Phantasie zum Blühen. Er ermutigte dazu, verschiedene Lesarten einer Figur auszuprobieren und sie nicht nur geradlinig zu interpretieren, er erkannte die dramatische Funktion der Stille, er sah, wie die Bewegung der Scheinwerfer eine Stimmung verändern konnte, und er schaute sich mehrere Sequenzen vom Zuschauerraum aus an, um das Tempo besser wahrzunehmen. Da er alles daransetzen wollte, das Stück lebendig zu gestalten und die Schauspieler zu ermutigen, hatte er sich eine entspannte Art im Umgang mit seinem Ensemble zugelegt. Er wollte auf keinen Fall so sein wie Jed Harris; lieber nahm er sich an Noël Coward ein Beispiel und war freundlich, ironisch, witzig, hilfsbereit, provozierend und immer höflich.

Für die weibliche Hauptrolle hatte Olivier eine kecke Sechsundzwanzigjährige engagiert, eine rothaarige Irin namens Greer Garson[10]. Statt dem Ensemble, so erinnerte sie sich später, die Handlung mimisch zu veranschaulichen, forderte er die Schauspieler auf, vielmehr ihre Phantasie anzustrengen, »um kleine Dinge für uns selbst herauszufinden. Immer wieder erfand er kleine Übungen, Abenteuer der Phantasie, um die ganze Sache frisch zu erhalten.« Hinter der Bühne gab es auch ein Abenteuer, denn der Hauptdarsteller-Regisseur und seine Partnerin wurden für kurze Zeit ein Liebespaar. Aber die Verstrickung endete mit dem Beginn der Aufführungen: Nach einer Voraufführung Mitte Mai am New Theatre in Oxford kam das Stück in der Whitehall in London zur Premiere und wurde nach zwei Wochen, am 15. Juni, vom Spielplan abgesetzt. Nur Greer Garson hatte gute Kritiken bekommen für ihre »lebhafte Unverschämtheit[11]... ihre Vitalität und ihren Charme«[12], und kurz darauf holte sie der Filmproduzent Samuel Goldwyn nach Hollywood.

Zwei Tage vor der letzten Vorstellung lud der Autor und Schauspieler Emlyn Williams Olivier zu einer Vorstellung seines Stückes *Night Must Fall* ein. Anschließend gingen sie in eine Kneipe, wo Olivier mehrere Whiskys kippte und Williams völlig verzweifelt bekannte: »Ich bin am Ende, ich schaffe das nie! Hollywood wollte keine Notiz von mir nehmen, die Garbo hat mich als Partner für *Königin Christine* abgelehnt, und *Ringmaster* war ein totaler Reinfall...«[13] Williams hatte den Eindruck, daß Olivier aussah »wie ein von aller Welt verlassenes Waisenkind, das gerade in eine tiefe Pfütze gestapft ist... Wir versuchten, ihn wieder aufzurichten, jedoch ohne Erfolg.«[14] Nach einundzwanzig Bühnenauftritten in London (nach Birmingham) und neun Filmen sah Laurence Olivier keinen wesentlichen Fortschritt in seiner Karriere.

Selbst ein großes Lob, das er früher an diesem Abend zu hören bekam, hatte ihn nicht trösten können. Unter den Zuschauern im Duchess Theatre hatte eine schlanke, dunkelhaarige Schönheit gesessen; ihre Haut wirkte wie Porzellan, sie hatte ausdrucksvolle Augen, ein strahlendes Lächeln, ein ansteckendes Lachen und einen scharfen Verstand. Sie war offen und direkt, gebildet, vollendet in Kleidung und Haltung, und gerade war ihr der Schritt ins Rampenlicht des Ruhms mit der Komödie *Die Marquise von Arcis* geglückt, und zwar in derselben Woche, in der Oliviers Desaster mit *Golden Arrow* stattgefunden hatte. In der Theaterpause war sie auf ihn zugegangen, um ihm ihre Bewunderung für seinen Auftritt in *Theatre Royal* auszusprechen, das sie sich dreimal angesehen hatte, und *Ringmaster* hatte sie, man höre und staune, zweimal gesehen. Ihr Name war Vivien Leigh.

Am 5. November 1913 war Vivian Mary Hartley als Tochter einer streng katholischen Mutter, Gertrude Yackjee, und eines Schürzenjägers, des Börsenmaklers Ernest Hartley, im indischen Darjeeling geboren. Die Ehe ihrer Eltern stand unter einem schlechten Stern und war unglücklich. Mit sechs Jahren wurde sie von ihrer Mutter in das Kloster Sacred Heart nach Roehampton in England gebracht, und dieses plötzliche Ende der elterlichen Fürsorge hatte in ihr tiefe Wunden hinterlassen und den Grundstein gelegt zu manchen ihrer charakterlichen Eigenarten. Vivian zeigte ein starkes Bedürfnis, anderen Leuten zu gefallen, als wollte sie die Abwesenheit ihrer Eltern dadurch kompensieren, daß sie sich die Zuneigung von Klassenkameraden und Lehrern verdiente oder erkaufte. Sie dachte an jeden Geburtstag ihrer Mitschüler, strengte sich unermüdlich an, sich bei den Nonnen beliebt zu machen, und glänzte in der Klasse durch besondere Leistungen. So ist es nicht überraschend, daß sie eine Vorliebe für Rezitation und Schauspiel hatte. Nichts schien ihr so erstrebenswert wie die Aufmerksamkeit ihrer Lehrer und Mitschüler.

Vivian verbrachte ihre Jugend an verschiedenen europäischen Schulen und wuchs zu einer reizvollen, allseits bewunderten Siebzehnjährigen heran, die hervorragend Französisch und Deutsch sprach und in etlichen Schulaufführungen die Hauptrolle gespielt hatte. Im Frühjahr 1932, als sie achtzehn Jahre alt war, begann sie ihr Studium an der Royal Academy of Dramatic Art, doch noch vor dem Ende des Jahres verließ sie die Schule wieder, um einen wohlhabenden Anwalt namens Leigh Holman zu heiraten, der zwölf Jahre älter war als sie. Holman war ein seriöser und angesehener Mann, und er ging sehr nachsichtig – wie ein liebevoller Vater – mit ihr um.

Im Oktober 1933 wurde ihre Tochter Suzanne geboren, doch Vivians Bindung an das Kind war nie besonders stark; da sie selbst eine innige Mutterliebe nie erfahren hatte, hatte sie keine Vorstellung, wie sie diese ihrem Kind geben sollte. Vor allem aber langweilte sie sich mit den Haushaltsfragen und den unvermeidlichen Anforderungen des Mutterdaseins, und daher schloß sie einen Vertrag mit einem Theateragenten, spielte in mehreren Filmen mit, änderte ihren Namen in die weiblicher klingende Form Vivien (Vivian war ein nicht ungewöhnlicher Männername in Großbritannien) und, als wollte sie ihre eigene kindliche Identität in ihrer Ehe mit der väterlichen Rolle ihres Mannes besiegeln, nahm sie seinen Namen als ihren Künstlernamen und hieß von nun an Vivien Leigh.

Auch wenn sie nicht mehr in Holman verliebt war, betrachtete sie ihn doch für den Rest ihres Lebens als Freund und Beschützer. Zu Beginn des Jahres 1935 hatte Vivien eine Affäre mit einem gutaussehenden, aber psychisch labilen jungen Schauspieler namens John Buckmaster (dem Sohn von Gladys Cooper) begonnen. Als sie Laurence Olivier begegnete, stand ihr Agent gerade mit Alexander Korda in Verhandlungen, der ihr einen Langzeitfilmvertrag angeboten hatte.

Ein wichtiger Teil der Theaterszene traf sich zum späten Abendessen im Savoy Grill. An jenem Abend, als Vivien in *Die Marquise von Arcis* Premiere hatte, saß Laurence Evans gerade zum Essen dort, als sie mit ihrem Regisseur Sydney Carroll hereinkam; Evans berichtete, daß jedermann im Raum aufstand und sie mit Bravorufen begrüßte: diese junge Schauspielerin, die bis dahin gänzlich unbekannt war und gleich bei ihrem ersten Auftritt einen solchen Eindruck gemacht hatte. Doch die Begeisterung des Publikums bezog sich mehr auf ihre Erscheinung als auf ihr Talent. »Obwohl sie die Kritiker und das Publikum im Sturm erobert hatte«, sagte John Gielgud, »wußte sie, daß ihre Jugend und ihre Schönheit die entscheidenden Faktoren für ihren plötzlichen Erfolg waren, und sie war bescheiden und klug genug, sich der Herausforderung zu stellen, an ihrer Entwicklung weiterzuarbeiten.«[15]

Wenn ihre Worte während der Pause von *Night Must Fall* nicht den erhofften verführerischen Effekt auf Olivier hatten, so war es auf jeden Fall ihre Erscheinung. Er fand sie bezaubernd und reizvoll, und gleich in der folgenden Woche sah er sich ihre Vorstellung von *Die Marquise von Arcis* an. Er erinnert sich an »ihre wunderbare Haltung und eine Anziehungskraft, wie ich sie verwirrender nie erlebt habe«.[16]

Ende Juni machte Korda sein Versprechen wahr und verpflichtete Olivier für drei Wochen Drehzeit für die männliche Hauptrolle in dem Film *Moscow Nights*. Er hatte den Part eines russischen Kapitäns zu spielen, der während des Ersten Weltkriegs verwundet worden war und nun des Landesverrats beschuldigt, am Ende aber vom Verdacht freigesprochen wird und die Liebe einer schönen Krankenschwester gewinnt, die ihn im Lazarett gepflegt hatte. Olivier war nun achtundzwanzig Jahre alt und spielte seit über zwei Jahren seine erste wichtigere Filmrolle; er hatte sichtlich an Reife gewonnen, und seine Darstellung gilt noch immer als vorbildlich mit ihren zahlreichen komischen Einfällen, die von tragischer Verzweiflung überschattet sind. In den Szenen mit Penelope Dudley Ward, die die Krankenschwester spielt, legt er ein gewinnendes Lächeln an den Tag, mildert seine Stimme für gefühlvolle Effekte und ist mit jedem Zoll der starke, vertrauenerweckende Freier – und das trotz eines schwachen Drehbuchs und viel zu dick geschminkter Lippen. Später, in der Gerichtsszene, zeigt er eine sprachlose Ängstlichkeit, die mehr aussagt als der viel zu geschwätzige Text. Seine Darstellung hat überhaupt nichts Manieriertes, und Korda sah sehr bald, daß sein anfängliches Vertrauen in Oliviers Leinwandpräsenz gerechtfertigt war. Doch im Anschluß an diese Arbeit bot sich ihm keine weitere Filmrolle. Mitten im Sommer 1935, als Jill gerade in den Proben zu dem Theaterstück *The Black Eye* steckte, erhielt Olivier einen Telefonanruf von John Gielgud.

Der damals einunddreißigjährige Gielgud, ein Großneffe von Ellen Terry, galt als Londons herausragender Shakespeare-Interpret und

Regisseur, der als Romeo, Richard II. und als Hamlet überwältigende Anerkennung von Kritik und Publikum bekommen hatte. Er war in Rollen erfolgreich, die sowohl eine äußere Strenge als auch eine innere Reflektiertheit erforderten, man bewunderte ihn wegen seiner aristokratischen Ausstrahlung und seiner samtweichen Stimme, die seiner Rede immer etwas Poetisches gab; seine schauspielerische Vielseitigkeit wie auch die Skala seiner Inszenierungen, bei denen er oft auch Produzent war, erstreckten sich über die breiteste Vielfalt von klassischen und modernen Stücken.

In diesem Jahr wurde Gielgud klar, daß er bald zu alt wäre, um seine Interpretation des Romeo noch einmal aufzunehmen, und so kam er auf eine Idee. Seit dem neunzehnten Jahrhundert war es nichts Ungewöhnliches, wenn Darsteller innerhalb desselben Stücks zu einer anderen Hauptrolle überwechselten; Samuel Phelps und William Macready, später auch Henry Irving und Edwin Booth, hatten abwechselnd Othello und Jago gespielt. Nun war es Gielguds Plan, in diesem Herbst dasselbe mit Romeo und Mercutio zu tun.

> Als ich dem Theaterleiter Bronson Albery vorschlug, daß er 1935 *Romeo und Julia* für mich auf den Spielplan nehmen sollte, wandte ich mich zuerst an Robert Donat und fragte ihn, ob er mit mir abwechselnd Romeo und Mercutio spielen wolle, aber er schlug das Angebot aus. Ich hatte Larry schon häufiger auf der Bühne gesehen. Als ich ihn fragte, ob er in meiner Inszenierung mitwirken wolle, reagierte er zögernd, da er hoffte, das Stück selbst machen zu können, mit sich und Jill Esmond in den Hauptrollen. Als er aber hörte, daß ich schon Edith Evans für die Rolle der Amme und Peggy Ashcroft als Julia engagiert hatte, sagte er sofort zu.[17]

Für Olivier wäre es sehr schwierig gewesen, das Stück selbst auf die Bühne zu bringen, mit oder ohne Jill. Seit seinen Schulaufführungen, den unbedeutenden Auftritten mit Lena Ashwell und den Cassons und den verheerenden modernen Versionen, in denen er 1928 mitgespielt hatte, war er in keinem Shakespeare-Stück mehr aufgetreten. Da er 1935 als attraktiver, aber leichtgewichtiger Interpret moderner Stücke (zumeist komischer) angesehen wurde, hätte er ziemliche Überraschung, womöglich sogar Belustigung ausgelöst, wenn er nun die Inszenierung von *Romeo und Julia* angekündigt hätte. Andererseits hatte er die Hoffnung, daß ein wagemutiger Theaterleiter die Idee überzeugend fände und sie, zumindest als Kuriosität, unterstützte.

Gielguds Angebot war großzügig und wohlüberlegt, obwohl nicht von Anfang an deutlich war, was es bedeuten würde. *Romeo und Julia* sollte im Oktober Premiere haben, mit Olivier als Romeo und Gielgud als Mercutio; sechs Wochen später würden sie die Rollen tauschen. Die Proben begannen Anfang September, doch mit Aufregung auf beiden Seiten. Nach bestehender Tradition, als deren Hüter sich Gielgud verstand, wurde streng darauf geachtet, die poetische Sprache der Shakespeareschen Verse zu betonen. Doch schon bei der ersten Leseprobe sprach Olivier seinen Text, als entspränge er unmittelbar seinem Gefühl, als seien es nicht Verszeilen in ehrwürdigen fünffüßigen Jamben. Es wurde klar, daß er den Romeo als einen heißblütigen Jüngling spielen wollte, der vor sexueller Begierde überkochte. Das Ensemble und der Regisseur hörten die Verse, als seien es keineswegs Verse, sondern ein vehementer Ausbruch leidenschaftlichen Begehrens, das sich nicht unterdrücken ließ. Gielgud versuchte, Olivier zurückzuhalten und zu bremsen, und so war die Atmosphäre auf den Proben häufig spannungsgeladen. »Er merkte, daß ich zu versbewußt und geradezu exhibitionistisch in meiner Shakespeare-Interpretation war«, sinnierte Gielgud Jahre später, »aber natürlich war auch er ein großer Exhibitionist, nur in ganz anderer Weise: Er war waghalsig, lodernd und bilderstürmerisch.«

Olivier hatte für Romeo eine Sprache gefunden, die natürlich und glaubhaft wirkte, es war kein Vortrag für die Akademie, sondern ein aufrührender Schrei an das Publikum. Diese Annäherung an Shakespeare entsprang nicht einer durchdachten, intellektuell erarbeiteten und bewußt eingesetzten künstlerischen Idee, sondern der Tatsache, daß er »sich gegen Johns Kraft und Begabung auflehnte«, wie er später eingestand. Gielgud war wohlhabend, gebildet und mit den Klassikern vertraut, all das war Olivier nicht; Gielgud war nur drei Jahre älter als er, aber er war bereits der berühmteste und meistgeachtete Schauspieler in England.

Seit seiner Schulzeit hatte Olivier sich vorgenommen, so zu spielen, daß »ihnen die Augen aus dem Kopf fallen«[18], und 1935 war seine Einstellung noch immer die einer trotzigen Herausforderung, wie er es nannte: »Ich werd es ihnen zeigen, ich werd es ihnen zeigen, ich werd es ihnen zeigen... ich werde ganz einfach alle anderen an die Wand spielen.«[19] In seiner Situation war dieses Ziel nicht nur eitler Wahn oder blinde Ruhmsucht; seine Prophezeiungen kamen aus einem Gefühl der kreativen Kraft und Eingebung, wenn auch die Auswirkungen noch nicht deutlich wahrgenommen werden konnten. Jetzt, da er mit einem Schauspieler-Regisseur konfrontiert war, den er bewundern sollte und dessen Erfolg auch er begehrte, da er außerdem zum erstenmal für eine Hauptrolle in einem Shakespeare-Stück engagiert war, ging sein Ehrgeiz ein gelungenes Bündnis mit seinem Genie ein. Er hatte sehr wohl aus den düsteren Erfahrungen mit *The Green Bay Tree* und seinen vielfältigen Verpflichtungen beim *Ringmaster* gelernt. Wie so oft im Prozeß des authentischen kreativen Wachstums, kamen Ansporn und tiefe Empfindung aus all dem, was sich an beruflicher Frustration, künstlerischem Scheitern und emotionalen Stürmen in letzter Zeit angestaut hatte. In seine Interpretation des Romeo brachte er alles ein, was ihn selbst ausmachte.

Die Reaktion der Kritik war nicht anders als vorauszusehen, denn der Premierenabend am 17. Oktober im New Theatre löste fast einstimmig Widerspruch aus: Mit einer einzigen Ausnahme lehnten sämtliche Londoner Kritiker, die der Tradition des hingebungsvollen Versrezitierens huldigten und jeden neuen stilistischen Versuch verdammten, Oliviers Darstellungsweise ab. Ob *The Times*[20], *Sunday Times*, *Evening Standard* oder *Star*, sie alle veröffentlichen bissige Kommentare über Oliviers »laienhafte« und »schwatzhafte«[21] Art, behaupteten, daß er »ein krankhaftes Temperament« habe und – was das schlimmste war – sprachen ihm sowohl die lyrische Stimme als auch die poetische Diktion für die Darstellung des Romeo ab. Statt dessen gab es rauschenden Applaus für Gielgud, Ashcroft und Evans, was Oliviers Enttäuschung über die Reaktion der Kritik nur noch vergrößerte. Ein paar Tage später traf ihn Glen Byam Shaw (der mit ihm in *Queen of Scots* gespielt hatte und ihm ein guter Trinkkumpan geworden war) »aufgrund der Verrisse für Romeo in entsetzlich niedergeschlagener Verfassung an, er schien dem Selbstmord nahe«.

Nur der angesehene Kritiker St. John Ervine vom *Observer* lobte den revolutionären Naturalismus seiner Darstellung: »Ich habe nur selten so bewegende Momente gesehen wie in der Darbietung von Mr. Oliviers Romeo... es ist ein stürmischer junger Mann, der darum kämpft, verstanden zu werden... Ich bin überzeugt, Shakespeares Augen hätten geglänzt, wenn er diesen Romeo gesehen hätte, jung und voller Feuer und unbeholfener Anmut.«[22]

In späteren Erinnerungen erwähnte Olivier Ervines wichtige Beurteilung nicht, vielleicht war sie ihm nicht pointiert genug in bezug auf seine dramatischen Fähigkeiten, die er zu der Zeit gern erwähnt gesehen hätte. Er übersah auch die begeisterte Reaktion von Zuschauern, wie Alec Guiness berichtete, die nicht so sehr an der Bewahrung eines überlieferten Stils interessiert waren als vielmehr an der dramatischen Wirkung seiner Darstellung, die unmittelbar und allgemeinverständlich war: »Er hatte nicht die falsche Art, die Verse zu rezitieren, sondern nur eine neue und gänzlich andere.«[23] Der Kritiker J.C. Trewin, der die Aufführung in der ersten Woche gesehen hatte, berichtete, daß Olivier »meist auf die Bühne gesprungen kam wie ein junger Kavalier aus der Renaissance. Ich höre noch, wie die Zuschauer nach Luft schnappten«.[24] Auch die wichtigste Zeitungsnotiz eines amerikanischen Korrespondenten tadelte ihn keineswegs: »Mr. Olivier war ein frischer, ungestümer Romeo, berauscht von der Liebe.«[25] Die übereinstimmende Meinung der Amerikaner, die keine übertriebenen Vorstellungen von Shakespeare hatten, war, daß Oliviers Romeo vor allem emotional nachvollziehbar war, und durch diese positive Einschätzung stieg sein Wert für amerikanische Produzenten, Agenten und Zuschauer in hohem Maße. Aber er war seit langem an Ablehnung gewöhnt, und so suhlte er sich geradezu im gewohnten Schmerz. Keine der Ermutigungen stimmte ihn um, auch nicht die Zuversicht seiner Kollegen. Olivier blieb, Gielgud zufolge, »in seinem Starrsinn stecken«.[26]

Laurence Oliviers erster Auftritt als Liebhaber in einem Shakespeare-Stück war in einer bekanntermaßen schwierigen Rolle, die eine Mischung aus Ungestüm und Würde verlangte. Als Romeo von Julias Tod erfährt, hat er nur einen Satz zu sagen, in dem eine höchst komplexe Reaktion steckt: »Ist es denn so? Ich biet euch Trotz, ihr Sterne!« Und dann schreitet er wieder zur Tat: »Hol mir Papier und Tinte und miete Pferde, ich will fort zur Nacht.« Und sofort faßt er den Plan, sich von einem Apotheker Gift zu verschaffen; dies ist vielleicht die spontane Reaktion eines Jünglings, aber eine ungeheure Herausforderung für einen Schauspieler, sie glaubwürdig und stimmig darzustellen. Man kann Romeo als ein hilfloses Opfer des Schicksals spielen oder als einen tragischen Verbündeten seiner eigenen Besessenheit. Indem Olivier ihn als einen triebhaften, impulsiven Jüngling spielte, wollte er diese beiden Aspekte miteinander verschmelzen, doch die spontane Reaktion der Kritik war, diesen ungewohnten Tenor abzulehnen.

»Er war zutiefst verletzt«, berichtete Gielgud, »und er hat diese Zurückweisung sein Leben lang nicht verschmerzt.« Auch durch Peggy Ashcrofts Unterstützung fühlte er sich nicht getröstet, obwohl er später eingestand, daß sie eine höchst aufmerksame und ermutigende Partnerin war. Sie ihrerseits war der Meinung, daß sein Romeo absolut der beste war, den sie je gesehen hatte, »weil er ihn als einen leidenschaftlichen Jungen spielte«. Es blieb ein beständiger Groll zurück, wann immer Olivier an diese Zeit zurückdachte, und eine lebenslängliche Überempfindlichkeit gegenüber negativer Kritik, sofern sie von jemand anders geäußert wurde als von ihm selbst. Von da an gab er sich als unverstandenes Opfer – und zwar viel mehr, als es wirklich der Fall war –, als hätten die Kritiker mit einem Schlag seine Karriere zerstört, als hätte er nicht soeben mit Gielgud gleichgezogen (wenn nicht sogar ihn überholt), was Berühmtheit und Erfolg betraf.

Für Olivier scheint nur eines gezählt zu haben, daß nämlich Gielgud die besseren Kritiken hatte. Ein quälender, kleingeistiger Neid, wie er ihn schon einmal in Hollywood über Jills Erfolg empfunden hatte, ergriff in diesem Oktober von ihm Besitz, und er wurde das Gefühl der Rivalität gegenüber Gielgud nicht los. »John beschäftigte sich zu sehr mit dem Schönen und dem Poetischen, und das ging auf Kosten der Wahrscheinlichkeit... Er war sich seiner Fähigkeiten bewußt, seiner Musikalität und lyrischen Ausdrucksfähigkeit.«[27] Variationen dieses Themas zogen sich für den Rest seines Lebens durch sämtliche Interviews. Keiner seiner Erfolge konnte diese Haltung mildern, und noch 1986, drei Jahre vor seinem Tod, schrieb er: »Ich war der Außenseiter, und John war das Juwel... Jedermann urteilte zu seinen Gunsten.«

Sein Kollege sprach keineswegs in diesem Ton, denn Gielgud setzte sich stets für Olivier ein und verteidigte ihn: »Larry hatte mir gegenüber einen großen Vorteil, der in seiner dominierenden Vitalität lag, in seinem fabelhaften Aussehen, seinem sprühenden Humor und seiner leidenschaftlichen Direktheit. Seine Liebesszenen als Romeo waren von einer realen Intensität und Zärtlichkeit, und seine tragische Trauer war zutiefst anrührend.« Doch Gielgud spürte deutlich Oliviers Vorbehalte, die sie, wie er sagte, »mehr zu Rivalen als zu Kollegen machten, und das bedauerte ich sehr«.[28] (In seinem Testament legte Olivier fest, daß jeder seiner zehn engsten Freunde sich ein kleines Erinnerungsstück aus seinem persönlichen Besitz aussuchen sollte; Gielgud überließ er ein frühes Probentextbuch von *Hamlet*.)

Am 28. November tauschten die beiden Schauspieler ihre Rollen, und die Kritiker ersetzten ihre harschen Worte für Olivier durch wärmstes Lob. Als Mercutio war er, wie dieselben Kritiker feststellten, die seinen Romeo verrissen hatten, »brillant...[29] spritzig...[30] jedes Wort sprühte von lustvoller Vitalität...[31] und ungewöhnlicher Kraft«[32]. Die bemerkenswertesten Aspekte von Oliviers früheren Shakespeare-Interpretationen – die Lebenskraft seines Puck, die Widerspenstigkeit seiner Katharina, die Lüsternheit seines Parolles – wurden hier auf ideale Weise wiederbelebt in Mercutios unbezähmbarer Kraft und seiner Vorliebe für schlagfertige Antworten; hier wurde seine naturalistische Sprache als völlig angemessen wahrgenommen. »Mein Mercutio kam sehr gut an«, schrieb er Jahre später und fügte hinzu, »aber das konnte mich nicht für die vorangegangenen Verrisse entschädigen.«

Erstaunlicherweise bereitete Oliviers Mercutio seinen Kollegen sehr viel mehr Schwierigkeiten; Peggy Ashcroft zum Beispiel erinnerte sich, daß er wütend darüber war, diese Rolle spielen zu müssen, und das hatte natürlich Auswirkungen auf seine Auftritte. Trotz der Höflichkeit, die zwischen den beiden Hauptdarstellern im täglichen Umgang herrschte, war die Spannung zwischen ihnen unübersehbar. Olivier nutzte Mercutios quirligen Charakter dazu aus, immer wieder in Gielguds Sätze einzubrechen, manchmal schnitt er ihm eine halbe Zeile seines Textes ab. Dies zerrte besonders stark an Gielguds Nerven, weil er in diesem Herbst ziemlich überlastet war, denn er hatte den ganzen Tag Dreharbeiten zu dem schwierigen und körperlich anstrengenden Film von Alfred Hitchcock *The Secret Agent*, in dem er die Hauptrolle spielte.

Zuweilen wurde Olivier während der vier Monate seiner Mercutio-Auftritte von Begeisterung gepackt. So bestand er darauf, daß die Kampfszene mit Harry Andrews als Tybalt völlig realistisch dargestellt würde; dieser berichtete, daß sie zwar den Kampf mit zweischneidigen Schwertern, mit Schild und Dolch sehr gut geprobt hatten, jedoch

schlugen wir ziemlich heftig aufeinander ein, als meinten wir es ernst. Es ging keine Vorstellung vorüber, ohne daß wir uns gegenseitig irgendeine Verletzung zugefügt hätten; noch Jahre später erinnerte Larry an diesen Kampf, von dem er immer noch Narben habe.

Oliviers Neigung für Risiko und Gefahr hielt an, und er rechtfertigte sie immer als seine Leidenschaft für das Authentische. Auch später bestand er immer darauf, die gefährlichsten Passagen zu spielen, sogar in Filmen, bei denen normalerweise Stuntmen engagiert wurden. Es ist gut zu verstehen, daß eine solche Standhaftigkeit noch eine zusätzliche Bedeutung für Olivier hatte, denn zu dieser Zeit mußte er sich selbst beweisen, daß er ein richtiger Mann war.

Im Laufe des Jahres 1935 war Laurence Olivier einer der wichtigsten Schauspieler geworden, vor allem durch die Ablehnung, die man ihm entgegengebracht hatte; seine Mitwirkung in Gielguds *Romeo und Julia* war ein historischer Augenblick in der Geschichte des Londoner Theaters. Schon bald wurde akzeptiert, was er versucht hatte: seine neuartige Annäherung an den Vers bedeutete einen stilistischen Wendepunkt für die Aufführungspraxis von Shakespeare-Stücken; es war eine wahre Revolution, von der sogar John Gielgud lernte, wie er zugab. Oliviers Karriere war in keiner Weise behindert, trotz der heftigen Reaktionen der Kritik. Ganz im Gegenteil, seine Romeo-Interpretation brachte ihm neue Bewunderer ein, noch bevor er begann, den Mercutio zu spielen. Endlich wurde er bemerkt – jetzt »zeigte er es ihnen« –, und er wurde in einer ehrgeizigen Rolle als Liebhaber und athletischer Kämpfer ernst genommen. Kaum hatte er die Rolle des Mercutio übernommen, wendete sich sein Schicksal zum Erfolg. Von nun an war das New Theatre genauso sein Territorium wie das seiner Mitspieler. Olivier hatte John Gielguds Vertrauen mehr als bestätigt, und es wurde klar, daß hier ein Genie auf die Bühne getreten war, das nur nach einer Gelegenheit zum Durchbruch gesucht hatte. Hier hatte sich die unvorhersehbare Mischung von Timing und Talent eingestellt.

So kam in dieser Spielzeit sehr vieles in Bewegung. Auf der Suche nach seiner beruflichen Identität war er von dem großen John Gielgud, dem Exponenten einer völlig anderen darstellerischen Auffassung, ausgewählt worden, und der widerspenstige Darstellergeist in Olivier trat auf den Plan. Seit seiner Schulzeit wollte er andere schokkieren, sie mit überraschenden Effekten und sportlichen Einlagen verblüffen. Jetzt wurde seine lebenslange Sehnsucht nach Aufmerksamkeit endlich dadurch erfüllt, daß er das Publikum mit einem ganz anderen Mittel packte, nämlich mit seiner Vorliebe für naturalistisches Sprechen. Zugleich entsprach seine eigene Sehnsucht nach romantischer Lebenserfüllung dem Temperament des Romeo. Er fand endlich seine eigene Persönlichkeit als Mann, indem er auf der Bühne zwei völlig andere Männer darstellte.

Und dennoch gab es da einen im verborgenen wuchernden Zug von Neid und schlimmer Undankbarkeit gegenüber John Gielgud, ohne den er niemals diesen entscheidenden Durchbruch gehabt hätte. *Romeo und Julia* wurde bis Ende März 1936 gespielt, das war die bisher längste Spieldauer überhaupt. Olivier maß dieser Epoche immer größte Bedeutung zu, und an seinem achtzigsten Geburtstag erinnerte er daran, daß er 1935 vom Ehrgeiz gepackt worden sei, »ohne den ich es nicht geschafft hätte«.[33]

Ende November saßen die Oliviers einmal nach einer Vorstellung zum Abendessen im Savoy Grill, und unter den anderen Gästen befanden sich Vivien Leigh und ihr Mann Leigh Holman. Sie unterhielten sich kurz miteinander, während sie auf ihre Taxis warteten, und die Oliviers luden die Holmans auf ein Wochenende in ihr kleines Landhaus

ein, das sie gerade in der Nähe von Maidenhead an der Themse west-
lich von London gemietet hatten. »Wir fuhren dorthin und spielten
Fußball«, erzählte Vivien, »und ich erinnere mich, daß Larry einen
Moment lang herumbrüllte und dann im nächsten Moment völlig
überraschend unter dem Klavier einschlief.« Ansonsten war das
Wochenende für alle keiner Erinnerung wert.[34]

Vivien, die sich nach *Die Marquise von Arcis* in einer Phase der Sta-
gnation befand, besuchte mehrere Matineen von *Romeo und Julia*.
Vor einer Vorstellung stürmte sie einmal in Oliviers Garderobe, um
ihn und Jill zum Abendessen in ihr Haus in der Little Stanhope Street
einzuladen. Sie führten noch einen Augenblick lang eine oberfläch-
liche Unterhaltung, dann küßte sie ihn geschwind und verschwand.
Was Olivier erst sehr viel später erfuhr, war, daß Vivien neben ihrer
Affäre mit John Buckmaster zu dieser Zeit die Geliebte von Alexander
Korda[35] war, den sie dazu benutzte, in ihrer Karriere weiterzukom-
men und ihn dazu zu bewegen, mit Olivier zu arbeiten. Da beide
Schauspieler bei Korda unter Vertrag standen, bekniete Vivien ihn, sie
zusammen in einem Film auftreten zu lassen. Der Grund für ihre Be-
harrlichkeit war einfach, wie Vivien ihrem Freund Beryl Samson im
Mai des Jahres anvertraut hatte: »Eines Tages werde ich Laurence
Olivier heiraten.«[36]

Um die Weihnachtszeit 1935 gab es eine Überraschung für all diejenigen, die die Oliviers kannten: Jill erwartete ein Kind. Wenn man die
Art ihrer Beziehung betrachtet, ist es wahrscheinlich, daß die Schwangerschaft beabsichtigt war: Daß Jill lesbisch war, schloß nicht aus,
daß sie einen starken Hang zur Mütterlichkeit hatte. Was Olivier betraf, so gab er keinen Kommentar dazu ab.

In der ersten Woche des Jahres 1936 lud Vivien Leigh Laurence Olivier ein, mit ihr vor seiner Matinee – allein – zu Mittag zu essen.
Noch in derselben Woche trafen sie sich wieder zu einem späten Essen
nach seiner Abendvorstellung. Wie er war auch Vivien Leigh, so
schrieb ihre Freundin Fabia Drake, »äußerst ehrgeizig«.[37]

Sechstes Kapitel

1936–1938

O wie voll Disteln ist diese Werktagswelt.

Rosalind, *Wie es Euch gefällt* I, 3

Ich habe versucht, den Realismus bei Shakespeare ans Licht zu bringen«[1], stellte Laurence Olivier zu seiner kontroversen Interpretation des Romeo fest. »Ich habe von ganzem Herzen daran geglaubt.« Auch Elisabeth Bergner, die auf der Flucht vor den Nazis in London angekommen war, konnte er von seiner Version überzeugen. Sie hatte sich für die Rolle der Rosalind in der Verfilmung von *Wie es euch gefällt* verpflichten lassen. Kurz danach sah sie Olivier bei einem seiner Bühnenauftritte und wollte ihn sofort für den Orlando haben. Er hatte zwar seine Zweifel, ob Shakespeare sich überhaupt verfilmen ließe, aber einer Wochengage von sechshundert Pfund, und das über mehr als zwei Monate, konnte er nicht widerstehen.

So lukrativ die Bezahlung auch war, die Filmarbeit an *Wie es euch gefällt* wurde zu einer ziemlich unerfreulichen Erfahrung für ihn. Weil Olivier jeden Tag vom Studio zur Abendvorstellung ins Theater hetzen mußte, oft noch mit gepolsterter Strumpfhose, die er als Orlando und Mercutio trug – er fand nämlich sein Leben lang seine Beine spindeldürr und wenig attraktiv –, war er zu dieser Zeit völlig ausgelaugt. Außerdem war der Film, dessen Regisseur Paul Czinner der Ehemann von Elisabeth Bergner war, ein unzusammenhängendes Gemisch aus verschiedenen Stilrichtungen und Stimmungen und hielt dem Gewicht seines unbeholfenen Anspruchs nicht stand. Czinners Regiearbeit war eine wirre Anhäufung von Realismus und Phantasie, die abwechselnd mit einer ganzen Menagerie von Pfauen, Hunden, Gänsen und Schafen bevölkert wurde, um Augenblicke danach wieder asketisch an den Kulissen und Requisiten zu sparen. Der Ardennerwald, den man billig im Studio aufgebaut hatte, sah eher aus wie ein Dickicht, und viel zu oft focht die Kamera Kämpfe gegen die Schauspieler aus, indem sie wirr umherwirbelte, wo eine ruhige Einstellung angemessen gewesen wäre.

Die schwerste Belastung für *Wie es euch gefällt* war die Hauptdarstellerin. Elisabeth Bergner agierte mit ihrem feenhaften Charme viel zu geziert für die resolute Rosalind, und ihre Sopranstimme mit dem starken Akzent, die für eine als Junge verkleidete Rosalind vollkommen unpassend wirkte, verursachte ein höflich unterdrücktes Grinsen bei allen englischen Schauspielern und Mitarbeitern. Nur selten gab es eine so krasse Fehlbesetzung bei einer weiblichen Hauptrolle. Außerdem machte die Bergner sich auch nicht übermäßig beliebt, wenn sie ständig zu spät kam oder sich weigerte, hinter der Kamera auf Oliviers Text zu reagieren und ihren eigenen zu sprechen, damit seine Reaktionen in der Nahaufnahme natürlich wirkten.

Der Orlando ist auch unter den besten Bedingungen keine einfache Rolle. Ist er zu Anfang noch ein tapferer und wortgewandter Edelmann, so wird er im weiteren Verlauf immer verschlossener und spaziert nur im Wald umher, während sich die Handlung auf Rosalind konzentriert. Olivier erkannte ganz richtig, daß die Nahaufnahmen der Bergner als Mädchen in Knabenverkleidung vollkommen unglaubwürdig sein würden. Um dieses Problem auszugleichen, spielte er seinen Orlando mit einem leichten Anflug von komischem Wahnsinn. Seine Szenen im Wald sind daher immer ein wenig schräg, niemals vorhersehbar und auf amüsante Weise verrückt.

Oliviers Terminkalender war Anfang 1936 genauso vollgestopft wie der von Vivien Leigh, die ihm deshalb nicht so direkt nachjagen konnte, wie sie gehofft hatte. Da sie sehr erpicht darauf war, Shakespeare zu spielen, bekam sie endlich eine Rolle in John Gielguds Inszenierung von *Richard II.* in Oxford und spielte später dann die Anna in einer Freilichtaufführung von *Heinrich VIII.* im Londoner Regent's Park. In beiden Rollen erntete sie mehr Lob für ihre Schönheit als für ihre Schauspielkünste.

In der Zwischenzeit wurde ihre Ehe mit Leigh Holman zunehmend belastet durch ihre häufige Abwesenheit während der Theatersaison und dadurch, daß sie ihre Tochter von einem Kindermädchen betreuen ließ. Dazu kam ihre wachsende Vernarrtheit in Laurence Olivier, für den sie, ohne daß er davon wußte, John Buckmaster den Laufpaß ge-

1904-1909

Agnes und Gerard Olivier vor
dem Tower House in Dorking, 1904.
(Sammlung Felix Barker)

Laurence Kerr Olivier mit etwa zwei Jahren, 1909. *(National Film Archive, London)*

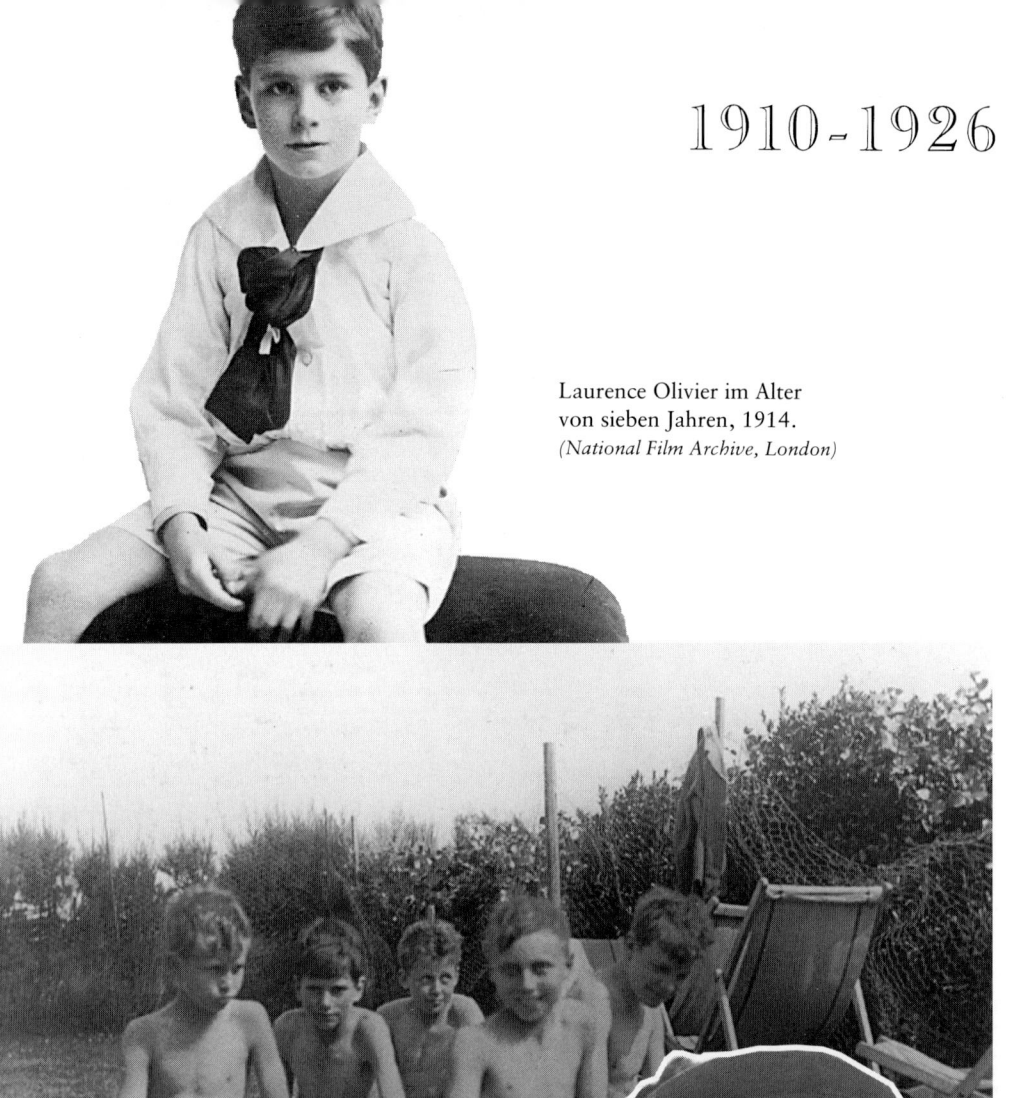

Laurence Olivier im Alter
von sieben Jahren, 1914.
(National Film Archive, London)

Laurence Olivier *(zweiter von links)*
mit All-Saints-Schulkameraden
auf einem Ausflug im Sommer 1915.
(Sammlung Felix Barker)

Der etwa elfjährige Laurence Olivier,
für ein Kostümfest verkleidet.
(Sammlung Felix Barker)

Mit vierzehn Jahren als Katharina in
Der Widerspenstigen Zähmung,
einer All-Saints-Inszenierung
in Stratford on Avon, 1922.
(Sammlung Felix Barker)

Als Ensemblemitglied des Birmingham
Repertoiretheaters, 1926.
*(H.J. Whitlock and Sons/
Sammlung Felix Barker)*

Als Mat Simon in *The Well
of the Saints,* Birmingham 1926.
(Sammlung Felix Barker)

1927-1930

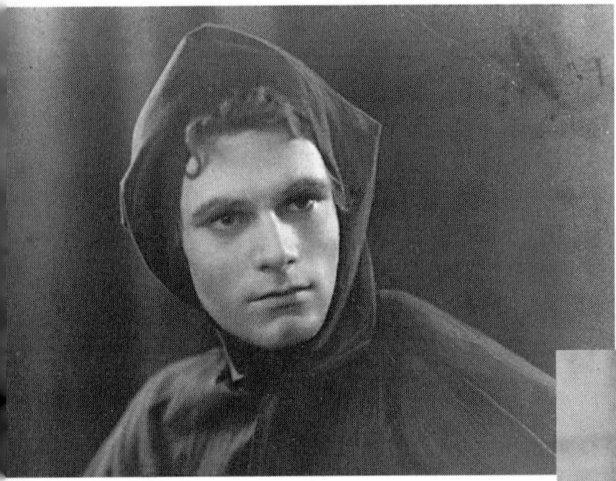

Olivier in der Titelrolle von Tennysons Versdrama *Harold*, London 1928.
(Sammlung Felix Barker)

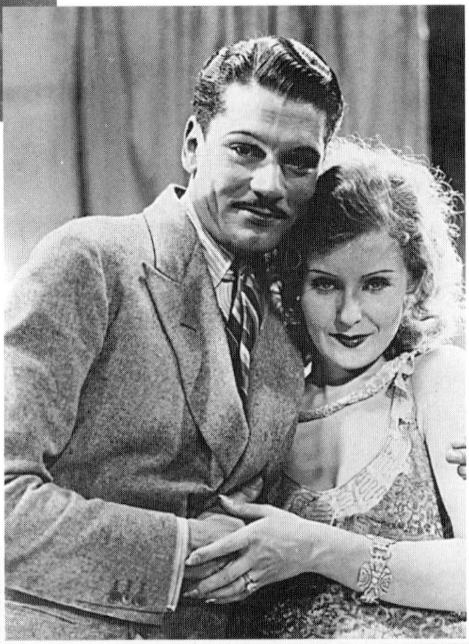

Mit Lillian Harvey in dem Film *The Temporary Widow*, 1930.
(Sammlung Felix Barker)

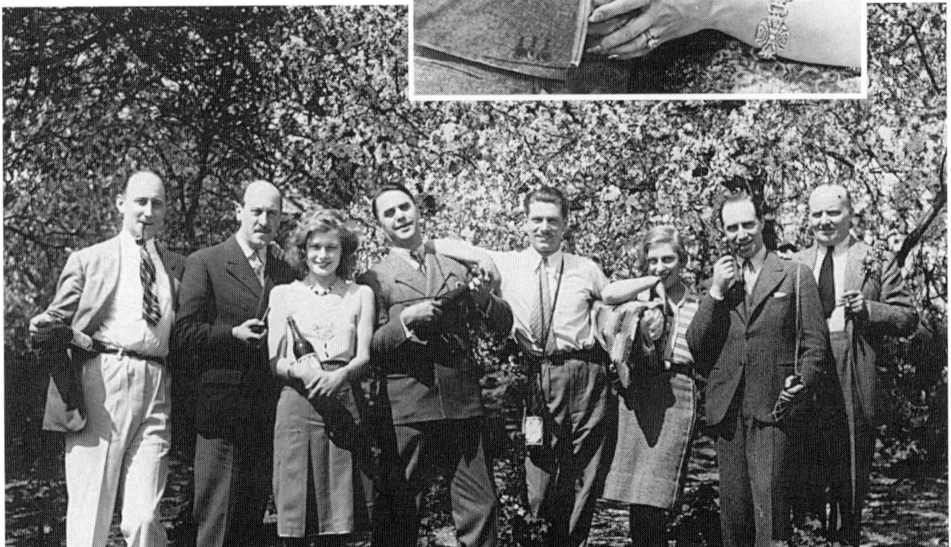

Bei einem Weinfest in Berlin, 1930: Olivier (Mitte) mit Besetzung und Filmteam von *The Temporary Widow*. *(Sammlung Constance Cummings)*

Mit Bromley Davenport in dem
Film *Too Many Crooks, 1930.*
(National Film Archive, London)

In der Londoner Inszenierung von *Intimitäten* mit Adrianne Allen,
Noël Coward und Gertrude Lawrence, 1930. *(Culver Pictures)*

Noël Coward.
(Culver Pictures)

1931-1933

Gemeinsame Abreise von New York
nach Hollywood mit
Jill Esmond, 1931.
(National Film Archive, London)

Mit Ann Harding in
Westward Passage, 1932.
(National Film Archive, London)

Jill Esmond, Douglas Fairbanks Jr.,
Joan Crawford und Laurence Olivier
in Hollywood, 1932.
(Sammlung Felix Barker)

Auf dem Weg
nach Hollywood, 1933.
(Culver Pictures)

Mit Jill beim Abflug nach New York, 1933.
*(Mit freundlicher Genehmigung der Academy of Motion Picture
Arts and Sciences)*

Als Julian in
The Green Bay Tree,
New York, 1933.
(Culver Pictures)

1934-1936

Als Romeo mit Edith Evans und John Gielgud, 1935.
(Victoria and Albert Museum)

Mit Elisabeth Bergner in der Filmversion von
Wie es euch gefällt, 1936.
(National Film Archive, London)

In den Denham Studios mit Vivien Leigh, 1936.
(Culver Pictures)

Laurence Oliviers Vater,
Reverend Gerard Kerr Olivier.
(Sammlung Felix Barker)

Mit Vivien Leigh in dem Film
Feuer über England, 1936.
(Culver Pictures)

Mit Vivien in dem Film
Einundzwanzig Tage, 1936.
(National Film Archive, London)

Als Hamlet, mit
Vivien als Ophelia,
auf Schloß Kronborg
in Helsingborg (Elsinore)
in Dänemark, 1937.
(Culver Pictures)

Olivier ist nicht wiederzuerkennen
in seiner Maske als Toby Belch
in *Was ihr wollt* am Old Vic, 1937.
(Theatre Museum, London)

In dem Film *Q Planes*,
mit Ralph Richardson, 1938.
(Culver Pictures)

Unten: Bei seiner
Ankunft in Amerika für
die Dreharbeiten zu
Stürmische Höhen, 1938.
(Culver Pictures)

Rechts: Olivier muß wegen seiner
Beinverletzung während der
Dreharbeiten zu *Stürmische
Höhen* an Krücken gehen.
(Culver Pictures)

Als Heathcliff, mit
Merle Oberon als Cathy.
(National Film Archive, London)

In den Selznick-Studios während der
Filmarbeiten zu *Rebecca,* mit
Reginald Denny und Nigel Bruce, 1939.
(National Film Archive, London)

Als Darcy, mit Greer Garson
als Elizabeth in *Stolz und Vorurteil,* 1940.
(Globe Photos)

Olivier bei den Vorbereitungen seiner
Inszenierung von *Romeo und Julia*
während der Dreharbeiten zu
Stolz und Vorurteil, 1940.
(Culver Pictures)

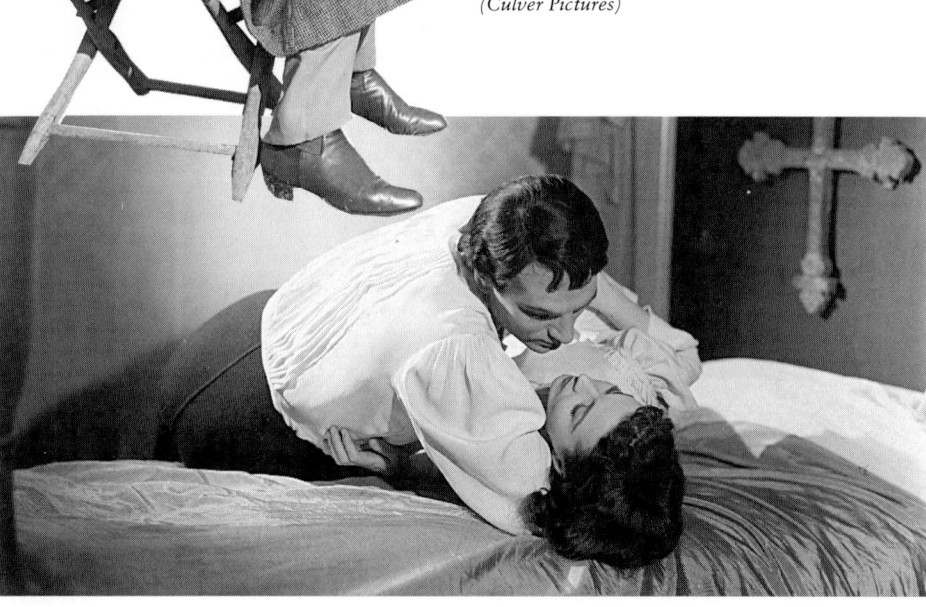

In der New Yorker Inszenierung von *Romeo und Julia* mit Vivien Leigh, 1940. *(Culver Pictures)*

Die Oliviers kurz
nach ihrer Hochzeit
im Jahr 1940.
(Culver Pictures)

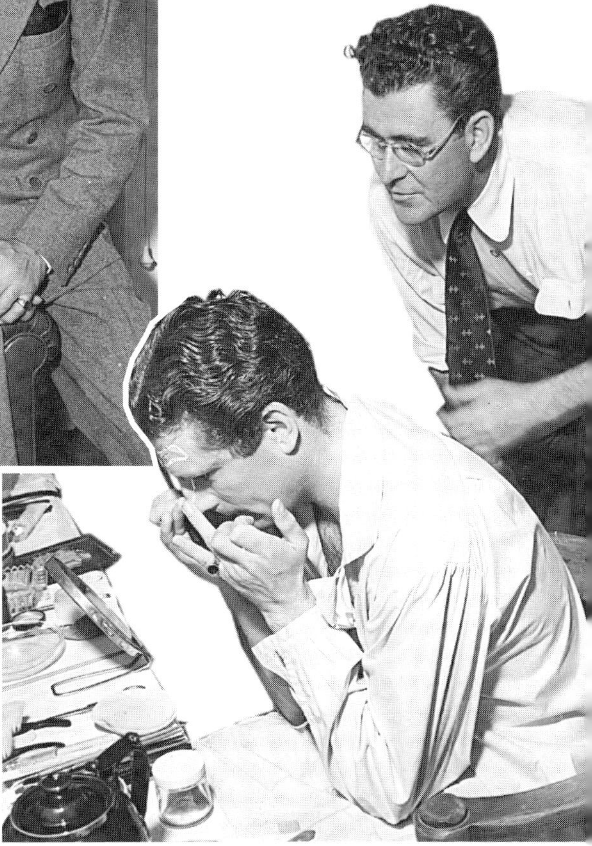

Beim Ankleben einer falschen Nase
für seine Rolle des Nelson in
Lord Nelsons letzte Liebe, 1940.
(Culver Pictures)

Mit Vivien in der Rolle der Emma in *Lord Nelsons letzte Liebe*, 1940. *(National Film Archive, London)*

Schnappschuß von Vivien während
des Urlaubs in Warsash: Olivier
kracht durch einen Liegestuhl, 1941.
(Sammlung Felix Barker)

Als Johnnie in
49th Parallel, 1941.
(Culver Pictures)

Olivier bei einer Übung mit
Aufklärungsfliegern in Worthy Down, 1942.
(Sammlung Felix Barker)

Als König Heinrich in seinem Film *Heinrich V.*, 1943. *(National Film Archive, London)*

1944

In der Old-Vic-Inszenierung von *Helden* als Sergius, mit Margaret Leighton, 1944.
(John Vickers Archives)

geben und die kurze Affäre mit Alexander Korda beendet hatte. Zu Anfang dieses Frühlings hatte sie Olivier einige Male in ihr Haus im Londoner Stadtteil Mayfair eingeladen, weil sie von ihm Ratschläge zum Rezitieren von Versen einholen wollte. Im Anschluß an ihre Gespräche folgte oft ein verschwiegenes Mittagessen am Shepherd's Market.

Während des gesamten ersten Halbjahres 1936 blieb die Beziehung zwischen Laurence Olivier und Vivien Leigh platonisch. Weil Vivien ganz offensichtlich sehr ernsthaft auf ihre Karriere hinarbeitete und es sehr gewitzt anstellte, wenn es darum ging, sich einfach als nette und freundliche Kollegin darzustellen, war sich Olivier nicht gänzlich klar über ihre Pläne und Absichten. Schließlich war sie verheiratet und Mutter eines Kindes, und außerdem war ihm ihr Verhältnis mit John Buckmaster bekannt. Sein Verantwortungsgefühl gegenüber seiner schwangeren Frau gebot ihm zusätzliche Vorsicht mit Vivien, und angesichts seiner Vergangenheit mit Jill war er sich seiner Qualitäten als Liebhaber nicht besonders sicher. Trotzdem trafen sie sich weiterhin, wobei sich Vivien jedesmal als eine besonders einnehmende Begleiterin erwies. Sie erzählte ihm pikante Witze, ohne dadurch von ihrer Eleganz einzubüßen; beim Trinken konnte sie mit Olivier mithalten, ohne auch nur bei einer einzigen Silbe ins Nuscheln zu geraten; sie war intelligent, gewann beim Kartenspiel meistens mühelos, und das Kreuzworträtsel der *Times* löste sie in erstaunlich kurzer Zeit. Am allerwichtigsten war jedoch die ungeteilte Aufmerksamkeit, die sie jedem seiner Worte schenkte. Vivien hatte die Gabe, Olivier das Gefühl zu vermitteln, daß er attraktiv, männlich und wichtig war – eine Begabung, mit der man sich fast immer die Zuneigung eines Mannes sichern kann.

Bei einem Gespräch über ihr früheres Leben dürften sie einige Gemeinsamkeiten entdeckt haben, denn beide waren empfindlich verletzt worden: Olivier, der seinem unterkühlten und stets auf Distanz bedachten Vater nie wirklich nahestand, hatte mit zwölf seine Mutter verloren, und Vivien konnte ihr Leben lang nicht darüber hinwegkommen, daß sie mit sechs Jahren in einem Land, das ihr im Grunde fremd war, allein gelassen worden war. Als Olivier sich für Jill entschied und mit ihr zu leben beschloß, hatte er in erster Linie eine Frau gefunden, die eher mütterlich als romantisch war, und Leigh Holman war für Vivien hauptsächlich eine beschützende Vaterfigur. Es war klar, daß die Verwandtschaft ihrer seelischen Biographien, ihrer Frustrationen und ihrer ehrgeizigen Hoffnungen für Laurence Olivier und Vivien Leigh den Grundstein legte für den Trost, das Mitgefühl und die Ermutigung, die sie sich gegenseitig gaben. Die Motivation für beide waren die Liebe zum Theater, das heftige Verlangen, anerkannt und akzeptiert zu werden, und der Wunsch eines jeden Schauspielers, anderen Freude zu bereiten und zu gefallen. Bei Olivier zeigte sich das daran, daß er die verschiedensten Rollen immer weiter ausfeilte, fast so, als wollte er sagen: »Wenn ich euch so nicht gefalle, dann wartet einen Moment.« Vivien dagegen überhäufte ihre Freunde und Kollegen mit handfesten Zeichen der Zuneigung.

Bis April war sie mit der Komödie *The Happy Hypocrite* von Max Beerbohm auf Tournee, und Olivier steckte mit Ralph Richardson in den Vorbereitungen zu der Aufführung eines neuen Stückes von J. B. Priestley, bei dem sie beide auch Regie führten. Die triumphalen Erfolge, die der Dramatiker zuvor mit *Gefährliche Kurve* und *Eden End* gehabt hatte, haben die beiden wohl davon überzeugt, daß auch das neue Stück ein voller Erfolg werden würde, doch das Stück *Bees on the Boatdeck* war genauso verunglückt wie sein Titel. Am fünften Mai wurde die politische Parabel im Lyric Theatre uraufgeführt. Darin geht es um den Dampfer Gloriana, dessen Offiziere von Olivier und Richardson gespielt werden. Das Schiff wird von einem zynischen Kapitalisten, einem verrückten Wissenschaftler, einem kommunistischen Agitator und einem hinterhältigen Faschisten zu zerstören gedroht; dazu muß gesagt werden, daß Olivier sich für keinen von diesen besonders interessierte, denn er war von Herzen Patriot, aber zutiefst unpolitisch. Die beiden Offiziere durchkreuzen alle diese Verschwörungen, nur damit am Schluß die Schiffseigner selbst die Versenkung des Dampfers anordnen. Da es eine plump-belehrende, unspielbare Mischung aus Allegorie und Farce war, konnte sich *Bees on the Boatdeck* nicht einmal einen Monat lang halten; die beiden regieführenden Schauspieler, die sich die recht niedrigen Kosten der Produktion mit Priestley geteilt hatten, verloren dabei wesentlich mehr Selbstvertrauen als Geld. Das Publikum fand Olivier ungeeignet für seine Rolle, und die Kritiker, die sich an *Golden Arrow* erinnerten, stellten seine Qualitäten als Regisseur in Frage.

Das Timing war in jeder Hinsicht perfekt, als Olivier im Juni von Alexander Korda angerufen wurde, der ihm einen Kinofilm anbot, der in diesem Sommer produziert werden sollte: *Feuer über England* – ein üppiger Kostümfilm. Olivier sollte hier ganz groß herauskommen in der Hauptrolle als Michael Ingolby, ein treuer britischer Kämpfer und leidenschaftlicher Frauenheld zur Zeit von Königin Elisabeth I., in deren Auftrag er sich zu den gefährlichsten Missionen

114

aufmacht, dabei wichtige Einzelheiten über die Armada enthüllt und nicht nur die Liebe von Cynthia, der schönen Hofdame der Königin, gewinnt, sondern außerdem noch in den Adelsstand erhoben wird. Er wollte auf der Leinwand genau den hundertprozentigen Engländer darstellen, den er schließlich auch im richtigen Leben verkörperte; dann erfuhr er, daß die Rolle der Cynthia von Vivien Leigh gespielt werden sollte, die Korda erheblich zugesetzt hatte, damit er sie zusammen auftreten ließ. Wie Michael Korda, der Neffe und Biograph des Produzenten, erzählt, war Alexander Korda all die Jahre eine Art wohlwollender Onkel oder Pate für die beiden, denn er bewunderte Vivien und betrachtete die Förderung ihrer Karriere als eine seiner wichtigsten Lebensaufgaben, zum anderen schätzte er die schauspielerischen Qualitäten von Olivier hoch ein.[2]

Die ersten Filmaufnahmen sollten schon im August in den Denham Studios gedreht werden; in der Zwischenzeit arbeiteten der amerikanische Regisseur William K. Howard und sein Kameramann James Wong Howe mit einem großen englischen Team an den üppigen Szenenbildern und der ausgetüftelten Ausstattung dieser Produktion: Es gab Seeschlachten, ausgedehnte Palastanlagen, komplizierte Miniaturen und eine Fülle von Spezialeffekten.

Die beiden Hauptdarsteller verloren keine Zeit und setzten sich jeden Tag zusammen, um miteinander ihr Drehbuch durchzuarbeiten, und gegen Ende Juni oder Juli wurden sie ein Liebespaar. Leigh Holman machte um diese Zeit gerade mit Freunden einen Segeltörn in Schweden, und Jill hatte sich in Erwartung ihrer Niederkunft aus dem Londoner Sommer in das Landhaus ihrer Mutter nach Hurley zurückgezogen. Schon bald konnte man Olivier und Vivien zusammen im Savoy Grill und im Restaurant Ivy sehen, die beide beliebte Treffpunkte für Theaterleute waren. Solche Auftritte waren an sich nicht besonders indiskret oder skandalös, aber es gab doch eine Flut von Gerüchten, nachdem sie von einer Schauspielerin erkannt worden waren, als sie frühmorgens aus einer Privatsuite des Savoy Hotels kamen. In diesem Sommer des Jahres 1936 glühte die Leidenschaft in der Beziehung zwischen Laurence und Vivien, und als sie ihre ersten Szenen von *Feuer über England* drehten, hatte sich das Leben für sie beide grundlegend verändert.

Olivier war auf eine enge und ausschließliche Liebesbeziehung vorbereitet, und er brauchte Vivien dringend, an sie knüpfte er alle seine Gefühle und Bedürfnisse, die er bis dahin nie zum Ausdruck hatte bringen können. Vivien ihrerseits brauchte die Hingabe eines gutaussehenden, ausgeglichenen und dynamischen Mannes, den sie auch wegen seines Talentes respektieren konnte. Von ihrer Mutter hatte sie die zielstrebige Konzentrationsfähigkeit geerbt und ein gepflegtes Benehmen gelernt, vom Vater hatte sie die Vorliebe für Glamour und romantische Abenteuer. Genau wie Olivier hat wohl auch Vivien das gewisse Risiko, das mit ihrer Beziehung verbunden war, nur als zusätzlichen Anreiz empfunden; und genau wie er hatte auch sie ein angenehmes und respektables Leben geführt, bei dem aber ihre Bedürfnisse unerfüllt blieben. Trotzdem sollte es Mitte Herbst werden, bis ihre Ehepartner etwas von dieser Beziehung erfuhren.

Am 21. August kam der Sohn von Jill und Laurence zur Welt, der auf den Namen Simon Tarquin getauft wurde, aber später immer nur Tarquin gerufen wurde. Sein Vater, der in diesem Jahr offensichtlich eine pathetische Vorliebe für Königliches hegte, gab dem Jungen diesen Namen nach einem Herrscher, der in Macaulays *Altrömischen Heldenliedern* gefeiert wird. »In einem verrückten Augenblick kam ich auf diesen Namen«, gab er zu. »Er hat so einen dramatischen Unterton.« Oliviers viele Filmtermine und, was wohl eine größere Rolle spielte, sein Zusammenleben mit Vivien, sorgten dafür, daß er nicht oft mit seiner Familie zusammen war. Zur Taufe richtete er dennoch eine feudale Feier am Cheyne Walk aus, zu deren vielen Gästen neben dem Taufpaten Noël Coward auch Michael Redgrave zählte. Dieser erinnert sich: »Olivier wollte, daß alles um ihn herum eine Nummer großartiger war als üblich. Diese Party fand in seinem riesengroßen Atelier in Chelsea statt, mit den riesengroßen Fenstern und riesengroßen offenen Kaminen – es war eine Kulisse, die jeden anderen Menschen zu einem Zwerg hätten schrumpfen lassen, aber zu ihm paßte es, er war ganz in seinem Element.«[3]

Die vierzehn Wochen dauernden Dreharbeiten an Kordas Film sorgten in verschiedener Hinsicht für Feuer über Denham. Erstens war sich die gesamte Filmmannschaft von Anfang an über die Affäre der beiden im klaren, weil Olivier und Vivien sich in jeder Drehpause verkrochen und sich in eine abgelegene, verriegelte Garderobe zurückzogen, wo sie ungestört waren. Von dort konnten sie immer nur nach wiederholten Aufforderungen und häufigem Anklopfen zur Arbeit zurückgerufen werden. Sie gaben sich gegenseitig Kosenamen und tauschten ganz unverhüllt jene kleinen, aber leidenschaftlichen Gesten und Berührungen aus, mit denen Verliebte nun einmal voll Stolz ihre Beziehung für jeden Zuschauer deutlich machen. Der Schauspieler Alexander Knox[4] erinnerte sich daran, daß es jedem der Anwesenden klar war, daß die beiden mehr als nur bis über beide Ohren verliebt waren, und wie intensiv ihre Beziehung war, wird überdeutlich, wenn man sich ihre gemeinsamen Szenen in *Feuer über England* ansieht – obwohl eine ihrer Dialogstellen merkwürdig prophetisch wirkt:

> Cynthia (Vivien): Wir haben ein Recht darauf, glücklich zu sein! Jeder Mensch hat ein Recht darauf, glücklich zu sein, Michael.
> Michael (Olivier): Jeder Mensch. Das stimmt. Und deshalb können wir es nicht sein.

Bei einer besonders gefährlichen Szene bestand Olivier wie immer darauf, seine Stunts selbst auszuführen, während Vivien voll Bewunderung daneben stand. Er sollte an Bord der Galeone springen, die im Studio aufgebaut war, und dabei eine lodernde Fackel auf den ölgetränkten Boden werfen. Dann sollte er einen Satz über die Bordwand in ein Sicherheitsnetz machen, während das ganze Deck in Flammen aufging. Der Regisseur, dem man versichert hatte, daß die Feuerwehr einsatzbereit in der Nähe sei, rief zur Aufnahme. Olivier sprang hinauf und warf den Brandsatz, doch das brennende Öl breitete sich auf der Wasseroberfläche aus und kam mit atemberaubender Geschwindigkeit auf ihn zu. Mit einem wieselflinken, aber ziemlich verdrehten Satz sprang er über Bord, landete ganz unsicher im gespannten Netz und verrenkte sich nur ein wenig den Rücken, er hätte sich dabei ebensogut den Hals brechen oder schwere Verbrennungen zuziehen können. Zum großen Erstaunen aller Anwesenden und gegen den Wunsch des Produzenten bestand Olivier auch noch darauf, daß die Aufnahme mehrmals wiederholt wurde. Aber nur solche handlungsstarken Sequenzen und die Liebesszenen brachten Leben in diesen Spielfilm, der ansonsten sehr unklar war und durch seine ungelösten Nebenhandlungen schwerfällig wirkte.

Obwohl das Verhältnis zwischen Olivier und Vivien auffällig war, blieb es außerhalb des Filmstudios erstaunlicherweise weitgehend verborgen. Er hatte es sich sicher nicht als eine Vorstufe zur Heirat vorgestellt, und er verbrachte weiterhin jedes Wochenende mit seiner Frau. Bei einer Gartenparty, die ihre Mutter in diesem Spätsommer veranstaltete, führte das zu einer ganz unerwarteten Entwicklung. Olivier wurde von einem Gast angesprochen, der Eva Moore ausdrücklich um eine Einladung gebeten hatte. Dieser Gast war Tyrone Guthrie, der allgemein anerkannte Intendant des Old Vic Theatre. Unter dem Eindruck von Oliviers Interpretationen des Romeo und des Mercutio bot ihm Guthrie einen festen Platz in seiner Truppe an; seine erste

Rolle sollte der Hamlet sein, der ungekürzt inszeniert werden sollte, was nicht oft vorkam.

Das Old Vic, das auf trockengelegtem ehemaligem Sumpfland am Südufer der Themse, in der Nähe der Waterloo Bridge, erbaut worden war, wurde im Jahr 1818 eröffnet. Die ersten sechzig Jahre war es eine Bühne für Dramen und Possen der billigeren Sorte, obwohl gelegentlich auch bedeutendere Schauspieler dort auftraten. Doch trotz solcher Gastspiele und einer Namensänderung in Royal Victoria, nachdem die theaterliebende Prinzessin 1833 dem Haus einen Besuch abgestattet hatte, blieben das Stadtviertel und die ganze Umgebung weiter zwielichtig und nicht ganz ungefährlich. Im Jahr 1880 übernahm die sozial engagierte Emma Cons die Leitung und wandelte das Theater um in die Royal Victoria Coffee and Music Hall und verkündete, daß es sich bei dieser Neuerung um einen »preiswerten und anständigen Ort des Vergnügens streng nach den Richtlinien der Temperenzler«[5] handelte.

Hier feierte Lilian Baylis, die Nichte der Besitzerin, ihre ersten Erfolge, und ab 1914 wurde das Theater, das zwei Jahre später den einprägsameren Namen Old Vic erhalten sollte, zu einer anerkannten Adresse für Oper und Ballett, für das sie Ninette de Valois und die erste Sadler's Wells Balletttruppe engagierte; was aber am wichtigsten war, es wurde ein Aufführungsort für einen berühmten Zyklus von Shakespeare-Stücken. Bis 1936 war jeder englische Schauspieler von Rang schon einmal dort aufgetreten; niemand, dem es mit dem Theaterspielen auch nur einigermaßen ernst war, hätte eine solche Gelegenheit abgelehnt und nicht mit Freuden für die lächerlich niedrige Gage gespielt; die Standardbezahlung lag bei zehn Pfund in der Woche, Hauptdarsteller bekamen manchmal auch zwanzig.

In eben diesem Sommer war Guthrie nach zweijähriger Abwesenheit gerade wieder an das Old Vic zurückgekehrt und hatte bereits so wichtige Leute wie Edith Evans, Michael Redgrave und Alec Guinness an sein Theater geholt. Als Neuerung führte er eine Spielzeit von acht Wochen und eine wechselnde Besetzung für jedes Stück ein, und er gab Olivier außerdem das verlockende Versprechen, daß er nach dem Hamlet freie Rollenauswahl bei allen anderen Stücken von Shakespeare hätte. Dies spornte Olivier noch mehr an, denn er war immer noch gekränkt über die Verrisse, mit denen die Kritiker ihn im vorigen Jahr bedacht hatten, und er war sich völlig klar darüber, daß er an einem Wendepunkt angekommen war. Nun, mit neunundzwanzig Jahren, mußte er einfach Mitglied einer wichtigen Schauspieltruppe werden, wenn er in seiner Karriere Fortschritte machen wollte.

Seine Freunde ermutigten ihn, und auch Vivien redete ihm zu, so daß er schon nach wenigen Tagen bei Guthrie anrief, um ihm eine Zusage zu geben. Alec Guinness, der den Osric bei der kurz bevorstehenden *Hamlet*-Aufführung spielen sollte, erinnerte sich, daß Laurence in diesem Jahr darauf brannte, endlich als ernsthafter klassischer Schauspieler anerkannt zu werden.

Olivier war sich durchaus bewußt, daß Hamlet eine noch viel riskantere Rolle war als Romeo, und daß er schon wieder als der Emporkömmling angesehen werden könnte, der es wagte, sich an der applausverwöhnten Interpretation des jungen Prinzen durch John Gielgud, die am 8. Oktober Premiere gehabt hatte und zeitgleich mit der von Olivier laufen sollte, messen zu lassen. »Ich wußte, daß ich mich regelrecht in eine dumme Rivalität hineinsteigerte«[6], gestand Olivier viele Jahre danach. 1936 war diese Herausforderung eine viel zu große Versuchung, als daß er ihr hätte widerstehen können, und noch dreißig Jahre später gestand er Ronald Hayman, daß er wohl »niemals an das Old Vic gegangen wäre, wenn nicht John zuerst dorthingegangen wäre«.

Trotz einiger vorteilhafter Erwähnungen als Mercutio, sagte Peggy Ashcroft Jahre später, hätte »Larry für seinen Romeo eine Menge einstecken müssen, aber er ging ans Old Vic, um mit Shakespeare weiterzumachen und um allen zu beweisen, daß sie unrecht hatten. Das war wirklich verdammt mutig von ihm«. Möglicherweise hatte er auch gemerkt, daß er in Zukunft nicht unbedingt das Risiko eingehen müßte, sein zuweilen schwaches literarisches Urteilsvermögen öffentlich unter Beweis zu stellen, wenn er erst einmal am Old Vic arbeitete: Seine Fehleinschätzungen neuer Theaterstücke (von Keith Winter, Sylvia Thompson oder J. B. Priestley) waren schließlich kein Hinderungsgrund für ihn, weiterhin Shakespeare zu spielen. Dazu brauchte er nur sein Genie, nicht seinen Intellekt.

Während der letzten Wochen der Dreharbeiten an *Feuer über England,* die im September abgeschlossen wurden, lernte Olivier seinen Text als Hamlet auswendig. Im folgenden Monat begleitete er seine Frau Jill zu einem Urlaub auf Capri, wo nach ein paar Tagen ganz unerwartet Vivien in Begleitung von Oswald Frewen, einem Freund der Familie, auftauchte. Der mußte allerdings später feststellen, daß er nur zu dem Zweck eingeladen worden war, damit Vivien Olivier besuchen konnte, ohne Jill zu kränken. Daß Vivien überhaupt kam, war typisch für sie: Ihre Hingabe für Olivier grenzte schon an Besessenheit, und sie mußte sich einfach davon überzeugen, daß seine Zeit mit Jill nicht zu einer Art zweiter Flitterwochen werden konnte.

Sie hätte sich aber keine Sorgen zu machen brauchen, und schon kurze Zeit nach ihrer Ankunft war sie die angenehmste Urlaubsbegleiterin geworden. Sie plante alle möglichen Unternehmungen, kaufte Geschenke und kleine Überraschungen ein und hielt die anderen bis in die frühen Morgenstunden mit Kartenspielen und Scrabble wach. Als die vier nach Neapel und Pompeji weiterreisten, kam Olivier nicht dazu, mit Vivien allein zu sein. Ihm wurde erst klar, wie enttäuscht und frustriert er darüber war, nachdem sie wieder aus Italien heimwärts gereist war, denn er schrieb ihr in einem Brief, daß er das Leben ohne sie ganz unerträglich fände und daß er bereit sei, Jill zu verlassen. Aber dies war trotzdem noch kein fester Plan, den er tatsächlich ausführte.

Als Olivier im Dezember wieder in London war, probte er noch vier Wochen lang den Hamlet, bevor er schließlich der legendären Lilian Baylis vorgestellt wurde. Sie war klein und pummelig und wirkte unordentlich, sie hatte freundliche Augen, und ihre Brille verlieh ihr eine großmütterliche Ausstrahlung. Der Mund der Baylis war ein wenig schief als Folge eines Badeunfalls. Sie war alles andere als eine Intellektuelle, und ihr starker südafrikanischer Akzent, der meistens für einen breiten Cockney-Slang gehalten wurde, tat ein übriges. Wie Peggy Ashcroft bestätigte, spielte die Baylis Shakespeare nicht, weil sie sich für geistig besonders anspruchsvoll hielt, sondern weil sie wußte, wie man am besten die Theaterkassen füllen konnte. Sie behandelte ihre Leute wie kleine unfolgsame Kinder, und ihre Knauserigkeit bei den Gagen und Produktionskosten war berüchtigt; bei manchen ihrer Aufführungen am Old Vic kam sie mit einem Materialaufwand von knapp achtundzwanzig Pfund aus. Aber sie war als Theaterdirektorin unübertroffen.

»Sie ist ja zum Schreien«, schrieb Sybil Thorndike zu dieser Zeit an ihren Bruder Russell. »Ich bin sicher, auch Shakespeare würde sich über sie kranklachen, denn sie schmeißt den ganzen Laden so, als ob es ein Pfarrhaus wäre, und sie sieht so aus, wie man sich eine Kirchenhelferin vorstellt. Sie hat zwei stinkende Hunde, Scamp und Snoo, bei denen man nie weiß, ob man sie vorne oder hinten streichelt.«[7] In einer Zeit ohne staatliche Subventionen für den Kulturbetrieb war die Baylis sparsam bis zum Geiz mit Gagen und Gehältern. Ständig hatte sie dasselbe Stoßgebet auf den Lippen: »Lieber Gott, schick mir ein paar gute Schauspieler – für wenig Geld!« Und doch brachte die Truppe ihrer Lilian Baylis eine große Zuneigung entgegen, die zum einen in ihrer echten Sorge um das seelische und körperliche Wohl ihrer Schauspieler, zum anderen in ihrer unfreiwilligen Komik ihren Ursprung hatte.

Als fromme alte Jungfer stand die Baylis ganz in der Tradition solcher unvergessener Exzentrikerinnen wie Elsie Fogerty und Lena Ashwell. »Bist du auch immer anständig, mein lieber Junge?«[8] fragte sie einmal einen jungen Bewerber. »Ich bin zwar überhaupt nicht engstirnig, aber bei mir gibt es das nicht, daß sich in den Kulissen irgend etwas abspielt.« Sie fürchtete sich vor nichts und niemandem, und es war bekannt, daß sie eine Vorstellung von *König Lear* trotz eines Bombenangriffs im Ersten Weltkrieg nicht abbrechen ließ. »So, meine lieben Kinder«, sagte sie vor dem Vorhang zu ihrem erwachsenen Publikum, »wir werden es nicht erlauben, daß Kaiser Willi hier im Vic Unruhe stiftet. Wenn ihr dort oben meint, es wäre sicherer, dann dürft ihr euch hier unten hersetzen und braucht nichts dazuzuzahlen. Und diejenigen, die jetzt lieber gehen wollen, sollen auf der Stelle gehen; wir machen jedenfalls weiter!«[9] Einige Wochen danach erwischte sie ein paar Schauspieler, die bei einem erneuten Luftangriff im Luftschutzraum Zuflucht suchen wollten, und schimpfte sie aus: »Wenn ihr euch schon umbringen lassen wollt, dann sterbt wenigstens bei der Arbeit!«

Ihre Furchtlosigkeit machte sogar vor der königlichen Familie nicht halt. Als 1918 Königin Mary zu einer Jubiläumsvorstellung zum hundertsten Gründungstag zu spät kam, wurde sie von der Baylis begrüßt: »Ich freue mich, daß Sie endlich aufgetaucht sind, meine Liebe«, sagte sie erhaben zu Ihrer Majestät, während die Herren in ihrer Begleitung blaß wurden. »Ich weiß, daß es nicht Ihre Schuld ist, daß Sie zu spät kommen, denn wie ich hörte, hat Ihr Gatte auf seiner Fahrt zum Union Jack Club den ganzen Verkehr auf den Straßen aufgehalten. Aber wir haben ein sehr langes Programm zu absolvieren, und darum mußten wir schon einmal anfangen.« Die Baylis geleitete die Monarchin in das Theater und zeigte auf ein Porträt von George V.: »Hier ist das Bild Ihres Gatten. Es ist nicht so groß wie das meiner Tante Emma, weil Ihr lieber Mann auch nicht so viel für das Old Vic getan hat.«

In diesem Dezember begrüßte die Baylis dann Olivier in ihrem unordentlichen und übervollen Büro: »Natürlich sollten Sie lieber nicht hierherkommen, wenn Sie anderswo gleich so viel mehr verdienen könnten; aber das ist Ihre Sache.«[10]

»Ich betete sie an«[11], sollte Olivier noch oft in seinem Leben sagen, und der Grund dafür ist leicht zu verstehen: Lilian Baylis war damals mit ihren zweiundsechzig Jahren eine regelrechte Ersatzmutter, und zwar nicht nur für Olivier. Immer wieder erzählte er von den Ruhepausen zwischen Matinee und Abendvorstellung, wenn die Baylis höchstpersönlich kam, um ihn in eine Decke einzuwickeln und ihm ihre Segenswünsche zu überbringen. Ihre freundliche Gläubigkeit weckte in Olivier wehmütige Erinnerungen, die allerdings je nach Stimmung schwankten. »Im Theater herrschte damals immer noch eine Atmosphäre, die stark an einen Pfarrsaal erinnerte. Dieser Geruch von hartgekochten Eiern und abgestandenem Tee, dazu dann noch eine Spur von etwas, das ich nur als tote Katze umschreiben kann.«[12]

Zwischen den beiden entwickelte sich eine so herzliche Beziehung, daß er ihr einmal, als sie über die Finanzen jammerte, vorschlug, doch einfach eine Bar im Old Vic zu eröffnen. Eingedenk der Zeiten, als das Royal Victoria und die ganze Gegend noch keinen besonders guten Ruf hatten, parierte sie: »Mein lieber Junge, wenn dieses Theater keine Kaschemme gewesen wäre, von der aus die Männer nach Hause gingen und ihre Frauen vermöbelten, dann hätten wir diesen Laden nie bekommen!«[13]

Olivier fand die Proben am *Hamlet* ganz unerwartet provozierend. Guthries psychoanalytische Lesart des Textes, die auf einer bekannten Schrift des Freud-Biographen Ernest Jones aufbaute, besagte, daß Hamlet[14] Schuldgefühle hatte, weil er unterbewußt seine Mutter liebte und an Claudius' Stelle sein wollte, weshalb er den Mann nicht töten konnte, mit dem er sich identifizierte. Damit wird das Dilemma des Stückes zu einem unlösbaren ödipalen Konflikt. Auch wenn die Baylis von vielen leichtfertig als prüde bezeichnet wurde, hatte sie nichts gegen Guthries Theorien, genauso wie sie keine Einwendungen machte, als sich ein Teil des Ensembles bei ihrer Inszenierung von *Maß für Maß* wegen der sexuellen Anspielungen genierte. »Meine Lieben«, sagte sie damals, »das einzige, was wir tun können, ist, auf die Knie zu fallen und um Wollust zu beten.«[15]

Obwohl natürlich einiges an der Lesart von Jones durchaus durch den Text begründet ist, tappte Guthrie in die unglückselige Falle, das ganze Stück danach auszurichten. Olivier, den Guthrie mit seinen pseudowissenschaftlichen Ausführungen überzeugt hatte, orientierte sich bei der Entwicklung seiner Figur an dessen Vorgaben. Anstelle des gewohnten Bildes von Hamlet – freundlich, traurig und volltönend – präsentierte Olivier ein lebhaftes, süffisantes und energisches Porträt eines sportlichen Renaissance-Jünglings; das Ganze erinnerte eher an Barrymore als an Gielgud. Als er zur letzten Kostümprobe erschien, hatte er ein Schminkset, das Vivien ihm geschenkt hatte, ausgiebig benutzt und sich die Haare an den Schläfen wegrasiert und die Augenbrauen gezupft. Um den Eindruck einer tiefen, beunruhigenden Erschöpfung zu verstärken, hatte er unter seinen Augen eine feine, dünne Linie gezogen, die von den Tränensäcken bis hinunter zu den Backenknochen verlief.

Doch der Premierenabend dieses *Hamlet* am 5. Januar 1937 war alles andere als ein ungeteilter Erfolg. Laut Guthrie waren »seine Bewegungen von einer katzenhaften Gewandtheit. Es war offensichtlich, daß wir es nicht mit einem gewöhnlichen Schauspieler zu tun hatten; er war nicht jedermanns Sache... nicht unbedingt die beste Besetzung für einen Hamlet, aber unübersehbar vom Schicksal auserwählt, einmal ganz nach oben zu kommen.«[16] Die Kritiker würdigten zwar Oliviers Vitalität und Entschlossenheit, einige klagten jedoch immer noch über seine Art der Rezitation. Mit Ausnahme des lasziven Kusses, den er auf die Lippen von Gertrude drückte, wurde das freudianische Grundmotiv nicht deutlich und auch nicht zur Kenntnis genommen.

Vivien sah sich regelmäßig seine Vorstellungen an und kam einmal tränenüberströmt zu ihm hinter die Bühne. Sie wußte, welchen dunklen Schatten der frühe Tod von Agnes Olivier auf seine Jugend geworfen hatte. Und immer wieder behauptete sie, daß sie all die Feinheiten seines Spiels durchschaut hätte und dahinter sein ergreifendes Ringen mit einer Vielzahl wehmütiger Erinnerungen erkannt habe. Sie war überzeugt davon, daß sich ihr »Larry-boy« – das war ihr Kosename, den sie mit einem leichten Unterton kindlicher Herablassung verwendete; er nannte sie »Puss« oder »Vivling« – in dieser Rolle seinen Gefühlen zu seiner eigenen Mutter stellte. Überzeugt davon, daß ihr Leben dazu bestimmt war, mit seinem verbunden zu werden, setzte Vivien nun alles daran, neben ihm als Hamlet die Ophelia zu spielen.

Es scheint jedoch so, als hätte Olivier in seinen Hamlet mehr die Qualen einfließen lassen, die ihm Vivien bereitete, als jene, die auf seine Mutter zurückgingen. »In dieser Zeit war Larry wirklich zutiefst unglücklich«, sagte Tyrone Guthrie einige Jahre später.

> Es hatte wohl alles etwas zu tun mit dem Konflikt, den seine leidenschaftliche und unreife Liebe zu Vivien in ihm hervorgerufen hatte... Er war sehr verunsichert und wußte nicht, was er tun sollte. Als ich zum erstenmal mit ihm über Hamlet sprach, sagte er: »O ja, ich würde das wahnsinnig gerne machen, ich weiß schon, was es im richtigen Leben bedeutet, ein Hamlet zu sein.« ... Er war davon überzeugt, daß er eine ganze Menge seiner eigenen Hamletschen Seelenqual und geistigen Lähmung in diese Rolle einbringen könnte.

Seine Verstrickung mit Vivien war kein ungetrübtes Vergnügen, und Olivier hatte immer Schuldgefühle wegen dieser zwei Jahre der Heimlichkeiten und Lügen. Er selbst bezeichnete diese Affäre als »unwiderstehlich und schicksalhaft, diese Sache... sie kam mir manchmal fast wie eine Krankheit vor... die Liebe war wie ein strahlender Engel, die Schuld wie ein finsterer Dämon... es war eine atemberaubende Qual«. Trotz der blumigen Ausdrucksweise, die für Olivier typisch ist, spiegelt sich in diesen Worten der tiefe Zwiespalt wider, der damals seine Gefühle und später seine Erinnerungen beherrschte. Er achtete immer darauf, daß ihre Treffen unter der größtmöglichen Geheimhaltung stattfanden. Es war jetzt aus mit dem offenen Turteln im Studio wie bei den Dreharbeiten an *Feuer über England*, und mit dieser Täuschungsstrategie war er so erfolgreich, daß Jill auch in diesem Winter noch vollkommen ahnungslos war.

Wie zwiespältig Oliviers weitere Pläne waren, zeigte sich deutlich, als er, gegen Viviens lautstarken Protest, Guthrie darum bat, seiner Frau die Rolle der Olivia in *Was ihr wollt* zu geben. Dieses Stück sollte im Februar nach der Inszenierung von *Hamlet* herauskommen. Er hatte sich noch immer nicht dazu durchringen können, seine Familie zu verlassen. Mit den daraus resultierenden Schuldgefühlen und inneren Verwicklungen läßt sich zumindest teilweise erklären, warum er als Hamlet eine so rasende und körperlich gefährliche Vorstellung gab. Ständig mußten die Helfer hinter der Bühne für Verbandszeug und Desinfektionsmittel sorgen, und am nächsten Tag schrieben die Zeitungen, daß Olivier sich bei seinem Duell mit Michael Redgrave, der den Laertes spielte, wieder einmal verletzt hätte, und zwar nicht, weil Redgrave in seiner Rolle zu weit gegangen oder allzu sorglos gewesen wäre. Es war vielmehr so, daß Olivier selbst immer wieder verlangte, daß sich Laertes mit aller Gewalt auf ihn stürzen sollte. Es schien beinahe so, als wäre dieser Hamlet vor allem auf Selbstverstümmelung aus, denn schon Mitte Januar hatte er manchen Fleischfetzen von der Kopfhaut, der Brust und den Armen bei diesen Gefechten eingebüßt. Wie schon immer, war Olivier einfach begeistert von einer realistischen Darstellung, und so konnten ihn auch die extremen Auswirkungen, die öfter durch sein stures Beharren zustande kamen, nicht übermäßig abschrecken. In der Zwischenzeit hatte Lilian Baylis – die großzügig über das Verhältnis zwischen Laurence und Vivien hinwegsah – die Lust an der langwierigen Fechterei verloren. Stuart Borge, der König des Spiels im Spiel, erinnerte sich an einen Abend, wo vor dem großen Finale das vergiftete Schwert getauscht werden sollte:

Leider flog das Schwert in hohem Bogen von der Bühne mitten ins Publikum. Wir hatten keine Ahnung, was wir machen sollten, weil man schließlich ohne das vergiftete Schwert nicht das Stück zu Ende spielen kann. Schließlich hörte man von einem Logenplatz eine laute Stimme rufen: »Will ihm nicht endlich jemand sein Schwert zurückgeben, damit wir mit dem Stück weiterkommen und nach Hause gehen können!« Das war Lilian.[17]

Damals war Oliviers Liebe zu Vivien sowohl leidvoll als auch tröstlich – genauso gespalten wie die kritische Debatte über die Verdienste seines Hamlet. Vivien bewunderte ihn so, daß Oliviers Selbstwertgefühl mit ihr aufblühte wie noch nie. Etwa zur Hälfte der Spielzeit erfüllte er mit vollkommener Leichtigkeit seine Aufgabe als Ensemblesprecher. Oft stellte er sich nach der Vorstellung auf die Bühne, um etwas zu verkünden oder Dankesworte an das Publikum zu richten. Michael Redgrave erinnerte sich sehr gut daran, denn am Samstag, dem 30. Januar 1937, ging Olivier vor den Vorhang und gab feierlich bekannt: »Meine sehr verehrten Damen und Herren! Heute abend hat eine große Schauspielerin das Licht der Welt erblickt. Laertes hat eine Tochter.«[18] Diese neugeborene Redgrave wurde auf den Namen Vanessa getauft.

Später sagte Olivier:

> Ich war auf der Suche nach einer Art, wie ich meine Vielseitigkeit zeigen konnte... Zuerst Hamlet, dann Sir Toby Belch (in *Was ihr wollt*), das waren völlige Gegensätze; und dann schließlich *Heinrich V.* Gar nicht so übel für die erste Saison, dachte ich mir... Ich liebe es, mich als Chamäleon zu produzieren... Ich habe Spaß an der Kostümierung... Deshalb habe ich mir in meiner ganzen Laufbahn die größte Mühe gegeben, mich zu verkleiden.[19]

Und das tat er dann auch. Nach der klaren Jugendlichkeit seines Hamlet gab er eine umwerfend amüsante Vorstellung als Sir Toby, eines maßlosen, aufbrausenden Genußmenschen. Mit seiner langen, vorspringenden Kittnase, den dick modellierten Tränensäcken unter den Augen, dem herunterhängenden Schnurrbart und seinen geröteten Wangen, die er mit Schwämmen ausgestopft hatte, war er nur »dann und wann erkennbar«[20] als Laurence Olivier, wie die *Times* schrieb. Nichts wollte er lieber, als sein Publikum überraschen, indem er nach dem strengen Hamlet nun als urkomischer Hanswurst auftrat.

Sein Stern stieg mit rasanter Geschwindigkeit, denn kurz nach der

Premiere von *Was ihr wollt* am 23. Februar kam auch sein Film *Feuer über England* in die Kinos, und die Londoner Presse schwärmte in den höchsten Tönen von dem neuen Liebespaar auf der Leinwand. Zu eben dieser Zeit trat Vivien in zwei kurzlebigen Stücken auf: Am 5. Februar hatte sie Premiere mit *Because We Must* und am 11. März schon mit *Bats in the Belfry*. Daneben drehte sie auch noch die beiden Filme *Dark Journey* und *Sturm im Wasserglas* fertig. Doch keine dieser Rollen war für ihre Karriere auch nur annähernd so förderlich wie ihr Film mit Olivier. Sie wurde immer noch als eine angenehme dreiundzwanzigjährige Jungschauspielerin eingeschätzt; recht hübsch, aber ohne übermäßig viel Talent und mit einem dünnen Stimmchen. So bat Vivien ihren Liebhaber, mit ihr Stimmübungen zu machen, um ihren Stimmumfang zu vergrößern, und ihr mit Rat und Tat zur Seite zu stehen, wie sie die Ophelia spielen sollte, denn sie war sicher, daß sie das eines Tages tun würde. Und Vivien hatte für die Zukunft noch eine andere Rolle im Sinn: Am Premierenabend von *Because We Must* beschenkte sie ihre Mitspieler mit einigen Exemplaren von Margaret Mitchells Roman *Vom Winde verweht*. Alle wußten, daß der Produzent David Selznick schon seit einiger Zeit auf der Suche nach der perfekten Besetzung für die Rolle der Scarlett O'Hara für seine bevorstehende Verfilmung war. Vivien war sich ganz sicher, daß nur sie diese Rolle bekommen würde.

In diesem Frühling gaben sie und Olivier ihre erste gemeinsame Vorstellung, wie man es nennen könnte. Die beiden, die sich ganz ungezwungen als kollegiale Freunde zeigten, verbrachten den 11. April, einen Samstag, zusammen mit ihren Ehegatten in einem Gasthof auf dem Land und besuchten am nächsten Tag Oswald Frewens Landhaus[21]. An diesem Wochenende gab es für sie zwei Anlässe zum Feiern: Oliviers dritte Premiere am Old Vic am vorangegangenen Montag als Heinrich V. und die Verträge, die er und Vivien gerade bei Korda unterschrieben hatten. Im nächsten Monat sollten sie ihren zweiten Film zusammen drehen.

Wie schon vorher in Italien, als er sich keine Vertraulichkeiten mit Vivien erlauben konnte, bedeutete auch jetzt ihre Anwesenheit neben seiner Frau einen zusätzlichen Ansporn für seine Entschlossenheit. Nach einer Woche vertraute er Frewen an, daß Vivien nach seiner Meinung eher zu einem Künstlerkollegen passe als zu Holman. Dann fügte Olivier noch hinzu – was Frewen ziemlich übertrieben vorgekommen sein muß –, daß nur die leidenschaftliche Vivien ihn vor einem Leben als Don Juan bewahren könne.

Wann und wie es dazu kam, wird man wohl nie mehr erfahren, jedenfalls noch vor Ende April bemerkte oder hörte Jill, was zwischen Vivien und Laurence vorging. Ganz ruhig und ohne äußere Erregung teilte sie ihrem Mann mit, daß sie trotz einer Ehe ohne Liebe eine Scheidung nicht in Erwägung zöge. Jill hatte sich ganz und gar ihrem Kind gewidmet, und so wie sie ihr Privatleben geopfert hatte, erwartete sie auch von ihm, daß er einen gewissen Teil seiner Pflichten als Vater zu Hause erfüllte. Wie Noël Coward später in seinem Tagebuch notierte, war »Jill überraschenderweise eine ganz wunderbare Mutter für mein Patenkind Tarquin, und er betet sie aus ganzem Herzen an. Larry kommt da als Vaterfigur nicht ganz so gut weg.« Genauso wie Vivien die Verantwortung für Suzanne bereitwillig ihrer Mutter überlassen hatte, so gab Olivier jede praktische und emotionelle Verantwortung für seinen Sohn an Jill ab. Diese Pflichtvergessenheit kommt um so überraschender, wenn man seine deutliche und schmerzhafte Erinnerung an die Distanz des eigenen Vaters bedenkt. Die entschlossene Hingabe, die Olivier und Vivien zusammenhielt, stand nie in Frage, aber wie es in solchen Beziehungen häufig der Fall ist, war ihre Ausschließlichkeit nicht ohne schmerzliche Folgen für andere.

Zu Anfang reagierte Olivier überhaupt nicht auf Guthries Vorschlag, Heinrich V. zu spielen, aber dies sollte schließlich die Krönungsvorstellung des Old Vic werden, mit der man die Thronbesteigung durch George VI. im Mai entsprechend würdigen wollte. Guthrie hatte ein Schauspiel mit mehr als hundert Schauspielern und Komparsen geplant. Für die Verlobungsszene hatte er sich die Sopranistinnen der Sadler's Wells Opera geholt, und außerdem konnte er Olivier doch noch davon überzeugen, daß Heinrichs schallende patriotische Reden in ihrer Großartigkeit genau das Pathos hätten, das er noch brauchte, um sein Repertoire abzurunden.

Auf Guthries Vorschlag hin arbeitete Olivier an den Ansprachen, als hätte er es mit Opernarien zu tun, bis er schließlich der Ansicht war, er hätte »Geist und Körper vollkommen unter Kontrolle, die ganze Maschinerie paßt perfekt zusammen... Ich war heroisch, und niemand hätte das besser hinbekommen, aber ich war dabei ehrlich und habe nicht angegeben«.[22] Indem er den Umfang seiner bemerkenswerten Tenorstimme noch weiter ausbaute, so daß er damit bisher ungeahnte Höhen und Tiefen erreichte, schaffte er es, die Hauptrede Heinrichs so aufzubauen, daß sie von beständig ermutigendem Zuspruch über die beherrschte Erregung bis zur unverhüllten Zuversicht und schließlich zur Gewißheit des Sieges in einer beständigen rhetorischen Steigerung anschwoll. Dabei stieg er so hoch, daß die

Stimmhöhe wohl dem hohen C eines Sängers entsprochen hätte. Diese opernhafte Diktion wurde noch durch Oliviers ungewöhnliches Timing in ihrer Wirkung gesteigert, wodurch den Versen eine überraschende Schärfe verliehen wurde. Seine ganze Darbietung besaß »Klarheit, er hatte die Fähigkeit, den roten Faden eines Gedankenganges zu halten und unaufdringliches Gefühl und stilles Pathos zu vermitteln... Die Frage, die das Publikum des Old Vic bis dahin sehr beschäftigt hatte, ob Olivier ein wahrer Shakespeare-Darsteller war, wurde mit dieser Rolle endgültig beantwortet«.

Die Gestalt des Heinrich bezeichnete einen wichtigen Punkt in Oliviers Laufbahn. Als Charles Laughton Olivier nach einer Aufführung hinter der Bühne fragte, ob er eigentlich wisse, warum seine Darbietung so hervorragend gewesen sei, konnte Olivier keine Antwort geben. »Du bist England, das ist alles«[23], sagte Laugthon. Dieser Kommentar ging tiefer als jedes Lob, das ein Schauspieler einem anderen für dessen Auftritt geben kann. Laughton hatte etwas entdeckt, was sein Biograph Simon Callow als seine Überzeugung bezeichnet hatte, daß nämlich das Spielen »den Darsteller als Rohmaterial in eine andere Figur transformieren und seine Gestalt in eine Verkörperung höherer Ideale und menschlicher Wahrheiten verwandeln könne«[24]. Laugthon wollte damit nichts anderes andeuten, als daß Olivier mit seiner Darstellung des Heinrich etwas übermittelt habe, was jeder Engländer empfand: nämlich einen fast schon gefährlichen Stolz auf die Errungenschaften des Empire und gleichzeitig eine unbestimmte Furcht davor, daß all das jederzeit wieder verlorengehen könnte. Damit war Olivier etwas geworden, das man eine kollektive Persönlichkeit nennen könnte, und wenn er später gefragt wurde, wie er auch im Film diese Rolle so hervorragend gestalten konnte, so antwortete er nur: »Ich habe keine Ahnung – Ich bin eben England, das ist alles.«

In diesem Jahr wurde Oliviers Leben durch den Aufruhr der Gefühle in seinem ekstatischen und verwirrenden Liebesleben bestimmt, hinzu kamen die enormen Anforderungen, die das breite Spektrum seiner verschiedenen Rollen an ihn stellte: die Qualen eines Hamlet, die Eskapaden eines Toby und das Heldentum eines Heinrich. Doch bei der Entwicklung dieser Figuren hatte Olivier schließlich nur seine eigene Lebenserfahrung und seine Vorstellungskraft, aus denen er schöpfen konnte. Dies soll nicht heißen, daß seine Schauspielkunst rein autobiographisch gewesen wäre oder daß er immer nur sich selbst gespielt hätte. Es ist jedoch nicht von der Hand zu weisen, daß er einen Teil der Rolle in sich selbst wiedererkennen mußte – und einen Teil von sich selbst in der Rolle. Um es noch einmal deutlich zu sagen: Er hatte unverkennbar die Gabe einer überragenden Stimme und einer unglaublichen Bühnenpräsenz, und dazu kam die geheimnisvolle Fähigkeit eines inneren Gefühls für die Rolle. Aber zumindest ein Teil dieses Gefühls rührte daher, daß er fähig war, einen Zugang zu den Tiefen seines Innenlebens zu finden. Er fühlte in sich die Unentschlossenheit und die widersprüchlichen Geisteshaltungen eines Hamlet; er teilte Tobys Freude an Spaß und Trinkgelagen; und wie Heinrich spürte er in sich eine aufkeimende Selbsterkenntnis und das Gefühl, daß auch er in gewisser Weise seine Truppen antreten ließ. Gerade aufgrund seiner wachsenden persönlichen Größe und seiner »stürmischen Seelenqualen« brachte Laurence Olivier in seine darstellerische Kunst einen neuen Realismus ein, der sich auf emotioneller Wahrheit gründete. Es war etwas, das weit über bloße Nachahmung oder reine äußerliche Technik hinausging.

Es wäre völlig falsch, Olivier als einen *Method Actor* zu bezeichnen, wie es später der amerikanische Darsteller und Schauspiellehrer Lee Strasberg umschrieb. Olivier suchte nicht bewußt nach Parallelen in seinem eigenen Vorleben, auf denen er dann den Ausdruck einer bestimmten Gefühlssituation aufbaute, sondern er beschränkte sich auf einfaches Beobachten und Nachfühlen; später konnte er diese Emotion dann spielen. Außer daß er sich sein Leben lang um seine körperliche Fitneß gekümmert hat, interessierten ihn irgendwelche Theorien oder spezielle »Schauspieler-Übungen« überhaupt nicht. Für ihn gab es nichts anderes, als eine Rolle frontal anzugehen, nur so konnte sich seine gewöhnliche sinnliche Wahrnehmung mit seiner außergewöhnlichen Genialität zu etwas Neuem verbinden. Sein Leben lang mangelte es Olivier an Geduld, wenn es um theoretische Ansätze ging. Er wollte nur immer weitermachen, nur spielen und so tun, als ob – einfach so sein wie jedermann. »Ich bin eben England, das ist alles.«

Für das Projekt, das Olivier und Vivien im Mai mit Korda in Denham in Angriff nahmen, wurde nichts von diesen Gaben benötigt und auch nichts davon eingesetzt. Nach der Vorlage von John Galsworthys *Die Ersten und die Letzten* erzählte der Film die Geschichte eines Mannes (Olivier), der in Notwehr den Mann seiner Geliebten (Vivien) tötet. Irrtümlich wird ein Unschuldiger verdächtigt und wegen des Verbrechens angeklagt. Vor der Gerichtsverhandlung wird er für einundzwanzig Tage ins Gefängnis gesperrt, wo er an einem Herzleiden stirbt und dadurch die beiden Geliebten vor einer Strafe bewahrt.

Obwohl das Drehbuch von Graham Greene stammte und Basil Dean[25] Regie führte, verkam *Twenty-one Days*, so sein Verleihtitel, am Ende doch nur zu einem tödlich langweiligen Schinken. Daß das Liebespaar nicht nur im Film ein Verhältnis hatte, machte das Ganze auch nicht spannender. Beim ersten Auftritt der beiden fliegt Vivien in Oliviers offene Arme und ruft dabei: »Oh, Larry!« – so heißt nämlich auch die Filmfigur –, und von da an ist dieser Zufall das einzige, was an ihrem Dialog interessant ist. Olivier spielte die Hysterie des Mannes auf bewundernswerte Art herunter. Vivien dagegen gab eine Vorstellung, die nur noch verstiegen und ärgerlich war. Offensichtlich konnte sie ernsthafte Kunst und gekünsteltes Getue nicht so recht auseinanderhalten. Deswegen kommt es dem Zuschauer auch so vor, als dauerte der Film tatsächlich einundzwanzig Tage. Korda war so schlau, dieses Elaborat bis 1940 im Archiv einzulagern. Später, meinte er, würden die Namen der beiden Stars genügen, um den Film zu verkaufen. Das war ein Trugschluß, denn sogar die beiden Hauptdarsteller verließen bei einer Vorführung in New York schon nach ein paar Minuten das Kino.

Natürlich brauchten die beiden keine andere Zerstreuung als sich selbst und ihre Pläne für die Zukunft. Vivien sprach immer wieder vor der Presse von ihrem Herzenswunsch, Scarlett O'Hara zu spielen. Dabei wurde sie von Korda ermutigt, der finanziell davon profitierte, wenn sie ausgeliehen wurde.

Ansonsten war es auffällig, wie sich das Schauspielerpaar bei den Arbeiten an *Twenty-one Days* hauptsächlich um sich selbst kümmerte und ständig lachte und kicherte. Damals wurde es offensichtlich, daß Olivier ernsthaft an eine Trennung von Jill dachte, denn er fragte sogar Dean um Rat, mit dem er weder besonders vertraut noch befreundet war.

Ende Mai war dann seine Entscheidung gefallen. Mit seiner Gage aus *Twenty-one Days* kaufte er Durham Cottage, ein Häuschen aus dem siebzehnten Jahrhundert, das sich hinter hohen Mauern am Anfang der Christchurch Street in Chelsea versteckte. Putzig in der Art eines Puppenhäuschens, sah es fast so aus, als wäre die Illustration eines Märchens Wirklichkeit geworden. Die niedrigen Fenster, die Weinranken und Blumen und die kleinen Zimmer, das alles strahlte Gemütlichkeit aus. Weil aber eine Renovierung nötig war, mußte der Umzug nach Durham Cottage noch um einige Monate verschoben werden.

Doch Laurence Olivier und Vivien Leigh wollten sich nicht trennen lassen. Schon früher in diesem Jahr hatte das dänische Fremdenverkehrsamt Lilian Baylis und Tyrone Guthrie nach Elsinore eingeladen, um die Old-Vic-Inszenierung des *Hamlet* auf Schloß Kronborg, dem Originalschauplatz, aufzuführen. Da ging Olivier sofort zu Guthrie und verlangte, daß Vivien die Rolle der Ophelia von Cherry Cottrell übernehmen sollte, der Schauspielerin, die im Winter diese Rolle so bewegend gespielt hatte. Guthrie weigerte sich entschieden, ein so unprofessionelles Verhalten in Betracht zu ziehen, und wurde darin von Lilian Baylis unterstützt.

Dies hatte ein höchst unerfreuliches Nachspiel. Als Vivien diese Nachricht von Olivier hörte – ironischerweise gerade während der Arbeit an *Sturm im Wasserglas* mit Rex Harrison – hatte sie einen hysterischen Zusammenbruch vor Zorn und Wut[26]. Niemand wußte so recht, wie er auf eine solche Szene reagieren sollte, doch Olivier ging noch einmal zu Guthrie und machte ihm klar, daß er sich zurückziehen würde, falls Vivien nicht für die Rolle engagiert würde. Höchst widerwillig gab Guthrie nach. In seinen späteren Aufzeichnungen und Interviews über den Aufenthalt in Dänemark wird Vivien Leigh nicht erwähnt. Cherry Cottrell war natürlich am Boden zerstört, als sie erfuhr, daß man sie ersetzt hatte, denn das war eine der Sachen, die einfach nicht passieren durften.

Ende Mai waren die Arbeiten an *Twenty-one Days* immer noch nicht abgeschlossen, doch zum Glück gab Korda Olivier und Vivien frei, so daß sie in Elsinore im *Hamlet* auftreten konnten. Das Stück sollte auf den Wällen und Terrassen des Schlosses aufgeführt werden. Weil die Touristen in ihrer Bewegungsfreiheit nicht eingeschränkt werden sollten, durften die Proben nur in den Abendstunden stattfinden. Die Vorbereitungen gestalteten sich allerdings recht chaotisch, weil eine ganze Woche lang ein eiskalter Regen fiel. Vivien wurde von Fieber und trockenem Husten geplagt, aber sie klagte nicht und fehlte bei keiner einzigen Probe.

Weil das Wetter auch am Premierentag, dem 3. Juni, keinen Deut besser geworden war, konnte diese Aufführung von *Hamlet* auf gar keinen Fall im Freien stattfinden. So berief die Baylis an diesem Nachmittag eilig ein Treffen mit Guthrie und Olivier ein. Absagen konnte man diese Vorstellung nicht mehr, denn die dänische Königsfamilie war schon auf dem Weg zum Schloß, und die internationale Presse war bereits eingetroffen. Die Baylis stand ganz verlassen da und starrte in den Regen. Weil sie sonst immer auf gutem Fuß mit dem lieben Gott gestanden hatte, verlangte sie: »Damit muß jetzt Schluß sein!«[27] Nun war der Moment gekommen, an dem Olivier in Aktion trat. Als er und Guthrie erst einmal übereingekommen waren, die Vorstellung im

Ballsaal des Marienlyst-Hotels aufzuführen, sprühte er nur so vor genialem Improvisationsgeist. Während Guthrie die Aufstellung der Stuhlreihen um den zentralen Spielbereich beaufsichtigte, organisierte Olivier eine neue Generalprobe. Dazu mußten Auftritte und Abgänge improvisiert werden, Stichworte und Einsätze wurden neu einstudiert, und die Prinzipien des Theaters wurden wirkungsvoll auf die runde Bühne übertragen.

Die Vorstellung an diesem Abend war logischerweise nicht perfekt und hatte ihre Mängel. Doch sie war sehr wichtig für Oliviers Reputation, denn sie bestätigte, daß er einen wachen Instinkt für das Theater besaß, auch wenn er früher einmal als Regisseur unglücklich gestrandet war. »Es war ein äußerst beeindruckendes Beispiel dafür, wie man sich mit Spieltechnik auf eine plötzliche Notlage einstellen kann«[28], erinnerte sich der Kritiker J. C. Trewin, der damals unter den Zuschauern war.

> Hier stand also Hamlet, inmitten seiner Zuschauer, neben ihnen, zwischen ihnen, so spielte er auf kleinstem Raum, und wir alle waren plötzlich ein Teil des Ganzen... Er riß die ganze Truppe mit, und es wurde zur besten Vorstellung, die ich in meinem Leben je gesehen habe – so neu, so erstaunlich und so erregend.

Viviens Darstellung der Ophelia wurde dagegen nur höflich aufgenommen. Die Schauspieler, die übrige Truppe und auch das Publikum beurteilten ihre Leistung einhellig als unausgereift und wenig überzeugend.

Jill hatte, wahrscheinlich in einem fehlgeleiteten Bemühen, die beiden Liebenden voneinander fernzuhalten, darauf bestanden, mit der Theatermannschaft nach Elsinore zu fahren. Alec Guinness, der auch hier wieder den Osric spielte, wurde dazu abgestellt, Jill in dieser Woche auf Besichtigungen zu begleiten. In der Zwischenzeit steckten Olivier und Vivien jeden Nachmittag zusammen, denn, wie er später schrieb: »Wir konnten es einfach nicht lassen, uns immer wieder zu berühren, uns zu lieben – und das fast direkt unter Jills Augen.«[29] Früher hatte zwar auch Jill rücksichtslos ihre Unabhängigkeit bewiesen, wenn es um ihre eigenen Affären ging, aber nicht gerade in seiner unmittelbaren Umgebung. Sie fühlte sich von Vivien gedemütigt, und Oliviers Gewissensbisse waren durchaus angebracht; er war zweifellos der Ansicht, er könnte sie so zur Scheidung nötigen.

Als sie am 15. Juni wieder in London waren, verlor Vivien keine Zeit. Schon am 16. gab sie bekannt, daß sie Leigh Holman verlassen würde. Der war überzeugt, daß die Affäre nicht lange anhalten würde, und antwortete, daß er sich frühestens in drei Jahren von ihr scheiden lassen würde. Sofort verließ Vivien Mann und Tochter und mietete sich ein Häuschen in Iver, im Westen von London und ganz in der Nähe von Denham, wo noch *Twenty-one Days* fertiggedreht werden mußte. Schon bald zeigte sich Olivier von seiner wagemutigen Seite, wie er es bereits mit seiner Improvisation bei *Hamlet* getan hatte. Zu einer Zeit, in der das Zusammenleben unverheirateter Paare bei weitem nicht so üblich war wie heuzutage, zog er sofort mit Vivien zusammen.

Laurence Evans erinnerte sich daran, daß gleich nach der Rückkehr aus Dänemark der Skandal über die beiden losbrach. »Eine ganze Weile wurden sie von Lord und Lady Soundso geschnitten, aber keiner aus der Theaterszene des Westend ließ sie irgendeine Verachtung spüren. Sie waren einfach viel zu attraktiv – und außerdem waren die meisten Theaterleute ohnehin sehr tolerant.« Was nun Jill anging, so versetzte sie allein der Gedanke an die erlittene Demütigung in der Öffentlichkeit und die Aussicht, ihr Kind allein erziehen zu müssen, in helle Panik. Um Trost zu finden, rannte sie zu ihrer lieben Freundin Gwen Ffrangçon-Davies, der sie anvertraute, daß sie sich doch nur traditionelle, geordnete Familienverhältnisse für ihren Sohn wünschte; wenigstens so lange, bis er ein wenig reifer wäre.

Als *Twenty-one Days* endlich abgedreht war, beschlossen Olivier und Vivien, an einen wärmeren und auch romantischeren Ort als Elsinore zu verreisen, und so kam es, daß sie sich ohne großen Bahnhof in Richtung Venedig verabschiedeten. Mit ihrer raschen Auffassungsgabe, ihrer fließenden Beherrschung der Sprache und ihrem weit gefächerten Allgemeinwissen machte sich Vivien dort an eine Aufgabe, die man den letzten Schliff für Laurence Olivier nennen könnte. Obwohl er sich am Anfang sträubte, brachte sie ihm allmählich die Feinheiten der kultivierten Lebensart bei. Sie erklärte ihm die Unterschiede zwischen italienischen und französischen Weinen, zwischen Dessert- und Kaffeelöffeln oder auch zwischen den Bestecken für Fisch und denen für Geflügel. Noël Coward hatte schon Oliviers Etikette und Lebensart verbessert und ihn in einen schillernden Gesellschaftszirkel im Westend eingeführt. Aber auch Sybil Thorndike, Peggy Ashcroft und John Gielgud gehörten zu einem Kreis von Leuten mit beruflichem Erfolg, nach dem er so lange gestrebt hatte. Sogar Jill hatte ihm früher immer wieder Tips gegeben, wie er sein Benehmen und seine Erscheinung verfeinern sollte. Doch erst unter der Anleitung von Vivien konnte diese Entwicklung abgeschlossen werden. Gleichzeitig setzte er seinen Ehrgeiz darein, sie beruflich weiterzubilden. Für ihre Galatea war er der Pygmalion und besänftigte so ihre Zweifel. Erstaunlich lange zogen sie beide großen Nutzen aus dieser seltenen Symbiose.

Im September waren sie wieder in England, und Vivien stürzte sich gleich auf eine Nebenrolle in *A Yank at Oxford*, während Korda auf seine Option zurückkam und Olivier für einen Film mit Merle Oberon verpflichtete. Sie war seit 1932 Kordas Star und bald darauf auch seine Frau. *The Divorce of Lady X* war einer der ersten Filme in Technicolor, eine gewagte Gesellschaftskomödie im Stil von Feydeau, in der ständig Schlafzimmertüren auf- und zugingen, brisante Verwechslungen und offenherzige Gespräche stattfanden, die sich darum drehten, »was in der betreffenden Nacht passiert war« und »was nicht«. Sieht man *The Divorce of Lady X* heute, dann findet man darin nur ganz selten einen wirklich amüsanten Satz, geschweige denn soviel absurde Handlung, daß man es als eine Farce bezeichnen könnte. Mit seinen aufgeblähten Dialogen sollte der Film eigentlich die geheimnisvolle Exotik der Oberon und den offenen Charme Oliviers unter einen Hut bringen. Nur in einer einzigen Szene, in der Olivier eine bissige weiberfeindliche Rede hält, gelingt es ihm, einen reiferen Ton anzuschlagen. Ansonsten hatte dieser Film nicht viel für ihn zu bieten – und noch weniger für die Zuschauer.

Das Leben hinter den Kulissen war da schon viel angenehmer. Ralph Richardsons Gesellschaft in den Drehpausen sorgte immer wieder für Heiterkeit, und an den Wochenenden zogen sie oft mit Ralphs Auto durch die Umgebung von London und freuten sich an ihrer unbeschwerten Kumpanei. Ende Oktober waren Olivier und Vivien in ihr neues Haus Durham Cottage eingezogen, wo Vivien sich mit ihrem auserlesenen Geschmack gleich daran machte, alles neu auszustatten und ein Eßzimmer im Regencystil zu planen, das sie später anbauen wollten. Für das ganze Haus wählte sie als dominierende Farben sanfte Blau- und Cremetöne, dann fing sie an, Antiquitätenzeitschriften und Auktionskataloge zu wälzen. Schließlich entschied sie sich für einige Bilder von Sickert, Epstein, Degas und Corot. Olivier bewunderte ihren Geschmack, aber nicht ihre nonchalante Unbekümmertheit in finanziellen Dingen. Ein Besucher sagte, das Haus »war mit hübschen Dingen überladen; man konnte fast klaustrophobisch werden, und Larry machte eher den Eindruck eines unglücklichen Elefanten im Porzellanladen«[30]. Sein Geschmack war bei weitem nicht so anspruchsvoll. Sein kleines Arbeitszimmer zum Beispiel war niemals so ordentlich und gefällig eingerichtet, wie es Vivien gern gesehen hätte, und es sollten noch etliche Jahre verstreichen, bis er sich in einer so eleganten Umgebung wohl fühlte.

Als endlich die Farben trocken waren und alle Möbel an ihrem Platz standen, luden sie Ralph Richardson und seine Frau zu sich ein und feierten Viviens Geburtstag, der am 5. November zufällig mit der »Guy Fawkes Night« zusammenfiel. Richardson war mit einer Schachtel voll Feuerwerkskörper in Durham Cottage angekommen und ging in den Garten, um gleich eine Rakete abzuschießen. Diese flog unglücklicherweise in das Speisezimmer zurück, wo sie die Vorhänge in Brand steckte und teures antikes Geschirr zerstörte. Vivien tobte, Olivier nahm es gelassen hin. Richardson schnappte sich seine Frau und fuhr mit ihr zusammen wieder ab, doch zuerst fiel noch der Türknauf unter seinem kräftigen Zugriff ab.

Olivier hatte keine Zeit, die Aufräumarbeiten zu überwachen, denn er steckte gerade mitten in den Proben am Old Vic. Mit dem anerkannten französischen Regisseur Michel Saint-Denis bereitete er sich auf die Rolle des Macbeth vor, die er schon in seiner Jugend unbedingt hatte übernehmen wollen, als er noch Lennox und Malcolm spielte. Er glaubte, endlich an dem Punkt zu sein, da der König und Heerführer mit seinem mörderischen Ehrgeiz für ihn und sein Talent greifbar wäre: »Ich war gerade dreißig, körperlich auf der Höhe, hatte mich geistig voll im Griff und platzte förmlich vor Ehrgeiz.« Judith Anderson, die 1936 in Gielguds New Yorker *Hamlet* die Gertrude gespielt hatte, wurde als Lady Macbeth engagiert.

Hinter den Kulissen hatten Saint-Denis und Olivier lange Diskussionen darüber, wie der Sinn des Stücks durch seine Verse vermittelt werden könnte, und nicht durch deren Mißachtung, wie Olivier es manchmal machte. Basil Langton, der zusammen mit Saint-Denis am London Theatre Studio unterrichtete, spielte den Lennox und war die zweite Besetzung für Olivier in dieser Inszenierung. Er berichtete, daß Saint-Denis sich für das Theater als eine Schauspielerkunst einsetzte:

> Er brachte Larry bei, daß der Text Vorrang habe, und er bestand darauf, daß die Bühne das Medium des Schauspielers sei, ein Ort für die Kunst des Schauspielers – der Regisseur sei nur als zeitweiliger Mentor nötig... Für Michel war der Text die Hauptsache, und die Technik war eine Funktion des Textes: niemand könne ihm ein System oder irgendeine persönliche Methode überstülpen.[31]

Man kann den Einfluß, den diese Zusammenarbeit auf Olivier ausübte, gar nicht stark genug herausstreichen, denn von da an studierte er seine Texte in ihrem Versmaß mit einer beinahe schon religiösen Inbrunst ein. Weil er immer auf solche Leute hörte, die er für gebildeter hielt als sich selbst, widmete er dem Text Stunden um Stunden, um die Plazierung von Worten innerhalb eines metrischen Schemas zu studieren. Dabei entdeckte er die reichen und vielfältigen Nebenbedeutungen, die den Figuren erst Tiefe und Komplexität verleihen.

Mit großen Schritten gingen die Proben der Premiere entgegen, die auf Dienstag, den 23. November, angesetzt war. Doch wie um den uralten Aberglauben zu bestätigen, nach dem das »schottische Stück« einen Fluch auf die legen soll, die es aufführen, gab es bei dieser Produktion Probleme über Probleme. Bei einem Unfall mit einem Taxi entrann Saint-Denis nur knapp dem Tod; auf der Bühne hätte ein herunterfallender Sandsack Olivier beinahe den Schädel eingeschlagen; die Kulissen paßten nicht auf die Bühne; Darius Milhaud kam mit seiner Begleitmusik nicht zurecht und zerriß ständig Seiten aus seiner Komposition; und schließlich starb Lilian Baylis' Lieblingshund, was sie in eine tiefe Depression stürzte. Die Truppe setzte ihre Arbeit trotzdem zuversichtlich fort, und die Generalprobe am Montag dauerte bis weit nach Mitternacht, doch es gab ernsthafte Probleme mit der Beleuchtung, die nicht zu beheben waren. Dazu kam noch, daß Olivier eine schwere Bronchitis hatte und sich außerdem eine Kehlkopfentzündung ankündigte, so daß keine andere Möglichkeit blieb, als die Premiere auf Freitag, den 26. November, zu verschieben. Am Donnerstagabend starb Lilian Baylis ganz plötzlich in ihrem Haus in Stockwell; am nächsten Abend war die Premiere des Stückes, doch die Schauspieler waren alle entmutigt und niedergeschlagen.

Völlig unerwartet, bedenkt man die Theorien von Saint-Denis, wurden die Darsteller regelrecht erschlagen von einer ziemlich überdekorierten Inszenierung, die mit ihren grotesken Requisiten, Masken und Kostümen schon ins Hysterische verfiel. Olivier hatte ein riesiges Gesicht mit falschem Kinn und falscher Stirn, alles in einer bleichen, gelblichen Farbe, dazu kamen ungeheure Augenbrauen. Seine Erscheinung ergab ein Bild, das Vivien zu folgender Beschreibung der Premiere inspirierte: »Man hört die erste Zeile von Macbeth, dann tritt Larrys Maske auf, dann tritt Banquo auf, dann tritt Larry auf.«[32] Viel später gab Olivier selbst zu: »Ich habe mich ›maskiert‹, um Macbeth zu spielen, anstatt Macbeth von innen heraus spielen zu lassen. Äußerlich hatte ich alles, innerlich hatte ich gar nichts. Ich glaube, bei dieser Aufführung war Macbeth meinem Kostüm näher als meinem Herzen.«[33] Aber den Zuschauern gefiel es, und sie betrachteten die vielen Taktlosigkeiten in der Aufführung eher als Unterhaltung, denn als Beleidigung. Die Karten gingen weg wie warme Semmeln, und der

Ansturm riß nicht ab, sondern übertrug sich sogar noch auf das New Theatre.

Trotz der vielen Schwierigkeiten erntete Olivier die besten Kritiken seiner bisherigen Laufbahn. Mit der aufgeregten Intensität, mit der er dem Macbeth zu Leibe rückte, zeichnete er einen Prozeß des moralischen Verfalls mit einer sonderbaren Würde nach. Erschreckend in der kurzen nächtlichen Szene, die dem Mord an Banquo vorausgeht, wie er da machiavellistische Züge zeigt, als er die Mörder einweist und sich gleichzeitig selbst dem Untergang weiht. In all seiner Wachsamkeit und Schläue war sein Macbeth als Mensch schwach, als Soldat aber kühn und tapfer, und seine Darbietung war voll bestürzender Feinheiten, an denen sich zeigte, wie intensiv Olivier sich mit dem Text auseinandergesetzt hatte. In späteren Jahren tat er diese Inszenierung immer wieder als unbedeutend ab, doch 1937 war sie wirklich wichtig für ihn. Bis dahin war es sicherlich seine intensivste Darstellung, die eine tiefe Einsicht in die Schuld des Usurpators vermittelt. Als Macbeth schien er, einem Zuschauer zufolge, »von tiefster Finsternis eingeschlossen«[34], und vor jeder Vorstellung bemerkte man deutlich, wie sich seine Stimmung veränderte. Oliviers Gedanken waren vollkommen von den Versen beherrscht, und wer ihn nur ein einziges Mal hörte, der vergaß niemals mehr dieses Gefühl der Verdammnis, das mitschwang, wenn er sagte:

Es umwölkt sich, und die Krähe
Schwingt ihren Flug dem dampfenden Walde zu.
Die gute Welt des Tags birgt sich im Laub,
Nächtlich Graunwerkzeug, es erwacht zum Raub.

Basil Langton erinnerte sich daran, wie Oliviers Aufschrei beim Erscheinen von Banquos Geist immer lauter wurde und sich immer länger hinzog, bis er zu einem geisterhaften Heulen verklang, von dem er schließlich seine Halsentzündung bekam. Genauso unvergeßlich wurde Oliviers Zweikampf auf der Bühne, in den er sich so sehr hineinsteigerte, daß keiner der verschiedenen Macduffs unverletzt davonkam. Einmal brachte er Ellis Irving einen so tiefen Schnitt bei, daß der mitten in der Vorstellung durch Roger Livesey ersetzt werden mußte, den Olivier dann beim Applaus zu einer Soloverbeugung nach vorne holte.

Während Macbeth lief, hatten Olivier und Vivien große Sorgen, weil sich Jill und Holman weigerten, in die Scheidung einzuwilligen, was eine neue Belastung ihrer Beziehung bedeutete. Außerdem spürten die beiden jetzt, wie schmerzlich die Trennung von ihren Kindern war. Diese Schuldgefühle müssen sich noch tiefer in sie eingegraben haben, als sich ein paar Freunde von ihnen zurückzogen und damit ihre Entrüstung über so viel Pflichtvergessenheit zum Ausdruck brachten.

In diesem Dezember kam Vivien auch oft in eigener Sache in das Old Vic, denn sie hatte die Rolle der Titania in der Guthrie-Inszenierung von *Ein Sommernachtstraum* bekommen. Einige Mitglieder der damaligen Truppe erinnerten sich daran, daß sie oft Champagner und Austern mitbrachte. Dann zogen sie und Olivier sich in die Intimität seiner kleinen Garderobe zurück. Es sieht so aus, als hatten sie durch dieses Verhalten vor allem ihre beiden Ehepartner zu einer Reaktion zwingen wollen.

Anfang 1938 trug Olivier immer noch die schwere Maske seines Macbeth, weil das Stück um drei Wochen verlängert worden war. Diese Vorstellungen fanden im New Theatre statt, weil im Old Vic zur Weihnachtszeit *Ein Sommernachtstraum* gegeben wurde. Mitte Januar spielte er mit Judith Anderson bei einer kleinen Gruppe im Alexandra Palace. Dort wurden einige Szenen aus *Macbeth* aufgenommen, um zu den wenigen unhandlichen Fernsehgeräten, die es damals in London gab, ausgestrahlt zu werden.

Es kam nicht überraschend, daß das Old Vic danach bekanntgab, daß Laurence Olivier in der zweiten Hälfte der Saison 1937/38 noch in drei großen Rollen auftreten würde. Als erstes sollte er unter Guthries Regie den Jago in *Othello* spielen, bei dem Ralph Richardson die Titelrolle übernahm.

Der Abend mit »Ralphs Rakete«, wie die zwei Kollegen den Zwischenfall nannten, hatte die Freundschaft der beiden nicht erschüttert. Richardson war ein liebenswürdiger Zeitgenosse, der seinen Beruf zwar ernst nahm, aber nicht so vom Ehrgeiz besessen war wie Olivier. Außerhalb der Bühne waren zum Teil riskante Streiche Richardsons Markenzeichen, und oft zog er nach der Arbeit noch mit Olivier durch die Kneipen. Auf der Bühne war er dagegen ernsthaft und umsichtig, und Olivier fragte ihn immer wieder um Rat, wenn er eine Rolle übernehmen oder eine wichtige Entscheidung treffen sollte. Richardson ging seine Schauspielerei mit seinem Instinkt an, ohne detaillierte Analysen oder langes Überlegen. Seiner Überzeugung nach bezog ein Stück seine Schönheit aus »seiner großartigen Rhetorik, ganz gleichgültig, was ihr mit eurer Psychologie dazu sagt!«[35]

Ein solcher Stil konnte natürlich einem Regisseur wie Tyrone Guthrie nicht besonders sympathisch sein, denn der wiederholte bei seiner Annäherung an *Othello* die Methoden, die er auch bei *Hamlet* schon angewandt hatte: Als erstes würde er das ganze Stück zusammen mit Ernest Jones durcharbeiten. Auf Guthries Bitte hin begleitete ihn Olivier zu Jones' Büro im Regent's Park, wo der Freud-Schüler ihnen an zwei langen Abenden mühelos die Beziehung von Othello und Jago analysierte. Sie erfuhren, daß Jago gar nicht eifersüchtig auf den Mohren war, sondern unbewußt in ihn verliebt. Erst diese homosexuelle Anziehung brachte ihn dazu, Othellos Ehe mit Desdemona zu zerstören. Später fragte Olivier dann Guthrie nach seiner Meinung zu einer so eigenwilligen Lesart. »Dem kann man nicht ausweichen – auf der Ebene des Unbewußten natürlich«[36], gab ihm Guthrie zur Antwort. »Natürlich«, sagte darauf Olivier, »aber ich glaube fast, wir sollten Ralphie davon lieber nichts erzählen.«

Doch als die Proben fortschritten, trat die absonderliche Vorstellung von Jagos unbewußter Liebe ganz offen zutage. Im dritten Akt, bei Othellos Satz: »Nun bist Du mein Leutnant« kam ein fast schon amüsanter, lüsterner Unterton in Jagos Antwort »Ich bin auf ewig Euer«. Richardson wurde mit all dem fertig, indem er es ignorierte – bis zu dem Augenblick, an dem ihm Olivier die Arme um den Hals schlang und ihn voll auf den Mund küßte. »Kommt, kommt jetzt, guter Freund«, entgegnete Richardson darauf freundlich. Aber Olivier ging bei der ersten Matinee sogar noch weiter: Vor Qual darüber, daß er sich so sehr von Jago hatte aufstacheln lassen, bricht Othello zusammen; darauf ließ sich Olivier direkt neben ihn fallen und simulierte einen Orgasmus. Hinter der Bühne sagte Athene Seyler zu Olivier: »Ich hatte wirklich nicht die geringste Ahnung, was du vorhattest, als du dich neben Ralph auf den Boden geworfen hast.« So endete also die unverhohlene Sexualität in dieser Vorstellung, über die Richardson später nur einfach bemerkte: »Verwegen. Laurence war immer sehr verwegen.«[37]

Nach ihrem Auftritt als Titania drehte Vivien den Film *St. Martins Lane* mit Charles Laughton und Rex Harrison, in einer Nebenrolle trat auch Tyrone Guthrie auf, ansonsten hatte sie bis September beruflich nichts zu tun. Dadurch hatte sie die Zeit, Leigh Holman um die Scheidung zu bitten. Seit 1857, als erstmals eine Scheidung ohne die Abstimmung des Parlaments möglich wurde, war Ehebruch der einzige wirkliche Grund gewesen, um eine gesetzliche Ehe wieder aufzulösen. Im Januar 1938 wurden durch eine Liberalisierung des Gesetzes auch Gründe einbezogen wie das Verlassen der Familie, seelische und körperliche Grausamkeit oder unheilbare Geisteskrankheit. Danach sollte die geschädigte Partei als Ausgleich das Sorgerecht für die Kinder sowie finanzielle Unterstützung erhalten. Vivien bot ihrem Mann an, daß er jetzt das Verlassen der Familie anstelle des Ehebruchs (oder auch beides) geltend machen könnte, doch sie erntete wieder nur eine Abfuhr. Holman erwartete immer noch, daß sie zu ihm zurückkehrte, und erlaubte ihr ein paar unangenehme Besuche bei ihrer Tochter Suzanne.

Und Jill blieb ebenfalls unnachgiebig. Olivier hielt kaum noch Kontakt zu ihr oder Tarquin, und bezeichnenderweise war er durch seine Karriere so ausgelastet, daß er wohl der Ansicht war, die ganze Angelegenheit würde sich von selbst in Wohlgefallen auflösen – oder von Vivien für ihn erledigt werden.

Der Jago war schon die sechste wichtige Shakespeare-Rolle, die Olivier in den vergangenen sechzehn Monaten spielte, und obwohl sich sowohl die Kritiker als auch das Publikum nie so recht einig waren über seine Interpretationen, konnte doch niemand an seiner erstaunlichen Vielseitigkeit und Wandlungsfähigkeit zweifeln. Wie bei Gielguds Einladung 1935 wäre es Olivier wohl nicht in den Sinn gekommen, diese Rollen zu übernehmen, wenn Guthrie nicht an ihn herangetreten wäre, und er hätte sich dann auch nicht zu dem seriösen Darsteller klassischer Rollen entwickelt, als der er 1938 allgemein anerkannt war.

Doch Guthrie war nicht auf traditionelle Stücke beschränkt und ließ sich auch nicht darauf festlegen, diese Stücke nur auf althergebrachte Weise zu inszenieren. Er hatte immer gehofft, daß das Old Vic zur Keimzelle eines Nationaltheaters würde, und zu diesem Ziel gehörte es auch, neue Stücke zu spielen. Darum bot er Olivier die Hauptrolle in *The King of Nowhere* an, einem Stück von James Bridie, für den sich Guthrie schon seit einem Jahrzehnt einsetzte. Olivier spielte am Abend den Jago und probte tagsüber, und so konnte er im März Bridies beißende antifaschistische Satire auf die Bühne bringen. Darin spielte er einen halbverrückten Schauspieler, der aus dem Irrenhaus flieht und auf Betreiben einer reichen alten Jungfer zum Anführer einer neuen politischen Partei wird. Olivier fühlte sich in diesen tragikomischen Tönen pudelwohl und gab eine Vorstellung, die die eigentlichen Verdienste des Stückes weit in den Schatten stellte. Vom ersten Auftritt an spielte er den Schauspieler mit ruheloser Vitalität und unverschämter Verbitterung, und er feierte regelrecht den Moment, in dem der Verrückte mit den Worten aus *König Lear* spricht:

Blast, Wind' und sprengt die Backen! Wütet! Blast! –
Ihr Katarakt' und Wolkenbrüche, Speit
Bis ihr die Türm' ersäuft, die Hähn ertränkt!

Auf der anderen Seite wurde aber die Aussage des Stückes über den Aufstieg von Diktatoren, wenigstens zeitweise, von einer wahren Flut von Gemeinplätzen weggespült.

Die Rolle der Miss Rimmer, des reichen Fräuleins, wurde von Marda Vanne gespielt, die mit Gwen Ffrangçon-Davies zusammen in einem Haus am Holly Place in Hampstead wohnte. Eines Abends luden sie Olivier und Vivien sowie Sybil Thorndike mit ihrem Mann Lewis Casson zu einem Essen ein. Dieser Abend war recht vielversprechend, denn Casson, der von Guthrie damit betraut worden war, im April *Coriolan* zu inszenieren, bot Olivier die unsympathische und anspruchsvolle Titelrolle an; Sybil sollte seine Mutter, die wütende, unbeugsame Volumnia, spielen. Der römische Aristokrat, der um einiges aufwendiger in der Vorbereitung ist als Bridies labiler Schauspieler, stellt eine ganz andere Variante eines Diktators dar – den arroganten Patrizier, der weder sein Temperament noch die Leute beherrschen kann, die er hofieren muß, wenn er die von ihm angestrebte Position erreichen will. Außer in Stratford und am Old Vic wurde dieses Stück vor 1938 nur sehr selten gespielt, denn *Coriolan* wurde allgemein nicht den großen Tragödien Shakespeares zugerechnet. Außerdem verlangt die Rolle dem Hauptdarsteller höchste körperliche Belastungen ab. Vielleicht waren gerade das die Gründe, warum Olivier dieses Angebot sofort annahm, und als er sich auf diese Rolle vorbereitete, wurde seine tiefere Seelenverwandtschaft mit dem Helden deutlich.

Mit seinen dreißig Jahren war Olivier der Erfolg nicht in den Schoß gefallen, und trotz größter geistiger und körperlicher Anstrengungen, trotz stetigen Dazulernens und ständiger Risikobereitschaft spürte er, daß er von der vollkommenen Meisterschaft sowohl künstlerisch als auch menschlich noch weit entfernt war. Die Anforderungen an sein Erinnerungsvermögen, die körperlichen Herausforderungen, die jede Rolle mit sich brachte, das peinlich genaue Textstudium, die Experimente mit der Maske, die beständigen Anstrengungen, bei jeder neuen Rolle noch mehr aus sich herauszuholen als bei der vorherigen – all das war ihm zur Gewohnheit geworden, teils Pflichtgefühl, teils von seinem Ehrgeiz diktiert.

Sein Beruf kann immer nur im Team ausgeübt werden, und er genoß die Kameradschaft unter den Kollegen und die seltenen Augenblicke der Ruhe mit anderen Schauspielern. Auch sein Privatleben bereitete ihm jetzt große Zufriedenheit. Aber weder für seine Freunde noch für Vivien war er bereit, so viel Hingabe zu zeigen wie für seine Kunst.

Oliviers engsten Vertrauten und Geliebten entging nicht, daß in ihm irgend etwas Unnahbares und Entferntes steckte. Die Quelle, aus der er seine Schöpferkraft bezog, wurde nicht nur von seiner emotionalen Vorgeschichte gespeist, sondern zu einem guten Teil auch von einem Gefühl der Leere und einer dauernden inneren Armut. Dieses Wissen um seine Unzulänglichkeit wurde durchflutet von einer unerklärlichen Gabe, die es ihm ermöglichte, den einzelnen Strahl seiner Menschlichkeit durch das Prisma einer Rolle zu schicken. Der bunte, vielfache Strahl, der aus diesem Prisma heraustrat, erreichte dann seine zahllosen Zuschauer, wie unterschiedlich ihr Leben auch immer gewesen sein mag. Mit seinem großen Einfühlungsvermögen gestaltete er seine Rollen eindrucksvoll, oft sogar beängstigend umfassend – und auf der Bühne erreichte er erstaunlich oft die vollendete Darbietung seines reichen Spektrums. Seine Darstellungen waren glaubwürdig, und die Stücke klangen wahr, weil er aus der Leere etwas von der vollkommenen Menschlichkeit schöpfen konnte, die jedermann irgendwo in sich fühlt und doch niemals erfassen kann.

Wenn er Romeo, Mercutio, Hamlet, Heinrich, Macbeth oder Coriolan spielte, dann erblickten seine Zuschauer etwas von den endgültigen Wahrheiten über das menschliche Leben – nicht etwa, weil Olivier sich selbst mitteilte, sondern weil er sich selbst unterdrückte. Manchmal schaffte er dies durch die Äußerlichkeiten der Maske oder durch rein körperlich gespieltes Draufgängertum. Doch in diesem stolzen und ehrgeizigen Mann steckte auch eine paradoxe Demut. Am meisten zeigte er sich selbst immer dann, wenn er so tat, als wäre er ein anderer. Zerbrechlichkeit und Versagen kannte er sehr gut, und so fürchtete er stets, auch die, die ihm am nächsten standen, könnten ihn einmal verlassen. Das war natürlich der Fall gewesen, einmal beim Tod seiner Mutter, dann in der spürbaren Distanz seines Vaters und schließlich in der Enttäuschung, die er mit Jill erlebt hatte. Diesen ständigen Vorbehalt könnte man als Zynismus bezeichnen; genauso gut könnte man ihn aber auch als ein Zeichen von Reife deuten, von niemandem mehr zu verlangen, als er wirklich geben kann.

Eben wegen seiner eigenen Menschlichkeit, die bei weitem tiefgründiger war als die eines Coriolan, verkörperte er diese Rolle mit einer Kombination von eiskaltem Stolz und warmer Zärtlichkeit, die der Held seiner Frau und seiner Mutter entgegenbringt. Als er diesen Coriolan erschuf, eine asketische und zugleich humorvolle Figur, war er großartig in seinem Zorn und eingehüllt in einen königlichen Fatalismus. Sybil Thorndike als seine Mutter Volumnia war eine wertvolle Verbündete bei dieser Interpretation, und Casson lockte mit seiner Regie bei den gemeinsamen Szenen der beiden einiges von dem komplexen Pathos in Oliviers Darstellung an die Oberfläche. Wer diese Inszenierung gesehen hatte, erinnerte sich noch lange an das nächtliche Schweigen, das kurz vor dem Schluß des Stückes förmlich über das Publikum fiel, als Olivier ergreifend und dem Text getreu – im wahrscheinlich einzigen Moment der inneren Einkehr für Coriolan – der Regieanweisung folgt, die von Shakespeare selbst stammt: »Er hält Volumnia an der Hand, schweigend«, und sagt zu ihr, die ihn unnachgiebige Arroganz gelehrt hatte, mit auserlesener Freundlichkeit: »O Mutter, Mutter! Was habt Ihr getan?«

Wegen des Klangvolumens seiner Stimme erntete Olivier von den Kritikern höchstes Lob, und er wurde von allen bewundert wegen der Sterbeszene, in der er über eine Treppenflucht hinunterstürzte, sich dreimal überschlug und erst dann, gerade noch im Rampenlicht, endgültig zu liegen kam. Er verkörperte, wie ein sonst eher zurückhaltender Kritiker schrieb, »was für uns heute der heroischen Tradition am nächsten kommt«.[38]

In dieser Vorstellung, die für sechs Jahre seine letzte auf einer Londoner Bühne sein sollte, legte Olivier eine überragende künstlerische Reife an den Tag. War er Ende 1936 noch als praktisch unerfahrener Anfänger an das Old Vic gekommen, um Shakespeare zu spielen, so galt er bei seinem Abschied von dort, nicht einmal zwei Jahre später, als ein Künstler ersten Ranges, der dazu imstande war, in die Rhetorik von *Coriolan* musikalische Poesie und menschliche Tiefe einzubringen. In einer Rolle, die Garrick ignoriert hatte, und durch die sogar Kean und Irving in Verwirrung geraten waren, hatte sich Olivier schließlich als ein klassischer Schauspieler höchsten Ranges erwiesen.

In kaum mehr als einem Jahr am Old Vic hatte Olivier ein berufliches Programm absolviert, für das »gewaltig« ein zu schwaches Wort wäre. Noch während er jeden Abend die anstrengende Rolle des Hamlet spielte, lernte er tagsüber den Text des Toby Belch auswendig und probte dessen Bewegungen auf der Bühne. Dann, als er abends den Sir Toby spielte, machte er sich sofort daran, die anspruchsvolle Rolle Heinrichs V. einzustudieren und zu proben. Als Macbeth in einer schwierigen und stilisierten Inszenierung mußte er Tausende neuer

Textzeilen auswendig lernen – und gleichzeitig bereitete er sich auch noch auf seinen Jago vor. Als er diese Rolle auf die Bühne brachte, war er schon wieder dabei, die harten, abgehackten Dialoge des *King of Nowhere* zu lernen. Während er jeden Abend diese Rolle gab, probte er täglich für seinen Coriolan, eine der einschüchterndsten Rollen bei Shakespeare. Mit ihren über dreitausend Textzeilen strapaziert sie das Gedächtnis ungemein, und die physische und emotionale Beanspruchung ist ebenfalls groß.

Zwischen dem Winter 1936 und dem Frühjahr 1938 lernte er also mehr als zwölftausend Zeilen Shakespeare, und das zwischen einem Terminplan von Proben und Auftritten, der in der gesamten Geschichte der Schauspielkunst einzigartig sein dürfte. Bei solchen Anforderungen hätte wohl kein Mensch noch die Zeit gehabt, sich um sein Privatleben zu kümmern, aber gerade während dieses Zeitraums hörten die Widersprüche und der Widerstreit zwischen Pflichten und Neigungen niemals auf. Die Entscheidung, Jill und Tarquin zu verlassen, war ihm nicht leichtgefallen, ganz gleich, wie stark seine Leidenschaft für Vivien auch war. Und Vivien, mit ihrer wechselhaften, aufgedrehten und überempfindlichen Art, war alles andere als eine leicht zu ertragende Partnerin. Ehrgeizig, triebhaft, voller Schuldgefühle, energiegeladen, Streichen und dem Alkohol nie abgeneigt, wie er war, bezog er aus seiner Arbeit die Zuversicht, daß er sich mit Vivien einem Privatleben widmen konnte, nach dem er ein großes Bedürfnis hatte. Und weil jede Kleinigkeit dieses Privatlebens zerbrechlich und unsicher war, stürzte er sich auf all die Anforderungen seiner beschwerlichen Kunst mit eben dem strapaziösen Programm, das jeden seiner großen Vorgänger am Theater entmutigt hätte.

Die letzte Vorstellung von *Coriolan* gab Olivier am Vorabend seines einunddreißigsten Geburtstags, und Anfang Juni brachen er und Vivien zu einem achtwöchigen Urlaub auf. Mit Viviens altem Ford fuhren sie durch Frankreich, wo sie die reichhaltigen Angebote der *route gastronomique* genossen, an der Riviera faulenzten und in den uralten Städten seiner hugenottischen Vorfahren umherschlenderten. »Idyllisch«, nannte er später diese Reise, die ihnen »die strahlende Erfüllung aller Begierden des eigenwilligen Liebespaares« brachte.[39]

Die verschiedenen Stationen ihrer Reise hatten sie bei ihren Agenten in London hinterlassen, und so wartete schon Anfang Juli in einem Hotel in der Provence ein Telegramm auf sie. Alexander Korda hatte Merle Oberon an den Produzenten Samuel Goldwyn ausgeliehen, der beschlossen hatte, *Stürmische Höhen* von Emily Brontë zu verfilmen, und ihr darin ihre erste Hauptrolle zu geben. Ob Larry und Vivien wohl interessiert wären, dabei mitzuarbeiten? Oliviers Antwort fiel zurückhaltend aus; schließlich hatte er nicht gerade begeisternde Erinnerungen an Hollywood. Aber vor allem ging es wohl darum, daß Merle Oberon schon für die Rolle der Cathy vorgesehen war, als seine Partnerin zu seiner Rolle des Heathcliff, und so wäre für Vivien nur die untergeordnete – und damit inakzeptable Rolle der Isabella übriggeblieben.

Zwei Wochen später erhielten sie dann in Roanne-sur-Loire einen ausführlichen Brief von Oliviers Agenten. *Stürmische Höhen* sollte ein bedeutender Film werden, und der Regisseur William Wyler, der Olivier schon in *The Green Bay Tree* und in *Ringmaster* auf der Bühne gesehen hatte, erwartete sie in London. Eine Kopie des Drehbuchs von Ben Hecht und Charles MacArthur war beigelegt, und schon beim ersten Überfliegen wurde klar, daß es hervorragend war. (Hecht, einer der brillantesten und produktivsten Drehbuchautoren Hollywoods hatte Goldwyn selbst den Vorschlag gemacht, Olivier diese Rolle zu geben.) Bei einem Essen mit Wyler im Durham Cottage machte Vivien dann liebenswürdig, aber unnachgiebig klar, daß sie keine Nebenrolle unter Merle Oberon spielen würde. Da halfen auch Wylers Proteste nichts, daß die Isabella die beste Rolle sei, die sie bei diesem Stand ihrer Karriere erwarten könne.

Damit steckte Olivier in einem Dilemma: Wyler hatte ihn leicht überzeugen können, daß Heathcliff eine Rolle war, die er einfach nicht zurückweisen konnte, aber schon bei dem Gedanken an seine Abfahrt geriet Vivien fast aus der Fassung. Auch Ralph Richardson riet Olivier dringend, den Vertrag zu unterschreiben. Die beiden hatten die Hauptrollen in einer beziehungslosen Spionagekomödie mit dem Titel *Q-Planes* gespielt, die im September schnell heruntergedreht wurde. Olivier hatte in diesem Film kaum mehr zu tun, als elegant in der Gegend herumzustehen.

Im gleichen Monat stand Vivien in *Serena Blandish* auf der Bühne, wobei sie ihren Regisseur befremdete, weil sie Olivier zu den Proben mitbrachte, der dann mit ihr zusätzlich probte. Olivier versuchte ihr klarzumachen, daß sie bis weit in den Januar hinein ausgelastet wäre, weil sie außerdem zugesagt hatte, ihre Weihnachtsvorstellung als Titania am Old Vic zu wiederholen – und bis dahin wäre er mit seiner Arbeit an *Stürmische Höhen* auch schon so gut wie fertig.

So kam es, daß ihn Vivien am 5. November 1938, ihrem 25. Geburtstag, nach Southampton fuhr, wo Olivier an Bord der Normandie ging. Mit diesem Schiff fuhren auch Noël Coward und der Schauspieler Leslie Howard, der nach Hollywood ging, um eine Rolle in Selznicks *Vom Winde verweht* zu übernehmen. Jeden Morgen studierte Olivier während der Überfahrt das Drehbuch von *Stürmische Höhen*; nachmittags schrieb er Briefe an Vivien oder telefonierte mit ihr; abends dinierte er mit Coward oder mit dem Produzenten Herbert Wilcox und dessen Frau, der Schauspielerin Anna Neagle.

Am 10. November kam er in New York an, und drei Tage später war er dann in Los Angeles, wo er gleich in die Goldwyn Studios ging. Dort warteten schon die ersten Masken- und Kostümproben auf ihn, außerdem Besprechungen mit Produzent und Regisseur. Zu seiner großen Überraschung bekam er nach einer Woche ein Telegramm von Vivien. Ihren Auftritt am Old Vic hatte sie abgesagt, und nun konnte sie die Trennung nicht länger ertragen. Also hatte sie sich eine Fahrkarte für den nächsten Dampfer gekauft und schiffte sich am 27. November nach Amerika ein.

Aber die Einsamkeit war nicht der Hauptgrund für ihre Abreise. Auch wenn ihr Agent es in langen Verhandlungsgesprächen nicht geschafft hatte, Selznick zu überzeugen, war Vivien trotzdem wild entschlossen, die Scarlett O'Hara in *Vom Winde verweht* zu spielen. Obwohl die Majestic mit ihren Passagieren im aufgewühlten Meer durch einen schweren Sturm schwankte und schaukelte, war Vivien von einer ruhigen Zielstrebigkeit erfüllt. Sie las zum fünftenmal Margaret Mitchells Roman und arbeitete sich durch drei Bände zur Geschichte des amerikanischen Bürgerkriegs. Wie es ihr Larry-boy oft gesagt hatte, konnten selbst die Elemente nichts gegen Viviens Willensstärke ausrichten.

SIEBTES KAPITEL

1938—1940

Vor ihnen hüllt mich Nacht in ihren Mantel.

Romeo, *Romeo und Julia, II, 2*

Wie so ziemlich jeder englische Schauspieler in den dreißiger Jahren, so hatte auch Olivier eine ganz unverhüllte verächtliche Einstellung zur Filmarbeit: Es war etwas, das »ernsthafte« Schauspieler nur taten, um ihren Ruhm zu fördern und ihren Kontostand aufzubessern und dann so schnell wie möglich ans Theater zurückzukehren, das in ihren Augen das einzig wahre Forum für ihre Kunst war. Während seines Aufenthaltes in Hollywood zwischen 1938 und 1940 gab es überhaupt nichts, was ihn von dieser Ansicht hätte abbringen können, denn die Filmrollen, die er übernahm, waren im Grunde genommen nur Nebenrollen im Schatten von Frauen, alles Rollen, die nicht übermäßig dazu angetan waren, seinem Ziel von einer bedeutenden Karriere auf der Bühne näherzukommen. Aber trotz allem bewarb sich Olivier im November 1938 nach eifrigen Vorbereitungen um die Rolle des Heathcliff. In den zehn Tagen, die für Kostümproben und Probeaufnahmen gebraucht wurden, lernte er die ganze Rolle auswendig. Er versuchte einen zusammenhängenden Charakter nach den logischen Prinzipien einer Theatervorbereitung aufzubauen, obwohl er wußte, daß die einzelnen Szenen nicht in ihrer zeitlichen Abfolge gedreht würden, sondern nach den vielfältigen Notwendigkeiten, die der Terminplan diktierte und die beim Filmemachen den Drehplan beeinflussen, zum Beispiel der Aufbau der Kulissen, die Verfügbarkeit der Darsteller oder das Wetter.

Die Mühen der Theaterarbeit hatten Olivier nicht nur stark gemacht. Er hatte dabei auch gelernt, eine tiefe Befriedigung aus dem Lob der Kritiker, dem Applaus des Publikums und dem Beifall von geschätzten Kollegen zu ziehen. Auf dem Drehplan für Montag, den 28. November 1938, den ersten Probentag für *Stürmische Höhen*, stand kein einziger Schauspieler mit seiner Theatererfahrung, und weder der Produzent Samuel Goldwyn noch der Regisseur William Wyler hatten jemals zuvor an einem Theater gearbeitet. Darin, so folgerte Olivier, unterschied er sich grundlegend von seinen Kollegen, und vermutlich konnte er deswegen auch besser beurteilen, was gutes Schauspielen bedeutete. Deshalb brachte Olivier bei dieser Aufgabe eine süffisante, überhebliche Einstellung mit, die wohl durch seine nervöse Ungeduld wegen Viviens bevorstehender Ankunft noch verschlimmert wurde. *Stürmische Höhen* war nichts weiter als ein Job, den man überstehen mußte, bevor man reicher nach Hause zurückkehren konnte. Alle möglichen Probleme ließen sich bereits vorhersehen, und der ganze Film, für den die Dreharbeiten am 5. Dezember begannen, wurde für fast jeden, der daran beteiligt war, zu einer schmerzhaften Erfahrung.

Als erstes ärgerte sich Olivier unheimlich über Merle Oberon, die er zwar bei *The Divorce of Lady X* ganz gern gemocht hatte, die aber jetzt eine Rolle spielte, die nach seiner Ansicht Vivien hätte bekommen müssen. Während der Dreharbeiten hatte man den Eindruck, daß er einige der Charakterzüge Heathcliffs übernahm; denn er behandelte die Oberon (in seinen eigenen Worten) wie »eine kleine Bekannte von Korda, die sich von ihm hat aufreißen lassen; und etwas anderes war sie auch nicht«.[1] Dies war eine besonders brutale Beschreibung einer Frau, die sich demnächst mit einem seiner Freunde verheiraten würde. Dadurch verschlimmerte sich noch die Verzweiflung der Oberon, die mit dem Regisseur sowieso schon eine Menge durchmachen mußte. Mit seinen Versuchen, bei ihr die erwünschten Reaktionen auszulösen, brachte Wyler sie zum Weinen, und in der Sturmszene, die mit Windmaschinen im Studio gedreht wurde, mutete er ihr eine solche Tortur zu, daß sie sogar ins Krankenhaus eingewiesen werden mußte. Als sie sich etwas später beklagte, weil Oliviers Speichel sie in einer entscheidenden Szene bespritzte, wurde er wütend und vertrieb sie von der Szene: »Du dämliche kleine Anfängerin! Was, zum Teufel, macht denn einem Schauspieler ein bißchen Spucke aus, du kleines Biest!«[2] Man muß es dem Regisseur zugutehalten, daß von dieser ständigen Feindseligkeit im fertigen Film nichts zu bemerken ist.

In den ersten Szenen überzog Olivier seine Rolle gnadenlos, und sowohl der Produzent als auch der Regisseur waren entsprechend in Aufregung. Goldwyn, der zwar für sein Metier nicht die richtige Vorbildung hatte, aber als unabhängiger Produzent sehr erfolgreich war, kümmerte sich hier wie auch sonst bei seinen Produktionen um jede Phase der Dreharbeiten. Wyler war ein sehr genauer Arbeiter und ein absoluter Perfektionist. Der erstere tat sich nicht gerade durch besonderes Taktgefühl hervor, und der andere drückte sich nie besonders präzise aus, und er gab seinen Schauspielern auch keine klaren Regieanweisungen. Er ließ sie die Szenen immer so lange wiederholen, bis er hatte, was er haben wollte. Aber trotz allem kamen bei dieser Zusammenarbeit zwischen Goldwyn und Wyler Filmklassiker heraus wie *Die kleinen Füchse, Mrs. Miniver* oder *Die besten Jahre unseres Lebens.*

»Wie wollen Sie es denn haben?«[3] wollte Olivier von Wyler wissen, nachdem sie eine einzige Dialogzeile schon über ein dutzendmal wiederholt hatten. »Ich habe es ruhig gemacht, ich habe geschrien, ich habe es wütend gemacht, ich habe es traurig gemacht, ich bin aufgestanden, ich habe mich hingesetzt, schnell, langsam – wie soll ich es denn jetzt machen?« Wylers Antwort war typisch: »Besser.« Olivier fand, diese Einstellung sei ärgerlich und eine Verschwendung von Zeit und Talent: »Er ließ ganz einfach die dreiundsechzigste Einstellung machen und sagte: ›Das war miserabel, noch mal das Ganze.‹« Olivier, der an die höflichere und diplomatische Art von Coward und Gielgud gewöhnt war, an die tiefgründigen Überlegungen von Guthrie und die ruhig vorgetragenen Anweisungen von Saint-Denis, ärgerte sich über die seiner Ansicht nach dilettantischen Hollywoodpraktiken.

Seine Stimmung wurde auch nicht besser, als er sich nach Außenaufnahmen im Norden von Los Angeles, in Chatsworth, das die Moorlandschaften von Yorkshire verkörpern sollte, eine üble Dermatose an den Füßen zuzog. Bandagiert und auf einen Stock gestützt, erwartete er eigentlich Goldwyns Mitgefühl, doch statt dessen mußte er mit anhören, wie der zu Wyler sagte: »Willy, wenn dieser Schauspieler so weiterspielt wie bisher, dann lasse ich den Film sausen. Sieh ihn dir doch an – er ist dreckig, er ist häßlich, er spielt grauenhaft, theatralisch, reine Schmierenkomödie!«[4] Olivier, der vor versammelter Mannschaft niedergemacht worden war, verteidigte sich ruhig: »Wissen Sie, Heathcliff ist ein Stallbursche.«

Aber Olivier mußte erst noch zur Einsicht gebracht werden, und Wyler, der nur das Endprodukt vor Augen hatte, sorgte dafür. »Was glauben Sie eigentlich, was Sie da machen?«[5] schrie er Olivier bei einer Szene an. »Glauben Sie etwa, Sie sind hier in der Oper in Manchester?

Setzen Sie endlich Ihren Hintern in Bewegung und kommen Sie von Ihrer Wolke runter, verdammt noch mal! Ich will es so haben, daß ich merke, Sie *meinen*, was Sie sagen!«

Eines Tages wandte sich Olivier schließlich während der Dreharbeit an seinen Regisseur: »Ich habe den Verdacht, dieses blutleere kleine Medium kann überhaupt nicht erfassen, was wahre Schauspielkunst ist.« Alle Anwesenden brüllten vor Lachen, und an diesem Dezembertag begann Laurence Olivier, seine Fähigkeiten als Filmschauspieler zu verfeinern.

> Er wußte, daß ich mir nichts sagen ließ. Er wußte, daß ich noch beizeiten zur Besinnung kommen würde und zu einem echten Gefühl für diese Arbeit... aber zu dieser Zeit hielt ich ihn nur für einen grausamen Schweinehund... »Ich muß Sie bitten, Geduld damit zu haben«, sagte er. »Sie sind auf dem falschen Weg, wenn Sie diese verächtliche Einstellung nicht aufgeben... Machen Sie sich nicht lustig darüber.«[6]

»Was mir Wyler in Wahrheit beibringen wollte, war Bescheidenheit«, gab Olivier später zu, und Wylers Frau Tally sagte, daß die beiden Männer enge Freunde geworden waren, bis *Stürmische Höhen* fertiggestellt war. Aber Merle Oberon war ihr Leben lang über Olivier verärgert und ließ keine Gelegenheit aus, zu erzählen, wie wenig kooperativ er gewesen sei und wie er allen und jedem das Leben schwergemacht habe.

Olivier wurde mit seinem Heathcliff für den Oscar nominiert, aber immer noch war er der Meinung, die Filmerei sei unter der Würde eines ernsthaften Schauspielers. Das hatte einen einfachen Grund: Er hatte beim Film keinen Einfluß mehr auf das fertige Endprodukt. »Ich bin noch nicht gut genug, um dem Regisseur Anweisungen zu geben«[7], sagte er bald danach,

> und er ist der Typ, der den ganzen Spaß hat... Die ganze Arbeit der Schauspieler in einem Film ist völlig abhängig von der Willkür des Regisseurs, von der Art, wie er sein Mosaik zusammensetzt... Ich trete in Filmen nur aus einem einzigen Grund auf – wegen des Geldes.

Gregg Toland gewann den Oscar für die beste Schwarzweiß-Kamera, und auch Wyler, Geraldine Fitzgerald und Goldwyn waren nominiert worden; es war das große Jahr für *Vom Winde verweht*.

Oliviers Heathcliff hat noch heute Bestand als eine seiner ehrlichsten Rollen. Es ist einer der tiefsten Charaktere des gesamten Kinos, eine Figur von unsentimentaler Verletzlichkeit und einer stillen, tragischen inneren Größe. In der ersten langen Einstellung, in der Olivier vor einem Kamin steht, an seiner Seite ein bedrohlicher Mastiff, der einen unbekannten Störenfried anknurrt, macht er den Eindruck eines typischen Bösewichts aus dem Schauerroman – geheimnisvoll, hübsch und auf schmerzliche Weise von jedem menschlichen Kontakt ausgeschlossen. Wie aber im Verlauf seiner Darstellung deutlich wird, ist er ein Opfer der Launenhaftigkeit und absichtlichen Grausamkeit anderer. In seinem Gesicht zeichnet sich Erstaunen darüber ab, bis im Ausdruck der Unschuld schließlich die ersten Spuren von Argwohn auftauchen.

Als Heathcliff dann wegen Edgar Linton von Cathy zurückgewiesen wird, kommt einer von Oliviers allerbesten Momenten auf der Leinwand, als er zeigt, wie sich sein Schmerz mit einem Anflug von moralischer Empörung vermischt. »Cathy«, sagt er mit einer Stimme, die von der Qual und der Furcht vor dem Verlust ganz trocken klingt, »warum bist du so lange in diesem [Lintons] Haus geblieben?« Mit dieser einen, ganz einfachen Zeile macht Olivier das Drama einer umfassenden und unkritischen Liebe deutlich, bei der der Liebende nur daran denkt, wie sie mit der geliebten Person zusammenkommen kann, ganz gleich, was es ihn koste, ganz gleich, wie schmerzhaft es sei. Als sie ihm dann Vorwürfe wegen seines primitiven Lebens und seiner schmutzigen Arbeiterhände macht, blickt er kläglich auf seine Hände und schluchzt beinahe angesichts dieser Erniedrigung: »Das ist also alles, was ich für dich bin, ein Paar schmutziger Hände.«

Doch wenig später sagt er zu der Haushälterin Ellen: »Ich will vor ihr im Staub kriechen, will darum winseln, daß sie mir verzeiht, daß ich sie liebe, daß ich sie mehr brauche als mein Leben – daß ich ihr mit Leib und Seele verfallen bin.« Wylers Regie und Oliviers Fähigkeit, seine eigenen Gefühle einzubringen, ergänzten sich hervorragend, denn in Heathcliff gab es ein Streben nach tiefer Zuneigung und ein allmählich aufkommendes Bewußtsein, daß er bei dieser verzehrenden Liebe einen Teil von sich selbst verlieren würde. Seine unverhüllten Gefühle bei diesen Zeilen hat er wohl, wenn auch unbewußt, aus seiner eigenen Leidenschaft für Vivien abgeleitet. Ihr gegenüber fühlte auch er sich ständig kulturell und intellektuell unterlegen, und er nahm ihr genau das manchmal übel, wie sehr sie sein Leben in ihre Hand nahm. Olivier, der sehr zurückhaltend geschminkt war, schuf das Porträt eines Menschen jenseits von Verstellung. Eine außergewöhnliche Klarheit im Ausdruck gab seinem Heathcliff eine ungeschliffene Stärke und Empfindlichkeit, die bis heute als Vorbild für klassisches Filmschauspielen dasteht.

Die Dreharbeiten dauerten noch keine Woche, da zog Vivien in Oliviers Suite im Beverly Hills Hotel ein. Doch dort sollte sie nicht lange bleiben, denn sein Agent Myron Selznick stellte sie seinem Bruder David vor, und das unter Umständen, die stark an einen kitschigen Roman erinnerten.*

Um in den Selznick-Studios in Culver City für *Vom Winde verweht* Platz zu schaffen, für den Aufbau von Tara und den Bahnhof von Atlanta, mußten eine Menge alter Kulissen (zum Beispiel von *King Kong*), die dort schon lange herumstanden, beseitigt werden. Selznick plante, ihnen passende Fassaden aufzusetzen und sie zu verbrennen und so die große Brandszene von Atlanta für den Film zu inszenieren. Am Samstag, dem 10. Dezember, war es dann soweit, und vierunddreißig Löschzüge der Feuerwehr von Los Angeles standen in Bereitschaft. Myron brachte Olivier und Vivien zu der Feuersbrunst, bei der sieben Kameras liefen, um das Geschehen auf Technicolor zu bannen. Als die Flammen hoch in den Nachthimmel aufloderten, ging Myron zu seinem Bruder David: »Ich möchte dir Scarlett O'Hara vorstellen«[8], sagte er.

»Ich sah sie mir flüchtig an«, schrieb der Produzent später, »und wußte, daß sie genau die Richtige war.« Schon am nächsten Tag sprach Vivien bei George Cukor, dem Regisseur des Films, vor. Sofort nahm sie Unterricht, um den Südstaatenakzent zu lernen, und eine Woche später stand sie für die ersten Probeaufnahmen vor der Kamera. Bei einer Weihnachtsfeier in Cukors Haus erfuhr sie, daß sie unter Dutzenden von Bewerberinnen für die Rolle ausgesucht worden war; schon seit 1936 hatte man Schauspielerinnen wie Tallulah Bankhead, Bette Davis, Paulette Goddard, Lana Turner, Jean Arthur, Joan Bennett und Anne Baxter in die engere Wahl gezogen. Vivien war mehr als begeistert, aber Olivier hielt sich zurück, und niemand verstand so recht, warum seine Gratulation so gedämpft ausfiel. Tatsächlich fürchtete er wohl, daß sie, wie es ihm schon mit Jill ergangen war, den großen Ruhm als Star ernten könnte, der ihm immer noch versagt geblieben war.

---

* Um ihre Laufbahn stärker mit der Oliviers zu verknüpfen, und natürlich, um ihre eigene Karriere zu fördern, hatte Vivien die ersten Schritte unternommen und ihren Agenten John Gliddon in London verlassen, um bei Myron Selznick zu unterschreiben, der in London und Los Angeles einflußreiche Agenturen unterhielt und solche Leute vertrat wie Olivier, Helen Hayes, Katharine Hepburn, Carole Lombard, Merle Oberon, Ginger Rogers, Fred Astaire, Gary Cooper, Henry Fonda und Frederic March.

Der Sittenkodex im Hollywood des Jahres 1939 erlaubte es dem Paar nicht, noch länger im Beverly Hills Hotel zusammenzuwohnen. Sofort mietete Selznick ein Haus für Vivien am North Crescent Drive 520 in Beverly Hills, in das er sie und die Privatsekretärin Sunny Alexander, eine Angestellte der Agentur von Myron Selznick, einquartierte. Auch Olivier zog dort ein. Aber Selznick wollte unbedingt sichergehen, so erinnerte sich Sunny[9] viele Jahre danach, daß die ganze Welt bei dem Namen Vivien Leigh an eine vollkommene junge Dame dachte, der es nicht einmal im Traum einfiele, mit einem Mann das Bett zu teilen, der nicht mit ihr verheiratet war. So behielt Olivier zwar seine Adresse im Beverly Hills Hotel, doch war er dort so gut wie nie anzutreffen. Beinahe jede Nacht verbrachte er in dem Haus am Crescent Drive. Dort mußte er zu den ungewöhnlichsten Zeiten kommen und gehen – einige Male sogar in Verkleidung –, denn seit bekannt war, daß Vivien die Scarlett spielen sollte, schlichen ständig Reporter um das Haus.

Es dauerte nicht lange, und Selznick wurde von seinen Spionen zugetragen, daß Olivier trotz allem entschlossen war, weiterhin dort zu wohnen. So platzte er eines schönen Sonntagnachmittags im Januar unangemeldet ins Haus und warf Olivier hinaus. Dabei vergaß er auch nicht, die beiden daran zu erinnern, daß Vivien ihre Rolle in *Vom Winde verweht* schnell wieder verlieren könnte, da in ihrem Vertrag eine Klausel stand, nach der »moralische Verwerflichkeit« ein Kündigungsgrund war. So streng war 1939 der Sittenkodex für die Schauspieler in Hollywood – und so groß die Macht des Studiochefs –, daß die beiden von diesem Tag an ihre Bemühungen um Diskretion verdoppeln mußten. Einige Wochen lang mußte Olivier mit Leslie Howard ein Haus teilen, weil Selznick rund um die Uhr Wachtposten um das Haus am Crescent Drive aufgestellt hatte. Diese Männer hatten wesentlich mehr Verständnis für die Lage, und meistens waren sie bereit, zu glauben, daß der verkleidete Besucher, der ein Talent dafür bewies, sein Aussehen immer wieder zu verändern, ganz bestimmt nicht der Liebhaber von Miss Leigh sein konnte.

Während die Heimlichkeiten ihrer Liebesgeschichte weitergingen, schloß Selznick seine Verhandlungen mit Alexander Korda ab, um sich Vivien für sein Studio zu sichern. Doch schon bevor Mitte Januar 1939 ihre Mitwirkung bei *Vom Winde verweht* offiziell bekannt gegeben wurde, traten Oliviers Angst und Eifersucht klar zutage. Einen Tag nach Drehschluß für *Stürmische Höhen* ging er zu Selznick und protestierte zuerst einmal gegen Viviens Filmgage von zwanzigtausend Dollar. Unsinn, antwortete Selznick, ihr mangelnder Bekanntheitsgrad und ihre Unerfahrenheit im amerikanischen Film ließen keine höhere Gage zu. Er wolle sie aber eines Tages heiraten, sagte Olivier weiter, und sie könnten die Zeiten der Trennung, die ein Vertrag über sieben Jahre nun einmal mit sich bringe, einfach nicht verkraften. Außerdem wollten sie auch weiterhin zusammen in England auf der Bühne arbeiten; weder er noch Vivien hätten vor, das aufzugeben, ganz gleich, wie lukrativ die Filmschauspielerei auch wäre. Selznick lenkte ein und nahm in Viviens Vertrag eine Klausel auf, die ihr Zeit für die Bühnenarbeit einräumte. Sie unterschrieb schließlich am Freitag, dem 13. Januar 1939.

Oliviers Einschreiten legt den Gedanken an ein subtiles Feld von Spannungen zwischen den beiden nahe: Vivien brachte in die Beziehung die Macht einer fesselnden Leidenschaft ein, doch er wurde davon nicht so sehr gelähmt, daß er den klaren Blick auf seine berufliche Zukunft vergessen hätte. »Für Larry hatte die Karriere Priorität«, sagte Sunny, »aber Viviens Priorität war Larry.«

Er hielt sie für eine kluge, engagierte Schauspielerin, aber erst viele Jahre später fing er an, sie zu verteidigen, weil ihre Begabung oft unterschätzt würde. Zu dieser Zeit schien er ihr Talent für bescheiden zu halten. Er brauchte aber ihre Anwesenheit als eine Art Gefährtin für seinen immer großartigeren Lebensstil, ihre übertriebene Huldigung an sein Ego und ihre Überzeugung von seiner Größe. Er liebte sie, soviel ist klar, doch sein ganzer Einsatz galt dem Theater. Das war nicht etwa kalte Wirklichkeitsflucht oder der Versuch, der Verantwortung in der Liebe auszuweichen. Es war eher das ganz natürliche Verhalten eines Schauspielers, der eine klare Vorstellung von sich selbst und seiner Bestimmung hat. Wie dem auch sei, für die verbleibende Zeit war es ihm lieber, wenn seine Arbeit und ihre Anwesenheit aufeinander abgestimmt waren.

Für Vivien gab es vielleicht einen einfacheren Grund dafür, daß sie ihre Verbindung und ihr Zusammensein sicherstellen wollte. Sie brauchte seinen Segen bei ihren Bemühungen, eine ernsthafte Schauspielerin zu sein, und sie brauchte seinen Einfluß, mit dem er ihre Bühnenkarriere förderte. An ihrer Bewunderung für ihn gibt es nicht den geringsten Zweifel; aber mit ihren sechsundzwanzig Jahren war sie immer noch nicht in der Lage, sich eine eigene Identität aufzubauen, die von ihm unabhängig war. Ein anderer wesentlicher Grund war, das muß in aller Offenheit gesagt werden, daß die beiden zu jener Zeit ein sehr intensives Sexualleben hatten. Wie ihr gemeinsamer Freund Douglas Fairbanks Jr. sagte, waren die beiden regelrecht voneinander besessen.

Sie schienen es dauernd eilig zu haben, die Belanglosigkeiten des All-
tags möglichst schnell hinter sich zu bringen, so daß sie wieder wie
im Rausch zurück ins Bett hüpfen konnten. Oder an jeden anderen
Platz, der gerade zur Verfügung stand und abgeschieden genug
war... Vivien war extrem triebhaft.[10]

In dieser Treibhausatmosphäre war eine Störung wohl unausweich-
lich, und Ende Februar kam es auch prompt dazu. Anlaß war eine
Einladung der Schauspielerin Katharine Cornell. Sie sollte die Produktion und die Hauptrolle in einem Broadwaystück von S.N. Behrman
übernehmen, aus dessen Feder *Biographie und Liebe* stammte und
der jetzt Olivier für die männliche Hauptrolle vorschlug. Olivier las
sich das Buch durch und nahm die Rolle an – nicht etwa, weil es die
Rolle seines Lebens gewesen wäre, sondern weil er nicht mehr untätig
herumsitzen und warten wollte, während Vivien *Vom Winde verweht*
drehte. Am 26. Januar hatte sie mit den Filmarbeiten angefangen und
würde damit noch sechs Monate lang beschäftigt sein. Außerdem war
Vivien aufgeregt, weil Selznick den Regisseur George Cukor durch
Victor Fleming ersetzt hatte. Darum hatte sie sich angewöhnt, Olivier
um Hilfe zu bitten, jeden Abend mit ihr die Szenen des nächsten Tages
durchzugehen. Die Rolle eines Reserveregisseurs behagte Olivier gar
nicht, und weil er nach der Fertigstellung von *Stürmische Höhen* kein
weiteres Filmangebot erhalten hatte, zog er es vor, das Angebot von
Cornell und Behrman zu akzeptieren, um aus einer unangenehmen
Situation entfliehen zu können.

Der Elfenbeinturm erwies sich nicht als Bereicherung seiner Karriere. Olivier spielte einen Schriftsteller, der für seine Frau, eine
Schauspielerin (Katharine Cornell), die Stücke schreibt. Er schwankt
am Rande einer Affäre mit einer Frau, die ihn davon überzeugt, daß er
sein Können für ernsthaftere Zwecke einsetzen sollte als für bloße
Komödien. Die drei langwierigen und wortreichen Akte des Stückes
schildern die Dreiecksbeziehung und lösen den Knoten nach einem
wenig phantasiereichen Strickmuster wieder auf. Oliviers Rolle kann
nicht gerade als angemessene Fortsetzung von Macbeth und Coriolan
bezeichnet werden. Eitel, bockig, leicht in die Irre zu führen und genauso bereitwillig, wenn er eine saubere, moralische Lektion schluk-
ken soll, lag die Rolle des Gaylord Esterbrook ganz in der Tradition
der Komödien über geniale Frauen, die Macht über dümmere Männer
ausüben, einem Genre, das von *Lysistrata* bis zu *I Love Lucy* in vielen
Schattierungen zu finden ist. Das Stück war für die Cornell geschrieben worden, und die spärlich gesäten, nicht einmal besonders witzigen

Stellen gehörten alle ihr, während Olivier, der nur der Gehilfe der Hauptdarstellerin war, sich der Handlung anpassen mußte. Das Stück ähnelte in seiner faden Grundidee der von *Biographie und Liebe*. Er schaffte es nur, der Figur ein wenig Leben einzuhauchen, indem er sie ins Komische überzeichnete und burleske Szenen improvisierte, etwa, wenn er auf der Bühne mit einem Glas jonglierte.

Noch vor der Premiere am Broadway wurde *Der Elfenbeinturm* in Indianapolis aufgeführt, wo Olivier erfuhr, daß sein Vater am 30. März an einem Schlaganfall gestorben war. Gerard, der neunundsechzig Jahre alt geworden war und seinen Ruhestand auf dem Lande in West Sussex verbracht hatte, wurde von seiner zweiten Frau zur letzten Ruhe geleitet. Das einzige, was sein Sohn wirklich bedauerte, war, daß er ihm niemals gesagt hatte, daß seine Ansichten oft von Ignoranz und tiefsitzenden Vorurteilen geprägt waren.[11]

Gleichzeitig kamen aus Kalifornien beunruhigende Nachrichten. Vivien, die fast in jeder der siebenhundert Szenen in dem Film auftrat, war gefährlich überanstrengt. Sie hatte einen Drehplan zu erfüllen, der für sie mehr als neunzig Arbeitsstunden pro Woche vorsah. Nie hatte sie sich darüber beklagt, daß sie jeden Morgen schon um fünf Uhr aufstehen mußte, auch wenn die Nachtaufnahmen sich lange hingezogen hatten. Außer einem sonntäglichen Brunch, zu dem sie fast jede Woche einen Kreis von Engländern in Hollywood einlud – dazu gehörten die Colmans, George Sanders, David Niven und andere –, hatte sie überhaupt keine gesellschaftlichen Kontakte, und ohne Olivier war sie sowieso dauernd unglücklich, wie sich Sunny erinnerte.

Die Hitze von Südkalifornien war für sie ungewohnt, aber sie unterwarf sich den strapaziösen Anforderungen eines verwickelten Filmepos und Selznicks ständigen Anweisungen und Änderungen. Außerdem war es für sie sehr schwierig, nach der Entlassung ihres einfühlsamen Freundes George Cukor auf die Wünsche des neuen Regisseurs Victor Fleming einzugehen, der eine sehr direkte Art hatte. In der ersten Aprilwoche, nach der Probe der riskanten und aufwendigen Szene mit der Massenflucht aus Atlanta, bei der sie Tieren, Requisiten, Munitionswagen und vierhundert Statisten ausweichen muß, rannte sie weinend vom Drehort und verlangte nach Olivier. Selznick machte sich große Sorgen um sie und ließ ihn sofort kommen. Olivier flog an ihre Seite, als er von dem Probelauf in Indianapolis freigestellt war.

Vivien fürchtete sich davor, wie in ihrer Kindheit allein und verlassen dazustehen, und deshalb verlangte sie, daß Olivier als Beschützer bei ihr blieb. So war es schon gewesen, als sie ihm 1938 nach Hollywood nachreiste, nur kam jetzt auch noch diese Rolle als zusätzlicher Ansporn dazu. Als er endlich ankam, war sie aufgekratzt und energiegeladen, und sie hatten schließlich noch zwei Tage für sich allein. Sie endeten allerdings mit Tränen, weil Selznick Vivien wieder am Drehort brauchte und ihr nicht erlaubte, daß sie Olivier am Flughafen verabschiedete. Nach der New Yorker Premiere von *Der Elfenbeinturm* am 17. April besuchte er sie wieder für ein Wochenende, diesmal kam er allerdings zu spät zurück, so daß er die Vorstellung am Montag verpaßte. Für ein drittes Treffen konnte sie Selznick überreden, daß er ihr zwei Tage frei gab, damit sie sich mit Olivier auf halbem Weg treffen konnte, im Meulbach Hotel in Kansas City, das die Liebenden zwei Tage und zwei Nächte lang nicht verließen. Wenn Vivien ihren Willen durchsetzen wollte, dann konnte sie gerissen sein, jeden überzeugen und manipulieren, sagten Freunde wie Douglas Fairbanks Jr. oder Sunny. Aber dabei war sie immer so charmant, daß ihr einfach niemand widerstehen konnte, Olivier schon gar nicht. Die Besuche während der Spielzeit von *Der Elfenbeinturm* waren für Olivier die einzigen Male in seinem Leben, wo er seine beruflichen Pflichten zugunsten der Liebe zurückstehen ließ. Deswegen hatte er noch lange ein schlechtes Gewissen.

Manchmal empfand er Viviens Liebe und die ungeheure Energie, die sie in sie investierte, einfach überwältigend. Über solche Reserven verfügte er nur bei seiner Arbeit, und seine Kraft und sein Interesse für alles andere waren äußerst begrenzt. Er bewunderte aber auch, wie sie sich ihrer Karriere widmete. Die Besessenheit, mit der sie an der Qualität ihrer darstellerischen Leistung arbeitete, beeindruckte alle ihre Kollegen bei *Vom Winde verweht*. Wenn sie vor der Kamera stand, zeigte sie nicht im geringsten, welch ungeheure körperliche Anstrengung ihre Rolle verlangte, und schon gar nicht, wie einsam sie sich durch die Trennung von Larry vorkam. Als der Film für zwölf Oscars nominiert wurde und schließlich acht bekam, erhielt Vivien den Preis als beste weibliche Hauptdarstellerin des Jahres 1939. Egal, wie eifersüchtig Laurence gewesen sein mag, weil seine Darstellung des Heathcliff übergangen worden war – diese Gefühle wurden verdrängt von seiner echten Freude und dem Stolz über ihren Erfolg. »Ich könnte nie jemanden lieben, der kein Talent hat«[12], sagte Olivier über diese Zeit zu Rachel Kempson. Vivien hatte sich hochgekämpft, um die Erwartungen, die er in sie setzte, zu erfüllen, und als er *Vom Winde verweht* sah, gab er offen zu, daß sie alle Hoffnungen weit übertroffen hatte. Am Boden zerstört, hochmütig, amüsant, romantisch, willensstark, launisch, großzügig, zielstrebig – ihre Scarlett O'Hara zeigte jede

Nuance des Spektrums, über das eine Frau verfügt, sie war kein Hollywoodklischee.

Oliviers Leben war in diesem Frühjahr 1939 ein unaufhörlicher Wirbelsturm von Aktivitäten. Als er wieder in New York war, um in *Der Elfenbeinturm* auf der Bühne zu stehen, wurde er trotz seiner ziemlich farblosen Rolle in dem Stück schnell zur Zugnummer der Matineen. Als *Stürmische Höhen* am 13. April anlief, brachte das nämlich einen schlagartigen Wechsel seines Ansehens in der Öffentlichkeit zustande, was natürlich auch seinen Marktwert für Filmproduktionen beeinflußte. Vor dem Ethel Barrymore Theatre versammelten sich wahre Menschenmassen, die den »sanften Wilden« auch einmal hinter den Kulissen sehen wollten; in der Halle seines Hotels drängten sich die Autogrammjäger; jeden Tag wurde haufenweise Fanpost abgeliefert, die oft Heiratsanträge enthielt.

Seine günstige Presse und die Tatsache, daß er so blitzartig berühmt geworden war, mußten natürlich sogleich Selznicks Interesse wecken, der vom Drehort für *Vom Winde verweht* zu nächtlichen Drehbuchverhandlungen mit Alfred Hitchcock hetzte. Selznick hatte den englischen Regisseur mit einem Siebenjahresvertrag nach Amerika geholt. Das erste gemeinsame Projekt sollte die Verfilmung von Daphne du Mauriers Bestseller aus dem Vorjahr, *Rebecca,* werden. Noch im Juni wurde Olivier für die Hauptrolle, den unterkühlten, selbstherrlichen Maxim de Winter, verpflichtet. Dies war zwar eine wichtige Rolle, sie hatte aber neben der namenlosen Heldin nur unterstützenden Charakter. Selznicks erste Wahl war auf Ronald Colman gefallen, aber der hatte gemerkt, daß sich der Film auf die weibliche Hauptfigur konzentrierte, und William Powell war zu teuer. Myron Selznick, der bei *Stürmische Höhen* noch zwanzigtausend Dollar herausgehandelt hatte, erzielte bei *Rebecca* dreißigtausend Dollar für Olivier.

Am 27. Juni hatte Vivien ihre letzte Szene für *Vom Winde verweht* abgedreht und trat jetzt auf den Plan, um sich die Rolle der namenlosen Heldin zu schnappen, die den verwitweten Maxim heiratet und so Rebeccas Platz als Herrin auf Manderley einnimmt. Selznick ließ sie vorsprechen, und außerdem testete er für diese Rolle genauso viele hoffnungsvolle Jungschauspielerinnen, wie für die Rolle der Scarlett angetreten waren. Aber er und Hitchcock fanden Vivien zu begehrlich, zu aggressiv für die passive, jungfräuliche und bedrängte junge Frau. Sie behielten sie jedoch in der engeren Wahl, denn das Drehbuch würde erst im Sommer fertig sein. Gut gelaunt verließ Vivien am 1. Juli Los Angeles, denn sie war zuversichtlich, Selznicks Bedenken erneut überwinden zu können. Als sie wieder mit Olivier in New York zusammen war, begleitete sie ihn zu einem Wochenende bei Katharine Cornell und deren Mann Guthrie McClintic in Sneden's Landing am Hudson River. Wie üblich war Vivien wieder als Animateurin tätig und veranstaltete Kartenspiele und Scharaden. Als sich Olivier früh zurückzog, hielt sie ihre Gastgeber noch bis in den frühen Morgen mit temperamentvollen Theatergeschichten wach und äußerte lebhaft ihre Hoffnung, daß sie mit Larry zusammen in *Rebecca* spielen würde.

Da die Filmarbeit erst im September wieder losgehen sollte, gingen sie am 11. Juli an Bord der Ile de France, und in London sprachen sie erneut mit ihren Ehegatten über eine Scheidung und hatten kurze, nicht sehr erfreuliche Begegnungen mit ihren Kindern. Da sie aus Amerika großzügige Wohnungen gewöhnt waren, sah Durham Cottage nun beengt und verlassen aus, und an jeder Ecke wurden Kriegsvorbereitungen getroffen. Vivien, die in der Wirklichkeit den drohenden Konflikt nicht so unbekümmert sah wie in ihrer Rolle als Scarlett, reagierte mit Nervosität und Krankheit auf die Nachrichten dieses Sommers: Deutsche Truppen waren in Danzig und Nordafrika einmarschiert, und in Frankreich begann die Mobilmachung.

Am 17. August kehrten Olivier und Vivien nach New York zurück. Sie wurden von Viviens Mutter, Gertrude Hartley, begleitet, die von ihnen beiden zu einem Urlaub in den Staaten eingeladen worden war. Während ihrer Überfahrt hatte Vivien ein Telegramm von Selznick bekommen, in dem er ihr mitteilte, daß sie einfach die falsche Besetzung für die Rolle in *Rebecca* wäre. Ihre Karriere, die beim Kinostart von *Vom Winde verweht* einen gewaltigen Auftrieb erhalten würde, müßte großen Schaden nehmen, wenn sie eine unpassende Rolle annahm. Gleichzeitig telegrafierte er an Olivier und erinnerte ihn daran, daß Vivien sich für *Rebecca* überhaupt nicht interessiert hätte, wenn nicht Olivier den Vertrag unterschrieben hätte. Außerdem würden sie alle beide auf jeden Fall in Hollywood arbeiten, so daß Vivien keine weitere Trennung befürchten müsse. Ende August mietete Olivier für sich das Haus 606 North Camden Drive, und Vivien kehrte offiziell in den Crescent Drive zurück, obwohl sie zum Mißfallen ihrer Mutter die meisten Nächte bei Olivier verbrachte.

Am Sonntag, dem 3. September, lagen Douglas Fairbanks Jr. mit seiner Frau, David Niven, Olivier, Vivien und ihre Mutter mit einem Boot vor Catalina Island. Sie versammelten sich um ein Radio und hörten zu, wie Neville Chamberlain Deutschland den Krieg erklärte — und dann kippten sie eine Menge Drinks. Olivier hatte bald einen gewaltigen Rausch, ließ sich in ein Ruderboot gleiten, ruderte in den Hafen hinaus und schrie den Leuten in den andern Booten zu: »Das ist das Ende – ihr seid alle fertig – trinkt aus und freut euch – es ist alles aus!« Schließlich zogen ihn seine Freunde wieder an Bord. Schon nach einer Stunde ging im ganzen Hafen nicht nur die Nachricht vom Krieg um, sondern auch die skandalöse Neuigkeit von einem betrunkenen und verstörten Ronald Colman (dessen Yacht ebenfalls hier vor Anker lag). Als der Hafenmeister eine Entschuldigung von ihm verlangte, hatte Colman keinen Schimmer, wovon der Mann redete, und es dauerte eine ganze Zeit, bis er herausgefunden hatte, wer sein Double war.

Aus London erging kein Aufruf an die Auslandsbriten, sich für den Kriegsdienst erfassen zu lassen; es war tatsächlich so, daß die labile Wirtschaft ins Schleudern geraten wäre, wenn alle in Frage kommenden jungen Engländer zurückgekehrt wären. Schon bald gab der britische Botschafter in Washington auf Anordnung seiner Regierung eine Weisung heraus:

> Die britischen Schauspieler in Hollywood repräsentieren das Beste ihres Landes, zum Teil, weil sie stetig für die Sache Großbritanniens in einer sehr unbeständigen Gesellschaft eintreten, die andernfalls vollständig den deutschen Propagandisten ausgeliefert wäre, und weil die fortgesetzte Produktion von Filmen mit starkem britischen Einschlag die beste und subtilste Form britischer Propaganda ist.[13]

Anders ausgedrückt, die Briten sollten in Hollywood als Mittel zu dem Zweck dienen, Amerikas Sympathien für England zu mobilisieren und, wie man hoffte, damit schließlich eine aktive Zusammenarbeit bewirken.

Von den »Filmen mit einem starken britischen Einschlag« ist keiner so exemplarisch wie die Selznick / Hitchcock-Produktion *Rebecca*, für die am Freitag, dem 8. September, der Startschuß fiel. Mit dem Schauplatz in Cornwall, einem Engländer als Regisseur und einem anglophilen Produzenten, geriet die Atmosphäre des Filmes eindeutig englisch, und die Namen der Schauspieler lasen sich wie eine Anwesenheitsliste der britischen Auslandsgemeinde. Dabei waren Namen wie Gladys Cooper Nigel Bruce, Leo G. Carroll, G. Aubrey Smith, Melville Cooper, und Joan Fontaine, deren amerikanische Mutter mit einem Engländer verheiratet war.

Selznick verlangte von Hitchcock und seinen Autoren, daß sie so nahe an der beliebten Romanvorlage blieben, wie es die filmischen

Mittel erlaubten, und mit wenigen Zugeständnissen an die Zensur lehnt sich *Rebecca* eng an das Original und das Genre des modernen Schauerromans an. Selznicks verschwenderische Ausstattung und Hitchcocks unbeirrbarer Einsatz von Kamera, Licht und Schatten brachten schließlich einen Film zustande, der voll von dunklem Humor und bedrohlicher, verzweifelter Romantik ist. Ein Teil der neurotischen Schwermut spiegelte sich auch im Umfeld der Produktion wider. Olivier, der sich über Joan Fontaine genauso ärgerte, wie er sich bei der Arbeit an *Stürmische Höhen* über Merle Oberon geärgert hatte, ist völlig überzeugend, wenn er in seiner Rolle brüsk und herablassend mit Joan umspringt; bei den Proben bedachte er sie ganz offen mit Obszönitäten. Hitchcock drängte ihn, besser auf seine Ausdrucksweise zu achten, und fügte hinzu, daß die Fontaine gerade geheiratet hatte. Als er hörte, daß der Bräutigam Brian Aherne war, der zwei Rollen aufgegeben hatte, in denen dann Olivier große Erfolge feiern konnte, ging er mit großen Schritten davon und sagte über die Schulter zur Fontaine: »War denn kein Besserer zu haben?«[14]

Oliviers mürrische Laune kam sicherlich zum Teil daher, daß Vivien bei *Rebecca* nicht dabei war, und zum Teil auch durch Hitchcocks Methode, die sich diametral von Wylers unterschied: Hitchcock baute die Kamera auf, wo er wollte, und plazierte dann die Schauspieler so, daß sie kaum einen Spielraum hatten. Zwar fand Olivier ihn freundlich, doch er bekam nicht viele Anweisungen von ihm. Das war oft Hitchcocks Art, seine Hauptpersonen zu führen. Und die Rolle des Maxim de Winter, in der Olivier ganz unverblümt so eingesetzt wurde, daß er Ronald Colman ähnelte, erforderte nur technisches Können, und jeder andere Schauspieler wäre wohl frustriert gewesen. Sogar seine freundliche Kollegin Gladys Cooper, die ihn seit *The Rats of Norway* bewunderte, hielt ihn für eine Fehlbesetzung, wie sie ihrer Familie nach Hause schrieb, »aber er ist jetzt ein Zugpferd, seit er in *Stürmische Höhen* zu sehen war, was macht das also aus«[15]. Für Olivier machte es offensichtlich doch etwas aus. Die Rolle war unsympathisch und stand ganz deutlich im Schatten von Joan Fontaines Part. Gutaussehend und kultiviert, aber selbstgefällig und herablassend, ist de Winter ein zweidimensionaler Charakter, der ein einfaches Mädchen von seiner vulgären Arbeitgeberin befreit, um sie, schlecht vorbereitet wie sie ist, in die Anforderungen ihrer neuen Stellung als große Lady zu zwingen.

Oft ist sein Auftreten nur von nachlässiger Eleganz. Weil er nicht zurechtkommt mit seiner Partnerin, seiner Rolle und der augenscheinlichen Zurückhaltung seines Regisseurs, faßt er sich am Nasenrücken, reibt sich die Schläfen, schließt die Augen und seufzt, gerade so, als verwechselte er Seelenqualen mit Schmerzen in der Stirnhöhle. Sein Rhythmus war ebenfalls unnatürlich verzögert, wie Selznick in einem Memo an Hitchcock bemerkte: »Seine Pausen... sind die verdammt langsamsten und bedächtigsten Reaktionen, die ich jemals gesehen habe. Er spielt, als stände er vor der Entscheidung, ob er sich als Präsidentschaftskandidat aufstellen lassen oder ob er einen Ball geben soll.«[16] Bis auf ein paar Szenen, die noch einmal gedreht werden mußten, hatte Olivier die Arbeit an *Rebecca* im Dezember abgeschlossen.

In diesem Monat mieteten er und Vivien sich ein Haus im spanischen Kolonialstil am San Ysidro Drive 1107 in Beverly Hills; ihre Mutter war im Oktober nach England zurückgekehrt, um sich um Suzanne zu kümmern. Ebenfalls im Dezember führte die Premiere von *Vom Winde verweht* alle Mitwirkenden nach Atlanta. Der Gouverneur war von MGM, die finanziell an der Selznick-Produktion beteiligt war und den Vertrieb übernommen hatte, überzeugt worden, vor der Uraufführung am 15. Dezember drei Feiertage auszurufen. Über dreihunderttausend Menschen drängten sich auf den Straßen der Stadt, um den Filmstars zuzujubeln, und zwei Tage lang gab es auf der ersten Seite der *Atlanta Constitution* keine Kriegsnachrichten zu lesen – nur Einzelheiten über den Film und die Stars, die zu Besuch in der Stadt waren. Der Vorstand der National Broadcasting Company schickte für eine Versuchssendung vier Fernsehkameras und ein kleines Team zu der Premiere nach Atlanta und ließ eine Live-Sendung von der Ankunft der Stars zu den knapp fünfhundert Fernsehgeräten übertragen, die damals in Amerika existierten. Vivien wurde von Olivier begleitet, und Selznick ließ die Nachricht verbreiten, daß er nur gekommen sei, um für *Rebecca* Reklame zu machen. Aber so leichtgläubig war kein Journalist, denn Olivier war nur an Viviens Seite zu sehen. Zu Weihnachten war auf der Titelseite des *Time*-Magazins ein Farbfoto von Vivien als Scarlett in Smaragdgrün abgebildet.

Das neue Jahr 1940 ging gleich von Anfang an mit vielversprechenden Plänen los. Im November hatte Olivier einen Vertrag für die Rolle des Darcy unterschrieben, nachdem er sich Aldous Huxleys literarisches Drehbuch nach dem Roman *Stolz und Vorurteil* von Jane Austen durchgelesen hatte. George Cukor sollte in diesem Film für MGM Regie führen, und sie hofften beide, daß Louis B. Mayer Vivien für die Hauptrolle der Elizabeth Bennet von Selznick ausleihen würde. Aber Cukor wurde die Regie bei einem anderen Filmprojekt, *Susan and*

God, übertragen, und Selznick lieh Vivien nicht an Mayer für *Stolz und Vorurteil,* sondern für eine zweite Hauptrolle neben dem MGM-Star Robert Taylor, nachdem sie zusammen in *A Yank in Oxford* so erfolgreich gewesen waren, und dieser Film hieß *Waterloo Bridge.* Vivien bat Mayer inständig darum, sie durch Joan Crawford zu ersetzen und sie statt dessen in *Stolz und Vorurteil* mitspielen zu lassen, aber Mayer gab die Rolle der Elizabeth keiner anderen als Greer Garson. Als Olivier also in diesem Winter in Culver City in dem einen Studio drehte, arbeitete Vivien gleichzeitig in einem anderen. Er mußte Geld verdienen, erklärte er der Garson in der ersten Produktionswoche im Januar. Es standen ihm nämlich zwei größere Ausgaben ins Haus, für die er schnell die nötigen Mittel beschaffen mußte: seine bevorstehende Heirat mit Vivien und der Plan, zusammen mit ihr *Romeo und Julia* aufzuführen. Diese beiden Ereignisse wurden von Vivien mit größter Energie vorangetrieben.

Die lange ersehnte Hochzeit schien am 5. Januar schon greifbarer, als Herbert Leigh Holman einen Scheidungsantrag bei der zuständigen Stelle, der Probate, Divorce and Admiralty Divison am High Court of Justice in London einreichte, wo er Olivier als Belastungszeugen in dem fälligen Prozeß wegen Ehebruchs benannte. Im kommenden August sollte die Scheidung rechtskräftig werden. Drei Wochen später klagte auch Jill Esmond Olivier. »Dem Gericht wurden Erklärungen an Eides Statt vorgelegt«, hieß es in den Gerichtsaufzeichnungen, »die den Tatbestand des Ehebruchs, begangen durch Mr. Olivier und Mrs. Holman in dem gemeinsam bewohnten Anwesen, Christchurch Street, Chelsea, bestätigen.«[17] Das Sorgerecht über die Kinder wurde den beiden Klägern zuerkannt.

Diese Nachricht gelangte während der Dreharbeiten zu *Stolz und Vorurteil* an die Öffentlichkeit, und so mußte Olivier den Pressesprechern des Studios und neugierigen Journalisten entgegentreten, während er gleichzeitig versuchte, die flache und humorlose Nebenrolle des Darcy zu bewältigen. Schon im Drehbuch war die Figur des Darcy der Elizabeth untergeordnet, doch bei den Aufnahmen verstärkte sich das noch, denn der Produzent Hunt Stromberg achtete – auf Anordnung von Mayer – darauf, daß der Regisseur Robert Z. Leonard und sein Kameramann bei den Nahaufnahmen viel öfter Greer Garson zeigten als Olivier. Das Verhältnis lag bei etwa zwanzig zu eins, so daß *Stolz und Vorurteil* in jeder Sequenz vor allem ein Loblied auf ihren robusten Charme ist. In seiner manchmal etwas ungehobelten Art behauptete Olivier, daß »Darling Greer in meinen Augen als Elizabeth vollkommen verkehrt war ... sie spielte sie als die albernste und affektierteste der Bennet-Schwestern«[18]. Doch das Gegenteil war der Fall: Sowohl das Drehbuch als auch die sichere Darstellung der Garson bewiesen die schlagfertige, anziehende Reife der Elizabeth, die jede andere Figur der Geschichte dominiert. Genau das waren die Qualitäten, derentwegen sie die Rolle bekommen hatte, und die konnte sie sehr direkt vermitteln. Aber Olivier war eifersüchtig auf seine »Entdeckung«, denn ihr Name wurde auf Plakaten und im Filmvorspann vor dem seinen genannt.

Wie schon bei *Stürmische Höhen* und *Rebecca*, wurde Oliviers Enttäuschung darüber, daß Vivien nicht mitspielte, noch dadurch verstärkt, daß seine wichtigste Aufgabe darin bestand, sich einer weiblichen Hauptperson unterzuordnen. Damals sagte er:

> Filmschauspielen ist ungefähr genauso faszinierend, als würde man sich ein Fresko von Michelangelo mit dem Mikroskop betrachten. Ich mag einfach das Kino nicht: Es ist ein Medium für Regisseure, und die Schauspieler sind nur Teile eines Puzzlespiels, das der Regisseur zusammensetzt.[19]

Aber mit seinem unfehlbaren komischen Timing erfüllte Olivier diese Rolle mit einer zwitterhaften Verträumtheit, ohne dabei ins Weibische abzugleiten, und mit einer Arroganz, die nie grausam wirkte.

Die Idee zu *Romeo und Julia* war von Vivien und ihrem Freund George Cukor weitergesponnen worden, mit dem sie während und nach *Vom Winde verweht* ständig Verbindung hielt. Die große Liebestragödie mußte einfach ein Erfolg werden, wenn ein echtes Liebespaar die Hauptrollen spielte, überlegten sich Vivien und Cukor. Außerdem könnten dann sie und Olivier endlich einmal zusammen spielen – auf einer Bühne und weit weg von Hollywood, denn ihr Plan war, erst in San Francisco und Chicago aufzutreten, bevor sie nach New York weitergehen wollten. Schon im Januar hatte Cukor ihre eigene Investition von achtundvierzigtausend Dollar mit Mitteln von Warner Brothers aufgestockt. Die erwarteten Gewinne würden es ihnen ermöglichen, ihren teuren Lebensstil beizubehalten, den Unterhalt für ihre geschiedenen Ehepartner und die Kinder zu zahlen und Geld für Vivien auf die Seite zu legen, falls Olivier zum Militärdienst eingezogen würde, was für Männer seines Alters sehr wahrscheinlich war.

Die Vorbereitungen waren bereits in vollem Gange, als er Anfang des Jahres noch mit Filmarbeiten beschäftigt war. Greer Garson erinnerte sich, daß er während der Aufnahmen zu *Stolz und Vorurteil* ziemlich besorgt war wegen seiner Pläne für *Romeo und Julia*. Und er plante tatsächlich jedes Detail, um im Ausland in einer Rolle zu triumphieren, die ihm fünf Jahre zuvor zu Hause nur schlechte Kritiken eingebracht hatte. Außerdem hatte er das Gefühl, daß ihm *Romeo und Julia* auf eine besondere Weise verwandt war, denn Olivier schätzte sich selbst manchmal als unbedarften Liebhaber ein, als einen Ausgestoßenen in seiner leidenschaftlichen Treue; er fühlte sich von der besseren Gesellschaft verachtet, ein Verbannter, der von Hollywood nicht ausreichend anerkannt wurde und den man falsch und unter Wert einsetzte. Dieses Gefühl wurde 1940 dadurch verstärkt, daß er mitansehen mußte, wie Vivien von der Filmindustrie mehr geschätzt und für gute Rollen geholt wurde. Daß dem so war, mußte Olivier an seinen Rollenangeboten und der Publicity, die für ihn abfiel, erkennen.

Vivien hatte ihrerseits ein starkes Interesse daran, ihm im Theater als ebenbürtige Schauspielerin an die Seite gestellt zu sein, um zu beweisen, daß seine Anleitung und Führung Früchte getragen hatte. Sie wollte sich als Gefährtin ihres Prinzen würdig erweisen und zeigen, daß sie nicht nur ein Hollywoodstar, sondern eine ernsthafte, begabte Schauspielerin war. Diese unbewußte Rivalität belastete ihre Beziehung, aber auch die Zeit tat das Ihre dazu. Wie vorauszusehen, hatte sich bis 1940 die anfängliche Intensität ihrer großen Leidenschaft abgekühlt, und ihre unterschiedlichen und ständig schwankenden beruflichen Erfolge trugen auch nicht gerade dazu bei, die beiden einander näher zu bringen. Mit *Romeo und Julia*, so glaubten sie wohl, könnten sie durch eine Art magischer Sympathie die ursprüngliche Intensität wieder aufbauen.

Daß sie kein Liebespaar aus dem Märchen waren, sahen jetzt auch ihre Freunde ganz klar. Auf einer Party bei Cukor bekam der Autor und Regisseur Garson Kanin ein entlarvendes Gespräch mit, das den Mythos vom Traumpaar ein wenig trübte. Später rekonstruierte er es aus dem Gedächtnis. Vivien sah Olivier mit der Garbo sprechen, wurde deswegen rasend vor Eifersucht und verlangte plötzlich, daß Kanin sie und Olivier nach Hause fahren sollte.

Kanin berichtete, daß Vivien darauf bestand, es sei »das *letzte* Mal, daß ich mit dir zum Essen ausgegangen bin! Hörst du? Das absolut letzte Mal. Lieber würde ich ver*hungern*.«

»Jetzt sei doch vernünftig, Puss – «

»Warum denn ich? Bist du es vielleicht?«

»Natürlich.«

»Hah!«

»Du meine Güte, gibst du jetzt bald Ruhe?«

»Da schwebt er im Garten herum wie ein mondsüchtiger Trottel.«

»Sie hat mich gefragt, ob ich ein bißchen spazierengehen will. Was hätte ich denn sagen sollen?«

»Hast du es mit ›nein‹ probiert?«

»Natürlich nicht.«

»Warum nicht?«

»Ich war höflich. So einfach ist das.«

»Was war denn so spannend?«

»Spannend?«

»Das Gespräch. Worüber habt ihr gesprochen?«

»Also gut! Wenn es dich so interessiert, dann erzähle ich dir, um was es gegangen ist.«

»Danke, und bring bitte nichts durcheinander. Du weißt, was für ein verdammt schlechter Lügner du bist, und daß ich immer merke, wenn du lügst.«

»Ich habe nicht vor, dieses Mal zu lügen. Das ist gar nicht nötig.«

»Aha! Dann gibst du also zu, daß du manchmal doch lügst?«

»Mein Gott, Puss! Was glaubst du, wie viele Schlachten ich gleichzeitig schlagen kann?«

Dann erzählte Olivier ihr, daß er sich mit der Garbo nur über Gärten unterhalben habe, über englische im Vergleich zu schwedischen, über Gemüsegärten im Unterschied zu Obstgärten.

»Ich glaube dir kein einziges Wort«, sagte Vivien, als er fertig war.

»Nein, das hab' ich mir gleich gedacht.«[20]

Es sah so aus, als hätte sich in eine Liebesbeziehung, die einmal so intensiv, befreiend und vielversprechend gewesen war, mit der Zeit, den örtlichen Veränderungen und dem wechselhaften beruflichen Glück, etwas wie Unmut eingeschlichen. Diese Situation hatte ihre Wurzeln in einem Dilemma, das niemand hatte vorhersehen können. In Filmen spielte Vivien nämlich oft besser als Olivier, und bis dahin hatte sie auch immer die besseren Rollen bekommen. Sie schien sich von der Nähe der Kamera nicht so stark beeindrucken zu lassen wie er, und sie offenbarte sich, wie viele Schauspielerinnen, ganz bereitwillig vor der Kamera. Dies wiederum konnte Olivier besser auf der Bühne; in Filmen zog er sich manchmal zurück, als wäre die Kamera eine Bedrohung seiner Privatsphäre. Als ein vollendeter Theaterschauspieler zog er die Zuschauer zu sich hin. Vivien ging auf sie zu.

Außerdem gab es 1940 für Frauen allgemein die stärkeren und inhaltsvolleren Rollen als für Männer. An dieser Stelle sollte vielleicht daran erinnert werden, wie wichtig der Film als Medium für Frauen war; sie sorgten für Schönheit und Gefühl, die Männer waren eher für *action* zuständig. Die beliebtesten und am meisten bewunderten männlichen Darsteller, die sich am längsten in der Filmwelt halten konnten, stellten meistens ganz gewöhnliche Männer dar, wenn auch in ungewöhnlichen Situationen: Henry Fonda, James Stewart, John Wayne, auch Errol Flynn und so leuchtende Gestalten wie Cary Grant oder William Powell verkörperten genau diesen Typus. Das Gesicht einer Frau ließ sich leichter verwandeln, wenn man die verändernden Effekte von Licht und Maske richtig einsetzte, und die großen Regisseure nutzten die weibliche Schönheit, um damit Phantasien lebendig zu machen, die im Grunde jeder hatte: die Unschuld einer Lilian Gish, die gefährliche Erotik einer Marlene Dietrich, der stille Schmerz einer Greta Garbo, der frische, sinnlich-elegante Reiz einer Vivien Leigh.

Ihr amerikanisches Filmdebüt machte sie nicht nur in Amerika, sondern auf der ganzen Welt unglaublich berühmt. Doch Olivier konnte es kaum erwarten, seine ernsthafte Laufbahn wieder aufzunehmen, die er so stürmisch vorangetrieben hatte, als *er* der Star am Old Vic gewesen war und Vivien seine Schülerin. Sieht man von der Fanpost ab, den wöchentlichen Schecks und dem angenehmen Leben, das er in einer Zeit führen konnte, in der sein Land unter dem Krieg zu leiden hatte, dann war die Anerkennung, die er erntete, wirklich nicht besonders groß. Ehrgeiz, Schuldgefühle, die verständliche Angst vor dem Versagen, die unwägbaren Unsicherheiten eines öffentlichen Lebens als Schauspieler, all das entsprach nicht seinen Erwartungen.

Ihre gemeinsamen Auftritte in *Romeo und Julia* würden ihren beruflichen Interessen entgegenkommen, ihm seine Zuversicht wiedergeben und in gewisser Weise vielleicht mit Hilfe der Kunst eine Idealisierung der Liebe bewirken, die ihnen im Leben nicht gelungen war. Das soll jedoch nicht heißen, daß die Liebe zwischen Olivier und Vivien nicht auf ihre Weise tief und ehrlich war; aber ihr Ehrgeiz und ihre Wunschvorstellungen, die sie für sich selbst und für den anderen hegten, wurden sicherlich auch durch eine bewußte Verstellung geprägt, die das Wesen des Schauspielerberufes ist. Und 1940 gab es wohl kein Schauspielerpaar, das sich sorgfältiger für die Presse und die Öffentlichkeit verstellen mußte als diese beiden. Sie wollten Romeo und Julia sein.

Während Olivier und Vivien in den ersten Monaten dieses Jahres täglich für *Stolz und Vorurteil* und *Waterloo Bridge* vor der Kamera standen, probten sie jeden Abend *Romeo und Julia* im Hörfunkstudio von Warner am Sunset Boulevard. Olivier übernahm selbst die Besetzung aller Sprechrollen und aller Statisten und widmete seine gesamte Freizeit der Arbeit an seiner Rolle, denn er wollte die Figur durch den Vers zum Leben erwecken, wie er es gelernt hatte. Mit so erfahrenen Schauspielern wie Dame May Whitty, Ben Webster und Alexander Knox ging er rücksichtsvoll um, hatte allenfalls kurze und pointierte Vorschläge parat, während er die jungen Schauspieler Cornel Wilde, Edmond O'Brien und Wesley Addy bis weit nach Mitternacht drillte. Vivien, die eine solche Perfektionistin war, daß sie immer unzufrieden und erschöpft von den Proben kam, ging an ihre eigene darstellerische Aufgabe mit einer geradezu wilden Intensität, aber Oliviers Anweisungen waren sanft und zugleich ermutigend. Thoda Cocroft, die die Werbung für *Romeo und Julia* übernommen hatte, erinnerte sich, daß Vivien in jeder Drehpause von *Waterloo Bridge* in ihre Garderobe eilte, wo sie und Dame May Whitty an ihren Dialogen für das Shakespeare-Stück arbeiteten.

Zu Hause schloß sich Olivier in seinem Zimmer ein und bereitete seinen Romeo vor; dazu benutzte er einen großen Spiegel und sprach in ein Aufnahmegerät. Alles mußte ganz genau stimmen: der Gang, der Tonfall, das historische Kostüm. Aber Olivier machte noch mehr. Er überwachte die Auswahl und Adaption der Musik von Palestrina; bei den Entwürfen für Bühnenbild und Kostüme arbeitete er eng mit einem Trio begabter Frauen zusammen, die sich »Motley« (Narrenkleid) nannten: Elizabeth Montgomery und die Geschwister Sophie und Percy Harris; er wählte das Rot für das Haus der Capulets, das Blau für Julias Zimmer und Stil und Beschaffenheit aller Kostüme und Dekorationsstoffe. Olivier legte außerdem Wert darauf, daß die einundzwanzig Szenen der Tragödie sich schnell entwickelten: Romeo und Julia treffen sich am Sonntag, heiraten am Montag, werden am Dienstag getrennt und sterben am Donnerstagmorgen, damit die Inszenierung eine Dichte der Bewegungsabläufe bekommt. Olivier überwachte auch den Bau einer stabilen Drehbühne. Die Außenfront des Capulet-Hauses drehte sich weg, und zum Vorschein kamen die Repräsentationsräume und eine Treppe, die, nach einer weiteren Drehung, zu Julias Zimmer und einem Balkon führte; der Balkon drehte sich ebenfalls, und man sah seine Außenseite mit dem darunterliegenden Garten und die Wand, die Romeo mit einem leidenschaftlichen Satz erklimmt. Die Bühnenbilder waren wie Filmkulissen gestaltet und ebenso teuer, kompliziert und ausgetüftelt in der Konstruktion.

Bei seiner zweiten Erarbeitung des Romeo hatte Olivier sich für einen humorlosen und völlig uninteressanten Jüngling entschieden, der erst nach seiner Begegnung mit Julia nach und nach an Farbe und

168

Charakter gewinnt. Zuerst sollte er nur ein stammelnder Halbstarker sein, der mit jugendlicher Unbeholfenheit herumzappelt, aber allmählich erwachsen wird, was in der Mantua-Szene zum Ausdruck kommt, und im letzten Akt in der Gruft zeigt sich seine Entwicklung zu einem erwachsenen Mann als abgeschlossen.

Dieser Romeo, der so ganz anders war als der von 1935, war ein Spiegelbild von Olivier selbst in der Anfangsphase seiner Beziehung mit Vivien: Ohne gesellschaftlichen Schliff hatte er den Einfluß einer feinfühlig, bestimmenden Geliebten dringend nötig. Als er eines Abends eine Ansprache an sein Ensemble hielt, hätte man glauben können, er redete über Laurence Olivier und Vivien Leigh. Julia, sagte er, sorge für den Schliff, den Humor und den Ansporn für Romeos Mut; sie bewirke den Reifungsprozeß eines Mannes durch die Ausstrahlung ihrer zerbrechlichen Schönheit; es sei ihr bestimmt, »die Kappe des weisen Narren aufzusetzen, wie es so vielen Frauen im wahren Leben«[21] ginge, die ihre Männer mit Humor und seelischer Stärke aufbauten.

Olivier drängte in seinen Terminplan noch mehr hinein, indem er zusätzlich zu seinen täglichen Filmaufnahmen und den Proben in der Nacht eine weitere Aufgabe übernahm. Jeden Tag eilte er noch vor dem Morgengrauen zum Clover Field in Santa Monica, wo er in ein kleines Flugzeug stieg und Flugstunden bei Cecil Smallwood nahm, der auch schon James Stewart, Katharine Hepburn und Olivia de Havilland das Fliegen beigebracht hatte. Dies war kein reines Hobby, denn Olivier ließ sich jede Unterrichtsstunde schriftlich bestätigen.

Tatsächlich hatte Olivier panische Angst vor dem Fliegen, aber er sah sie als etwas an, das es zu bezwingen galt. Obwohl er den Unterricht sehr ernst nahm, lernte er nicht viel und entrann einige Male nur knapp dem Tod. Olivia de Havilland beobachtete einmal, wie er in der Luft ganz knapp an mehreren anderen Flugzeugen vorbeikam. Noch bevor er seine zweihundertste Flugstunde absolviert hatte, krachte er nach der Landung in drei abgestellte Flugzeuge und verursachte auf Flugplätzen zwischen Monterey und San Diego zehnmal erhebliche Schäden. Vivien war ganz krank vor Sorge, denn er war wohl einer der schlechtesten Piloten in der Geschichte der Luftfahrt, genauso wie er ein absolut rücksichtsloser Autofahrer war, der dauernd irgendwelche Risiken einging, ganz wie auf der Bühne. In England wurden Freunde wie Ralph Richardson bei den Marinefliegern ausgebildet; Olivier wollte nicht als unpatriotischer Feigling bekannt werden, sagte er zu Vivien.

Ende März lief *Romeo und Julia* mit völlig ausverkauften Vorstellungen im Geary Theatre in San Francisco an. Aber am Premierenabend gab es einigen Ärger. Nach all den Wochen, in denen er flog, filmte, Regie führte, Tausende von Einzelheiten überwachte, die gesamte Truppe immer wieder aufmunterte, Manager von Warner traf, war Olivier in einem Zustand der Erschöpfung am Rand des Zusammenbruchs. Als der Moment kam, wo er über Julias Mauer klettern und in den Garten springen sollte, machte er einen Satz nach oben und mußte sich dann an der Mauer festklammern. Er war zu kraftlos, um sich hochzuziehen, und zu stolz, um sich wieder herunterzulassen. Der Inspizient mußte den Vorhang fallen lassen. Die meisten Kritiker aus der Gegend von San Francisco sahen milde darüber und über die anderen Probleme hinweg. Denn die schweren Bühnenbilder und Requisiten dämpften die Sprache der Schauspieler, und die Handlung, die sich zum größten Teil im oberen Bereich der Bühne abspielte, konnte von vielen Plätzen aus gar nicht gesehen werden. All diese Probleme wären vermeidbar gewesen, wenn Olivier nicht jeden Bereich der Produktion an sich gerissen und dabei den Überblick über das Ganze verloren hätte.

Die Zeitungen in Chicago hatten mit Getöse die Ankunft von Heathcliff und Scarlett angekündigt, und so wurden die beiden an der Union Station von tausend kreischenden Fans empfangen. Olivier, der müde und reizbar war, schob sich durch die Menge, ohne die Reporter zu beachten, die ihn mit Fragen über die Scheidungen bombardierten. Noch im Zug hatte er ein Telegramm abgeschickt, damit im Chicago Auditorium eine Verstärkeranlage installiert wurde, denn der Saal mit seinen viertausend Sitzplätzen war für Opern gebaut worden und nicht für Shakespeare-Aufführungen. Wegen seiner eigenen Stimme machte er sich keine Sorgen, aber er fürchtete, daß Viviens zarte Stimme nicht über die erste Reihe hinausdringen würde. Dieser Stilbruch schuf ein neues Problem beim ersten Auftritt in Chicago: Vivien, die ausgeruht war und ihre Rolle beherrschte, war im ganzen Haus gut zu hören – bis Olivier auf die Bühne trat. Seine Darbietung war so energisch, daß er keinen Verstärker brauchte, seine Stimme hallte durch den Raum und ließ ihre untergehen. Die Verstärkeranlage wurde wieder ausgeschaltet, so daß Vivien von da an gar nicht mehr zu hören war und Hunderte von Zuschauern in der Pause ihr Geld zurückverlangten.

Die hektischen Änderungen an der Inszenierung dauerten auch in Chicago an. Drei Ladungen Bauholz waren für die ständigen Umbauten am Bühnenbild angekommen; die Beleuchtungspläne wurden komplett neu gestaltet; Olivier übte mit Vivien so intensiv, daß sie beinahe ihre Stimme verlor, und es wurden Bedenken laut, daß sie nicht bis zum Broadway durchhalten könnte. Sie befürchtete inzwischen, daß sie Olivier blamieren und die ganze Aufführung ruinieren würde, aber die Tonanlage wurde verbessert, und es überwog der Eindruck, daß sie »einen Triumph errungen hatte, neben dem Scarlett O'Hara blaß aussieht«[22]. Er wiederum hielt ihre guten Kritiken angesichts ihrer mittelmäßigen Darbietung für nicht gerechtfertigt; viel schlimmer war, daß er für seinen Romeo wieder nur schlechte Besprechungen bekam. Die ganze Truppe bemerkte, wie er sich zurückzog und kein Interesse zeigte, nach der Vorstellung Besucher zu empfangen. Vivien, die immer darauf bedacht war zu gefallen, packte in Erwartung der Premiere in New York schon Geschenke für alle Beteiligten ein, aber Oliviers Laune wurde erst auf dem Weg nach New York besser. Leicht betrunken sang er bis spät in die Nacht mit Alexander Knox Passagen aus Händels *Messias*.

Die Freude hielt nicht allzu lange an. Am 9. Mai war die Premiere von *Romeo und Julia* im höhlenartigen New Yorker Fifty-first Street Theatre. Einen Block weiter wurde in der Radio City Music Hall gerade *Rebecca* angekündigt, und das Werbeplakat reichte über zwei Häuserecken. In den Vorstadtkinos lief wieder *Stürmische Höhen*, und das Rivoli am Broadway zeigte noch immer *Vom Winde verweht*. Doch nichts davon konnte sie retten, denn ihre Vorstellung auf der Bühne wurde als eine Inszenierung verrissen, die von ihren eigenen Übertreibungen erdrückt wurde, und Olivier war zu erschöpft, um daran etwas ändern zu können.

Losgelöst von dieser unbefriedigenden Produktion ging in der New Yorker Gesellschaft ein Raunen um. Olivier und Vivien wurden allgemein als Emporkömmlinge angesehen, reine Filmstars mit seltsamen Vorstellungen von ihrem Status. Ohne sichtbaren Beleg seiner Bühnenerfahrung in den letzten sieben Jahren und mit nur zwei amerikanischen Filmen in der jüngsten Vergangenheit, wurde Olivier zu seinen Ungunsten an Maurice Evans gemessen, der in Amerika der bevorzugte Shakespeare-Interpret war. Er hatte 1935 den Romeo gespielt, mit Katharine Cornell als Julia, und später dann Richard II., Hamlet und Falstaff. Was Vivien betraf, war sie eben nur eine englische Schauspielerin, die zwar einen Oscar gewonnen hatte, aber das besagte noch nichts über ihre Bedeutung auf der Bühne. Die New Yorker Presse ließ die beiden Aufsteiger deutlich spüren, was sie von ihnen hielt, und die Mundpropaganda über die drei Stunden lange ermüdende Inszenierung besiegelte ihr Schicksal.

Zwei Tage nach der Premiere, als Zuschauer nach Rückerstattung des Eintrittsgeldes schrien, verließen Vivien und Olivier ihr Hotel und nahmen Katharine Cornells Einladung an, in ihr Haus in Sneden's Landing zu ziehen, um auf diese Weise Geld zu sparen, und kündigten an, daß die Spieldauer von *Romeo und Julia* von neun auf vier Wochen reduziert würde. Als am 8. Juni der letzte Vorhang gefallen war, hatten die beiden Stars ihre Investition von achtundvierzigtausend Dollar verloren, die sie in das Gesamtbudget von hunderttausend Dollar – für den Broadway des Jahres 1940 eine enorme Summe – gesteckt hatten.

Diese Entwicklung der Ereignisse beeinträchtigte natürlich Oliviers Auftritte erheblich. Sein Ziel, sich am Broadway genauso zu beweisen wie am Old Vic, hatte er nicht erreicht, und Viviens Ehrgeiz ging inzwischen über jedes vernünftige Maß hinaus; er hatte nun wohl das Gefühl, daß er auch daran schuld war. Alle Mitspieler spürten, wie Ensemblemitglied Joan Shepard erzählte, daß es nach diesen Kritiken Spannungen zwischen den beiden gab.[23]

> Wenn Vivien nicht auf der Bühne stand, versteckte sie sich in ihrer Garderobe, unnahbar und für niemanden zu sprechen, während Olivier behauptete, sie wäre krank. Er benahm sich weiter so, als wäre alles in Ordnung, inspizierte jeden Abend bei allen die Masken und Kostüme und behandelte jeden einzelnen mit ausgesuchter Höflichkeit.

Nicht so Vivien, die jetzt auf die Menschenmassen vor dem Bühneneingang anders reagierte. Regelmäßig jagte sie die Autogrammjäger mit barschen Worten weg: »Haut ab, haut jetzt endlich ab!« Außerdem mußten sie ihr Vorhaben mit einer New Yorker Schauspieltruppe absagen, die Shakespeare in der Art des Old Vic in ihr Repertoire aufnehmen sollte. Olivier wollte eigentlich englische Schauspieler als Gaststars anwerben und auch New Yorker Schauspieler ausbilden. Doch dieses Projekt war mit *Romeo und Julia* gestorben.

Auch während der kurzen Spielzeit nahm Olivier weiter Flugunterricht und machte jeden Morgen in einem kleinen Wasserflugzeug Alleinflüge über dem Tal des Hudson River; bis Mitte Juni hatte er zweihundertfünfzig Flugstunden absolviert. Nazi-Deutschland hatte Belgien und die Niederlande besetzt und war in Skandinavien einmarschiert, Frankreich stand am Rand einer bedingungslosen Kapitulation, und auch England schien von einer deutschen Invasion bedroht. Olivier hat wohl den Kriegsdienst, zu dem er sich freiwillig meldete, wie auch seine Flüge über dem Hudson, nicht nur als Pflicht angesehen, sondern auch als Flucht vor seinen persönlichen Enttäuschungen. Der Informationsminister Alfred Duff Cooper antwortete ihm, daß das Wehrpflichtgesetz für Männer über einunddreißig (Olivier war gerade dreiunddreißig geworden), die in Übersee lebten, nicht zutraf. Außerdem wäre Olivier wahrscheinlich dort von größerem Nutzen, wo er sich gerade befände[24]. Olivier war drauf und dran, direkt in dieser Angelegenheit zu intervenieren und an hochrangige Offiziere in London zu telegrafieren, als er von Alexander Korda angerufen wurde, der gerade in New York Station machte, um sich *Romeo und Julia* anzusehen. Er war auf dem Weg nach Hollywood, mit dem Konzept für einen neuen Film in der Tasche, und er bot den beiden die Hauptrollen an.

Der Film, der unverhüllt Propaganda für die englischen Kriegsanstrengungen betrieb, sollte im sicheren Amerika gedreht werden, wo eine solche Unterstützung dringend notwendig war. Er sollte auf der Geschichte von Lord Nelson und seiner Affäre mit Lady Emma Hamilton zur Zeit der Napoleonischen Kriege basieren, und das würde Olivier die Gelegenheit geben, die historische Figur eines attraktiven Patrioten zu spielen. Und Lady Hamilton, fügte Korda hinzu, sollte von Vivien gespielt werden. Weil sie kein Geld mehr auf der Bank hatten, sagten sie sofort zu, in der Absicht, mit dem Filmhonorar nach England zurückzukehren. Mitte Juli waren sie wieder in Los Angeles, wo sie das Haus 9560 Cedarbrook Drive in Beverly Hills mieteten, sich mit Korda trafen, der als Produzent und Regisseur fungieren sollte, und sich dem Studium ihrer Rollen widmeten.

Zu seinem ehrlichen Bedauern mußte Korda feststellen, daß Olivier und Vivien nicht mehr das glückselige Paar waren, das er in England zuletzt gesehen hatte. Vivien schien sich wie besessen an Olivier zu klammern, immer verzweifelt darauf bedacht, ihm zu gefallen. Er dagegen hielt sie wohl eher für hysterisch und empfand ihre Hingabe als erdrückend. Wie vorherzusehen, zog er sich allmählich zurück, während sie sich immer stärker auf ihn fixierte.

Im August traten ihre Scheidungen in Kraft, und sie machten Pläne für eine Hochzeit in der San Ysidro Ranch, einer Bungalowsiedlung in Montecito bei Santa Barbara. Am 31. August, kurz nach Mitternacht, fuhren sie mit ihren Bekannten Garson Kanin und Katharine Hepburn, die sie in aller Eile als Trauzeugen aufgetrieben hatten, nach Norden. Kanin erinnerte sich, daß Olivier und Vivien sich während der ganzen Fahrt heftig über den richtigen Weg stritten. Sie wurden schließlich in einer vierzig Sekunden dauernden Zeremonie von dem

Polizeirichter Fred T. Harsh getraut: Endlich waren Laurence Kerr Olivier und Vivien Mary Holman verheiratet. Der dreiunddreißigjährige Bräutigam gab seine Adresse mit 4 Christchurch Street, London, an; als einen versteckten Hinweis auf ihren Besitz schrieb die sechsundzwanzigjährige Braut als Adresse Durham Cottage, Chelsea. Sie warteten nicht einmal mehr den Kuß der verschlafenen Zuschauer ab, sondern eilten sofort nach Süden an den Hafen von San Pedro, wo ihnen Ronald Colman seine Yacht für eine halbe Flitterwoche zur Verfügung gestellt hatte. Drei Tage später waren sie wieder am Cedarbrook Drive, und noch bevor die Woche vorbei war, wurden ihnen die Kostüme angemessen, in denen sie eines der bekanntesten Liebespaare der britischen Geschichte darstellten sollten.

ACHTES KAPITEL

1940–1945

Oh, die tollen Tage, die ich hingebracht habe.
Shallow, *Heinrich IV., Teil Zwei;* III, 2

Alexander Kordas Film *Lord Nelsons letzte Liebe,* der im frühen
Herbst 1940 schnell und billig produziert wurde, erzählt von
Lord Horatio Nelsons Heldentaten in den Napoleonischen Kriegen zu
Anfang des neunzehnten Jahrhunderts, wobei seine Ehre aber durch
seine lange anhaltende Verbindung mit Lady Emma Hamilton befleckt war. Korda erfüllte ein Versprechen, das er seinem Freund, dem
Premierminister Winston Churchill, gegeben hatte, und produzierte
absichtlich einen Film, der deutlich auf die aktuelle Krise anspielte:
Napoleon als Hitler, Nelson als Winston Churchill (»Nimm dich in
acht, Bonaparte«, schreit Olivier / Nelson vom Schiff aus, »jetzt werden wir dich in die Knie zwingen!«). Es war eine brillante Idee von
Korda, ein wirkliches Liebespaar in eben diesen Rollen zu besetzen,
und er verdankte sie seiner engen Freundschaft und Bewunderung für
die Oliviers.

Olivier hatte sicher die Befürchtung, daß er mit dem Nelson in
Zukunft endgültig auf historische Rollen festgelegt würde. Heathcliff
und Darcy gehörten auch schon zu diesem Genre, und auch Maxim de
Winter lebte, trotz seiner modernen Kleidung, in einem unzeitgemä-
ßen Cornwall, das ziemlich gespenstisch wirkt. In *Lord Nelsons letzte
Liebe,* wo Olivier zum erstenmal eine ganz unverhüllt heldenhafte
Rolle spielt, verkörpert er historischen Heldenmut; unglücklicher-
weise hat die Figur schon im Buch weder Tiefe noch Leidenschaft.

Als er zum erstenmal auf der Bildfläche erscheint, wird er von der triumphalen Melodie von *Rule, Britannia!* begleitet. In den Schlachten holt er sich immer mehr Narben und durch seine Leistungen immer mehr Auszeichnungen. Er altert, Emma dagegen reift zu einer hinreißenden Schönheit heran, deren Erfahrungen ihr immer mehr Tiefe geben. Trotz aller Konzentration auf Nelson dreht die eigentliche Geschichte des Films sich um sie; die Kamera bevorzugte sie mit gutem Grund, denn die Rolle der Emma war reichhaltiger und sympathischer geschrieben. »Ich habe eine ganz gute Rolle als Lady Nelson«, schrieb Gladys Cooper während der Dreharbeiten an ihre Familie, »aber sie wollen, daß ich die Figur recht unangenehm spiele, damit ich Vivien als Lady Hamilton nicht zuviel Sympathie streitig mache!«[1]

Außerdem waren die Dialoge durchgängig doppelsinnig, und das ging sogar so weit, daß Nelsons Mannschaft eine Botschaft zu verlesen hatte, die auf den Flaggen am Mast hing, wobei jeder ein Wort des Satzes »England erwartet, daß heute jeder Mann seine Pflicht tut«, zu sprechen hatte. Da half es auch nicht, wenn Olivier sich noch so entstellend schminkte und seine Technik des Understatements einsetzte, seine Figur war einfach zu sehr darauf beschränkt, ein hölzernes Sprachrohr für Churchill zu sein:

> Um keines Friedens willen, und sei er noch so günstig, würde ich zulassen, daß Englands Ruhm auch nur um ein Jota geschmälert würde. Bis jetzt gibt es in Europa nichts, was auch nur annähernd heranreicht an den Glauben, die makellose Ehre, die ungebrochene Sympathie des Volkes, den hohen diplomatischen Einfluß, den Handel, die Größe, die unüberwindbare Macht, den unbesiegbaren Heldenmut der britischen Nation.

Kein Wunder, daß dieses einer der Lieblingsfilme des Premierministers wurde, der ihn immer wieder für Freunde und Würdenträger vorführen ließ.

Lord Nelsons letzte Liebe wurde ein Triumph für Vivien, und Olivier wußte das schon bei den Dreharbeiten, noch bevor Korda ihren Namen im Titel und in der Werbung vor den seinen gesetzt hatte: Als Star war sie noch immer geschätzter und einträglicher, und außerdem hatte sie wirklich eine grandiose Vorstellung geliefert. Olivier wird sich wohl an Jills Vorrangstellung in Hollywood vor acht Jahren erinnert haben. Wie dem auch sei, der wachsende Gegensatz zwischen seiner Situation im Filmstudio und seiner Karriere am Theater bestärkte ihn in seiner Entschlossenheit, nach England zurückzukehren.

Vivien war sofort damit einverstanden. *Lord Nelsons letzte Liebe* war der letzte Film, in dem sie zusammen auftraten.

Die Oliviers hatten sich nicht allzu eng an die exklusive britische Gemeinde in Hollywood angeschlossen, die sich zum Cricket bei C. Aubrey Smith und zum Tee bei Cedric Hardwicke traf, und diese beiden wie auch andere aus der Clique, darunter Basil Rathbone, Claude Rains, Aldous Huxley, Ray Milland, Ronald Colman und Herbert Marshall, betrachtete Olivier mit einer gewissen Verachtung, weil er sie für hauptberufliche Engländer hielt, die zwar Hollywood insgeheim haßten, aber trotzdem mit ihren fetten Gagen im angenehmen Leben von Südkalifornien schwelgten.

Sein Ehrgeiz ging jedenfalls über diese Errungenschaften hinaus, und Ende 1940 freute er sich schon auf die riskante Herausforderung und das Aufregende der Bühnenarbeit in England, oder aber, zumindest für eine gewisse Zeit, auf das ehrenvolle Risiko des Militärdienstes. Seine Entscheidung, nach *Lord Nelsons letzte Liebe* so bald wie möglich abzureisen, wurde noch dadurch bestärkt, daß Viviens Beliebtheit die Ehe ziemlich belastete. Und diese Ehe befand sich ohnehin auf dem absteigenden Ast, nachdem die beiden sich vier Jahre lang spektakulär über die Konventionen hinweggesetzt hatten. England, so werden ihre Überlegungen gewesen sein, würde sie wieder zu ihrer wahren beruflichen und persönlichen Bestimmung zurückführen.

Vor ihrer Abfahrt trafen sich die Oliviers noch kurz mit ihren Kindern. Vivien besuchte ihre Tochter Suzanne, die nach Kanada in Sicherheit gebracht worden war und dort bei Viviens Mutter wohnte, Olivier sah Tarquin, der zu dieser Zeit mit Jill auf Robert Montgomerys Farm im Norden von New York zu Besuch war. Später zog Jill mit Tarquin nach Brentwood, einem Nobelviertel im Westen von Los Angeles; dort lebte sie mit Ella Voysey zusammen, die sich von ihrem Mann Robert Donat getrennt hatte, und dort verbrachte auch Tarquin die Kriegszeit. Danach ließ sich Jill Esmond in einem bescheidenen Reihenhaus in Wimbledon im Süden von London nieder, wo sie viele Jahre zurückgezogen mit ihrer Freundin Joy Pearce lebte. Nachdem sie jahrelang mit ihrer angegriffenen Gesundheit zu kämpfen hatte, starb sie im Juli 1990 im Alter von zweiundachtzig Jahren.

Die Bindung zwischen Olivier und seinem Sohn war schwierig und nicht übermäßig herzlich; für den dreijährigen Tarquin war das eine Begegnung mit einem Fremden, und das sollte sein Vater für ihn bleiben, denn sie sahen sich nur selten. Olivier, dem selbst warme Vaterliebe verwehrt worden war, konnte nicht wissen, worauf es dabei ankam, und er hatte keine Ahnung, wie er sich bei Begegnungen mit seinem Sohn und Jill verhalten sollte.

Zu Weihnachten hatten die Oliviers ihr Haus am Cedarbrook Drive aufgegeben, und nach ein paar Tagen in New York gingen sie am 27. Dezember an Bord der Excambion, die in Richtung Lissabon ablegte. Von dort mußten sie andere Verbindungen nach London finden. Am Pier wurde Olivier von einem Reporter gefragt, warum er in so unsicheren Zeiten zurückfahre, und Vivien antwortete schnell: »Es ist immer noch unsere Heimat, und dort wollen wir sein.«[2] Auch fünfzig Jahre später hielt es der Journalist immer noch für erstaunlich, daß fast jede Frage, die er Olivier stellte, von ihr beantwortet wurde.

Die umständliche Route für die Heimfahrt war die einzige Möglichkeit für Zivilisten, nach England zu gelangen, denn es gab nur noch wenige Schiffe über den Nordatlantik, die Passagiere mitnahmen. Und noch ein anderer Grund sprach für den Umweg über Lissabon. Olivier hatte dort ein paar Auftritte anläßlich der portugiesischen Premiere von *Rebecca*. Das neue Jahr begannen die Oliviers an Bord in beklommener Stimmung, denn die meisten Passagiere waren Deutsche, die bei der Silvesterfeier um Mitternacht im Chor die stürmischen Marschlieder der Nazis sangen. Schließlich kamen die beiden im Januar 1941 in London an, wo sie Durham Cottage kalt und eingestaubt vorfanden, aber unversehrt von den Zerstörungen, die die Stadt heimgesucht hatten. In den vier Monaten vor der Ankunft der Oliviers waren durch die Bombenangriffe mehr als dreizehntausend Londoner getötet und achtzehntausend schwer verletzt worden. Bis zum Ende des Krieges sollten die Luftangriffe über sechzigtausend Todesopfer unter der Zivilbevölkerung fordern.

In den ersten Monaten des Jahres 1941 kam Olivier nicht zur Ruhe. Nachdem bei der Musterung eine leichte Nervenschädigung in einem Ohr festgestellt worden war, lehnte ihn die Royal Air Force ab, doch dank der hilfreichen Empfehlung von Ralph Richardson, der schon dort diente, wurde er von der Fleet Air Arm angenommen. Dieser Zweig der Royal Navy war seit 1937 zuständig für die Flugzeuge, die auf Schiffen stationiert waren. Olivier erhielt für Mai den Gestellungsbefehl.

Was seinen Schauspielerberuf anging, hatte er zwei kleine Engagements. In *Words for Battle,* einem Dokumentarfilm zur Hebung der Kampfmoral, hörte man Oliviers Stimme, die Passagen aus Gedichten von Milton, Browning und Kipling rezitierte; dazu wurden Bilder von uniformierten Soldaten, Matrosen, Fliegern und weiblichen Militärangehörigen inmitten von Zivilisten gezeigt. Dieser acht Minuten lange Ruf zu den Waffen endete mit dem ruhig und würdevoll vorgetragenen Schluß der *Gettysburg Address,* der berühmten Rede Abraham Lincolns im Amerikanischen Bürgerkrieg.

Sein zweites Projekt brachte ihn im Februar in die Denham Studios, wo er in Michael Powells Propagandafilm *49th Parallel* mitspielte; der Titel bezieht sich auf die Grenze zwischen Kanada und den USA. (In Amerika hieß der Film *The Invaders.*) In dieser Antinazi-Geschichte, die zum Teil vom Informationsministerium finanziert wurde, geht es um eine deutsche U-Bootbesatzung, die in Kanada strandet, als ihr Boot vor Neufundland zerstört wird, und bei ihrem Versuch, in die USA einzudringen, eine blutige Spur hinterläßt. Mit dem liebenswerten, schlichten Trapper Johnnie Barras spielte Olivier einen Mann, der von den Grausamkeiten des Krieges noch nicht verdorben ist. Als er vom Einmarsch in Polen und den Morden an Flüchtlingen erfährt, ist er entsetzt über die Unmenschlichkeit der Deutschen; schließlich wird er selbst zu ihrem ersten Opfer in Nordamerika.

Diesmal wurden an seine Schauspielkunst keine der Anforderungen gestellt, die ihn so eingeengt hatten bei der Interpretation des zum Untergang bestimmten Romantikers (Heathcliff), des rätselhaften Schloßherrn (Maxim de Winter), des Snobs aus der Regencyzeit (Darcy) und des Nationalhelden (Nelson); jetzt spielte Olivier mit einem derben Charme und rauhem, gutmütigem Humor. Von Anfang an, mit seinem ersten Auftritt in einer Sitzwanne, wo er *Alouette* singt, war das seine bis dahin amüsanteste und effektvollste Filmrolle, ein empfindliches Gleichgewicht von Komödie und moralischer Entrüstung, das man bis heute zu seinen besten Darbietungen rechnen muß. Nachdem Olivier mit einem frankokanadischen Sprachtrainer geübt hatte, beherrschte er den Akzent tadellos, aber er ging über die reine Technik hinaus und verlieh der Figur des Johnnie Einfachheit, ohne ihn dumm erscheinen zu lassen, und gab ihm eine Rechtschaffenheit ohne kitschige Sentimentalität. Als er hört, daß ein berühmter Missionar in Kanada in Wahrheit ein deutscher Spion ist, antwortet er ungläubig: »So ein guter Priester wie er?« Und auf die Entgegnung des Feindes: »Und so ein guter Nazi«, blickt Olivier überrascht zur Seite, und gleich darauf wandelt sich sein Erstaunen in stille Verachtung des deutschen Rassismus. Johnnie wird brutal erschossen, und in der langen Nahaufnahme von seinem Sterben flüstert er: »Wenn wir den Krieg gewinnen... dann schicken wir euch ein paar... Missionare.« Dies war nicht eine der üblichen gut gespielten Sterbeszenen wie in anderen Filmen, denn Olivier vermittelte den qualvollen Tod des Mannes genauso wie zu Beginn seinen hoffnungsfrohen Humor, nämlich mit einer lebhaften Unschuld, die die Figur sofort liebenswert macht.

Vivien wurde zu dieser Zeit überall als internationaler Filmstar gefeiert, und sie nutzte diesen Ruhm bei ihrer Suche nach Arbeit am Theater gern aus. Gleichzeitig ignorierte sie ganz nonchalant ihre vertraglichen Verpflichtungen gegenüber David Selznick, der sich fürs erste entschieden hatte, keine gerichtlichen Schritte zur Durchsetzung seiner vertraglichen Rechte auf ihre Schauspielarbeit einzuleiten. Also suchten die Oliviers Tyrone Guthrie auf, in der Hoffnung auf eine Stelle am Old Vic, aber Guthrie lehnte Vivien ab, weil sie ihm zu glamourös war für ein Repertoiretheater, das es tunlichst vermied, Stars einzusetzen, und vor allem, Stargagen zu bezahlen. Darauf würde sie gerne verzichten, sagte Vivien, aber Guthrie blieb stur: »Nicht gut genug als Schauspielerin – nicht für die Bühne«[3], sagte er zu Olivier, der ihr diese Entscheidung ausrichtete und ihr sofort einen Ersatz anbot – ein Stück von Shaw.

Sein Vertragsabschluß für *Stürmische Höhen* hatte sie beide damals daran gehindert, gemeinsam in einer Hörspielfassung von Shaws *Der Arzt am Scheideweg* aufzutreten. Jetzt, im März 1941, erfuhr Olivier, daß Katharine Cornell und Raymond Massey in New York eine Neuaufführung des Stückes produziert hatten (vorher hatten die Lunts es gespielt). Diese Satire von Shaw wäre ideal für Vivien, sagte Olivier zu ihr. Sofort sprach er Hugh (»Binkie«) Beaumont an, den Geschäftsführer der H. M. Tennant Productions, und empfahl ihm für eine neue Inszenierung seine Frau für die weibliche Hauptrolle der Jennifer Dubedat. Tennant, der mit Recht ein großes Publikumsinteresse für einen Filmstar erwartete, erhielt die Zustimmung von Shaw (der alle Rollenvergaben und Inszenierungen absegnen mußte), und die Verträge waren schnell unterschrieben. Proben und eine Tournee wurden auf den kommenden Herbst angesetzt, und die Londoner Premiere sollte im März 1942 stattfinden.

Dazwischen konnte Vivien noch einige Zeit mit ihrem Mann verbringen, der zuerst nach Lee-on-the-Solent, direkt gegenüber der Isle of Wight, kommandiert worden war. Weil sie sich weigerte, von Olivier getrennt zu sein, blieb sie während seines dreiwöchigen Ausbildungslehrgangs in einem nahegelegenen Gasthaus, von wo aus sie ihn tagsüber immer wieder anrief und jeden Abend besuchte. Diese Umsorgung war für ihn alles andere als angenehm oder schmeichelhaft; sie war eher erdrückend, denn Olivier hätte lieber ein wenig mehr Distanz und Unabhängigkeit von Vivien geschaffen, die immer besitzergreifender wurde.

180

Ende Mai wurde er zur Royal Navy Air Station in Worthy Down, ein paar Kilometer nördlich von Winchester, versetzt. Sublieutenant der Fleet Air Arm Olivier war nicht gerade bei einer Eliteeinheit gelandet. Die Squadron 757 war ein bunt zusammengewürfelter Haufen von Männern, die zwar alle sehr gern ihren Dienst versahen, aber nicht gerade die besten Flieger waren: Unter seinen Kameraden waren ein paar ehemalige Häftlinge und Jockeys, einige abgehalfterte Sänger, Varietékünstler und eine Handvoll Schauspieler, unter ihnen Ralph Richardson. Für Olivier war das Wiedersehen mit Richardson ein angenehmer Ausgleich für die Entdeckung, daß das Geschwader nicht sonderlich wichtig war. Derweil mietete Vivien ein Häuschen im nahegelegenen King's Worthy, und als sie erfuhr, daß Olivier außerhalb der Kaserne übernachten durfte, bestand sie darauf, daß er das auch tat. In wenigen Tagen hatte sie Möbel und Bilder aus Durham Cottage herbeigeschafft, damit ihr vorübergehendes Zuhause gemütlich und vertraut wurde. Auf Richardsons Anregung hin kaufte sich Olivier ein gebrauchtes Motorrad, nicht nur für die kurze Strecke zur Wohnung, sondern vor allem, damit die zwei Freunde an ihren freien Tagen durch die Kneipen der Umgebung ziehen konnten.

Oliviers Leben in der Schwadron wurde im wahrsten Sinn des Wortes zu einem Crashkurs in Sachen Enttäuschungen. Das Flugfeld in Worthy Down war ein ödes Nest für die Grünschnäbel unter den Bordschützen, und seine Hauptaufgabe bestand darin, die Rekruten in uralten Trainings-Doppeldeckern auf Übungsflüge mitzunehmen. Am ersten Tag wollte er zeigen, daß seine flugtechnische Erfahrung aus Amerika ihn zum Experten gemacht hatte, und sprang in ein offenes Cockpit, startete den Motor und bereitete sich zum Start vor. Aber leider wartete er nicht, bis die Bremsklötze unter den Vorderrädern weggezogen wurden, und plötzlich drehte sich die Blackburn Shark in einem wackeligen Halbkreis und knallte in die nächste Maschine. Olivier wurde nicht verletzt, aber die völlige Zerstörung von zwei Flugzeugen war kein gutes Omen für den Anfang. Nach diesem ersten Tag konnte nichts mehr die Aura des prominenten Versagers von ihm nehmen, die ihn umhüllte wie die Nebelschwaden des Ärmelkanals.

Doch dies sollte erst der Auftakt zu einer ganzen Reihe von Katastrophen beim Marinegeschwader sein – manche waren lebensgefährlich, manche nur erheiternd –, und wenn sich Olivier später auf sein fliegerisches Können berief (»Ich glaube, ich kann mich als einen fähigen Piloten bezeichnen«[4]), dann war das, gelinde gesagt, eine schamlose Übertreibung. Wie der ähnlich unfallgefährdete Richardson, der alte Flugzeuge vernichtete, als hätte er einen Vertrag mit dem Feind, zerstörte auch Olivier nicht weniger als fünf Flugzeuge in den ersten sieben Wochen. Wie sich einer seiner Kameraden erinnerte, »konnte Olivier nicht einmal an einer Papiertüte vorbeifliegen, ohne daß sein Flugzeug etwas abbekam«[5]. Die Unfälle kamen nicht nur daher, daß die Flugzeuge uralt waren und die Landebahn von Worthy Down einem Rübenacker glich: Olivier, der sich immer gerne beweisen wollte, verhielt sich in der Luft genauso riskant wie auf der Bühne.

Der kommandierende Offizier, der ein Desaster befürchtete, gab schließlich ihm und Richardson Flugverbot. Verzagt und gelangweilt, wie sie waren, betranken sie sich sinnlos und gingen nach Winchester, wo ihr Versuch, mitten im Stück *Night Must Fall* auf der Bühne mitzumischen, ihren sofortigen Rausschmiß aus dem Theater zur Folge hatte. Später verkündete der völlig beschwipste Olivier seinem Freund Richardson: »Das Problem mit dir, lieber Ralph, ist, daß du einfach keinen Alkohol verträgst.«[6] Und mit diesem Satz fiel Olivier vornüber aufs Gesicht.

Im Hochsommer wurde es Olivier endgültig klar, daß er bei den Marinefliegern weder die Sache Englands noch seine eigene Ehre voranbringen konnte. Vivien, die in London *Der Arzt am Scheideweg* probte, verbrachte jedes Wochenende im August in dem viktorianischen Haus beim Flugplatz, wohin sie Theaterstücke mitbrachte, von denen sie glaubte, sie könnten sie eines Tages zusammen auf die Bühne bringen. Außerdem bedrängte sie ihn, eine Entlassung aus dem Dienst zu beantragen. Er las die Stücke durch, aber insgeheim wünschte er sich eher, eine größere klassische Rolle anzunehmen, als mit Vivien aufzutreten. Das, um es deutlich zu sagen, war seine Werthierarchie.

Schließlich bekamen Olivier und Richardson eine neue Aufgabe: Sie mußten die Fallschirme wieder zusammenpacken, nachdem Rekruten damit auf das kahle Hügelland von Hampshire hinabgeschwebt waren. Das konnte man kaum als Beförderung bezeichnen, und die stetige Reihe der beruflichen Frustrationen nach dem Broadway und Hollywood forderte ihren Zoll. Als Noël Coward in diesem Sommer 1941 einen Abend mit Olivier beim Essen verbrachte, fand er ihn unzufrieden und unglücklich, und im Herbst war er ganz offensichtlich zutiefst niedergeschlagen.

Die Gründe dafür waren klar. Seine Unfähigkeit als Flieger, der Tätigkeit, die er ausgewählt hatte, um seinem Land zu dienen und mit gewöhnlichen Leuten zusammenzusein, muß ein schwerer Schlag für sein Ego gewesen sein. Er hatte nicht nur im »richtigen Leben« völlig versag, das von Künstlern oft als erstrebenswert angesehen wird, sondern gleichzeitig wurde ihm der Zugang zu dem Ort verwehrt, an dem seine eigene Realität florieren konnte, das Theater, wo Illusionen tiefer hinabreichten, als sichtbare Wahrheiten zeigen konnten. Seine Frustration wurde dadurch verstärkt, daß Vivien – Protegé, Geliebte, Ehefrau – sich jetzt in dem Erfolg sonnte, den er sich immer für sich erträumt hatte. Ihre glanzvolle Premiere mit *Der Arzt am Scheideweg* am 4. März 1942 im Haymarket Theater war ein weiterer Triumph für sie, während seine Karriere stagnierte.

Jahre später erinnerte er sich an diese Zeit, in der er entdeckte, daß

> gewöhnliche Leute so furchtbar gewöhnlich sind, so ohne jede Vorstellungskraft, daß ich sie fast dafür hassen könnte. Sie verstanden überhaupt nichts von den Gefühlen der anderen. Als ich zu den Marinefliegern ging, dachte ich: »Wie wunderbar, jetzt lerne ich endlich wirkliche Leute kennen, anstatt immer nur den Abschaum, bei dem ich die ganze Zeit gelebt habe.« O Gott, gib mir immer nur den Abschaum... Wirkliche Menschen sind Künstler. Gewöhnliche Leute nicht. Sie existieren nur in einer Art Vakuum. Ohne jedes Mitleid, ohne Gefühle, ohne Vorstellungsvermögen für die Probleme, das Elend, die Empfindlichkeit der anderen. Nahezu unmenschlich habe ich die wirklichen Menschen gefunden.[7]

Nachdem er aus der Armee entlassen war, strebte er nie wieder nach einer zeitweisen Befreiung von seiner Kunst, noch hielt er sie je für etwas anderes als seine einzige Realität. Von 1942 an war das Leben auf der Bühne für Laurence Olivier weder eine Flucht vor der Wirklichkeit, noch ein Ort, wo er gewöhnlichen Leuten aus dem Weg ging, sondern eher der Schauplatz, an dem er die tiefsten Gefühle, zu denen ein Mensch fähig ist, nachfühlen und anderen präsentieren konnte. Er lernte etwas, das jeder kreative Mensch lernen muß, der den unausweichlichen Unterschied akzeptiert, den seine Berufung mit sich bringt – daß das, was er versucht ist als irreal anzusehen, weil es ihn isoliert und nur in ihm fühlbar ist, in Wahrheit die tiefste aller Realitäten sein kann.

Als im Frühjahr 1942 *Words for Battle* und *49th Parallel,* der für einen Oscar als bester Film des Jahres nominiert wurde, in die Kinos kamen, sah man auch Olivier wieder öfter in London. Wenn er in Schulen und von kirchlichen oder bürgerlichen Gruppen eingeladen wurde, um dramatische Lesungen oder Reden zum Kriegsgeschehen zu halten, dann stellten ihn seine Vorgesetzten bereitwillig vom Dienst frei. Er hatte nämlich schon so viele Flugzeuge vernichtet, daß die Regierung beschloß, man müsse etwas tun, um die restlichen Maschinen vor ihm zu schützen. Propagandaarbeit war die perfekte Lösung.

Ab Sommer 1942 ging dann alles ganz schnell. Dallas Bower, ein Produzent bei der BBC, der schon bei der Czinner-Bergner-Olivier-Produktion von *Wie es euch gefällt* mitgewirkt hatte, arrangierte für ihn im Mai in Manchester eine Lesung der Rede zum St. Crispinstag aus *Heinrich V.*, die im Rahmen eines patriotischen Radioprogrammes gesendet werden sollte. Dies brachte Bower auf die Idee, eine Filmfassung des Theaterstücks zu produzieren. Nachdem er es nicht geschafft hatte, das Informationsministerium dazu zu bringen, den Film zu finanzieren, nahm Bower Kontakt mit Filippo del Giudice auf, ein italienischer Emigrant, der gerade den Noël-Coward-/David-Lean-Film *In Which We Serve* produziert hatte. Del Giudice hatte die Mittel bei dem Medienmogul J. Arthur Rank lockergemacht, dem mächtigsten Filmverleiher in England. Rank war sich mit del Giudice und Bower einig, daß Olivier, den sie alle 1937 als Heinrich auf der Bühne des Old Vic gesehen hatten, die perfekte Mischung war: Er besaß Jugendlichkeit, Erfahrung mit Klassikern und den Sexappeal eines Filmstars.

Oliviers Freistellung vom Militärdienst wurde verlängert, damit er die Titelrolle spielen konnte. Bower, seine Kollegen und ihr Star hatten vor, bei der Verfilmung besonders hervorzuheben, wie Shakespeare die mutigen Soldaten feiert, die sich mit improvisierten Lösungen zum Sieg durchhangeln – ihrer Meinung nach hervorragend geeignet, den britischen Geist in Kriegszeiten anzuspornen. Das Projekt wurde später den Männern der Royal Air Force gewidmet, die in der Luftschlacht um England kämpften.

Noch während die Filmfassung von *Heinrich V.* hergestellt wurde, trat Olivier in einem Film mit dem Titel *The Demi-Paradise* auf, der als Verherrlichung der damaligen englisch-russischen Allianz gedacht war. Indem er zu seinem Repertoire verschiedener Dialekte auch einen ziemlich plumpen russischen Akzent hinzufügte, entdeckte er sowohl den Humor, als auch das Pathos in dieser ziemlich dünnen Geschichte, die von einem stolzen, aber verwirrten sowjetischen Erfinder in London erzählt.

Früher ging es in den unverhüllt propagandistischen Filmen, die das Informationsministerium finanzierte, meist um die ewig gleichen Themen: Dokumentationen über Einsparungsmöglichkeiten oder Notrationen und über die Gefahren von allzu unbesorgten Gesprächen ergänzten Kurzfilme wie *Words for Battle,* die einfach zur Hebung der Moral dienen sollten. Der erste Film, der wirklich weite Popularität erreichte (vielleicht weil die Matrosen »Ihr dreckigen Schweine-hunde« zu den feindlichen Flugzeugen hinaufschrien), war *Men of the Lightship* von 1940. Das nächste Jahr brachte mit *Target for Tonight* einen weiteren Fortschritt, denn für die Geschichte eines Luftangriffs auf Deutschland waren echte Kampfpiloten als Darsteller ausgesucht worden. Dieser und andere Filme *(Coastal Command, Desert Victory)* machten erst die erfolgreiche Produktion von *49th Parallel, In Which We Serve, The Foreman Went to France* und *One of Our Aircraft is Missing* möglich. Jetzt sollte eine Produktion von *Heinrich V.* das verehrte Vorbild englischen Heldenmutes ins Bild setzen. Für Olivier würde das in doppelter Hinsicht Vorteile bringen: die Gelegenheit, zur Schauspielerei zurückzukehren, und das in einer Rolle, bei der er mit seiner Kunst – in der inszenierten Schlacht – die Siege erringen konnte, die ihm bei seinem Militärdienst verwehrt geblieben waren.

Der Film sollte im Januar in Denham gedreht werden, und so mieteten die Oliviers ein Haus in Fulmer, keine acht Kilometer entfernt; für die übrige Spielzeit von *Der Arzt am Scheideweg* nahm sich Vivien ein Zimmer im Hotel Claridge's und fuhr an den Wochenenden nach Buckinghamshire, um bei ihrem Mann zu sein. Als Anfang März der letzte Vorhang für das Stück gefallen war, zog sie zuerst hinaus nach Fulmer, aber schon bald hielt sie es vor Unruhe nicht mehr aus, denn Olivier war fast rund um die Uhr beschäftigt. Darum ging sie auf eine dreimonatige Tournee zur Truppenbetreuung. Zwischen Mai und August war sie in Tripolis, Kairo, Algier und Gibraltar, wo sie in der Revue *Spring Party* mit Beatrice Lillie und anderen auftrat.

Während Olivier im Januar noch in Denham an *The Demi-Paradise* arbeitete, traf er sich schon mit del Giudice und Bower zu Vorarbeiten für *Heinrich V.* Oliviers erste Wahl für den Regisseur war auf William Wyler gefallen, der schon *Mrs. Miniver,* eine Eloge an den Mut der Briten beim sogenannten Blitzangriff der Deutschen, gemacht hatte und gerade mit der U.S. Air Force in England war. Aber Wyler konnte nicht vom Dienst freigestellt werden, und außerdem war er der Ansicht, er wäre für Shakespeare der falsche Mann. Er schlug John Ford vor, der für *Früchte des Zorns* und *So grün war mein Tal* Oscars bekommen hatte und jetzt Dokumentationen für die U.S. Navy drehte. Olivier traf sich mit Ford, der schon bei dem Gedanken an eine Mitarbeit lachen mußte und betonte, daß er mit Klassikern gar nichts im Sinn hätte.

Aber Ford hatte einen anderen Vorschlag. Er kannte einen talentierten Schriftsteller namens Terence Young, der 1942 am Drehbuch für einen Propagandafilm mit dem Titel *Dangerous Moonlight* mitgewirkt hatte und gerade als Koregisseur für einen wichtigen Dokumentarfilm eingeplant war. Young war damals sechsundzwanzig Jahre alt und hatte eine Begabung für allgemeine Filmentwürfe, aber auch für das Schreiben von Drehbüchern. Da er noch nie Regie geführt hätte, könnte man ihn für wenig Geld engagieren. Olivier war sofort einig mit Ford, daß Young der ideale Regisseur für *Heinrich V.* wäre, wohl auch darum, weil er sich so mehr Freiheit bei der Entfaltung seiner Figur erhoffte.

Young, ein Divisions-Filmoffizier bei der britischen Armee, erhielt im Februar eine Einladung zu einem Essen mit Olivier und del Giudice im Claridge's. Während die Produzenten versuchten, seine Freistellung vom Dienst sicherzustellen, traf sich Young in Denham mit Olivier, dem Kostümbildner Roger Furse und dem Kritiker Alan Dent, der den Text für den Film bearbeitete. Young zufolge war Furse bei *Heinrich V.* die Graue Eminenz[8], entwarf die Kostüme und Szenenbilder für den Technicolorfilm im Stil der großen illuminierten Handschriften des Mittelalters, insbesondere der *Très Riches Heures* des Duc de Berry. In seinen Memoiren nimmt Olivier die Idee der mittelalterlichen Stundenbücher als Inspirationsquelle für sich in Anspruch, doch die Korrespondenz zwischen Olivier und Young aus dem Jahr 1943 bestätigt, daß diese und ein großer Teil des szenischen Gesamtkonzepts für den Film auf Roger Furse zurückgehen. Olivier dürfte sich wohl an die ausgetüftelten mittelalterlichen Zeichnungen erinnert haben, die Barry Jackson für *Die wunderbare Geschichte des heiligen Bernhard* siebzehn Jahre zuvor in Birmingham verwendet hatte, oder an die Bühnenbilder für *Harold* später in London. Auf alle Fälle sollte nur die Schlacht von Agincourt realistisch gefilmt werden, ein brillanter Vorschlag von Olivier, denn nach dem absichtlich theatralischen Anfang und den Schauplätzen wie aus einem Geschichtenbuch, die das Gegengewicht zur Handlung darstellten, würde die gefilmte Schlacht sofort als das wahre Modell des gerade wütenden Krieges akzeptiert werden.

Gerade als Youngs Freistellung bestätigt werden sollte, betonte das British Army Council, daß niemand unter dreißig Jahren für kommerzielle Filme vom Dienst befreit werden könne. Olivier und del Giudice luden unverzagt den Kriegsminister, Sir James Grigg, zum Dinner ein. »Sie füllten ihn ab, daß er voll war wie eine Strandhaubitze«, erinnerte sich Young, »und überredeten ihn, daß er mir immerhin zehn Wochen für die Regie von *Heinrich V.* freigab.« Das schien machbar, und im Februar begann Young offiziell als Regisseur des Films.

Doch plötzlich tauchten Probleme auf. Aus Gründen der Sicherheit vor Luftangriffen und weil es billiger war, wenn man für die Massenszenen der Reiterschlacht keine Gewerkschaftsmitglieder engagieren mußte, hatten sie beschlossen, für die Außenaufnahmen nach Irland zu gehen. Dallas Bower schlug den weitläufigen Besitz von Lord Powerscourt in Enniskerry vor, auf dem sich ein Zeltplatz der irischen Pfadfinder befand. Hier konnte die Filmgesellschaft auch Reiter und Komparsen aus der Umgebung besorgen, der Platz war sicher, und außerdem waren sämtliche Sanitäreinrichtungen vorhanden. Aber trotz manchmal zwanzigstündiger Arbeitstage für Olivier, Furse, Young und die übrige Mannschaft während der Vorarbeiten wurde Ende Februar klar, daß die zehn Wochen, die der Regisseur bekommen hatte, vorbei wären, bevor die Dreharbeiten auch nur begonnen hatten. Mit großem Widerwillen kehrte Young zum Militärdienst zurück.

Olivier war verzweifelt auf der Suche nach einem gleich guten Ersatzmann und kam auf die ungewöhnliche Idee, mit seinem amerikanischen Bekannten Garson Kanin Kontakt aufzunehmen. Kanin nahm die Einladung nicht sonderlich ernst – er war hauptsächlich als Regisseur von typischen Hollywood-Komödien bekannt – und schlug seinen Freund, den englischen Regisseur Carol Reed vor. Aber aus unbekannten Gründen war Reed für Olivier absolut indiskutabel.

Wütend protestierten del Giudice, Bower und Rank, daß sie die Produktion nicht weiter verzögern könnten, und wenn Olivier bei der Auswahl des Regisseurs so kleinlich sei, dann solle er diese Funktion doch selbst übernehmen. Er hielt das für ein Angebot, und am 1. März wurde bekanntgegeben, daß Olivier in *Heinrich V.* die Hauptrolle und die Regie übernommen hätte. Das war seine große Chance, nicht nur eine einzelne Figur auszuformen, sondern mit der Hilfe seiner äußerst begabten Kollegen bei diesem Film den ganzen Stil und die Atmosphäre eines verfilmten Klassikers zu prägen. Von *Wie es euch gefällt* wußte er noch, wie einfach es war, Shakespeare im Film zu sabotieren. Er ging also in jeder Hinsicht ein großes Risiko ein, sowohl beruflich als auch persönlich. Mit einem Erfolg aber wäre sein Status als hervorragender kreativer Interpret der Klassiker gesichert. Tatsächlich hatte Olivier von Anfang an darauf gehofft, bei diesem Film auch Regie zu führen, wie er William Walton, dem Komponisten der Filmmusik für *Heinrich V.*, nach Jahren eingestand: »Ich war ehrgeizig, und ich wollte es schaffen.«[9]

Eine grundlegende Entscheidung lag in der Wahl der Besetzung. Vivien hatte gehofft, die Rolle der Katharine zu erhalten, der Prinzessin, die Heinrich heiratet; sie hätte das Französisch der Figur gut meistern können, und wenn Katharine auch nur in zwei Szenen zu sehen ist, wäre es ein amüsanter und romantischer Part mit Olivier gewesen. Aber als Vivien Selznick um Erlaubnis bat, der sie noch immer unter Vertrag hatte, weigerte er sich und behauptete, die kleine Rolle würde sie in ihrer Karriere zurückwerfen. An ihrer Stelle wählte Olivier eine junge Schauspielerin namens Renée Asherson, die ironischerweise gerade erst in einer Wiederaufnahme von *Die Marquise von Arcis* aufgetreten war, jener Rolle, mit der Viviens Bühnenkarriere begonnen hatte. Außerdem gehörten zur Besetzung Felix Aylmer, Robert Newton, Russell Thorndike und Leo Genn. Olivier kannte das Designerteam Paul Sheriff und Carmen Dillon noch von den Aufnahmen zu *The Demi-Paradise;* und von dort holte er auch Reginald Beck, der den fertigen Film schneiden und in den Szenen Regie führen sollte, in denen Olivier selbst spielte. Er holte sich zudem den Komponisten William Walton, der die Filmmusik zu *Wie es euch gefällt* geschrieben hatte. Andere Talente trugen indirekt zum Gelingen des Films bei: Von den Massenszenen aus Tyrone Guthries *Heinrich V.* aus dem Jahre 1937 übernahm Olivier die Anregung, farbenprächtige Banner flattern zu lassen.

Trotz eines fähigen Teams und noch so guter Aufteilung der täglichen Pflichten war die Verantwortung manchmal überwältigend. In einem Brief an Terence Young berichtete er im März des Jahres von seinen Schwierigkeiten mit den Regierungsbeamten von den Ressorts Versorgung, Krieg, Arbeit und Pressewesen, von denen er Sondererlaubnisse und Genehmigungen für bestimmte Materialien einholen mußte; er fügte hinzu, daß er sehr erleichtert sei, selbst Regie führen zu können, da Young ja ausgefallen sei. Den ganzen April hindurch arbeiteten Roger Furse und seine Leute an den Kostümen; die Modelle vom Elisabethanischen London für die Eröffnungsszene und den Schluß wurden in Denham gebaut; von den Schauspielern und ihren Kostümen wurden Probeaufnahmen in Technicolor gedreht. Am 28. Mai reiste die Gruppe nach Irland, um die Schlachtszenen vorzubereiten, deren Aufnahmen am 9. Juni begannen. Roger Furse berichtete, daß Olivier trotz seiner Nervosität und Unsicherheit

für alle, die ihn umgaben, außerordentliche Stärke und großes Vertrauen ausstrahlte. Es gab Hunderte von Menschen, die verköstigt und untergebracht werden mußten, dazu Kostüme, Schminke, Requisiten, Pferde, Garderoben und Erste Hilfe, für all das mußte gesorgt werden. Olivier nahm alles selbst in die Hand.[10]

Er kümmerte sich um alle Aspekte der Produktion und verlangte von niemandem einen Stunt, den er nicht selbst ausgeführt hätte. Er dachte, er wüßte, was er wollte, erzählte William Waltons Ehefrau Susanna. »Ein berühmtes Beispiel war Larrys Satz: ›Ist dies nicht eine schöne Melodie, die ich mir ausgedacht habe – dum di dum di dum.‹ – ›Ja‹, entgegnete William, ›das ist eine wunderschöne Melodie, sie stammt aus den *Meistersingern*.‹«[11] Später, als er den irischen Statisten demonstrierte, wie sie sich aus sechs Metern Höhe von den Bäumen herabfallen lassen sollten, um vorbeikommende Reiter zu überfallen, verstauchte er sich ein Fußgelenk. Und Tage danach, als er den Ansturm der Pferde filmte, verlangte er von einem Reiter voll auf ihn zuzureiten, weil er annahm, das Pferd würde im letzten Moment ausweichen. Aber das Pferd riß die große Technicolor-Kamera um, und obwohl der Kameramann und seine Leute zur Seite springen konnten, bekam Olivier, der ein Auge fest an den Sucher gepreßt hatte, die volle Last der kippenden Kamera ab. Seine Schulter war ausgerenkt, und das Gerät riß ihm die Oberlippe an der rechten Seite auf. Ein Arzt wurde hinzugezogen, der die Wunde nähte, und für den Rest seines Lebens trug Olivier eine fünf Zentimeter lange Narbe, die er oft mit einem Schnurrbart verdeckte.

Was Olivier auf den holprigen Feldern von Hampshire nicht gelungen war, das schaffte er auf den grünen Hügeln von Enniskerry. Er befehligte hundertachtzig Reiter und fünfhundert Mann Infanterie der Irish Home Guard. Er setzte neue Maßstäbe: Wie ein Offizier, der seine Einheit ausbildet, musterte er die Truppen, verhielt sich tapfer, führte die Kämpfer an und setzte sich dem Schlachtengetümmel aus. Die Dreharbeiten zu *Heinrich V.* kamen einer Art totemistischer Darstellung Heinrichs so nahe, wie es nur möglich war.

Nach neununddreißig Drehtagen in Irland kehrte die Truppe am 24. Juli nach Denham zurück. Sie hatten sechzehn Minuten und sechsundvierzig Sekunden an Kampfszenen in der Tasche, das war eine beeindruckende Leistung angesichts der komplizierten Arbeit. Die Studioaufnahmen begannen am 9. August und wurden hundertvierundzwanzig Arbeitstage später, am 3. Januar 1944, abgeschlossen; die Produzenten konnten sich bei einer täglichen Aufnahmeleistung von fast eineinhalb Minuten nicht beklagen. Nach dem Rohschnitt kamen Musik und Geräuscheffekte hinzu, dazu die Synchronisation von Dialogen, die vorher noch nicht aufgenommen worden waren, sowie die letzten Farbkorrekturen. Der zweieinviertel Stunden lange Film wurde am 12. Juli 1944 endgültig fertig – vier Wochen nach der Invasion der Alliierten in Frankreich. Die Gesamtausgaben beliefen sich auf 475 708 Pfund, damit war es der bislang teuerste britische Film.

»Shakespeare schrieb in gewisser Weise für den Film«, erläuterte Olivier später. »Sein Aufsplittern der Handlung in eine Unmenge kleiner Szenen hat fast die Technik des Filmens vorweggenommen, und manche seiner Dramen scheinen sich gegen die engen Begrenzungen der Bühne aufzulehnen.«[12] Olivier nutzte die filmischen Techniken voll aus; bei schnellen Schnitten, Überblendungen und langen, dramatischen Dolly-Aufnahmen und Kamerafahrten wollte er bei jeder kleinsten Bewegung der Kamera ein Mitspracherecht haben, und jede Einzelheit des Films zeigt die bemerkenswerte Harmonie zwischen den Kulissen und ihrer filmischen Umsetzung. Er zeigte ein für allemal, daß Shakespeare auf die Leinwand gebracht werden konnte; und er zeigte auch, wie ein großes Stück seine eigene Form transzendieren kann. Und er war der erste, der all diese Ziele erreicht hat.

Seitdem war Olivier dem Medium zugeneigt, das er einst so kühl als seiner unwürdig abgelehnt hatte. Jetzt, wo er es beherrschte, konnte er die Vorteile als Regisseur selbst nutzen, um seinen eigenen Standpunkt zu verdeutlichen. Er war auch nicht den alltäglichen Erschwernissen eines Studiobetriebs in Hollywood ausgesetzt, und er konnte seinen heroischen Heinrich aus der Spielzeit 1937 am Old Vic wiederbeleben. Am wichtigsten war, daß Shakespeare einen Segen erteilte, den gewöhnliche Drehbücher nicht boten. Und nun hatte Olivier Shakespeare auf die Leinwand gebracht, bevor Gielgud, Richardson und andere berühmte Zeitgenossen es taten.

Der Film beginnt ohne Vorspann mit einer langsamen Fahrt über ein überraschend realistisches Miniaturmodell des Elisabethanischen London südlich der Themse auf das Globe Theatre zu. Dort beginnt gerade eine Aufführung des Dramas *Heinrich V.*, und wir sehen das Publikum des Jahres 1600 seine Plätze einnehmen. Das Treiben hinter der Bühne wird ebenfalls gezeigt, Jungen kostümieren sich für die Frauenrollen, wie es in jener Zeit üblich war; die Schauspieler bringen Requisiten auf die Bühne und wedeln mit ihren Textblättern herum. Dieser kühne Anfang macht nicht nur die plätschernde Konversation der Anfangsszenen des Stückes erträglich, er legt auch den Grund für die ganz und gar theatralische Verfassung dessen, was wir nun zu sehen bekommen. Während der nächsten zwei Stunden werden im Film alle Arten von Hintergrund verwendet: Felder auf dem Lande, gemalte Kulissen, abstrakte Entwürfe und leicht als solche erkennbare Innenaufnahmen im Studio. Für die Kriegs- und Actionszenen hatten

Olivier und seine Mitarbeiter Außenaufnahmen vorgesehen. Für den Monolog des Königs nahm er die Rede auf und ließ sie aus dem Off einspielen, während die Kamera seine Gesichtszüge festhält, die von staunender Verwirrung über Hoffnung in Zuversicht wechseln. Der Film innerhalb der Theatervorstellung macht genau das, was er machen soll: Er bringt uns die Handlung so nahe, daß wir Mitspieler des Dramas werden und nicht nur von außen zuschauen; die abstrakten und kunstvollen Kulissen erlauben einen Rückzug aus der Wirklichkeit, um in Ruhe wahrzunehmen, was der Text uns sagt.

Wenn wir *Heinrich V.* anschauen, wird das Globe Theatre nach den ersten Szenen durchstoßen, wir treten aus ihm heraus und in das Stück hinein. Die filmische Sprache harmoniert mit dem Text des Stücks: Während Heinrich seine Truppen mustert, sehen wir ihn zuerst in Großaufnahme, und während sich seine Stimme erhebt, sehen wir die im Wind wehenden Banner, die Kamera fährt immer weiter zurück, bis sie uns die Wirkung der Rede bloßlegt. Aberhunderte von Männern leisten seinem Aufruf Folge:

> Im Frieden kann so wohl nichts einem Mann
> Als Demut und bescheidne Stille kleiden,
> Doch bläst des Krieges Wetter euch ins Ohr,
> Dann ahmt den Tiger nach in eurem Tun;
> Spannt eure Sehnen, ruft das Blut herbei...
> Denn so gering und schlecht ist euer keiner,
> Daß er nicht edlen Glanz im Auge trüg'...
> Folgt eurem Mute, und bei diesem Sturm
> Ruft: Gott mit Heinrich! England! Sankt Georg!

Er war sich ebenfalls der Textstellen bewußt, die besondere Feinfühligkeit verlangten – daher rührt seine im Vergleich zur Aufführung am Old Vic von 1937 sehr veränderte Betonung der Zeilen, die mit »Guten Morgen, guter Thomas Erpingham« beginnen. Da Frankreich 1943 mit England verbündet war, gab es keinen Hauch von Sarkasmus, keine Pause zwischen »Rasen« und »Frankreichs«. Mit dem Minimum an Schminke, das Technicolor verlangt, ohne falsche Nase oder Augenbrauen, besaß Laurence Olivier das vollendete Auftreten eines jungen Königs an der Schwelle zur Größe. Mit Mantel und Kapuze verkleidet, um seine Männer des Nachts zu besuchen, sah Olivier schöner aus als je zuvor, wenn sein Gesicht sanft und indirekt beleuchtet war und sein Blick eine fast mystische Ruhe zeigte.

Heinrich V. war ausnehmend harte Arbeit, aber es bereitete ihm auch Spaß, die Zuschauer nicht nur mit seiner eigenen Darstellung zu beeinflussen, sondern auch durch die Leitung und Überwachung eines jeden Schauspielers und jeder Einstellung. Olivier besaß die seltene Fähigkeit, die Wächter der großen Kunst zufriedenzustellen und dem Publikum zur gleichen Zeit spannende Unterhaltung zu bieten. Dieser Film machte ihn endlich zu einem heroischen Charakter, Star und Regisseur, und er stellte durch seine mannigfaltigen Beiträge zu diesem Projekt klar, daß es für ihn als den populären Interpreten der Klassiker keine Rivalen gab. In der komplexen Figur Heinrichs V., die Lord Nelson an Bedeutung überragt, erschuf er die Großartigkeit, die ihm bei den Marinefliegern verwehrt geblieben war, und durch diesen Film sollte er endlich eine neue Stufe internationalen Ruhms erreichen. Durch einen seltsamen Wink des Schicksals wurde der Unfall während der Dreharbeiten zu Heinrich V., der ihm eine dauerhafte Narbe einbrachte, zu einer Art Symbol, denn Ruhm und Ehre in seinem Gefolge zeichneten ihn für sein weiteres Leben.

Aber es ist so, daß die Autorität und die Verantwortung, die notwendig sind, um ein guter Regisseur zu sein, oft die tyrannischen Züge eines Menschen zum Vorschein bringen. D. W. Griffith war ein Visionär des Kinos und führte ein unerträglich strenges Regiment; Erich von Stroheim achtete pedantisch auf jedes Detail und ignorierte die Gefühle seiner Schauspieler völlig; und der Produzent Ivor Montagu kommt im Blick auf seine Zusammenarbeit mit Hitchcock zu dem provozierenden Schluß:

> Es war schon seit langem meine Überzeugung, daß ein guter Regisseur etwas Sadistisches in sich haben muß. Ich meine damit nicht unbedingt in einem pathologischen Maße, aber daß er sich um alles kümmert und den Schauspielern sagen muß, tut das, macht jenes, hat notwendigerweise zur Folge, daß er dominiert und Befehle erteilt.[13]

Auch Olivier war in dieser Hinsicht keine Ausnahme, wie sogar seine Bewunderer feststellen mußten. Laurence Evans, seit 1930 und den Tagen von *Too Many Crooks* sein Freund, wurde für *Heinrich V.* als Produktionsleiter angestellt, nachdem zwei unfähige Vorgänger entlassen worden waren; er erinnerte sich, daß Olivier in diesen Tagen schrecklich anspruchsvoll sein konnte. »Larry war der König, und er ließ sich nicht auf Diskussionen ein.«[14] Tatsächlich lernte Evans in jenem Herbst eine neue Seite an Olivier kennen. Er hatte die Aufgabe, sich um die speziellen Erfordernisse jeder Szene zu kümmern, und so konferierte er allmorgendlich mit Olivier. Eines Tages fragte Evans, wie viele Pferde Olivier brauche, um eine mittellange Szene, das Treffen zwischen Heinrich und Sir Thomas Erpingham, zu drehen. Die Antwort war kurz und bündig: »Ich weiß nicht, wie viele Scheißpferde ich will!« Ihn jetzt zu einer Antwort zu zwingen, hätte möglicherweise zu einem Wutausbruch geführt, dessen Nachwirkungen noch tagelang zu spüren gewesen wären. Wenn Olivier abends aus der Rolle schlüpfte, war er freundlich und herzlich, schenkte Getränke aus und war sehr unterhaltsam. Aber sobald er geschminkt und umgezogen war, das wußte das gesamte Team, wurde seine Haltung wieder bedrohlich.

Die autokratische Seite an Oliviers Persönlichkeit entwickelte sich tatsächlich in jenem Jahr. Wahrscheinlich war dies für einen Mann unvermeidbar, der schließlich alle Aspekte von Film- und Bühnenarbeit zu beherrschen gelernt hatte, der als Schauspieler sein Ensemble inspirierte und aus seinen Kollegen das für die Inszenierung Beste herausholen konnte. Andererseits beschwor die Rolle des Monarchen in ihm einen bislang schlummernden Aspekt seines Charakters: das Aristokratische. Von seinem Vater und seinen Lehrern hatte er sich nicht nur eine würdige Haltung abgeschaut, sondern auch, wie eine aristokratische, äußerst britische Haltung auf andere wirkt. Dies war keine Allüre mehr, es war sein Habitus, der auf Selbstbewußtsein beruhte.

Nun wurde also seine freigeistige Genialität durch eine gewisse Herrscherpose ergänzt, und seitdem sollten beide Charakterzüge gleichwertig nebeneinander existieren. Während er in Fulmer lebte und *Heinrich V.* drehte, lud Olivier oft Besucher in die Ställe der Studios ein, wo er die Pferde sattelte und eine Art sonntäglicher Prozession anführte, als wäre er ein Mitglied der königlichen Familie, das in aller Ruhe mit adligen Freunden in Sandringham, Balmoral oder Windsor ausreitet. Olivier bestieg stets das Pferd, das er während der Filmaufnahmen geritten hatte und das darauf abgerichtet war, an einer bestimmten Stelle der Rede zum St.-Crispinstag in Galopp zu fallen.

Oliviers imperialer Stil machte sich manchmal auch auf öffentlichen Veranstaltungen bemerkbar. Als er eingeladen war, die Eröffnungsrede zu der Ausstellung »Kunst im Krieg« im Herbst 1943 in der Albert Hall zu halten, stand er in seiner Luftwaffenuniform auf der Bühne und schrie mit fast manischer Wut:

Wir werden vorwärts gehen – ganz Herz, Nerven und Geist. Wir werden unsere Feinde zerschmettern, und wir werden siegen! Bei allen unseren Taten, in diesem und in anderen Ländern, von dieser Stunde an, werden uns drei Losungsworte begleiten: Dringlichkeit,

Schnelligkeit, Mut. Dringlichkeit in allen unseren Entscheidungen, Schnelligkeit bei der Ausführung all unserer Pläne, Mut angesichts aller unserer Feinde. Möge Gott unser Vorhaben segnen.

Tonfall und Stil dieser Rede wären eines Heinrich V. würdig gewesen, der seine Truppen in Harfleur anspornt. Eine Aufnahme der Rede blieb in einem Dokumentarfilm erhalten, der für die Unterhaltung der Truppen gedacht war, und wurde erstmals am 29. Juni 1980 im britischen Fernsehen gezeigt.

Vivien war natürlich die perfekte Begleiterin; sie dirigierte nicht nur ihre zwei Angestellten mit tadelloser Haltung, sie ritt auch sehr anmutig und liebte es, ihre Gäste mit lässiger Eleganz zu bewirten. Seit ihrer Rückkehr im letzten Sommer hatte sie wenig zu tun, und so setzte sie sich selbst zur Aufgabe, einen größeren Landsitz ausfindig zu machen. Nach einiger Zeit sollte Vivien das richtige Anwesen finden, passenderweise die Residenz eines Königs. Im Herbst 1943 ruhte sie sich aus; nachdem sie bei ihrer Tournee durch den Nahen Osten fünfzehn Pfund Gewicht verloren hatte, schaffte sie es nicht, einen quälenden Husten loszuwerden, noch, ihr starkes Rauchen aufzugeben. Eine Zeitlang war Olivier zu beschäftigt, dies zu bemerken. Er hatte bereits seinen letzten Tag in Uniform verbracht, und während er seinen Film fertigstellte, fanden in der Londoner Theaterszene Veränderungen statt, die seine Karriere bald drastisch beeinflussen sollten.

Seit den schweren Bombenschäden von 1941 am Theater in der Waterloo Road hatte die Truppe des Old Vic nur dann und wann an anderen Orten in London auftreten können; während der restlichen Kriegszeit hatte das reichlich dezimierte Ensemble hauptsächlich in der Provinz gespielt. Nach sechs Jahren als Verwaltungsleiter aller drei Sparten des Old Vic – Sadler's Wells – Drama, Oper, Tanz – war Tyrone Guthrie erschöpft von seinen vielfachen Aufgaben bei den Tourneen in England und außerhalb und wollte nun eine Gruppe von künstlerischen Leitern als Mitarbeiter. Zuerst stellte er John Burrell als Regisseur an, der damals Anfang Dreißig war und als Bühnenbildner neben Michel Saint-Denis am London Theatre Studio gearbeitet hatte. Burrell konnte aufgrund seiner Kinderlähmung nur mühsam an Krücken gehen. Er hatte Shaws *Haus Herzenstod* im Cambridge Theatre inszeniert und war außerdem ein erfolgreicher Hörspielproduzent für die BBC. Dort hatten Guthrie und Burrell 1943 bei einer Radiofassung von Ibsens Drama *Peer Gynt* zusammengearbeitet, das von Burrells altem Freund Ralph Richardson grandios vorgetragen worden war.

194

Sofort entschieden sich Guthrie und Burrell für Richardson als weiteren Koregisseur der Old-Vic-Truppe. Währenddessen wurden die Verhandlungen abgeschlossen, daß sie in das New Theatre in London einziehen konnten, das später nach seinem Besitzer und Manager Bronson Albery benannt werden sollte; das Waterloo Theatre bedurfte umfassender Rekonstruktionsarbeiten. Richardson erkannte die Notwendigkeit, einen beliebten und publikumswirksamen Schauspieler und Regisseur zu verpflichten, um die Zuschauer in der nächsten Spielzeit wieder für das Old Vic zu interessieren. Es mußte jemand sein, der mehr Glanz verbreitete als er selbst. Er und Burrell traten an John Gielgud heran, der als zweiter Regisseur unter Guthries Leitung arbeiten sollte, aber Gielgud hatte sich für die neue Spielzeit im Herbst an das Haymarket Theatre verpflichtet. Olivier, der zwar seit sechs Jahren nicht mehr auf einer Londoner Bühne aufgetreten war (seit dem *Coriolan*) schien eine naheliegende Alternative.

So kam es, daß Richardson und Burrell im Herbst 1944 nach Denham fuhren, wo Olivier immer noch an *Heinrich V.* arbeitete. Da er sich des Filmerfolgs nicht sicher war und höchstens eine Rückkehr zur Marine erwarten konnte, war er äußerst interessiert. Das Old Vic würde ihm wieder große klassische Rollen ermöglichen, und so nahm er ihren Vorschlag sofort an. Innerhalb weniger Tage, »mit einem Eifer, der Ralph und mich tatsächlich überwältigte«, hatte der Erste Lord der Admiralität die Bitte des Old Vic erfüllt, beide Schauspieler für ihre künstlerische Tätigkeit im nationalen Interesse aus ihren Diensten zu entlassen. Olivier hatte seine drei Jahre praktischer Inaktivität im Kriegsdienst glücklich hinter sich.

Mit finanzieller Absicherung von seiten der CEMA, des Council for the Encouragement of Music and the Arts, und mit zusätzlichen Subventionen der Theatermanager Howard Wyndham und Bronson Albery ausgestattet, gab der Vorstand des Old Vic bekannt, daß das Triumvirat Burrell – Richardson – Olivier im Mai ein aus drei Stücken bestehendes Sommerprogramm am New Theatre in der St. Martin's Lane eröffnen werde. Alle drei unterschrieben einen Vertrag, der jedem für fünf Jahre einen Wochenlohn von vierzig Pfund garantierte; ihr Büro war ein enger, fensterloser Dachboden in St. Martin's Court, nur wenige Meter entfernt. Sobald *Heinrich V.* im Juni endgültig fertiggestellt und für den Kinostart später im Jahr bereit war, suchten Olivier und seine Kollegen Schauspieler für ihr Ensemble – unter anderem Sybil Thorndike, Joyce Redman, Harcourt Williams und eine junge Frau aus dem Birmingham Repertoiretheater namens Margaret Leighton. In der Absicht, Kraft aus dem Unvergänglichen zu schöp-

195

fen, wollte das Old Vic fortan die Klassiker bevorzugen: Für die ersten beiden Spielzeiten einigten sie sich auf Shakespeare, Ibsen, Tschechow, Sheridan und Sophokles und fügten später Shaw hinzu. Der clevere Olivier stellte den Produktionsleiter von *Heinrich V.*, seinen Freund Laurence Evans, als Geschäftsführer ein, der für das Alltagsgeschäft verantwortlich war.

Zu dieser Zeit ging in der Beziehung zwischen Richardson und Olivier die lockere Kameradschaft der früheren Zeiten verloren. Olivier nahm sich selbst viel zu ernst, wohingegen Richardson der fröhlichere und lebhaftere der beiden war – besonders seit er, nach dem langsamen Sterben seiner ersten Frau, vor kurzem die hübsche junge Schauspielerin Meriel Forbes geheiratet hatte.

Olivier dagegen wurde von seinen Karriereplänen völlig in Anspruch genommen. Er ängstigte sich ebenfalls um Vivien. Da sie seit einem Jahr arbeitslos war, langweilte sie sich, während ihn die Filmarbeit von ihr fernhielt, in ihrem Haus in Fulmer. Immer noch schmal und hinfällig durch eine chronische Infektion der Atemwege, war sie dennoch, wie es John Gielgud beschrieb, »äußerst energiegeladen – sie war einfach nicht zu halten«[15]. Im Juni offenbarte sie ihrem Mann, daß sie schwanger sei, und im selben Monat begann sie, gegen den Rat ihres Arztes, in Denham an der Verfilmung von Shaws *Cäsar und Cleopatra* teilzunehmen. Selznick bekam fast hunderttausend Dollar dafür, daß er sie für diesen Film freigab. Die Nachricht von ihrer Schwangerschaft überraschte Olivier anscheinend und bedeutete keine ungetrübte Freude, denn er sah voraus, daß das folgende Jahr ihm noch mehr abverlangen sollte als das vergangene, und die Pflichten der Vaterschaft sah er als zusätzliche Belastung auf sich zukommen. Er drängte Vivien, die Filmarbeit aufzugeben, aber sie war besessen von der Arbeit, wie ihre Freundin Rachel Kempson berichtete.[16]

In der Absicht, das Programm aufzulockern, entschloß sich das Triumvirat, eine Komödie, eine Tragödie und eine poetische Phantasie in das Programm aufzunehmen. Um den früheren Erfolg der Radioversion in bare Münze zu verwandeln, wollten sie mit Richardson in Ibsens *Peer Gynt* beginnen, und Olivier sollte die kleine Rolle des Knopfgießers übernehmen. Als zweite Inszenierung sollte Shaws *Helden* folgen, in dem Olivier und Richardson die Hauptrollen spielten. Und dann sollte Olivier Richard III. spielen.

Die drei Leiter waren keine besonders homogene Gruppe, berichteten Evans und auch andere in späteren Jahren, denn in Wahrheit hatten die drei kaum etwas gemeinsam außer ihrer Berufung fürs Theater. Ihr persönlicher Stil und ihre Lebensart waren sehr unterschiedlich, und mit der Zeit standen sie immer kurz davor, ihre Meinungsverschiedenheiten auszutragen. Diana Boddington, die Inspizientin des Old Vic, die von 1941 an drei Jahrzehnte dort bleiben sollte, war der Ansicht, daß John Burrell tatsächlich der dritte Mann war, irgendwie dominierten ihn die beiden anderen.[17]

Da das New Theatre immer noch für Opernaufführungen genutzt wurde, probte das Ensemble alle drei Stücke zehn Wochen lang in einer großen Halle der nahegelegenen National Gallery. Im Juni und Juli, nach der Invasion der Alliierten in Europa, wurden durch achttausend unbemannte V1-Raketen fast dreitausend Londoner getötet, noch mehr verwundet und Hunderte von Gebäuden zerstört. Die Schauspieler lasen ihre Texte manchmal unter dem Tisch, und da die Galerie ein gläsernes Dach hatte, konnten sie in jedem Moment einem Luftangriff zum Opfer fallen.

Die Spielzeit wurde am 31. August am New Theatre mit Guthries Inszenierung eines gelinde bearbeiteten *Peer Gynt* eröffnet. Als Phantasie von weiträumiger Düsternis, in der sich die Odyssee des Titelhelden vollzieht, der sich dem sinnlichen Leben verschreibt, vermittelt das Stück in den Schlußszenen eine deutliche Moral: Menschen sind wie Knöpfe, sie haben eine eindeutige Form und die Funktion, die Dinge in Ordnung und Harmonie zusammenzuhalten. Aber Peer, so sagt der Knopfgießer, hat sein Leben dem Chaos überantwortet und sich durch sein Handeln ohne Prinzipien selbst verloren. Olivier spielte die kleine Fünfminutenrolle mit frostiger Einschüchterung und strengem Wohlwollen.

Diesem Stück schloß sich Shaws Satire über romantische Kriegsideale an. Als der pompöse, feige und egomanische Major Sergius Saranoff in *Helden* mußte Olivier absurd wirkende heroische Posen einnehmen. In eleganter weißer Uniform, mit einem kecken weißen Hut und dem Schnurrbart eines Kinoschurken, schlug Olivier zackig die Hacken zusammen und spielte auf die komischen Effekte hin, aber während der Voraufführungen in Manchester, die der Londoner Premiere vorausgingen, fand er diese Rolle ausnehmend unsympathisch und unangenehm. Dies erwähnte er Guthrie gegenüber, der darauf erwiderte: »Wenn du ihn nicht lieben kannst, wirst du ihn nie gut spielen.«[18] Jahre später schrieb Olivier: »Ich begann Sergius zu lieben, und meine gesamte Darstellung schien besser und besser zu werden. Für den Rest meines Lebens würde ich es so machen.«

Diese Bemerkung wurde sogar von Oliviers Bewunderern oft als nahezu widerspruchslose Identifikation mit den menschlichen Werten der Figur oder aber als edle (und leicht herablassende) Tolstoische Vergebung seiner Sünden mißverstanden. Aber wie die folgenden Wochen sehr deutlich machen sollten, war diese »Liebe« zu einer Figur weder Mitgefühl noch moralische Überlegenheit, sondern eher der Versuch, Verständnis für die Gründe menschlichen Verhaltens zu entwickeln, eine Übung darin, die Figur als jemand anderen zu sehen, jemanden mit eigener Logik und Integrität. Dafür bevorzugte Guthrie den Ausdruck »Liebe«, und Olivier korrigierte seine Darstellung bereitwillig für die Londoner Premiere am 5. September. Sein Porträt des zuversichtlichen Draufgängers war jetzt außergewöhnlich amüsant und einfallsreich, und es hatte einen Zug von entwaffnender Wärme, die Sergius davor bewahrte, zur lächerlichen Karikatur abzusinken.

Während der zweiten Vorstellungswoche erhielt Olivier einen telefonischen Notruf. Vivien, die sich während der Dreharbeiten zu *Cäsar und Cleopatra* schon krank gefühlt hatte, war unglücklich gestürzt und hatte binnen weniger Stunden eine Fehlgeburt erlitten. Obwohl der Produzent die Aufnahmen für mehrere Wochen unterbrach, um ihr Erholung zu gönnen, war sie zwei Tage später schon wieder auf den Beinen. Ihr Mann wurde von einem straffen und anstrengenden Zeitplan, der acht Vorstellungen pro Woche und tägliche Proben für die kommende Premiere vorsah, in Trab gehalten, und sie beabsichtigte, die ihr aufgezwungene Pause zu nutzen, um ihn zu unterstützen. Jeden Morgen und bis in die Nacht hinein gab sie ihm seine Stichwörter.

Die Fehlgeburt war anscheinend nicht so traumatisch für Vivien, wie manche angenommen haben. Sie glaubte, ein Kind zu wollen, und sie erhoffte sich einen Erben für Olivier, um ihre Beziehung zu festigen. Aber Vivien wollte nicht die Verantwortung einer Mutterschaft, jetzt genausowenig wie zehn Jahre zuvor, und sie verweigerte sich die Fürsorge, die ihre schwache Konstitution während einer Schwangerschaft erfordert hätte. Ihr Kind war die Arbeit, und Olivier ging es ebenso, ihr widmeten sie jene besessene Aufmerksamkeit, aus der totale Hingabe wurde. Monate später kehrte Vivien zu den Dreharbeiten für *Cäsar und Cleopatra* zurück.

Die dritte Produktion des Old Vic, *Richard III.*, bedeutete nun, nach einem erfolgreichen Start der Truppe, einen rauschenden persönlichen Triumph für Olivier. Er hatte sein Modell von Shakespeares königlichem Erzschurken aus sorgfältig ausgewählten Äußerlichkeiten gebaut, von denen etliche auf der Erinnerung an Jed Harris' höhnischen Sarkasmus und seine stählern klingende Stimmführung beruhten. Sein buckliger Richard war ebenfalls drahtig und unwiderstehlich, vielleicht weil seine Opfer so schwach und phantasielos waren. Jedes Detail von Schminke, Kostüm, Blick und Gestik war genau berechnet und geprobt, um ein Porträt von honigsüßer Boshaftigkeit zu zeichnen. Aus dieser sorgfältigen Collage war eine vollständig skizzierte historische Figur entstanden, die zu geradezu beunruhigender Modernität erwachte. Diana Boddington vergaß niemals die Stille, die bei den Proben herrschte, wenn Oliviers furchterregende Vorführung seiner Kunstfertigkeit seine Kollegen fesselte.

In der Nacht vor der Premiere hielten Vivien und ihr gemeinsamer Freund Garson Kanin in einer Suite im Claridge's bei dem schlaflosen Olivier Wache. Durham Cottage war zur Zeit nicht bewohnbar, es mußte nach den Bombenangriffen repariert werden. Da Olivier seinen Text nicht behalten konnte, geriet er in Panik, überzeugt davon, daß Burrell und Richardson ihm die Rolle des königlichen Erzschurken gegeben hatten (die erst vor kurzem in einer brillanten Interpretation von Donald Wolfit zu sehen gewesen war), um ihn zu vernichten. Gegen vier Uhr fiel er in den Schlaf der Erschöpfung. Als er um acht aufwachte, hatte er immer noch Probleme mit etlichen Szenen. Aus Angst vor dem Spott der Kritiker und Kollegen rief er etliche Freunde an, darunter die Schauspieler John und Mary Mills, die regelmäßige Besucher in Fulmer und Durham Cottage waren, und bat sie, ihn eine Stunde vor der Premiere in seiner Garderobe aufzusuchen. Sie trafen ihn fertig kostümiert an, er tigerte jedoch nervös auf und ab.

»Setzt euch, meine Lieben, und hört mir zu«, sagte er. »Ich wollte bloß, daß ihr wißt, daß ihr eine absolut grauenhafte Vorstellung sehen werdet. Die Generalprobe war chaotisch. Ich hatte mindestens ein Dutzend Hänger. Es ist eine scheußliche Inszenierung, und ich war ein Idiot, mich überreden zu lassen, diese Scheißrolle zu spielen. Ihr habt vier Stunden Langeweile vor euch.«[19] Dann bat er das Ehepaar Mills, jeden, den sie kannten, vor Beginn der Vorstellung zu warnen, bevor sich der Vorhang hob, daß er schrecklich sein würde.

Olivier war nicht nur erschöpft, die Rolle muß ihn auch geschreckt haben: Wie kann man Richard lieben, auf Guthries Weise lieben, um die Rolle gut spielen zu können? In diesem Fall war der Schauspieler gezwungen, mehr als »Liebe« zu fühlen, denn dies war die erste ausschließlich böse Figur, die er kreieren mußte, und er fand sie entmutigend. Ein dermaßen monströser Charakter konnte das Publikum nur befremden. Aber zu seiner Überraschung merkte er, daß schon Shake-speare diese Zweifel im Keim erstickt hatte, denn Richard ist die zwingendste Figur im ganzen Stück, die einzige, die dem Publikum Anlaß zu tieferer moralischer Reflexion gibt. Und Olivier fand, daß eine Figur wie Richard – auf eine verdrehte Weise, wie immer bei solchen Rollen – unvermeidlich faszinierte und überhaupt nicht befremdete. Dies war das definitive Porträt des Ehrgeizes, und Ehrgeiz war der Zwillingsbruder seiner Phantasie.

Vom Augenblick an, als der Vorhang sich hob und er auf die Zuschauer loshumpelte und sie mit dem Eröffnungsmonolog ansprach (»Nun ward der Winter unsers Mißvergnügens glorreicher Sommer durch die Sonne Yorks...«) beherrschte Olivier die Bühne wie nie zuvor. Zunächst verblüffte seine Verwandlung, die noch über den ausgestopften Buckel und das groteske Humpeln hinausging: Er hatte sich eine tiefschwarze Perücke verpaßt, seine Lippen glänzten dunkelfettig, seine Augenlider waren geschwärzt, und die falsche Nase war lang und spitz, als könnte sie vor lauter Neugier jemanden aufspießen.

Aber sein Richard sah keineswegs wie der Gast eines Kostümballs aus. Olivier faszinierte durch seine vergiftete Selbstversunkenheit, er riß das Publikum an sich, schuf eine Atmosphäre der stillen Teilnahme auf seinem todbringenden Weg zum Thron; er präsentierte das Böse als etwas Vertrautes, erschreckend Verführerisches, etwas allzu Menschliches, das man nicht einfach in eine andere Welt verbannen konnte. Während er sich an die Zuschauer wandte, ihnen zublinzelte und ihnen zuflüsterte, sagte er eigentlich nur »Schaut mich an«, aber er wollte damit nicht nur die Aufmerksamkeit auf sich lenken, er wollte etwas Wichtiges sagen. Der ergebene Bruder, verführerische Liebhaber, Onkel, Höfling: Dieser Ränkeschmied bot eine Fülle an Minidramen im Zwielicht des Hauses Plantagenet. Oliviers Richard, ein boshafter Mann von tödlichem Sarkasmus, war wie ein furchtbarer Unfall: zu schrecklich, als daß man selbst darin verwickelt sein könnte, zu faszinierend grausig, um nicht hinzuschauen. Sein Sterben erschien wie der Todeskampf einer aufgespießten Spinne, jeder Krampf eine aufwühlende Antwort auf die tödlichen Schwerthiebe, bis er im wahrsten Sinne des Wortes aus dem Leben gerissen wurde. Als der letzte Vorhang fiel, gab es einen Augenblick der Stille, als würden es die eben gezeigten Schrecken dem Publikum unmöglich machen, sofort zu reagieren. Danach, sagte John Mills, »schienen die Leute wahnsinnig zu werden. Jeder wußte, daß wir gerade etwas sehr, sehr Ungewöhnliches und sehr Großartiges gesehen hatten. Wir hatten einen Mann in einer seltsamen, angsteinflößenden, hochgespannten

Stimmung gesehen – und da stand er, verbeugte sich, anscheinend so normal wie wir alle. Aber eigentlich auch wieder nicht«.

Es war typisch für Olivier, daß er auch seinen Kollegen Furcht einflößte, darunter George Rose, der sein Debüt in einer kleinen Rolle hatte. Olivier griff ihn mit dem Schwert an, durchschlug seinen Flaggenstock und fügte ihm eine Kopfwunde zu. Auch Richardson wurde nicht verschont, als er sich mit ihm in der Rolle des Richmond duellieren mußte. »Mußt du wirklich immer so hart rangehen, alter Knabe?«[20] fragte Richardson oft nach der Vorstellung, wenn seine Augen, Ohren und Hände wieder einmal durch Oliviers allzu realistisches Fechten in Gefahr geraten waren.

Laurence Olivier hatte wie üblich seine Rolle von kleinen, äußeren Details ausgehend erarbeitet. Er bewegte sich langsam von außen nach innen, wie er oft betonte, baute sich eine Basis aus charakteristischen Beobachtungen und fand »irgendwo in ihrem Zentrum schwimmend eine Kreatur«. Später wurde er oft nach dieser Methode gefragt, von der er behauptete, sie erlaube es ihm, die Rolle in sich selbst zu finden; ein Schauspieler dagegen, der von der Innenseite ausging, betonte er, der eine persönliche Geschichte suchte, von der aus er die Rolle aufbauen konnte, würde nur sich selbst in der Figur wiedererkennen. Der Unterschied war entscheidend, denn Olivier entdeckte einen Teil von Richards Ehrgeiz und Neid innerhalb der größeren Wahrheit des Laurence Olivier, aber er unterwarf sich nicht der größeren Wahrheit der Rolle und suchte Laurence Olivier dort zu finden. Rollenspiel bedeutete für ihn nie eine Technik der Selbstergründung; es erschloß ihm ein anderes Wesen, in dem Olivier und sein Publikum etwas zutiefst Menschliches entdecken konnten. Sein Spiel erlaubte ihm und den anderen, sich mit einem kleinen Stückchen Wahrheit anzufreunden, nicht aber, sich damit zu identifizieren, und im Fall des Richard mag er auch den Ehrgeiz dessen, der etwas zu sein vorgibt, verstanden haben. Bei der Vorbereitung der Rolle, sagte er Jahre später,

> begannen Dinge sich zu entwickeln, die dir helfen, die Figur zu verstärken. Und da das wirklich du bist, beginnst du, diese neue Seite deines Charakters zu lieben, wie du vorher die alten Seiten geliebt hast. Vielleicht liebst du sie mehr, weil alles so neu und anders ist, aber das bist immer noch du. Und das bedeutet, von außen nach innen zu arbeiten, aber auf eine viel substantiellere Art, als die meisten Schauspieler es tun, die nämlich nur ihr eigenes Wesen der Rolle überstülpen.[21]

Ansonsten hielt Olivier nicht besonders viel von wohlklingenden Schauspieltheorien. Er zitierte gern eine Bemerkung von Margot Fonteyn, die, um eine Erläuterung gebeten, was sie mit ihrem eben beendeten Ballett zum Ausdruck bringen wolle, erwiderte: »Ich habe es erklärt, während ich es gemacht habe.«[22]

Seinen ersten Auftritt als Richard absolvierte er »ängstlich, mit Herzklopfen, denn meiner Ansicht nach war jeder ziemlich verzweifelt über die ganze Inszenierung, und niemand glaubte an meine Darstellung«. Aber am nächsten Morgen waren alle Kritiker einmütig auf der Suche nach Superlativen, und innerhalb von drei Tagen waren sämtliche Vorstellungen dieser Spielzeit am Old Vic ausverkauft.

Sein zweiter Auftritt als Richard fand am folgenden Nachmittag statt. »Es lag etwas in der Luft«, erzählte Olivier Jahre später.

> Es gibt eine Redewendung – der süße Duft des Erfolgs*... und als ich auf die Bühne kam, fühlte ich, daß die Kritiker mich zum erstenmal anerkannten, daß mich die Öffentlichkeit anerkannte... Es war überwältigend, und es stieg mir sogleich zu Kopf. Ich fühlte ein wenig die Macht der Hypnose. Ich wußte, jetzt hatte ich sie.[23]

In dieser Woche kam ein Kunde zum Kartenvorverkauf und fragte nach Karten für »ein Laurence-Olivier-Stück«. Der Verkäufer fragte ihn, welches Stück er sehen wollte. »Ist egal – wo immer Laurence Olivier mitspielt.«[24]

Oliviers Triumph fand mit befreiender Ironie ausgerechnet im New Theatre statt, wo sein Auftritt mit John Gielgud im Jahre 1935 ihn veranlaßt hatte, seine Zukunft als ernsthafter Schauspieler in Frage zu stellen. Ein paar Tage später wurde ein langes, schmales Paket abgegeben, von John Gielgud an Olivier adressiert. Neben einem Dutzend Rosen lag darin das berühmteste Requisit der Theatergeschichte: das Schwert, das Edmund Kean in der Rolle des Richard 1814 getragen hatte und das über zwei Generationen von Schauspielern 1877 an Henry Irving ging. Irving hatte es seinem Ensemblemitglied William Terriss vermacht, der 1897 ermordet wurde. Dessen Tochter, die Schauspielerin Ellaline Terriss, übergab es später ihrem Ehemann, dem Schauspieler und Manager Seymour Hicks, und schließlich kam es in die Familie Terry. Auf der Klinge war an jenem Septemberabend eine neue Gravur zu lesen. »Dieses Schwert, das er von seiner Mutter

---

* Die Wendung wurde von dem amerikanischen Schriftsteller Ernest Lehman geprägt, der ihn als Titel für eine Kurzgeschichte verwendete und auch die spätere Kinofassung so nannte.

Kate Terry Gielgud im Jahre 1938 erhielt, übergibt John Gielgud seinem Freund Laurence Olivier als Würdigung seiner Darstellung in *Richard III.* im New Theatre, 1944.« Als Olivier 1979 gefragt wurde, wem er das Schwert vermachen werde, antwortete er: »Niemandem. Es gehört mir.« Und dabei blieb es. Es gab in seinem Testament keine Verfügung hinsichtlich des Schwerts.

Im November 1944 kam *Heinrich V.* in die Londoner Kinos und wurde der erfolgreichste Film der britischen Geschichte; er lief ohne Unterbrechung elf Monate lang. Dieser Film, der die Ängste des Krieges, sein Ende und die Nachwirkungen so packend darstellt, hatte im April 1945 in Amerika Premiere, und das war die zweite Etappe des weltweiten Siegeszugs dieses Films – und seines Regisseurs und Hauptdarstellers. 1947 erhielt Olivier einen Sonder-Oscar für »seine außergewöhnliche Leistung als Schauspieler, Produzent und Regisseur, der *Heinrich V.* auf die Leinwand gebracht hat«. Das Projekt, das ihm nur fünfzehntausend Pfund eingebracht und für das er sich verpflichtet hatte, achtzehn Monate danach auf Filmaufnahmen zu verzichten, spielte Gewinne in Millionenhöhe ein.

Da er seit diesem Herbst in England als der beliebteste Darsteller auf Bühne und Leinwand galt, veränderte sich seine ganze Art auf bestürzende Weise. Entgegen den Wünschen Viviens und dem Rat seiner Freunde kaufte er die große Abtei aus dem 13. Jahrhundert bei Long Crendon in Buckinghamshire fünfzig Meilen nordwestlich von London, die Vivien entdeckt hatte und deren Name von dem Augustinerkloster Notley Abbey stammte. Das mit Atmosphäre gesättigte Haus mit zweiundzwanzig Zimmern besaß drei große Wohnzimmer, sieben Schlafzimmer, eine Bibliothek, einen feudalen Speisesaal und einen eigenen Dienstbotenflügel. Es gab Tennisplätze, Obstgärten, guten Boden und ein Häuschen für den Verwalter mit drei Schlafzimmern; das alles auf über achtundzwanzig Hektar Land. Das graue Steinhaus mit bleiverglasten Fenstern, alten Friesen, behauenen Kapitellen, Gratgewölben und schönen Holzbalken hätte einem Roman von Daphne du Maurier oder dem Bühnenbild eines frankorussischen Balletts entsprungen sein können. Es war während der Herrschaft Heinrichs II. begründet und durch den Earl of Buckingham am Fluß Thame erbaut worden; es überlebte die Auflösung der Klöster unter Heinrich VIII.; seitdem waren Gewächshäuser, eine Scheune, versteckte Gärten und Hühnerhäuser hinzugefügt worden.

Obwohl die Renovierung mehrere Monate in Anspruch nahm, hielt Olivier dies für seine Residenz, die das Schicksal für ihn vorgesehen hatte: Immerhin hatte ihr König Heinrich V. höchstpersönlich Besuche abgestattet, denn Notley Abbey gehörte zu seinen bevorzugten Übernachtungsorten. »Es war absolut bezaubernd, und es bezauberte mich«, sagte Olivier. »In Notley hatte ich ein Verhältnis mit der Vergangenheit. Für mich besaß es mesmerische Kräfte; ich hätte in seiner Atmosphäre leicht ertrinken können. Ich konnte es nicht in Ruhe lassen; ich war ein Kind, das sich in seiner Geschichte verloren hatte. Vielleicht liebte ich es zu sehr, wenn so etwas möglich ist.«[25]

Neuntes Kapitel

1945–1947

Die wahre Berufung des Menschen kennt nur Gott.

Astrow, in: Tschechow, *Onkel Wanja*

Am 16. Januar 1945 führte die Old Vic Company Tschechows *Onkel Wanja* auf[1]. Laurence Olivier stellte den Astrow dar, den Arzt, der das Sprachrohr des Autors und Mediziners ist. Diese Rolle war bei der Uraufführung im Jahr 1899 von dem großen Schauspieler und Theoretiker Konstantin Stanislawski erarbeitet worden.

Da das Stück *Onkel Wanja* von Menschen handelt, die im Leben versagt haben und daran zerbrochen sind, enthält es kaum Handlung. Vieles ereignet sich jedoch im verhüllten und verborgenen Innern der Hauptpersonen, bei deren Konfrontation ein Stimmungsgeflecht aus Desillusionierung von der Gegenwart und versonnener Sehnsucht nach der Zukunft entsteht. Astrow ist eine edle und attraktive Gestalt, doch er stürzt sich in die Arbeit und verfällt dem Alkohol – Fluchtmechanismen, die er genausowenig überwinden kann wie die Umweltprobleme, die er so treffend diagnostiziert. Astrow war oft als Byronscher Held gespielt worden, der sich ganz allein den gesellschaftlichen und materiellen Übeln entgegenstellte. Er ist ein weltfremder, jedoch sympathischer Moralist, und Olivier spielte ihn zu Recht weder als gestrauchelten Genius noch als alternden romantischen Narren (in der Szene, wo er Jelena seine leidenschaftliche Liebe gesteht). Durch *Richard III.* hatte er gelernt, einen mißgestalteten Schurken mit einer sonderbaren Attraktivität auszustatten; Astrow ist

205

kein Schurke, er ist zutiefst menschlich und schwach, zugleich verkörpert er die prophetische Stimme des Dramas. Genau wie er hatte auch Olivier die Bitterkeit des Versagens und die Flucht in die Arbeit kennengelernt; genau wie Astrow war er verletzlich, nachsichtig gegen sich selbst und voller Ehrgeiz. So war es keine Überraschung, daß dies eine seiner Lieblingsrollen wurde, auf die er zurückkommen sollte und die viel später auch im Film festgehalten wurde, als er dieses Stück auswählte, um sich und seine eben flügge gewordene Truppe auf dem Chichester Theaterfestival vorzustellen.

Oliviers Darstellung war zart getönt mit feinen Nuancen der Wut, träumerischer Sehnsucht und unsentimentaler Reue, was vor allem in den langen Monologen zu erkennen ist, in denen der Mißbrauch der Schöpfung angeprangert wird:

> Die Wälder... werden geschlagen, die Vögel und Tiere aus ihrer Heimat vertrieben, die Flüsse werden zu Sümpfen, herrliche Landschaft wird auf ewig zerstört... Der Mensch wurde mit Klugheit und schöpferischer Kraft ausgestattet, doch hat er nur zerstört... Die Tierwelt stirbt aus, das Klima ist ruiniert, und jeden einzelnen Tag wird die Welt ärmer und häßlicher.

Es gelang ihm durch einen fast beiläufigen Charme (wenn Astrow zu dem gleichgültigen, zynischen Wanja und zur unschuldigen Sonja spricht), zu vermeiden, daß seine Reden in rein moralische Ermahnungen umkippten. Genauso vermied er jedes Selbstmitleid in Astrows Klage:

> Das Leben im allgemeinen, das liebe ich. Aber... was mein eigenes, persönliches Leben angeht, da gibt es nicht ein Gutes... Ich arbeite wie kein anderer in dieser Gegend. Ich stelle mich jeder Schwierigkeit. Manchmal bin ich so deprimiert, daß ich nicht weiß, wie ich es ertragen kann. Aber es gibt keinen Hoffnungsschimmer. Ich freue mich auf nichts. Seit Jahren habe ich niemanden geliebt... Eines jedoch kann mich noch berühren – Schönheit.

Mit schlichter Würde stellte Olivier Astrow als jemanden dar, der die tragische Natur des Lebens erkennt, als einen Menschen, der sich nach etwas sehnt, von dem er weiß, daß er es nicht bekommen kann – eine bessere Welt, eine große Liebe –, und der sich trotz der Traurigkeit des Lebens seine Fähigkeit erhält, Natur und Liebe zu schätzen. Er verliert nie die Lust am Leben, und dies – nicht sein Eskapismus – ist der Schlüssel zum Verständnis der Figur.

In diesem Winter machte sein Leben mit Vivien eine schleichende, aber unausweichliche Veränderung durch. Im Januar hatte sie ihre Aufnahmen für den Film *Cäsar und Cleopatra* abgedreht. Obwohl sie nicht von der Arbeit begeistert war, die erforderlich wurde, um aus Notley Abbey eine bewohnbare Residenz für sie beide und ihre Gäste zu machen, ging sie mit frischem Eifer daran, das Haus zu möblieren und auszustatten, um ihrem Mann einen Gefallen zu tun. Das Haus des Autors Frederick Lonsdale in Birchington bei Margate in Kent war ein Mittelpunkt für Feste der Theaterszene gewesen, ähnlich glanzvolle gesellschaftliche Treffpunkte fanden sich bei Ivor Novello in seinem Haus Redroofs bei Maidenhead, in Noël Cowards Residenz Goldenhurst und in Sybil Colefax' Argyll House. Oliviers Notley Abbey mit seiner königlichen Herkunft sollte ihr *petit château* werden.

Aber Vivien war bald so dünn wie eine Magersüchtige, sie wurde von einem chronischen Husten gequält, sie war Kettenraucherin und gelegentlich eine exzessive Trinkerin. Trotzdem gönnte sie sich wie üblich keine Ruhe und bestand darauf, sofort eine neue Bühnenrolle zu suchen. Deshalb rief sie im Januar Binkie Beaumont an, den Produzenten von *Der Arzt am Scheideweg;* sie war entschlossen, mit Olivier Schritt zu halten und (wie sie glaubte) seine beruflichen Erwartungen in sie zu erfüllen. Beaumont hatte vor kurzem das Textbuch zu Thornton Wilders moralischer Allegorie *Wir sind noch einmal davongekommen* gelesen und ihr die Rolle der Sabina ans Herz gelegt, die ein burleskes Dienstmädchen und zugleich eine Lilith-Figur ist. Das Stück war mit Tallulah Bankhead in dieser Rolle 1942 und 1943 in New York ein großer Erfolg gewesen. Da Vivien sehr daran lag, ihre eigene Bühnenkarriere voranzutreiben, während die Oliviers solche Fortschritte machte, bat sie ihn, Regie zu führen, damit ihre Darstellung so vollkommen wie möglich würde. David Selznick wollte sie nicht freigeben und ging mit seinen vertraglichen Abmachungen bis vor die Londoner Gerichtsbarkeit, wo Viviens Rechtsanwälte jedoch ein gerissenes Argument vortrugen: Sollte Vivien nicht als Schauspielerin arbeiten, könnte sie zum Militärdienst eingezogen werden. Und da Selznick in Großbritannien kein Filmstudio besaß, würde er keine Einbußen dadurch erleiden, daß sie auf der Bühne auftrat.

Selznick verlor den Fall, und schon im Februar probte Olivier *Wir sind noch einmal davongekommen* mit Vivien. Nicht nur weil er sich ihrer Karriere gegenüber verpflichtet fühlte, nachdem er sich so stark auf die seine konzentriert hatte, sondern weil sich ihm zum erstenmal seit *Bees on the Boatdeck* im Jahr 1936 die Gelegenheit bot, auf der

Bühne Regie zu führen, übernahm er diese Aufgabe gern. *Wir sind noch einmal davongekommen* ist eine bizarre, surrealistische Mischung aus Symbolismus und Phantasie, das Stück verfolgt den Werdegang einer Familie aus New Jersey von der Steinzeit bis in die Gegenwart. Angeregt durch Joyces *Finnegans Wake,* präsentiert das Stück zugleich Dinosaurier und Badenixen, griechische Dichter und Überraschungstelegramme, Eiszeit und Radios. Nach *Heinrich V.* konnte kein anderes Stück Oliviers Vielseitigkeit als Regisseur besser unter Beweis stellen.

Obwohl die Zuschauer in der Provinz geteilter Meinung über die Qualität des Stückes waren, bewunderten sie einstimmig Viviens Darstellung; und nach der Londoner Premiere am 16. Mai waren die Kritiken günstig genug, um für ein volles Haus zu sorgen. Voller Vertrauen auf seinen Erfolg, konnte Olivier Kritiker genausowenig ertragen wie Narren. Als James Agate, der gefürchtetste der Londoner Theaterkritiker, erst nach Beginn des zweiten Akts an seinen Platz am Mittelgang zurückkehrte, fegte Olivier zu ihm hin, schlug ihm auf die Schulter und knurrte: »Sie sind zu spät, verdammt noch mal!«

Trotz dieser Abreibung war Agates Besprechung über Vivien voll des Lobes. Dies machte es ihr wohl etwas leichter, mit der Nachricht fertig zu werden, daß sie bald schon wieder von ihrem Mann getrennt sein sollte, denn nach der Kapitulation Deutschlands am 7. Mai hatte das Old Vic eine achtwöchige Europatournee geplant.

Bevor der Monat vorbei war, zwängten sich Olivier und fünfundsechzig Kollegen an Bord eines Truppentransporters. Angetan mit britischen Armeeuniformen im Leutnantsrang, der ihnen ehrenhalber verliehen worden war, führten Olivier und Richardson die Truppe an. Richardson trug die übliche Schirmmütze, während Olivier ein Barett französischer Art bevorzugte. In Antwerpen spielten sie *Helden* und *Peer Gynt,* und der britische Generalkonsul gab ein üppiges Fest für die Truppe. Ähnliche Empfänge fanden in Brügge und Gent statt, nachdem in den reich geschmückten belgischen Theatern *Richard III.* gegeben worden war.

Die Truppe des Old Vic zog weiter und gab eine Sondervorstellung für die fünfhundert britischen und französischen Soldaten, die abkommandiert worden waren, das befreite Konzentrationslager Bergen-Belsen zu beaufsichtigen. Dort hausten etwa vierzigtausend Insassen, die soeben dem Tod entronnen waren, neben einem Acker mit zehntausend Leichen. Sybil Thorndike und einige Ensemblemitglieder besichtigten die improvisierte Klinik in Begleitung eines Arztes, doch Olivier lehnte es ab, die Insassen und die Kinder zu besuchen. »Denkt daran, vergeßt nicht die Frühvorstellung«, erinnert er seine Kollegen, ehe sie loszogen.

An diesem Abend spielten sie *Richard III.* am Hamburger Schauspielhaus. Olivier stolperte bei einem Abgang, erzählte der Infanterist R.B. Appleton[2] Jahre später, und deshalb ließ er bei seinem nächsten Abgang auf derselben Treppe besondere Vorsicht walten, sah sich um und lächelte, um zu zeigen, daß er diesmal alles richtig gemacht habe. Er war, glaubt man Richardson, während der ganzen Tournee gutgelaunt – und zu Tode gelangweilt.

Die Langeweile schlug in Angst um, als er einen Brief eines Londoner Freundes namens Anthony Bartlett erhielt: Nachdem Vivien monatelang keine Rücksicht auf ihren körperlichen Zustand genommen hatte, hatte sie sich endlich den notwendigen Untersuchungen unterzogen, und die Diagnose lautete auf Lungentuberkulose. Da Olivier nicht nach London zurückkehren konnte, verfolgte er auf seiner Reise durch Deutschland alle Neuigkeiten und erfuhr in Frankreich, daß Vivien im University College Hospital in Quarantäne lag, nachdem *Wir sind noch einmal davongekommen* nach achtundsiebzig Vorstellungen abgesetzt worden war. Mittlerweile war die Old Vic Truppe in Paris angelangt, wo sie zwei Wochen lang am Théâtre Marigny *Helden* spielten. Dort bestand Olivier darauf, den Besetzungsplan zu ändern, denn Richardson hatte die Spielzeit am Vic in London und die in Paris eröffnet. Nun würde er den Richard spielen, sobald die Truppe ins Théâtre Français weiterzog.

Oliviers Richard war der große Triumph der Tournee, beendete jedoch um ein Haar seine Freundschaft mit Richardson, fast sogar sein Leben. »Ralph vergab Larry die Änderung des Besetzungsplans nie«, so Laurence Evans, und nach der Feier, die der Aufführung folgte, stürmte ein betrunkener Richardson in Oliviers Zimmer im vierten Stock, warf sich auf ihn und zerrte ihn zum Balkon. In wenigen Sekunden hatte er ihn über das Geländer gehievt. Erst nach Oliviers leisem Flehen zog ihn Richardson ganz langsam zurück in die Sicherheit.

Viele, die die beiden kannten, erklärten sich die Geschichte mit Richardsons Trunkenheit; trotz dieses ungewöhnlichen Abends in Paris waren die beiden Männer, das war offensichtlich, die besten Freunde. Doch hier kam eine lebenslange Eifersucht ans Licht. Richardson beneidete Olivier um seine glanzvolle Ausstrahlung und seinen enormen Kassenerfolg am Old Vic, während Olivier stets fürchtete, daß das Glück eines Schauspielerrivalen sein eigenes Unglück bedeutete. David Fairweather, der Pressereferent der Truppe, erinnerte sich an die heftigen Auseinandersetzungen der beiden Stars während ihres

Aufenthalts in Paris. An einem Abend gab es nach dem Essen in einem Restaurant eine peinliche Szene zwischen ihnen, in der es um ihre Auftritte ging: Wer bekam mehr gute Kritiken, wen liebte das Publikum mehr?

Natürlich finden sich solche Ängste bei Schauspielern häufig, die immer der Möglichkeit ins Auge sehen müssen, daß eine Rolle die letzte ist, daß das Gedächtnis oder die Stimme aussetzt, daß ihnen Rollen oder die fürs Weiterkommen wichtigen Preise versagt bleiben. Sogar Laurence Olivier mit seinem begnadeten Talent war kein Egomane, und seine Energie schien oft durch seine Unsicherheit angefeuert zu werden. Später vermieden es Gielgud und Richardson, die Oliviers Konkurrenzdenken kannten, manchmal bewußt, an seiner Seite aufzutreten. »Ich hasse ihn«, sagte Richardson einmal, »bis ich ihn sehe. Dann hat er eine größere Anziehungskraft als jeder andere, den ich je getroffen habe.«[3] Dieser Gegensatz blieb stets gepaart mit den widersprüchlichen Gefühlen der gegenseitigen Bewunderung.

Ein Nachspiel des Pariser Vorfalls folgte auf dem Fuß: Olivier machte Richardson den klugen Vorschlag, in der kommenden Spielzeit am Old Vic den Falstaff in beiden Teilen des *Heinrich IV.* zu spielen; Olivier würde kleinere Rollen übernehmen (die aber großen Eindruck machen sollten). Die Darstellung des Falstaff wurde zu einem von Richardsons größten Triumphen, und er rechnete es Olivier stets hoch an, daß er ihn dazu inspiriert und ermutigt hatte.

Bei seiner Rückkehr nach London im August fand Olivier eine gutgelaunte Vivien vor, die bald aus der Klinik entlassen werden sollte; nach einem kurzen Ferienaufenthalt in Schottland brachte er sie nach Notley Abbey in die Obhut zweier Krankenschwestern. Dort ruhte sie sich vier Monate zufrieden aus, in der falschen Zuversicht, daß ihre Tuberkulose endgültig zum Stillstand gebracht worden sei. Sie las Dickens, orientalische Philosophen und französische Klassiker, kümmerte sich dann und wann um einen der vernachlässigten Gärten und plante die großartigen Wochenenden und Bankette, zu denen sie einladen wollte. Ebenso überwachte sie die Ankunft von Antiquitäten, Wandteppichen, Tapeten und Silberwaren, mit denen sie das Haus in eine wahre Schatztruhe verwandelte. Olivier stürzte sich währenddessen in einen geradezu selbstzerstörerischen Arbeitsrhythmus, lernte vier sehr verschiedene Rollen, Tausende von Verszeilen und Prosa innerhalb von drei Wochen; zu keiner Zeit seines Lebens verlangte er sich mehr ab als in jenem Herbst des Jahres 1945. Seine Arbeit war nun seine einzige verzehrende Leidenschaft.

Am 26. September wurde mit *Heinrich IV., Erster Teil,* die neue Spielzeit eröffnet. Richardson spielte den Falstaff, Olivier den Hotspur. Ein Schauspieler, der als Puck und Mercutio richtig besetzt war, war die perfekte Besetzung für den aufgeblasenen, männlich-arroganten jungen Rebellen, für den Olivier im Text einen sympathischen Charakterzug fand, wo von seinem »Stottern, was ein Fehler der Natur bei ihm«, die Rede ist. Also stotterte Olivier bei jedem Wort, das mit einem W begann, und lieferte eine hinreißende Sterbeszene: Nachdem Prinz Hal den tödlichen Schwertschlag auf Hotspurs Nakken ausgeführt hatte, stand Olivier da, die Hände auf die Wunde gepreßt, aus der Blut zwischen seinen Fingern hervorquoll, und keuchte seine letzten Worte: »...du bist Staub und Speise für W... W... (Würmer)«, fiel vornüber aufs Gesicht und starb bei dem Versuch, das Wort zu beenden. Augenblicke später trug Richardson ihn über seiner Schulter von der Bühne, und das Aufschlagen von Oliviers Kopf auf den Brettern und Stufen war so schmerzhaft realistisch, daß etliche Zuschauer glaubten, er habe bei seinem Fall das Bewußtsein verloren.

»An ihm war ein Zug von Rücksichtslosigkeit«, erinnerte sich Harry Andrews, der sich mit Olivier in *Romeo und Julia* 1935 duellieren mußte (und der in diesem ersten Teil des *Heinrich IV.* den Scroop darstellte):

> Dies zeigte sich daran, wie eifersüchtig er auf andere Schauspieler sein konnte, sogar auf seinen alten Kumpel Ralph Richardson... Wenn Hotspur und Falstaff nach dem Stück einzeln vor dem Vorhang ihren Applaus entgegennahmen, schwoll er bei Larry an und wieder etwas ab, sobald Ralph vortrat. Eines Abends jedenfalls, als ich den Vorhang für ihn zurückhielt, damit er vortreten und seinen Applaus empfangen konnte, kam Ralphy gleich hinter ihm nach vorn, und der Applaus wurde viel stärker, und er sagte: »Mann, dieser Mistkerl, warum zum Teufel hat er mir das angetan?« Und er hat es genauso gemeint.[4]

Am 3. Oktober folgte *Heinrich IV., Zweiter Teil,* und Olivier verwandelte sich in den alten Friedensrichter Shallow. Wiederum bewies er seine Virtuosität, indem er die kleine Rolle mit einer freundlichen Senilität ausstattete; er sprach mit dünner, hoher, zittriger Stimme und hatte sich dicke Schminke im Gesicht aufgetragen. (»Schminke ist ein seltsames Zeug, und für mich liegt darin viel von dem ganzen Bühnenzauber.«[5]) Die Kritiker und Theatergänger bemerkten natürlich seine Fähigkeit, diese beiden Rollen in unvergeßlich facettenreiche Figuren zu verwandeln. Richardson war allerdings nicht so angetan: In seinem

Erfindungsreichtum hatte Olivier beschlossen, daß Shallow auch Imker sein sollte, und dies führte dazu, daß er dem anderen dreist die Schau stahl. In seinen Dialogen mit Richardson / Falstaff setzte er seinen Hut ab, schlug in die Luft, als ob er eine Biene jagte, trippelte weiter und haschte nach einer anderen Biene. »Du bist sehr, sehr komisch«, sagte Richardson hinter der Bühne, als er ihn bat, die Schnurren zu reduzieren, »aber ich habe einfach zuviel wichtigen Plot, durch den ich hindurch muß.«[6]

Andere Mitspieler fanden ihn, so Margaret Leighton, »gewissenhaft und perfektionistisch, es gab Momente, in denen er schneidend und kritisch war«[7]. In der Rolle der Lady Hotspur saß sie während der Generalprobe hinter Olivier und Sybil Thorndike. Als die ältere Schauspielerin Margaret Leightons gute darstellerische Leistung erwähnte, sagte Olivier, wohl ohne zu wissen, daß sie sich genau hinter ihm befand: »Mein Gott, das Mädchen ist ein Scheißpapagei!« Später, kurz vor Beginn der Premiere, ließ Olivier Margaret Leighton in seine Garderobe kommen. Während er sich schminkte, fragte er, ein wie gutes Gedächtnis sie habe. (»Ich hatte weder die Schlagfertigkeit noch die Nerven, um zu sagen, ›Wie ein Scheißpapagei, Darling‹!« sagte sie später.) Dann teilte Olivier ihr wichtige Änderungen mit, die er in wenigen Augenblicken ausgeführt sehen wollte, verschiedene neue Positionen auf der Bühne und andere Betonungen des Textes.

»Ich versuchte, meine Vielseitigkeit zu zeigen«, gab Olivier Jahre später zu. »Doch es macht auch unendlich viel mehr Spaß, wenn man die Rollen variiert!«[8]

> Ich stelle mir gern vor, daß mein Gesicht immer wie eine leere Leinwand gewesen ist, für jede Form bereit, die ich mir wünschte. Es machte mir immer große Freude, das Publikum zu überraschen. »Mein Gott, ist er das wirklich?«... Nichts verschaffte mir größeres Vergnügen, als zu wissen: Ich habe mein Publikum hinters Licht geführt und war schon länger als fünf Minuten auf der Bühne, ohne erkannt worden zu sein.[9]

Seit den Spielzeiten des Old Vic in den Jahren 1937 und 1938, in denen er Hamlet, Toby Belch, Heinrich V., Macbeth, Jago und den Coriolan spielte, hatte Olivier sich nicht mehr an einer solchen Fülle von Rollen versucht. Aber seine Leistungen der Jahre 1944 und 1945 waren gründlicher vorbereitet, viel reifer und weniger abhängig von der Anleitung eines Guthrie oder Saint-Denis. Als Heinrich im Film, als Knopfgießer, Sergius, Richard, Astrow, Hotspur, Shallow und neuerdings auch als Ödipus und Puff vermittelte Olivier Porträts, die aufgrund der vielfältigen beruflichen und persönlichen Verpflichtungen, der freud- und leidvollen Erfahrungen in den dazwischenliegenden Jahren nur gewonnen hatten. Es waren darstellerische Leistungen eines Mannes, der mit Enttäuschungen und mit Erfolg ebenso vertraut war wie mit der schwärmerischen Verliebtheit in eine Frau, von der er sich jetzt immer weiter entfernt hatte. Er konnte weder sich selbst noch diese Erfahrungen an der Türschwelle des New Theatre hinter sich lassen; vielmehr bereicherten sie seine Schauspielkunst um eine neue Tiefe und Menschlichkeit. Aber es war schon in seiner Zeit mit der Repertoiretruppe in Birmingham so, daß er anders aussehen, klingen und sein wollte, da er immer wieder Neues über sich selbst lernen wollte. Welche Rolle, welche Stimme entsprach nun wirklich Laurence Olivier? Welche Darstellungsweise kam dem wirklichen Menschen am nächsten? Ihn verließ nie das Gefühl der Unvollständigkeit, der Unvollkommenheit, und dies war der tiefliegende Grund für seine »Schuld« – nicht für etwas, das er getan hatte, sondern für etwas, das ihm fehlte, etwas, das er in sich selbst vermißte.

Trotz alledem wurde in jener Spielzeit bei dem achtunddreißigjährigen Laurence Olivier ein neues Selbstvertrauen bemerkbar, das sicherlich das Ergebnis seiner Reife war, aber auch auf seinem Bemühen basierte, dem Leben mit Hilfe seiner Kunst die Struktur, die Vernunft und die Kontrolle zu verleihen, die er als Privatperson brauchte. Mit seiner Kunst war ihm ein Mittel an die Hand gegeben, Unordnung und Angst zu bannen; die Perfektion einer Rolle brachte den Ausgleich für die Unvollkommenheit des wirklichen Lebens.

Dieses Selbstvertrauen und sein ausgeprägtes Gefühl für die Komödie des Erfolgs und die Tragödie des Versagens, führten unmittelbar dazu, daß er in jener Spielzeit darauf bestand, innerhalb einer Doppelvorstellung eine ausgelassen komische neben einer der schrecklichsten Rollen zu spielen. Olivier nahm Tyrone Guthries Vorschlag an, unter seiner Regie in Sophokles' *Ödipus Rex* nach Yeats Prosaübersetzung zu spielen. Olivier jedoch wandte ein, daß dieser lange Einakter keinen ganzen Theaterabend füllen könne, und beabsichtigte, der abstoßenden Geschichte des Vatermörders und inzestuösen Königs eine lebendige, glitzernde Burleske über das Theater an sich gegenüberzustellen – *Der Kritiker,* Sheridans Satire aus dem 18. Jahrhundert, die Schauspieler, Theaterdirektoren, Ästheten und Zuschauer aufs Korn nimmt. Als schuldverstrickter Mensch, der sich am Ende selbst blendet, und darauf als komischer Dandy, der eine Gruppe aufsässiger

Schauspieler während eines Spiels im Spiel beaufsichtigen soll, wollte er in einen einzigen Abend die Extreme des Theaters und seiner eigenen Antworten auf das Leben packen. Guthrie wollte aber nichts von einer so disparaten Doppelinszenierung wissen und zog es vor, nach New York zu gehen. Michel Saint-Denis übernahm die Regie für *Ödipus* und Miles Malleson, ein für komische Rollen berühmter Schauspieler am Old Vic, die für den *Kritiker*.

Während Olivier abwechselnd Hotspur und Shallow spielte, lernte er die sechshundert Verse des Ödipus – etwa die Hälfte des gesamten Stücks – und den ähnlich umfangreichen Text des Puff in *Der Kritiker*. Die beiden Premieren fanden am 18. Oktober statt, und von diesem Abend an war jede Olivier-Vorstellung am New Theatre ausverkauft, und seine Fans erwarteten ihn in Massen am Bühnenausgang.

Der Abend der Premiere war, wie alle Augenzeugen übereinstimmend berichten, einer der großartigsten der britischen Theatergeschichte, der ohne jeden Zweifel unter Beweis stellte, daß Laurence Olivier ein Künstler war, der in der Tragödie ebenso herausragend war wie in der Komödie. Seine Darstellung des Ödipus, schwarzgelockt und mit großer Nase, war die eines edlen Mannes, der von einer Untersuchung zerstört wird, die er selbst nur zum Teil verstehen kann; die Eingangsverse sprach Olivier mit fast gehetztem Realismus und einer erschreckenden Dringlichkeit: »Die Stadt qualmt Weihrauch und murmelt Gebete und Klagelieder. Wißt ihr von etwas, das ich tun kann und nicht getan habe? Wie kann ich, als der Mensch, der ich bin, etwas anderes tun, als nur das, was ich weiß?«

Von diesem Punkt an bewegte sich Olivier auf einem dunklen Pfad bis hin zum endgültigen tragischen Moment, in dem er das Publikum mit zwei markerschütternden Schreien schockierte – einmal hinter der Bühne, einmal bei seinem Auftritt, Hände und Kleidung mit dem Blut befleckt, das aus seinen Augen strömt. Seine Schreie waren unirdisch, unmenschlich; und tatsächlich war Olivier hierzu durch einen Bericht über die Praktiken von Hermelin-Jägern angeregt worden, die Salz auf Eis streuten. Die Tiere leckten es auf, ihre Zungen froren an der Eisdecke fest, und sie heulten im Todeskampf, bis die Trapper kamen und sie totschlugen. Jede Nacht heulte Olivier wie eine Kreatur, die durch das Schreckliche, das sie erleben mußte, auseinandergerissen wird, und er flüsterte fast, als er mit leeren Augen klagte: »Wehe mir! Ich Elender! Wo bin ich? Wohin gehe ich? Wohin werde ich getrieben?«

Diese Vorstellung allein hätte die meisten Schauspieler zu Tode erschöpft, doch fünfzehn Minuten nach dem letzten Vorhang war Olivier wieder da, mit einer neuen Perücke auf dem Kopf und einer anderen falschen Nase im Gesicht. Einige Kritiker beschwerten sich, daß der verstörende Effekt von *Ödipus Rex* durch die darauffolgende Komödie verwässert würde, doch Olivier bestand zu Recht darauf, daß die emotionale Belastung des Publikums durch eine Komödie ausgeglichen werden müßte – und damit bewies er seinen Sinn für das Klassische, denn die Griechen ließen in der Antike den Tragödien ein komisches Satyrspiel folgen, wenn auch nicht am gleichen Tag.

Das Old Vic zeigte Sheridans Stück genau hundertsechsundsechzig Jahre nach dessen Uraufführung, und weder die darin enthaltenen aktuellen Anspielungen noch der Humor waren gealtert. Puff, die Hauptfigur, tritt in der zweiten Szene des ersten Aktes erstmals auf, und Olivier beherrschte die Bühne in jedem Augenblick; er zerstäubte Schnupftabak in der Luft, den er mit der Nase wieder auffing, lieferte die witzigsten Sentenzen mit atemberaubender Klarheit und leitete die Generalprobe für das Stück im Stück *The Spanish Armada* mit einer Truppe beherzter Dilettanten.

»Die Anzahl derer, die sich die Mühe machen, zu einer eigenen Meinung zu kommen, ist tatsächlich äußerst gering«, rezitierte Olivier mit einem verschlagenen Seitenblick auf sein Publikum, und einige Zuschauer drehten sich in dieser Premierennacht lächelnd zu den Kritikern um. Olivier spielte den einfallsreichen, umtriebigen Puff wie eine lebhafte Elfe, einen Korken auf wildbewegten Wellen, einen Experten in Werbemethoden, die als Journalismus getarnt sind. Buchhändler und geschäftstüchtige Dichter, behauptet Puff, können leicht von der abgekarteten Reklame (engl: *puff*) profitieren. Man muß nur einen kontroversen Text veröffentlichen:

»Ein empörter Korrespondent stellte fest, daß das neue Gedicht namens *Beelzebubs Reigen* oder *Proserpinas Fest auf dem Lande* eines der unverantwortlichsten Machwerke ist, die er je gelesen habe. Die Strenge, mit der bestimmte Charaktere behandelt werden, ist recht schockierend... zu warmherzig gezeichnet, um weiblicher Zartheit gerecht zu werden, und die schamlose Gier, mit der dieses Stück von aller Welt gekauft wird, ist eine Schande für den guten Geschmack unserer Zeit.« Hier finden Sie die beiden stärksten Argumente gleichzeitig aufgeführt; zum ersten, daß niemand es lesen sollte, und zum zweiten, daß jeder es kauft: Infolgedessen druckt der Verleger mutig schon die zehnte Auflage, bevor er die ersten zehn Exemplare der ersten verkauft hat.

Während der letzten Szene von Puffs Theaterproben kletterte Olivier auf eine Sperrholzwolke oberhalb der Bühne, so daß er nach oben und aus dem Blickfeld gezogen werden konnte. Die Bühnenbildner flehten ihn an, diese Idee zu verwerfen, aber er blieb standhaft – wiederum mit einem fast tragischen Ausgang. Eines Abends in jenem Herbst brach der Draht, der ihn sicherte, und er entkam dem Unheil nur dadurch, daß ein Bühnenarbeiter ihm schnell ein Seil zuwarf und ihn daran zur Seite zog, wo er sich an einem Nebenvorhang herunterlassen konnte.

Zu Beginn des Jahres 1946 hatte Vivien an fast allen Wochenenden Gäste auf Notley Abbey und war daher als Gastgeberin sehr beschäftigt. Oft hätte Olivier ruhige und zurückgezogene Momente bevorzugt, denn nur von Samstagnacht bis zum Dienstag konnte er sich von den Belastungen der wöchentlichen Vorstellungen erholen. Die Truppe des Old Vic spielte achtmal die Woche: jeden Abend von Dienstag bis Samstag, und am Mittwoch, Donnerstag und Samstag fanden Matineen statt. Olivier wünschte sich vor allem Zeit, um in seinem Blumengarten zu werkeln, dessen Pflege er übernommen hatte und den er genauso liebte wie das Haus selbst, aber Viviens Wochenenden waren von fieberhaftem Unternehmungsgeist erfüllt. Nach der samstäglichen Abendvorstellung wurden Freunde zu Drinks im Durham Cottage erwartet; gegen Mitternacht zwängten sie sich in ihre Autos, und die Oliviers führten den Konvoi nach Buckinghamshire an.

Dort hatte Vivien jedes Detail geplant, und alles stand bereit, um die zehn bis zwölf Gäste zu verwöhnen. Oft kamen John und Mary Mills, Douglas und Mary Lee Fairbanks, Michael und Rachel Redgrave, John Gielgud und Noël Coward. Die Hausangestellten hatten Kaminfeuer in jedem Schlafzimmer entfacht, dort fanden die Gäste ihre Lieblingsromane, Mineralwasser aus Malvern und eine einzelne vollkommene Rose auf dem Nachttisch vor. Es war fast schon zwei Uhr, wenn zum Dinner gebeten wurde. Die Cocktails wurden in Notleys getäfelter Bibliothek gereicht, und gegen drei Uhr begann das viergängige Menü mit den entsprechenden Weinen. Keine Kosten wurden gescheut, und ein Großteil von Oliviers Einkommen aus *Heinrich V.* ging für ihren großartigen Lebensstil drauf. Notley Abbey hatten sie ausschließlich von seinen Filmgagen und Viviens Ersparnissen aus Hollywood finanziert, dazu kamen noch fünfzehntausend Pfund, die del Giudice Olivier dafür zahlte, daß er für eineinhalb Jahre nach dem Kinostart von *Heinrich V.* weder in einem Film auftrat noch einen produzierte oder Regie führte, eine Abmachung, die dem Film Publicity und finanziellen Erfolg sichern sollte.

Die Besucher waren natürlich ziemlich müde, nachdem sie von ihrer

Gastgeberin fröhlich gezwungen worden waren, bis zum Morgengrauen wach zu bleiben. Laßt Larry zu Bett gehen, pflegte sie zu sagen, wenn ihm gegen fünf Uhr der Kopf auf die Brust sank und er darum bat, sich entschuldigen zu dürfen. Nun folgten Scharaden oder Kartenspiele, die für alle anderen Pflicht waren, obwohl dann und wann ein Meuterer wie Rex Harrison einfach seine Füße hochlegte, sich in den Sessel kuschelte und zu schnarchen begann.

»Larry schaute nur von Zeit zu Zeit einmal vorbei, er trug Sachen aus Tweed und eine Schirmmütze«, so John Gielgud über manche Wochenenden dieses Jahres. »Er nahm nur sporadisch an den Festlichkeiten teil, bevor er im Garten verschwand oder sich mit Modellen und Plänen in sein Arbeitszimmer zurückzog, in das er mich niemals mitgenommen hat. Aber er besaß einen enormen Charme, und er liebte Witze und Verrücktheiten aller Arten.« Die Modelle und Pläne bezogen sich auf zukünftige Inszenierungen, denn sämtliche Feinheiten vom Bühnenbild bis hin zu den Einsätzen für die Beleuchter hingen von seinen Entscheidungen und Änderungen ab; nie zuvor war die Bezeichnung »Schauspieler-Manager« zutreffender gewesen. Allem voran aber liebte Olivier die Gartenarbeit in Notley, die Diskussionen mit Verkäufern über Düngemittel, mit Nachbarn über Setzlinge, mit Bauern aus der Gegend über die Kompostierung.

Gegen acht Uhr morgens bot Vivien Frühstück an, zu dieser Zeit hatten sich die meisten Gäste auf ihre Zimmer geschleppt oder bis zur Bewußtlosigkeit mit Kannen von starkem türkischen Kaffee aufgeputscht; ihr selbst genügte ein kurzer Mittagsschlaf, bevor sie sich in die Unternehmungen des nächsten Tages stürzte. Es gab Tennisturniere und Besichtigungen des Anwesens, bei denen die Kühe besucht wurden, die nach Viviens Rollen benannt waren (es gab Ophelia, Titania und Cleopatra, aber keine Scarlett), und die Baumalleen und die fünfhundert Rosensträucher bewundert wurden, die Olivier selbst pflegte. Er liebte es, den Landedelmann des alten Herrschaftssitzes zu spielen, die Hecken zu schneiden und den Boden zur Saat vorzubereiten, berichtete Harry Andrews.

Olivier hatte in dieser Spielzeit kaum andere Ruhepausen zur Erholung. Der amerikanische Produzent Richard Aldrich, der Ehemann von Gertrude Lawrence, hatte die Theatertruppe des Old Vic im Frühjahr 1946 für sechs Wochen nach New York verpflichtet. Nach der letzten Vorstellung der Spielzeit am 28. April drängten sich mehr als zweitausendfünfhundert Menschen vor dem New Theatre auf der St. Martin's Lane, die lauthals nach Olivier und Richardson riefen.

An Oliviers Mantel wurden die Knöpfe abgerissen, als die Fans versuchten, ihn zu fassen zu kriegen, und die Polizei mußte dafür sorgen, daß die Schauspieler in ihre Taxis steigen konnten. Noch nie zuvor hatte die öffentliche Bewunderung solche Ausmaße angenommen – Vorzeichen für die hohen Wellen, die der Starkult der Nachkriegszeit noch schlagen sollte. Am Tag darauf bestieg die gesamte Truppe einen Constellation Clipper der PanAm für den siebzehnstündigen Flug nach New York. Dort wurden die Oliviers von Garson Kanin und seiner Frau Ruth Gordon empfangen, die sie zum St. Regis Hotel auf der Fifth Avenue eskortierten.

Für jeden, dem die Freuden von Notley Abbey verwehrt geblieben waren, herrschte in New York eine nahezu unwahrscheinliche Opulenz. Diana Baddington erinnerte sich an die Begeisterung aller Mitglieder, täglich Bananen, Schokolade und Kaffee zu erhalten, Dinge, die in England während des Krieges seltene Freuden waren. »Ich weiß noch, wie ich Larry im Flugzeug nach New York ansah und die verschlissenen Manschetten an seinem besten Hemd bemerkte. So etwas war typisch für uns alle – wir hatten keine Kleidermarken.«

Die beiden Teile von *Heinrich IV.* wurden am 6. und 7. Mai zuerst aufgeführt, die Premiere von *Onkel Wanja* war am 13. Mai und am 20. die der Sophokles-Sheridan-Doppelvorstellung, die von der Truppe »Ödipuff« genannt wurde. Olivier war bei jeder Aufführung dabei, am häufigsten in der anstrengenden Doppelvorstellung. Innerhalb kürzester Zeit wurden beim Vorverkauf des Century Theatre sämtliche siebenundachtzigtausend Eintrittskarten für das gesamte Engagement verkauft; noch einmal halb so viele interessierte Zuschauer mußten leer ausgehen, und zu einer Zeit, in der der teuerste Sitzplatz am Broadway drei Dollar neunzig kostete, kassierten Schwarzmarkthändler ohne Schwierigkeit fünfzig Dollar.

Olivier hatte in diesem Frühjahr keine Zeit, selbst Theateraufführungen in New York zu besuchen; Vivien dagegen begleitete oft das Ehepaar Kanin, dem auffiel, wie nervös sie aufgrund ihres erzwungenen Nichtstuns war. »Ein verrückter Streit mit Vivien letzte Nacht«, notierte Kanin nach einem Abend im Mai; es war darum gegangen, daß sie darauf bestanden hatte, ein Wort auf eine bestimmte Weise auszusprechen. »Es muß sie wahnsinnig machen, eine junge Schauspielerin wie sie, auf der Höhe ihrer Kräfte und ihrer Popularität, die sich in der Rolle der nutzlosen Begleiterin sieht, die mit auf die Tournee gegangen ist.«[10] Sie sahen die Stücke *State of the Union, Dream Girl, Annie Get Your Gun* und Kanins eigenen Komödienerfolg *Born Yesterday,* der Vivien so gut gefiel, daß sie Olivier drängte, das Stück zur nächsten Spielzeit nach London zu bringen. Er las den Text, verhandelte schnell und erfolgreich mit Kanin, kabelte nach London, um das Garrick Theatre zu mieten und fand sich plötzlich mit neuer Verantwortung beladen, denn er sollte *Born Yesterday* im nächsten Winter produzieren und die Regie führen. Zur gleichen Zeit bewog Vivien, die darauf brannte, wieder zu arbeiten, Binkie Beaumont dazu, Oliviers Inszenierung von *Wir sind noch einmal davongekommen* im September in London wieder auf den Spielplan zu nehmen.

Oliviers Grund dafür, *Born Yesterday* zu geben, war eindeutig: Er wollte beweisen, daß sein neuer Status als Schauspieler und Komanager vornehmlich klassischer Rollen und Stücke am ehrwürdigen Old Vic seine tatsächlichen Fähigkeiten nicht voll zum Zuge kommen ließ. Er hatte unter anderem auch eine Hand für moderne Werke und amerikanische Stücke, wie *Wir sind noch einmal davongekommen* bewiesen hatte; nun sollte *Born Yesterday,* das voller aktuellem Witz und deftiger Sprache steckte, seine tatsächliche Position festigen, die des vielseitigsten Engländers aller darstellerischen Künste – Schauspieler, Regisseur und Manager am Theater und genauso Schauspieler, Regisseur und Produzent beim Film. Soviel Ehrgeiz wurzelte nicht in Größenwahn, sondern eher in einem vernünftigen Vertrauen auf seine eigenen Fähigkeiten; zur gleichen Zeit jedoch wurde diese sichere Selbsteinschätzung durch regelmäßige Ausbrüche von Wut und Eifersucht konterkariert.

Obwohl er wenig Gelegenheit hatte, am gesellschaftlichen Leben New Yorks teilzunehmen, traf er für kurze Zeit seinen alten Bekannten Alexander Clark bei einer kleinen Versammlung wieder. Frances Tannhill[11], Clarks Ehefrau, hatte wie viele andere in jener Saison den Eindruck, daß Olivier nur glücklich war, wenn er auftrat oder über die Schauspielerei reden konnte. In Gesellschaft verhielt er sich schüchtern und introvertiert und zog sich oft in sein eigenes Schweigen zurück, obwohl deutlich war, daß es in seinem Kopf unermüdlich arbeitete.

Anfang Juni war Olivier so erschöpft, daß er einem Nervenzusammenbruch nahe war; etliche Schauspieler am Century Theatre waren sich keineswegs sicher, ob er den aufreibenden Stundenplan, dem er sich unterwarf, noch lange durchhalten würde. Wenn es vorkam, daß er aus einem seiner kurzen Nickerchen hinter der Bühne geweckt wurde, war er nervös, verstört und schlechter Laune, aus Alpträumen gerissen, die er seinen Kollegen beschrieb: Er fiel aus großer Höhe herab, oder er saß in einem abstürzenden Flugzeug. Er hatte zudem noch eingewilligt, seine seltenen freien Tage durch Rundfunklesungen von Dramenauszügen am Sonntagnachmittag zu unterbrechen – eine zusätzliche Beanspruchung, die der Geldmangel der Oliviers nötig machte. Sein Wochenlohn am Old Vic betrug hundert Pfund, doch davon ließ sich weder die Rechnung des St. Regis Hotels noch Viviens neuer Nerzmantel bezahlen.

Weder das Publikum noch die Kritiker bemerkten seine Erschöpfung. Die Tournee des Old Vic war sowohl eines der wichtigsten kulturellen Ereignisse in New York als auch ein künstlerischer und kommerzieller Triumph, und obgleich die Truppe als Repertoiretheater und ohne Werbung mit den Namen der Stars auftrat, gab es keinen Zweifel daran, daß Laurence Olivier die meiste Aufmerksamkeit erhielt. Sein letzter Auftritt in New York war in der verunglückten *Romeo und Julia*-Aufführung des Jahres 1940 gewesen, die aber nun durch den Wirbel der begeisterten Theaterbesucher und Kritiker in Vergessenheit geraten war. »Das Old Vic ist Repertoiretheater, das zeigt, was es kann«, lautete ein typischer Pressekommentar, »und es ist ebenfalls Laurence Olivier, der sich als ein außergewöhnlich guter Schauspieler erweist.«[12] Richardson und etliche andere wurden für ihre Darstellungen gewürdigt, jedoch widmete man ihnen stets weniger Zeilen als Olivier; die sechs bis sieben Vorhänge, die das Ensemble allabendlich erhielt, zeigten, worum es eigentlich ging: Das Theater war von Rufen erfüllt wie »Bravo, Larry!« und »Wir wollen Larry!«. Autogrammjäger belagerten den Bühnenausgang, und Reporter wurden ausgeschickt, um Interviews zu machen und Anekdoten in Erfahrung zu bringen. »Dieser Frühling scheint Laurence Olivier zu gehören«, verkündete die *New York Times*. Die Bewunderung sog Olivier gierig auf, Aufdringlichkeiten der Fans nahm er jedoch übel.

Die akademische Welt tat sich mit den Kritikern und der Öffentlichkeit zusammen und ehrte ihn. Das erste unter den amerikanischen und britischen Colleges war die Tufts University in Medford, Massachusetts, am Sonntag, dem 16. Juni, dem Tag nach der letzten Vorstellung in New York. Olivier und Vivien kamen zu spät; er humpelte und mußte am Stock gehen, denn er hatte einen verbundenen Knöchel. Am Samstag abend, nach seiner letzten Vorstellung als Puff, schlug er vor dem applaudierenden Publikum einen doppelten Purzelbaum, landete falsch und hörte ein schnappendes Geräusch: Seine Achillessehne war gerissen. Trotz der Anweisungen der Ärzte bestand er darauf, nach Tufts zu fahren, wo er zum Magister Artium ehrenhalber ernannt wurde, mit der Begründung, er sei der »wahre Shakespeare-

Interpret unserer Zeit«. Doch die Schmerzen und das feuchtwarme Klima verstärkten seine allgemeine Erschöpfung. Als er und Vivien ihren Rückflug nach New York verpaßten, brach Olivier auf dem Rollfeld zusammen, sah dem Flugzeug hinterher und schluchzte wie ein verlassenes Kind.

Am nächsten Tag schlief er vierzehn Stunden lang und sah sich auch nicht den Film *Heinrich V.* im Kino an, der seit April bislang nur in Boston gezeigt worden war. Diese Filmpremiere war eine Galaveranstaltung im City Center Theatre und löste Verkehrsstaus in den Straßen von New York aus. In diesem riesenhaften Auditorium, in dem normalerweise Opern- und Ballettaufführungen stattfanden, wurde der Film ohne nennenswerten Werbeaufwand elf Monate lang dreimal täglich vorgeführt und spielte über eine Million Dollar ein. Aufgrund der höchst kreativen Tradition der Buchführung im Filmwesen brachte der weltweite Erfolg von *Heinrich V.*, der zwei Millionen Dollar gekostet hatte und bis 1948 weit mehr als fünf Millionen einspielte, weder del Giudice noch Olivier einen Profit.

Am Dienstag, dem 18. Juni, begannen erneut hektische Aktivitäten, als die Oliviers und zweiundvierzig andere Passagiere das Flugzeug zur Rückkehr nach London bestiegen; die Kollegen vom Old Vic waren schon vorausgeflogen. Eine Stunde später, als wären Oliviers Alpträume prophetische Ahnungen gewesen, ging der äußere Steuerbordmotor in Flammen auf und löste sich von der Tragfläche des Flugzeugs, das zu schlingern begann. Das hydraulische System war ausgebrannt, so daß das Fahrwerk nicht ausgefahren werden konnte; der Pilot kreiste gekonnt eine Viertelstunde lang, bevor er die Maschine schließlich in einer Notlandung bei Windham Field nahe Willimantic in Connecticut auf den Boden brachte. »Es ist ziemlich unangenehm, in der Luft herumzufliegen, wenn ein Motor fehlt«, teilte Olivier den Reportern eine Stunde später mit gespielter Gelassenheit mit. »Wir waren eine Handbreit von der Hölle entfernt, aber dann haben wir doch noch den sicheren Boden erreicht. Wir haben zwei Minuten lang applaudiert.« Am nächsten Tag starteten die Oliviers erneut von New York aus und erreichten London am 20. Juni ohne weitere Zwischenfälle.

Im Verlauf des Juli und August 1946 wurden Freunde wie gehabt zu Tennis-Wochenenden und Sommerfesten nach Notley Abbey eingeladen. »Notley war wie Sandringham oder Windsor Castle, denn es wurde als eine große Ehre angesehen, in jenen Nachkriegsjahren eingeladen zu werden«[13], erinnerte sich Laurence Evans, der das Old Vic verlassen hatte und nun ein angesehener Londoner Theateragent geworden war.

»Ich denke, er hat in Notley eine Menge verschiedener Rollen gespielt«, sagte John Gielgud über Olivier. »An einem Tag war er der Grundbesitzer, am anderen der Landedelmann, an einem der Gärtner, am anderen der großartige Gastgeber, und oft genug war er der Schauspieler-Manager, der sich zur Arbeit zurückzog. Er spielte Rollen, auf der Bühne und außerhalb.«

Im Sommer gab Olivier bekannt, *Born Yesterday* und die Pläne für die kommende Spielzeit am Old Vic seien endgültig ausgearbeitet. Während er in New York gewesen war, hatte er mit dem Gedanken gespielt, *Cyrano de Bergerac* am Old Vic aufleben zu lassen und später neben Vivien in Hollywood bei der Verfilmung die Hauptrolle zu spielen. Diese Hoffnung wurde jedoch zunichte gemacht, als John Burrell eine Vorstandssitzung einberief und die alten Rivalitäten wieder aufflammten. Richardson, der bei den Hauptrollen die erste Wahl hatte, nahm den Cyrano sofort für sich selbst in Anspruch. Olivier, der bemerkt hatte, daß Richardson für eine spätere Spielzeit mit König Lear liebäugelte, und überzeugt war, daß er sofort einem Rollentausch zustimmen würde, konterte damit, daß er den Lear für sich auswählte. Aber er hatte sich verrechnet, denn Richardson bestand auf der einmal getroffenen Wahl, so daß es Olivier überlassen blieb, sich auf eine der schwierigsten und herausforderndsten tragischen Rollen der gesamten Dramenliteratur einzulassen. Und obwohl Olivier und Richardson in mehr als einem Dutzend Stücken miteinander gespielt hatten und auch weiterhin höflich miteinander verkehrten, traten sie seitdem nie wieder gemeinsam auf der Bühne auf. In dieser Spielzeit führte Olivier Regie und spielte die Hauptrolle in *König Lear;* Richardson trat in J. B. Priestleys neuem Stück *Ein Inspektor kommt* und dann als Cyrano auf. Vivien zumindest fand diese berufliche Trennung gut für Olivier. Richardson bewies in diesem Sommer auf Notley Abbey wieder einmal seinen unschuldigen Hang zur Zerstörung; während eines Gangs durch die alten Dachkammern mißachtete er eine Warnung Oliviers, trat durch eine unverstärkte Bodendiele und brach genau durch die Decke von Viviens Schlafzimmer.

Oliviers erste Aufgabe bestand in der Wiederaufnahme von *Wir sind noch einmal davongekommen* für Vivien. Terence Morgan[14], der wiederum die Rolle des Sohnes spielte, fand Olivier so herzlich wie zuvor, jedoch der Truppe gegenüber verhielt er sich sehr dominierend. Sie saßen im Halbkreis um ihn herum, er stand mit dem Rücken zum leeren Zuschauerraum und spielte bei der ersten Leseprobe alle Rollen selbst vor; er wußte genau, was er von jedem Schauspieler erwartete. Georgina Jumel, die zum Ensemble gehörte und bald Mrs. Terence Morgan werden sollte, erinnerte sich, daß Vivien wie ein gespannter Draht war, unfähig, sich zu entspannen, und daß ihre unermüdliche Energie Olivier sehr erschöpfte.

Nach einer Woche der Voraufführungen in Manchester eröffnete das Old Vic die Spielzeit am 24. September mit Oliviers *Lear*, der wie alle seine Vorstellungen in diesem Herbst komplett ausverkauft war. Olivier hatte den ganzen Sommer über seine Stimme zur Vorbereitung trainiert, indem er die Kühe von Notley anschrie, um Volumen und Atemkontrolle zu vergrößern; zum Zeitpunkt der Aufführung wußte er genau, wo jede Pause zu sitzen hatte, kannte er jede Schattierung von Stimmfarbe und Tonfall. Für Olivier als Theaterregisseur war dies das erste Shakespeare-Stück seit *Romeo und Julia* in New York, und er hatte für jeden Schauspieler minuziöse Angaben parat. Margaret Leighton, die seine Tochter Regan spielte, sagte später, daß er für das ganze Stück einen exakten Plan ausgearbeitet hatte, wie, wann und wo jeder Darsteller sich auf der Bühne zu befinden hatte: Jede Bewegung, jeder Schritt stand mit dem Text in Einklang und trug dazu bei, seine Bedeutung klarer zu machen.

Olivier spielte den Lear nicht als einen polternden alten Monarchen, sondern als einen überraschend amüsanten Großvater – intelligent, cholerisch und immer überrascht von der Bosheit, jedoch völlig bereit, die Schrecken des Irreseins und des Todes zu ertragen. Seine Darstellung strahlte außerdem eine einnehmende Wärme aus: Als er von der Trauer des Narren über Cordelias Abreise nach Frankreich erfährt, reagiert Olivier mit einer fast unerträglich sanften Zurechtweisung: »Still davon, ich hab' es wohl bemerkt.« Sein Lear verfügte auch über eine lange unterdrückte Gefühlstiefe, eine Sehnsucht nach Zuneigung, die erst viel zu spät anerkannt wird, und während der Sturmszene wird seine tobende Wut durch eine vergleichbare heftige Trauer ausbalanciert.

Manche Zuschauer hielten ihn für zu jung, um den Lear zu spielen, zu berechnend in seiner Technik, von der Rolle zu weit entfernt. Aber Noël Coward, der aus Freundschaft niemals eine kritische Beurteilung abmilderte, trug in sein Tagebuch ein: »Larrys Darstellung des Lear steht eindeutig auf derselben hohen Stufe wie sein Richard III. Er ist ein großartiger Schauspieler, ich vermute, der größte, den ich je sehen werde.«[15] Die Mehrheit der Kritiker bemerkte ebenfalls die neue Souveränität und Ruhe in Oliviers Schauspielkunst; die Kraft, die einen

Sturm entfesseln konnte, wußte ihn mit einer Handbewegung wieder zu beschwichtigen. Als er fünfzehn Jahre zuvor in Los Angeles zum erstenmal einen Lear mit Randle Ayrton in der Hauptrolle gesehen hatte, hatte er sich entschlossen, »der größte Schauspieler aller Zeiten« zu werden. Nun behaupteten viele Kritiker und Theaterzuschauer, daß er mit neununddreißig Jahren eben dies erreicht hätte; im Alter von fünfundsiebzig sollte er diese Rolle erneut interpretieren und damit eine noch erstaunlichere Wirkung erzielen.

Der Zweite Weltkrieg hatte den britischen Bürgern Gefahren und Entbehrungen gebracht, und das Leben der Nachkriegszeit bedeutete einen langsam voranschreitenden materiellen Wiederaufbau. Während die Regierung die harten und unerfreulichen Maßnahmen ergriff, die die zerrissene, niedergedrückte Gesellschaft wieder aufrichten und erneuern sollten, war es vielleicht nicht überraschend, daß auch England den Starkult entdeckte, der in den Vereinigten Staaten schon lange seine Blüten trieb.

Amerikanische Filmjournalisten hatten seit den dreißiger Jahren bestimmte Mechanismen entwickelt, die das Publikum zufriedenstellten und Schauspielerkarrieren förderten – »ausbeuteten« hieß es in der Filmindustrie, und genau das war es auch. Publizisten boten den Fan-Magazinen hauptsächlich erfundene, der öffentlichen Meinung angepaßte Berichte aus dem Privatleben der Stars an, sogenannte *puff pieces,* Reklamegeschichten, in denen die Hauptpersonen verherrlicht wurden und nichts Strittigeres zur Sprache kam als ein besonderer Tapetengeschmack. Agenten luden Journalisten zu sorgfältig überwachten Interviews in die Filmstudios ein, Produzenten bezahlten Fotografen dafür, daß sie in Hollywood vor Restaurants warteten. Die Kolumnisten nährten den Appetit der Öffentlichkeit auf sorgfältig manipulierte Häppchen aus dem Privatleben der Berühmtheiten, der Klatsch war jedoch, gemessen am späteren Standard, bemerkenswert diskret. Anfänglich bedeutete dies eine willkommene Abwechslung zu den Unannehmlichkeiten des Lebens während der dreißiger und vierziger Jahre, während der Großen Depression und des Zweiten Weltkriegs.

Der Wunsch der Öffentlichkeit, auf die eine oder andere Weise den *beautiful people* nahe zu sein, entsprang jedoch nicht nur der Sehnsucht nach einem besseren Leben; er war eine Begleiterscheinung der Demokratie. Wenn vor Gott alle Menschen gleich sind, muß es auch hier Gleichheit und allgemeinen Zutritt geben, denn Stars sind schließlich auch Menschen, und jeder könnte sich zu ihrer Höhe auf-

1945

Als Hotspur in *Heinrich IV., Teil I,*
einer Inszenierung des Old Vic, 1945.
(Culver Pictures)

Als Astrow, mit Ralph Richardson als Onkel Wanja in der
Old-Vic-Inszenierung des *Onkel Wanja* von Tschechow, 1945. *(Culver Pictures)*

Als Shallow in
Heinrich IV., Teil II
am Old Vic, 1945.
(John Vickers Archives)

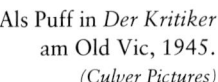

Als Puff in *Der Kritiker*
am Old Vic, 1945.
(Culver Pictures)

Als König Ödipus, mit Sybil Thorndike als Jokaste am Old Vic, 1945.
(John Vickers Archives)

Als König Lear, mit Alec Guinness als dem Narren am Old Vic, 1946.
(John Vickers Archives)

1947-1948

Durham Cottage an der
Christchurch Street in Chelsea.
(National Film Archive, London)

Bei der Regiearbeit
zu *Hamlet*, 1947.
(National Film Archive, London)

Hal Wallis und Ray Milland überreichen Olivier einen Sonder-Oscar für seinen *Heinrich V.*
während der Dreharbeiten zu *Hamlet*, 1947. *Ganz links:* Diana Boddington. *(Culver Pictures)*

Der waghalsige letzte Sprung
für die Verfilmung von *Hamlet*.
(National Film Archive, London)

Die Oliviers gehen in Tilbury
an Bord der Corinthic, nachdem ihre
Australientournee beendet ist, 1948.
(National Film Archive, London)

Als George Hurstwood
mit Jennifer Jones
als Carrie, 1950.
(National Film Archive, London)

Sir Laurence und Lady Olivier
in Durham Cottage, 1950.
(Tom Blau / Camera Press)

Mit Danny Kaye auf einer Party in Hollywood, rechts Shelley Winters.
(Mit freundlicher Genehmigung der Academy of Motion Picture Arts and Sciences)

Notley Abbey.

Nach der Premiere von *Venus im Licht*
mit seinem Sohn Tarquin, 1950.
(Sammlung Felix Barker)

Während der Dreharbeiten zu *Carrie,* mit Regisseur William Wyler
und Vivien in den Paramount-Studios, 1950. *(National Film Archive, London)*

1951-1952

Als Mark Anton in
Antonius und Cleopatra, 1951.
(Culver Pictures)

Die Oliviers als
Caesar und Cleopatra, 1951.
(Culver Pictures)

Mit Maxine Audley *(in der Mitte, mit Blick in die Kamera)* und Ensemblemitgliedern
der beiden Cleopatra-Inszenierungen, 1951. *(Aus der Sammlung von Maxine Audley)*

Während der Dreharbeiten zu
Die Bettleroper, 1952.
(National Film Archive, London)

Als Macheath, mit Dorothy Tutin als Polly in *Die Bettleroper*, 1952.
(Sammlung Felix Barker)

1955-1956

Die Oliviers als Lord und
Lady Macbeth in Stratford
on Avon, 1955.
(Angus McBean /
Harvard Theatre Collection)

Als Titus Andronicus,
mit Vivien als Lavinia
in Stratford on Avon, 1955.
(Angus McBean /
Harvard Theatre Collection)

Oben: Mit Claire Bloom in dem Film *Richard III.* aus dem Jahr 1956.
Unten: Mit Marilyn Monroe bei einem Pressetermin vor Beginn der Dreharbeiten
zu *Der Prinz und die Tänzerin*, 1956. *(National Film Archive, London)*

1957-1960

Als Archie Rice
in *The Entertainer*, 1957.
(National Film Archive, London)

Mit Joan Plowright
als Jean in der Filmversion
von *The Entertainer*, 1959.
(National Film Archive, London)

Olivier in seiner gewagten
Sterbeszene als Coriolan in
Stratford on Avon, 1959.
*(Angus McBean/
Harvard Theatre Collection)*

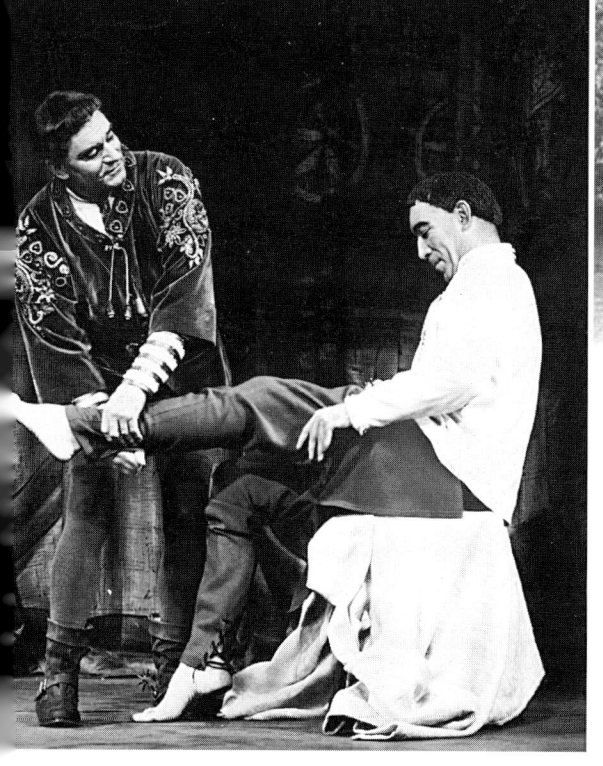

Als Becket, mit Anthony Quinn
als Heinrich II. in der New Yorker
Inszenierung von
Becket oder die Ehre Gottes, 1960.
(Culver Pictures)

1962-1963

Mit Sarah Miles in dem Film *Spiel mit dem Schicksal,* 1962.
(National Film Archive, London)

Mit Joan bei der Taufe ihrer Tochter Tamsin, 1963.
(Globe Photos)

Peter Finch.
(Mit freundlicher Genehmigung der Academy of Motion Picture Arts and Sciences)

Kenneth Tynan.
(Culver Pictures)

Als Othello,
mit Maggie Smith als Desdemona, 1964.
(National Film Archive, London)

schwingen. Dieser innere Widerspruch, genährt durch die einander entgegengesetzten Wünsche, sowohl Durchschnittlichkeit als auch Glamour zu sehen, führte zu bemerkenswert undemokratischen Titulierungen: Clark Gable wurde *The King* genannt, John Wayne *The Duke,* jede fotogene Hauptdarstellerin wurde zur *Movie queen,* der Chef eines Studios wurde zum orientalischen Herrscher, dem *Mogul.* Mit anderen Worten: Hollywood unterstützte demokratische Ideale und idolisierte zugleich jene, die das gemeine Volk hinter sich ließen.

Dieselbe Sehnsucht nach Identifikation mit den Berühmtheiten und deren Erhebung in den Stand einer neuen, sozusagen erweiterten königlichen Familie kam auch im Nachkriegs-England auf, und niemand bekam ihre Auswirkungen stärker zu spüren als Laurence Olivier. Der großzügige Gastgeber von Notley Abbey war zu anderen Zeiten ein Mensch mit einfachen Vorlieben, der einfache Gespräche und einfache Gesellschaft schätzte, gern mit Freunden einen Whisky trank, mit Schauspielerkollegen ein deftiges Essen zu sich nahm, Leute, die nicht gleich Programmhefte für Autogramme zückten. Die eine Hälfte seines Lebens war *comme il faut* und orientierte sich an seinem quasiköniglichen Status, während die andere Hälfte auf alles aristokratische Gehabe verzichtete.

Olivier war ein außergewöhnlich attraktiver Mann, dessen Arbeit nach einem Publikum verlangte, und seine Augen konnten klar und neugierig, aber auch abweisend und herausfordernd sein, seine Stimme konnte ansprechend und ausdrucksvoll, aber auch sanft, metallisch und schüchtern sein. Darüber hinaus besaß er eine ausgeprägte theatralische Intelligenz und war mit einem spontanen und intuitiven Sinn für die Möglichkeiten einer Bühne begabt; dies wurde durch ein ausgeprägtes Gedächtnis vervollkommnet; er hatte eine fruchtbare Phantasie, mit der er auf einfallsreiche Weise den vertrauten Rollen zu Leibe rückte; er verfügte über die Fähigkeit, seine Kollegen zu inspirieren und ihnen etwas beizubringen. Sein Charme und sein Erfolg setzten Laurence Olivier in höherem Maß dem öffentlichen Interesse aus, als er es je erwartet hatte. Jeden Abend erwarteten ihn Menschenmengen am Bühnenausgang, ständig wurde er um Interviews gebeten.

Eine der Nebenwirkungen des Ruhms wurde in diesem November auf dramatische Weise offenbar. Der achtundzwanzigjährige Herbert Wanbon hatte sich als Schauspielereleve am Old Vic beworben, und da er nicht sofort eine größere Rolle bekam, griff er zu drastischen Maßnahmen. Am Abend des 23. November erwartete er die Rückkehr der Oliviers nach Durham Cottage, und als sie aus ihrem Wagen stiegen, sprang er nach vorn und warf sich auf Vivien, die er zu umarmen und zu küssen versuchte. Olivier landete den ersten Schlag, und die Männer gingen in einem Handgemenge zu Boden, während Vivien um Hilfe schrie. Als die Polizei eintraf, war Wanbon ganz ruhig, Olivier hatte sich einen Finger gebrochen. »Ich dachte, sie würden am Old Vic ihre Meinung wegen der Publicity ändern«[16], sagte Wanbon am 3. Dezember vor Gericht. Sie taten es jedoch nicht, und Wanbon ging wegen des Überfalls für sechs Monate ins Gefängnis.

Mit einer verbundenen Hand brach Olivier am 25. November nach Paris auf, wo *König Lear* eine Woche lang am Théâtre de Champs-Elysées als Beitrag des Old Vic zu einem internationalen UNESCO-Festival laufen sollte. Olivier war dermaßen erschöpft, daß er im wahrsten Sinne des Wortes seine Stimme verlor, berichtete Terence Young[17], der ihn dort auftreten sah; dennoch gab er eine überzeugende Vorstellung. Am 5. Dezember war Olivier wieder in London, wo sein letzter Monat als Lear mit der Besetzungsarbeit für *Born Yesterday* zusammenfiel, das im Januar Premiere haben sollte. Außerdem mußte er die Vorbereitungen zu *Hamlet* treffen, den er schon seit 1943 verfilmen wollte. Trotz der vielfältigen Verpflichtungen für drei verschiedene Stücke war er in der Lage, wie der Pressereferent des New Theatre berichtete, »das Licht für eine besondere Aufgabe anzuknipsen. Er konnte dort sitzen und mit dir plaudern und urplötzlich auf die Bühne gehen, um eine wahnsinnig dramatische Szene als Lear zu sprechen, und dabei dröhnte seine Trompetenstimme, als hätte er eine solche Stimmung schon stundenlang vorbereitet.«

Diese Stimme hörte sich auch schon einmal weniger großartig an, etwa am Neujahrstag des Jahres 1947. »Ich hätte der Scheiß-Ritter werden sollen!«[18] sagte er wütend hinter der Bühne, als er erfuhr, daß sein Kollege von nun an Sir Ralph Richardson heißen sollte. »Ich hab' genausoviel geleistet wie er, denkt dran, wie ich die Flagge im Ausland getragen habe... und ich hab' sogar mehr Klassiker gespielt – und außerdem war da ein kleiner Film namens *Heinrich V.*«.[19] Die Ritterwürde ging an Richardson, so hieß es, weil er der ältere war und persönlich von der königlichen Familie geschätzt wurde. Aber der wesentliche Grund dafür, daß man Olivier überging, bestand darin, daß er ein geschiedener und wiederverheirateter Mann war, was zu jener Zeit ein ausschlaggebendes Argument bei der Auswahl der Kandidaten für die Liste der Ehrungen war.

Er hatte keine Zeit, länger darüber zu brüten. Am 5. Januar 1947, dem Tag nach seinem letzten Auftritt als Lear, begann Olivier mit den Stellproben der Eingangsszenen von *Born Yesterday,* dessen Premiere am Garrick Theatre am 23. Januar hervorragend besprochen wurde und das während seiner Laufzeit von zweiundvierzig Wochen ständig gut besucht war. Mittlerweile hetzte er von einem Treffen zum anderen, plante eine Tournee mit dem Old Vic durch Australien und Neuseeland, die ein Jahr später beginnen sollte und an der Vivien beteiligt sein würde. Dies bedeutete, daß er vor Jahresende seinen Hamlet-Film fertigstellen mußte, für den Filippo del Giudice bezüglich der Finanzierung und des Verleihgeschäfts wieder eine Abmachung mit J. Arthur Rank getroffen hatte. Sein Terminplan am Old Vic ließ ihm ausreichend Zeit, ab und zu einen Film zu machen. Um ihm und seinen Kollegen die Möglichkeit zu geben, konzentriert und ohne andere berufliche Ablenkung zu arbeiten, hatte del Giudice Geldgeber davon überzeugt, den am Film Beteiligten einen Winter- und Arbeitsurlaub an der italienischen Riviera zu finanzieren. Im Februar verließen die Oliviers London zusammen mit den Koproduzenten Reginald Beck und Anthony Bushell, dem Designer Roger Furse, dem Textredakteur Alan Dent, dem Kameramann Desmond Dickinson und der Ausstatterin Carmen Dillon.

In Paris, wo sie haltmachten, um Jean-Louis Barraults *Hamlet*-Inszenierung zu sehen, und in Santa Margherita Ligure nahm Olivier mit uneingeschränkt guter Laune seinen *Hamlet* in Angriff. Cecil Beaton und einigen anderen Freunden gab er eines Abends eine lebhafte Kostprobe seiner Vorstellungen von einer tanzenden Kamera und dramatischen Toneffekten; er benutzte dafür sehr komische altmodische Gesten und machte grobe, burleske Geräusche, um seine Zuhörer zu unterhalten. »Larrys Nachahmungen haben etwas von dem ursprünglichen Clown an sich«, notierte Beaton in seinem Tagebuch,

> oder zumindest etwas vom Entertainer schlechthin, den man in manchem versteckten Varieté finden kann oder der vor einer Kneipe auf der Straße spielt. Dies war der wahre Larry – der Komödiant, der biertrinkende Thespis – und nicht der unterdrückte, schüchterne Niemand mit gerunzelter Stirn, der sich in Gesellschaft begibt.[20]

John Mills stimmte dem zu: »Larry hatte schon immer einen wunderbar obszönen Sinn für Humor, und wir schrien oft vor Lachen. Er war ein begabter Mime und Erzähler.«[21]

Aber die *Hamlet*-Produktion war kein Spaziergang. Nach drei Monaten Vorbereitungszeit begannen Ende April in Denham die Filmaufnahmen, die bis November dauerten; das ganze Jahr hindurch gab es reichlich private und berufliche Spannungen. Als das Projekt ange-

kündigt wurde, ging Vivien davon aus, daß sie die Ophelia spielen
würde, wie sie es schon vor einem Jahrzehnt in Elsinore getan hatte.
Aber Olivier begründete die Entscheidung ziemlich ungeschickt damit, daß sie mit dreiunddreißig Jahren zu alt für diese Rolle sei, wo-
raufhin sie konterte, daß er schon fast vierzig sei. Er ließ sich nicht
umstimmen, und nachdem er Dutzende von Schauspielerinnen hatte
vorsprechen lassen, engagierte er die achtzehnjährige Jean Simmons,
die schon in einem Dutzend Filme aufgetreten war, zuletzt als Estella
in David Leans *Große Erwartungen*. Jean Simmons[22] hatte den Eindruck, daß Olivier jemand Unerfahrenen suchte, der noch ein Neuling
in der Rolle und sogar in der Beschäftigung mit Shakespeare war, jemanden ohne vorgefaßte Ansichten, denn der Film sollte ausschließlich nach seiner Konzeption gemacht werden. Man stellte auch fest,
daß Jean Simmons Viviens fein ziselierte Gesichtszüge und ihre jugendliche Schönheit besaß. Vivien war bald dem Wahnsinn nahe, sie
hatte sofort den Verdacht, daß Olivier eine Affäre mit Jean Simmons
hätte, eine grundlose Vermutung, von der sie nicht abzubringen war.
Ihre Besessenheit trieb sie nach Denham, wo sie argwöhnisch bei den
Aufnahmen von Ophelias Wahnsinnsszene zusah und nicht unerhebliche Spannung in ein Team trug, das ohnehin schon durch einen
komplizierten Zeitplan belastet war.

»Tagelang«, berichtete die Ausstatterin Carmen Dillon, »filmten
wir Szenen von ergreifender Tragik, und die Trauer und Eindringlich-
keit in Verbindung mit Oliviers nahezu übermenschlicher Energie und
Ausdauer hatte einen läuternden Effekt auf alle von uns. Es gab kaum
Momente, in denen wir uns entspannen konnten.«[23] Der Kameramann Desmond Dickinson ergänzte, daß niemals spontan Spaß auf-
kam, wie es sonst bei weniger ambitionierten Filmen in den Studios
üblich ist. *Hamlet* habe ihm wirklich graue Haare gemacht, sagte er.

Während Olivier die Texte vorbereitete und jede Aufnahme mit
dem Team genau plante, behielt er stets das Publikum im Sinn: Er
strich nahezu die Hälfte des Textes, ließ manche Figuren, darunter
Fortinbras, Rosenkranz und Güldenstern, ganz weg, verzichtete
ebenso auf die Nebenhandlung der politischen Krise zwischen Dänemark und Norwegen, stellte Szenen um, vereinfachte sie, faßte Epi-
soden zusammen, änderte den Text und modernisierte altmodische
Wendungen, so daß dieser *Hamlet* sich aus der Gruft der Klassiker
erhob und dem modernen Kinogänger verständlich wurde. Und da er
wollte, daß diesem Publikum der Sinn eines jeden Wortes klar würde,
hielt er die Schauspieler an, wie der Laertes-Darsteller Terence Morgan berichtete, keine Angst davor zu haben, jede Rolle so umfassend

wie möglich auszuspielen; später könnte man sie immer noch auf die richtige Ebene zurückbringen.

Auf der anderen Seite bestand Olivier auf Realismus, besonders bei den Duellen und Kämpfen. Für das letzte Duell wurden von der Firma Wilkinson eigens sechs Schwerter hergestellt, die alle während der Proben oder bei den Aufnahmen kaputtgingen. Als Olivier darauf bestand, daß Morgan sich richtig auf ihn stürzen sollte, beruhigte er ihn: »Keine Angst, ich werde schon parieren.« Morgan hielt sich an seine Anweisung und zielte genau auf Olivier, und dieser schaffte es doch nicht rechtzeitig. Die Schwertspitze ging durch sein Hemd, und als er an sich herabsah, entdeckte er überrascht einen immer größer werdenden Blutfleck; es trat eine erschreckende Stille ein, bis sich herausstellte, daß er mit einem Kratzer davongekommen war. Noch gefährlicher war Hamlets Mord an Claudius, denn Olivier wollte sich aus einer Höhe von viereinhalb Metern auf ihn herabfallen lassen. Als Basil Sidney, der Darsteller des Claudius, sich weigerte, wurde er durch einen Stuntman ersetzt, der Oliviers volles Gewicht abbekam. Er verlor das Bewußtsein und zwei Zähne.

Olivier hatte nicht eine reine Kurzfassung des Shakespeare-Stücks im Sinn, sondern etwas, was er einen »Essay«[24] nannte, die Auseinandersetzung mit einem nahezu großartigen Mann, der mit einem Mangel an Entscheidungskraft geschlagen ist. Der fertige Film besaß abwechselnd den verschwommenen Charakter eines Traums und den düsteren Horror eines Alptraums mit Bildern von nur halb sichtbaren Gesichtern, die mit Herzschlägen und geisterhaften Stimmen unterlegt sind. Er sagte stets, er habe *Hamlet* in Schwarzweiß gedreht, um einen holzschnittartigen Effekt zu erzielen, in Wahrheit konnte er von Technicolor nicht die Menge an Farbfilmen erhalten, die er brauchte, und so machte er aus der Not eine Tugend und arbeitete mit den Technikern zusammen, um die Tiefenschärfe der Aufnahmen zu vervollkommnen. Alles diente dazu, eine Vision von Enge und Gefangenschaft zu erzielen – die Deutlichkeit weit entfernter Bilder, die schwindelerregenden Kamerafahrten, die halluzinatorischen Überblendungen und das expressionistische Schloß Elsinore mit seinen hohen Säulen und langen Bogengängen.

Hamlet war ausschließlich Oliviers Film, von der Besetzung der Schauspieler bis hin zum *letzten Schnitt,* und jede seiner Entscheidungen sagte etwas über ihn als Menschen aus. Über die Hallen und großen Räume von Elsinore hinaus erforscht dieser Film Oliviers Seelenräume – die innere Welt eines Mannes, der seine Mutter verloren hatte, seinem Vater entfremdet worden war und eine unglückliche Ehe geführt hatte. Wenn man es genau analysiert, zeigt sein *Hamlet* weniger die Geschichte eines durch seine Entschlußlosigkeit, sondern eines durch seine Beziehungen zu Frauen gequälten Mannes.

An erster Stelle muß Hamlets Verhalten seiner Mutter gegenüber betrachtet werden. In Fortsetzung der Freud-Jones-Hypothese aus der Inszenierung des Jahres 1937 – ödipale Liebe Hamlets zu seiner Mutter Gertrude – besetzte der vierzigjährige Olivier die Rolle der Mutter mit der siebenundzwanzigjährigen Eileen Herlie, hob durch Kostüme und Beleuchtung ihre wollüstige Figur hervor, betonte die Gier ihrer Küsse und ließ ihre problematische Begegnung im Bett der Mutter stattfinden. In den letzten Momenten, wenn Hamlets Leiche auf die Befestigungen gebracht wird, zieht das Gefolge an Gertrudes Zimmer vorbei, und das königliche Ehebett füllt die Leinwand, als Symbol seiner Geburt und ihres Verrats.

Was die Beziehung zwischen Hamlet und Ophelia angeht, leuchtete Olivier ein wichtiges Element des Textes aus. Nachdem Hamlet von der Treulosigkeit seiner Mutter und seines Onkels erfahren hat, trifft er Ophelia in deren Kammer. Er starrte sie stillschweigend an, geht auf sie zu, als ob er etwas sagen wollte, legt sich die Hand an die Stirn und zieht sich aus dem Raum zurück: Sein Wunsch, mit ihr über seine Verantwortung zu sprechen, vergeht ihm, als er erkennt, daß sie über keinerlei Lebenserfahrung verfügt und es keine Grundlage für ein gegenseitiges Verstehen gibt; daher kann sie ihm nicht helfen. Um sie vor dem Schrecklichen zu bewahren, das er über seine Eltern und seinen Onkel erfahren hat, sagt er ihr nichts – und Ophelia zieht den falschen Schluß, daß er sie abgewiesen habe. Eine der tragischen Ironien, die Olivier hier betont, lautet, daß Hamlets Versuch, Ophelia zu schützen, sie zugleich zerstört. Ihr tatsächlicher Wahnsinn dient als tragischer Kontrapunkt zu Hamlets gespielter Verrücktheit. Oliviers Darstellung in dieser Szene wie überhaupt in dem ganzen Film hat gewissermaßen Lehrbuchcharakter, denn es handelt sich vor allem um eine Abfolge von langen Blicken und subtilen Ausdrucksnuancen – unendliche Traurigkeit, bösartige Verspieltheit, immer tiefer werdende Verwirrung und moralische Entrüstung. Unter den vielen Auszeichnungen für *Hamlet* befanden sich vier Oscars, darunter die für den besten Hauptdarsteller und den besten Film (dies war der erste ausländische Film, der diese beiden Preise erhielt); außerdem die Preise der British Film Academy und des Filmfestivals von Venedig für den besten Film und eine wichtige Auszeichnung aus Dänemark, den Königlichen Orden von Danneborg.

Es gab angenehme Pausen inmitten der mörderischen Arbeit. Nach der Londoner Premiere von *Oklahoma!* luden die Oliviers alle Schauspieler zu einem üppigen Wochenende in gewohnter Manier nach Notley Abbey ein. Die Amerikaner waren überrascht und amüsiert über Viviens bodenständige Sprache, denn mit Schimpfwörtern ging sie zeitweise recht unbefangen um. Jean Simmons war einmal mit den Oliviers im Theater gewesen, als Vivien ihre weißbehandschuhten Hände hochhielt und in aller Ruhe sagte: »Oh, Larry, Scheiße! Ich habe mir die Handschuhe versaut!«

Im Mai, als sie noch immer wütend darüber war, daß sie die Rolle der Ophelia an eine jüngere Schauspielerin verloren hatte und daß sie beide ihren Plan für den Film *Cyrano de Bergerac* aufgeben mußten, verschlechterte sich Viviens seelische Verfassung. In diesem Monat begann sie mit den Dreharbeiten zu *Anna Karenina*, die sie jedoch an den Rand der Verzweiflung brachten. Sie sah offenbar die Gemeinsamkeiten zwischen sich und Anna zu deutlich, die ihren Ehemann und ihr Kind für ihren Geliebten verläßt und schließlich Selbstmord begeht. Während der Aufnahmen, so erinnerte sich Sally Ann Howes[25], die Darstellerin der Kitty, rief Olivier Vivien jeden Morgen um elf und jeden Nachmittag um vier im Studio an und erkundigte sich besorgt nach ihrer Verfassung. Unter der Regie von Julien Duvivier und in den üppigen, zeitgenössischen Kostümen nach Entwürfen von Cecil Beaton wurde Vivien zu einer düsteren, geisterhaften Gestalt, einer Inkarnation von Schuld und Trauer. Bis zum letzten Tag der Fertigstellung prophezeite sie, daß der Film mit Pauken und Trompeten durchfallen würde, und sie sollte recht behalten.

Diese Folge von Enttäuschungen bewirkte, daß sie sich nicht über die Nachricht freuen konnte, daß ihr Mann am 12. Juni zum Ritter geschlagen werden sollte; und als Cecil Beaton sie beglückwünschte, verzog sie ihr Gesicht zu einer wütenden Grimasse und sagte: »Wirklich, es ist doch zu blöd!«[26] Sir Robert Knox, Sekretär der Prüfungskommission für politische Ehrungen, bestätigte, daß Oliviers Auszeichnung ein Beispiel für die zunehmend liberale Tendenz sei, eine Scheidung nicht mehr als Hinderungsgrund für die Ernennung zum Knight Bachelor of the Empire anzusehen.

Am Morgen des 8. Juli fand das Ereignis statt: In einer von Ralph Richardson ausgeliehenen Weste und mit seinen für die Rolle des Hamlet blondgefärbten Haaren, kniete Laurence Olivier, der mit vierzig Jahren der jüngste Schauspieler war, der je diese Ehrung erhielt, vor König George VI. nieder und empfing die Ritterschläge auf die Schultern. »Ich war nervös«, teilte er fröhlich den Presseleuten mit, die vor dem Buckingham Palace warteten. »Ich mache gern einen Probelauf, bevor ich irgend etwas tue, aber hier gab es keine Probe!« Vivien hatte ein schwarzes Kleid an, schwarze Schuhe und einen schwarzen Hut, diese Bekleidung trug sie sonst zu Beerdigungen. Kein Make-up oder Schmuck frischte ihre Erscheinung auf, und sie lächelte angespannt, sagte aber kein Wort.

ZEHNTES KAPITEL

1948 – 1952

Sir Peter: Ich war ein Verrückter, als ich dich heiratete.
Lady Teazle: Und ich bin sicher, ich war eine Närrin, als ich dich
heiratete.

Sheridan, *Die Lästerschule*

Im Februar 1948 war der amerikanische Komiker Danny Kaye gerade fünfunddreißig Jahre alt und auf der Höhe seiner internationalen Starkarriere auf Bühne und Leinwand. Seit seiner sensationellen Darstellung des Tschaikowsky im Broadway-Kassenschlager *Lady in the Dark* im Jahr 1941 – bei der er innerhalb von achtunddreißig Sekunden die Namen von vierundfünfzig russischen Komponisten herunterrasselte – war Kaye als Meister der »Bühnengymnastik« und der Zungenbrecher bekannt geworden. Der energiegeladene, clowneske, unberechenbare Rotschopf und flatterhafte Komödiant war ebenfalls ein begabter Dirigent, ein Meisterkoch und ein hingebungsvoller Spaßmacher für Kinder, denen er sich auch dadurch widmete, daß er eine ehrenamtliche Aufgabe bei der UNESCO übernahm. Er war zwar mit der Autorin Sylvia Fine verheiratet, doch war er ein dynamisch-aggressiver Homosexueller.

Seit Kaye die Oliviers 1940 auf einer Party in Hollywood kennengelernt hatte, war er mit ihnen befreundet und besuchte sie, so oft er konnte, wobei er seine ungeteilte Aufmerksamkeit »Lally« oder »Lala« widmete, wie er seinen neuen Freund nannte. Olivier bewunderte Kayes phantasievolle Verkleidungen, seinen verrückten Humor, seine freizügigen Doppeldeutigkeiten und seine vielseitigen Talente als Darsteller. Am Abend des 13. Februar 1948 drängten sich siebzig Gäste im Durham Cottage zusammen, und nach einem späten Buffet hielt Kaye eine Abschiedsrede auf die Gastgeber. Am Tag darauf kamen die Oliviers und sechzig Schauspieler, Arbeiter und Angestellte des Old Vic am Bahnhof Euston zusammen, um den Zug zum Liverpooler Hafen zu besteigen; von dort aus gingen sie an Bord des Überseedampfers Corinthic.

Der British Council hatte es arrangiert, daß das Old Vic in Australien und Neuseeland auftreten sollte. Für diese Tournee gab es mehrere Gründe: Sie sollte dem Old Vic einen Profit erwirtschaften, eine Geste für die Einheit des Commonwealth nach den Kriegsjahren sein und zugleich eine Möglichkeit, auf Talentsuche zu gehen, um die Theatertruppe zu einem Nationaltheater auszuweiten. Unter den Hauptdarstellern befanden sich Vivien, die in diesem Ensemble debütierte, Terence Morgan mit seiner Frau Georgina Jumel, George Relph mit seiner Frau Mercia Swinburne und Peter Cushing mit seiner Frau Helen Beck. An Bord des Schiffes erhielten die Schauspieler fünfzehn Pfund pro Probenwoche, für Auftritte gerade das Doppelte. Um die Gruppe zu unterhalten und im Wissen um die schlechte Bezahlung erstellten die Oliviers Listen von sämtlichen Geburts- und Hochzeitstagen, die sie alle mit einer Reihe von Partys und Geschenken für ihre »lieben Jungs und Mädels« feierten, wie Olivier sie in der Tradition Lilian Baylis' bei den Proben nannte.

Auf dieser Tournee nahm Olivier eine Art Herrscherrolle ein, für die er sich in so vieler Hinsicht besonders gut eignete. Da er wegen seines Könnens vergöttert und wegen seines Aussehens bewundert wurde, akzeptierte er diese neue Würde und stellte sie bei jeder Gelegenheit zur Schau. Notley Abbey und seine Ritterschaft hatten seinen Platz in der populären Mythologie überdies gefestigt – und ebenfalls sein Selbstvertrauen – und ihn für einen hohen Rang bestimmt. Während der ganzen Reise und tatsächlich auch für den Rest seines Lebens sah Olivier sich selbst als eine Art Verkörperung der britischen Geschichte; er war sich stets, sagte der Dramatiker John Osborne später einmal, seines Platzes in der englischen Hierarchie bewußt. Die schöne, intelligente und talentierte Vivien paßte sich schnell den Erfordernissen dieses herrschaftlichen Standes an.

Da sie viele Funktionen von Mitgliedern der königlichen Familie erfüllten, wurden sie überall von der Presse und der Öffentlichkeit belagert, um Interviews, um ihre Anwesenheit bei Schiffstaufen, Rundfunksendungen, Besichtigungen von Neubausiedlungen und Industrieanlagen sowie Truppeninspektionen gebeten. »Wir wollen die Landschaft sehen«, teilte Olivier der wartenden Presse mit, als sie am 14. März in Freemantle anlegten. »Wir wollen alle Arten von Tieren und Vögeln sehen, die es hier gibt, zum Beispiel schwarze Schwäne.«[1] Die Menschenmengen reagierten voller Verständnis und behandelten die Oliviers mit uneingeschränkter Ehrerbietung.

In der ersten Vorstellung dieser Tournee, während einer spätsommerlichen Hitzewelle mit Temperaturen über vierzig Grad, gelang es der Old Vic Company am 21. März, das zweitausendzweihundertachtzig Plätze fassende Capitol Theatre in Perth mit Sheridans *Lästerschule* restlos zu füllen. Trotz der furchtbaren Akustik war das Publikum von der Komödie aus dem 18. Jahrhundert sehr angetan, belachte die Witze der Skandalnudeln, erwärmte sich für die sehnsuchtsvolle Melancholie des Sir Peter (Olivier) und applaudierte bei der Demaskierung seiner Ehefrau Lady Teazle (Vivien). Trotz der spartanischen Unterbringung der Truppe in Gasthäusern und billigen Hotels, trotz der unglücklich gewählten Auftrittsorte, des Wetters, der schweren bestickten Kostüme von Beaton und der zeitgenössischen Puderperükken wurde die Stimmung der Truppe während der total ausverkauften, zweiwöchigen Tournee durch die vorbildliche Ruhe ihres Leiters hochgehalten.

Zwei Wochen lang wurden die Oliviers außerhalb des Theaters ständig von Autogrammjägern verfolgt, und in ihrem vollgestopften, moskitoverseuchten Hotelzimmer erreichten sie über tausendfünfhundert Briefe von Bewunderern. Wildfremde Menschen grüßten sie, zogen ihre Hüte und drängelten sich durch, um die beiden einmal zu berühren, während sie sich im offenen Wagen ihren Weg durch Menschenmengen bahnten, deren Zahl auf fast achttausend geschätzt wurde. Olivier war jedoch bald erschöpft durch seine vielen Pflichten als Schauspieler, Regisseur und Manager, von seinen nicht endenwollenden öffentlichen Auftritten und gesellschaftlichen Verpflichtungen und den nachmittäglichen Proben zu *Richard III.*, der während der zwei Wochen in Adelaide abwechselnd mit *Wir sind noch einmal davongekommen* gegeben wurde. Er bekam einen schmerzhaften Gichtanfall und brauchte oft einen Gehstock, aber er mißachtete diese Krankheit und kletterte fröhlich auf Leitern herum, um die Scheinwerfer auszurichten, und blieb lange im Theater, um sämtliche Kostüme zu überprüfen. Jeden Abend nach der Vorstellung luden Vivien und er zwei Mitglieder der Truppe zum Essen oder zu Drinks ein. Bei solchen Gelegenheiten blieb Olivier häufig der Star-Unterhalter, der Vögel, Tiere und Schauspielerkollegen imitierte, allen voran John Gielgud, dessen Fähigkeit, auf der Bühne überzeugend zu weinen, er sowohl bewunderte als auch ablehnte. Sogar König George VI. wurde nicht ausgelassen, dessen Stottern er perfekt nachahmte. Aber an solchen Abenden der *noblesse oblige* war er manchmal niedergeschlagen und in sich gekehrt, während Vivien herumflatterte und eine Reihe amüsanter Anekdoten über Sprache und Sitten ihrer Gastgeber zum besten gab.

Mitten im April, als sie während eines achtwöchigen Aufenthalts in Melbourne alle drei Stücke zeigten, hätten die Oliviers einen Putsch machen und die Herrschaft über den Kontinent übernehmen können. Seine Reden, die er mit blumiger Prosa und schamlosem Chauvinismus verbrämte, wurden mit donnerndem Applaus belohnt:

> Wenn ein Mann Brite ist, wird er immer wieder erklären, daß er stolz darauf ist. Seitdem ich in Ihrem Land bin, wurde mir schon mehr als einmal in Frageform vorgetragen, daß man in manchen Teilen des Landes davon ausgeht, daß Großbritannien sich darüber im klaren sein dürfte, daß es am Ende ist. Meine Freunde, ich sage Ihnen folgendes: Wenn nur einer Ihrer liebevollsten Verwandten, meiner Landsleute, einen Moment lang dächte, daß Ihre große Freundlichkeit einem Gefühl des Mitleids entstammte, das doch der Verachtung so nahe steht, ich sagte Ihnen: Es gäbe keinen einzigen Briten, der noch wollte, daß Sie ihm ein weiteres Paket schickten oder auch nur einen einzigen weiteren Gedanken, Wunsch oder Seufzer widmeten. Großbritannien ist nicht am Ende.[2]

Vivien hingegen hielt selten Reden, egal ob improvisiert oder vorbereitet, bei Pressekonferenzen war sie jedoch ausnehmend geduldig und aussagefreudig, wenn die Kolumnisten über ihre Schönheit und ihre modische Kleidung ins Schwärmen gerieten.

Mitte Juni erreichten sie Tasmanien. Vivien, die Angst hatte, Olivier würde ihr durch die öffentliche Bewunderung entzogen (als wäre die Berühmtheit eine Geliebte), konnte sich nicht über die Verehrung freuen, die die Öffentlichkeit ihr entgegenbrachte; und so begann sie, viel Zeit mit einem jungen Schauspieler der Truppe namens Dan Cunningham zu verbringen. Obwohl sie in Anwesenheit freundlicher Bewunderer unter ihren Kollegen schon immer in Koketterie verfallen war, flirtete sie nun zum erstenmal ganz offen. Sie schien erfreut, als der verlegene Olivier sie für diesen Flirt tadelte: Vor allem wollte sie die Aufmerksamkeit ihres Ehemanns zurückgewinnen.

Am 29. Juni begann eine zweimonatige Spielzeit der Truppe in Sydney, während der sie fünfundzwanzig Vorstellungen von *Die Lästerschule* gaben, siebzehnmal *Richard III.* und achtzehnmal *Wir sind*

236

noch einmal davongekommen. Insgesamt spielten sie vor mehr als hundertzwanzigtausend Zuschauern. Mittlerweile war es klar, daß trotz aller Ausgaben der British Council und das Old Vic gesunde Profite machten. Dies gab den unterbezahlten Schauspielern das stolze Gefühl, gebraucht zu werden; tatsächlich herrschte innerhalb des Ensembles ein außergewöhnlicher Sinn für Kameradschaft, es gab keine Cliquen und Rivalitäten.

Aber es entstanden Probleme zwischen den beiden, als die Belastung durch die vielen Vorstellungen, die öffentlichen Auftritte und die »Musterungen« der Theatertruppen ihren Tribut bei den Oliviers forderten. Er war Sir Laurence, Repräsentant der Krone und seines Landes; sie war nur mehr eine attraktive Begleiterin – so dachte sie, oder so fühlte sie sich behandelt –, und schon bald wurde es den beiden unangenehm bewußt, daß sie in ihrem Privatleben nur weniges gemein hatten. Truppenmitglieder, deren Zimmer neben dem ihren lagen, hörten lange und heftige Streitgespräche mit. Bislang hatte ihre Ehe ihren unterschiedlichen Karriereverläufen standgehalten, Grund dafür waren ihre häufigen Trennungen und »der Glanz unserer Position«[3], wie Olivier ihr öffentliches Image nannte. Nun aber, mit der Nähe zueinander, die ihnen während der vergangenen Jahre nicht vergönnt gewesen war und von der sie glaubten, daß sie sich danach sehnten, fühlten sich die Oliviers in der ständigen Gesellschaft des Partners unwohl und empfanden sie als Belastung. »Ich habe dich in Australien verloren«[4], sagte er später einmal zu Vivien; genauer gesagt: In Australien bemerkte er, daß sie sich gegenseitig verloren.

Die größer werdende Distanz zwischen ihnen wurde durch ein unerwartetes Ereignis eingeläutet, das während der zweiten Vorstellung von *Richard III.* in Sydney passierte. Als Olivier einen zu heftigen Ausfall gegen den Schauspieler Dan Cunningham machte, der den Richmond darstellte, rutschte er aus und fiel auf sein rechtes Knie, wobei er sich den Meniskus verletzte. Bei allen folgenden Aufführungen als Richard benutzte er eine Krücke, die viele für ein Requisit seiner Rolle hielten.

Schlimmere Schmerzen sollten diesen folgen. Am 15. Juli erhielt Olivier einen Brief von Lord Esher, dem Vorsitzenden des Führungsgremiums des Old Vic, der ihm mitteilte, daß das Direktoren-Triumvirat, bestehend aus Burrell, Richardson und Olivier, bei Auslaufen ihrer Verträge im nächsten Juni aufgelöst werden sollte; eine neue Leitung sollte anstelle der Männer eingesetzt werden, die weltweiten Ruhm für das Old Vic und Adelstitel für sich selber verdient hatten. Der gleiche Brief erreichte Burrell in London und Richardson in

Hollywood, wo dieser mit William Wyler an dem Film *Die Erbin* arbeitete.

Wie vorherzusehen, hatte sich am Old Vic eine unangenehme politische Situation entwickelt, in deren Zentrum sich niemand anderes als Tyrone Guthrie befand, jener Mann, von dem die Initiative zu dem Dreierdirektorium ausgegangen war. Er beschwerte sich beim Aufsichtsrat des Old Vic, daß erstens das internationale Ansehen des Repertoiretheaters darunter litte, daß es als »Oliviers Old Vic« gälte und daß es zweitens nicht angemessen sei, die Truppe durch zwei zum Ritter geschlagene Schauspieler leiten zu lassen. Seine Beschwerden mochten durch seinen Neid auf die Adelstitel von Olivier und Richardson verursacht worden sein.

Aber der ausschlaggebende Grund, den auch Esher für die Entlassung angab, war dieser: Das Old Vic war mittlerweile der noch in den Kinderschuhen steckenden Gründerversammlung des National Theatre angeschlossen worden. Und gerade eine solche Institution war es gewesen, die Olivier und Richardson sich zum Ziel gesetzt hatten und für die sie mit Genehmigung des Aufsichtsrates einen Zwölfjahresplan aufgestellt hatten. Esher und der Aufsichtsrat beabsichtigten jedoch, die Vollzeitanstellung als Verwaltungsleiter keinem Schauspieler zu übertragen; sie zogen jemanden vor, der von außerhalb kam, keine Vorurteile hegte und nicht die öffentliche Anerkennung genoß, die ihre eigene Macht verringern konnte. Es stellte sich ebenfalls heraus, daß sie nicht wußten, wie sie weiterhin vorgehen sollten, denn obwohl die Idee eines Nationaltheaters vom Parlament im Jahr 1949 beschlossen worden war, entstand eine solche Organisation erst im Jahr 1963, und erst weitere dreizehn Jahre später wurde dafür ein eigenes Gebäude errichtet. Die äußerste Ironie daran ist, daß Laurence Olivier später bei beiden Unternehmungen direkt beteiligt sein sollte.

Olivier antwortete Esher, daß er sich wie ein Pionier fühle, dem das Vaterland mitten in einer entscheidenden Schlacht seine Unterstützung versagte, eine eher wörtliche Beschreibung der Tatsachen als ein Vergleich. Er fragte ebenfalls an, ob diese Entwicklung bedeute, daß seine und Richardsons Pläne für die kommende Spielzeit aufgegeben würden, die mit einer Produktion von Anouilhs *Antigone* hatte begonnen werden sollen. In einer Reihe sorgfältig formulierter Briefe aus London legte der Aufsichtsrat seine Position mit erschütternder Deutlichkeit dar. Er hielt das Team nach den Spielzeiten von 1944 bis 1946 für finanziell verschwenderisch und warf ihm vor, hauptsächlich mit seiner eigenen Karriere beschäftigt zu sein. Richardson und Burrell

238

brachten ihren Ärger ebenso wie Olivier in Briefen und Telegrammen zum Ausdruck, die Situation war jedoch bereits so weit eskaliert, daß keine Verhandlungsmöglichkeit mehr bestand. Gerade aufgrund seines eigenen Status konnte Oliviers Beteiligung an der Leitung nicht aufrechterhalten werden, daß der Starschauspieler so oft abwesend war. Nach einem aufwendigen brieflichen Hin und Her gelang es Olivier am Ende, den Aufsichtsrat des Old Vic davon zu überzeugen, daß sie seinen Plänen für die nächste Spielzeit zustimmten; er hatte für die Saison *Richard III., Die Lästerschule* und *Antigone* vorgesehen. Er wurde jedoch gebeten, Stillschweigen zu bewahren, was er auch tat; nur Vivien vertraute er sich an.

Das Verhalten des Triumvirats war zu jener Zeit und auch später untadelig, doch Olivier war nicht der Mann, der schweigend litt. Wenn man ihn schon als Schauspieler und Manager in Personalunion feuerte, so wollte er sich auch dementsprechend verhalten. Sofort ließ er seine Pläne wieder aufleben, eine eigene Theaterspielstätte zu leiten – sein eigenes Old Vic. Während des vergangenen Jahres hatte er für *Born Yesterday* seine eigene Firma, Laurence Olivier Productions, gegründet, ohne jedoch eine klare Zukunftsperspektive zu haben; die Gesellschaft bestand hauptsächlich auf dem Papier; als nomineller Vorstand fungierten Roger Furse und Anthony Bushell mit Oliviers Agenten Cecil Tennant als Vorsitzenden; subventioniert wurde sie von Alexander Korda, der auch Anteile an der Gesellschaft besaß. Olivier, der von der moralischen Verpflichtung befreit war, nur der Institution neue Schauspieler zuzuführen, die ihn so schäbig behandelt hatte, machte sich nun auf Talentsuche für seine LOP, wie die Firma bald vertraulich genannt wurde.

Noch vor Ende August, nachdem er eine Aufführung von Molières Komödie *Der eingebildete Kranke* gesehen hatte, ging Olivier auf einen großen, dunkelhaarigen Schauspieler namens Peter Finch zu. Dieser war zweiunddreißig Jahre, hatte zerfurchte Gesichtszüge und wache blaue Augen und verfügte bereits über beträchtliche Erfahrungen bei australischen Theatern und Filmproduktionen. Die Oliviers hielten ihn für einen der besten Schauspieler, die sie bislang überhaupt gesehen hatten, und sie luden ihn mit seiner Frau zum Essen ein; schon nach zwei Tagen hatte Finch sich entschieden, die Einladung nach London anzunehmen, wo er für die LOP arbeiten würde. Er sollte zu Beginn des Jahres 1949 dort ankommen.

Die letzten fünf Wochen der Tournee verbrachte man in Neuseeland, wo neunundvierzig Vorstellungen in vier Städten, Auckland, Christchurch, Dunedin und Wellington, gegeben wurden. Da die Neuseeländer sowohl geographisch als auch kulturell relativ isoliert lebten, wußten sie nach dem Krieg kaum, wie sie die berühmten englischen Schauspieler begrüßen sollten; für die meisten von ihnen bedeutete Abendunterhaltung entweder Sport oder Kino. Die Restaurants schlossen um neun Uhr, das gesellschaftliche Leben war nicht nennenswert, und Besucher wurden höflich ignoriert.

Zu jedermanns Überraschung zogen die siebzehn Vorstellungen des Old Vic in Auckland mehr als dreiunddreißigtausend Besucher an, doch die Schauspieler waren dermaßen erschöpft und litten so sehr an Heimweh, daß die allabendlich ausverkauften Häuser ihnen nicht die rechte Freude bereiten konnten. Zu dieser Zeit war die Stimmung zwischen den Oliviers so fadenscheinig wie die Futterstoffe ihrer Kostüme, und genau vor der ersten Vorstellung in Christchurch kam es zu einer der seltenen öffentlichen Zurschaustellungen ihrer ehelichen Zwistigkeiten. Als Vivien die roten Schuhe nicht finden konnte, die sie als Lady Teazle tragen mußte, wurde sie wütend. Olivier sagte ihr, sie solle halt irgendwelche verfügbaren Schuhe anziehen und voranmachen, doch Vivien blieb stur: entweder die roten Schuhe oder keine Vorstellung. »Geh auf diese Bühne, du kleines Biest!« befahl er und schlug sie ins Gesicht. Sie erwiderte die Ohrfeige und entgegnete: »Wage nicht, mich zu schlagen, du Mistkerl!« Wenige Augenblicke später trug sie modische schwarze Pumps unter dem bodenlangen bestickten Kleid, wischte sich die Tränen ab und stand schon bald strahlend auf der Bühne.

Auch Olivier machte gute Miene zum qualvollen Spiel. Seit der Knieverletzung waren seine Schmerzen und sein Verlust an Beweglichkeit immer unangenehmer geworden, und nach etlichen ärztlichen Untersuchungen wurde eindeutig festgestellt, daß eine Operation der einzige Ausweg war. Am 10. Oktober, gleich nach der letzten Vorstellung der Tournee, fand in Wellington die Operation statt, bei der Dr. Kennedy Elliott den beschädigten Meniskus entfernte. Eine Woche später brachte ihn ein Krankenwagen zum Pier, wo er als letzter an Bord der Corinthic kam, um nach London zurückzukehren. Da er sein eingegipstes Bein nicht bewegen konnte, bat er darum, in einem Segeltuch ins Schiff gehievt zu werden, wo er wie ein Gepäckstück am Kran über die Reling auf Deck geschafft wurde, während eine Traube von Fotografen diesen Augenblick in wahren Klicksalven festhielt. Die anderen Ensemblemitglieder des Old Vic, die ihn an Deck willkommen hießen, hielten dies für einen brillanten Abschluß, typisch für Olivier: praktisch, gefährlich und ein Leckerbissen für die Presse.

Nach einem letzten langweiligen Monat auf See lief die Truppe am 16. November in Tilbury ein, neun Monate und zwei Tage nach ihrem Aufbruch. Das Ensemble war insgesamt hundertneunundsiebzigmal vor über dreihunderttausend Menschen aufgetreten, und sie waren mit mehr als zweiundvierzigtausend Pfund Reingewinn für den British Council zurückgekehrt. Die Oliviers, die über ihr wöchentliches Gehalt von hundert Pfund hinaus noch eine prozentuale Beteiligung ausgehandelt hatten, erhielten fünftausend Pfund; jedes Ensemblemitglied wurde mit einem Bonus entlohnt. Die meisten erhielten sechzig Pfund, die kaum ausreichten, ihre persönlichen Ausgaben zu decken.

Das neue Jahr begann mit hektischer Aktivität, da Olivier drei Rollen am Old Vic spielte und sich in die Arbeit der LOP stürzte; er plante, im März James Bridies neues Stück *Daphne Laureola* mit Edith Evans und Peter Finch in den Hauptrollen uraufzuführen. Er verweigerte Presseinterviews über seine Pläne im Theatermanagement und behielt sein stoisches Schweigen bei, nachdem er etliche Auseinandersetzungen mit Esher geführt hatte, die man als Paradebeispiel bürokratischer Kriegshandlungen bezeichnen könnte. Zugleich verbrachte er immer weniger Zeit mit Vivien: Sie bereitete kleinere Renovierungen an Notley Abbey und Durham Cottage vor und aß mit Freunden wie dem Tänzer und Schauspieler Robert Helpman in aller Ruhe zu Abend, ohne darüber Auskunft zu geben, während Olivier nach einem Arbeitstag mit Roger Furse oft noch lange ausblieb und zechte. Vivien beschäftigte sich ausgiebig mit Tennessee Williams Stück *Endstation Sehnsucht,* wobei sie ihr Auge darauf geworfen hatte, im Verlauf des Jahres bei einer britischen Aufführung die tragische Rolle der Blanche Du Bois zu spielen. Sie bestand darauf, daß Olivier Regie führen sollte.

Am 20. Januar 1949 fand die Premiere von *Die Lästerschule* am New Theatre statt, und es war das erste Mal, daß Laurence Olivier und Vivien Leigh gemeinsam auf einer Londoner Bühne auftraten. Um dieses Ereignis gebührend zu würdigen, beschenkte er sie mit einem Frauenbildnis aus der Zeit Sheridans und einer Flasche ihres Lieblingsparfüms, während sie, mit der ihr eigenen ausgeprägten Extravaganz, ihm ein Paar Manschettenknöpfe aus dem 18. Jahrhundert überreichte, die mit Granaten, Rubinen und Smaragden besetzt waren.

Die erste Abendvorstellung war ein nahezu aufrührerischer Triumph. Hunderte von Bewunderern hatten die regnerische Winternacht hindurch vor dem Theater geschlafen, um sich die letzten Eintrittskarten zu sichern, nachdem schon mehr als fünftausend briefliche Reservierungen nicht hatten angenommen werden können. Im Theater rief ein begeistertes Publikum von zweitausend Zuschauern die Schauspieler achtmal zum Applaus vor den Vorhang. Um zumindest einen Blick auf die Oliviers werfen zu können, strömten über dreitausend Fans vor und nach der Vorstellung in die St. Martins Lane und blockierten den Verkehr zwischen der Oxford Street im Norden und der Themse im Süden. Mittlerweile hatten Journalisten die Neuigkeit der Entlassungen am Old Vic hinaustrompetet, die Redakteure aller Zeitungen wurden mit Protestbriefen aus der Öffentlichkeit überhäuft. Nach zwei Jahren war dies Oliviers erster Auftritt mit dem Old Vic Ensemble in London, und die Legion seiner Bewunderer beabsichtigte, dies trotz seiner letzten Spielzeit mit dieser Truppe zu feiern.

Die Lästerschule wurde von den Oliviers mit einem seltsamen Mangel an Bissigkeit gespielt, mehr mit Gefühl als mit Strenge. Erschöpft von der langen Tournee und deprimiert durch das Vorgehen des Aufsichtsrats, spielte Olivier den Sir Peter mit einem so bittersüßen Nachgeschmack, daß etliche Kritiker Sheridans scharfgeschliffene satirische Klinge vermißten; zugleich wurde Vivien wegen ihrer Koketterie gelobt, jedoch wegen ihrer an Gainsborough orientierten Eleganz getadelt. Oliviers Verfassung wurde dem Publikum eines Abends eindeutig klargemacht, als er eine Vorstellung unterbrach, um die Zuschauer wegen übertrieben häufigen Hustens zurechtzuweisen. Sein irgendwie verändertes Auftreten auf der Bühne fand am 26. Januar seine Fortsetzung, als sein *Richard III.* erstaunlicherweise die grausame Triebkraft und die wüste Ironie vermissen ließ, durch die die Zuschauer früherer Vorstellungen so aufgewühlt und erschüttert worden waren.

Als Chor in seiner Inszenierung von Jean Anouilhs *Antigone* lieferte er jedoch eine scharf herausgearbeitete und markerschütternde Vorstellung. Das Stück kam am 10. Februar ins Programm und wurde durch Tschechows komisches Vorspiel *Der Heiratsantrag* eingeleitet, bei dem Olivier ebenfalls die Regie führte. Als Kontrast zu Viviens Darstellung der fanatisch entschlossenen und gelassen opferbereiten Antigone faßte Olivier den griechischen Schicksalsbegriff kühl in einem einzigen bewegenden Monolog zusammen:

> Die Feder ist straff gespannt. Sie wird sich selbst wieder lockern. Das ist es, was so praktisch an der Tragödie ist... Man muß keinen Finger bewegen. Die Maschine läuft reibungslos; sie wurde schon zu Anbeginn aller Zeiten geölt... Tod, Verrat und Leid sind unterwegs, und sie bewegen sich im Gefolge des Sturms, der Tränen, der Stille... Die Tragödie ist sauber, sie ist ein Ruhepol, sie ist makellos. In der Tragödie kommen keine Zweifel auf, jedermanns Schicksal ist bekannt.

Im Februar und März fanden allabendlich Vorstellungen statt, während Olivier die Tage mit Edith Evans und Peter Finch bei den Proben zu *Daphne Laureola* verbrachte; obwohl er nicht Regie führte, überwachte er alle Details. Insofern kam nun zu seiner Position als bewährter Manager ein neuer Aspekt hinzu: Ein berühmter Schauspieler trat nun an einem Ort auf und präsentierte einen anderen Schauspieler in einem neuen Stück an einem anderen Ort. Dies bedeutete eine Revolution für einen Schauspieler-Manager; Henry Irving hatte zum Beispiel nur sich selbst inszeniert, und Gerald du Maurier hatte ausschließlich Stücke produziert, bei denen er die Hauptrolle innehatte.

Und trotzdem präsentierte sich Olivier während der folgenden Jahre in gewisser Weise selbst, indem er mit noch nie dagewesener Aufmerksamkeit über die Karriere von Peter Finch wachte. Von ihren wenigen Treffen in Sydney an bis hin zur Premiere von Bridies Stück am 23. März war Olivier zunehmend von der Person Peter Finch und seiner Herkunft fasziniert worden, er widmete sich mehr und mehr seinem Talent, und ihre Beziehung wurde während der nächsten sechs Jahre immer komplexer und immer komplizierter.

Zunächst einmal hatte Olivier es für Finch arrangiert, ihn durch seinen eigenen Agenten, Cecil Tennant, vertreten zu lassen. Dann verpflichtete er ihn vertraglich für fünf Jahre an die LOP und setzte ihn nach *Daphne Laureola,* das von März 1949 bis Februar 1950 lief, in *Damascus Blade, Captain Carvallo* und *The Happy Time* ein. So wie er es für sich selbst am Old Vic verlangt hatte, gewährte er auch Finch freie Tage, um Filme zu drehen, doch hatte er sich das Recht vorbehalten, zu den Drehbüchern seine Einwilligung zu geben. Und um es vielleicht endgültig klarzustellen, daß er eine Karriere betreute, die nach seiner eigenen gestaltet war, ließ er Finch zwei seiner wichtigsten frühen Rollen spielen: 1951 den Jago und ein Jahr später den Mercutio.

Die Gründe für diese Bevormundung und wohlwollende Manipulation sind nicht schwer zu verstehen. Einerseits war Olivier von Details aus der Kindheit des jungen Schauspielers tief berührt, andererseits von seinem Talent beeindruckt. Finch war von seinen Eltern in Australien zurückgelassen worden, als sie nach England umsiedelten, und hatte sich dann sehr schnell zu einem unabhängigen, irgendwie wilden Charakter entwickelt, der das Leben eines Bohemien führte. Er erwies sich als ein sinnlicher, sexuell höchst umtriebiger Genießer und überspielte mit seiner brüsken und selbstsicheren Art seine Sehnsucht nach der emotionalen Sicherheit, die ihm zu Beginn seines Lebens versagt worden war; sein Leben lang hegte er den Wunsch, seine Eltern ausfindig zu machen. Mit seiner aufrechten Haltung, seinem guten Gedächtnis und seinem Verständnis für die tragikomische Rolle des jungen polnischen Romantikers in *Daphne Laureola* war er in gewisser Weise Oliviers Alter ego. Finch weckte in Olivier ebenfalls das Gefühl von unterdrückter und verdrängter Vaterliebe, und so erhielt er von Olivier die Unterstützung und Anerkennung, die dieser seinem eigenen Sohn Tarquin versagt hatte. Und für viele bestand zu jener Zeit kein Zweifel darüber, daß Finch auf Olivier eine starke (wenn auch nicht ausgelebte) erotische Anziehungskraft ausübte.

Vivien hatte ebenfalls ihre Gründe – in gewisser Hinsicht sogar dezidierter –, sich zu Finch hingezogen zu fühlen, denn seine ziemlich trostlose Kindheit hatte viel Ähnlichkeit mit ihrer eigenen; doch entschieden eindeutiger wirkten seine strahlende Männlichkeit und seine sexuelle Anziehungskraft auf sie. Finch seinerseits hatte ein starkes Bedürfnis nach Unabhängigkeit, war mit größtem Ernst an seiner Karriere interessiert und war dankbar, dem großen Sir Laurence Olivier wichtig zu sein und in den Kreisen, in denen Vivien sich bewegte, akzeptiert zu werden. Für ihn müssen die beiden wie ein sehr besonderes Elternpaar gewesen sein, Vorbilder für seine zukünftigen Möglichkeiten und Garanten seines Wertes als Künstler.

Ein klares Zeichen dafür, daß die Oliviers Finch ganz akzeptierten, war die Tatsache, daß er häufig bei den Wochenendeinladungen in Notley Abbey mit einbezogen wurde; Vivien verstand es, ihm sein anfängliches Unbehagen sofort zu nehmen, indem sie ihn nach seinen besonderen Interessen und Anliegen fragte und ihn der hochkarätigen Starbesetzung des Abends vorstellte: Orson Welles, der seinen *Othello* plante, Tennessee Williams und dessen Liebhaber Frank Merlo, Irene Selznick, die *Endstation Sehnsucht* am Broadway aufgeführt hatte und mit Olivier heftig über Kürzungen in seiner kommenden Inszenierung des Stückes diskutierte. Finch hatte sein Vergnügen daran, in jenem Frühjahr bei den Mahlzeiten meist Viviens Tischherr sein zu dürfen, jedoch war er nicht der einzige, der ihre Gastfreundschaft manchmal für zu berechnend hielt, als daß sie angenehm gewesen wäre.

Im Juni, gegen Ende der Spielzeit 1948/49 am Old Vic, lief Oliviers Vertrag aus. Er fuhr mit Vivien in Urlaub an die Riviera, wo sie die Inszenierung von *Endstation Sehnsucht* und die Rolle der Blanche besprachen. Im Verlauf dieser Reise (und wohl kaum, wie Olivier es so pittoresk in seiner Autobiographie beschreibt, im Wintergarten des Hauses Christchurch Street, 4) teilte Vivien ihm nebenbei mit, daß sie ihn nicht mehr liebe. Trotzdem brauche sie ihn immer noch als

Freund, Beschützer und Mentor. Dies muß für ihn wohl eine geringere Überraschung gewesen sein, als er später behauptete, denn mittlerweile gab es kaum noch sexuelle Beziehungen in ihrer Ehe.

Wie zuvor bei Jill bedeutete auch jetzt diese Wendung in ihrem Verhältnis eine Zwickmühle. Keiner von beiden wünschte eine Scheidung, denn ihre Karrieren waren zu sehr miteinander verbunden und auf nicht unerhebliche Weise ihrem Status als Sir Laurence und Lady Olivier unterworfen: Sein Adelstitel, gab er zu, war ihm »heilig«, und eine weitere aufgelöste Ehe würde sein Bild in der Öffentlichkeit schwer schädigen. Außerdem fühlte er sich für Viviens Karriere verantwortlich, da ihre Partnerschaft einen wichtigen Faktor für ihr Image darstellte.

Von Kindheit war Vivien in ihrem Selbstwertgefühl davon abhängig, Bekannten wie auch Fremden zu gefallen; seit mehr als einem Jahrzehnt hatte sie nun ihre endlosen Versuche, Anerkennung und Zuneigung zu gewinnen (was sich einst auf Leigh Holman konzentriert hatte), ganz auf Olivier bezogen, dessen Führung sie vertraute. Er entsprach ihrem tiefsten Verlangen nach einer hilfreichen Vaterfigur, während sie, die bewunderungsvolle Fürsprecherin und charmante heimliche Dirigentin, viele mütterliche Qualitäten besaß, die zu verlieren sich Olivier nicht mehr leisten konnte. Aber seit dem Sommer des Jahres 1949 war die Ehe, trotz wiederholter Versuche, die ehemals heftige Zuneigung wieder aufleben zu lassen, schlichtweg in Gefahr geraten; ihre Beziehung, die sehr vom Ballast ihrer persönlichen Lebensläufe beeinflußt war, hatte auf eine extreme und zugespitzte Weise die üblichen Elemente einer jeden Liebesbeziehung in sich vereinigt. Am einschneidendsten war wohl für Olivier, daß Vivien sich immer häufiger beschwerte, er sei ein unbefriedigender Liebhaber. Zugleich begann sie, Olivier seiner sexuellen Ambivalenz wegen zu verdächtigen – aufgrund der Art, wie er mit Finch umging, und vor allem wegen der immer häufiger werdenden Besuche von Danny Kaye, der Olivier eine geradezu besessene Aufmerksamkeit entgegenbrachte; wenn er sich in London aufhielt, widmete Olivier ihm einen Großteil seiner Zeit. Ihre Klagen über die sexuelle Trägheit ihres Mannes – eine Beschwerde, die sowohl ihren Bedürfnissen als auch ihrer Angst entsprang – hatten den vorhersehbaren Effekt, daß er sich noch weiter von ihr entfernte.

Genau zu diesem Zeitpunkt begann Vivien mit der Arbeit an Tennessee Williams' tragischer Figur Blanche Du Bois in *Endstation Sehnsucht*. Blanche, eine traurige, dreißigjährige Südstaatenschönheit, die ihren Familienwohnsitz verloren hat, kommt nach New Orleans, um ihre Schwester zu besuchen, die mit einem grobschlächtigen Mann verheiratet ist, geradezu dem Prototyp eines Macho. Am Broadway spielte der junge Marlon Brando diese Rolle des Stanley Kowalski und erntete damit kometenhaften Ruhm. Blanches Gehabe, ihre Affektiertheit und ihre Lügen werden rücksichtslos von ihrem Schwager bloßgestellt; durch ihn wird enthüllt, daß sie keineswegs eine respektable Lehrerin war, wie sie behauptet, sondern daß sie für kurze Zeit mit einem jungen Homosexuellen verheiratet war, dessen Selbstmord durch ihre grausamen Sticheleien beschleunigt wurde. Seitdem lebt sie ihre schuldbeladene Promiskuität voll aus, und als ihr Schwager sie vergewaltigt, ist ihr Schicksal besiegelt: Sie erleidet einen totalen seelischen Zusammenbruch und wird in eine Anstalt eingeliefert.

Gegen Ende August probten sie in London, und Vivien vertraute in etlichen Briefen ihrer Freundin Sunny Lash (geborene Alexander) an, daß sie »sehr, sehr nervös« sei, was die Rolle anginge; tatsächlich machte sie von dieser Darstellung alles abhängig. Während der letzten Probentage Anfang Oktober trieb Olivier sie bis zu den Grenzen ihrer Möglichkeiten, verlangte noch eine Probe einer bestimmten Szene oder noch ein Gespräch über eine bestimmte Stelle; und sie bat ihn andauernd um Hilfestellung bei jeder kleinen Geste, bei jeder Nuance der Aussprache einer bestimmten Textzeile, bei jeder Pause und jedem Gang. Vivien, die auf seine geringfügigsten Einwände und Vorschläge einging, war vor Angst wie gelähmt; sie fürchtete, daß ihre Stimme nicht tragen würde, daß sie einen Einsatz verpassen könnte, und vor allem fürchtete sie, daß sie Olivier dadurch Schande bereiten könnte, daß sie Blanches Wahnsinn nicht angemessen spielte oder ihn dermaßen verinnerlichte, daß sie am Ende selbst zusammenbrach. Vielleicht fürchtete sie auch die augenscheinliche Parallele zu ihrer eigenen Ehe, weil sie wegen ihrer ähnlich gelagerten Probleme Olivier genauso unnachsichtig zusetzte. Die Ensemblemitglieder Bonnar Colleano und Renée Asherson erinnerten sich an Viviens bleiche, ängstliche Zittrigkeit nach jedem Auftritt. Die Kollegen und Freunde, die nach der Vorstellung hinter die Bühne kamen, waren stets besorgt, sie könnte wirklich sehr krank werden. Aber sie blieb gesund und spielte die Rolle mehr als acht Monate lang.

Nach dem vielversprechenden Auftakt von *Endstation Sehnsucht* wandte Olivier seine Aufmerksamkeit den Aufgaben des Managements zu. Nach dem Reinfall mit dem nur zwei Wochen laufenden Stück *Fading Mansions* von Donagh MacDonagh, der Bearbeitung eines Anouilh-Stückes unter der Regie von Anthony Bushell, hatte Olivier beschlossen, daß die LOP ein eigenes Theatergebäude haben müsse. Alle großen Schauspieler-Manager – Irving, Tree, Wyndham, Waller, du Maurier – hatten unter ihrem eigenen Dach Regie geführt und die Hauptrollen gespielt, und als das St. James Theatre im Herbst 1949 zu haben war, schloß Olivier mit dem amerikanischen Besitzer Gilbert Miller einen Mietvertrag über vier Jahre ab. Das kleine St. James Theatre mit nur neunhundertfünfzig Sitzplätzen, in der King Street nahe dem Piccadilly gelegen, hatte eine Geschichte, die sich bis 1835 zurückverfolgen ließ. Achtundzwanzig Jahre lang (bis 1917) war Sir George Alexander sein Leiter und Hauptdarsteller gewesen und hatte Stücke von Wilde und Pinero herausgebracht; später saß Olivier im rot-goldenen Plüschauditorium und sah erstmalig Sybil Thorndike und Lewis Casson, Noël Coward und Gladys Cooper.

»Ich glaube, das Publikum ist bereit, gute Schauspieler auch in einem schlechten Stück zu sehen«, verteidigte sich Olivier im Jahr 1950, nachdem sich etliche seiner Inszenierungen am St. James als finanzielle Mißerfolge erwiesen hatten. Aber das war eine Behauptung, die er nicht unter Beweis stellte: Während seiner Leitung gab es nie einen Gewinn. Um die Rechnungen für seine üppigen und teuren Produktionen zu bezahlen, war er fortwährend gezwungen, das Theater an andere zu vermieten, zum Beispiel an die Truppe von Jean-Louis Barrault oder an Orson Welles. Der endgültige Zusammenbruch des Unternehmens wurde jedoch durch Faktoren bedingt, die außerhalb von Oliviers Kontrolle lagen: die hohen Vergnügungssteuern der Nachkriegszeit, stark ansteigende Kosten und nicht zuletzt die allgemeine Veränderung des Theaterstils. In der Zwischenzeit brachte er jedoch die Kraft seiner Persönlichkeit und seines Ruhms in das Unternehmen ein, und sobald es nötig wurde, trat er in Filmen auf, um die finanzielle Unterstützung zu ermöglichen. Seine zwanzig Londoner Inszenierungen von 1947 bis 1960 (von denen neun am St. James gezeigt wurden, das 1957 abgerissen wurde) brachten ihm trotz der sehr unterschiedlichen Intensität seiner Mitarbeit und der unverändert schlechten finanziellen Lage unschätzbare Erfahrungen für die darauffolgende, viel wichtigere Periode seines Lebens.

Die erste Produktion unter der Federführung von LOP am St. James Theatre war ein Versdrama, das Olivier für sich selbst als Regisseur und Hauptdarsteller in Auftrag gegeben hatte, eine märchenhaft-romantische Komödie namens *Venus im Licht*. Der Autor war Christopher Fry, der mittlerweile durch seine kurz zuvor erschienenen Dramen *Ein Phönix zuviel* und *Die Dame ist nicht fürs Feuer* bekannt geworden war. Kurz vor dem Probenbeginn Mitte Dezember flog

Olivier nach New York, wohin er eingeladen worden war, um die Erklärung der Menschenrechte bei einer Festveranstaltung der UNO am 10. Dezember zu verlesen. Zwei Tage später, nach hastigen Besuchen bei den Kanins, Thornton Wilder und des Musicals *South Pacific,* war er zurück in London, um mit der vollständig versammelten Truppe zu proben. Darunter befanden sich Denholm Elliott und Rachel Kempson, die Olivier gute Laune und humorvolle Stimmung bescheinigten. »Eines Tages«, sagte Elliott Jahre später, »erzählte ich ihm von einem schrecklichen Streit mit einem Freund, zu dem ich gesagt hatte, er solle sich selber ficken.«

»Du solltest so etwas niemals zu jemandem sagen, Denholm«, sagte Olivier ruhig. »Es ist sehr unhöflich.«

»Ich weiß, es tut mir so leid, daß ich es gesagt habe.«

Es gab eine Pause, während Olivier nachdachte. Er wandte sich dann an Elliott: »Was du hättest sagen *sollen,* ist: ›Was hieltest du denn davon, wenn du jetzt gehen und dich selber ficken würdest?‹«

Als Duke of Altair, ein romantischer Astronom in den besten Jahren, spielte Olivier in *Venus im Licht* einen modernen freundlichen Lebemann, der sich anschickt, unter seinen Geliebten schließlich seine Wahl zu treffen – um dann zu entdecken, daß sein Sohn sein Rivale um die Gunst der Auserwählten ist. Das Stück hatte am 18. Januar 1950 Premiere und lief bis zum 5. August; Kritiker und Zuschauer lobten gleichermaßen das elegante Bühnenbild und Oliviers elegante Darstellung, Frys Stück hatte jedoch eher den Charakter eines selbstgefälligen, hochtrabenden Rätselspiels. Das Stück war in dem populären Idiom ziemlich überladener freier Rhythmen geschrieben und nötigte Olivier volltönende Monologe ab, die wie eine T.-S.-Eliot-Parodie klangen.

> *Duke:* Und wenn die Erde jemals die Magie versteht,
> Ist dies die Nacht in der die Weisheit
> Des Lebens Gleichung überrollt. Die längst vergangnen
> Stunden öffnen sich; und fester Boden wächst
> So sanft wie die Gezeiten, und atmet aus,
> Den Odem aller Toten allerorts.

Noël Coward hatte seit *Present Laughter* aus dem Jahr 1942 nichts mehr geschrieben, und die Stücke von Sean O'Casey, Terence Rattigan und James Bridie wurden geschätzt, waren jedoch keine überwältigenden Erfolge. Olivier ging fälschlicherweise davon aus, daß Fry in der traurigen Londoner Nachkriegstheaterszene wieder Funken schlagen könnte.

Während der Laufzeit von *Venus im Licht* führte Olivier bei zwei Stücken mit Peter Finch Regie: *The Damascus Blade* von Bridget Boland und *Captain Carvallo* von Denis Cannan. Die Proben für das erste Stück erwiesen sich für die Schauspieler als ziemlich anstrengend, denn Oliviers pingelige Vorbereitungen zerrten an ihren Nerven. John Mills berichtete, daß Oliviers Regiebuch, in dem jeder Gang und jede Geste mit roten und blauen Pfeilen zu jeder Dialogzeile eingezeichnet war, einem Armeemanöverplan glich und den Schauspielern keinen Platz für eigene Ideen zugestand. Wie sich herausstellte, litt das Unternehmen dann an seiner übermäßigen Vorbereitung, denn nach wenigen Voraufführungswochen in der Provinz wurde das Stück noch vor der Londoner Premiere abgesetzt.

Trotzdem überwachte Olivier weiterhin Finchs Karriere – und auch dessen Freundschaft mit Vivien. Sie war stets begeistert, wenn Finch das Wochenende in Notley Abbey verbrachte, und Olivier, der ihre Verdächtigungen über ihn und Finch widerlegen wollte, ermunterte zu diesen Besuchen. Vielleicht bemerkte er wirklich nicht – oder wollte es nicht wahrhaben – , daß die Beziehung zwischen Vivien und Peter immer zärtlicher wurde, obwohl sie im Jahr 1950 noch durchaus platonisch war.

Auf jeden Fall sollten sie bald lange voneinander getrennt sein. LOP benötigte verzweifelt irgendwelche Geldquellen, um die Miete für das St. James Theatre aufzubringen, und wie auf ein Stichwort kam Hollywood als Retter in der Not. Vivien wurde von Elia Kazan, der *Endstation Sehnsucht* am Broadway inszeniert hatte, eingeladen, die Rolle der Blanche in der Filmfassung zu übernehmen; und William Wyler bot Olivier die zweite Hauptrolle in *Carrie* an, der Verfilmung von Theodore Dreisers erstem Roman *Schwester Carrie*. Am 31. Juli flog Vivien von London nach Amerika, um Vorgespräche mit Kazan und dem Produzenten Charles K. Feldman zu führen. Zwei Wochen später, nach Finchs Premiere als *Captain Carvallo*, folgte Olivier. Bei einem kurzen Zwischenstopp in New York gab er Garson Kanin gegenüber zu, daß seine emotionale Erschöpfung weniger an seiner Überarbeitung lag als an seiner Angst um seine Ehe: »Wir führen keine Gespräche«, erzählte er Kanin über seine Beziehung zu Vivien, »wir halten Konferenzen ab.«[5]

Während der Dreharbeiten überließ Feldman sein Haus im Coldwater Canyon den Oliviers, deren Rückkehr nach Hollywood nach zehn Jahren der Presse Anlaß genug gab, ausfernd darüber zu berichten, und zu allgemeinem Jubel in der Filmindustrie führte. Sunny Lash wurde auch diesmal als Viviens Sekretärin und Assistentin angestellt, während der schmachtende Danny Kaye ihnen zu Ehren einen üppigen Empfang mit anschließendem Ball im Beverly Hills Hotel organisierte. Unter den zweihundert Gästen dieses wohl größten gesellschaftlichen Ereignisses des Jahres waren Humphrey Bogart und Lauren Bacall, Ronald Colman, Lana Turner, Groucho Marx, Ginger Rogers, Louis B. Mayer und eine junge Vertragsschauspielerin der Twentieth Century-Fox namens Marilyn Monroe, die von Oliviers Charme und Ausstrahlung dermaßen beeindruckt war, daß sie sich schwor, eines Tages mit ihm zusammen in einem Film aufzutreten. Ihr Agent und ehemaliger Liebhaber Johnnie Hyde erklärte ihr, daß sie damit sicherlich noch lange warten müßte. Nach diesem Galaabend waren beide Oliviers sechs Tage in der Woche völlig mit Dreharbeiten ausgelastet, sie bei Warner, er bei Paramount.

Während des Herbstes arbeitete Vivien an *Endstation Sehnsucht*, und sie spielte mit einem so anrührenden Pathos und einer so gekonnten Hysterie, daß sie dafür ihren zweiten Oscar erhielt. (»Sie wäre über Glasscherben gekrochen, wenn sie geglaubt hätte, daß es ihre Darstellung verbessern könne«[6], behauptete Kazan.) Nichts am fertiggestellten Film gab einen Hinweis darauf, wie unsicher sie sich bei den Dreharbeiten ohne Oliviers Anleitung fühlte und wie schwierig es für Kazan war, weil sie ständig einwarf: »Als Larry und ich das Stück in London gemacht haben...«

Zu jener Zeit begleitete sie ihr Besucher und Freund Robert Helpmann auf nächtlichen Streifzügen, beide auf der Suche nach flüchtigen sexuellen Kontakten mit Fremden. Diese Abenteuer überraschten alle, die davon erfuhren, denn Viviens kurze Liebeleien – vermutlich ihre erste Untreue seit ihrer Eheschließung mit Olivier – paßten kaum zu ihrem Charakter, aber um so eher zur Figur der Blanche. Ihr späteres Verhalten gab ihren Freunden und Biographen Anlaß, die Ursachen ihrer nervlichen Probleme in den sechziger Jahren schon in diesen, den Fünfzigern, zu suchen, die von der wieder aufflackernden Tuberkulose und ihrem exzessiven Alkoholgenuß geprägt waren; und diese Frau, die in jener Zeit stets ihre beruflichen Pflichten und, wenn es ihr gefiel, ihre gesellschaftlichen Aufgaben gewissenhaft erfüllte, wurde für diese Periode ihres Lebens als geistig gestört hingestellt. Die späteren Erklärungen besagten, sie sei selbst zu Blanche geworden – sei eine Verrückte, die sich mit ihrer Rolle so sehr identifizierte, wie die Schauspielerin Renée Maria Falconetti, die sich 1927, nachdem sie die Rolle der Jeanne d'Arc in einem Film von Carl Dreyer gespielt hatte, selbst für die Märtyrerin hielt, einen Zusammenbruch erlitt und in eine Anstalt eingewiesen wurde.

Die Liebe und die Loyalität, die Freunde und Biographen Vivien Leigh gegenüber bekundeten, verhinderten das richtige Verständnis für etwas, das zu Beginn nichts weiter als die Befriedigung sinnlicher Leidenschaft war. Nichts in ihrem Verhalten beruhte auf Bösartigkeit oder Heuchelei, aber es trug noch mehr dazu bei, daß sie sich elend fühlte, und vergrößerte die Spannungen in ihrer Ehe. Es gibt keinen einzigen medizinischen Beweis aus jenen Jahren, der Vivien Leighs Geisteskrankheit belegt (drei Jahre später sollte sich ihr Verhalten drastisch verschlimmern), noch gab es im Jahr 1950 irgendein Anzeichen für eine unkontrollierbare Lähmung des Geistes oder Willens, der die Diagnose zuließe, daß eine unheilbar kranke Frau sich in Blanche Du Bois »verwandelte«. Nichts derartiges passierte, auch wenn einige Schreiberlinge dies behaupteten, um eine Figur aus einem Emily-Brontë-Roman zu kreieren. Vivien entdeckte ganz einfach etliche Parallelen zu Blanche, ihrer bislang erfolgreichsten Rolle, und beschloß, diese auszuleben. Sollte sie doch schwer geisteskrank gewesen sein, dann war es höchst erstaunlich, daß eine so zarte Frau mehr als dreihundert Aufführungen von *Endstation Sehnsucht* durchhalten konnte, um dann auch noch in einem Film mitzuwirken, einer Produktion, bei der weder Elia Kazan noch ihre Kollegen irgendein irrationales Verhalten bemerkten. Und dem pflichtbewußten und professionellen Cecil Tennant, der Vivien so gut wie irgend jemand kannte, war es ebenfalls nicht zuzutrauen, daß er Vivien für die Rolle der Blanche nach Hollywood geschickt hätte, wenn er oder Olivier Zweifel daran gehegt hätten, daß sie die Rolle perfekt spielen könnte, ohne sich selbst dabei zu gefährden. Die Behauptung, Vivien sei geisteskrank gewesen, läßt zudem nur die Schlußfolgerung zu, daß Olivier, der eine kranke Frau über ihre Grenzen hinaustrieb, bis zur Grausamkeit gefühllos gewesen sein müsse.

Tatsächlich gab es eine weniger mysteriöse und recht konkrete Erklärung für ihr Verhalten, denn mittlerweile steckte Olivier mitten in einer intensiven sexuellen Beziehung zu Danny Kaye. Zuerst hatte Vivien Kaye nur für unhöflich gehalten, wenn er unangemeldet und ohne Einladung in ihrem Haus auftauchte. Aber Olivier verbrachte lange Abende bis spät in die Nacht mit ihm, und ihr Verhältnis, das zuerst als blühender Klatsch und dann als allgemein bekannte Tatsache in Hollywood, New York und in der Karibik (wo sie die Beziehung sieben Jahre lang von Zeit zu Zeit aufleben ließen) gehandelt wurde, war weder ein Geheimnis für Vivien, noch dementierte er es.

Für Olivier selbst brachte die Affäre mit Kaye etwas ans Licht, was er schon früher bei Coward gefühlt hatte – sie enthüllte ihm mehr über sein Bedürfnis nach Zuneigung seitens derer, die er bewunderte, als nach Sex an sich; denn in dieser Hinsicht war er die meiste Zeit seines Lebens auffällig zurückhaltend, fast desinteressiert, was Vivien als erste publik machte (und was er in seiner Autobiographie *Bekenntnisse eines Schauspielers* bestätigte). In bezug auf Sex war sie stets die Aggressive, die Fordernde gewesen, sie bestimmte die Möglichkeiten und ergriff die Initiative. Für ihn blieb Sex eine rein funktionelle Angelegenheit, der er nie seine ganze Leidenschaft widmete. Kaye war aber nicht nur amüsant, sondern auch von einer vibrierenden Intelligenz; er bewunderte Olivier nicht nur, sondern forderte ihn auch heraus, er war schlagfertig und originell und in der Lage, sich sehr subtil über Kunst, Literatur und Musik zu äußern; darin war er Vivien sehr ähnlich. Er war unwiderstehlich, und Olivier konnte sich seinen offenen Zärtlichkeitsbeweisen nicht entziehen, egal welches Maß sie mitunter annahmen.

Ein Großteil seines Gefühlslebens war immerhin lange Zeit unterdrückt und den selbst auferlegten Forderungen einer schwerfaßlichen Kunst unterworfen worden. Der Tod seiner Mutter und die gefühlsmäßige Distanz zu seinem Vater hatten einen schmerzhaften Verlust für den jungen Olivier bedeutet. Später war es dann Jill Esmond, die zunächst der perfekte Zugang zu gesellschaftlicher und beruflicher Anerkennung zu sein schien, ihn dann aber überraschte und gewissermaßen ebenfalls für ihn »starb«, indem sie ihm erst ihre Zuneigung verweigerte und ihm dann von Zeit zu Zeit sexuelle Gefälligkeiten erwies, die ihn ebensowenig befriedigten wie seine kurzen Hollywood-Affären während der frühen dreißiger Jahre, die ziemlich unpersönlich waren. Dies ließ ihn in lähmende Zweifel verfallen, was seine Wirkung auf Frauen anging, die durch seine Bindung an Noël Coward noch verstärkt wurden. Und so suchte er, wie so viele, denen schon im Kindesalter Liebe verweigert wurde, seine Erfüllung anderswo. Doch fand er sie nicht in der Promiskuität oder in der endlosen und lieblosen Suche nach verfügbarer Ersatzbefriedigung, sondern auf der Bühne. Nur bei einer Frau wie Vivien mit ihrem erstaunlichen erotischen Potential, fühlte er sich sicher und von einer Frau begehrt und anerkannt. Trotzdem vertraute er seinen Freunden immer wieder an, daß ihre sexuellen Ansprüche ihm eine Qual und eine Last wurden. Bei Danny Kaye bekam Olivier Bestätigung von jemandem, den er respektierte, und zugleich gab er der schmeichelhaften Bewunderung eines ungemein verführerischen Mannes nach. Mehr denn je wollte Olivier gefallen, attraktiv und liebenswert sein – denn dies ist das Ziel eines jeden Schauspielers, wenn nicht eines jeden Menschen.

Und so hatte sich Danny Kaye 1950 in Oliviers Privatleben festgesetzt. Er verbrachte viele Wochenenden mit den beiden in Los Angeles und London; er paßte seine Arbeit den Verpflichtungen von Laurence Olivier an; er tauchte in fremden Städten auf, wenn das Paar auf Reisen war; er gab eine Unmenge Partys zu ihren Ehren; viermal überredete er die Oliviers dazu, mit ihm bei Benefizveranstaltungen auf Vaudeville-Bühnen aufzutreten; erstaunlich häufig schaffte er es, zu Anlässen eingeladen zu werden, bei denen die beiden ebenfalls anwesend waren. All dies und die Tatsache der Beziehung selbst wäre vielleicht nicht bemerkenswert gewesen, hätte Olivier nicht 1961 einen Brief an Vivien geschrieben, in dem er wenig überzeugend seine sexuelle Beziehung zu Kaye als nur vorübergehend und unwichtig darstellte. Der Brief erreichte Vivien, als sie mit dem Schauspieler John Merivale zusammenlebte, und er blieb über ihren Tod hinaus in dessen Besitz, bis auch er selbst starb. In der ersten Fassung seiner Autobiographie sprach Olivier offen mehrere homosexuelle Eskapaden seines Erwachsenenlebens an – Begebenheiten, deren Erwähnung seine dritte Ehefrau erfolgreich verhinderte. Was seine Beziehung zu Kaye angeht, war sicherlich alles wahr, was Vivien befürchtete, und weit mehr, als Olivier zugab. Sie war keineswegs amüsiert, als sie Fotos sah, die während einer wilden Männerparty in Noël Cowards Haus in der Karibik aufgenommen worden waren. Kaye und Olivier hatten Tänze und Duette improvisiert, bei denen sie abwechselnd als Braut und Bräutigam gekleidet waren. Dies entsprach der britischen Music-Hall-Tradition, aber Vivien las aus den Bildern ihre eigene Wahrheit über die Beziehung heraus, daß es da nämlich etwas gab, womit sie nicht konkurrieren konnte.

Mitten im Trubel jener Monate entwickelte Olivier eine seiner größten Filmrollen, den zum Untergang verurteilten George Hurstwood in *Carrie,* eine Rolle, die noch Jahrzehnte später fast unerträglich in der vorzüglichen Schilderung eines Mannes erscheint, den die Liebe zerstört. Olivier und Wyler arbeiteten in größerer Harmonie, als sie es bei *Stürmische Höhen* getan hatten, denn Oliviers zwischenzeitlich erworbene Erfahrungen als Regisseur hatten ihn sowohl die Feinheiten der Filmschauspielerei als auch die notwendige Geduld gelehrt, die notwendig ist, um genau den richtigen Gefühlsausdruck auf die Leinwand zu bringen. Mit einem großen Schnurrbart und einem fehlerlosen Dialekt des Mittleren Westens ausgestattet, den er mit Spencer

Tracy einstudiert hatte, entwickelte Olivier Hurstwoods Werdegang vom feurigen Liebhaber hin zu einem verzweifelten, bigamistischen Dieb, ohne etwas von der im Grunde tragischen Noblesse dieser Figur außer acht zu lassen. Oliviers Darstellung war von erstaunlichem Understatement, er arbeitete mit Flüstern und langen, traurigen Blikken; unbewußt mag er sich auf seine eigenen Erfahrungen mit Jill und Vivien bezogen haben, um das Porträt eines Mannes zu gestalten, der aus einer lieblosen Ehe in eine große Leidenschaft flüchtet, die vor seinen Augen zugrunde geht. Mit sparsamer Gestik und einer Stimme von dunkler, ruhiger Intensität, zeigt Olivier das Bild eines Menschen, der fast schicksalhaft dazu bestimmt ist, ohne Liebe zu leben. Oliviers Hurstwood, der sich nach Vertrauen sehnt und trotzdem fürchtet, dieses Vertrauen nicht zu verdienen, ist abhängig von der zerbrechlichen Wahrheit seiner verzweifelten Leidenschaft. »Ich will dich mehr, als ich je in meinem Leben irgend etwas haben wollte«, sagt er nur, und seine Stimme verrät, daß er sich sehenden Auges in eine hoffnungslose Liebe verliert. Diese Zeile, trocken und fast ohne jede Emotion gesprochen, hat ihr eigenes frisches Pathos, als ob die Figur plötzlich doch noch erkennt, daß auch sie Gefühle besitzt.

Den Schlußszenen verlieh Olivier eine grausame Intensität, wie sie sich auch in den anderen großen Porträts seiner Karriere finden läßt. Der ehemals reiche Hurstwood ist mittlerweile aus einer billigen Absteige geworfen worden, er ist mittellos, an Tuberkulose erkrankt und halb verhungert, nun schlurft er unsicher umher und sucht vergebens nach Essen und Unterkunft. Er findet Carrie wieder, die ihn verlassen hat und mittlerweile eine erfolgreiche Schauspielerin geworden ist, und schleicht sich aus dem Schatten einer Gasse neben dem Theater an sie heran:

> Verzeihung, Carrie. Ich habe mir alle Mühe gegeben, dies hier nicht zu tun. Ich brauche Hilfe – nur heute nacht – ich brauche ein wenig Hilfe. Ich bin – hungrig. Könntest du mir etwas Geld geben? Nur ein bißchen? Ich werde dich nicht mehr belästigen. Bestimmt nicht mehr – nur heute nacht.

Er zieht sich voller Scham etwas vor ihr zurück, hält dann seine Hand vorsichtig auf, bettelt sie an. Sie bietet ihm an, ihren Reichtum mit ihm zu teilen, aber er murmelt herzzerreißend, mit vor Krankheit und Scham belegter Stimme: »Ich komme wegen eines Almosens – bitte mach es mir nicht zu schwer, es zu bekommen.« Olivier schließt seine Augen in Erschöpfung, als ob er sich vergangener Zeiten erinnerte, als sähe er Bilder von einer ehemals aufopfernden Liebe, die schließlich in Vergessenheit geraten ist. Vermutlich hat sich noch nie ein Schauspieler so wenig auf Äußerlichkeiten verlassen, um den Gesamteindruck einer Szene zu gestalten, wie es Olivier hier tat: Er zeichnete ein Bild des verzweifeltsten Elends, ohne die Tonfarbe seiner Stimme zu verändern oder zu weinen, ganz ohne Gestik oder eindeutige Blicke. Seine fruchtbare Phantasie lief wahrscheinlich niemals wieder dermaßen parallel zu den Konturen seines eigenen Lebens wie in jenem Jahr, noch wurde sie jemals wieder so direkt aus seinen eigenen Erfahrungen gespeist. Nachdem Olivier sich mit Vivien Hals über Kopf in eine Romanze gestürzt hatte, die nun zu einer müden, halbvergessenen Leidenschaft geworden war, besaß er den perfekten Ausgangspunkt, von dem aus er George Hurstwoods verhängnisvolle Hingabe entstehen lassen konnte.

In diesen Herbsttagen des Jahres 1950, jener schwierigen Zeit, die Viviens Blanche und Oliviers Hurstwood möglich machte, zeigte sich wohl am besten der Unterschied zwischen ihnen, eine Ungleichheit in ihren natürlichen Anlagen, die beide vorher nur vage erahnen konnten. Laurence Olivier besaß eine innere Selbstkontrolle, die ihn davon abhielt, den Kern seiner Persönlichkeit in seine Darstellungen zu legen. Obwohl er seine Rollen dadurch beherrschte, daß er in sich etwas Vergleichbares entdeckte, erlaubte er sich jedoch niemals, davon beherrscht zu werden oder die Grenze zwischen Kunst und Leben zu verwischen.

Ohne daß Olivier es merkte, beobachtete Kazan ihn eines Morgens im Oktober, während er die Geste probte, mit der Hurstwood einem Restaurantbesitzer einen Stuhl anbietet: Er versuchte die Bewegung zuerst auf die eine Art, dann auf eine andere; er sah den imaginären Gast an, wiederholte die Geste mit einem Schnörkel – jeder Moment der Aktion zeigte einen anderen Aspekt Hurstwoods, während Olivier das einzig richtige, aussagekräftige Ausdrucksmittel für diese Szene suchte.

Vivien besaß weder Oliviers Aufmerksamkeit für Details noch sein künstlerisches Selbstbewußtsein. Während sie in London die Rolle der Blanche vorbereitete, hatte sie Olivier gebeten, sie von Grund auf zu verwandeln – aus ihrem eigenen Rohmaterial sollte eine neue, durch und durch pathetische Frau entstehen. Die Traurigkeit der zunehmend gestörten Beziehung der Oliviers wurde dadurch unvermeidbar, jedoch ohne Groll ans Licht gebracht, aber, wie bei so vielen kreativen Menschen, suchten auch sie ständig nach künstlerischer Perfektion als einer Art ästhetischen Ventils für ihre privaten Ängste.

Nachdem beide Filme fertiggestellt waren, gingen die Oliviers mit nur fünf weiteren Passagieren am 25. November in Long Beach an Bord des Frachters Wyoming; die langwierige Heimreise war als eine Ruhepause gedacht, während der sie Textbücher für geplante Inszenierungen der nächsten Spielzeit am St. James Theatre lasen. George Bernard Shaws Tod am 2. November hatte sie bereits dazu veranlaßt, *Caesar und Cleopatra* auf die Bühne zu bringen – nicht nur als einen Tribut an den Dramatiker, sondern ebenso, um Viviens Ruhm aus der Verfilmung, die immer noch gezeigt wurde, zu Geld zu machen und aus der Werbung mit ihrer beiden Namen als Hauptdarsteller Kapital zu schlagen. Sie diskutierten über den Text, während sie ihn gemeinsam lasen. »Schade«, sagte Olivier wenig später, »daß die Unterhaltungen zwischen Vivien und mir keine normalen Gespräche, sondern nur zu oft Konferenzen über berufliche Schwierigkeiten oder irgendwelche Theaterprobleme sind.«[7]

Ansonsten war diese Seereise, wie er später zugab, »eine schreckliche Pleite, die uns beide in eine tiefe Depression stürzte«. Deutlicher als in allen vergangenen Monaten zeigte sich ihm die Leere einer Ehe, die nur für und durch die Publicity aufrechterhalten wurde, und dies brachte ihn dazu, sich mit Hurstwood zu identifizieren: Wie für diesen Mann, den Olivier da gespielt hatte, hatte auch für ihn die Vorstellung des Selbstmords eine gewisse Anziehungskraft, wie er später in seinen Memoiren schrieb, und er stand stundenlang an der Reling und starrte in die Tiefe.

Oliviers plötzliche und untypische Depression hatte wohl ihren Ursprung darin, daß er bei seiner Heirat mit einer so leidenschaftlichen Frau wie Vivien für kurze Zeit aus sich herausging, um die Rolle eines Liebhabers im wirklichen Leben zu übernehmen, während seine wahre Hingabe ganz seiner Kunst gehörte. Vivien wußte sehr wohl, daß das Theater seine einzige große Leidenschaft war. Die tiefste Ursache für seine Selbstmordgedanken müssen jedoch auch Schuldgefühle wegen der Affäre mit Danny Kaye gewesen sein, wegen der Vivien ihm ständig Vorwürfe machte; immerhin war sie trotz allem der Ausdruck einer versteckten Facette seines Charakters. Von diesem Punkt an wurde sein Leben aus Gründen, die er verständlicherweise niemals genau analysierte, von Schuldgefühlen durchdrungen, die einer Selbstverleugnung entsprangen. »Die Leute brauchen das Gefühl«, erklärte er 1951 einem Interviewer, »daß die Menschen, die sie bewundern, irgendwie glücklich sind. Und das können sie nicht haben, wenn du dir nicht ständig darüber im klaren bist, wie du dich zu den Leuten verhältst, ganz egal, wo du bist.«

Am 18. Dezember legten sie in Tilbury an und beeilten sich, um am Abend ihren alten Freund John Mills in einer der letzten Aufführungen von *Top of the Ladder* zu sehen, einer LOP-Inszenierung, die am 11. Oktober Premiere gehabt hatte. Obwohl das Stück von Tyrone Guthrie stammte, mit dem die Beziehung ziemlich getrübt war, fühlte sich Olivier zu der Geschichte hingezogen, in der eine Mutter an ihren Gefühlen erstickt und der Vater den sensiblen Sohn einschüchtert. Zum Jahresende wurde es abgesetzt, während *Captain Carvallo* über den Neujahrstag hinaus aufgeführt wurde; ein weiterer Reinfall wurde Oliviers Import von Gian Carlo Menottis Oper *The Consul* aus New York. Er zeigte sie zu Beginn des Jahres 1951 und verlor zehntausend Pfund bei dem Unternehmen, so daß sich die Verluste von LOP immer weiter steigerten, obwohl er seine und Viviens Filmgagen von mehr als hunderttausend Dollar in die Firma gesteckt hatte. Wie so viele andere britische Schauspieler arbeitete Olivier im März einen Tag lang unentgeltlich an einem zweiminütigen Filmauftritt, einer Szene, in der er einen namenlosen Polizisten darstellt, der einen der ersten Stummfilme ansieht. Zu sehen ist diese Einstellung in *The Magic Box,* John Boults hochkarätig besetztem Film der British Film Industry über das Leben und die Karriere von William Friese-Greene, einem der Pioniere des Kinos.

Schon bald gab es eine wagemutige Ergänzung ihres Spielplans am St. James. Als der Vorstand von LOP ein neues Stück für das Frühjahr suchte, schlug Roger Furse aus einer komischen Laune heraus vor, die Oliviers sollten mit demselben Bühnenbild, denselben Kostümen und nur wenigen Änderungen sowohl Shaws *Cäsar und Cleopatra* als auch Shakespeares *Antonius und Cleopatra* geben. Die Idee setzte sich in ihren Köpfen fest, und zu Beginn des Jahres 1951 veröffentlichte ihr Pressesprecher David Fairweather die Neuigkeit. Die beiden Stücke wurden als eine sensationelle *tour de force* für Vivien Leigh und Laurence Olivier angekündigt. Als Shaws Cleopatra würde sie eine eigensinnige und katzenhafte Sechzehnjährige darstellen, die vom fünfzigjährigen, weltmüden Cäsar auf den ägyptischen Thron vorbereitet wird; in Shakespeares Version zeigte sie eine feurige, gefühlvolle *femme fatale,* die ägyptische Königin Ende Dreißig, verschlagen und dreist, kühl und würdevoll, leichtfertig und flatterhaft kokettierend, jedoch machtgierig und herrschsüchtig, deren leidenschaftliche Liebesbeziehung mit Antonius beide in den Untergang treibt. Dies sollte der große Triumph ihrer gemeinsamen Karriere werden.

Die Eigenart der Persönlichkeiten von Laurence Olivier und Vivien Leigh und die Bedingungen ihrer Ehe gaben ihnen wiederum einen emotionalen Untergrund für ihre Darstellung, der auf einzigartige Weise mit diesen Figuren korrespondierte. Shaw hatte seine Komödie im Jahr seiner Eheschließung geschrieben und zeigt mit Cäsar einen Repräsentanten für die Abwendung des Autors vom Sozialismus und seiner Hinwendung zu der Idee des Übermenschen. Aber das Stück *Cäsar und Cleopatra* enthält auch faszinierende Parallelen zu dem Paar Olivier – Vivien: Er sollte auf der Bühne den Mann darstellen, der er für Vivien im Leben gewesen war: Lehrer und Leiter, ein Mann, der mit der Liebe spielte, diese jedoch hinter seinen Beruf an die zweite Stelle rückt; Vivien dagegen sollte eine Kindfrau spielen, sehr ähnlich ihrer eigenen Rolle im Verhältnis zu Olivier, eine raffinierte, freche und sehr ansehnliche Partnerin, die in aller Unschuld seiner Eitelkeit schmeichelt und ihn beflügelt. Es führt eine direkte Linie von diesen Figuren zu Henry Higgins und Eliza Doolittle in *Pygmalion,* denn in Shaws Werk ist ein durchgängiges Hauptthema der etwas verschrobene, skeptische und zugleich realistische Lehrer, der einen jüngeren Schüler zum Erfolg motiviert.

Die Ähnlichkeiten in Shakespeares Stück waren sogar noch ausgeprägter; hier wird das Schicksal einer ganzen Kultur am Beispiel eines einzigen Paares in den Mittelpunkt gerückt; seine haltlose Leidenschaft widerspricht dem Gebot der Zurückhaltung, seine Spontaneität widerspricht dem gesunden Menschenverstand. Olivier begriff den zentralen Konflikt des Dramas, in dem öffentliches Image und Pflichtbewußtsein mit dem Bedürfnis nach privatem Glück kollidieren, und er muß sich davor gefürchtet haben, eine heroische Figur zu spielen, die zum unentschlossenen Sybariten wird, einen Mann, den schließlich seine Leidenschaftlichkeit in Ketten legt. So wie Richard III. ihn unnachgiebig damit konfrontiert hatte, was verzehrender Ehrgeiz aus einem Menschen machen kann, so beschwor Antonius – erschöpft, impulsiv, wütend, der gleichen Selbstzerstörung unterworfen wie Cleopatra – Oliviers verhängnisvolle Beziehung zu Vivien und die Anfälle von Todessehnsucht, die ihn und Vivien gleichermaßen schon mehrfach befallen hatten. Was Vivien betraf, so teilte sie die Herrschsucht der ägyptischen Königin, die über den Anschein von Gleichberechtigung alles dominieren wollte. Obwohl der Figur die Monologe fehlten, die ihre Gedankengänge durchsichtig werden lassen, war sie als Cleopatra auch die leidenschaftliche und stetige Wegbereiterin der anderen Figuren, eine beharrlich an der Allianz von Liebe und Status festhaltenden Frau.

Vivien begann, sich unter Oliviers genauester Anleitung auf Shakespeare vorzubereiten. Und in diesem Winter und Frühling arbeitete sie daran, mit tieferer Stimme zu sprechen, und sie lauschte gehorsam den kritischen Kommentaren Oliviers und des Regisseurs der beiden *Cleopatras,* Michael Benthall.

In dieser Spielzeit hatte der Publizist David Fairweather sich vorgenommen, in Titelgeschichten sämtliche Premieren der Londoner Theater im Mai vorzustellen, und daher gab er dem Journalisten und Kritiker Felix Barker den Auftrag, Interviews mit dem Ehepaar Olivier für einige Artikel zu machen. Barker traf sie zuerst nach einer Voraufführung in Liverpool und fand sie einfach großartig, wie Mitglieder der königlichen Familie, höflich und gnädig, jedoch mit einer Haltung, die besagte: »Wir sind etwas Besonderes.«[8] Nach weiteren Interviews in Liverpool, Manchester und London fiel Barker auf, daß sie ein scharfes Gedächtnis hatten und deutlich, wenn auch nicht umfassend, über ihr bisheriges Leben sprachen. Diese Gespräche wurden zu einer Artikelserie über das Paar verarbeitet und erschienen in täglicher Fortsetzung über mehrere Wochen im Frühling in den *Evening News* und bildeten die Basis für Barkers Buch *The Oliviers,* das von Laurence Olivier selbst angeregt wurde.

Am 10. und 11. Mai wurden die Stücke im St. James aufgeführt und in den nächsten vier Monaten hundertfünfundfünfzigmal wiederholt. Was die Oliviers nicht zu hoffen gewagt hatten: Ihr Erfolg war überwältigend. Mit einer einzigen Ausnahme waren die Kritiker ebenso begeistert wie das Publikum. Die abweichende und bald modische Minderheitsmeinung war die von Kenneth Tynan im *Spectator.*

Tynan, der damals vierundzwanzig Jahre alt war, hielt die Zeit für gekommen, Viviens Talent neu zu bewerten, denn er fand die allgemeine Bewunderung unbegründet. In Shaws Stück nannte er sie süß, aber phantasielos, über Shakespeares Drama hieß es, ihre »durchdringende, blanke Leere ist atemberaubend hübsch... aber das hat nichts mit Größe zu tun.« Noch schlimmer war, daß Tynan hinzufügte, Olivier habe sich erniedrigt, indem er mit ihr als Partnerin auftrat:

> Wie unterwürfig Sir Laurence neben ihr entlangspielt... Mit seiner seltsamen Ritterlichkeit macht er auf mich den Eindruck, als unterdrücke er seine Ausdrucksfähigkeit, um sich ihr anzupassen. Er hat seine schneidende Präzision abgestumpft, seine überlegene Autorität abgeflacht und kommt ihr auf halbem Weg entgegen... Eine Katze kann tatsächlich mehr tun, als einen König anschauen; sie kann ihn hypnotisieren.[9]

Tynans Einschätzung von Oliviers abgeschwächter Leistung an Viviens Seite war ansteckend und wurde noch lange nach dem Ereignis als eine mutige Vorhersage gehandelt. Aber Tynan war nicht aufgefallen, daß Vivien und Olivier den altbekannten Rollen eine ungewöhnliche Frische abgewannen. Olivier spielte den Cäsar als einen Mann, der seiner eigenen Ambitionen müde geworden war, einsam in seiner Größe, traurig über die Sinnlosigkeit der Leidenschaft und gelangweilt von der Leere seiner eigenen Erfolge. Er kam leicht gebeugt auf die Bühne, mit schütter werdendem Haar und mit einer Maske, die das Gesicht eingefallen erscheinen ließ und Schmerzen suggerierte. Den Antonius dagegen spielte er als eleganten Liebhaber, als jemanden, der manchmal einer inneren Lähmung verfiel, und fügte der Lust Zärtlichkeit und dem Untergang Pathos hinzu; hier war er ein Eroberer, der von der Liebe erobert wird, ein Opfer (wie Olivier damals über sich selbst sagte) der nagenden »Unzufriedenheit mit sich selbst«.[10] Cäsar und Antonius waren extreme Erscheinungsformen Laurence Oliviers aus diesem Jahr – keine reduzierten Proben seines Talents, wie Tynan behauptet hatte, sondern zwei Darstellungen des Schauspielers und mutig-frische Interpretationen der Figuren. Er dämpfte seine Auftritte nicht, um die von Vivien leuchtender zu machen: er spielte die Rollen um ihrer Inhalte willen und zeigte sie mit neuen Aspekten.

Mit seiner kontroversen Kritik begann Tynans nahezu lebenslanger Feldzug gegen Vivien Leighs Ruf als Schauspielerin, den er stets für überschätzt und für eine Bedrohung von Oliviers Größe hielt. Elaine Dundy[11], Tynans erste Ehefrau, war der Ansicht, daß es ihm völlig unmöglich sei, Viviens Talente anzuerkennen, da er Larry vergötterte; er war eindeutig in das Theater verliebt, und Olivier war das Theater für ihn. Vivien entschloß sich, dem Kritiker mit einem brillanten Schachzug zu schmeicheln, und bestand darauf, daß Olivier die Tynans an mehreren Wochenenden nach Notley Abbey einlud, wo Vivien sich den beiden gegenüber so freundlich verhielt, daß viele dachten, sie hätte seine Kritik falsch verstanden. Aber ganz im Gegenteil; sie hatte sich vorgenommen, deren Macht zu brechen, indem sie sie ignorierte. Außerdem brachte sie den Stotterer Tynan in die allergrößte Verlegenheit, als sie sich auszog und ihn bat, ihr in ein Kostüm zu helfen. Cleopatra selbst hätte Viviens Entwaffnungstaktik nicht übertreffen können.

Tynans Besprechung hatte keinen Einfluß auf den Kartenvorverkauf des St. James, das selbst bei voller Auslastung in diesem Sommer wegen der teuren Vorstellungen mit den Dutzenden von Schauspielern kaum mehr als vierzig Pfund Gewinn pro Woche machte. Am Ende waren die Oliviers gezwungen, das Stück abzusetzen, da sie das

Theater schon für andere Produktionen vermietet hatten. Aber Cecil Tennant hatte eine Abmachung mit dem Impresario Billy Rose, dem Leiter des Ziegfeld-Theaters in New York, getroffen: Die beiden *Cleopatras* sollten später im Jahr dort auf der Bühne erscheinen.

Die Pause seit Ende September ließ ihnen Zeit zur Entspannung. Nachdem die Oliviers ein Bootsfest auf der Themse für das Ensemble arrangiert hatten, nahmen sie eine Einladung von Alexander Korda an; diesen Urlaub hatten sie sehr nötig, denn sogar die ihr huldigende Presse[12] berichtete, daß Vivien sehr müde und blaß aussähe. Einen Monat lang verbrachten sie mit Margot Fonteyn, Graham Greene und anderen auf Kordas Yacht Elsewhere und legten in Piräus, einigen griechischen Inseln, Instanbul, Calvi und Nizza an, bevor sie am 26. Oktober nach London zurückkehrten.

Anfang Dezember fuhren sie auf der Mauretania nach New York, und am Ziegfeld-Theater wurden (vom 19. Dezember 1951 bis zum 12. April 1952) hundertdreiunddreißig Vorstellungen davon gezeigt, was von den Leuten »Zwei vom Nil« genannt wurde. Keiner der Oliviers versäumte je einen Auftritt, und Vivien beeindruckte das große Ensemble dadurch, daß sie jedem zum Geburts- oder Hochzeitstag ein Geschenk überreichte. Alec McCowen[13], ein Mitglied der Gruppe, erzählte, daß Vivien ihre Kollegen viel besser kannte als Olivier und daß sie ihm oft bei Fototerminen oder Festen Hinweise geben mußte, wer welche Rolle spielte.

Da sie im allgemeinen so herzlich zu den Kollegen war, überraschte es die Ensemblemitglieder um so mehr, als Vivien sich lauthals über Katharine Blake beschwerte, die in beiden Stücken die Charmian spielte: Sie interpretiere eine Textzeile falsch, sagte Vivien, oder sie verdürbe mit einer unpassenden Geste eine ganze Szene. Eines Abends, nachdem Katharine Blake Vivien die Krone auf den Kopf gesetzt hatte und der letzte Vorhang von *Antonius und Cleopatra* gefallen war, schrie Vivien sie an und überschüttete sie mit einer Fülle obszöner Flüche. Sie beschuldigte sie, aus Cleopatra eine Närrin gemacht zu haben, indem sie ihr die Krone schief aufgesetzt hätte. Olivier stand hinter seiner Frau und blinzelte den Schauspielern zu; er hob seine Hände, als wollte er sie beruhigen und sagen: »Nehmt sie einfach nicht ernst, laßt sie nur…« Ihre Stimmung wurde nur kurz aufgehellt, als sie am 20. März 1952 erfuhr, daß sie den Oscar als beste Schauspielerin in *Endstation Sehnsucht* erhalten hatte; sie zog es allerdings vor, dem Zufall mehr Gewicht beizumessen, daß die Statuette in Hollywood von Greer Garson in Empfang genommen wurde, ihrer direkten Vorgängerin in Oliviers Liebesleben.

Seit Olivier Schauspieler und Manager war, zeichnete sich sein Verhalten den meisten Schauspielern gegenüber mehr durch förmliche Höflichkeit als durch uneingeschränkte Freundlichkeit aus, in New York aber war er weniger denn je ein gleichberechtigtes Ensemblemitglied. Außerdem unterwarf er sich einem höllischen Stundenplan, bereitete die New Yorker Aufführung von *Venus im Licht* mit Rex Harrison und Lilli Palmer vor, probte mit ihnen den ganzen Januar und Anfang Februar hindurch und fuhr täglich zu den Probevorstellungen in Philadelphia, von denen er gerade rechtzeitig zurückkehrte, um sich für die Rolle des Cäsar oder Antonius zu schminken. (Frys Stück wurde am 12. Februar 1952 vor einem ratlosen Publikum gezeigt und ohne großes Aufheben am 26. April abgesetzt.) Als wäre all das nicht genug, willigte Olivier ein, später im Jahr in einer Musical-Verfilmung aufzutreten, wofür er den Winter über bei Helen Cahoon, Mary Martins Gesangslehrerin für *South Pacific,* Unterricht nahm. Er hatte auch öffentliche Veranstaltungen zu leiten, darunter die New Yorker Gedächtnisfeier zum Tod von König George VI. Bei diesem Ereignis am 17. Februar versammelten sich über zweitausend Menschen im Winterregen vor einer Kirche an der Fifth Avenue, um einen Blick auf Olivier zu werfen.

Die Schauspieler aller drei Stücke erinnerten sich an einen ungewöhnlich reservierten und unbeteiligten Olivier, und obwohl sie ihn mochten und bewunderten, gab es ein Gefühl der Zurückhaltung in seiner Gegenwart. Mit einem riesigen Aufzug wurden die Schauspieler vom Bühnenhintergrund in ihre Garderobe befördert, und wenn Olivier sich darin befand, wurden alle Gespräche unterbrochen, bis er ausgestiegen war, um dann wieder aufgenommen zu werden. Das Gefühl der Distanziertheit seitens der Schauspieler konnte selbst durch seinen guten Willen nicht überwunden werden, denn manchmal kam er nach oben in die große Garderobe, die für Kleindarsteller reserviert war. »Ich wollte mal sehen, ob es meinen Kindern gutgeht«[14], begann er mit unbewußter Herablassung, und die Schauspieler mußten das Eis mit ihrem *small talk* wieder brechen.

Auf der Bühne war Olivier sowohl der aufmerksame Manager als auch der überzeugende Schauspieler. Man konnte beobachten, wie seine Augen nach oben wanderten, um die Scheinwerfer zu überprüfen, erzählte McCowen, dann blinzelte er in die Seitenflügel, um zu sehen, ob dort jemand sprach, dann in den Zuschauerraum, um die Auslastung zu prüfen – und er büßte dabei nicht das Geringste an Konzentration und Präsenz in seinem Stück ein. »Aber wenn er sich in einem von Antonius' Wutanfällen befand, hoffte jedermann, daß er nicht ihn ansah. Er war furchterregend auf der Bühne. Wir hatten tatsächlich Angst vor ihm.«

Im Verlauf der Spielzeit im riesigen Ziegfeld-Theater vermehrten sich trotz der hervorragenden Kritiken die leeren Sitzreihen. Etliche Zuschauer waren sicherlich dadurch abgeschreckt, daß die Eintrittspreise höher waren als für irgendeine andere Aufführung in der Geschichte des Broadway (sieben Dollar zwanzig für die besten Plätze), und andere blieben daheim, weil in jenem Jahr das Fernsehen viele Menschen vom Theaterbesuch abhielt. Die Amerikaner sahen dort montags Arthur Godfreys *Talent Scouts* und *I Love Lucy,* dienstags Milton Berle, das *Fireside Theatre* und das *Armstrong Circle Theatre,* mittwochs *The Kraft Television Theatre,* donnerstags George Burns und Gracie Allen und Groucho Marx' Quiz *You Bet Your Life.* Eines Abends, als der Applaus der geringen Zuschauermenge recht spärlich klang, flüsterte Olivier Vivien zu: »Lächle sie an Baby – lächle, und wenn es das Letzte ist, was du tust.« Sie tat es, und ihr Lächeln allein brachte ihnen eine neue Runde Applaus ein.

Am Sonntag, dem 13. April, dem Tag nach der letzten Aufführung, verließen die Oliviers New York für einen zehntägigen Urlaub mit Noël Coward auf seiner Inselzuflucht auf Jamaica. Sie gestanden ihrem Gastgeber, daß die Unterhaltskosten für zwei Häuser in England sie während ihrer Amerikatournee in große finanzielle Schwierigkeiten gestürzt hätten und daß sie beabsichtigten, Notley Abbey zu verkaufen, um ihre Ausgaben zu reduzieren.

Nach ihrer Rückkehr nach London verbrachten sie eine weitere Woche mit Korda auf seiner Yacht, von der sie Ende Juni wieder heimkehrten. Vivien ging nach Notley Abbey, während Olivier, der die Pflichten des Koproduzenten neben Herbert Wilcox übernommen hatte, mit den Dreharbeiten zu dem Technicolor-Musical *Die Bettleroper* in den Shepperton Studios begann; mit ihm arbeitete Peter Brook, der zum erstenmal Regie führte. Das Projekt wurde unternommen, weil die Oliviers Geld brauchten, und wie so oft in solchen Fällen, waren etliche Aspekte schlecht durchdacht. Olivier probte während der Mittagspause mit seiner Gesangslehrerin, übte aufwendige Fechtduelle ein, ritt sein eigenes Pferd, während ihn Kameras in Autos verfolgten, die fast siebzig Stundenkilometer fuhren, kurz: Er war begierig zu demonstrieren, daß er im Alter von fünfundvierzig Jahren noch die nötige Ausdauer hatte, die harten körperlichen Anforderungen der Filmarbeit zu erfüllen; wie schon zuvor lehnte er das Angebot, sich doublen zu lassen, selbst bei den schwierigsten Szenen ab. Aber trotz der vier Monate langen aufwendigen Nachproduktionsphase wurde der Film ein schrecklicher Flop, bei dem sämtliche Investitionen von einer Viertelmillion Pfund als Verlust abgeschrieben werden mußten. Trotz seiner Bemühungen wirkte Oliviers Darstellung des Straßenräubers Macheath nicht homogen, denn er bestand törichterweise darauf, seine Lieder selbst aufzunehmen, und im Gegensatz zu den anderen synchronisierten Stimmen klang sein Bariton recht welk und dünn. Um dies auszugleichen, stellte er die Figur als wendigen Athleten dar und verlor durch einen riskanten Sturz drei Wochen Drehzeit, als er sich bei dem Sprung auf einen Tisch den Wadenmuskel zerrte.

Aber es gab auch genug Anlaß für Oliviers gute Laune während der Dreharbeiten zur *Bettleroper*. In der Rolle der Polly Peachum war eine hübsche zweiundzwanzigjährige Schauspielerin zu sehen, die Dorothy Tutin hieß und im vorigen Jahr schon in der Verfilmung von Oscar Wildes *Bunbury* aufgetreten war. Genau zu dem Zeitpunkt, als Olivier Kameradschaft und Nähe dringend brauchte, kam Dorothy Tutin auf ihn zu, und es entwickelte sich eine Romanze. Wie Vivien und vor ihr schon Greer Garson war auch sie eine willige und bewundernde Schülerin; dies war immer der wichtigste Charakterzug an Frauen, zu denen Olivier sich hingezogen fühlte. Dorothy Tutin war aber auch ruhig und stellte keine großen Ansprüche. Jahre später beschrieb sie ihn als einen äußerst verletzlichen Mann, der auf gewisse Weise ein Gefangener seines eigenen Glücks war. Talentiert, rücksichtsvoll und voller Mitgefühl, wie sie war, schien sie in jener heiklen Phase seines Lebens die ideale Begleiterin für Olivier zu sein. Sie behandelten ihre Beziehung mit der größtmöglichen Diskretion, bis Dorothys Mutter ohne ihr Wissen oder ihr Einverständnis die Heiratsvermittlerin spielte. Im Dezember rief Mrs. Tutin Vivien an, die erstaunt war, die Frage zu hören: »Wann lassen Sie sich von Sir Laurence scheiden, damit meine Tochter ihn heiraten kann?«

Viviens Reaktion war nicht so hysterisch, wie man hätte erwarten können. Obwohl sie die Schauspielerin während mehrerer Redaktionstreffen mit Felix Barker, der gerade letzte Hand an sein Buch *The Oliviers* anlegte, abfällig »*that Dot Tut*« nannte, hatte sie doch eine bemerkenswert stoische Einstellung. Vielleicht fühlte sie, daß der Unterschied von dreiundzwanzig Jahren zwischen Olivier und Dorothy die romantische Glut bald löschen würde. Aber ihre überraschende Haltung am Ende des Jahres 1952 hatte eine andere Ursache. Sie war bereit, in einem exotischen Film mit dem Titel *Elefantenpfad* mitzuspielen, der in Ceylon und Hollywood gedreht werden sollte. Immerhin protestierte sie, als Olivier sie bat, ein solch herausforderndes Projekt noch einmal zu überdenken, denn sie hatten ihre Gage von hundertfünfzigtausend Pfund sehr nötig. Obwohl der Produzent Irving Asher gehofft hatte, daß Olivier mit ihr spielen würde, wurde dies durch seine Pflichten bei der Fertigstellung der *Bettleroper* verhindert. Keine Sorge, sagte Vivien zu ihnen: Sie habe schon ihren Hauptdarsteller ausgewählt – und Olivier, der den jungen Schauspieler unter Vertrag hatte, ließ sich zu einer Entscheidung hinreißen, die er schleunigst bereute. Als Vivien und Peter Finch im Frühjahr 1953 nach Ceylon abreisten, hatte sie vor, was Olivier wohl wußte, ihm seine Liebesaffäre heimzuzahlen, und Finch war das Instrument ihrer Rache. Dies sollte außerdem, so dachte sie sich, jeder Gefahr einer Beziehung zwischen Finch und Olivier endgültig ein Ende bereiten.

Elftes Kapitel

1953–1955

Nichts ist gewonnen, alles ist dahin,
Stehn wir am Ziel mit unzufriednem Sinn:
Viel sichrer, das zu sein, was wir zerstört,
Als daß uns Mord ein schwankend Glück gewährt.

Macbeth, III, 2

Während der Jahre von 1950 bis 1957 trat Laurence Olivier nur dreimal auf einer Londoner Bühne auf, davon zweimal gemeinsam mit Vivien. Im Gegensatz dazu war er zwischen 1943 und 1950 in dreizehn Stücken aufgetreten, hatte acht inszeniert und neun produziert. Das Jahr 1953 sollte das wildeste werden und die meisten Veränderungen bringen, doch zu Beginn gab es noch keine Anzeichen für kommenden Ärger. Anfang Januar kam Olivier mit Terence Rattigan zusammen, dessen Erfolgsstück *The Deep Blue Sea* nach nahezu einem Jahr immer noch lief. Als Olivier bei ihm anfragte, ob er nicht ein passendes Stück für ihn und Vivien habe, erklärte Rattigan, er habe eine romantische Komödie, eine Lappalie mit dem Titel *The Sleeping Prince* verfaßt, die die Oliviers sicherlich gut zur Geltung brächte, ihrem Talent aber wohl nicht angemessen sei. Als Olivier den Text gelesen hatte, war er überzeugt, das Stück sei das Richtige für Vivien, wenn ihre anstrengenden Filmarbeiten in Ceylon und Hollywood hinter ihr längen. Die Proben und eine Tournee mit *The Sleeping Prince* wurden festgesetzt, und die Premiere sollte in die Zeit der Krönungsfeierlichkeiten für Elizabeth II. im Juni fallen. Als Regisseur verpflichteten sie Alfred Lunt.

Während Olivier seinen Produzentenpflichten zu der *Bettleroper* nachkam, flog Vivien mit Peter Finch nach Ceylon, wo Irving Asher ein Team für die Außenaufnahmen zu *Elefantenpfad* versammelt hatte. Kaum waren die beiden angekommen, begannen sie heftig zu trinken; noch vor Ende Januar waren Finch und Vivien ein Liebespaar. Zu ihrer Enttäuschung mußte Vivien erkennen, daß sie für Finch trotz seiner zerbröckelnden Ehe nur eine von vielen Affären war. Dies setzte ihrem zerbrechlichen Ego so zu, daß sie von Panik überwältigt wurde: Olivier war ihr emotional fast völlig entglitten, und nun erlebte sie auch mit Finch eine Enttäuschung. Da sie eine ansehnliche Menge Alkohol zu sich nahm, war es für ihre Kollegen in Ceylon nicht leicht zu erkennen, ob ihre Wutanfälle durch ihr Trinken ausgelöst wurden, einen Nervenzusammenbruch bedeuteten oder perfekt geschauspielert waren – oder ob es sich um eine Kombination dieser drei Möglichkeiten handelte. Asher wartete nicht auf eine ärztliche Diagnose, und als weder er noch Finch mit Vivien zurechtkamen und nichts ihre Laune verbessern konnte, wurde Olivier zu Hilfe gerufen; er kam am 17. Februar in Ceylon an. Dann passierte etwas Seltsames.

Oliviers Reaktion auf diese Situation war bemerkenswert gelassen. Als er das volle Ausmaß der Leidenschaft zwischen Vivien und Finch erkannte, empfand er keine besondere Wut (»Tat er nicht genau das, was ich ihrem ersten Ehemann vor siebzehn Jahren angetan hatte?«[1]), und da er sich von der Situation keinesfalls erniedrigen lassen wollte, wünschte er allen ruhig viel Glück und verschwand einfach wieder. Sein Besuch war reine Formsache gewesen: Er unternahm nichts. Olivier gab später nur einen einzigen offiziellen Kommentar dazu ab: daß er Finch mochte und daß die Verquickung ihrer beruflichen und persönlichen Beziehung ihn dazu veranlaßte, keinerlei Feindschaft wegen seiner Affäre mit Vivien aufkommen zu lassen. Er empfand wohl auch eine gewisse Erleichterung, denn Viviens Affäre mit Finch rechtfertigte sein Verhältnis mit Dorothy Tutin.

Daß Vivien auch in diesem Fall (wie zuvor schon in Hollywood) keineswegs für verrückt erklärt werden muß, das zeigt sich in ihrem ruhigen Verhalten nach Oliviers Ankunft und in der Tatsache, daß sie die Arbeit an den zwei Sequenzen der Außenaufnahmen nach seiner Abreise beendete und dann mit dem Team zu Studioaufnahmen nach Kalifornien zurückkehrte. Die Anwesenheit ihres Mannes schien einen bemerkenswert beruhigenden Effekt auf sie gehabt zu haben.

Wie wäre es Vivien sonst möglich gewesen, ihre »Krankheit« so unter Kontrolle zu bringen? Wie hätte sie sonst so leicht zu ihren beruflichen Pflichten zurückkehren können?

Vivien hatte immer schreckliche Angst davor, im Stich gelassen zu werden, ihre Kindheitsängste der Verlassenheit noch einmal zu durchleben. Als Olivier 1939 Hollywood verließ, um am Broadway mit Katharine Cornell in *Der Elfenbeinturm* zu spielen, war Vivien so entsetzt über seine Abwesenheit, daß sie Selznick so lange bearbeitete, bis er den Zeitplan für die Dreharbeiten zu *Vom Winde verweht* änderte, um ihr ein Wiedersehen mit ihrem geliebten Olivier zu ermöglichen. Während des Krieges war sie über ihre Trennung dermaßen aufgebracht, daß sie darauf bestand, ein Häuschen in der Nähe des Marinefliegerstützpunktes zu mieten, da sie sonst mehr als eine halbe Stunde von ihrem Ehemann entfernt hätte wohnen müssen. Nach der Fehlgeburt und ihrer sich dann entwickelnden Tuberkulose hatte Vivien sich geweigert, allein zurückzubleiben, als das Old Vic 1946 nach New York ging, und 1947 wurde sie formell Mitglied des Old Vic, um mit auf die Australientournee gehen zu können. Es gab also ein Grundmuster in ihrem Leben. Stand ihr bevor, alleingelassen zu werden, wußte sie, daß Olivier – den sie stets an seine Schuldgefühle, an seine Geheimnisse erinnerte – an ihre Seite eilen würde, sofern sie es verlangte. Bei böswilligen oder lieblosen Menschen wäre dies ein einfacher Fall von emotionaler Erpressung; bei den Oliviers war es die logische Folge ihrer tiefsten Bedürfnisse, die sich am Ende als nicht miteinander vereinbar erwiesen. Aus Angst vor Einsamkeit suchte sie stets Oliviers Gesellschaft; wurde ihr diese verweigert, verfiel sie in Panik.

Als die Dreharbeiten in Hollywood fortgeführt wurden, wurde Viviens Verhalten so unmöglich, daß es schien, als hätte sie sich wirklich in den Wahnsinn getrieben. Sie hatte während der Arbeit heftige Wutanfälle, schleuderte mit Obszönitäten um sich, zitierte schreiend Szenen aus *Endstation Sehnsucht* und bat Freunde, Treffen mit fremden Männern für sie zu arrangieren – eine Aufgabe, der sich keiner so recht gewachsen fühlte. Asher und einer der Chefs von Paramount, Y. Frank Freeman, wiesen den Regisseur William Dieterle an, für etliche Tage die Dreharbeiten zu stoppen, um über das weitere Schicksal des Films zu entscheiden. Währenddessen teilte Finch Vivien mit, daß sie ihre Affäre beenden müßten, und dies löste einen regelrechten hysterischen Anfall bei ihr aus.

Am 12. März erweckte Vivien den Eindruck, als habe sie sich in eine Figur aus den frühen Stücken von Tennessee Williams verwandelt. Von Finch verlassen, suchte sie sich keinen anderen als John Buckmaster aus, ihren ehemaligen Liebhaber aus den Tagen, bevor sie Olivier kennenlernte, und John war gerade eben aus einer Anstalt für Geisteskranke entlassen worden. Buckmaster wickelte sich und Vivien in große Handtücher und veranstaltete eine Art verrückter römischer Badeparty, schenkte hochprozentige Getränke aus und schlug vor, die Nachbarn zu einer Sexorgie einzuladen. Vivien war nicht so enthemmt, daß sie dies mitmachen wollte, und sie ließ sich auch nicht auf Buckmasters Vorschlag ein, vom Dach zu springen und über die Hügel von Hollywood zu fliegen.

Sunny Lash, die Vivien etliche Tage lang nicht gesehen hatte, kam gerade rechtzeitig in das gemietete Haus an der Ambassador Avenue, um Zeugin der komischen Schreckensszene von Buckmasters Flugversuch mit Badetuch zu werden. Sie erinnerte sich, daß David Niven ein alter Freund von Vivien war, und in ihrer Verzweiflung rief sie ihn an. Niven fuhr sofort zu Viviens Haus, wo er sie vom Alkohol und den Medikamenten so verwirrt fand, daß sie ihn zeitweise nicht erkannte und nur dasaß und in den Fernseher starrte. Als sie ein Beruhigungsmittel verweigerte und kurz davor schien, gewalttätig zu werden, rief Niven ihren gemeinsamen Freund Stewart Granger hinzu. Keinem der beiden gelang es, ihr ein Beruhigungsmittel einzuflößen, so daß sie endlich Dr. Martin Grotjahn herbeiriefen, der oft Hollywoodgrößen behandelte. Er verschrieb starke Medikamente und verlangte, daß Olivier herkäme. Es dauerte fast einen ganzen Tag, ihm die Nachricht zukommen zu lassen, denn er befand sich auf einem Kurzurlaub mit William und Susanna Walton in deren Haus auf der Mittelmeerinsel Ischia. Am 13. März verließ er Italien, um über den New Yorker Idlewild Airport nach Los Angeles zu fliegen.

In Idlewild wurde er von einem Zollbeamten aufgehalten, der seinen Paß und seine Tickets überprüfte, ihn mit einem nahezu unverständlichen Dialekt über seine letzten Reisen ausfragte und ihm dann mitteilte, daß eine Leibesvisitation notwendig sei. Olivier wurde hastig in einen winzigen Raum gebracht, wo er unter Androhung polizeilicher Gewalt dazu aufgefordert wurde, sich zu entkleiden, um eine eingehende Untersuchung zu ermöglichen. Olivier beschwerte sich, jedoch der Zollbeamte erklärte ihm, er täte ja nur seine Pflicht – die nach den amerikanischen Gesetzen gestattet sei; er suche nach nicht näher bestimmter Schmuggelware. Nachdem Olivier sich der würdelosen Behandlung unterworfen hatte, an jedem Zentimeter seiner Haut und in jeder Körperfalte durchsucht zu werden, war er sehr überrascht zu sehen, wie der Zollbeamte zurücktrat und sich langsam demaskierte: Er nahm eine dunkle Perücke und eine stark gepuderte Latex-Maske ab, und da stand vor dem nackten Olivier Danny Kaye. Sie verbrachten die Nacht im St. Regis Hotel, bevor sie am nächsten Morgen nach Kalifornien weiterflogen.

Als Olivier sich am nächsten Tag mit den Ärzten, die ihn dort erwartet hatten, dem Haus in Los Angeles näherte, sahen sie Vivien in einem langen weißen Kleid auf einem Balkon im ersten Stock stehen. Sie winkte, er winkte zurück, und für einen Moment fühlte man sich in die Balkonszene aus *Romeo und Julia* versetzt. »Ich liebe Peter Finch«, teilte Vivien ihrem Mann in aller Ruhe mit. Was sollte er dagegen tun?

Da ihr Verhalten mittlerweile zum Tagesgespräch in Hollywood geworden war, wurde Vivien ohne Regreßforderungen aus ihrem Vertrag entlassen, und Elizabeth Taylor wurde schleunigst für die Rolle engagiert. Am 18. März verließen die Oliviers (ohne Danny Kaye) Los Angeles. Zwei Krankenschwestern begleiteten sie auf dem Flug nach New York, für den Vivien mit einer erheblichen Menge an Beruhigungsmitteln vorbereitet worden war. Bei ihrer Ankunft waren sie von Reportern umringt und gerieten in ein Blitzlichtgewitter. Vivien wandte sich an die Trauben von sensationshungrigen Fotografen. »Es tut mir leid, daß ich solchen Ärger verursacht habe«, sagte sie und mußte ihre Tränen zurückhalten. »Bitte verzeiht mir – es tut mir so leid.«

Die erste Klasse im Flugzeug wurde den Oliviers zur Verfügung gestellt, die von Cecil Tennant, zwei Krankenschwestern und einem Arzt der Fluggesellschaft begleitet wurden. Die Stewardeß Daphne Webster erinnerte sich daran, daß Vivien während der ersten vier Flugstunden blaß war, wimmerte und sich vor Angst schüttelte, bis eine doppelte Dosis der Medikamente sie endlich beruhigen konnte, so daß sie sieben Stunden lang schlief. Als sie zur Frühstückszeit kurz vor der Landung aufwachte, war sie wieder die höfliche, aufmerksame Gastgeberin, bat Tennant und die Krankenschwestern um Verzeihung und erkundigte sich, ob sie einen angenehmen Flug gehabt hätten. Ansonsten saß sie ruhig neben Olivier, hielt seine Hand und legte ihren Kopf auf seine Schulter. Am Morgen des 21. März kamen sie um neun Uhr in London an, und Vivien bestand darauf, ohne Hilfe das Flugzeug zu verlassen. Sie trug einen Nerzmantel und hatte ein Dutzend roter Rosen im Arm. Man brachte sie direkt ins Netherne Hospital in die Nähe von Coulsdon in Surrey. Dort erhielt sie eine hohe Dosis Insulin, die ein dreiwöchiges Koma herbeiführen sollte; dies nannte man Schlaftherapie. Nun hatte sie ihr Ziel erreicht: Oliviers ungeteilte Aufmerksamkeit.

Aber nicht für lange. Dr. Rudolf Freudenberg war genauso besorgt um Oliviers psychische Gesundheit, denn dieser litt, wie kurz und bündig mitgeteilt wurde, unter »großer körperlicher Belastung und einer seelischen Depression, die an einen Nervenzusammenbruch grenzt.«[2] Da Freudenberg ihm sagte, daß er nur wenig für Vivien tun könne, setzte Olivier seinen Urlaub auf Ischia fort. In Neapel erwartete ihn am 23. März schon mit gezückten Kameras die allgegenwärtige Presse, die von London aus alarmiert worden war. Einer der Reporter beschrieb ihn als »schrecklich aussehend, aschfahl, erschöpft, mit einem nervösen Zucken um den Mund«[3], und weil Olivier sich außerstande sah, der Menschenmenge entgegenzutreten, bat er die Waltons, ihn auf eine Reise durch Italien zu begleiten. Später schrieb Olivier, er fühle sich schuldig, seinen »Pflichten in jener Zeit nicht gewissenhafter nachgekommen zu sein, wie schmerzhaft auch immer sie für mich waren und wie todkrank sie mich machten«.[4]

Die Tragödie der Oliviers war weder die Schauerromanze, die einige Autoren daraus machen wollten, noch die sagenhafte Geschichte vom kapriziösen und unkontrollierbaren Wahnsinn, dem ein berühmtes Paar zum Opfer fällt. Die wahre Tragik liegt in der Alltäglichkeit der Geschichte, die durchaus vermeidbar gewesen wäre. Die Biographien von Laurence Olivier und Vivien Leigh und die daraus erwachsenen Bedürfnisse hatten die beiden zusammengebracht, aber jetzt trieben sie sie wieder auseinander. Seine persönlichsten, intimsten Erfahrungen lasen sich wie eine Chronik von Verlust und Enttäuschung – beginnend mit dem einschneidenden Erlebnis des Todes, gefolgt von Ablehnung und Verweigerung von Liebe –, mit der Folge, daß er ein emotional unzugänglicher Mann geworden war, der seine Leidenschaften und Hoffnungen nur in seiner Karriere ausleben konnte und der ungeteilte Hingabe ausschließlich seinem Publikum entgegenbrachte. Ebenso wie seine Vatergefühle von der kühlen Behandlung durch seinen Vater geprägt waren, litten auch die anderen Bereiche seines Gefühlslebens an dem erfahrenen Mangel. Seine Bedürfnisse wurden nicht durch Willenskälte unterdrückt, sondern durch die Begrenztheit seiner Erfahrung, die er durch seine grandiose Phantasie und Nachahmungsfähigkeit in der Kunst zu überschreiten suchte. Vivien dagegen sehnte sich nur nach Größe, um Olivier dadurch für sich zu gewinnen. Und als sie sah, daß er ihr Schritt für Schritt verlorenging, gab es in ihren Augen nur einen Ausweg: Sie mußte verrückt werden. Realitätsflucht war die einzige realistische Alternative.

Am 12. April kehrte er zu Vivien nach London zurück, die mittlerweile ins University College Hospital verlegt worden war; dort erhielt sie die erste Serie von Elektroschockbehandlungen, eine Prozedur, der sie sich noch häufiger für den Rest ihres Lebens unterziehen mußte. In Vollnarkose, die üblicherweise durch Gaben von Sodium-Pentothal und Succinylcholin als muskellockerndem Mittel herbeigeführt wurde, wurden durch Stromstöße ins Gehirn bis zu sechs Konvulsionen ausgelöst. Etliche Ärzte, die die Gefahr eines Gedächtnisverlustes fürchteten, zogen zu jener Zeit die elektronarkotische Maschine nach Shotter-Rich vor, doch Vivien hatte mit ihren Behandlungen nicht immer Glück. Daß sie sich diesen Therapien so bereitwillig unterwarf, überrascht kaum, denn mittlerweile war sie tatsächlich eine hysterische Persönlichkeit geworden, und obwohl ihr psychischer Zustand so drastische Behandlungsmethoden eigentlich nicht zuließ, bot man ihr keine Alternativen. Sie, die sich nach dem Trost der Zuwendung sehnte, die durch das Mißlingen ihrer Beziehungen zu Olivier und zu Finch niedergedrückt war und zudem durch Drogen geschwächt, war Freiwild für beliebige und unsichere Therapieformen, die in dieser Zeit routinemäßig angewendet wurden.

Olivier brachte sie nach Notley Abbey, wo sie einen ruhigen und doch angespannten Frühling verbrachten. Es war nicht zu vermeiden, daß sich zwischen ihnen ein Graben auftat, den auch Viviens Freunde nicht überbrücken konnten, die sie spontan zu den Wochenenden einlud und denen die üblichen Vergnügungen geboten wurden. Mit Oliviers Bruder Dickie, der im Jahr zuvor, als er Arbeit gesucht hatte, als Leiter der Farm eingestellt worden war, führten er und Vivien ihre Gäste über das Gelände und zeigten ihnen die Hühnerställe mit vierhundert Stück Geflügel, die tausend Quadratmeter großen Schweineställe und die Herde von Jersey-Kühen. Peter Ustinov[5], der sie damals besuchte, fand Vivien still auf einem Sofa liegend, zusammengerollt wie eine Katze, und sie schien ihren Mann durch ihre bloße Anwesenheit zu beherrschen, ohne ein einziges Wort zu sagen. Jedesmal, wenn Olivier sie ansah, wurde er angespannt und aggressiv.

Zwei Einbrüche brachten Unruhe in die ansonsten ruhige Zeit: Im April stiegen Diebe in Durham Cottage ein und stahlen die Oscar-Statue, die Vivien für *Endstation Sehnsucht* erhalten hatte; Anfang Juli – während die Richardsons und die Waltons in Notley zu Gast waren – stiegen die Diebe über eine Leiter ein und machten sich mit Viviens Pelzen und Schmuck im Wert von über siebentausend Pfund davon. Gestohlen wurden ein Nerzcape, ein Blaufuchsmantel, eine Pelzstola, Ringe mit Diamanten, Rubinen und Saphiren sowie eine antike spanische Brosche. Am 11. Mai wurde Olivier wegen seiner Auftritte in Frankreich nach dem Krieg und weil er französischen

Schauspieltruppen in London Engagements verschafft hatte, zum Ritter der französischen Ehrenlegion ernannt, ein Titel, der ihm vom Botschafter René Massigli verliehen wurde. Auch Edith Evans und Sybil Thorndike nahmen an einer inoffiziellen Feier teil, die nach einem Auftritt der Comédie Française auf der Bühne des St. James Theatre stattfand. Wenig später sprach er den Kommentar zu dem Dokumentarfilm *A Queen is Crowned* auf Band, denn der Ablauf der Krönungszeremonie war schon im voraus bekannt; so konnte dieser Film gleich anschließend an die Liveaufnahmen vom 2. Juni vollendet werden.

Ende Juli fand Noël Coward Vivien »ruhig und süß und lustig... dünn wie Papier und sehr schwach, aber ohne Anzeichen eines geistigen Zusammenbruchs«[6], und schon bald erklärten sie die Ärzte zu ihrem Entzücken wieder für arbeitsfähig. Am 31. August trafen die Oliviers im Haymarket Theatre zu den ersten Proben von *The Sleeping Prince* ein, die seit April verschoben worden waren. Da Lunt andere Verpflichtungen hatte, spielte Olivier nicht nur die männliche Hauptrolle, sondern führte auch Regie. Die Handlung des Stücks war ziemlich fadenscheinig: In London trifft am Krönungstag von George V. im Jahr 1911 der Prinzregent von Karpathien, ein kleinlicher, unattraktiver Schürzenjäger, mit einer amerikanischen Tänzerin zusammen. Da sie nicht nur im Vorübergehen von einem Mann verführt werden will, für den Liebe so nebensächlich ist, verlangt sie, von ihm standesgemäß behandelt zu werden. Da der Prinz keine Zeit hat, sich woanders nach einer gefügigeren Eroberung umzuschauen, geht er auf ihre vielfältigen Wünsche ein: Zigeunergeiger, Zitate aus *Antonius und Cleopatra*, Gespräche über die Bürde der königlichen Verantwortung und über seine Suche nach der erhebenden Liebe einer reinen jungen Frau − er erweist sich jedoch als zu erfolgreich. Das Mädchen nimmt die Zärtlichkeiten und die schließliche Verführung ernst und weigert sich, den Prinzen zu verlassen.

Trotz der Flachheit des Stücks bereitete Olivier es mit der üblichen Intensität vor. Terence Rattigan wohnte den Proben bei und war erfreut, daß ein so unbedeutendes Werk das Paar so begeistert hatte; er war erstaunt über die Mühe, die sich Olivier gab, der bei seiner eigenen wie bei den anderen Rollen auf kleinste Details der Kostüme und der Gesten achtete, der ständig experimentierte, Feinheiten verwarf, hinzufügte oder veränderte. Mehr als einmal lachte Vivien auf, wenn Olivier eine neue Idee hatte. »Ist das wirklich so komisch?«[7] pflegte er zu fragen.

»Ja, wunderbar«, antwortete Rattigan und lachte ebenso laut.

»Nein, ich glaube, das ist zu stark«, erwiderte Olivier oft. »Schmeißen wir's raus.« Olivier spielte nicht einfach herum, er hielt sich nur treu an den Text, dem er bis in die Bühnenanweisungen folgte, auch wenn er den Autor selbst einen Augenblick lang zum Lachen gebracht hatte.

Als das einzige Londoner Theaterstück, in dem er zwischen 1951 und 1957 auftrat – sein einziger Auftritt überhaupt in der Zeit von 1951 und 1955 – ging *The Sleeping Prince* in Manchester auf eine kurze Tournee und wurde am 5. November, Viviens vierzigstem Geburtstag, in London vor einem höflichen, aber nicht begeisterten Publikum im Phoenix erstmals aufgeführt, da das St. James für andere Aufführungen vermietet war. Die Kritiker betonten Viviens Liebreiz, bezweifelten aber ihre Glaubwürdigkeit als Showgirl aus Brooklyn, während man Oliviers Darstellung des Prince Uncharming zwar glanzvoll fand, jedoch für unter seiner Würde. Es war, wie immer, eine genauestens ausgetüftelte Darstellung, fehlerlos in ihrem Timing, eine wunderbar gezeichnete Figur – ein sturer, langweiliger kleiner Mann mit zuviel Pomade im Haar und einem dicken Monokel. Ohne zu übertreiben schuf er eine äußerst komische Type, einen selbstgefälligen, grinsenden Mitteleuropäer mit einem sehr übertriebenen Oxbridge-Akzent. Das Stück schaffte es dennoch, vierunddreißig Wochen zu laufen, obwohl etliche Kritiker beklagten, daß »so viel Talent an so eine Kleinigkeit«[8] verschwendet worden sei. In jener Zeit setzte sich bei den Zeitungskritikern die Meinung durch, daß Tynan recht gehabt habe: Olivier unterdrückte seine Ausdrucksmöglichkeiten und sein Talent, um Vivien zu helfen – eine Überzeugung, die durch John Barber im *Daily Express* auf den Höhepunkt getrieben wurde, als er schrieb, das Paar habe »zu lange von zu wenig gelebt«[9]; er hielt Oliviers Ruf für nicht mehr berechtigt.

Rattigan hingegen gab ein Fest für die Schauspieler und Bühnenarbeiter. »In meinem eigenen und meiner Frau Namen, als Schauspieler und ich persönlich als dein Regisseur«, sagte Olivier recht großartig (und unnötigerweise) während des Festes, »möchte ich mich entschuldigen, lieber Terry, daß ich dein Stück versaut habe.«[10] »Ihr Lieben«, antwortete Rattigan, »in meinem eigenen Namen, als Autor, bitte ich euch, meine Entschuldigung zu akzeptieren, ein solch unwürdiges, triviales kleines Stück geschrieben zu haben.« Den Gästen wurde es unbehaglich, und wie so oft rettete Noël Coward die Situation. »Kinder«, sagte er, »darf ich sagen, daß ich – in euer aller Namen –, daß ich als Autor, Produzent und Schauspieler es regelmäßig geschafft habe, mein eigenes Spiel, meine Stücke und meine Inszenierungen zu versauen – und daß ich es überlebt habe.« Während der neun Vorstellungsmonate (bis zum 3. Juli 1954) war Vivien bei nur zwei Aufführungen nicht anwesend – beide Male im Februar, nachdem sie sich während der ersten fünf Minuten einer Vorstellung das linke Handgelenk gebrochen hatte und trotzdem zu Ende gespielt hatte. Olivier, dessen Zweitbesetzung nie zum Zuge kam, besserte sein Einkommen durch halbstündige Radiosendungen für die BBC auf, für die er Shakespeare-Szenen und Kurzgeschichten von Conrad, Stevenson und anderen adaptierte. Orson Welles, Robert Donat, Michael Redgrave und Ralph Richardson gehörten zu denen, die sie vortrugen.

Da Vivien die Aufführungen von *The Sleeping Prince* mit gleichmäßig fröhlicher Stimmung überstand, gab Olivier ihren Bitten nach, ihn begleiten zu dürfen, nachdem er von Anthony Quayle und Glen Byam Shaw, zwei Leitern der Shakespeare Memorial Theatre Company, für die Spielzeit von 1955 nach Stratford eingeladen worden war. Sie bestand darauf, daß ihre Karriere als klassische Schauspielerin noch vor ihr lag. Der Klügere gibt nach, dachte Olivier wohl, und fügte sich wieder einmal einer Entscheidung, die Vivien getroffen hatte, nahm das Angebot an und verlangte auch Viviens Engagement nach Stratford. Für seinen ersten Auftritt dort seit 1922 und für ihr Debüt bei der Truppe wurde bald ein eindrucksvolles und furchteinflößendes Dreifachprogramm bekanntgegeben: John Gielgud sollte bei *Was ihr wollt* Regie führen, Olivier und Vivien würden Malvolio und Viola spielen; außerdem sollten sie in *Macbeth* und *Titus Andronicus* auftreten. Wie Olivier vorhergesagt hatte, brachte dies sofort jene Kritiker zum Schweigen, die sich gefragt hatten, ob er klassische Rollen aufgegeben hätte.

Bevor er sich aber dieser Aufgabe widmen konnte – ein sensationelles Unterfangen, was seine Bedeutung, die damit verbundenen beruflichen und persönlichen Schwierigkeiten und den schließlichen Erfolg für Olivier anging –, gab es noch eine andere große Herausforderung. Alexander Korda hatte sich mit Ilya Loperts amerikanischer Vertriebsfirma arrangiert, und sie wollten eine Verfilmung von Oliviers *Richard III.* finanzieren, die im Spätsommer und Herbst des Jahres 1954 gedreht wurde; die Außenaufnahmen zunächst in der spanischen Landschaft nördlich von Madrid, die Studioaufnahmen dann in den Shepperton Studios. Vivien empfing derweil Freunde in Notley, lernte Rollen, die sie in Stratford spielen sollte, und trat um die Jahreswende 1954/55 in einem belanglosen Film auf, den Korda nach Rattigans Stück *The Deep Blue Sea* produzierte.

Für die Verfilmung von *Richard III.* holte Olivier altbekannte Kollegen zusammen: Roger Purse für die Ausstattung, Anthony Bushell als Koregisseur, William Walton als Komponisten und Carmen Dillon als Ausstatterin. Er nahm drei ebenfalls geadelte Schauspieler in die Besetzung auf, Gielgud, Richardson und Hardwicke, neben dem Stamm bewährter Kollegen aus den Filmen *Heinrich V.* und *Hamlet,* Nicholas Hannen, Norman Wooland, Russel Thorndike, John Laurie und viele andere und arbeitete bei der Bearbeitung des Textes wieder mit Alan Dent zusammen. »Wenn man ein Stück von Shakespeare kürzen muß«[11], sagte Olivier später, »gibt es nur eins, was man tun kann – Szenen rauswerfen. Wenn man nur den Text zusammenstreicht, um alle Figuren beizubehalten, bekommt man eine Unmenge kürzester Szenen... *Richard III.* ist ein schwer verfilmbares Stück – es ist kompliziert, oft auch obskur. Ich hielt es für absolut notwendig, mehr Vereinfachungen vorzunehmen, als ich es je zuvor getan habe.«

Um dem Film zusätzliche Attraktivität zu geben, ließen Korda und die amerikanischen Financiers Paramounts Breitwandverfahren, Vista Vision, für Otto Hellers Technicolor-Kamera exportieren; das Ergebnis war optisch genauso überzeugend wie dramatisch gelungen.

Wie schon so oft, hinterließen die gefährlichsten Szenen sichtbare Spuren an Olivier. Als sie die letzte Schlachtsequenz in Spanien aufnahmen, zügelte er sein Pferd einen Moment zu früh, und der Bogenschütze, der die mit Korkplatten geschützte Flanke des Tieres treffen sollte, durchbohrte statt dessen die linke Wade des Reiters. Die überraschten Anwesenden reagierten überhaupt nicht, Olivier fiel, wie er es geprobt hatte, vom Pferd, und erst nachdem er sich versichert hatte, daß die Aufnahme gelungen war, schrie er voller Schmerzen, man solle ihm den Pfeil aus dem Bein ziehen.

Nach den sechs Wochen in Spanien liefen die Dreharbeiten in England viel flüssiger, und Olivier gelang es, die hundertfünfundsechzig Einstellungen des Films in elf Wochen abzudrehen, wobei er siebzig Schauspieler und fünfhundertvierzig Komparsen mit sicherer Stimme und sicherer Hand führte. Er schaffte es, Schauspieler, Produzent und Regisseur zu sein, ohne Anzeichen von Streß zu zeigen, erinnerte sich Claire Bloom[12], die die Lady Anne spielte. Die dreiundzwanzig Jahre alte Schauspielerin, die schon über Bühnenerfahrung verfügte (in Oxford, Stratford und am Old Vic) und für den Film gearbeitet hatte (neben Charlie Chaplin in *Limelight),* wurde von Olivier ausgewählt, weil sie bemerkenswertes Talent und großartige stimmliche Fähigkeiten besaß. Mit ihrer zarten Schönheit ähnelte sie der jungen Vivien, und wie Dorothy Tutin war sie sowohl eine willige Schülerin als auch eine ergebene Bewunderin. Das Resultat war ähnlich: Für eine kurze Zeit wurden sie ein heimliches Liebespaar. Diese Beziehung war jedoch sehr kurz, und Claire Bloom hatte den deutlichen Eindruck, daß sie von geringer Bedeutung für Olivier war. Wieder einmal, wie zu Beginn mit Vivien, hatte Olivier durch seine Fähigkeit, anzuleiten und Rat zu geben, an einer hübschen und sehr zerbrechlich wirkenden jungen Frau, die ihn anbetete, Interesse gefunden. Vielleicht erschienen ihm angesichts dieser kurzen romantischen Episode die Worte zu ironisch, die er aus Richards Text herausstrich: »Weil ich nicht als ein Verliebter kann kürzen diese fein beredten Tage, bin ich gewillt, ein Bösewicht zu werden.«

Die fertige Fassung von *Richard III.* erhielt drei Preise der British Film Academy als bester internationaler Film, bester englischer Film und für die beste schauspielerische Leistung, sie brachte Olivier außerdem eine Oscar-Nominierung ein. Aber diese Lorbeeren hielten ihn nicht davon ab, sich über sein Bemühen um ein würdevolles Auftreten lustig zu machen. Als er aus Viviens Händen den Preis der British Academy in Empfang nahm, sah er das Publikum sehr ernst an: »Ich möchte diese Gelegenheit nutzen, all meinen Mitarbeitern zu danken – meinen Freunden, Kollegen, Technikern und dem Team, mit dem – von dem so viele – mit dem so viele von – « und dann grinste er und schrie »AAAAHHHH!!«, drehte sich zur Seite und lachte darüber, wie er diesen Auftritt verpatzt hatte.

Die amerikanische Filmpremiere von *Richard III.* begann mit einem mutigen und noch nie dagewesenen Experiment: An jenem 11. März wurde der Film gleichzeitig vom Fernsehsender NBC gesendet. Es wurde geschätzt, daß die vierzig Millionen Zuschauer (von denen erst fünfundzwanzigtausend einen Farbfernseher besaßen) an nur einem Nachmittag ein größeres Publikum ausmachten, als das Stück während seiner dreihundertzweiundfünfzig Jahre alten Geschichte insgesamt gehabt hatte. Der Streifen wurde sofort zu einem Kultfilm; das Bild des Hauptdarstellers auf Salvador Dalis berühmtem Gemälde, halb Olivier, halb Richard, erschien auf der Titelseite von *Newsweek*. Die Fernsehpremiere, die Korda auf einen Schlag fünfhunderttausend Dollar von den Herstellungskosten des Films wieder einbrachte, beeinträchtigte jedoch die Verwertung im Kino, und das Experiment wurde niemals wiederholt.

Richard III. ist ausschließlich Oliviers Film und wird von dem faszinierenden Porträt des Grafen Gloucester beherrscht, der als lasterhaft männlich und doch zugleich verführerisch weiblich dargestellt wird;

seine Personifikation des Bösen ist dermaßen intensiv, daß er seine eigene Unverschämtheit darin aufs Korn nimmt. Indem Olivier oft direkt in die Kamera spricht, zieht er uns in den Bann einer voyeuristischen Komplizenschaft mit seinen Treuebrüchen, Verführungen und Morden. Er lenkt die Aufmerksamkeit auf sich, wie Richard es tut, verkürzt die Vokale, akzentuiert die Konsonanten, spricht ohne Hebungen und Senkungen der Stimme, rollt mit den Augen, zieht die Brauen hoch und schnalzt mit der Zunge. Ständig wird einem die Energie dieser Darstellung deutlich gemacht, die den Zuschauer an der Nase herumführt, da sich die Stimme dann senkt, wenn man eine Hebung erwartet, und umgekehrt. Außer der Darstellung des Clarence enthält weder der Text noch der Film besonders edle oder starke Figuren, und dies nutzt Olivier mit einer Kraft aus, die eines Richard selbst würdig wäre: Im Vergleich zu ihm bleiben alle anderen blaß. Richard, spröde, verführerisch und entschlossen, ist eine deformierte Persönlichkeit, die völlig ungehemmt ihrem krankhaften Ehrgeiz frönt, aber die Figur ist keineswegs ein Klischee. Während Olivier Heinrich und Hamlet mit seinem eigenen Gesicht ohne Maske gespielt hatte, machte er aus seinem Richard eine gigantische Figur: Er humpelt, hat einen ausgestopften Buckel, eine verkrüppelte Hand, eine vergrößerte Nase und eine glänzend schwarze Pagenkopfperücke. Er ist der Inbegriff des intriganten Höflings aller Epochen, ein skrupelloser Liebhaber, der böse Onkel und der doppelzüngige Bruder. In jedem Augenblick wird das Können eines Schauspielers sichtbar, der die Menschen studiert hat: Er zwinkert, wenn er lügt, akzentuiert eine Zeile, indem er ein seltsames Wort betont, oder schürzt seine Lippen, um seine Feinde einzuschüchtern, und erschafft eine komplette Welt des Bösen. Sein Richard besitzt eine Geschlossenheit, die den anderen Schwächlingen des Stückes fehlt.

Richard ist vielleicht die Quintessenz des Rollenspielers, der grausame Szenarios entwirft, sie uns darlegt, sie dann in Bewegung setzt und uns einlädt, die Grenzen der Dummheit und der Perversion zu erforschen; als sein eigener Regisseur und Hauptdarsteller tritt er in einer Reihe kleiner Dramen auf, die ihn dem Thron näherbringen. Betrachtet man Oliviers Darstellung unter diesem Aspekt, wird sie zum Inbegriff der Schauspielkunst schlechthin. All die Großaufnahmen, die seine beweglichen, ausgeprägten Gesichtszüge abtasten, enthüllen wie niemals zuvor die Wurzel von Oliviers Fähigkeit, zu bezaubern: Er selbst ist zu allererst durch den Akt des Schauspielens verzaubert. Seine Täuschung entspringt größtenteils der Verbindung von Berechnung und völliger Selbstaufopferung. Er erkannte intuitiv, daß

das Menschliche an und für sich verzaubern kann, in all seinen weitreichenden und mysteriösen Aspekten, die von der Korruption bis
zum Adel der Gesinnung reichen. Durch sein Spiel erhielt er Zugang
zum gesamten Spektrum der menschlichen Möglichkeiten in ihm
selbst – Ambition, Eifersucht, Gier, Lust – , und sich der Herausforderung des Möglichen zu stellen, bedeutete für ihn die Fortsetzung der
Wirklichkeit mit anderen Mitteln. Das ist der Grund, weshalb man
seine Kunst transzendent nennen darf.

Das Shakespeare Memorial Theatre in Stratford war von seiner Gründung im Jahr 1879 bis zu dem Brand im Jahr 1926 ein Sommertheater
gewesen, und nach der Wiedereröffnung 1932 hielt man es für ausgezeichnet, jedoch ein wenig muffig vor lauter Tradition. Barry Jackson
vom Birmingham Repertoiretheater, dem nach dem Zweiten Weltkrieg die Leitung übertragen worden war, erkannte die Notwendigkeit einer radikalen Änderung, und hierfür lieferte Peter Brook den
Auftakt mit seiner innovativen Inszenierung von *Liebes Leid und Lust*
im Jahr 1946. Jüngere Schauspieler wie Paul Scofield, Richard Burton
und Albert Finney trafen auf etablierte ältere wie Michael Redgrave,
John Gielgud und Peggy Ashcroft, und Jacksons Nachfolger Anthony
Quayle und Glen Byam Shaw führten den Balanceakt zwischen Origi-
nalität und Tradition weiter, der immer mehr Zustimmung fand.
1955 besaß Stratford nicht nur ein beliebtes Sommertheater, in dem
von April bis November ausschließlich Shakespeare gespielt wurde;
das Shakespeare Memorial Theatre hatte außerdem die aufregendste
Schauspielertruppe, die die kühnsten Neuerungen der Theatertradition nach dem Krieg wagte und Zuschauer aus ganz England und anderen Ländern magisch anzog. Die Nachricht von der Ankunft der
Oliviers ließ die Telefonleitungen des Kartenvorverkaufs zusammenbrechen, innerhalb einer Stunde riefen mehr als zweihundertvierzig
Interessenten an, über tausend Kartenbestellungen trafen jeden Tag
per Post ein, und noch bevor der März vorbei war, waren sämtliche
Karten für die gesamte Saison ausverkauft.

Oliviers erster Auftritt als Malvolio in *Was ihr wollt* war der am wenigsten wichtige, und es stellte sich heraus, daß er auch am wenigsten
ankam; seit dem Beginn der Proben mit John Gielgud ging alles schief.
Zunächst war Olivier nicht begeistert davon, sich Gielguds Überwachung zu unterwerfen. Er war mit einer fertigen, aber völlig anderen
Rollenkonzeption nach Stratford gekommen und hatte bereits die Requisiten mitgebracht: eine weitere spitze Nase, eine Perücke mit dik-
kem, gewelltem Haar und ein androgynes Gehabe. Olivier spielte den

Masochisten als einen äußerst weibischen, lispelnden Friseur – eine recht menschenverachtende Parodie, von der sich Olivier wohl gedacht hatte, daß sie dem würdevollen Gielgud kaum gefallen dürfte, jedoch für die Zuschauer amüsant wäre. Doch in einer gründlichen Umkehr der Stimmung gab er Malvolio in den letzten Szenen einen Tonfall entrüsteter Würde, wenn er erfährt, wie schlecht man ihn behandelt hat.

In dieser Zeit trat Peter Finch wieder in ihr Leben und frischte seine Affäre mit Vivien auf, die Olivier fröhlich verließ, um mit Finch etliche Nächte in seinem Hotel zu verbringen, während Olivier allein in dem in Stratford gemieteten Haus saß. »Große Schauspielerinnen haben Liebhaber«[13], erklärte sie in bester Laune. »Sarah Bernhardt hatte welche – warum nicht ich?« Und damit war die Sache für sie erledigt. Olivier, der sich vor böswilligen Pressekommentaren fürchtete, sie aber nicht herausfordern wollte, verhielt sich einfach nur ruhig; tatsächlich hatte es wie immer wenig Sinn, sich Vivien zu widersetzen.

»Larrys Verhalten während der Proben war für mich vulgär«, sagte John Gielgud, der zum erstenmal nach zwanzig Jahren, seit ihrer *Romeo und Julia*-Aufführung, wieder mit Olivier an einem Stück arbeitete. »Er lehnte meine Kritik rundweg ab. Ich fand Vivien (als Viola) einfach wunderbar, aber ich vermutete, daß sie hin- und hergerissen war zwischen Larrys Meinungen, die sie sehr stark beeinflußten, und meiner Art, Regie zu führen.« Oliviers Herrschaft über Vivien auf der Bühne war die einzige Macht, die er ausüben konnte, und in diesem Verwirrspiel von Unsicherheit und Zögern und der Vermischung von beruflichen und privaten Problemen war ein großer Krach wohl kaum vermeidbar. Gielgud war zu jener Zeit nicht ganz auf der Höhe, wie Maxine Audley (die Olivia) und John Goodwin, der Öffentlichkeitsreferent des Ensembles, bestätigten: Der Widerstand, den er von seiten der Oliviers spürte, verwirrte und entmutigte Gielgud, und so führte er in einem vergeblichen Versuch, das Tempo zu erhöhen, etliche Änderungen in Gesten und Auftritten erst in letzter Minute ein. »Darling John«, sagte Olivier, der die Kostümprobe unterbrach und sich an den Regisseur wandte, während die Schauspieler in Schweigen verfielen, »geh doch ein bißchen am Fluß spazieren, damit wir hier einfach weitermachen können.«[14]

Die Spielzeit begann am wunderbar sonnigen 23. April, dem Geburtstag Shakespeares – fast auf den Tag genau dreiunddreißig Jahre nach Oliviers Auftritt als Kate in der Stratforder All-Saints-Aufführung von *Der Widerspenstigen Zähmung*. Den größten Teil des

Abends kehrte er den Komiker heraus und bekam auch die Lacher, die er haben wollte. Malvolio stolperte über das Wort »slough«, das er zunächst »thou« und dann auf »tough« reimte. Er schaffte es, aus einer Zeile drei Lacher herauszuziehen: »Meine Herrn, seid Ihr verrückt?« schrie er in einem hohen, weibischen Tonfall, und machte eine Pause, bevor er fortfuhr – »oder was?« – wieder Lacher – und um eine komische Lesart zu betonen, endete er – »seid Ihr?« Aber die Kritiker fanden die Aufführung überhaupt nicht komisch. Vivien kam noch schlechter weg: Obwohl sie wieder wegen ihres grazilen und hübschen Aussehens bewundert wurde, fanden sowohl englische als auch amerikanische Besucher, daß sie zu schnell spräche und so der Rolle die Poesie nähme. »Was ein großes Ereignis hätte werden können«, schrieb W. A. Darlington, »wurde nun einfach ein langes.«[15]

Als seien die Oliviers nicht schon genug in Anspruch genommen, probten sie *Macbeth* parallel zu den Vorstellungen von *Was ihr wollt* und fuhren am Wochenende nach Notley, da Vivien darauf bestand, dort Freunde aus London zu empfangen – und Peter Finch. Olivier war erschöpft und ängstlich, denn dies war eine der wichtigsten Spielzeiten seiner Karriere, aber Vivien beschwerte sich bei Mitgliedern des Ensembles, daß er nur an sich selbst dächte, und das gäbe ihr das Recht, wollte sie damit wohl sagen, sich eine Affäre zu gestatten. »Das Beste, was man von Vivien und Finch sagen konnte«, wie es Elaine Dundy formulierte, »war gleichzeitig das Schlechteste, was man von ihnen sagen konnte: Sie taten nichts hinter Oliviers Rücken.« Was Olivier angeht, dessen sexuelle Beziehung zu Vivien mittlerweile nur noch Erinnerung war, so war er wohl froh, daß Vivien durch ihren Geliebten abgelenkt wurde. »Ich will raus aus dem allen hier«, sagte Finch zu einem Freund im Ensemble und wies auf die Silhouette von Notley Abbey und seine erleuchteten Fenster, »aber ich kann nicht Larry und der Schlacht von Agincourt dort entgegentreten.«[16]

Am 6. Juni war die Premiere von *Macbeth* – für Olivier war es einer der großen Triumphe seines Lebens. Mit einem kurzen Bart und einer kleinen, scharfzackigen Krone angetan, betonte er weder die stoischen, metzgerhaften Züge an Macbeth noch die Gradlinigkeit seiner Absichten, sondern zeigte die geistige Ermüdung eines Gejagten. Sein Sinn für das Düstere ließ eine Figur entstehen, die eine Vorgeschichte hat, die noch vor der eigentlichen Handlung des Stückes liegt, einen Mann, den das ständig erschreckende In-sich-Hineinhorchen quält, der seit langem von Alpträumen heimgesucht wird: »Ich hab' die Tat getan« (die Ermordung Duncans), sprach er auf eine trockene Weise, die ungläubig klang, und sein »Schlaft nicht mehr« wurde zu der furchtbaren Aufforderung, sein Gewissen zu prüfen. Olivier sprach die Monologe sehr ruhig und schuf (wie schon bei Hamlet und Richard) einen erkennbar menschlichen Charakter – zögernd, von emotionaler Blässe und krank –, und die Zuschauer erstarrten in ehrfurchtsvollem Schweigen bei seinen Zeilen: »Es umwölkt sich, und die Krähe schwingt ihren Flug dem dampfenden Walde zu.«

Mit feinem Gespür fand Olivier Verse und Halbverse, aus denen er eine einzigartige Bedeutsamkeit beschwor. In der Szene mit den Mördern sind zum Beispiel drei Worte enthalten, die oft gestrichen oder nur zum Teil gesprochen werden – »Gut – dann – jetzt« –, doch Olivier erfüllte sie mit Sinn. Er machte eine Pause, zeigte mit beiden Zeigefingern auf die beiden Mörder, die er herausfordernd ansah, und sagte forschend »Gut«. Nach einer Pause sagte er »dann« in einem Tonfall, als wolle er, daß sie auf ihn zukämen. Sie aber blieben unbeweglich und sein »jetzt« nach wiederum einer Pause war ein furchtbarer Befehl. »Das Schweigen des Publikums«, schrieb ein Kritiker, »ist nicht zu beschreiben.« Die gleiche Stille begleitete seine gebrochene Stimme, als er im letzten Akt fast, aber nicht ganz, seine verlorene Ehre zu beweinen scheint:

Ich lebte lang genug: Mein Lebensweg
Geriet ins Dürre, ins verwelkte Laub;
Und was das hohe Alter soll begleiten,
Gehorsam, Liebe, Ehre, Freundestrost,
Danach darf ich nicht aussehn...

Es war, wie Harold Hobson damals schrieb, »der beste Macbeth seit Macbeth.«[17] Oliviers Darstellung war nicht die der unvermeidlichen Selbstzerstörung eines Mannes, sondern die eines Mannes, der einen Alptraum der Schuld durchlebt, ein nicht von Grund auf schlechter Mensch, der durch seinen Ehrgeiz zu einer Sünde wider die Natur verführt wird. Ihn umgab eine Aura von Reue und Schrecken, jedoch gab es keinen Augenblick der Verzweiflung. Bei der zweiten Erscheinung Banquos sprang Olivier zum Beispiel auf den Tisch und attackierte den Geist, eine Geste, die nicht nur den Mut des alten Soldaten illustriert, sondern auch den Wahnsinn seines Widerstandes. »Ich glaube nicht, daß ein Schauspieler auf der Welt ihm das Wasser reichen kann«, stellte Hobson geradeheraus fest, und fast alle Kritiker stimmten ihm und Tynan zu, der frohlockte, Olivier habe »der Größe die Hände geschüttelt«.[18]

Tynan war nicht der einzige, der Vivians Lady Macbeth beklagte, obwohl keiner sie so verurteilte wie er (ihr Spiel war »kompetent innerhalb ihrer geringen Möglichkeiten«). Die blasse und zarte, eisige und schlangenhafte Schauspielerin wurde wieder einmal für einen Mangel an Leidenschaft kritisiert; jedoch in ihrer Wahnsinnsszene schien ihre Kleinheit und ihre porzellanhafte Zerbrechlichkeit angemessen, und sie beeindruckte viele mit ihrer Gratwanderung zwischen Wahnsinn und Kindlichkeit. »Ich hielt beide, sie und Larry, für großartig«, sagte John Gielgud[19]. »Ich habe es sehr bedauert, daß die Verfilmung nicht zustande kam, denn Viviens Spiel war nicht ausgeprägt, nicht pointiert genug für die schwierige Stratforder Bühne, während sie auf der Leinwand mit all ihren Vorzügen zur Geltung gekommen wäre.«*

Nach dem Durchfall der New Yorker Aufführung von *Romeo und Julia* hatte Olivier mit Vivien hart gearbeitet, wobei er ihrer Stimme und Haltung die größte Aufmerksamkeit widmete, angefangen von *Wir sind noch einmal davongekommen,* für die Old-Vic-Tournee, über *Endstation Sehnsucht* bis zu den beiden *Cleopatras* und *The Sleeping Prince.* Sie besaß leider weder das Durchhaltevermögen noch die natürliche Stimmbegabung und gestische Vielfalt für die großen Bühnenrollen, und so wurden die Oliviers zu ihrem beständigen Mißfallen nie ein so großes Künstlerpaar wie die Lunts in Amerika. Trotzdem ist es wahr, daß Olivier Vivien für eine attraktive und interessante Schauspielerin hielt und es ihr ermöglichte, zu einer guten, wenn nicht sogar großen Bühnenschauspielerin zu werden. Sie brachte in ihre Interpretation der Lady Macbeth etwas aus ihrem eigenen Leben ein: »eine Art schlangenhafter Entschlossenheit«[20], notierte Noël Coward in seinem Tagebuch, »und eine verführerische Körperlichkeit, durch die ihre Macht über Macbeth deutlich wird. In der Bankettszene war sie brillant, und ihre Bemühungen, Macbeth zu beruhigen und die Gäste bei guter Stimmung zu halten, waren absolut überzeugend«. Diese Szene hätte genauso an einem Wochenende in Notley Abbey stattfinden können.

Mit ihrem Ehrgeiz, der dünnen Patina ihres gegenseitigen Respekts, der sexuellen Hypnose, die ätzend wirkte, und vor allem mit ihrer Ausstrahlung einer verzweifelten Vornehmheit waren Lord und Lady Macbeth ein *tableau vivant,* eine theatralische Vergegenwärtigung des

---

* Drei Jahre lang versuchte Olivier vergeblich, die Finanzierung von *Macbeth* sicherzustellen. Drehorte in Schottland wurden gesucht und das Drehbuch vorbereitet, aber das Unternehmen wurde zuerst durch Alexander Kordas Tod am 23. Januar 1956 und dann dadurch sabotiert, daß der Film *Richard III.* in Amerika, wo Olivier sich alternativ um die Finanzierung bemühte, nicht sofort ein überwältigender Kassenerfolg wurde.

Schauspielerpaares, das in jenem Jahr in Stratford diese Rolle verkörperte. »*Macbeth* ist eine Familientragödie«[21], sagte Olivier zu Tynan in Viviens Todesjahr. »Es ist der Weg zweier Menschen, einer strebt nach oben, der andere nach unten. Und es gibt diesen Augenblick im Stück, wo er sie ansieht und erkennt, daß sie es nicht mehr aushalten kann, und er macht weiter, und mit ihr geht es bergab.« Er beschrieb damit tatsächlich die Umrisse ihrer eigenen Ehe in diesem Jahr 1955, denn auch außerhalb des Theaters spielten sie die Macbeths, wie Gwen Ffrangçon-Davies bei einem Besuch leicht feststellen konnte.

Obwohl die Oliviers in diesem Sommer jeden Abend auf der Bühne standen, probten sie täglich die entsetzlichen Szenen aus *Titus Andronicus*, dem dritten Stück der Spielzeit, dessen Premiere in Stratford für den August geplant war. Vivien, die zu der Zeit mehr denn je in ihre Affäre mit Peter Finch verstrickt war, hatte aufgrund der Angriffe von seiten der Kritiker ihre Karriere nahezu aufgegeben. Sie behielt aber ihr glitzerndes Image einer Gastgeberin bei, und jeden Abend nach der *Macbeth*-Aufführung lud sie Ensemblemitglieder in das von ihnen gemietete Cottage ein. Meistens hielt sie ihre Gäste bis nach drei Uhr bei sich fest, und der völlig erschöpfte Olivier konnte froh sein, wenn er zwei Stunden Schlaf abbekam, denn um fünf mußte er schon wieder wach sein und auf Vivien aufpassen, die durch die Nachbarschaft streunte wie Lady Macbeth persönlich und dabei oft dem Fluß Avon gefährlich nahe kam, der an ihrem Garten vorbeifloß. Da sie die Wochenenden mit Finch verbrachte, zog sich Olivier normalerweise nach Notley zurück – oft zusammen mit Maxine Audley, die seit den beiden *Cleopatras* immer wieder mit ihm gespielt hatte und jetzt bei allen drei Inszenierungen dieser Spielzeit dabei war. Maxine Audley, eine intelligente und witzige dunkelhaarige Schönheit von zweiunddreißig Jahren, erinnerte sich daran, daß er in diesem Sommer sehr unglücklich war; und wenn Vivien mit Finch wegfuhr, war sie wiederum recht zufrieden, daß Olivier mit Maxine Audley zusammen war. Wie schon mit Dorothy Tutin und Claire Bloom durchlebte Olivier mit Maxine Audley eine kurze und etwas unbefriedigende Affäre. Er war kein besonders offenherziger Mann und nicht im geringsten emotional, erinnerte sie sich.

»Die Oliviers sind Gefangene ihres öffentlichen Ruhms«[22], notierte Coward zu jener Zeit, »sie wühlen in der kalten Asche einer körperlichen Leidenschaft, die schon seit Jahren ausgebrannt ist. Ihr Zusammenleben ist wirklich schrecklich.« Das traf zu, und Olivier versuchte, die Leere ihrer Ehe zu verstecken. Sie arbeiteten dennoch wieder zusammen, als Vivien die Lavinia spielte, Titus' unschuldige Tochter, die vergewaltigt und verstümmelt wird, indem man ihr die Zunge herausreißt und die Hände abhackt, bevor kaum fünfzehn Minuten des Dramas vergangen sind. Vivien hatte nur wenig Text zu lernen, aber sie bewegte sich sehr niedergeschlagen, starrte verloren, schrie wortlos und versuchte, ihre Angreifer zu identifizieren und ihre Namen in den Boden zu schreiben. All dies probte sie mit schlechter Laune und ohne auf ihre Kollegen Rücksicht zu nehmen, oft kam sie zu spät, erschwerte die Arbeit des Regisseurs Peter Brook und des Ensembles, indem sie Olivier vor versammelter Mannschaft wegen seiner Unaufmerksamkeit ihr gegenüber zusammenstauchte, obwohl jeder wußte, daß Peter Finch nicht weit weg war.

Brook, dem Olivier nur eine kühle Höflichkeit entgegenbracht hatte, während sie *Die Bettleroper* verfilmten, entwarf für *Titus Andronicus* das Bühnenbild, führte Regie und komponierte die musikalischen Hintergrundeffekte. Er versuchte in seiner Inszenierung, mit möglichst wenig Grand-Guignol-Einlagen auszukommen, um statt dessen den Zugang zu einer Welt ohne Moral oder fundamentale Menschlichkeit zu ermöglichen, einer Welt wie Buchenwald oder Auschwitz, deren Verhaltensregeln den Grausamkeiten des *Titus* eine tragische Aktualität verliehen. Das Resultat war eine epochale Inszenierung des englischen Nachkriegstheaters und der Höhepunkt von Oliviers Erfolg während dieser Spielzeit in Stratford.

Die Kritiker rühmten seine Darstellung des Titus, eine Figur von majestätischem Pathos, ein müder Veteran, der von dem Leben in einer Welt gebeugt war, die sich an Blutbäder gewöhnt hatte. Seine Stimme schnitt jedes Wort in Fetzen, und sein Schlüsselwort für die Rolle war der Ozean, wie es bei *König Lear* der Wind gewesen war. »Ich bin das Meer; hör seine Seufzer wehn«, flüsterte er, bewegte sich auf das Publikum zu und sog es in die Gezeiten seiner Trauer hinein. Als Titus die Nachricht vom Tod seiner Söhne erhielt und von dem Verrat an ihm selbst erfuhr, lehnte er sich an den Prosceniumsbogen, bog den Kopf langsam zurück und sprach nach einer perfekt kalkulierten Pause: »Wann endet dieser fürchterliche Schlaf?« Den schrecklichen Moment lang, in dem Titus sich selbst die Hand abhackt, machte Olivier wieder eine Pause, nachdem man das markerschütternde Geräusch vernommen hatte (ein Kohlkopf wurde hinter der Bühne vor einem Mikrophon durchgeschnitten); danach klang sein Schmerzensschrei um so erschütternder.

In der Mitte des Herbstes ging die Spielzeit zu Ende. Vivien war niedergeschlagen über die Ablehnung durch die Kritiker, und sie fand schon Oliviers bloße Anwesenheit unerträglich. Dies sollte, so schrie sie ihn eines Nachmittags an, das letzte Mal gewesen sein, daß sie gemeinsam aufgetreten seien; ihr tat diese Bemerkung sofort leid, sie sollte sich aber als wahr erweisen. Und in diesem Augenblick faßte sie einen Plan, der sich nach einer höchst unwahrscheinlichen Unternehmung anhörte. Obwohl sie an einer Brustfellentzündung litt und ihre Tuberkulose wieder auszubrechen drohte, packte Vivien acht Koffer und bestellte Peter Finch nach Notley Abbey, von wo aus sie in einem unglaublichen Wirbel eine Reise nach Frankreich antraten. Was auch immer sie sich für den Fortgang der Liebesbeziehung erwartet haben mag, es wurde nicht erfüllt, denn zu Beginn des neuen Jahres beendete Peter Finch wieder einmal still diese Affäre. Er hatte endlich das Drama »Larry und die Schlacht von Agincourt« – und auch Vivien – für immer hinter sich gelassen.

ZWÖLFTES KAPITEL

1956 – 1959

*» Wir sind Figuren, die aus etwas gemacht sind, an das keiner
glaubt, denn wir sind so weit entfernt von dem Rest der normalen,
alltäglichen menschlichen Erfahrung.«*

Archie Rice, in: *Der Entertainer*

A ls ob überhaupt nichts geschehen wäre, kehrte Vivien nach
ihrem letzten Urlaub mit Finch zu Olivier zurück. Sie hatte Noël
Cowards Komödie *South Sea Bubble* gelesen, und da sie steif und fest
behauptete, daß sie in Höchstform sein würde, hatte sie den Autor
dazu gebracht, ihr die Hauptrolle zu geben, sobald das Stück im Frühjahr 1956 auf die Bühne kommen sollte. Zur gleichen Zeit hatte Oliviers Agent Cecil Tennant mit Marilyn Monroe Verhandlungen geführt, die ihre erste eigene Produktion in England und mit Laurence
Olivier filmen wollte – und zwar die Kinofassung von *The Sleeping
Prince*, ein Paradestück für eine kesse amerikanische Schauspielerin.
Vivien, die darüber verärgert war, daß die Rolle, die sie auf der Bühne
gespielt hatte, jetzt von der Monroe übernommen werden sollte, bewahrte bei der Presseankündigung die Fassung, in einem ruhigeren
Moment mußte sie allerdings zugeben, daß sie tatsächlich zu alt sei,
um ein Ballettmädchen zu spielen.

Marilyn hatte in dem verzweifelten Versuch, mehr als ein Sexsym-
bol zu sein, in Lee Strasbergs *Actors' Studio* Unterricht im sogenannten *Method acting* genommen; Strasberg hatte ihr anscheinend in
vollem Ernst eingeredet, daß sogar die Rolle der Lady Macbeth nicht
über ihre schauspielerischen Möglichkeiten ginge. Nach Marilyns Ansicht war Olivier ein dermaßen unwahrscheinlicher Filmpartner für

sie, daß ihre Zusammenarbeit nicht nur lukrativ, sondern auch in beruflicher Hinsicht vorteilhaft zu werden versprach. Er dagegen freute sich auf die Möglichkeit, wieder Regie zu führen und neben einem der berühmtesten Filmstars der Welt zu spielen. Am 5. Februar 1956 verließ er mit Rattigan und Tennant London; am siebten traf er sich mit Marilyn in ihrer New Yorker Wohnung; und zwei Tage später füllten hundertachtzig Reporter und Fotografen einen Speisesaal des Plaza Hotels, wo eine Pressekonferenz abgehalten werden sollte.

Marilyn trug ein enganliegendes schwarzes Etuikleid mit gewagtem Ausschnitt und handelte sich herablassende Fragen ein: Wollte sie mehr als nur Komödien spielen? Welche Klassiker? Dostojewski? Konnte sie »Gruschenka« buchstabieren? Hatte sie jemals Oliviers Arbeiten gesehen? Oder überhaupt ein ernstes Drama? Die Presse, die die Vertreterin des Sex-Appeal verspottete und verehrte, liebte und haßte, stellte Marilyn ihre typischen trivialen Fragen (Was trug sie im Bett?) und wollte Fotos von ihr machen, wie sie sich vornüber beugte, wie sie Olivier umarmte, lächelte und den Fotografen zublinzelte. Wie meistens auf solchen Presseveranstaltungen, schien Olivier eher ein etwas lächerliches Anhängsel der Zeremonie. Rattigan wurde völlig ignoriert.

Am 13. Februar kam Olivier nach London zurück, um mit Vivien im privaten Rahmen an ihrer Rolle in der Coward-Komödie zu arbeiten, die im April Premiere haben sollte; sie wurde mit lautstarkem Lob gefeiert und konnte sich auf eine lange Laufzeit gefaßt machen. Olivier kümmerte sich derweil um ihren Umzug: 1955 hatten sie Durham Cottage verkauft, da Vivien fand, es sei für ihre gesellschaftlichen Anforderungen zu klein. Sie mieteten William Waltons Haus am Lowndes Place im Stadtteil Belgravia; in den weitläufigen Räumen konnten sie für den niedrigen Betrag von zwanzig Pfund pro Woche leben. Das ganze Jahr hindurch setzte Olivier weiterhin seine fruchtlosen Versuche fort, die Finanzierung für die geplante Verfilmung von *Macbeth* zusammenzubringen.

Marilyn Monroe wurde am 14. Juli für die Aufnahmen zu *The Sleeping Prince* erwartet. Zwei Tage zuvor gab die zweiundvierzig Jahre alte Vivien bekannt, daß sie ein Kind erwarte, das zum Jahresende auf die Welt kommen sollte, und daß sie deswegen in zwei Wochen das Ensemble von *South Sea Bubble* verlassen würde. Olivier war schlichtweg überrascht, die Presse trat sofort in Aktion, und Coward, dessen Erfolg, was dieses Stück betraf, weitgehend von Vivien abhing, war wütend darüber, daß sie ihm nicht früher Bescheid gesagt hatte –

ein Mangel an Höflichkeit, der für sie ganz untypisch war. Sie war so schlank, daß keiner auf den Gedanken gekommen wäre, sie könnte im vierten Monat sein, und es lagen keine ärztlichen Unterlagen vor, die ihre Meldung bestätigten. In Anbetracht von Marilyn Monroes bevorstehender Ankunft und ihrer Übernahme von Viviens Rolle gab es Grund zu weitreichenden Spekulationen, daß Vivien die Schwangerschaft nur vorgetäuscht habe, um sich Oliviers Aufmerksamkeit sicher zu sein.

Marilyn Monroe traf pünktlich mit ihrem neuen Ehemann Arthur Miller ein, der die Londoner Aufführung seines Stücks *Blick von der Brücke* vorbereitete. Am nächsten Tag begrüßte Olivier sie und fragte, welche Aufführungen die beiden sich ansehen wollten. Miller entschied sich für das laufende Stück am Royal Court Theatre, in dem auch sein eigenes Drama *Hexenjagd* kürzlich aufgeführt worden war. Olivier reagierte zuerst ablehnend, denn er hatte John Osbornes *Blick zurück im Zorn* gesehen und für eine »Travestie Englands«[1] gehalten, für ein unsinnig bitteres Stück, das seinen Patriotismus beleidigte. Da er aber immer ein guter Gastgeber war, lenkte er ein und ging mit Miller am nächsten Abend, dem 16. Juli, in das Theater am Sloane Square; die von der Reise müde Marilyn ließen sie zu Hause. Da Olivier überzeugt war, daß der Autor sich ebenso langweilen würde, wie er es getan hatte, war er überrascht, als Miller das Stück großartig fand und ihn aufforderte, seine Meinung noch einmal zu überdenken. Als sie nach dem letzten Vorhang den Autor hinter der Bühne begrüßten und danach noch etwas zusammen tranken, fragte Olivier Osborne: »Glauben Sie, Sie könnten etwas für mich schreiben?«[2] Der überraschte Osborne legte sich nicht fest, zeigte sich aber interessiert; die Kombination Olivier – Osborne erschien ihm ebenso unpassend wie die Zusammenarbeit zwischen Olivier und Marilyn Monroe. Aber diese Frage und die schließliche Antwort darauf (das Stück *Der Entertainer*) veränderten Oliviers Leben und seine Karriere beträchtlich.

Blick zurück im Zorn war am 8. Mai 1956 uraufgeführt worden und bedeutete den ersten großen Erfolg der noch in den Kinderschuhen steckenden English Stage Company, die etwas früher in diesem Jahr von George Devine gegründet worden war, um neue und experimentelle Stücke junger Dramatiker vorzustellen. Devine, 1910 geboren, hatte zusammen mit Michel Saint-Denis am London Theatre Studio Unterricht gegeben, ebenso an der Schule des Old Vic; er war auch ein talentierter Regisseur, der zuletzt *König Lear* mit John Gielgud in

Stratford inszeniert hatte, das Stück, das nach Oliviers *Titus Androni-cus* auf den Spielplan kam. Die Bühne des ESC-Ensembles war das Royal Court Theatre, wo Olivier 1928 in fünf Stücken aufgetreten war; es war erst vor kurzem nach schweren Bombenschäden während des Krieges renoviert und wieder eröffnet worden. Dort kam Tony Richardson, ein achtundzwanzigjähriger Fernsehregisseur und ehe-maliger Vorsitzender der Oxford University Dramatic Society, als Koregisseur zu Divines Unterstützung hinzu.

Die Premiere von Osbornes Stück unter Richardsons Regie bedeutete einen wichtigen Einschnitt für das englischsprachige Theater des 20. Jahrhunderts, obwohl es laut Osborne zunächst von der »ganzen Westend-Mafia abgelehnt wurde, einschließlich Olivier, der später eine seiner charakteristischen intuitiven 180-Grad-Wendungen ma-chen sollte – nicht unbedingt, was das Stück anging, aber bezogen auf das, was sich da anbahnte«.[3] Osborne und andere (Harold Pinter, John Arden, Arnold Wesker und Shelagh Delaney, um nur einige zu nennen) waren Vorreiter eines völlig neuen Theaters, das ein jüngeres Publikum ansprach, das weniger an Stars und Glamour interessiert war, sondern an den neuen Tendenzen und Strömungen im Nach-kriegsengland.

Die Stücke, ihre Autoren und Schauspieler, die sich als ein Barome-ter der sozialen Veränderungen und auch als deren Katalysatoren ver-standen, entstammten der Arbeiterklasse – im Gegensatz zu den Autoren, Schauspielern und Zuschauern aus der Ober- und Mittel-schicht, die schon seit den Zeiten von Königin Victoria und Edward VII. mit dem Westend-Theater identifiziert worden waren. Nun gab es einen neuen Typus des proletarischen Helden, der sich radikal unter-schied von Cowards intelligenten Salonlöwen und den höflichen Pro-tagonisten von Priestley, Maugham und Rattigan. Seidene Morgen-mäntel, Zigaretten mit Korkmundstück und Champagnergläser kamen nicht mehr vor, und endlich wurde ein bislang vernachlässigter Aspekt des englischen Lebens gezeigt – ungeschliffene, häufig sogar grobe, jedoch erkennbar authentische Leute aus der Arbeiterklasse, die sich den wahren sozialen und persönlichen Problemen der fünfzi-ger Jahre stellten und nicht nur als Vorwand für lustige Verwicklungen dienten. Der Held von *Blick zurück im Zorn,* Jimmy Porter, war der Prototyp dieser Figuren, verbittert und verletzt durch das System der Klassengesellschaft, das sein Leben in einer trostlosen Stadt in den Midlands zerstört. Man kann ohne Übertreibung behaupten, daß seit dem 8. Mai 1956 die erlesenen Blankversdramen eines Eliot und Fry plötzlich altertümlich klangen. Gleichzeitig wurden etliche Schauspieler, die das traditionelle Westend-Theater repräsentiert hatten, in aller Ruhe, aber bestimmt für passé erklärt, und ein neuer Schlag unheroischer Schauspieler trat an ihre Stelle, zum Beispiel Colin Blakely, Albert Finney, Frank Finlay, Joan Plowright, Mary Ure und Kenneth Haigh. Sogar das mangelnde Interesse an Oliviers Filmprojekt *Macbeth* beruhte zum Teil auf dem schwindenden Enthusiasmus für die Klassiker, die für viele Produzenten nichts weiter bedeuteten als ein unrentables Festhalten an der Vergangenheit. Nicht einmal Vista Vision und Technicolor hatten schließlich den Anfangserfolg von *Richard III.* garantieren können.

Aber wie gewöhnlich sind Veränderungen im Theater nur ein Teil anderer, viel weitreichenderer Veränderungen. Jüngere Schauspieler, die oft eine bessere Ausbildung hatten als ihre Vorgänger, fanden ein üppiges Gesellschaftsleben nicht mehr wichtig für ihre Karriere, so wie früher einmal Eleganz und »Kontakte« für jeden Salonschauspieler lebenswichtig gewesen waren. Um die Zeit, als Coward seinen Landsitz Goldenhurst verkaufte, sahen auch die Oliviers ein, daß sie sich die Ausgaben für Notley Abbey nicht mehr lange leisten konnten, und erst recht nicht das hektische Leben, das dort geführt wurde. Bislang hatte während der Londoner »Saison« eine recht märchenhafte Atmosphäre geherrscht, und aus dieser hatte die pseudoadelige Theaterwelt ihre Stichworte geschöpft; bis in die Mitte der fünfziger Jahre floh man in diese Traumwelt und mühte sich redlich, sich von dem Stil der einfachen Leute abzuheben; diese Distanz wurde häufig noch vergrößert, sobald ein Adelstitel verliehen wurde. Sogar die Werbung diente diesem Zweck. Olivier war nicht die erste Persönlichkeit des Theaters, nach der eine Zigarettensorte benannt wurde; als Benson and Hedges ihn für die Herstellung von »Oliviers« gewannen, konnten die Schachteln mit seinem Namenszug neben Kartons von »du Mauriers« gestapelt werden.

Innerhalb der Grenzen, die von den Erwartungen an Berühmtheit und Glamour gesteckt wurden, und aufgrund des unvermeidlichen Zusammentreffens von Pflicht und Ehrgeiz konnten intime Beziehungen nur mit größter Anstrengung überleben, und die Ehe der Oliviers war ein Musterbeispiel für diese Schwierigkeiten. Einer der überzeugendsten Gründe für die Aufrechterhaltung ihrer Ehe war der, daß sie tatsächlich so etwas wie eine königliche Familie waren, und Königspaare ließen sich nicht scheiden.

Die Oliviers waren ihrem königlichen Status wunderbar gerecht geworden, sogar bis hin zur Auswahl ihrer Stücke (die beiden *Cleopa-*

tras, The Sleeping Prince). Die Dinge änderten sich jedoch schnell und drastisch, und die Menschen suchten keine königlichen Ikonen mehr, die sie bewundern konnten. Gleichzeitig mit diesen Veränderungen im Privatleben bedeutete das Fernsehen einen enormen Einbruch in Literatur, Schauspiel und bildende Kunst. Auf einer kleinen Mattscheibe in der Ecke eines Wohnzimmers besaßen Schauspieler nicht mehr das Geheimnis, den Glamour und die mythische Qualität, die Kinostars umgab. Tatsächlich wurde durch das Fernsehen, die wirtschaftliche Lage und das sogenannte »Spülbecken-Theater« der einfache Mann auf der Straße zum Star, und von hier aus führte ein direkter Weg zu den Quizsendungen und Nachrichtenprogrammen, in denen Live-Interviews vor Ort mit den direkt oder nur am Rande an einer »Story« beteiligten Personen zur Tagesordnung gehörten.

Der Prinz und die Tänzerin, wie die Kinofassung von *The Sleeping Prince* genannt wurde, repräsentierte einen traditionellen Unterhaltungsstil, der im Untergang begriffen war. Marilyn Monroe, disziplinlos, regelmäßig verspätet, nervös und unvorbereitet, brauchte unzählige Aufnahmen für die einfachsten Szenen. Sie war gewohnt, beruflich wie auch im Privatleben als dumme Blondine behandelt zu werden, und sogar unter günstigsten Bedingungen war sie äußerst unsicher. Jetzt war sie durch Oliviers Status und Statur so eingeschüchtert, daß sie im Studio nicht die Haltung bewahren konnte, und sie verzehrte sich bald in Ängsten, daß der Film sie zu unvorteilhaft zeigen könnte. Wie schon andere Regisseure zuvor, hielt auch Olivier sie für »durch und durch schlecht erzogen und wahnsinnig frech... eine äußerst bemerkenswerte Mischung aus zwei sehr verschiedenen Personen. Die eine war das bezauberndste Mädchen, das ich je getroffen habe. Dann wurde es sehr, sehr schnell klar, daß sie bei der Arbeit ein total anderer Mensch war.«[4]

Zu Beginn hegte sie ganz zu Recht den Verdacht, daß Olivier sie nur für den Film hatte haben wollen, weil sie einen kommerziellen Erfolg garantierte, und mehr und mehr sah sie in ihm eine Bedrohung für ihr inneres Gleichgewicht und einen Rivalen um die besten Szenen des Films. Sie hatte Paula Strasberg, Lees Ehefrau, zu den Dreharbeiten mitgebracht und ihre tägliche Anwesenheit bei den Aufnahmen verlangt; sie wollte von ihr ständige Hilfestellung und Ermutigung bekommen und auch vernünftige und gefühlsmäßige Begründungen für jeden Satz und jede Geste. Paula Strasberg nutzte Marilyns gefährdetes Selbstvertrauen aus und überschwemmte sie mit Theorien und den verschiedensten Möglichkeiten für jede Szene. Olivier verlor schließlich die Geduld bei dieser Behinderung seiner Regiearbeit, und als Marilyn ihn fragte, mit welcher Haltung sie eine bestimmte Szene spielen solle, verunsicherte er sie vollends: »Sei sexy, Marilyn«, sagte er platt. »Das ist alles.« Die Atmosphäre dieser vier Monate war gespannt und unfruchtbar, bezeugte Lee Strasbergs Tochter Susan[5], die regelmäßig vorbeischaute. Olivier weigerte sich, auf Marilyn einzugehen, und statt dessen verlangte er von ihr, eine völlig neue Schauspielsprache zu lernen. Er war hiervon genauso frustriert wie sie, und es endete damit, daß er das tat, was sie beide befürchtet hatten – er wetteiferte mit ihr.

Durch einen gelungenen Trick der Filmzauberkunst ist dies dem fertigen Produkt überhaupt nicht anzusehen; er kam bei seinem Kinostart im Juni 1957 bei amerikanischen Kritikern wesentlich besser an als bei englischen. Obwohl der Film *Der Prinz und die Tänzerin* weitschweifig und zu wortreich ist, mangelt es ihm nicht an Momenten von einfallsreicher Komik: Marilyn Monroe als Elsie, die sich die korrekte Anrede für den Prinzregenten nicht merken kann und ihn deswegen stets mit »Herr Regent« anredet; Marylin, die von dem vielbeschäftigten Chauvi Olivier nicht beachtet wird und Kaviar auf Toast hinunterschlingt, als handle es sich um Schinkenbrötchen; Olivier, der sich ihrem Wunsch nach einer romantischen Szene beugt und sich in einer flammenden Verführung versucht, obwohl er nur schnelle Eroberungen kennt. Marilyn Monroes Ängstlichkeit wird in anderen Szenen deutlich, in denen sie ihre Liebe gesteht; hier nun ist die betonte Unschuld der Figur vollkommen im Einklang mit den zweifelnden Blicken der dreißigjährigen kindhaften Schauspielerin. Ihre letzte Szene ist unerwartet herzbewegend, sie nimmt Abschied von ihm – ein trauriges Aschenputtel, das den zögernden, uncharmanten Mann als Gefangenen seiner Selbstsucht zurücklassen muß. Marilyn Monroe hatte sich auch mit der lächerlichen Abmachung abzufinden, daß man sie in ein weißes Kleid steckte, das der Mode des Jahres 1956 entsprach, aber zwei Nummern zu klein war für ihre üppige Figur; nichts an ihrer Erscheinung oder ihrem Verhalten deutet darauf hin, daß die Geschichte im Jahr 1911 spielt.

Olivier scheint niemals zu zaudern, vielleicht, weil er sich im Zweifelsfall ein paar zusätzliche Aufnahmen erlaubte. Während einer langen Einstellung, die ihn in Großaufnahme in seinem Wagen auf dem Weg zur Krönungsfeier von George V. zeigt, sieht er die Tänzerin mit kühler Geringschätzung an, und ganz langsam, mit etwa fünf verschiedenen Gefühlsabstufungen, entspannen sich seine Züge zu einem Lächeln. Etwas mehr von Olivier selbst kommt in dem zum Vorschein, was man einen Lichtbildvortrag über Westminster Abbey nennen könnte. Da Olivier sich nicht mit den wenigen dokumentarischen Aufnahmen begnügte, sondern hingebungsvoll die Atmosphäre dieser geheiligten Zeremonie vorführen wollte, verherrlichte er den Glanz des Umzugs, der im Film nie zu sehen ist, durch einen gigantischen Chor, ließ bunte Kirchenfenster und Statuen mit Großaufnahmen von Marilyn Monroes ehrfurchtsvollem Gesicht abwechseln; es ist ein Augenblick reiner Epiphanie, wenn der Chor Händels »Priester Zadok« singt. Hier entdeckt man das Herz des Chorknaben Olivier, den noch immer das Ritual bewegt, der noch immer ein Patriot ist.

Während die mühseligen Filmarbeiten voranschritten, wurde es mit Viviens verkrampfter Haltung Marilyn gegenüber schlimmer. Dann und wann kam sie höchst reizbar und unausgeglichen für einen Tag in die Pinewood Studios, um den Aufnahmen beizuwohnen, und niemand wurde im Zweifel über ihre Eifersuchtsgefühle gelassen. Sie gab ihre Rolle in *South Sea Bubble* am 11. August auf, und am Tag darauf ließ sie von Notley Abbey aus verlautbaren, sie habe eine Fehlgeburt gehabt. Die Umstände dieser Meldung sind für immer im dunkeln geblieben, jedoch ist es bemerkenswert, daß eine Frau, die angeblich im fünften Monat schwanger ist, das Kind ohne Hilfe eines Arztes oder einer Krankenschwester verliert, um sofort ihr normales gesellschaftliches Leben wieder aufzunehmen. Dies war entweder eine Scheinschwangerschaft oder eine absichtliche Finte, auch wenn sich Olivier darüber in Schweigen hüllt. Andererseits behaupteten einige Leute, daß Peter Finch der Vater des Kindes gewesen sei. Jede Auslegung dieses unglücklichen Vorfalls ist gleichermaßen schmerzlich.

Der Prinz und die Tänzerin wurde Ende November fertiggestellt, und während seiner täglichen Pflichten bei der Filmmontage besuchte Olivier – vom Royal Court Theatre fasziniert und in der Hoffnung, John Osborne möge seine Bitte erfüllen – die Premiere von George Devines Inszenierung von Wycherleys Komödie *The Country wife* am 12. Dezember. Danach ging er hinter die Bühne, um das Ensemble zu beglückwünschen, zu dem unter anderen Laurence Harvey und Alan Bates gehörten und eine siebenundzwanzigjährige Schauspielerin namens Joan Plowright. »Für uns war er einer der führenden Vertreter des Establishments«, sagte Joan Plowright[6] später einmal. »Und wir hielten uns damals für Rebellen gegen das Establishment. Er kam in einem Rolls-Royce ins Theater, wir fuhren Motorräder. Er repräsentierte all das, wogegen wir uns damals in sozialer und politischer Hinsicht heftig zur Wehr setzten.

Bald darauf trafen die Oliviers, die sich, wie er später zugab, ständig stritten, ihre Freunde Paul-Emile Seidmann und dessen Frau Ginette Spanier, um in Spanien Urlaub zu machen. Mitte Januar 1957 kehrten sie nach London zurück, und obwohl sie mittlerweile ein elegantes Haus am Eaton Square 54 gekauft hatten, konnten sie dort noch nicht einziehen, weil mehr als ein Jahr für Umbauten benötigt wurde, so daß sie zunächst wieder im Haus der Waltons am Lowndes Place lebten. Dort wartete ein Paket von George Devine auf sie: die ersten sieben Szenen nebst einer Zusammenfassung der restlichen sechs von John Osbornes Stück *Der Entertainer*. Die Geschichte über Archie Rice (ein fünftklassiger Music-Hall-Darsteller in einer Stadt an der Küste) verband den Untergang der britischen Music Hall mit einem schneidenden Kommentar über das britische Imperium zur Zeit der Suezkrise. »Die Music Hall stirbt«, kommentierte Osborne, »und mit ihr ein wichtiger Teil Englands.«[7]

Oliviers Leben befand sich auch an einem Wendepunkt, soviel war ihm mittlerweile klargeworden.

> Ich hatte einen Punkt in meinem Leben erreicht, der mich krank machte – nicht müde, sondern krank. Natürlich begann die Öffentlichkeit, wie es ihre Art ist, mit mir übereinzustimmen. Mein Arbeitsrhythmus war fast tödlich geworden: ein klassischer oder halbklassischer Film; ein oder zwei Stücke in Stratford oder ein Stück mit neun Monaten Laufzeit im Westend... Ich wurde verrückt, während ich verzweifelt nach etwas unverhofft Frischem und verstörend Aufregendem suchte. Was ich für mein Image hielt, langweilte mich zu Tode. Ich hatte wirklich das Gefühl, daß der Tod sehr aufregend sein müßte im Vergleich zu dem konturlosen, auszehrenden *Nichts,* das jetzt mein Leben war.[8]

Von Arthur Miller gedrängt, die neue Welle der Autoren erneut zu begutachten, hatte Olivier die Antwort auf seine Angst gefunden, ein veralteter Darsteller zu werden. Die Frische und Robustheit von *Der Entertainer* appellierte sofort an seinen Theaterinstinkt, zumal der ablehnende Tonfall des Dramas seine eigenen Gefühle genau widerspiegelte. Ja, teilte er Devine mit, er sehe sich selbst in der Rolle des alternden Vaters Billy Rice, der traurige Prophet des Gestrigen, der hinter der Bühne stirbt. Osborne und Devine hatten jedoch andere Vorstellungen: Er sollte den Archie spielen, den singenden, steptanzenden, versoffenen Gegenspieler. Ohne auf einen vollständigen Text zu warten, sagte Olivier zu. Seine gesamte Karriere war von dem Wunsch geprägt gewesen, die Menschen aufzuwecken, zu schockieren und seine Kunst der Selbstdarstellung auf ein möglichst großes Spektrum verschiedener Rollen auszudehnen. Der innerlich tote Archie Rice erregte aber vor allem Verachtung und vielleicht Mitleid; das würde Oliviers Publikum in äußerste Verwirrung stürzen. Abgesehen von seiner Rolle in der hermetisch abgeschlossenen Welt von *Venus im Licht,* war Archie seine erste zeitgenössische Rolle seit zwanzig Jahren.

Olivier bereitete sich darauf vor, indem er eine Art Parodie der Tanzschritte lernte und zwei der letzten Varieté-Theater Londons besuchte, das Collins und das Chelsea Theatre. Anfangs hatte es noch halbherzige Gespräche darüber gegeben, ob Vivien seine Frau darstellen sollte. Er setzte der Diskussion dadurch ein Ende, daß er feststellte, mit dreiundvierzig sei sie einfach zu jung und zu schön, um eine altmodische Matrone von sechzig Jahren zu spielen. Ihr Vorschlag, sie könnte eine entstellende Gummimaske tragen, wurde nicht sehr ernst genommen, und die Rolle ging an Brenda de Banzie, die auch in *Venus im Licht* mitgewirkt hatte.

Die Proben begannen Mitte März – und Dorothy Tutin erhielt durch Oliviers Vermittlung die Rolle der Jean, der Tochter von Archie. Wie er es (ohne sie mit Namen zu nennen) in seiner Autobiographie festhielt, flammte ihre Romanze wieder auf, und er teilte Vivien sogar mit, daß er verliebt sei in Dorothy Tutin – die er auch in seine Unternehmungen außerhalb des Theaters einbezog; zum Beispiel schickte er sie in seinem Namen zu einer Parlamentssitzung, damit sie dort gegen die Erhöhung der Vergnügungssteuern protestierte. Ihr Verhältnis wurde ironischerweise bei den Proben und später bei den Aufführungen dadurch unterstrichen, daß Archie Jean fragt: »Was würdest du sagen, wenn ein Mann meines Alters ein Mädchen in deinem Alter heiratet?« Vivien brachte das Thema Scheidung nicht aufs Tapet, aber während der ersten Stellproben am Royal Court wurde sie dermaßen lästig, daß man sie zur Tür eskortieren mußte.

Der Entertainer hatte am 10. April Premiere und sollte vorerst nur vier Wochen lang gezeigt werden: Es standen nicht nur andere Stücke auf dem Programm der ESC, sondern Olivier hatte auch zugesagt, *Titus Andronicus* in Europa auf dem Internationalen Theaterfestival zu zeigen. Die Londoner Kritiker waren übereinstimmend der Meinung, daß Oliviers Darstellung besser sei als das Stück: Man nahm an, daß er am Anfang eines brillanten neuen Abschnitts seiner Karriere stände. Er, der im Mai fünfzig werden sollte, zeigte einen Charakter, der ganz anders war als seine bisherigen Porträts: der »Clown und Inbegriff des Music-Hall-Entertainers«, für den ihn Cecil Beaton auch im wirklichen Leben hielt. Sein Archie, selbstsüchtig und schmierig, wurde gleichermaßen Typus und Antitypus; mit einer gebrochenen, heiseren Stimme betonte er unbeirrt die falschen Wörter und zeichnete einen verzweifelten Mann mit majestätischer Ignoranz und erbärmlich gedankenloser Kleinheit des Geistes. Mit seiner Melone auf dem Kopf und dick nachgezogenen Augenbrauen, seinem karierten Anzug und seiner Krawatte, erschuf Olivier eine Figur am Rande der Karikatur, die sogar in ihrem Selbstmitleid noch großartig ist. Und er fand, wie schon bei Antonius, Macbeth und Titus, den kaum faßbaren Funken Anstand in Archies weitschweifigen Erinnerungen – ein Restchen Sehnsucht nach Güte unter dem Mantel des Zynismus – in den letzten, sanft gesprochenen Worten des ersten Akts:

> Habe ich dir von dem größten Kompliment erzählt, das mir je gemacht worden ist – das größte Kompliment, das ich wie einen Schatz bewahre? Ich lief irgendwo an der Front entlang – eines Tages, es muß jetzt schon fünfundzwanzig Jahre her sein... Und zwei Nonnen kamen auf mich zu – zwei Nonnen –

– und hier versagte ihm die Stimme. Er wandte sich langsam um, als suche er nach einer verlorenen Unschuld, und sagte zu Dorothy Tutin, seiner Tochter im Stück: »Rede mit mir.« Und damit verlosch allmählich das Licht, das auf seinem Gesicht lag.

Er hatte natürlich Dutzende solcher Archie Rices in den Schauspielerquartieren zwischen Birmingham und Brighton getroffen. Aber die Quelle seiner Charakterisierung kam aus einem tieferen Grund, beruhte nicht auf reiner Beobachtung. »Das bin wirklich ich, nicht wahr?« fragte er Osborne und den Regisseur Tony Richardson in jenem Jahr rhetorisch, und zwei Jahrzehnte später bestand er immer noch darauf, daß Archie die Darstellung sei, auf die er am stolzesten war: »Das bin wirklich ich... Ich kenne diese Kreatur. Ich kenne ihn besser, als er sich selber kennt.«[9] Natürlich hielt sich Olivier nie für einen schmierigen Komödianten in dreckigen Hinterhäusern. Jedoch gibt es nur wenige Erfahrungen, die ein dermaßen intensives Schuldgefühl auslösen können wie eine gescheiterte intime Beziehung, nur wenige Erfahrungen rufen ein so heftiges Gefühl der Leere hervor wie eine verlorene Liebe. Und genau dies hatte ihn 1957 überkommen, trotz seiner beruflichen Erfolge und trotz seines Wissens um das reiche Spektrum menschlicher Gefühle, das er durch seine Schauspielerei bereits erfahren hatte. Wenn es stimmt, daß alle Schauspieler bisweilen an ihrer eigenen, wahren Identität zweifeln, dann muß es für Olivier besonders hart gewesen sein, einen Mann zu spielen, der erfahren muß, daß er ein altgewordener Betrüger ist. Er konnte sagen: »Das bin ich«, wenn die Figur nachdenklich wurde. »Ich bin tot hinter diesen Augen – ich fühle überhaupt nichts«[10], weil er selbst sich so oft leer fühlte.

Olivier entstammte der Welt des niederen anglikanischen Landadels, hatte nach strengen Choristenregeln und Internatstraditionen gelebt und war ein Paradebeispiel für die alte protestantische Gesellschaft der Georgianischen Ära in England. Er war von der akademischen Pantomime seiner Katharine in *Der Widerspenstigen Zähmung* zu einem Schauspielschüler im Westend geworden, und dann hatte er die großen Rollen Shakespeares gespielt. Später wurde Olivier auf gewisse Weise der Figur des Maxim de Winter sehr ähnlich: Mit Jill und Vivien bewohnte er eine Welt der Terrassentüren, die in englische Gärten führten, und mit Kumpanen wie Ralphie kurvte er in schicken Autos über den Piccadilly. Er war ein unreflektierter Patriot, dessen »größte Stunde« eine Art stellvertretender Invasion Frankreichs war, als er die Rolle Heinrichs V. übernahm. Während jener Jahre hatte er seine theatralische Intelligenz so sehr verfeinert, daß er mit den handwerklichen Fähigkeiten seines Berufs einen perfekten Sinn dafür entwickelte, was auf der Bühne funktionierte. Und deshalb mochte er die Rolle des Archie Rice, denn das war in seiner Entwicklung ein logischer nächster Schritt.

Als 1956 die Suezkrise die Nation dazu zwang, ihre Rolle auf der Weltbühne neu zu überdenken, wandelte sich das englische Theaterleben radikal und spielte sich nicht mehr ausschließlich in der Shaftesbury Avenue ab. Wichtige Neuerungen ereigneten sich am Sloane Square, und Olivier war der erste aus dem »Establishment«, den man dort finden konnte; sein Ruhm und sein Genie erlaubten ihm, nicht nur den neuen Trends zu folgen, sondern ein Katalysator der Veränderungen zu werden. Da Sir Laurence Olivier dort war, wurde das Court Theatre wahrhaft Royal.

In der Welt der darstellenden Kunst entsprach Olivier dem, was Churchill für die Politik war: Er versinnbildlichte England. Seine Ehe mit Vivien Leigh und ihre Inthronisierung als das königliche Herrscherpaar des Theaters fielen mit der immer größer werdenden Bedeutung der Presse und des Films zusammen, die ihre Salbung erst möglich machten und in den fünfziger Jahren über den Niedergang ihrer Ehe berichteten. Heinrich V., Nelson und nun Archie Rice: Aspekte von Großbritannien, die sich in Olivier vereinigten; auf eine seltsame und nahezu zufällige Weise, sicherlich ohne jedes Kalkül, wurde Olivier zu einer Verkörperung seines Landes, wie es kein anderer Schau-

300

spieler sein konnte. Damit verbunden war eine ständige scharfsichtige Abschätzung seiner eigenen Möglichkeiten, so daß er mit Blick auf die Zukunft erkannte, daß er mit der Zeit gehen mußte, wenn er nicht von ihr gefressen werden und in Vergessenheit geraten wollte. »Ich bin England, das ist alles.«

Aber das Leben hält nicht viele saubere Übergänge bereit, und Olivier mußte erneut und radikal seinen Kurs ändern und sich die Rolle des Titus Andronicus für die triumphale Europatournee wieder vornehmen, die am 15. Mai in Paris startete. Dort hatten Viviens Freunde für sie bewirkt, daß sie das Ritterkreuz der Ehrenlegion für ihre »Verdienste um die kulturellen Beziehungen und die Freundschaft zwischen Frankreich und Großbritannien« erhalten sollte. Dies konnte eine Frau nicht aufheitern, die von ihrem Mann abhängig war und ebenso eifersüchtig auf ihn, und die Angst davor hatte, sich einzugestehen, daß ihr gemeinsames Leben endlich vorbei war. Als das Ensemble nach Venedig und Belgrad weiterzog, trank Vivien mehr denn je. Sie war launisch und anspruchsvoll und brauste wütend auf, sobald ihr der kleinste Wunsch versagt wurde, und niemand wagte ihr über den Weg zu laufen, wie Maxine Audley sich erinnerte, denn dadurch wurde sie nur hysterischer. Olivier dagegen, der mit ihr nicht mehr fertig wurde, zog sich einfach zurück; gleichzeitig bemerkten seine Kollegen jedoch, daß er gerne mit der von ihm so bezeichneten »königlichen Begleiterin« angab. Die Begleiterin allerdings schimpfte lauthals und obszön auf österreichische und polnische Menschenmengen, die sich versammelt hatten, um »Scarlett! Scarlett!« zu huldigen, und obwohl sie oft ziemlich zerrüttet erschien, gewann sie für ihre allabendlichen Auftritte ihre Fassung zurück.

In diesem Frühjahr war es in Europa ungewöhnlich heiß; die Züge waren überfüllt und unbequem, sogar die sonst ausgeglichensten Gemüter wurden auf eine harte Probe gestellt. Während der achtstündigen Reise von Zagreb nach Wien und der zweiundzwanzig Stunden, die sie von dort nach Warschau brauchten, wurde der Zusammenhalt der Truppe durch Vivien auf eine schwere Probe gestellt, denn sie gab keinen Frieden. Irgendwann begann sie, ihren Zorn auf Maxine Audley zu konzentrieren, die sie durch die Gänge des Zuges verfolgte und ihr laut schimpfend Brotstücke hinterherwarf, bis Peter Brook schließlich darauf bestand, einen Arzt zu Rate zu ziehen.

Vielleicht weil er sich in jener Zeit schon emotional von Vivien gelöst hatte, konnte in dieser Saison nur ein Ereignis Oliviers Zorn heraufbeschwören. Während der Tournee erreichte sie die Nachricht, daß der Schauspieler Donald Wolfit in den Adelsstand erhoben worden war, eine Meldung, die Olivier untragbar fand – und das nicht nur, weil er Wolfits Schauspielstil nicht ausstehen konnte. »Er hat ja schon das CBE (Cross of the British Empire)« sagte Olivier zu Anthony Quayle, nahezu atemlos vor Empörung, »und das heißt, daß er über mich gestellt wird!«[11] Solche nichtigen, neidischen Ausbrüche waren recht häufig: Er war zum Beispiel tagelang grundlos aufgeregt wegen einer seiner Ansicht nach übertrieben positiven Kritik für die Darstellung einer Nebenrolle aus *Was ihr wollt*. Olivier, mit Herz und Seele Schauspieler, fürchtete sich als Fünfzigjähriger mehr denn je, daß ihn jüngere oder auch ältere Kollegen übertreffen könnten; seine Allianz mit dem Royal Court Theatre war eine gute Möglichkeit für ihn, mit der neuen Generation zusammenzuarbeiten und an der Spitze der Wettbewerber zu marschieren. So meinte er der Bedrohung zu entgehen.

Am 22. Juni kehrte das erschöpfte Ensemble nach London zurück, und vier Tage darauf erhielt Olivier einen Ehrendoktorhut für Literatur der Universität Oxford. (»Sowohl in der Tragödie als auch in der Komödie scheint er sich mit der Rolle, die er darstellt, zu identifizieren«, heißt es in der Übersetzung der lateinischen Würdigung. »Es ist hauptsächlich ihm zu verdanken, daß sogar jene, die nur die Kinos besuchen, zu Bewunderern Shakespeares geworden sind.«) Die fünfwöchige Laufzeit von *Titus* begann am 1. Juli in London am Stoll Theatre, Kingsway, und nach dem achten Vorhang des Premierenabends dankte Olivier den Zuschauern in französischer, italienischer, serbokroatischer, deutscher und polnischer Sprache. Darauf hatte er sich mit Viviens Hilfe vorbereitet, über die er Noël Coward nun »gräßliche Geschichten«[12] erzählte. »Sie kann so charmant und fröhlich sein«, notierte Coward, »und gleichzeitig ein furchtbares kleines Biest. Sie sind zweifellos ein seltsames Paar.«

Coward schmollte nicht nur, weil Vivien sich plötzlich aus *South Sea Bubble* zurückgezogen hatte. Den ganzen Juli hindurch machte sie weiterhin Olivier das Leben zur Hölle, ließ ihn nicht mehr aus den Augen, verlangte seine Begleitung bei späten Mahlzeiten nach der Vorstellung von *Titus* (passenderweise im Restaurant Caprice) und lud Freunde und Fremde gleichermaßen in ihr Haus am Lowndes Place ein, um bis in die Morgenstunden Brandy zu trinken. »Ich kann mit Vivs Zeitplan einfach nicht Schritt halten, wenn ich außerdem auch noch meinen Job im Theater gut machen will«[13], beschwerte er sich offenherzig bei einem Reporter.

Die Lage wurde zusätzlich durch das trostlose Schicksal etlicher Londoner Theater erschwert, die dem Abbruch anheimfallen sollten, darunter auch das St. James und das Stoll Theatre. Sie konnten ihren Schauspielern und Angestellten nicht genügend Platz bieten und bedurften grundlegender Umbauten, um den Bestimmungen der Feuerpolizei gerecht zu werden; Konzerne boten ansehnliche Summen, um an ihrer Stelle Bürogebäude errichten zu lassen, und niemand konnte genug Geld aufbringen, um die Theater zu erhalten. Obwohl der Mietvertrag für das St. James's abgelaufen war (nachdem Olivier, wie er zugab, »Fehler über Fehler«[14] gemacht hatte), beteiligte er sich an einem Protestmarsch gegen den bevorstehenden Untergang des St. James, bei dem er die Sympathisanten im Regen von der King Street über Haymarket vorbei an der National Gallery bis hin zu St. Martin's Courtyard anführte. Dort las Vivien eine leidenschaftliche Rede vor, in der sie die Londoner Stadtverwaltung aufforderte, das Theater zu retten, dessen Schließung das Ende einer Ära ankündigen würde; ein weiteres Element ihres gemeinsamen Lebens drohte zusammenzubrechen.

Doch Vivien ging noch weiter. Am Spätnachmittag des 11. Juli saßen die Oliviers auf der Besuchergalerie des Oberhauses, als Viscount Esher Großbritannien als künstlerisches Brachland darstellte und eine sofortige Verfügung über die Summe von fünf Millionen Pfund für die Kunst der Nation forderte. Als Lord Blackford sich der Bereitstellung von Geldmitteln für künstlerische Zwecke widersetzte, stand Vivien plötzlich von ihrem Platz auf, und unter Mißachtung aller Verhaltensregeln der Großen Kammer rief sie: »My Lords, ich möchte dagegen protestieren, daß das St. James's Theatre abgerissen wird!« Die Peers in ihren Roben warfen ihr eisige Blicke zu, während Sir Brian Horrocks, Gentleman Usher of the Black Rod, sie sanft, aber bestimmt zur Tür hinausbegleitete. Eine Stunde später, in ihrer Garderobe am Stoll Theatre, tat Vivien die ganze Geschichte als einen Jux ab und wandte sich ruhig ihrer Rolle als Lavinia zu. Winston Churchill spendete fünfhundert Pfund als Beitrag für einen zu gründenden Fonds zur Erhaltung des Theaters; außerdem schrieb er an Vivien, um sie für ihr unangemessenes Betragen zu tadeln.

Am Wochenende des 19. Juli lud sie das gesamte *Titus*-Ensemble nach Notley Abbey ein. Olivier, der mehr denn je auf die Beziehung mit Dorothy Tutin baute, kam zu dem Fest zu spät. Daraufhin verlangte Vivien von ihm, daß er diese Romanze beendete.

In der Nacht des 25. oder 26. Juli war es schließlich soweit, daß Olivier Vivien nicht länger ertrug. »In einer himmelschreienden Phase von erschreckenden Ausmaßen«[15], wie er es später nannte, war sie entschlossen, ihn die Nacht lang wach zu halten, und als er irgendwann einschlief, schlug sie ihm mit einem nassen Handtuch ins Gesicht. Olivier verließ das Schlafzimmer und schloß sich in Waltons Büro ein, Vivien verfolgte ihn und hämmerte an die Tür, bis er sie aufriß und Vivien packte. Er zog sie ins Schlafzimmer zurück und schleuderte sie durch den Raum. Ihr Kopf schlug gegen den Nachttisch, und sie wurde an der Schläfe verletzt, gefährlich nahe am linken Auge. »Mir wurde klar«, schrieb er später, »daß wir beide in der Lage gewesen wären, uns gegenseitig zu ermorden.«[16]

Dieser brutale Abend hatte Folgen. Viviens Bild erschien etliche Male in der Presse (z. B. im *Daily Telegraph* vom 1. August), da sie ihre Protestaktionen fortführe: Sie sah übel zugerichtet aus und trug eine Augenklappe, den Reportern erzählte sie aber, nicht sonderlich überzeugend, sie sei von einem Insekt gestochen worden. Die Oliviers lebten von nun an weitgehend getrennt, er in einer Mietwohnung oder bei Freunden, sie blieb am Eaton Square. Als er Dorothy Tutin von den Vorkommnissen erzählte, überdachte sie mit ihren Eltern verständlicherweise noch einmal ihre Beziehung zu Olivier (eine Ehe hätte zunächst eine Scheidung notwendig gemacht, die in der Öffentlichkeit breitgetreten worden wäre) und beendete daher diese Affäre, und Vivien floh zu Leigh Holman, um sich Trost zu holen. Mitfühlend wie immer lud er sie und ihre Tochter Suzanne, die damals dreiundzwanzig Jahre alt war, zu einem dreiwöchigen Urlaub ein, der am 7. August begann. Zur gleichen Zeit reiste Olivier mit seinem zwanzigjährigen Sohn Tarquin nach Schottland zum Angeln, wo er auch nach Drehorten für sein Filmprojekt *Macbeth* suchte, das er immer noch nicht aufgegeben hatte. Die Ferien trugen nicht zur Verbesserung der Stimmung zwischen Vater und Sohn bei, und die beiden standen sich danach nicht näher als zuvor. Als Vivien Ende August zurückkehrte, holte Olivier sie ab, und sie küßten sich und lächelten sich für die Fotografen an. Sie betonten, daß ihre getrennten Ferien, die von einem Parlamentsmitglied rundweg verurteilt wurden, harmlos gewesen seien, daß jedes Gerede über Scheidung nur ein Gerücht sei und daß Sir Laurence und Lady Olivier sehr verliebt ineinander seien – immer noch das Traumpaar der englischen Bühne. Aber Londons Theaterkreise durchschauten das Spiel: Es war überall bekannt, daß die Ehe der Oliviers nur noch auf dem Papier bestand.

Von September bis November wurde *Der Entertainer* am Palace Theatre wiederaufgenommen, worauf eine Tournee in der Provinz folgen sollte, jedoch ohne Dorothy Tutin, die sich zurückgezogen hatte. Tony Richardson bat die Schauspielerin Joan Plowright vom ESC-Ensemble, die Olivier in *The Country wife* so bewundert hatte, die Rolle der Tochter zu übernehmen; dies tat sie trotz der kurzen Vorbereitungszeit sehr gern, und am 24. August begann sie mit Olivier zu proben.

Joan Plowright lernte schnell und war eine Künstlerin mit starkem Ausdrucksvermögen und ausgeprägtem Ehrgeiz. Sie hatte sowohl klassische als auch moderne Rollen in Croydon, Birmingham und Südafrika gespielt, letztere bei einer Tournee des Old Vic. Von der Kritik wurde sie allerdings erst bemerkt, als Orson Welles ihr die Rolle des Kajütenjungen in *Moby Dick* gab, das er im Juni 1955 am Duke of York's Theatre inszenierte. Dem folgten mehrere Auftritte bei den Nottingham Players und seit dem Frühjahr 1956 mit der ESC am Royal Court, die ihr eine begeisterte Kritik nach der anderen einbrachten, ob sie nun in Arthur Millers *Hexenjagd* auftrat oder in Brechts *Der gute Mensch von Sezuan*. Nach ihrem Erfolg in *The Country wife* hielt man Joan Plowright für eine der besten Nachwuchsschauspielerinnen des Landes, sowohl als überzeugende Komödiantin als auch in ernsten Rollen. Es gab an ihr nichts Glamouröses, und sie hatte keine Allüren: Sie war eine unauffällige, dunkelhaarige, braunäugige, junge Frau mit einer etwas dünnen, flachen Stimme. Aber sie konnte feinste Abstufungen in diese Stimme legen, und eine bewundernswerte Ruhe in ihrer Bühnenpräsenz ließ Charakternuancen zum Vorschein kommen; daher wirkte sie größer als nur einen Meter sechzig.

Eine Probe mit Olivier bestätigte seine Bewunderung für ihr Talent, während sie einfach froh war, in Osbornes Stück aufzutreten; sie beschrieb sich als »ruhige Rebellin gegen das Establishment«. Von dieser Probe berichtete sie später: »Larry setzte sich zu uns auf den Boden... Er gewann unsere Herzen durch sein schieres Talent, und wenn jemand das besitzt, reißt er jeden mit. Es gab keine anderen Seiten an ihm – überhaupt keinen Unsinn. Er hatte die Ärmel hochgekrempelt, und man konnte seine Hosenträger sehen. Er war einer von uns.«[17] Schon bald entstand eine Freundschaft zwischen dem fünfzigjährigen Star und der Achtundzwanzigjährigen, die seine Tochter darstellte. Joan stand stellvertretend für das Neue und Frische, wie Tony Richardson Jahre später kommentierte. »Sie gehörte zu einer absolut neuen Welt, zu der er Zugang suchte.«[18]

Im November ging *Der Entertainer* auf Tournee – je eine Woche in Glasgow, Edinburgh, Oxford und Brighton –, bevor man für weitere sieben Wochen Spielzeit nach London zurückkehrte. An ihrem vierundvierzigsten Geburtstag reiste Vivien nach Glasgow, wo ihr die Freundschaft zwischen Olivier und Joan sofort verdächtig vorkam. Er stritt alle anderen Gefühle außer freundschaftlichen ab, was er auch dann noch tat, als er und Joan Plowright in Brighton ein Liebespaar geworden waren. Er muß gespürt haben, daß es leichter war, alles abzustreiten, vor allem, wenn er an Viviens Verhalten gegenüber Dorothy Tutin dachte, und außerdem war es klüger, denn in dieser neuen Verbindung gab es nichts, was eine Ehe notwendig machte. Olivier hatte wohl starke emotionale Nachholbedürfnisse, aber nach all den Romanzen der letzten zehn Jahre war er alles andere als seiner selbst und der Zukunft sicher. Darüber hinaus war Joan seit 1953 mit dem Schauspieler Roger Gage verheiratet, der sich zur Zeit auf einer Tournee durch Indien befand.

Man kann verstehen, warum sich Olivier zu dieser lebendigen, begabten jungen Schauspielerin hingezogen fühlte, die keine der Neurosen, Instabilitäten oder Allüren Vivien Leighs besaß. Joan wurde am 28. Oktober 1929 in Brigg, Lincolnshire, geboren und wuchs in einer soliden Familie der Mittelklasse auf. Ihr Vater, William Ernest Plowright, war Redakteur der lokalen Tageszeitung; ihre Mutter, geborene Daisy Margaret Burton, war bei Laientheateraufführungen aufgetreten. »Es war eine recht geordnete Jugend«, erinnerte sich ihr jüngerer Bruder David[19], der später für das Fernsehen arbeitete, »aber wir hatten die Freiheit, unser Selbstvertrauen zu entwickeln.« Es gab wenig Annehmlichkeiten während der Jahre des Zweiten Weltkriegs, wie Joan beschrieb,

> aber wir spielten Instrumente und Bridge und trieben Sport. Mutter
> führte Stücke mit dem Jugendclub des Ortes auf. Sie hätte auf jeden
> Fall gerne selber Theater gespielt, aber sie sagte, sie hätte Ablehnung
> nicht ertragen können, und sie hätte nicht die Ausdauer dazu gehabt.[20]

Ihre Eltern waren nicht davon ausgegangen, daß Joan bei der Schauspielerei bleiben würde, für die sie sich früh entschieden hatte, aber Joan teilte nicht die Befürchtungen ihrer Mutter. »Joan war eine geborene Kämpferin«, sagte David[21]. »Sie konnte einfach nicht akzeptieren, daß sie, nur weil sie ein Mädchen war, nicht der Kapitän der Fußballmannschaft werden konnte. Ihre Unabhängigkeit und ihr kämpferischer Geist zeigten sich schon im frühen Alter.«

Von Anfang an beeinflußte sie Oliviers Anschauungen in sozialen und politischen Fragen, Schauplätze, die er nur selten betreten hatte. Nachdem er mit Joan darüber gesprochen hatte, gab er seinen Ehrenposten bei der International Arts League of Durban in Südafrika auf. »Ich glaube nicht, daß eine Organisation sich wahrhaft international nennen kann, solange sie nicht alle Rassen einschließt«[22], teilte er der Presse am 26. November mit. Eine Woche später ermutigte sie ihn dazu, das langsame Voranschreiten des Nationaltheaters zur Sprache zu bringen. »Ich bin überrascht«, sagte er in einem Tonfall, der eher zu Osborne paßte als zu ihm, »daß die Engländer sich nicht schämen, die einzige Nation in Europa zu sein, die kein Nationaltheater besitzt.«[23] Am 2. Dezember kehrte er nach einem letzten Tourneemonat mit dem *Entertainer* nach London zurück. Die Rolle der Tochter mußte umbesetzt werden, da Joan in New York in zwei Dramen von Ionesco auftreten sollte. Mittlerweile hatten Devine und Richardson Verhandlungen für die amerikanische Aufführung des *Entertainer* geführt, so daß Joan glücklicherweise in New York bleiben und auf Olivier warten konnte. Sie würden dort einige Monate zusammen verbringen, ohne ihre Ehepartner und von der britischen Presse verschont.

Der Beginn des Jahres 1958 war geprägt von Ankünften und Abreisen. Zunächst war das Haus am Eaton Square endlich bezugsfertig geworden. Vivien hatte mit der ihr typischen Besessenheit die Innenausstattung bis ins kleinste Detail perfekt gestaltet; sie hatte blasse Farben gewählt, um die Räume größer erscheinen zu lassen, in den Salons lagen Teppiche von Aubusson, im Speisezimmer hingen Vorhänge aus thailändischer Seide, ihr Schlafzimmer war in rosafarbenem Chintz gehalten und seines in Purpurrot. Aber sie zog allein dort ein. Am 21. Januar ging Olivier nach New York und stieg im Algonquin Hotel ab, wo Joan ihn erwartete. Später rief er John Gielgud an, der sich ebenfalls dort befand. »Larry hatte sich gerade eben in Joan verliebt«, erläuterte Gielgud Jahre später, »jedoch sprach er äußerst bewegend über seine Jahre mit Vivien, die ihm die schönsten, aber auch die schmerzvollsten Momente seines Lebens beschert habe.« Daß sich Olivier ausgerechnet Gielgud anvertraute, mit dem er nie auf besonders vertrautem Fuße gestanden hatte, kommt einem zunächst merkwürdig vor. Aber Gielgud war ein loyaler Freund von Vivien, und es scheint ein Element der Selbstrechtfertigung in Oliviers Beichte gelegen zu haben.

Am 27. Januar sahen sich Olivier und Richardson etliche Szenendurchläufe in Lee Strasbergs *Actors' Studio* an. Auch Marilyn Monroe war an diesem Tag anwesend; ihre Abhängigkeit von Paula Strasberg hatte in Olivier bereits eine starke Ablehnung gegen die *Method* geschürt, die von den Strasbergs gelehrt wurde. Marilyn versteckte sich lieber in einem Waschraum, als ein Wiedersehen mit Olivier zu riskieren. Er hatte neue Trends im Theater akzeptiert, aber die Kunst des Schauspielens war für ihn nach wie vor abhängig von sorgfältig vorbereiteter Technik und der Verbindung äußerer Details, die eine Figur entstehen ließen. Reflexion über die eigene Lebensgeschichte, eine Grundlage von Strasbergs Arbeit, schien ihm nicht mit dem Ziel des Schauspielers vereinbar, der ja nicht seine eigene Vision, sondern die des Dramatikers wiedererstehen läßt.

An diesem Abend traf Olivier seinen früheren Kollegen vom Old Vic, Basil Langton, an der Bar des Hotels. »All dieses Gerede über die *Method,* die *Method*«, grummelte Olivier. »Was für eine *Method?* Ich dachte, jeder von uns hätte seine eigene Methode!«[24] Wenig später sprach er ausführlicher über seine Unzufriedenheit mit dem amerikanischen Intellektualismus.

> Was sie die *Method* nennen, ist allgemein für einen Schauspieler nicht von Vorteil. Statt eine Szene, mit der sie Probleme haben, immer wieder zu proben, wollen sie diskutieren, diskutieren, diskutieren. Ich mache eine Szene lieber achtmal, als meine Zeit zu verschwenden und über abstrakte Begriffe zu quasseln. Ein Schauspieler kriegt etwas richtig hin, indem er es immer und immer wieder macht. Sich über Motivationen und dergleichen zu streiten, ist ziemlicher Mist. Amerikanische Regisseure legen auf solche Sachen zu großes Gewicht. Ich persönlich hasse alle abstrakten Diskussionen über das Theater. Sie langweilen mich.[25]

Am nächsten Tag, dem 28. Januar, hatte *Der Entertainer* Premiere in Boston, und am 12. Februar kam das Stück in das Royal Theatre. Die amerikanischen Kritiker fanden, ebenso wie ihre britischen Kollegen, Oliviers Darstellung des Archie beeindruckender als das ganze Stück (»eine vielseitige darstellerische Leistung in einer hohlen Allegorie«, schrieb Brooks Atkinson in der *New York Times*[26]; dies war der typische Tenor jener Kritiken).

Obwohl die Affäre zwischen Joan und Olivier weiterging, waren die beiden realistisch. Joan hatte nach der amerikanischen Laufzeit von *Der Entertainer* bereits fürs ganze nächste Jahr Engagements in London, und Olivier sah sich zeitweise der Verwirklichung seines Vorhabens für die Verfilmung *Macbeth* näher denn je, denn der amerikanische Produzent Mike Todd zeigte sich sehr interessiert daran. Todds Tod bei einem Flugzeugunglück am 23. März machte diese Aussichten zunichte, doch Olivier suchte weiter nach Finanzierungsquellen bei Geschäftsleuten und Unternehmern, bis er schließlich im Sommer – mit größter Enttäuschung – das Projekt für immer aufgab. Potentielle Financiers hatten auch auf den Reinfall von *Carrie, Die Bettleroper* und *Der Prinz und die Tänzerin* hingewiesen. Er und Joan mochten auf eine gemeinsame Zukunft gehofft haben, aber augenblicklich fanden sie nur in ihrer Arbeit Stabilität.

Vivien sollte unterdessen in Christopher Frys *Duel of Angels* auftreten, einer Adaptation von Jean Giraudoux' *Für Lukretia,* und als sie Olivier bat, ihr beim Vorbereiten der Rolle zu helfen, sagte er vier Vorstellungen in New York ab und kehrte nach England zurück. Dieser Besuch war nicht nur eine großzügige Geste, sondern er hatte auch vor, das Gespräch auf die Scheidung zu bringen. Claire Bloom, die neben Vivien die zweite Hauptrolle spielte, berichtete, daß es in jenen Tagen zu großen Spannungen kam; Olivier wich sehr stark von der Rollenkonzeption des Regisseurs Jean-Louis Barrault ab und modelte sie nach ihren Wünschen um; darüber hinaus ließ er Viviens verzweifelte Beteuerungen, ihr Treueversprechen und ihren Wunsch nach einem Neubeginn unbeachtet. Vor der letzten der siebenundneunzig Aufführungen von *Der Entertainer* im Mai war er wieder in New York und teilte Noël Coward mit, daß sein Leben mit Vivien beendet sei.

Olivier schien trotz dieser Entscheidung nicht erleichtert, und Coward spürte, daß seine Bindung an Vivien immer noch sehr stark war: »Ich persönlich glaube nicht, daß einer von beiden bereit ist, sich der Schmach und negativen Publicity einer Scheidung auszusetzen.«[27] Wie immer ließ sich Olivier diese persönlichen Unstimmigkeiten in der Öffentlichkeit nicht anmerken. Er mietete einen Ausflugsdampfer und lud, in Anlehnung an die Flußparty auf der Themse bei *Antonius und Cleopatra,* am 9. Mai Theaterleute zu einer Mitternachtsfahrt auf dem Hudson River ein. John Osborne, Richard Burton, Peter Ustinov, Douglas Fairbanks Jr., Beatrice Lillie, Helen Hayes, Susan Strasberg und nahezu dreihundert weitere Gäste waren geladen; es gab Stout-Bier, *fish and chips,* Aal in Aspik und für konventionellere Gemüter Austern und Champagner. Zwei Wochen später war Olivier wieder in London, und Vivien war entschlossen, so hatte sie Robert Helpmann, John Gielgud und Maxine Audley mitgeteilt, daß Larry für immer ihr Ehemann bleiben sollte; zu diesem Zweck plante sie die Wiederaufnahme des Lebens in Notley Abbey und die Rückkehr zu ihrem bisherigen glamourösen Lebensstil. Aber Olivier kümmerte sich kaum darum, und es fanden nur wenige ausschweifende Wochenenden in Buckinghamshire statt. Statt dessen traf er Joan regelmäßig in einer Wohnung in der Walpole Street, die George Devine ihnen vermietet hatte.

In jenem Sommer mußte Olivier sein Versprechen einlösen, in einer Verfilmung von Shaws *Der Teufelsschüler* aufzutreten, das er den Produzenten und Hauptdarstellern Burt Lancaster und Kirk Douglas gegeben hatte, da er hoffte, sie würden seinen *Macbeth* finanzieren. Bei dieser Arbeit war er nicht gerade bester Laune, erstens weil die Dreharbeiten in Elstree den Rhythmus seiner Treffen mit Joan durcheinanderbrachten; zweitens war das Projekt *Macbeth* endgültig gestorben; drittens hatte der Amerikaner Lancaster im Gegensatz zu ihm keinerlei Probleme gehabt, Geld für eine englische Filmproduktion aufzutreiben, und viertens redete ihn Lancaster unablässig mit »Mr. Olivier« an, ein *faux pas*, der ihn normalerweise nicht im geringsten gestört hätte, denn sonst bot er allen Leuten an, ihn Larry zu nennen. In der Rolle des John Burgoyne, des Anführers der britischen Truppen gegen die rebellischen Neuengländer – einer Rolle, die von den Drehbuchautoren über Shaws Text hinaus aufgebläht worden war –, mußte sich Olivier wenig anstrengen, den zynischen General mit maßvoller Ironie zu porträtieren. »Es wäre viel zu viel Aufhebens um diese Leute, wenn man sie hängte«, sagte er trocken. »Das ist die einzige Möglichkeit, ohne irgendwelche Fähigkeiten zu Ruhm zu kommen.«

Die Langeweile der Produktion wurde durch Viviens Bemühungen, eine charmante Gastgeberin zu sein, nicht ausgeglichen. Obwohl sie immer noch in *Duel of Angels* auftrat, eilte sie an den Wochenenden nach Elstree oder Notley Abbey, stets bemüht, sich als Lady Olivier zu zeigen und alle Gerüchte von einem Ärger im Paradies zu zerstreuen. Doch ihre Schachzüge waren nicht immer sehr gut durchdacht. Bei einem Essen in Notley Abbey für Douglas, Lancaster und andere Gäste wandte sich Vivien in einer Gesprächspause an Olivier: »Larry, warum fickst du mich nicht mehr?«[28] Eine peinliche Stille folgte und wurde erst unterbrochen, als der Schauspieler George Sanders sein Glas erhob und mit seinem notorischen Überdruß an der Welt seufzte: »Oh, Vivien, hör auf! Gleich wird Benita [seine Frau] die gleiche Frage stellen, und dann bekommen wir alle Ärger!« Bei einem anderen Versuch, Oliviers Aufmerksamkeit auf sich zu ziehen, wandte sich Vivien Kirk Douglas zu und verhielt sich, so sagte er später, »sehr verführerisch, während Olivier dabeisaß«[29].

Douglas und Olivier unterhielten sich dann über ihre Pläne, im nächsten Jahr ein römisches Heldenstück in Hollywood zu drehen, das auf Howard Fasts Roman *Spartakus* beruhen sollte und bei dem Olivier Regie führen und die Hauptrolle spielen wollte. Im September hatte er jedoch zur Erleichterung von Douglas, der den Spartakus selbst spielen wollte, ein Angebot angenommen, nach Stratford zurückzukehren, um dort in einem anderen römischen Heldenstück aufzutreten, dem *Coriolan*. Da er auf die hohen Hollywood-Gagen erpicht war, schrieb er an Douglas und bot sich für eine kleinere, aber wichtige Rolle an, die des mächtigen und rachsüchtigen Crassus.

Als Olivier sich von Vivien zurückzog, verdoppelte diese ihre Anstrengungen und verfolgte immer wildere hysterische Strategien, ihn an sich zu binden. Darüber hinaus stieg ihr Alkoholkonsum drastisch an, und es gab erste Anzeichen einer Alkoholismusdemenz. Obwohl ihr Arzt Arthur Conachy weiterhin behauptete, sie sei keine Alkoholikerin (dann hätte man keine Schocktherapie bei ihr vornehmen dürfen), räumte er ein, daß sie dazu neige, »regelmäßig beträchtliche Alkoholmengen zu sich zu nehmen, insbesondere in Streßsituationen, und daß sie sich weigert, dies zu ändern«.[30] Noël Coward formulierte es drastischer:

> Ihr geht es offensichtlich mies, sie trinkt viel zu viel und schlägt wild um sich. Ich weiß, daß sie im Innersten unglücklich ist, aber sie ist für ihren Zustand selbst verantwortlich... Sicherlich ist sie irgendwie übergeschnappt, aber sie ist jahrelang so verzogen und verhätschelt worden, daß ihre Übergeschnapptheit abstoßend und schal geworden ist... Trotz ihrer Schönheit, ihres Charmes und ihrer Liebenswürdigkeit hat sie Larry jahrelang im Stich gelassen und ihm wirklich Qualen bereitet. Wenn er es schaffen sollte, sich von ihr zu lösen, wünsche ich ihm viel Glück.[31]

Cowards Analyse mag hart klingen. Aber er war Vivien seit den frühesten Tagen ihrer emotionalen Instabilität ein loyaler und freundschaftlicher Begleiter gewesen; und er hatte ein wichtiges Element ihres Zustandes erkannt: Vivien war die große Tragödin ihrer eigenen Träume geworden. Dies allein war schon eine Art Krankheit, eine Folge ihres bewundernswerten Ehrgeizes, der auf unglückliche Weise mit ihrer Fähigkeit zur Selbstaufgabe für die Kunst gepaart war. Vivien war, um es anders auszudrücken, eine brillante Kranke. An Wochenenden bekam sie oft einen Koller; sie verschwand für zwei Tage und gab Anlaß zu Selbstmordgerüchten; sie verlangte und erhielt Schocktherapien, nach denen sie zeitweise ruhiger war; sie floh auf den Kontinent (und überließ *Duel of Angels* zwei Wochen lang ihrer Zweitbesetzung), wo sie ein Auto zu Schrott fuhr; und sie tauchte unangemeldet bei ihren Freunden zu Hause auf. Mit jeder neuen Wendung der Geschichte wurde ihr Drama pathetischer, und sogar ihre loyalsten und verständnisvollsten Vertrauten verloren über ihren Marotten die Geduld. Ihre sogenannte manische Depression war niemals sicher nachzuweisen, und ein medizinisches Gutachten von zweieinhalb Seiten, das Conachy 1961 schrieb, reicht einfach nicht aus, um daraus zwanzig Jahre »Wahnsinn« abzuleiten.

Olivier ertrug das Problem, indem er ihren Launen nachgab oder sich einfach zurückzog. Und wenn sie sich ihm gegenüber wie eine besitzergreifende Mutter verhielt, reagierte er auf eine Weise, die es verhinderte, daß er diese Mutter wieder verlor: Er mußte sie verlassen, bevor sie ihn verließ. Er hatte sich endgültig entliebt, war aber durch Schuldgefühle an sie gebunden, die nur bei erloschener Leidenschaft und verwirrten Erinnerungen vorkommen, jene »Fesseln, die nur enger werden können«, wie Emlyn Williams[32] über dieses Jahr sagte, »bis er sich daran stranguliert, ein Leidender am Ende des Stricks, mit dem er angepflockt ist«. Da er Viviens Hingabe nicht teilte, entging ihm etwas Wesentliches – die Gelegenheit, sich völlig aufzuopfern, und zwar nicht der Karriere, sondern einem anderen Menschen. Er hatte von der Partnerschaft profitiert, von ihren Anstößen und ihrer Präsenz als einer glanzvollen Gefährtin, doch am Ende wußte er, daß er sich durch seine allzugroße Leidenschaft für seine Kunst von ihr entfernt hatte, sie emotional verlassen hatte. Früher hatte er ihre Bewunderung und ihre Abhängigkeit gebraucht, jetzt lehnte er sie ab.

Später in diesem Jahr 1958 nahm Olivier ein Angebot des Fernsehens an, in einer Adaptation von Ibsens *John Gabriel Borkman* aufzutreten, ein Vorschlag, der von Vivien gekommen war. Er versuchte, sie versöhnlich zu stimmen, indem er ihr zum fünfundvierzigsten Geburtstag im November einen Rolls-Royce schenkte. »Seit das *Macbeth*-Projekt gestorben ist«, teilte er einem Reporter[33] mit, »dachte ich mir, als Filmstar wird meine Popularität nicht mehr in die Höhe schnellen. Also habe ich Ibsen gelesen. Ich finde, es ist eine gute und starke Rolle. Ein Mann, dessen Kraft immer gerade nicht ausreicht.« Die Dreharbeiten fürs Fernsehen nahmen jedoch einen schlechten Verlauf. Er wurde von Vivien gehetzt, denn sie hatten nur zwei Probentage für einen Aufnahmetag; die Techniken des Mediums waren ihm fremd, und sein Bruder Gerard, der seit fünf Jahren Notley Abbey und die Farm verwaltet hatte, war an Leukämie erkrankt und lag im Sterben. »Olivier war immer auf die Minute pünktlich und freundlich zu allen«, sagte Michael Meyer[34], der das Stück übersetzt hatte und bei der Produktion dabei war, aber er wußte ganz genau, wie er seine Rolle spielen wollte, und als der Regisseur Caspar Wrede im letzten Akt mehr aus ihm herausholen wollte, sagte Olivier zu ihm: »Sie bekommen ihre Vorstellung so, wie Sie sie gerade sehen.«

Am 28. November starb »Dickie« Olivier im Alter von vierundfünfzig Jahren in Notley Abbey, und Larry kümmerte sich um eine Seebestattung, wie sein Bruder es sich gewünscht hatte. Zwischen den erwachsenen Brüdern hatte es nur wenig Kontakt gegeben, doch als Gerard eine Anstellung brauchte, bekam er den Bauernhof, der zu Notley Abbey gehörte, zur Verwaltung, und so hatte er sein Auskommen. Es scheint zwischen den beiden Familien (Gerard und seine Frau Hester hatten zwei Töchter) in den letzten Jahren kaum Umgang gegeben zu haben, doch dann und wann trafen sich die Brüder auf einen Drink und tauschten Erinnerungen aus.

Am Jahresende wußten die Oliviers, daß ihre Ehe zu Ende war, obwohl sie den Anschein für die Öffentlichkeit noch ein Jahr lang aufrechterhielten. Vivien vertraute sich Coward an, der sie völlig ruhig und liebenswürdig fand, doch sie war unglücklich und untröstlich darüber, daß Olivier sie tatsächlich verlassen hatte. Aber sie war immer noch in der Lage, genau das zu tun, was sie wollte, und so verpflichtete sie sich, im folgenden Jahr in *Look After Lulu*, Cowards Adaptation einer Farce von Feydeau, aufzutreten, und sie arrangierte alles, um drei Monate später mit *Wir sind noch einmal davongekommen* erstmalig im britischen Fernsehen aufzutreten. Währenddessen flog Olivier nach New York, um sein amerikanisches Fernsehdebüt zu geben. »Er macht insgesamt zur Zeit einen recht niedergeschlagenen Eindruck«, schrieb Noël Coward[35] in seinem Tagebuch, wo er Dickies Tod und Viviens trübe Stimmungen festhielt. »Ich glaube, er genießt dies sogar, aber ich bin sicher, er ist wirklich einsam und unglücklich.«

Wie schon so oft betäubte sich Olivier mit einem ungeheuren Arbeitspensum. Für hunderttausend Dollar probte er zwei Wochen später in Manhattan *The Moon and Sixpence,* das auf Somerset Maughams Schlüsselroman über Paul Gauguin beruhte. Während der Tage zwischen Weihnachten und Neujahr wurde die Fernseharbeit, eine der ersten Farbsendungen überhaupt, in Brooklyn beendet. Als ein Aktienhändler, der die Zivilisation verläßt, um ein einfaches Künstlerleben in der Südsee zu führen, sprach Olivier mit einer sehnsuchtsvollen Stimme, die seine eigenen Gefühle dieses Jahres aus-

313

drückte: »Manchmal habe ich an eine einsame Insel im Ozean gedacht, wo ich in einem versteckten Tal leben könnte, unter fremdartigen Bäumen und in völliger Stille; dort, denke ich, kann ich finden, was ich mir wünsche... Ich freue mich auf den Tag, an dem ich mich von all meinen Begierden freimachen kann und ohne jede Behinderung nur noch für meine Arbeit lebe.« Nach der Ausstrahlung der Sendung am 30. Oktober brachte ihm seine Darstellung einen Emmy für die beste schauspielerische Leistung des Jahres ein.

Olivier war froh, daß er den häuslichen Dramen entfliehen konnte, aber er vermißte Joan, die in London ihren eigenen Bühnenverpflichtungen nachging. Sie schrieben einander und telefonierten manchmal, aber eine Heirat stand noch in den Sternen. Von New York aus begab er sich direkt nach Hollywood, um *Spartakus* zu drehen, womit am 27. Januar 1959 begonnen wurde. Der Film erhöhte sein Einkommen um zweihundertfünfzigtausend Dollar. Die Produktion jedoch war von Beginn an ein Chaos. Jedes wichtigere Mitglied des Ensembles (darunter Jean Simmons, Charles Laughton, Peter Ustinov und Tony Curtis) hatte ein anderes Textbuch bekommen, in dem jeweils die eigene Rolle besonders hervorgehoben war; die daraus entstehende Verwirrung der Temperamente während der Proben führte unter anderem zu einem Wechsel des Regisseurs: Für Anthony Mann kam Stanley Kubrick, Kirk Douglas' Regisseur in *Wege zum Ruhm.*

Olivier, der einen Tag vor Drehbeginn ankam, übte Druck aus, daß seine Rolle mehr Gewicht bekam, erinnerte sich Peter Ustinov[36]: »Es war immer amüsant, ihm bei der Arbeit hinter den Kulissen zuzuschauen, wie er versuchte, seinen Willen durchzusetzen. Merkte er, daß er beobachtet wurde, zwinkerte er boshaft, und was als ein Kunstgriff begonnen hatte, endete als Vorstellung, einfach nur, weil er beobachtet wurde.« Natürlich bestand Olivier darauf, bei einer Szene das Pferd selbst zu reiten, und als er abgeworfen wurde, sprang er wieder auf und kümmerte sich nicht mehr um seine verletzte Hüfte, sondern kommentierte: »Das muß ein *Method*-Pferd sein.« Er liebte besonders die kühne Verführungsszene, die Dalton Trumbo für Olivier (Crassus) und Tony Curtis (seinen unschuldigen Sklaven Antoninus) geschrieben hatte:

Crassus: Ißt du Austern?
Antoninus: Wenn ich sie bekommen kann.
Crassus: Ißt du Schnecken?
Antoninus: Nein, Herr.
Crassus: Hältst du es für moralisch, Austern zu essen, und für unmoralisch, Schnecken zu essen?

Antoninus: Ich – ich glaube nicht.
Crassus: Natürlich ist es auch nicht so. Es hängt vom Appetit ab,
   nicht wahr? Und Appetit hat nichts mit Moral zu tun, oder?
Antoninus: Nein, Herr.
Crassus: Also ist kein Appetit unmoralisch, nicht wahr? Das ist
   etwas anderes.
Antoninus: Ja, Herr.
Crassus: Mein Appetit verträgt sowohl Austern als auch Schnecken.

Hier schritten Hollywoods Zensoren ein und ließen die Szene in diesem Jahr aus dem Film herausschneiden – und dabei blieb es, bis 1991 der komplette Originalfilm *Spartakus* wiederhergestellt wurde, einer von Oliviers lässigsten Darstellungen.

Während der Produktion wohnte Olivier, der sich mittlerweile auf die Publicity einer Scheidung und die Folgekosten einrichtete (immerhin zahlte er noch Alimente an Jill Esmond), in einem schlichten Cottage mit seinem alten Freund Roger Furse zusammen, wo er wenig Gäste hatte und die Rolle des Coriolanus für den Sommer in Stratford lernte. Als sich die Dreharbeiten bis in den Mai hinein verzögerten, wurde seine Laune schlechter. Talli Wyler[37] und andere erinnerten sich, daß er schrecklich unglücklich war und daß ihn der Gedanke an eine Wiederverheiratung auch nicht automatisch glücklicher machte. »Mein Leben«, berichtete er später über diesen Zeitraum, »war ein ständiges Abwägen zwischen dem Horror über das, was ich durchmachte und dem Schuldgefühl über das, was ich mir vorgenommen hatte... Und dann sage ich mir, Gott sei Dank, die nächsten drei Stunden bin ich Coriolanus, der nichts mit mir zu tun hat und nicht eins meiner Probleme hat... Oder falls die Figur sich selbst haßt, so wie ich mich hasse, dann sind wir Partner.«[38] Er war, fügte er hinzu, »vor Verzweiflung zerrissen«[39], er selbst zu sein. Die Gründe für diesen Selbsthaß konnten sehr wohl in einem zweifachen Schuldgefühl liegen: wegen seiner homosexuellen Neigung und wegen seines Verhaltens gegenüber Vivien.

Es liegt eine passende Ironie in jenem Dialog zwischen Crassus und Antoninus, denn in diesem Frühjahr merkte Olivier, als bekäme er sein Stichwort von Hollywoods Zensoren, daß eine solche Szene in seinem eigenen Leben nie stattfinden könnte. Ruhig, aber bestimmt, von den Folgen einer tiefen und dauerhaften, jedoch gefährlich unkonventionellen Beziehung bedroht und von Joan überredet, die verständlicherweise sehr kühl und sogar noch wortreicher in ihrem Widerspruch war als Vivien, beendete Olivier seine zehnjährige intime Beziehung zu Danny Kaye. Einladungen der Kayes wurden einfach ignoriert, Telefonanrufe wurden nicht entgegengenommen. Das öffentliche Image des Sir Laurence Olivier war immerhin das eines Ritters des Reichs, des würdigen Schauspielers und Managers, des Vertreters der großen englischen Theatertradition; privat hingegen war er, und das war ihm bewußt, keine großartige mythische Figur, sondern ein Mann, der von jenen abhängig war, die er für gebildeter und kultivierter hielt; er war ein unterhaltsamer und witziger Kamerad und brauchte mehr Zuneigung, als er sich selbst je eingestand. Danny Kaye dagegen pflegte das Image des ewigen Jünglings. Er hatte ebenfalls eine Ehefrau, aber während die Oliviers durch das Zusammenspiel von Schuld, Unsicherheit und Trauer aneinander geketten waren, hatten die Kayes offenbar zu einer Übereinstimmung gefunden, zumindest aber einen Kompromiß geschlossen. Für Olivier verkörperte Kaye einen Typus, der eine Aura von spontaner Lebenslust ausstrahlte, und das war es wohl, was er an ihm am meisten bewunderte; zugleich fürchtete er aber auch, damit in Zusammenhang gebracht zu werden.

Kaye war privat ein sensibler Vertrauter, der kaum mehr von Olivier verlangte als dessen Anwesenheit. Wie Vivien versprühte er Witz, Charme und sexuelle Energie; anders als Vivien war er aber bereit, sich mit einem kleinen Platz am Rande von Oliviers Leben zufriedenzugeben. Während der fünfziger Jahre war die Beziehung zwischen Kaye und Olivier nicht nur eine sexuelle gewesen, sondern sie unterstützten sich gegenseitig. Nun aber war Kaye das, was Olivier anfangs auch in Joan fand, ein lebhafter, heiterer Kamerad, und das war ihr wohl auch klargeworden; dies begründete ihre tiefsitzende Eifersucht und Furcht. Wie schon Vivien erkannt hatte, konnte sie mit einer anderen Frau konkurrieren, nicht aber mit einem Mann.

Noël Coward war Oliviers ergebener Mentor gewesen, aber er hatte eine solche geistige Brillanz, daß Olivier ihn nur bewundern konnte, sich ihm aber nie ebenbürtig fühlte. Kaye war ebenfalls elegant und klug, aber im innersten Herzen immer nur Danny Kaminsky, der komische Judenjunge aus Brooklyn, der sich so leicht mit dem Sohn eines anglikanischen Priesters zusammentat. Bei Kaye war Olivier vermutlich am meisten er selbst, verletzlich, entspannt, ohne Rücksicht auf Stil und Status, wie es Vivien von ihm verlangt hatte; so gewann Kaye Oliviers Vertrauen und konnte erleben, daß Olivier sich in einem Maß öffnete, wie er es Vivien gegenüber nie getan hatte. Kaye, der Oliviers geniale Begabung zu schätzen wußte, setzte auf Wahrheit im privaten Bereich und Ausflüchte im öffentlichen, da es klar war, daß sie in der Gesellschaft in Ungnade fallen würden, hätte jemand die Einzelheiten ihrer Beziehung erfahren. Auch Vivien besaß nur noch die Überbleibsel ihres Images als Lady Olivier. Ihre Wahrheit war eine andere, die auch nicht entdeckt werden durfte.

Olivier hatte sich so auf sich selbst konzentriert, auf sein Ziel, »England zu sein«, daß tatsächlich irgend etwas fehlte. Um möglichst viele Identitäten darstellen zu können, hatte er in Kauf genommen, keine eigene zu haben, und deshalb hatte er häufig das Gefühl, die Konturen seines eigenen Charakters als Erwachsener nicht spüren zu können. »Ich mag mich nicht«, wiederholte er sein ganzes Leben hindurch wie einen Refrain. »Ich bin keine nette Person... Ich kann es gar nicht erwarten, drei Stunden lang dieser andere zu sein.« Die Tiefe seiner Selbstablehnung ist wohl in der endgültigen Analyse eine ausgeprägte Sehnsucht gewesen, sich selbst zu entdecken. Und deshalb zeigten sein Selbsthaß und die schmerzlichen Verwirrungen eine tieferliegende Schuld auf; dieser elementare Sinn für das Notwendige, jene Leere, die nicht von dem kommt, was man getan, sondern von dem, was man unterlassen hat. Nichts davon hatte er mit Vivien besprechen können, und sicherlich auch nicht mit Joan Plowright. Und nun stand auch Danny Kaye außerhalb des Kreises seiner Vertrauten, wieder einmal blieb nur die Flucht in die Arbeit.

Als Olivier im Juni wieder in London war, bereitete er sich gleichzeitig auf die Wiederaufführung von *Coriolan* am 7. Juli in Stratford und die Verfilmung des *Entertainer* vor. In jenem Sommer lebte er in Hotels in Stratford oder dem Ferienort Morecambe an der Küste von Lancashire, um zu bekräftigen, daß sein Bruch mit Vivien tatsächlich endgültig war. Trotzdem berichtete ihr Freund Godfrey Winn von einem besonders bewegenden Moment, als er bei einem Besuch auf Notley Abbey mit ihr spazierenging und sie den Weg abkürzte: »Wir müssen in der Nähe des Hauses bleiben; Larry hat versprochen anzurufen, sobald der Vorhang gefallen ist.«[40] Der Anruf kam nie. Und Joan Plowright ihrerseits hatte ihren Ehemann Roger Gage verlassen; sie und Olivier lebten nun zusammen, als sie ihre Bühnenrollen für Tony Richardsons Film in diesem Sommer wiederbelebten. Joan war nicht besonders begeistert, daß die Oliviers der Presse gegenüber daran festhielten, daß eine Scheidung nicht in Frage käme.

Olivier war in beruflichen Dingen genauso unerbittlich. Der achtundzwanzigjährige Peter Hall, Regisseur in Stratford, stritt eines Abends sehr lange mit Olivier über den Stolz Coriolans, den Olivier für eine grundlegend tragische Figur hielt; er wollte deshalb etliche Zeilen auslassen, die von falscher Bescheidenheit und Verweigerung von Ehren handelten, für ein elisabethanisches Publikum sicherlich interessant, aber nicht mehr verständlich für ein modernes. Aber Hall bestand darauf, daß Coriolan tatsächlich so stolz sei, daß er niemals um Liebe bitten oder sie gar annehmen würde, denn damit würde er sein Gesicht verlieren. »Also gut«, sagte Olivier[41] endlich, »da du so leidenschaftlich daran glaubst, werde ich es auf deine Weise spielen. Aber du hast Unrecht.« Der Erfolg seiner Darstellung, so sollte es sich erweisen, lag gerade in den Nuancen, die Olivier der Rolle verlieh, als er Halls Anweisung voll und ganz folgte. Sein Coriolan wurde einstimmig als eine seiner größten Leistungen anerkannt, nicht zuletzt wegen der verzweifelten Erschöpfung der Figur und der denkwürdigen, überraschenden Sterbeszene. Nachdem Olivier eine steile Treppe hinaufgesprungen war, schrie er seine letzten Worte von einer Plattform, die vier Meter über der Bühne angebracht war. Dann warf er sich kopfüber hinab, als wollte er in ein Schwimmbecken springen, drehte sich im Fallen um und wurde durch ein Seil an den Knöcheln aufgefangen, so daß er das Publikum mit dem Kopf nach unten hängend ansah. Dieser gefährliche Stunt gelang ihm bis in den Oktober hinein ohne Zwischenfälle, doch dann zog er sich einen Bänderriß am Knie zu, und sein Part wurde von seiner Zweitbesetzung, dem dreiundzwanzigjährigen Albert Finney, übernommen.

Der Unfall unterbrach die Dreharbeiten zum *Entertainer* nicht, zu denen er täglich hingefahren wurde; zunächst in die Shepperton Studios und dann nach Morecambe, das mehr als zweihundert Kilometer von Stratford entfernt liegt. Während einer viertägigen Pause von *Coriolan* bewerkstelligte er noch mehrere Treffen in London für die zwei Stücke, die er in dieser Spielzeit zeigen wollte. *The Shifting Heart* und *One More River* fielen am Duke of York's Theatre durch und wurden seine letzten Alleingänge als Produzent. Im Herbst besuchte er mehrere Aufführungen von *Look After Lulu,* ironischerweise am Royal Court, worin Vivien die Zuschauer und Noël Coward[42] begeisterte: »Sie ist innerlich wahnsinnig traurig, aber nach außen sehr gut und lustig.« Etliche Male drängte sie Olivier, sie zu einem Abendessen oder einer mitternächtlichen Wohltätigkeitsveranstaltung mitzunehmen. Er trat in zwei anstrengenden Rollen auf, fuhr fast täglich in einem Krankenwagen von Stratford nach Morecambe, so daß er unterwegs schlafen konnte, und Vivien bearbeitete ihn, mit ihr auszugehen. Er war einem Zusammenbruch nahe.

Am 10. Juli 1959 boten die Makler John D. Wood Notley Abbey offiziell zum Verkauf an, und am 13. August erschien eine große Anzeige in der Zeitschrift *Country Life.* Obwohl die Oliviers diesen Verkauf gemeinsam beschlossen hatten, rief er in Vivien das Gefühl hervor, daß nun alles endgültig vorbei sei. Als er kurz darauf das Royal Court besuchte, gab es während einer Pause einen heftigen Streit zwischen den beiden, und als Olivier ging, lief sie ihm aus ihrer Garderobe nach und zerrte weinend an seinem Mantel, während er versuchte, sich einen Weg über die Treppen zum Ausgang zu bahnen. Typischerweise lieferte sie die komische Vorstellung danach ohne Fehl und Tadel, der Zwischenfall zog jedoch die Aufmerksamkeit der Presse auf sich. »Unsere Ehe geht durch Höhen und Tiefen«, erklärte Olivier[43] einem Reporter der Associated Press. »Vivien und ich haben unsere Probleme.« Auf die Frage nach einer Trennung erwiderte sie nun zweideutig: »Ich sage nicht ja, und ich sage nicht nein.«

Als *Coriolan* und *Der Entertainer* im Dezember ausliefen, machten sich Olivier und Joan heimlich aus dem Staub, um Ferien in Paris zu machen. Er reiste allein von dort ab, um die letzten Szenen für *Spartakus* in Hollywood abzudrehen, und an Weihnachten besuchte er die nahegelegene Ranch von Jean Simmons und ihrem Ehemann Stewart Granger. Das offensichtliche Glück der beiden beeindruckte ihn so sehr, daß er sich entschloß, Joan zu heiraten. Die Ironie an der Geschichte war, wie Jean Simmons erzählte, daß sie zu jener Zeit bereits entschlossen war, sich von Granger scheiden zu lassen.

»Meine herrschaftliche Zeit ist fast vorbei«, hatte Olivier[44] im Sommer gesagt, als sie Notley zum Verkauf freigaben. »Ich bin gespannt, was als nächstes passiert.« Als das Jahr 1960 begann, war sich Olivier immer noch nicht darüber im klaren; was sein Privatleben anbetraf, befand er sich tatsächlich in einem Zustand lähmender Unentschlossenheit, als ihm ein Angebot, am Broadway Regie zu führen, dabei half, die Entscheidung noch ein wenig aufzuschieben. In der ersten Januarwoche fuhr er von Los Angeles nach New York, um die Aufführung eines Versdramas seines alten Freundes Benn W. Levy vorzubereiten, der Oliviers erste Filmrolle geschrieben hatte. Als auch dieses Stück durchfiel, wurde ihm klar, wie schnell seine herrschaftliche Zeit tatsächlich vorbei war.

Dreizehntes Kapitel

$$1960 - 1963$$

Es scheint alles viel zu leicht.

Thomas Becket, in: Jean Anouilh, *Becket oder die Ehre Gottes*

Am 8. Januar 1960 lud Olivier die Hauptdarsteller des Stücks *The Tumbler*, Charlton Heston, Hermione Baddeley und Rosemary Harris, in seine Suite im Algonquin Hotel ein. Dort lasen sie gemeinsam die Vorlage, ein düsteres und geschwollen geschriebenes Versstück über einen verbitterten, verheirateten englischen Farmer, dessen Verstrickung mit einer hübschen jungen Frau ihn unweigerlich in den Selbstmord treibt. Mit der Entscheidung für dieses Stück, das Levy vor vielen Jahren für seine Frau Constance Cummings geschrieben hatte, bewies Olivier, daß sich sein Urteilsvermögen offensichtlich nicht verbessert hatte, doch hat er wohl geglaubt, daß ein Versstück mit einem tragischeren Tenor als *Venus im Licht* dem Broadway-Geschmack mehr entgegenkäme. Außerdem brauchte er das Geld und war dankbar für die Gelegenheit, seine Abwesenheit von London auszudehnen.

Die Schwächen des Stücks wurden Heston[1] sofort klar, der diese Rolle nur darum akzeptiert hatte, weil er die Chance nutzen wollte, mit Olivier zu arbeiten. Streichungen, die Levy vornahm, nutzten nicht viel, doch Olivier war leidenschaftlich davon überzeugt, daß das Stück ein Erfolg würde. In der zweiten Woche hatte er eine Methode entwickelt, die Bewegungen der Schauspieler festzulegen: Es wurden maßstabgetreue Modelle der beiden Bühnenbilder gebaut, ein kleiner

Stall und ein Wohnzimmer, auf denen er fünf Puppen herumschob, um so Text und Handlung aufeinander abzustimmen, und die Schauspieler wurden aufgefordert, die Positionen in ihre Textbücher einzutragen. Auf diese Weise wurden jeder Auftritt und Abgang, jeder Schritt und wer wann wo stand oder saß minutiös vorhergeplant. Auf die Frage, ob dieses Vorgehen nicht die Schauspieler zu Marionetten machte, hatte Olivier eine Antwort parat, seine erste ausführliche Stellungnahme zur Funktion des Regisseurs:

> Der Schauspieler muß diszipliniert sein und dazu erzogen werden, automatisch die Anweisungen des Regisseurs auszuführen. Ich erwarte von meinen Schauspielern, daß sie genau das tun, was ich ihnen sage, und daß sie dies schnell tun, so daß ich meine eigenen Fehler sofort erkennen kann, wenn ich unrecht habe. Ich bin überzeugt, daß allein der Regisseur weiß, wo die Handlung ansteigen muß und wo sie abfallen darf. Er sorgt für einen Standpunkt bezüglich Form, Bedeutung und Rhythmus des Stückes und wann das Tempo beschleunigt und wann verlangsamt werden muß. Wann eine Pause angebracht ist. Ich habe nichts gegen Spontaneität, aber solche Improvisationen müssen innerhalb des Rahmens erarbeitet werden, den der Regisseur setzt.[2]

Seine Methode war für sein Ensemble genauso hilfreich wie für ihn selbst, auch in diesem schließlich enttäuschenden Stück, denn er brachte ihnen bei, was er selbst gelernt hatte: daß der Schauspieler die Bühne beherrschen muß, ein Stück des Raums für sich ergreifen und behaupten muß.

Diese aggressive Einstellung hinsichtlich der Bühnenpräsenz war etwas, das er seinen Freunden anriet zu übernehmen. Kurz darauf gestand John Mills seine Furcht vor einem Bühnenauftritt, nachdem er acht Jahre lang pausiert hatte, und er erzählte Olivier, daß er wahrscheinlich ein Angebot, am Broadway zu spielen, ausschlagen werde. Doch Olivier gelang es, ihn umzustimmen. Geh fünfzehn Minuten, bevor das Stück anfängt, auf die Bühne, sagte er zu ihm, stell dich hinter den Vorhang und flüstere ins Publikum: »Sie werden gleich die grandioseste Scheißaufführung Ihres ganzen Theaterlebens und einen großen Schauspieler erleben. Ich habe einige sensationelle Auftritte in der Vergangenheit gehabt, aber heute abend werde ich sie alle in den Schatten stellen. Ihr glücklichen Leute, ihr werdet eure Augen nicht von mir wenden können!«[3] Später erzählte der Schauspieler Robert Lang, daß Olivier ihm mehrmals geraten hat, eine Stelle auf der Bühne zu meiden, wo zuvor ein anderer Schauspieler besonders gute Momente hatte. »Da ist es zu heiß. Die Zuschauer haben diese Stelle abgenutzt. Versuch es woanders.«[4]

Am 4. Februar hatte *The Tumbler* in Boston Premiere, obwohl die Proben noch nicht abgeschlossen waren. Aber die Reaktion der Kritik war eine Katastrophe. Alle Beteiligten waren fürchterlich niedergeschlagen, erinnerte sich Rosemary Harris[5], doch Olivier gab ihnen wieder Auftrieb, indem er einen herrlichen Striptease hinlegte. Die Idee dazu wurde durch eine unschuldige Geste von Charlton Heston ausgelöst, der zu einer Versammlung des Ensembles kam, seinen schweren weißen Norwegerpullover auszog und über einen Stuhl warf. Kurz darauf zog Olivier, als er den Schauspielern seine Bemerkungen mitteilte, sein Jackett aus. Während sie weiter über das Stück diskutierten, legte er seine Krawatte ab. Einen Augenblick später setzte er sich hin und zog einen Schuh aus, dann den zweiten, dann kamen seine Socken dran, und schließlich knöpfte er seine Hosen auf und stieg heraus. Das Ensemble bog sich bereits vor Lachen.

Der Regisseur verwöhnte seine Schauspieler, wie Heston[6] erzählte, mit riesigen Mengen von Champagner und Hummer, und Levy war weiter damit beschäftigt, sein Stück zu kürzen und umzuschreiben. Olivier gab schließlich der Forderung des Produzenten nach, Hermione Baddeley, eine begabte komische Schauspielerin, durch die ernsthaftere Martha Scott zu ersetzen; sie alle bemühten sich redlich, und die Produktion kam schließlich am Mittwoch, dem 24. Februar, in New York heraus. Die ersten vernichtenden Kritiken erschienen bereits, während die Premierenfeier in Sardis Restaurant noch im Gange war.

Eine Stunde später saßen Heston und Olivier bei einer Flasche Brandy zusammen. »Ich vermute«, sagte Heston nachdenklich, »du lernst allmählich, die schlechten Kritiken nicht so ernst zu nehmen.« Olivier faßte Heston an der Schulter und sagte: »Mein Junge, es ist viel wichtiger und viel schwieriger, daß du lernst, die guten nicht so ernst zu nehmen.« Am Samstag, nach fünf Vorstellungen, wurde das Stück abgesetzt. Zehn Tage später, gerade als Vivien von London aus nach New York abreiste, um dort *Duel of Angels* zu spielen, kam Olivier nach England zurück, um ihre letzten Habseligkeiten aus Notley Abbey[7] abzuholen, das gerade für dreißigtausend Pfund an einen kanadischen Fernsehboß verkauft worden war. Der Käufer konnte sich erinnern, daß Vivien den Tränen nahe war.

In der Zwischenzeit ermutigte Joan Olivier, in die unbekannten Bereiche des zeitgenössischen Theaters vorzustoßen und mit ihr in Ionescos absurder Satire *Die Nashörner* mitzuspielen, bei der Orson Welles

Regie führen würde. Später beklagte Welles, daß Olivier sich entsetzlich benommen und ihn als Regisseur praktisch entmachtet habe. Welles, der sicherlich kein einfacher oder abschätzbarer Regisseur war, kam Olivier bombastisch und launisch vor, und deshalb wandte er die sicher nicht sehr kluge Strategie der direkten Störmanöver an. Welles zufolge nahm er die anderen Schauspieler zur Seite und sagte ihnen,

> daß ich sie falsch führte. Statt es mir schwerzumachen, *ihn* zu lenken, machte er es mir fast unmöglich, das *Ensemble* zu führen. Er zog sie in kleinen Gruppen von mir ab und veranstaltete stillschweigend eigene Proben, die nichts mit mir zu tun hatten.[8]

Schließlich wiederholte Olivier noch einmal, was er bereits mit Gielgud 1955 in Stratford gemacht hatte: Er forderte Welles wenige Tage vor der Premiere am 28. April auf, das Theater zu verlassen, und übernahm selbst die Regie. Als der widerstrebende Buchhalter, der seine Menschlichkeit bewahrt, während alle um ihn herum sich in Nashörner verwandeln, machte sich Olivier zu einem ergreifenden Antihelden, und diese Rolle wurde als eine so bizarre Bereicherung seiner Galerie von Typen angesehen, daß die Zuschauer bei mehr als hundert Vorstellungen die Kassen am Royal Court stürmten.

Da Vivien in New York war, hatte Olivier die Wohnung am Eaton Square für sich allein; Joans Wohnung am Ovington Square lag auch nur wenige Schritte vom Royal Court entfernt. Obwohl er bereits einen Brief an Vivien verfaßt hatte, in dem er um ein Gespräch über die Scheidungsbedingungen bat, war er dennoch nicht völlig überzeugt von der Idee, Joan zu heiraten. Coward und etliche andere Freunde redeten auf ihn ein, er solle keine überstürzten Schritte unternehmen. Offenbar war Olivier eine Zeitlang unentschieden, und er setzte Joan einigen nicht sehr taktvollen Vergleichssituationen aus. Eines Abends im Restaurant nahm er ihr die weißen Handschuhe weg. »Warum hast du das gemacht?« fragte sie ihn. »Weil sie schmutzig waren«, antwortete er, »Vivien hätte niemals schmutzige Handschuhe getragen.«[9]

Vivien hingegen griff zu weniger sauberen Taktiken. Auf seinen Brief hin, in dem er geschrieben hatte: »Ich bin der Legende von den Oliviers überdrüssig«[10], reagierte sie so hysterisch, daß der übereifrige Robert Helpmann, der in New York ihr Regisseur bei *Duel of Angels* war, eine Pressemitteilung für sie herausgab: »Lady Olivier gibt bekannt, daß Sir Laurence um die Scheidung gebeten habe, weil er Miss

Joan Plowright heiraten möchte. Sie wird selbstverständlich tun, was er von ihr verlangt.«[11] Neben dem feinen Doppelsinn des Wörtchens »sie« besagte diese Mitteilung für die amerikanische Presse nur, daß hier jemand aus gekränktem Stolz reagierte, während es in England die Sache in ein schiefes Licht rückte, was Vivien und Helpmann zweifellos beabsichtigt hatten. Die bekundete Trennungsbereitschaft gefährdete die Scheidung, weil vor dem englischen Gesetz ihre Äußerung als mögliche Absprache mit dem Antragsteller gelten konnte.

In London wurde die Presse sofort aktiv, postierte sich vor den Wohnungen am Ovington und Eaton Square und vor dem Royal Court. Einen Tag nach Oliviers dreiundfünfzigstem Geburtstag stieg Joan bei den *Nashörnern* aus, und das Stück wurde am 4. Juni abgesetzt, um vier Tage später am Strand Theatre mit Maggie Smith in ihrer Rolle wieder aufgenommen zu werden. Zur gleichen Zeit fand die letzte Vorstellung von *Duel of Angels* in New York statt, und Vivien kehrte nach London zurück, wo sie sich mit *ihrer* neuen Liebe traf, oder zumindest mit jenem Mann, der in mancher Hinsicht die Bedingungen eines Liebhabers erfüllte. Es war der Schauspieler John Merivale; er war in New York ihr Partner in *Duel*, und sie kannten sich schon seit den Zeiten des Old Vic 1937 und der New Yorker *Romeo-und-Julia*-Aufführung. Vivien wirkte alles andere als verstört oder seelisch mitgenommen, sondern vielmehr selbstbewußt und zuversichtlich; sie sagte zu Merivale, daß sie nicht die Absicht habe, sich scheiden zu lassen. Dem Journalisten David Lewin, der sie fragte, ob sie in ihrem bisherigen Leben gern irgend etwas anders gemacht hätte, antwortete sie (in Merivales Gegenwart): »Ich würde wieder Schauspielerin werden und Larry heiraten. Ich hätte alles gern noch einmal so, bis auf die letzten paar Monate.«[12] Nicht lange nach ihrer Rückkehr bat Vivien Rachel Kempson, sie möge »doch Larry bitten, mit Joan nur eine Affäre zu haben, ich wäre nicht böse darüber, wenn er mich nur nicht verläßt«[13].

Olivier ging nicht einfach über ihr Unglück hinweg, er war sich seiner Schuld am Ende ihrer Ehe sicherlich bewußt. Gegenüber David Fairweathers Frau Virginia, die seine persönliche Pressereferentin war, bekannte er, daß er eine enorme Seelenlast zu tragen habe, denn wenn hier irgend jemand ein Schuft sei, dann er selbst. Olivier wußte sehr wohl, daß er Viviens Liebe ausgenutzt hatte, daß er sie als eine in der Öffentlichkeit nützliche Gefährtin ausgebeutet hatte und sein Ego mit ihrer unerschütterlichen Hingabe genährt hatte.

»Er weinte fast, wenn er an ihr unbeirrbares Vertrauen in ihn dachte, und daran, wie dankbar er ihr war, weil sie aus ihm einen kultivierten Menschen gemacht hatte«[14], sagte Virginia Fairweather. Später rechtfertigte Olivier seine Handlungsweise: Die Situation habe sich so entwickelt, »als strecke jemand seine Hand aus, um einen anderen in das Rettungsboot zu ziehen, und sage dann: ›Ich kann nicht, wenn ich dich raufziehe, ziehst du mich runter.‹ So fühlte ich mich mit Vivien«.[15]

In diesem Juni fand Noël Coward Vivien sehr beherrscht, außer wenn sie trank, und er hatte sicher recht, als ihr Hauptproblem die Nachgiebigkeit ihrem Ego und dem Alkohol gegenüber anzusehen.

> Ich vermute, daß es sich in weit geringerem Maße um eine psychische Instabilität handelt, als die meisten Leute anzunehmen scheinen, sondern daß dieses ganze unschickliche Benehmen vom Alkohol diktiert wird. *In vino veritas!* Sie ist immer sehr verwöhnt gewesen, und wenn sie nicht das bekommt, was sie sich vorgestellt hat, dann greift sie zur Flasche und dreht durch.[16]

Voll Zuneigung, aber unverblümt hielt Coward während des ganzen Jahres engen Kontakt mit Vivien und wurde Zeuge ihres gleichzeitigen Ringens um Olivier und ihrer Hingabe an Merivale, der sich mit allem einverstanden erklärte, was sie von ihm an Zugeständnissen forderte. Er sollte ihr lebenslänglicher Begleiter werden. Aber Vivien ging ziemlich grob mit Merivale um, wie John Gielgud berichtete, weil sie Olivier tatsächlich bis ans Ende ihres Lebens liebte. Sein Foto stand auf ihrem Nachttisch, seine Liebesbriefe von früher lagen in ihrem Schreibtisch. Als Olivier von Merivales Existenz erfuhr, war er sichtlich erleichtert, und in einem Brief vom 16. August wünschte er ihnen alles erdenkliche Glück. Merivale konnte diesen Glückwunsch sehr wohl gebrauchen, denn für die nächsten sieben Jahre, bis zu ihrem Tod 1967, war Viviens emotionaler und physischer Verfall nicht aufzuhalten.

Die Ereignisse überschlugen sich. Nach dem Abspielen der *Nashörner* war Olivier sehr daran interessiert, die neugierige Londoner Presse und die lästige Vivien loszuwerden. Darum bat er seinen Agenten, ihm wieder Arbeit in Amerika zu verschaffen, wo Joan bereits von dem Produzenten David Merrick unter Vertrag genommen worden war; sie sollte im kommenden Herbst in Shelagh Delaneys Stück *Bitterer Honig* eine Rolle übernehmen. Wie der Zufall es wollte, produzierte Merrick auch gerade Jean Anouilhs *Becket oder die Ehre Gottes*, und schnellstens wurden Verhandlungen darüber geführt, daß Olivier die Rolle des Erzbischofs übernehmen sollte, der im zwölften Jahrhundert mit seinem Freund Heinrich II. in Konflikt geriet. Olivier und Joan waren wieder glücklich vereint und ließen sich gemeinsam im Algonquin nieder. Kurz nach ihrer Ankunft in New York wurde Laurence Kerr Olivier von Roger Gage in seiner Scheidungsklage als Zeuge für den Ehebruch mit Joan Plowright. Hierzu wurde zunächst keine Stellung genommen, wie nicht anders erwartet. Der Fall nahm seinen Lauf, und die Zeit wurde der entscheidende Faktor für die endgültige Auflösung der Ehe.

Währenddessen verlief die erste Oktoberwoche in New York besser denn je. Am 3. Oktober hatte der Film *Der Entertainer* Premiere und wurde mit großem Zuspruch aufgenommen. Am 4. Oktober hatte Joan mit *Bitterer Honig* Premiere, wofür sie später den Tony erhielt und eine Auszeichnung des Drama Critics' Circle als beste Charakterdarstellerin des Jahres. Am 5. Oktober fand die erste Vorstellung von *Becket* am St. James's statt. Olivier erhielt bessere Kritiken als das Stück selbst, und es wurde eine Frühjahrstournee geplant. Ein Kritiker schrieb: »Man weiß von Anfang an, daß dieser Becket treu zu seinen Pflichten stehen wird, aber Olivier spielt mit einer bewunderungswürdigen Ausdrucksvielfalt. Der Höfling ist mit Eleganz und Geist ausgestattet; der Gottesmann hat sich der Einfachheit verschrieben und verfügt über eine tröstliche und zugleich melancholische Weisheit.«[17] Am 6. Oktober hatte *Spartakus* Weltpremiere in New York und lief bald im ganzen Land.

Seit der ersten Probe für den *Becket* hatte Olivier Schwierigkeiten mit der Sehnenzerrung, die er sich im Jahr zuvor bei einer *Coriolan*-Aufführung zugezogen hatte, aber Margaret Hall[18], die die Königin spielte, erinnerte sich, daß er darauf bestand, während des ganzen langen Gebets im dritten Akt zu knien. Anthony Quinn[19], Beckets König Heinrich, verglich die Erfahrung, mit Olivier auf der Bühne zu stehen, mit der, in einem Käfig voller Löwen eingesperrt zu sein. Am Premierenabend, während die beiden einem anderen Schauspieler bei seinem kurzen Monolog zuhörten, zupfte Olivier plötzlich an Quinns Kostüm; dieser versuchte zunächst, die Geste zu ignorieren, doch schließlich lehnte Olivier sich zu ihm hinüber und flüsterte: »Tony, wo zum Teufel kann man in New York vernünftiges englisches Bier bekommen?«[20] Dies war weniger amüsant als vielmehr verwirrend für Quinn, der schon durch Oliviers Zungenübungen, die dieser während der Vorstellung beiseite machte, ausreichend abgelenkt war.

Olivier und Joan erlebten eine ausnehmend ungetrübte und erfolgreiche Theatersaison in New York. Was ihre Zukunft anging, so drängte sie ihn zu einer Entscheidung; und nach dem 2. Dezember drängte sie noch mehr, denn Roger Gage hatte in London aufgrund ihres Ehebruchs mit Sir Laurence Kerr Olivier die Scheidung durchgesetzt; am selben Tag wurde Vivien ihr Scheidungsurteil zugestellt, und zwar aus denselben Gründen. In ein strenges, an Dante gemahnendes rot-schwarzes Gewand gehüllt, erschien sie vor Richter Ifor Lloyd, dem zuständigen Scheidungsrichter. »Bis 1952«, begann sie ruhig ihre Zeugenaussage, »war die Ehe sehr glücklich, dann bemerkte ich eine Veränderung im Verhalten meines Mannes. Er sagte, daß er sich für eine andere interessiere.«[21] Das Scheidungsurteil wurde im folgenden März rechtskräftig, und damit hatten Olivier und Joan die Freiheit zu heiraten.* Für ihre Rückkehr nach England planten Olivier und Joan, sich in Brighton niederzulassen, wo Olivier in den frühen sechziger Jahren ein Wohnhaus mit Blick auf den Kanal gekauft hatte. Die Renovierungsarbeiten nahmen fast zwei Jahre in Anspruch.

Zu Beginn des Jahres 1961 kam ein Brief des ehemaligen Bürgermeisters von Chichester, Leslie Evershed-Martin[22], der maßgeblich an der Entwicklung von Kontaktlinsen auf den Britischen Inseln beteiligt war, ein Mann mit ausgeprägtem Geschäftssinn und leidenschaftlichem Interesse für die Künste. Als er im Januar 1959 Huw Weldons Fernsehinterview mit Tyrone Guthrie sah, hatte er die Idee, daß Chichester, das nahe zum Ärmelkanal und nur etwa dreizehn Kilometer von Brighton entfernt liegt, auch ein Theaterfestival haben sollte, ähnlich dem Sommerfestival, das Guthrie in Stratford, Ontario, ins Leben gerufen hatte. Der Niedergang der Londoner Theater, ein Bedürfnis nach Kunst in der Provinz, die Schönheit von Chichester mit seinen Parks und seiner reizvollen Umgebung, dies alles veranlaßte Evershed-Martin, sich mit Guthrie in Verbindung zu setzen. Sie sprachen über mögliche Kandidaten für den künstlerischen Leiter eines solchen Festivals – sie dachten an John Gielgud, Peter Hall oder Peter Brook –, und Guthrie erzählte Evershed-Martin, daß er gerade einen langen Brief von Olivier bekommen hätte, in dem dieser sich über den verkommenen Zustand der Broadway-Theater beklagte, was er vor allem der brutalen Kommerzialisierung zuschrieb. Olivier hatte

---

* Dem Gesetz entsprechend, war Vivien ersucht worden, eine schriftliche Erklärung über ihr eigenes Verhalten abzugeben, und darin gestand sie zwei Fälle von Ehebruch mit einem ungenannten anderen oder anderen. Ihr Rechtsanwalt behauptete, daß diese Handlungen durch Gespräche mit Olivier zur Versöhnung und insofern zur Vergebung geführt hätten. Ähnlich wurde in Gages Fall verfahren. So wurde ihm und Vivien die Scheidung zugesprochen. Olivier trug alle Gerichtskosten.

außerdem mitgeteilt, daß er demnächst nach England zurückkehren werde und sich in Brighton niederlassen wolle.

So kam es, daß Olivier am 11. Januar 1961 im Hotel Algonquin einen Brief von Evershed-Martin erhielt, in dem dieser ihm die Position des ersten Festivaldirektors für Chichester anbot:

> Ich glaube, daß dies eine großartige Gelegenheit ist für jemand mit Phantasie und Einfühlungsvermögen, der mit dem Theater so eng verbunden ist, hier etwas Neues, besonders Wertvolles und Anregendes für das britische Theaterleben zu schaffen. Sie werden mir sicher zustimmen, daß wir, wenn wir hinter Kanada, Amerika und dem restlichen Europa zurückstehen, unser Erbe verraten und jenen Munition liefern, die gern behaupten, daß Großbritannien auf dem absteigenden Ast ist.[23]

Er fügte noch hinzu, daß einheimische Bürger bereits zweiundvierzigtausend Pfund beigetragen hätten und daß Olivier Stücke seiner Wahl inszenieren und selbst darin spielen könne. Er versprach ihm außerdem alle künstlerischen Freiheiten und Unabhängigkeit von irgendwelchen Komitees und bat um eine möglichst schnelle Antwort, da er hoffte, das Theater im Sommer 1962 eröffnen zu können.

Zwei Wochen später, am 25. Januar 1961, antwortete Olivier kurz, daß er die Angelegenheit seinem Agenten Cecil Tennant übergeben habe. Unter persönlichen Gesichtspunkten konnte dieses Angebot, wie Olivier später Evershed-Martin gegenüber eingestand, zu keinem günstigeren Zeitpunkt eintreffen. Zum einen war Olivier am St. James's nicht erfolgreich gewesen, und er war immer noch sehr daran interessiert, sich als Schauspielerproduzent unter Beweis zu stellen. Zweitens litt er immer noch daran, daß ihm die Finanzierung des *Macbeth*-Films nicht gelungen war. Drittens bestand endlich eine reelle Chance für ein Nationaltheater, und Chichester konnte sowohl ein Nährboden für dessen Talente sein als auch eine Station, von der er vielleicht zum Nationaltheater gelangen könnte.

In der weiteren Korrespondenz ließ Olivier anfragen, ob er zu der Entwicklung der Drehbühne und dem Entwurf des Theaters etwas beitragen könne; in einem ausführlichen Brief vom 17. Februar schlug er beispielsweise Veränderungen an der freitragenden Konstruktion des Bühnenbodens vor, empfahl herausnehmbare Teile für Aufbauten, Anbringungsmöglichkeiten für Kulissen und Verstrebungen über die gesamte Fläche und das Aufstellen zentraler Pfeiler; dies alles beruhte auf seinem genauen Studium des Guthrie-Projekts in Stratford,

Ontario, und der Bühnentechnik vom Elisabethanischen Theater bis ins zwanzigste Jahrhundert. Ihm gefiel auch die Idee einer Bühne, die auf drei Seiten von Publikum umgeben war, wie er es provisorisch in All Saints durch Pater Heald realisiert gesehen hatte und 1937 zufällig noch einmal entdeckte, beim großen Regen von Elsinore. »Der Sinn einer solchen Form«, schrieb er, »liegt darin, eine stärkere Konzentration auf die Handlung zu ermöglichen... Der Star soll das Theater sein, die Bühne ist das verbindende Element.«[24]

Am 3. März formulierte Olivier seine letzte Bedingung zur Annahme des Jobs: Die Auswahl der Stücke und alle künstlerischen Entscheidungen sollten ausschließlich in seiner Hand liegen. Evershed-Martin und seine Kollegen gingen darauf ein, und nun blieb nur noch die Frage seiner Gage. Als sie ihm fünftausend Pfund für sein erstes Jahr anboten, entgegnete Olivier sofort und sehr großzügig, daß er »an einem großen Abenteuer« teilhaben wolle und darum zunächst nur dreitausend Pfund verlange; dieser Vorschlag wurde bereitwillig angenommen, zumal Evershed-Martin aus diesem Unternehmen keinen Gewinn zog und die Schauspieler zunächst so gut wie gar keine Gage erhielten. Am 14. März wurde Oliviers Berufung bestätigt und die Presse noch in derselben Woche informiert. Das Datum für die Grundsteinlegung des Chichester Festival Theatre wurde auf den 1. Mai 1961 festgelegt, so daß bis zur ersten Vorstellung nur noch ein Jahr Zeit blieb.

In der Zwischenzeit hatten sich in Amerika wichtige Dinge ereignet. David Merrick hatte die Absicht, den *Becket* auf Tournee nach Boston, Philadelphia, Detroit und Toronto zu schicken, doch nach fast zweihundert Vorstellungen war Olivier der zweidimensionalen Frömmigkeit des Märtyrers müde; er hätte lieber, das wurde ihm bald klar, die Rolle des spitzzüngigen, säuerlichen Königs Heinrich II. übernehmen sollen, der in all seiner Gier und seiner lüsternen Prahlerei auf eine prächtige Weise menschlich war. Also fragte Olivier im Februar nach, ob er nicht den König spielen könne, da Quinn ohnehin für einen Film verpflichtet war. Er handelte außerdem zehn Prozent der Bruttoeinnahmen von der Tournee für sich heraus. Noch während der letzten Vorstellungen in New York im März bereitete Olivier sich auf die Rolle Heinrichs II. vor und probte mit dem neuen Becket, Arthur Kennedy.

Etwa zu dieser Zeit kam Vivien nach New York und unternahm einen letzten Versöhnungsversuch, obwohl der Scheidungsprozeß lief. Doch Olivier weigerte sich, weiter darüber mit ihr zu reden, und erklärte sich nur bereit, in Joans Anwesenheit mit ihr zusammenzutreffen. Die drei verabredeten sich zum Abendessen bei Sardi's. Olivier, der eine Szene fürchtete, aber zugleich hoffte, mit Vivien zu einem Ende zu kommen, hielt Joans Hand und sagte, daß sie heiraten würden, sobald die Scheidung endgültig sei. Vivien hörte ihn ruhig an, verließ aber das Restaurant, ohne gegessen zu haben.

Die Scheidungen von Olivier und Joan wurden bald darauf rechtskräftig, womit der Weg zur einer Heirat für sie frei war, jedoch nicht im Staat New York, wo im Falle einer Scheidung wegen Ehebruchs eine gewisse Frist bis zur Neuverheiratung eingehalten werden mußte. Unbeeindruckt von solchen Hinderungsgründen, fuhren Olivier und Joan nach ihren Vorstellungen in *Becket* und *Bitterer Honig* am Donnerstag, dem 16. März, nach Connecticut; sie verbrachten den Abend mit dem Regisseur Joshua Logan und seiner Frau Nedda, und am nächsten Tag standen sie in dem Städtchen Wilton vor dem Friedensrichter Edward S. Rimer, der sie zu Mann und Frau erklärte. Unmittelbar danach fuhren sie zurück nach Manhattan, denn sie hatten am Abend Vorstellung, und durchquerten dabei die Menschenmengen, die zum St. Patrick's Day paradierten. Am nächsten Morgen zeigten die Zeitungen in London und New York ihren Lesern die strahlenden Fotos von Sir Laurence und seiner neuen Lady Olivier.

»Wir wußten doch beide sehr genau, was wir taten, als wir heirateten«, sagte Joan später, »wir wollten den ganzen Wirbel nicht; er hatte das gehabt und wollte es nicht mehr, und ich hatte es nie und wollte es auch jetzt nicht. Wir waren ganz einfach ein Mann und eine Frau, die zusammen leben wollten. Ich habe einen Mann geheiratet und keinen Mythos.«[25] Aber sie hatte eben doch nicht irgendeinen Kaufmann aus Brighton geheiratet, und ihre Äußerung entsprach nur zur Hälfte der Wirklichkeit: So einfach ihr Privatleben gewesen sein mag, Olivier war eine Figur des öffentlichen Interesses, und indem Joan Plowright ihn heiratete, verband sie sich auch mit seinem legendären Ruhm, seinem Einfluß und seinem Glamour. Wenn sie sich auch dagegen auflehnte, machten diese Attribute ihr den Mann nicht weniger attraktiv.

Olivier seinerseits begann durch seine Heirat mit Joan beruflich neue Wege einzuschlagen. Wie er sich einst durch seine Heirat mit Jill Esmond Zugang zur angesehenen Theaterszene verschafft hatte, so fand er jetzt den Anschluß an eine moderne Theaterbewegung. Außerdem hatte er mit Joan eine starke, angriffslustige Frau gewählt – wie schon mit Jill und Vivien –, die schnell bereit war, Entscheidungen zu fällen und die Dinge in die Hand zu nehmen. »Immer schon seit

dem Tod meiner Mutter«[26], sagte er, »habe ich jemanden wie sie gesucht. In Joanie habe ich sie vielleicht wiedergefunden.« In späteren
Fernsehinterviews versuchte er auch, die Anziehungskraft, die Joan
auf ihn ausübte, damit zu erklären, daß sie eine große Ähnlichkeit mit
seiner Mutter habe.[27] Gewiß empfand Olivier eine starke mütterliche
Unterstützung und Ermutigung bei ihr, wie er es schon bei seinen früheren Frauen empfunden und sich darum zu ihnen hingezogen gefühlt
hatte; und wie schon ihre Vorgängerinnen bestärkte auch Joan ihn zu
neuen Entwicklungen in seiner Karriere. All diese Frauen hatten in gewisser Weise den Weg vorgegeben, dem er zu folgen hatte: Jill in beruflicher Hinsicht, Vivien gesellschaftlich. Und jede von ihnen war in
früheren Stadien seines Lebens und seiner Karriere richtig und wichtig
für ihn gewesen. Jetzt, da eine neue Phase des Schauspielers in ihm
zum Vorschein kam, sorgte Joan für neue Ideen, einen schlichten,
modernen, uneitlen Lebensstil und als Belohnung die Zuwendung
einer jungen, intelligenten Frau. In gewisser Weise hatte er eine Mut-
terfigur geheiratet, die er selbst zur Mutter machen wollte, denn sie
planten die Gründung einer Familie. Doch so unkompliziert, wie er es
sich nach den unablässigen Aufregungen mit Vivien vorgestellt hatte,
sollte ihr Leben nicht verlaufen.

Während Joan weiter in ihrem Stück in New York auftrat, war Olivier
von Ende März bis zum 8. Mai auf Tournee, bis *Becket* zum Schluß
noch einmal für drei Wochen an den Broadway zurückkehrte. Zu
seiner Irritation und Verärgerung kam Vivien zu einer Vorstellung,
schickte ihm eine Nachricht in die Garderobe, noch bevor der Vorhang hochging, und einen Blumenstrauß anschließend.

Als König wurde Olivier noch begeisterter gefeiert als in seiner
Rolle als Erzbischof – trotz seiner subtilen, aber eindeutigen Anspielungen auf Heinrichs Liebe zu Becket. Mit einzigartiger Delikatesse
führte Olivier vor, daß Heinrich, indem er dem jungen Becket eine
Bettgenossin wegnimmt und sie sich selbst aneignet, jemanden für sich
haben wollte, der Becket nahegestanden hatte, und er legte Heinrichs
Entscheidung, Becket in den Rang des Erzbischofs zu erheben, so aus,
daß er ihn dadurch geschlechtslos machen wollte. Letzte Zweifel über
diese Interpretation wurden durch Oliviers Schlußgeste ausgeräumt,
die er ganz neu in diese Aufführung einbrachte: Vor seinem Abgang
drehte er sich noch einmal zum Grab des Märtyrers um, zwinkerte mit
dem Auge und blies einen Kuß hinüber zu dem Mann, über den er
weder im Leben noch im Tod Macht ausüben konnte. Das, so grollten
einige Kritiker, katapultiere das Stück mit dem Untertitel *Die Ehre*

Gottes in eine falsche Richtung. Es besteht jedoch kein Zweifel, daß Olivier, indem er die Figur Heinrichs II. mit kultiviertem Humor und linkischem Nonkonformismus ausstattete, Anouilhs Stück nahm und zu seinem eigenen machte.

Gleichzeitig mit den letzten Vorstellungen im Mai begann Olivier mit den täglichen Proben für seine Hauptrolle in einem Fernsehfilm nach Graham Greenes Roman *Die Kraft und die Herrlichkeit*. Er wird gewußt haben, daß er in der Rolle eines müden, von Zweifeln zerrissenen mexikanischen Priesters, der in einer Zeit der Kirchenverfolgung in Lebensgefahr schwebt, nicht richtig besetzt war, und darum bestand er auf einer besonders sorgfältigen Maske und vier Paar farbigen Kontaktlinsen, damit er bei jedem Szenen- und Lichtwechsel immer noch wie ein trunksüchtiger Lateinamerikaner aussah, der vom Dorf in den Dschungel und wieder zurück floh. Doch er kam mit dem Akzent nicht zurecht, der von Cockney zu einem mitteleuropäischen und zu einem spanischen wechselte, und er mußte notwendig unbeschreiblich dämlich aussehen mit seinem übergroßen Sombrero. Mit ausgestopften Wangen und ganz nervös mit den verschiedenen Kontaktlinsen herumfummelnd, schien er bei seinen Vorbereitungen völlig mechanisch, erinnerte sich Dale Wasserman, der das Drehbuch schrieb.[28]

Olivier muß dies gespürt haben, denn bei der letzten Probe bat er Wasserman, ihm einen zusätzlichen Text zu schreiben, etwas, wodurch er die Figur sympathischer erscheinen lassen konnte. Als der Autor ihm erklärte, daß das nicht zu dem Roman oder zu der Figur des Whiskypriesters passe, erwiderte Olivier kurz: »Scheiß auf die Figur, laß es uns einfach machen.« Der Produzent David Susskind willigte ein, und als Ergebnis entstand Oliviers Gebetsszene im Gefängnis, die nicht in Greenes Buch steht und mit der Gesamtheit des Werkes nicht das geringste zu tun hat. Die Szene wurde in Oliviers Auftrag geschrieben, damit er einen Moment des herzlichen Kontakts zu seinem Publikum hätte.

Olivier fand immer langsam und allmählich zu seiner Rolle, sie entstand in einem Prozeß des kreativen Wachsens, doch hier hatte er diese Möglichkeit nicht. Außerdem war er bei diesem Stück in einem Zwiespalt, Wasserman sah ihn als eine doppelte Persönlichkeit. »Er nahm seine eigene Position im Bezug zu den anderen wahr, und wenn er glaubte, daß eine Szene zu seinem Nachteil geschrieben oder inszeniert war, setzte er alles daran, sein Prestige zu wahren und Besitz von der Szene zu ergreifen.« Ein Beispiel dafür ereignete sich in einer frühen Probenphase: Die vierzehnjährige Patty Duke beeindruckte alle durch ihre gekonnte und höchst nuancenreiche Verkörperung eines amerikanischen Mädchens, und sie war in ihrer Szene mit Olivier so ergreifend, daß er zu Wasserman und Susskind ging und sagte: »Wir sollten den kleinen Engel umstreichen, findet ihr nicht auch?« Und damit wurde ihr Text drastisch gekürzt, so daß sie die Szene nicht mehr beherrschen konnte.

Für Susskind und den Regisseur Marc Daniels stand fest, daß Olivier in jeder Verkleidung den Erfolg garantierte, und so begannen am 30. Mai die Dreharbeiten in den NBC-Brooklyn-Fernsehstudios. Doch schon bald hörte man aus dem Kontrollraum ernste Klagen: ein störendes Summgeräusch war auf der Tonspur des ersten Takes zu hören. Also wurde die Klimaanlage abgestellt und der Take wiederholt, aber der Summton blieb. Eine Verzögerung nach der anderen brachte den engen Zeitplan durcheinander, doch die Geräuschquelle konnte nicht ausfindig gemacht werden. Schließlich fanden Techniker heraus, daß es sich um Vibrationen handelte, die der Wechselstrom in der Armierung des Geländes hervorrief. Doch zu diesem Zeitpunkt war der Drehplan bereits so hoffnungslos überschritten, wie Julie Harris[29] berichtete, daß sie nun in einem durchfilmen mußten, vierundzwanzig Stunden am Tag. Olivier hatte durch die Kontaktlinsen eine Augenreizung bekommen, was ihn noch nervöser machte und zusätzlich erschöpfte. Doch er arbeitete weiter, ohne sich zu beklagen.

Die letzte Vorstellung von *Becket* war Ende Mai, und *Die Kraft und die Herrlichkeit* war am 4. Juni abgedreht. *Bitterer Honig* lief noch immer mit großem Erfolg, und Joans Vertrag mit Merrick mußte erfüllt werden. Es gab nur eine zulässige Entschuldigung, um aus der Verpflichtung entlassen zu werden, und die trat sehr bald ein, ihre Schwangerschaft. So konnten sie sich am 7. Juni glücklich auf der Queen Elizabeth einschiffen und am 13. in Southampton an Land gehen. Da ihr Haus in Brighton immer noch nicht bezugsfertig war, stiegen sie im Royal Crescent Hotel wenige Schritte entfernt ab. In London las Olivier eine Reihe von Kapiteln aus dem Alten Testament für eine Schallplattenproduktion seines alten Freundes Douglas Fairbanks Jr., und am 23. Juni brach er in aller Eile nach Chichester auf, um sich mit Evershed-Martin zu treffen.

»Natürlich war Olivier bei der Verhandlung in einigen Punkten sehr unnachgiebig. Häufig sah er mich an, als wollte er sagen: ›Warum sollten *Sie* dazu eine Meinung haben, Sie sind ja nicht vom Theater!‹«, berichtete Evershed-Martin. Olivier seinerseits beschrieb seinen Verhandlungspartner als »einen wirklich guten Mann mit einer leichten Blasiertheit und einem Hang zur Anmaßung und Dickköpfigkeit«.

Evershed-Martin merkte sehr schnell, daß Oliviers sprunghaftes Temperament, seine Art zu sprechen, die Art, wie er eine Augenbraue hob, wie er sich langsam mit der Zunge über die Lippen fuhr oder den Kopf zurückwarf und den Blick nach oben richtete, daß all dies später in der Rolle, die er gerade probierte, wieder zum Vorschein käme. Olivier sollte in der ersten zehnwöchigen Saison in zwei Stücken spielen und in dreien Regie führen: *The Chances,* ein Stück von Beaumont und Fletcher aus dem Jahr 1638, in einer Neufassung des Duke of Buckingham, dessen letzte Aufführung im Jahr 1808 stattgefunden hatte; dann Fords *Das gebrochene Herz,* das aus dem Jahr 1633 stammte und zuletzt 1904 auf der Bühne zu sehen war; und schließlich *Onkel Wanja* von Tschechow, in dem Olivier 1945 am Old Vic so erfolgreich aufgetreten war. Damit sollten »drei ganz unterschiedliche Stile vorgeführt werden«, sagte Olivier, »um die besonderen Möglichkeiten dieses neuen Theaters zu zeigen: Das erste Stück sollte ganz ohne Bühnenbild auskommen, bis auf die Elemente, die vom Architekten mehr oder weniger als ständige Einrichtungen vorgesehen waren; das zweite sollte szenisch so ehrgeizig wie nur irgend denkbar gestaltet werden, ohne aber die Sichtlinie für das Publikum zu beeinträchtigen; und das dritte sollte äußerst realistisch sein.«[30] Diese programmatische Idee hörte sich eindrucksvoller an, als ihre Verwirklichung dann war.

Am 1. Dezember fuhr Olivier Joan in das White Haven Nursing Home in der Wilbury Road, Hove, wo sie am Morgen des 3. Dezember einen Jungen zur Welt brachte, dem sie den Namen Richard gaben (worauf sie offenbar über den Umweg »Dickie« gekommen waren, den Spitznamen von Oliviers Bruder Gerard Dacres). Oliviers Begeisterung über seine Vaterschaft fiel jedem auf, der ihm begegnete, doch für die häusliche Wärme oder die tägliche Kinderpflege und Umsorgung hatte er keine Zeit, das überließ er Joan und dem Kindermädchen. Gleich nach dem Neujahrstag 1962 brach er auf nach Irland, wo er in einem Film von Peter Glenville, der bei *Becket* Regie geführt hatte, auftreten sollte.

Glenville hatte Olivier schon früher den Entwurf zu einem Drehbuch gezeigt, das er geschrieben hatte und bei dem er Regie führen würde, das auf einem Roman von James Barlow basierte. *Term of Trial (Spiel mit dem Schicksal)* war ein doppeldeutiger Titel, der sich auf ein Jahr im Leben eines Schullehrers aus den Midlands bezog und zugleich das Drama im Gerichtssaal meinte, das sich dort abspielt, weil eine junge in ihn vernarrte Schülerin seine Zurückweisung dadurch rächt, daß sie ihn fälschlich der Belästigung bezichtigt. Das Stück war mutig und ernsthaft und in seiner Sprache und Problematik ebenso zeitgemäß, wie das Stück von Anouilh antiquiert war. Joan hatte Olivier ermutigt, die Rolle des Lehrers anzunehmen.

Doch Joan hatte wohl auch ihre Bedenken, denn während der Dreharbeiten zu *Spiel mit dem Schicksal* befand Olivier sich in einer angesichts des Drehbuchs ironischen und sogar gefährlichen Situation. Als liebestolle Schülerin trat die zwanzigjährige Sarah Miles in ihrer ersten Filmrolle auf; sie war keck und intelligent und ebenso verliebt in Olivier, wie sie es als Shirley Taylor in ihren Lehrer Graham Weir war. Sie lernte ihn kennen als einen »extrem attraktiven Mann, der es faustdick hinter den Ohren hatte, was wohl am stärksten zum Ausdruck kam, als er in einer Szene seinen Text vergessen hatte und mich bat, ihm weiterzuhelfen, wenn das wieder passieren sollte«[31]. Olivier war von ihrem Talent überzeugt und behandelte sie sofort wie eine gleichberechtigte Kollegin; und kaum hatten die Dreharbeiten begonnen, ging das Leben viel weiter als die Kunst, denn Olivier ließ sich auf eine Affäre mit seiner jungen Partnerin ein. Trotz Ehe und Vaterschaft war Olivier, wie Sarah Miles sagte, »zutiefst verletzlich und immer noch von Schuldgefühlen und Kummer wegen Vivien geplagt«. Der Grund für seinen Seitensprung wird zum Teil der gewesen sein, daß Olivier mit vierundfünfzig Jahren geradezu besessen davon war, sich selbst seine Männlichkeit zu beweisen, und das erneut mit einer verführerischen jungen, aber nicht bedrohlichen Schülerin. Außerdem waren die Vaterschaft und die damit verbundene Verantwortung auch ein Schock für ihn, denn er hatte sich mit zwei Problemen auseinanderzusetzen: in der Vergangenheit mit seinem Versagen gegenüber Tarquin und in der Zukunft mit einer Rolle im wirklichen Leben, auf die er völlig unvorbereitet war.

Unter allen möglichen Gesten der Unabhängigkeit dient kaum eine auf so dramatische Weise der Selbstbestätigung wie eine sexuelle Eskapade. Auf jeden Fall muß Joan von dieser Affäre erfahren haben, denn plötzlich erschien sie mit ihrem einen Monat alten Baby auf dem Plan – eine Reise, zu der sie wohl kaum wegen Irlands Winterklima aufgebrochen war –, und ihr Eintreffen unterbrach eine Romanze, die erst während der Außenaufnahmen in Paris im Februar ihren Ausklang fand.

Als ein melancholischer, leicht gelangweilter und dem Alkohol nicht abgeneigter Lehrer, dessen Frau (Simone Signoret) nicht einwilligen wollte, ein Kind zu adoptieren, ist Oliviers Graham Weir eine logische Fortsetzung seines Archie Rice. Er gab eine gedämpfte, geradezu minimalistische Interpretation der Figur, und die Ironie mancher seiner Zeilen muß ihm und Sarah Miles klar gewesen sein:

> Hör mal, überleg doch mal, wie jung du bist. Ich bin mehr als doppelt so alt wie du. Ich habe eine Frau. Ich liebe sie. Du bist ein junges Mädchen in meiner Obhut. Ich war sehr angetan von dir, weil du so reizend und wißbegierig bist. Ich wollte dir helfen, wie ein Lehrer und auch wie ein Vater. Du bist ein hübsches junges Wesen, aber ich kann es mir nicht erlauben, so an dich zu denken.

Dieser Film, der nach einer kurzen Laufzeit in jenem Sommer nur selten gezeigt wurde, ist eines der besten Beispiele für Oliviers Fähigkeit, in einer farblosen Rolle aufzugehen, die er mit den Tönungen seiner eigenen Gefühlswelt zu verwandeln verstand. Dieser Graham Weir verhält sich einfühlsam und schützend einem mißhandelten Jungen seiner Klasse gegenüber, er ist durch Schuldgefühle wegen seiner müden und geringschätzigen Frau verunsichert, er fühlt sich angezogen und zugleich verschreckt durch eine unerlaubte Leidenschaft, kurz, er ist eine Figur von sehr viel größerer Überzeugungskraft als Archie Rice, und Olivier war, vielleicht aus verständlichen Gründen, niemals bereit, über sie zu sprechen.

In diesem Frühjahr gingen die Planungen für das Sommerfestival zügig voran, und Olivier versammelte seine Schauspieler zu Proben in London, während das Theatergebäude in Chichester fertiggestellt wurde. Sein Repertoire-Ensemble bestand aus renommierten Schauspielern wie Sybil Thorndike und Lewis Casson, Nicholas Hannen und Athene Seyler, Michael Redgrave, Fay Compton, Joan Greenwood und John Neville und stellte sicherlich bereits den Kern eines Nationaltheaters dar, ebenso wie seine Auswahl klassischer Stücke darauf angelegt war.*

Während der Probenarbeiten mit seinen Darstellern mußte Olivier außerdem die Situation einer Arenabühne simulieren, er mußte Handlungen erfinden, um das Fehlen des klassischen Proszeniums und des Vorhangs auszugleichen; er inszenierte ungewöhnliche Auftritte und Abgänge durch den Zuschauerraum und benutzte recht unorthodoxe

---

* Er fragte auch Claire Bloom, ob sie nicht dem Ensemble für das Stück *The Chances* beitreten wollte, »aber ich hatte das Gefühl, daß ich für eine Farce nicht geeignet war. Ich glaube, daß er mir die Ablehnung seines Angebotes nicht verzeihen konnte, und niemals wieder hat er mich aufgefordert, ans National Theatre zu kommen«.

Methoden, um Requisiten auf die Bühne zu bringen und wieder zu entfernen. Aber der Text stand für Olivier immer an erster Stelle. Er bestand darauf, daß seine Darsteller einen einzelnen Satz so für sich erarbeiteten, wie er es in seinen eigenen Rollen tat, indem sie ihn aus dem Zusammenhang herausnahmen und ihm durch einen Wechsel des Rhythmus oder der Stimmlage eine Bedeutung zumaßen, die die Innenwelt der Figur in ein besonderes Licht rückte.

Als das Ensemble im Juni nach Chichester übersiedelte, bemühte sich Olivier, sowohl mit seinen Leuten als auch mit der Umgebung eine Kameradschaftlichkeit zu entwickeln, die es in den letzten Jahren bei ihm nicht gegeben hatte. Lynda Gilby[32], die damals sechzehn Jahre alt war und den Posten einer Festivalassistentin innehatte, bemerkte seine etwas aufgesetzte, altmodische Höflichkeit, die freundlich und vertraulich wirken konnte, aber ebensogut herablassend: »Wer ist denn dieses entzückende dicke kleine Mädchen?« fragte er sie, als er sich ihr vorstellte. Später erkundigte er sich häufig, welche Bücher sie gerade las und welche Fortschritte sie mit ihrer neuesten Diät machte. »In Afrika wärst du ein Knüller«, sagte er einmal zu ihr, »da füttern sie ihre Frauen mit Sagopudding, damit sie ordentlich fett werden.« Olivier schien alles, was er sagte, mit einem sanften Spott zu durchsetzen, so war ihr Eindruck, aber er tat es nicht auf eine gehässige Weise, denn er machte sich auch immer irgendwie über sich selbst lustig. Er beherrschte offenbar genau die Technik des unschuldigen Flirts, bei der sich ein unbedarftes junges Mädchen sicher fühlen konnte, und er war sich, wie immer, völlig der Wirkung bewußt, die er auf Leute ausübte.

Mit seiner Pressesprecherin Virginia Fairweather und ihrem Mann David ging Olivier gern ins Horse and Groom, eine kleine Kneipe am Oaklands Park, wo hauptsächlich Bauern hingingen. Nach ein paar Drinks verwickelte Olivier, der sich nicht zu erkennen gab, einen der Bauern in ein ausführliches Gespräch über die Schweinezucht, und er verglich sein Leben in Notley mit dem Leben des Farmers in Sussex. Als er das nächste Mal in die Kneipe kam, hatte sich herumgesprochen, daß der große Schauspieler dort gewesen sei, aber jener Farmer begrüßte Olivier mit dem Ausruf: »Ich habe ihnen gesagt, daß sie keinen Blödsinn reden sollen. Ihr habt den Mann doch selbst gesehen, hab' ich ihnen gesagt, der ist doch verdammt noch mal kein Schauspieler!«[33] Olivier stimmte mit allem Ernst zu und spendierte ihm ein Bier.

Olivier war in Chichester viel entspannter, als er am St. James's gewesen war, wo er zu den Proben von *Antonius und Cleopatra* häufig in Cutaway und gestreiften Hosen erschienen war. Während der Proben für die Eröffnungsvorstellung in Chichester wurde für die Mitglieder des Ensembles ein Empfang gegeben, und Olivier, der bei der Arbeit ein altes Hemd und Jeans getragen hatte, mußte sich von einem Kollegen einen Anzug leihen. Sein legerer Aufzug verdankte sich nicht einer plötzlichen Anwandlung von Einfachheit, sondern er stand jetzt stark unter Joans Einfluß, und da gab es keinerlei vornehme Allüren, wie sie für die Epoche Vivien-Durham-Notley typisch waren; jetzt gab es nichts mehr aus der Welt des Binkie Beaumont, keine altvertrauten exquisiten Abende im Westend, keine Darling-Rufe zu fast Unbekannten an der Theaterbar. Da Joan einen normaleren Lebensstil eingeführt hatte, konnte der neue Olivier, soweit das innerhalb der Grenzen seiner Würde und seiner Position möglich war, jederzeit so theatralisch oder proletarisch sein, wie er es für angebracht hielt. Nichts an ihm sollte noch seine Vergangenheit oder die Jahre mit Vivien zu erkennen geben. Es sollte ein klarer Bruch mit seinen alten Verbindungen, seinen Allüren, seiner gesamten Lebenseinstellung vollzogen werden. Aber die Reaktionen waren gemischt: Joyce Howard, die Redgraves, sogar Noël Coward gehörten zu den alten Freunden, die es bedauerten, daß sie Olivier nur noch selten zu Gesicht bekamen, denn Joan vermied den Kontakt mit denen, die Vivien gekannt hatten.

An dem warmen Sommerabend des 3. Juli um 18.56 Uhr ging Oliviers Tonbandstimme über die Lautsprecher des Parks: »Ladies and Gentlemen, die Vorstellung beginnt in vier Minuten...« Ein Schwarm von Londoner Kritikern saß unter den Zuschauern, einige von ihnen hatten die neuesten Zeitungsausgaben unter dem Arm, in denen von den Londoner Verhandlungen zu der bevorstehenden Ernennung eines Direktors für das langerwartete National Theatre berichtet wurde. Auf Olivier standen die meisten Wetten, doch sein Name löste manche Kontroverse aus, nachdem die erste Vorstellung in Chichester über die Bühne gegangen war. *The Chances*, das er unter der im British Museum versteckten dramatischen Literatur entdeckt hatte, erzählte die Geschichte von zwei spanischen Edelleuten auf einer Liebesmission in Italien. Es handelte sich um eine meist vergnügliche Satire auf die Konventionen des Elisabethanischen Dramas, die eine gewisse Bedeutung durch eine Geschichte von byzantinischer Komplexität und das Zusammentreffen einiger klassischer Charaktere gewann (eine betrogene Frau, ein mieser Edelmann, eine Schar von Possenreißern, die für etwas anderes gehalten werden, als sie sind, und eine

Mannschaft von sexuellen Handlangern). »Wenn man ein neues Theater eröffnet oder ein neues Ensemble gründet«, sagte Olivier häufiger während dieses Jahres, »dann zieht man eine Ritterrüstung an, steht da und wartet darauf, daß die Leute einen abschießen.«[34] Und sie schossen wirklich, denn die Kritiker verrissen The Chances aufs heftigste.

Das gebrochene Herz, das am 9. Juli folgte, hatte ein noch schlimmeres Schicksal. Das grandiose und gezielt eingesetzte Bühnenbild war eine Negation all dessen, wofür Chichester stand, und Olivier gab zu, daß er »versuchen wollte, besonders schlau zu sein, indem er verhindern wollte, daß man von ihm dächte, er fürchte sich vor dem Abseitigen«[35]. Die Rachegeschichte mit Mord, Selbstmord, Wahnsinn und gebrochenen Herzen in Hülle und Fülle rief mehr Gelächter als Schaudern im Publikum hervor, und selbst Oliviers hysterischer Auftritt als eifersüchtiger Edelmann ging daneben; sein Satz: »Meine Qualen sind grenzenlos« brachte ihm ein weises Nicken der Kritiker ein. Während das Publikum sich an der Dümmlichkeit von The Chances belustigt hatte, fand Das gebrochene Herz bei niemandem Zustimmung. Mit zwei Mißerfolgen bei der Kritik und nur halb ausverkauftem Haus bei tausendvierhundert Sitzen schien die Chichester-Saison bereits am 10. Juli ein weiterer Punkt auf Oliviers Liste der Fiaskos zu sein, wie er sie am St. James's erlebt hatte. Wie so oft faßte Kenneth Tynan den übereinstimmenden Tenor der Kritik in seinem typischen unkonventionellen Stil zusammen. Er richtete im Observer einen offenen Brief an Olivier, in dem er die Meinung vertrat, daß »nicht alles in Ordnung ist mit Ihrem großartigen hexagonalen Schauspielhaus, irgend etwas ist eindeutig schiefgegangen«, und daß der Grund für diese Enttäuschung in Oliviers falscher Konzeption liege.

Eine Woche später kam Onkel Wanja vor fast ausverkauftem Haus, das mit einheimischen Studenten und Rentnern aufgefüllt worden war, zur Premiere; das Ensemble war ziemlich verschreckt, und auch der mitspielende Direktor war niedergeschlagen. Bei der Generalprobe hatten die Toneffekte nicht mit der Handlung übereingestimmt, die Schauspieler, darunter Michael Redgrave in der Titelrolle und Sybil Thorndike als Kinderfrau, vergaßen ihre Stichworte, und so schien auch diese Inszenierung einer Katastrophe entgegenzusteuern.

Alle hatten sich verrechnet, aber diesmal zu ihrem Vorteil. Onkel Wanja wurde glänzend gespielt und herzlich aufgenommen, wenn dies auch erst zwei Tage später ersichtlich wurde, als die ersten Besprechungen kamen; nach der Vorstellung war Joan – schwanger und unbequem in ein zu enges Kostüm gezwängt – sicher, daß sie im

Zuschauerraum ein Zischen gehört hatte, so daß sie hinter der Bühne in Tränen ausbrach. Bald darauf wurde *Onkel Wanja* in der Originalbesetzung auf der Chichester-Bühne gefilmt, und wenn man es jetzt nach vielen Jahren wiedersieht, muß man sagen, daß die gute Resonanz völlig gerechtfertigt war. Oliviers Inszenierung war ganz und gar unprätentiös, und sein manchmal verzweifeltes Porträt des Astrow zeigte ihn in seiner schauspielerischen Reife, »eine sehr frische Darbietung«, wie ein Kritiker schrieb, »die Enthüllung dessen, was in der Rolle steckt. Man sollte sie in Erinnerung behalten«.[36] Die Kritiker waren so einhellig in ihrer Verwendung von Superlativen, wie sie bei den vorhergehenden Produktionen aufgebracht gewesen waren. Es gab fünfundzwanzig zusätzliche Vorstellungen, fast alle vor vollem Haus. So kam es, daß die Saison ohne Verlust zu Ende ging und die Zukunft von Chichester gesichert war. Oliviers Instinkt, Tschechow wieder aufleben zu lassen und selbst in einer seiner liebsten Rollen aufzutreten, hatte sich als untrüglich erwiesen.

Am 31. Juli besuchten Königin Elizabeth und der Herzog von Edinburgh das Festival, und nach der Vorstellung von *Onkel Wanja* begrüßten sie das gesamte Ensemble. Das war mehr als eine Belohnung für all ihre Mühen und verlieh dem Abend fast etwas Unwirkliches. Olivier hatte sich in so hohem Maße verpflichtet gefühlt, alles in bester Ordnung zu haben, daß er nach der Abreise der Königin und bei dem anschließenden Essen mit dem Ensemble in seiner nervlichen Erschöpfung zuviel Alkohol trank.

Auf der Party fragte Evershed-Martin, welche drei Stücke der Direktor für die Sommersaison 1963 im Sinn habe. Als Olivier antwortete, daß *Onkel Wanja* sicherlich dabei sein werde, sprach sich Evershed-Martin gegen eine Wiederaufnahme aus. Olivier schrie seine Empörung hinaus und erinnerte Evershed-Martin und jedermann in seiner Nähe daran, daß *er* der künstlerische Direktor dieses Festivals sei, daß er nicht nach Evershed-Martins Belieben arbeite, daß Evershed-Martin in Sachen Theater ein Ignorant sei, der zufällig über das nötige Geld verfüge, daß er diese Fragen lieber den Leuten überlassen solle, die etwas davon verständen, und, das war das stechendste Argument, daß Evershed-Martin Chichester nur gegründet habe, um sich die Ritterwürde zu ergattern.

Dieser Ausbruch wäre einer Vivien würdig gewesen und brachte etwas Entscheidendes über Olivier ans Tageslicht. Auf der Bühne und hinter der Bühne, bei seiner Arbeit wie in seinen zwischenmenschlichen Beziehungen konnte er ein unberechenbares Temperament haben«. Er war ein Mann und Schauspieler, der mehr vom Instinkt als von rationalen Überlegungen oder inneren Erwägungen geleitet wurde, er verfügte ständig über eine große Vielfalt von Gefühlen und Intuitionen, die ständig unter der Oberfläche seines gefälligen Äußeren tobten. Dieses Spektrum seiner Reaktionen bedeutete für ihn das Material seines Handwerks. Außerdem konnte Olivier ein Bündel von Widersprüchen sein. Er liebte Rituale, Zeremonien, Formalitäten und Traditionen, doch manchmal kehrte er das Unstandesgemäße hervor, erging sich in schlüpfrigen Witzen, spielte den Draufgänger und liebte exzentrische Reaktionen. Er war also von einem inneren Konflikt hin und her gerissen zwischen einem Mann, der Konformität ersehnte, und einer wilden und leidenschaftlichen Kreatur. Meistens waren seine heftigen Ausbrüche, seine leidenschaftlichsten Momente, für die Bühne reserviert, wo der ganze Reichtum seines Temperaments blitzlichtartig aufflammte. »Ich fühle mich nur dann wirklich lebendig«, sagte er oft, »wenn ich schauspiele.«[37]

Die Feier dieses Abends endete in verschrecktem Schweigen. »Er hatte das Fest auf dem Gewissen«, sagte Evershed-Martin, »aber für seine wohlgesetzte Entschuldigung am nächsten Morgen habe ich ihn wirklich sehr bewundert. Er gab zu, daß er völlig erschöpft war und zuviel getrunken hatte. Und natürlich hatte ich unrecht, sie gaben *Onkel Wanja* in der nächsten Saison noch einmal, und es war ein großer Erfolg!« Es stand ein weiterer Ausbruch ins Haus, als Vivien in diesem Sommer das Festival besuchte. Seit der Scheidung hatte sie in einem Film mitgespielt, ein neues Haus in Sussex eingerichtet, eine Tournee durch Australien mit drei Stücken gemacht und lebte mehr oder weniger glücklich mit John Merivale. Als Evershed-Martin von Viviens Ankunft erfuhr, empfing er sie mit diplomatischem Geschick während der Pause und brachte es irgendwie fertig, sie davon abzuhalten, zu Olivier zu gehen, der seinerseits in Alarmbereitschaft war und sich bis zu ihrer Abreise versteckte.

Am 9. August wurde in London verkündet, daß nach einem Jahrhundert der Diskussionen und einem Jahrzehnt der Unentschiedenheit seitens der Regierung das National Theatre nun endlich eine Realität geworden sei, und zwar unter der Direktion von Sir Laurence Olivier. In Chichester war das für niemanden eine Überraschung, aber es war eine Nachricht von internationaler Bedeutung. »Wirst du das National übernehmen?« hatte Joan ihn im Frühsommer gefragt. »Ich denke ja«, hatte Olivier seelenruhig geantwortet. Ihm waren alle Überlegungen und Bedenken der Verantwortlichen bekannt, und seine Meinung dazu war bei mehreren Gelegenheiten gehört worden. »Er wünschte seine Ernennung von Anfang an mit Leib und Seele«, berichtete Virginia Fairweather.

> Er wußte, daß er für Chichester nicht an erster Stelle gestanden hatte, doch er akzeptierte den Posten dennoch als Erprobungsfeld für das National Theatre. Wenn er Fehler in Chichester machte, und die machte er, dann war es eben nur Chichester, und besser hier Fehler machen als in London, auf das er das ganze Jahr hinarbeitete.[38]

»Ich glaube nicht, daß das National Theatre ohne Larrys Kraft, Prestige und Ausstrahlung gerade zu dieser Zeit überhaupt zustande gekommen wäre«[39], sagte Peter Hall, der Leiter der Royal Shakespeare Company und spätere zweite Direktor des National Theatre. »Er hat die ganze Angelegenheit sehr schlau und sehr richtig betrieben; er ist nach Chichester gegangen, um Erfahrungen mit einer offenen Bühne zu sammeln, und diese Erfahrungen hat er genutzt, um ein Ensemble für das National Theatre zu begründen.«

Und so war schließlich das National Theatre entstanden. Schon 1848 war es von dem Verleger Effingham Wilson geplant worden, es wurde ein zeitweise aktiver öffentlicher Fonds eingerichtet, der gelegentlich durch den Nachdruck von Matthew Arnold, Harley Granville-Barker, George Bernard Shaw, Winston Churchill und anderen wieder ins Leben gerufen wurde. 1937 wurde in Kensington ein Grundstück erworben, doch dann kam der Krieg dazwischen. Später entschied sich der Stadtrat von London für ein Stück Land auf dem Südufer der Themse, und dort wurde 1951 ein Grundstein gelegt, der allerdings im Jahr darauf wieder entfernt wurde. 1962 bestand die Hoffnung, daß innerhalb der nächsten drei oder vier Jahre ein Gebäude errichtet werden würde; tatsächlich fanden die Aufführungen des National Theatre bis 1976 an anderen Spielstätten statt. Zu dieser Zeit war Olivier schon nicht mehr Direktor.

Mit der Leitung von Chichester und seiner Ernennung zum ersten Leiter des National Theatre erreichte Olivier den Höhepunkt seines Erfolgs als Schauspieler-Manager-Regisseur und übertraf damit jeden anderen seiner Vorgänger in diesem Metier. »Ich war am besten geeignet für diesen Job«, sagte er freimütig und fügte hinzu: »Ich hatte so viele Mißerfolge am St. James's Theatre, daß die Verantwortlichen für das National Theatre der Ansicht waren, ich hätte eine Menge gelernt. Nur wenige Schauspieler verfügten über einen so reichen Erfahrungsschatz wie ich.«[40] Obwohl er großes Vertrauen in seine

Fähigkeiten setzte, wußte er, daß er ein Ensemble benötigte, das nicht nur eine Führung brauchte, sondern bereit war, selbst kreativ am Erfolg mitzuarbeiten. Peter Glenville hatte wie viele seiner Kollegen Oliviers Ernennung zum Leiter des National Theatre erwartet. Da er von Olivier sehr genau wußte, daß dieser einen großen »Erfolgshunger«[41] und »Führungsdrang« hatte, wie er es nannte, stimmte er mit anderen Regisseuren wie Peter Brook, Tony Richardson und Glen Byam Shaw überein, daß das National Theatre mit Olivier seine größten Erfolgschancen hätte. Die Kritiker äußerten natürlich sofort ihre Befürchtungen, daß er am National Theatre nur zu Recht vergessene britische Stücke wie *The Chances* und *Das gebrochene Herz* auf die Bühne bringen und aus der neuen Institution ein Museum machen würde oder daß er speziellen Interessengruppen wie den Darstellern vom Royal Court nachgeben und das Repertoire mit zeitgenössischen Stücken überfrachten würde. Guter Rat und Vorsicht waren dringend notwendig. Die literarischen Stirnen im ganzen Land legten sich in Sorgenfalten.

Olivier war jedoch entschlossen, die Kritiker im ungewissen zu lassen, und es gehörte ebenso zu seiner Strategie, die Hauptrolle in dem Stück *Semi-Detached* des jungen Exlehrers David Turner anzunehmen, bei dem Tony Richardson Regie führen würde. Die Premiere des Stücks war für den November in Edinburgh vorgesehen, bevor es in London im folgenden Monat herauskommen sollte. Es war eine Satire auf das britische Vorstadtleben: Fred Midway, gespielt von Olivier, ist ein intellektuelles Leichtgewicht, ein ehrgeiziger, angeberischer Versicherungsinspektor, der einen höheren Rang auf der sozialen Leiter anstrebt.

Olivier lernte seine Rolle im September während seiner dreiwöchigen Ferien, die er in Eze an der Französischen Riviera mit Richard und Joan verbrachte. Seine Frau war jetzt im fünften Monat schwanger. Dort nahmen sie eine Einladung von Fürst Rainier und seiner Frau Grazia Patricia an, der früheren amerikanischen Filmschauspielerin Grace Kelly. Nach einem luxuriösen Essen nickte Rainier ein, und Olivier versuchte den peinlichen Augenblick damit zu überspielen, daß er die Fürstin fragte, ob sie seinen Film *Der Prinz und die Tänzerin* gesehen habe. Er merkte plötzlich, daß dies wie ein Affront wirken könnte, korrigierte sich und begann über das Originalstück *The Sleeping Prince* zu reden, obwohl dieses Thema im Augenblick noch weniger angebracht war. Schließlich wandte er sich Grazia Patricia zu, die sich niemals an steife Formalitäten hielt und sich köstlich über diese Komödie amüsierte. Olivier lächelte, blinzelte ihr zu und fragte: »Haben Sie jemals in Detroit gespielt?«[42]

Im Oktober war das neue Haus der Oliviers am Royal Crescent Nr. 4 in Brighton endlich bezugsfertig; Olivier hatte zwanzigtausend Pfund dafür bezahlt und noch einmal die Hälfte davon für Renovierungen ausgegeben. Es stand in einer Reihe von vierstöckigen grauen Backsteinhäusern an einer Straße mit Grünstreifen zwischen Palace Pier und Black Rock, es hatte zwölf Zimmer und einen direkten Ausblick über den Kanal. Während Joan und eine Haushälterin in das Haus einzogen, absolvierte Olivier ein hartes Programm: begann mit den Proben zu *Semi-Detached*, fuhr zu Besprechungen nach London für die Eröffnung der ersten Saison 1963 des National Theatre und arbeitete weiter an den Plänen für die zweite Saison in Chichester.

Seit der Premiere in Edinburgh am 19. November war es klar, daß Turners Stück Probleme hatte, und entsprechend schlecht ging es Olivier, denn er konnte nur wenig dazutun, einer Provinzkomödie zum Erfolg zu verhelfen. Fred Midway war wohl seine unsympathischste nichtklassische Rolle, ein extrem reizloser und blasser Charakter, und seine zwei Locken, sein schlaff herabhängender Schnurrbart und sein ausgeprägter Provinzdialekt amüsierten keinen der Kritiker und nur wenige Zuschauer. »Es ist ein dumpfes und dummes kleines Stück«, schrieb Bernard Levin in der *Daily Mail* nach der Premiere am 5. Dezember in London.

> Ab und zu zeigt unser größter Schauspieler ein kleines bißchen von seiner Kunst, aber das ist auch schon alles. Und wenn dies die Art von Stücken ist, die der Direktor des National Theatre für wert hält, auf die Bühne gebracht zu werden, dann kann ich nur sagen, daß es besser gewesen wäre, ihm den Grundstein um den Hals zu hängen und ihn in die Tiefen des Meeres zu versenken.[43]

»Oh, was hat er für ein schlechtes Urteilsvermögen«, notierte Noël Coward in seinem Tagebuch. »Dieses Stück zu machen, war ein Riesenfehler.«[44] Olivier stimmte zu: »Ich fühlte mich elend, als ich es machte. Sie haben mich gehaßt, die Kritiker und das Publikum. Ich fühlte jede Nacht, wie es über mich hereinbrach... dreizehn Wochen lang war es die reine Tortur.«[45]

Diese unerfreuliche Entwicklung und sein gedrängter Terminkalender führten im Dezember zu einer Phase heftigen Trinkens, und da er wußte, wie gefährlich das für ihn werden könnte, faßte er zum neuen Jahr den guten Vorsatz, das Trinken vom 1. Januar 1963 an für ein Jahr völlig aufzugeben. Obwohl er sicherlich nie ein Alkoholiker war, konnte er eine enorme Menge Whisky vertragen. Jedes gesellschaftliche Ereignis, wie in diesen Jahren nahezu täglich eines stattfand, bedeutete im allgemeinen mehrere Drinks, eine Flasche Wein und zahlreiche Brandys. Jeden Abend ein Auftritt, tägliche Besprechungen, das ständige Hetzen von Brighton nach Chichester, nach London, mit ständig wechselnden Verpflichtungen, eine solche Belastung erforderte äußerstes Durchstehvermögen. Darum' änderte Olivier seine Lebensgewohnheiten, verzichtete auf Alkohol, zog jeden Morgen einen Trainingsanzug an und lief zwei Kilometer auf der Uferpromenade von Brighton.

Es gab natürlich noch einen anderen Ansporn für ihn, sich mehr um seine Gesundheit zu kümmern: Er war mit einer jungen Frau verheiratet und hatte die Verantwortung für eine Familie, die sich am 10. Januar 1963 noch einmal vergrößert hatte, denn sie hatten eine Tochter bekommen, der sie die Namen Tamsin Agnes Margaret gaben (der erste eine Ableitung von Thomasina, der zweite nach seiner Mutter). Olivier versuchte, so großzügig und aufmerksam gegenüber seiner neuen Familie zu sein, wie seine beruflichen Verpflichtungen dies zuließen, und er zeigte gern seinen Stolz und sprach häufig mit Kollegen über seine Kinder. Er wird empfunden haben, daß dies eine Gelegenheit für ihn war, seine Versäumnisse gegenüber Tarquin wieder gutzumachen; und obwohl er aufgrund seines Alters schon mehr eine Großvaterfigur für seine Kinder war, gab es an seiner Zuwendung und Hingabe keinen Zweifel.

Die ersten Monate des Jahres 1963 waren angefüllt mit Verwaltungsangelegenheiten und Leseproben für das National Theatre. Alle diese Aufgaben mußten in einem Rahmen abgewickelt werden, den man den glanzlosesten nennen kann, der für eine künstlerische Arbeit nur denkbar ist. Da es noch kein Theatergebäude gab, sollte das National Theatre zunächst das Old Vic übernehmen, bis die neuen Bauten an der South Bank fertiggestellt wären, und so lange waren die Büros und Probenräume in drei langgestreckten, windschiefen Baubaracken untergebracht, die ein paar hundert Meter entfernt in der Aquinas Street lagen, einer Seitengasse parallel zum Flußufer, in einer abgelegenen Gegend, die einst im deutschen Bombenhagel dem Erdboden gleichgemacht worden war. Am einen Ende lag ein größerer Raum für Proben und Lesungen, und von einem langen Flur gingen kleine Büroräume ab und ein provisorischer Sitzungsraum. Im Winter eiskalt, im Sommer brütend heiß und das ganze Jahr über faulig riechend, waren die Baracken ungesund, viel zu beengt und außerdem für Besucher schwer zu finden. Der Ort ähnelte der Kommandostation eines Flugplatzes an der Küste irgendwo im Süden Englands während des Zweiten Weltkriegs, und Olivier war hier der diensthabende Offizier in der zwielichten Atmosphäre großer Erwartungen, guten Willens und bereitwilliger Zusammenarbeit. Der Schauspieler Ronald Pickup beschrieb die Situation als »leicht verworren und durcheinander, improvisiert und verwickelt. Es gab sehr herzliche und ermutigende Augenblicke innerhalb dieser Familie, aber ebenso Spannungen, Kräche und Türenknallen«.[46]

Einer der ersten wichtigen Mitarbeiter, die sich in der Aquinas Street verpflichteten, war kein anderer als Kenneth Tynan, der im Theaterleben des Landes die Rolle des weisen Übervaters angenommen hatte. 1963 war er Theaterkritiker beim *Observer* und galt als einer der geistreichsten und pointiertesten Schreiber der englischen Sprache, ein Mann von umfassender Bildung, der in seinen Kritiken von gefährlicher Schärfe sein konnte. Daher wurde er von denen gefürchtet und bewundert, über die er als Journalist Macht ausüben konnte. Er war zwanzig Jahre jünger als Olivier, hatte in Oxford studiert und gefiel sich als Essayist und Dandy, der gewöhnlich in malvenfarbenen oder lila Anzügen im Theater erschien, ein geborener Stotterer, der so manche Vorstellung in Grund und Boden verdammte (wie so häufig bei Vivien) und sich dann wunderte, warum er nicht von seinem Opfer zum Dinner eingeladen wurde.

Tynan, ein Kettenraucher, der mit dreiundfünfzig an einem Lungenemphysem sterben sollte, war vor allem ein großer Theaterbesessener. Der Ruhm eines Schauspielers war fast ein Aphrodisiakum für ihn, doch das war nicht alles, denn im Privatleben war er gleichfalls exzentrisch, ein zu groß geratener Junge mit sexuellen Obsessionen, die bemerkenswert oft seinen Kritiken die Würze gaben. Er »entwarf« die endlos gespielte Softporno-Revue *Oh! Kalkutta!*, und er neigte, wie seine Biographie detailliert ausführt, zu gemäßigteren Formen des Sadomasochismus. Bei einem Kritiker, der so erbarmungslose Attacken ritt, war es nicht ohne Ironie, daß seine bevorzugte Sportart im Schlagen willfähriger Frauen bestand. Er war auch von der Homosexualität fasziniert, die er so oft und so heftig ablehnte, daß viele Leute überzeugt waren, daß er sie insgeheim praktizierte.

Tynans überzeugender literarischer Stil, seine beeindruckende Bildung auf dem Gebiet des Theaters und seine furchtlose Polemik hatten zur Folge, daß manche Leute seine Gerissenheit für Genialität hielten. Olivier, der sein Leben lang unter seinem Mangel an Bildung litt, gehörte zu Tynans großen Bewunderern, selbst wenn er sich über eine Besprechung geärgert hatte. Doch als Tynan ihm schriftlich anbot, den *Observer* zu verlassen und der Leitung des National Theatre beizutreten, war Oliviers erste Reaktion, ihn abzulehnen. Joan überzeugte ihn davon, daß es besser wäre, den Kritiker (»the little fucker«[47], wie Olivier ihn öfter nannte) in seinen eigenen Reihen zu haben. So konnte die Pressereferentin Virginia Fairweather nach zwei Wochen die Mitteilung herausgeben, daß Kenneth Tynan als literarischer Leiter des National Theatre engagiert worden sei. Er sollte an allen Entscheidungen beteiligt sein, die nicht unmittelbar mit den Inszenierungen zu tun hatten, einschließlich der Auswahl der Stücke, der Besetzung, der Öffentlichkeitsarbeit und der langfristigen Planung, und am Ende war er mit jedem Detail befaßt, bis hin zum Entwurf des Briefpapiers.

Tynan bewunderte Olivier wegen seiner Erfolge, seines Ranges, seiner glanzvollen Ausstrahlung und seines internationalen Ruhms. Doch John Osborne[48] gehörte zu denjenigen, die Tynans Einfluß für verheerend hielten, weil er spürte, daß Tynan vor allem einen ausgeprägten Sinn für das Modische hatte, den Olivier als intelligente Modernität mißverstand. Auch Peter Hall war der Ansicht, daß Olivier einen empfindlichen Minderwertigkeitskomplex bezüglich seiner eigenen geistigen Fähigkeiten hegte, und das trotz seiner überragenden schauspielerischen Leistungen und seiner erstaunlichen Begabung. »Seine dichten Augenbrauen senkten sich wie Jalousien, wenn er sich einem Intellektuellen gegenübersah, weil er genau wußte, daß er keiner war. Als er an das National Theatre ging, beschloß er, die größte Intelligenzbestie einzukaufen, die er finden konnte, und so kaufte er Ken.« Damit beging Olivier einen taktischen Fehler, denn Tynan erwies sich als ein raffinierter Taktierer, der vor allem von seinem eigenen Verlangen nach Starruhm motiviert war und sich dieser Obsession in der Art der höfischen Intrige hingab, die eines Renaissancefürsten würdig gewesen wäre. In Zigarettenqualm eingehüllt, schritt er durch die schäbigen Korridore der Aquinas-Street-Baracken, als sei er einer Dante-Illustration Dorés entsprungen, und schürte Intrigen. Und da Olivier durch Bildung leicht einzuschüchtern war, neigte er dazu, seine eigene kreative Intuition Tynans Argumenten unterzuordnen.

Die Partnerschaft in ihrem ungleichen, aber anregenden Erfindungsreichtum, ihrer argwöhnischen gegenseitigen Bewunderung und ihrer kontroversen und gelegentlich unsinnigen Produktivität wurde bald zur Legende. Da Olivier, was die neuesten Strömungen des Schauspiels und seine Fähigkeiten in der Auswahl neuer Stücke betraf, sehr unsicher war, verließ er sich auf Tynans literarisches Urteil bei der Auswahl eines Repertoires von klassischen und zeitgenössischen

Stücken, britischen wie ausländischen, so daß das National Theatre eine Art Bibliotheksmuseum der großen dramatischen Weltliteratur wurde. Der Eklektizismus des Programms wurde sofort deutlich, als die Saison 1963/64 angekündigt wurde. Von Chichester wurden *Onkel Wanja* und *Die Heilige Johanna* übernommen, und dazu kamen *Hamlet* und *Othello*; Farquhars *Der Werbeoffizier*; Harold Brighouses *Hobson's Choice*; Max Frischs *Andorra*; Becketts *Endspiel* und Sophokles' *Philoktet* als Doppelprojekt und Ibsens *Baumeister Solness*.

Ebenso wichtig waren die ausgewählten Schauspieler: Olivier, der die Konkurrenz zu Halls Royal Shakespeare Company genauso fürchtete wie den Vorwurf, nicht auf der Höhe der Zeit zu sein, vermied es, die ältere Riege verdienter britischer Schauspieler zu engagieren, und sprach sich für eine jüngere Generation aus. Dabei spielte Joans Einfluß sicherlich die größte Rolle. Gleichzeitig strebte Olivier für sich die Vormachtstellung an. Gielgud trat niemals mit ihm am National Theatre auf und erhielt bis 1967 nicht einmal eine Anfrage dort aufzutreten. Auch Richardson war während der Ära Olivier nicht ein einziges Mal am National Theatre zu sehen. Nur ein paar Frauen, die der älteren Generation angehörten, wie Edith Evans und Peggy Ashcroft, traten dort auf, wenn auch nur selten, und es gab keinen einzigen Mann im Ensemble, der ihm nur annähernd das Wasser reichen konnte. Michael Redgrave, der einzige andere Ritter des Ensembles, war über Chichester in die Truppe des National Theatre gekommen und verließ sie bereits 1964. »Wenn er Leute wie Gielgud, Scofield, Finney hatte, dann spielte er nicht mit ihnen gemeinsam«, bemerkte Tony Richardson einige Jahre später. »Niemals hat es ein einheitliches Niveau gegeben, und Larry hatte schließlich nur noch ziemlich mittelmäßige Schauspieler um sich versammelt.«[49]

Oliviers Begeisterung für die Idee eines Ensembles kam nicht immer aus vollem Herzen, meinte William Gaskill, den er mit John Dexter gleichzeitig als Regisseur engagiert hatte, was vor allem dem Einfluß Tynans zu verdanken war, der Stars an seinem Haus haben wollte. Als ihm das nicht gelang, hatte das einen Doppeleffekt zur Folge, denn wenn es nicht Olivier selbst war, der sich zum Zentrum des Schauspieluniversums am National Theatre machte, so wurde er jetzt von Tynan dazu gemacht, und viele britische Schauspieler waren gekränkt, weil sie ganz einfach ignoriert wurden. Sie hätten ihre Popularität und ihren Einfluß geltend gemacht, und das wollte Tynan nicht akzeptieren. Sein Regime mit Olivier, den er bis zur Anbetung verehrte, vermittelte tatsächlich den Eindruck, daß dort, während es am

National Theatre keinerlei Stars gab, Oliviers Stern ständig hell erglänzte.

Gaskill war nur einer von vielen, die der Ansicht waren, daß die Zusammenarbeit von Olivier und Tynan keine erstklassigen Ergebnisse zustande brächte und daß es an Tynans Einfluß eine Menge auszusetzen gäbe. Osborne, Dexter und Gaskill stimmten den Kritikern zu, die der Meinung waren, daß Olivier mehr spielen sollte und daß die Herrschaft eines eigenwilligen literarischen Doyens wie Tynan die angestrebten Ideale des National Theatre behinderte. Tatsächlich waren viele Ensemblemitglieder der Ansicht, daß Laurence Olivier, abgesehen von seinen Auftritten und begeisternden Inszenierungen, eher eine würdige Galionsfigur war als jemand, der den Kurs bestimmte. In dieser Hinsicht ermöglichte er einem, der sehr viel selbstherrlicher war als er selbst, ein leichtes Spiel, denn Tynan war sowohl energisch als auch despotisch. Keiner von beiden ertrug Narren gern, aber Olivier fühlte sich nie verpflichtet, den Planeten von ihnen zu befreien.

Auf einer persönlichen Ebene war ihre Beziehung nicht leicht einzuordnen. Oft hatte man den Eindruck, als wollte Tynan Olivier dominieren, und häufig hörten Kollegen den Direktor mit den Worten einlenken: »Wie du meinst, Kenboy.« Wie die Schuljungen beklagte sich oft einer über den anderen bei einem dritten, doch wann immer so ein Fall Tynan zu Ohren kam und er verärgert war, setzte Olivier seine Fähigkeiten ein, zu scherzen und den Koketten zu spielen, seine »Jungmädchenhaftigkeit«[50], wie Elia Kazan es nannte, und gewann Tynans Sympathien zurück.

Olivier hatte immer etwas Schalkhaftes und nahm gern eine verführerische Pose ein; er nutzte seine körperliche Ausstrahlung, um damit Leute für sich zu gewinnen. Als er Gaskill vom Royal Court zum National Theatre bringen wollte, war seine Taktik, ihn wie eine Frau zu behandeln, er nannte das »Die Werbung von Billy Gaskill«, und er benutzte dabei alle Tricks des Flirtens. Gerade weil er ein Mann mit einer so ausgeprägten Männlichkeit war, konnte er sich einen femininen Anstrich geben, wann immer er wollte, und darin bestand ein Großteil seiner Faszination und seiner Begabung. Alles, was er auf der Bühne einsetzte, um das Publikum für sich zu gewinnen, konnte er ebenso im Alltag in unerschöpflicher Fülle anwenden. Neben vielen anderen hat auch Anthony Quinn diesen Zug an ihm bemerkt und nach der gemeinsamen Arbeit am *Becket* davon berichtet.

Die Beziehung zwischen Olivier und Tynan hatte etwas Unberechenbares, war oft heimlichtuerisch und wirkte recht bizarr, so daß die weitverbreiteten Gerüchte keineswegs überraschten, daß sie, zumindest eine Zeitlang, eine Liebesbeziehung gehabt hätten. In Londoner Theaterkreisen galt das als allgemein bekannt. John Gielgud zufolge war Vivien davon überzeugt, daß sie eine Affäre hatten, und Gielgud selbst stimmte zu, daß Tynan offenbar einen Narren an Olivier gefressen hätte. Verliebtsein muß nicht unbedingt heißen, daß es auch in die Tat umgesetzt wird, doch während beide Männer alles dazutaten, dem schicklichen Bild sexueller Konventionalität zu entsprechen, gefiel es Tynan ebensosehr, das *enfant terrible* zu spielen, und Olivier fand sein exaltiertes Verhalten und seine schockierenden Äußerungen amüsant, genauso wie es ihm mit Danny Kaye ergangen war. Sexuelle Intimität mit Tynan mag sehr gut zu ihrer gegenseitigen Bewunderung gepaßt haben, und viele Kollegen jener Zeit vom National Theatre wie auch spätere waren der Ansicht, daß die zunehmend exklusive Beziehung der beiden eine eindeutig erotische Färbung hatte; sie spekulierten, daß Olivier mit seiner Flirterei und Verführungskunst diesmal zu weit gegangen sei und daß Tynan, der sich seines Einflusses sehr wohl bewußt war und zugleich Oliviers Wunsch, modern zu sein, genau kannte, schließlich einen erfolgreichen Feldzug zur sexuellen Eroberung geführt habe. Frauen konnte er schlagen, Olivier mußte er hätscheln. Was immer sich im Privaten abgespielt haben mag – und von einer offenen homosexuellen Beziehung kann nicht die Rede sein –, Tynans Drohung wenige Jahre später, ein Buch über ihre Beziehung zu veröffentlichen, hatte zur Folge, daß Olivier völlig außer sich war, weil er nichts veröffentlicht sehen wollte, was über eine reine Theaterbiographie hinausging. Aber es gibt doch einige sehr kuriose sexuelle Kommentare zu Oliviers Auftritten. »Man kann nicht Liebe auf Raten machen«, schrieb Tynan in einer typischen Passage, »und Oliviers Beziehung zu seinem Publikum ist die eines erfahrenen, aber dominierenden Liebhabers.«[51] Die Anspielung ist Tynan in Bestform.

Zu seinem sechsundfünfzigsten Geburtstag im Mai dieses Jahres wurde Olivier mit einer kleinen Feier zur Teestunde im Probensaal an der Aquinas Street geehrt; da er an der Gicht litt und humpelte, verzichtete er auf ausgiebigere Festlichkeiten und zog es vor, den Tag mit Arbeit zu verbringen. Er probierte *Onkel Wanja* für Chichester und das National Theatre und hielt Besprechungen mit den beiden Führungsstäben ab. Joan sollte das Sommerfestival von Chichester am 24. Juni als Shaws Heilige Johanna eröffnen. Olivier trat dort in dieser Saison nur als Astrow auf. Ansonsten ließen er und Tynan im Frühling und Sommer Schauspieler für das National Theatre öffentlich vorsprechen. In vielen Fällen war dies eine reine Formalität, denn Olivier hatte ein untrügliches Gefühl dafür, ob der Schauspieler für ihr Repertoire geeignet war, und das hing nicht nur von dessen Auftritt ab, sondern manchmal reichte schon eine kurze Unterhaltung. Er sagte einmal zu Rosemary Harris, daß er oft schon wisse, ob jemand Talent habe, wenn er nur die Stimme am Telefon höre.

Olivier war sich bestimmt dessen bewußt, daß er die bekannteste Gestalt in der Geschichte des Theaters war, und er unterschied sich dadurch von all seinen Vorgängern, daß er sich ständig den Medien aussetzte und den Ruhm völlig selbstverständlich trug. Kinostar und klassischer Schauspieler, fahrender Ritter im Namen des Empire, und nun auch noch ein Mann des modernen Theaters – all dies zusammengenommen machte aus ihm eine Persönlichkeit des öffentlichen Interesses. Und als solche war er gleichermaßen entschlossen, dieser herausragenden Position gerecht zu werden und sich Zustimmung zu verdienen, indem er ein National Theatre schuf, das sich aus aufstrebenden jungen Talenten zusammensetzte.

Außerdem gab er sich völlig der Idee des Theaterexperiments hin, dem er früher recht ablehnend gegenübergestanden hatte. Gaskill[52] führte Regie bei seiner kleinen, aber wesentlichen Rolle des Captain Brazen in *Der Werbeoffizier* in dieser ersten Spielzeit, und obwohl Olivier das Improvisieren bei der Probe nicht mochte, war jeder davon beeindruckt, wie bereitwillig er sich der Erforschung der Rolle aus dem Stegreif hingab. Vielleicht mußte er diese ihm gänzlich fremde Methode der Vorbereitung durch irgend etwas kompensieren, und so erweckte er bei Gaskill und Dexter, sogar bei dem bewundernden Tynan, auf den Proben den Eindruck, als spielte er eine überzogene Karikatur. Eines Nachmittags gingen sie zu ihm und teilten ihm ihre Kritik mit, und obwohl Olivier überrascht war, hörte er aufmerksam zu, nahm die Kritik zur Kenntnis und veränderte seine Darstellungsweise. Was die spontanen Einfälle betraf, war Olivier ehrlich: »Ich mag keine Improvisation bei der Probe. Wenn ein Regisseur sagt, probier dies aus, probier das, denke ich: ›Hör zu, mein Freund, das kann ich auch zu Hause machen.‹«

Am 24. Juni wurde die zweite Chichester-Saison mit Shaws *Heiliger Johanna* eröffnet; eine Woche später spielte Olivier in der Wiederaufnahme des *Onkel Wanja*, wo Rosemary Harris die Rolle der Jelena übernommen hatte, was die Kritiker einstimmig begeistert aufnahmen. Zur gleichen Zeit lernte er seinen Text für die Nebenrolle des Captain Brazen, und er hatte auf Tynans Drängen eingewilligt, den Othello zu Shakespeares vierhundertstem Geburtstag im nächsten

1965

Die Oliviers bei ihrer Rückkehr von einem Gastspiel
des National Theatre in Moskau, 1965. *(Globe Photos)*

1965-1970

Mit Noël Coward
während der Dreharbeiten
zu *Bunny Lake ist verschwunden*, 1965.
(National Film Archive, London)

Laurence Olivier
während einer Drehpause
bei *Khartoum*, 1965.
(National Film Archive, London)

Olivier macht bei den
Filmaufnahmen zu *Totentanz*
seine Witzchen, 1969.
(National Film Archive, London)

Mit Joan in der Verfilmung
von *Drei Schwestern*, 1970.
(National Film Archive, London)

Als Shylock, mit Joan als Porzia
in *Der Kaufmann von Venedig* am National Theatre, 1970. *(Anthony Crickmay)*

1971-1975

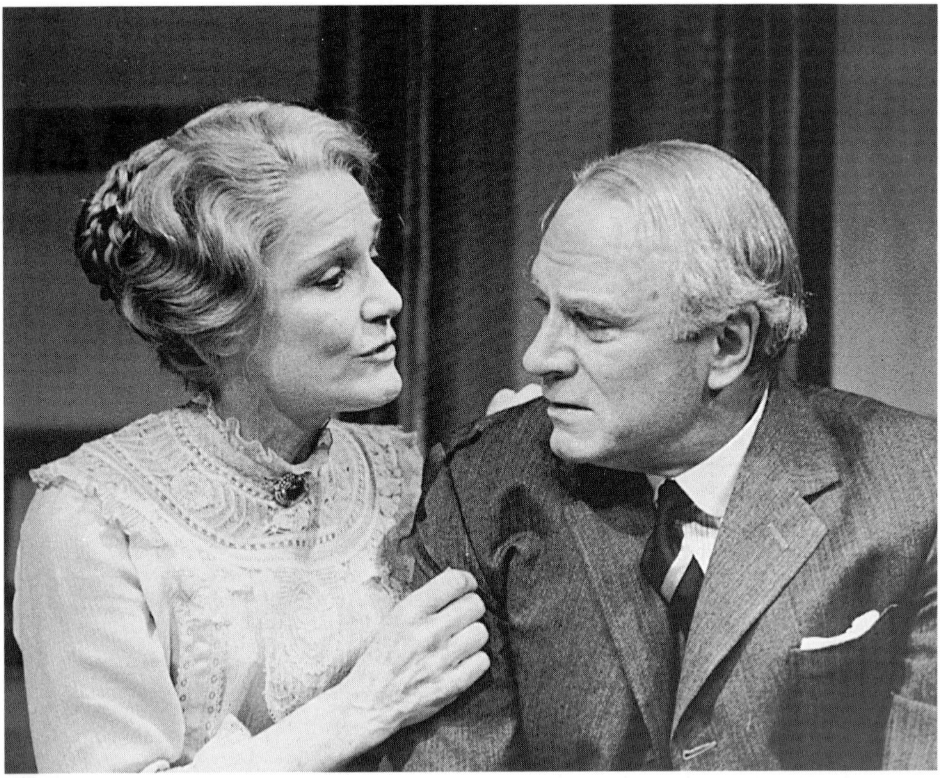

Als James Tyrone,
mit Constance Cummings als Mary
in *Eines langen Tages Reise in die Nacht*
am National Theatre, 1971.
(Zoe Dominic)

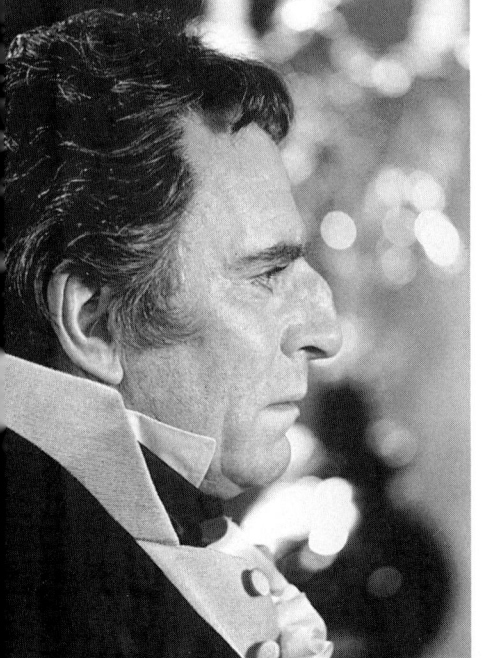

Als Duke of Wellington
in dem Film *Lady Caroline Lamb*, 1972.
(National Film Archive, London)

Mit Katharine Hepburn
in dem Film
Love Among the Ruins, 1974.
(National Film Archive, London)

Als der sadistische Zahnarzt Dr. Szell
in dem Film *Der Marathon Mann*, 1975.
(National Film Archive, London)

1976-1978

Laurence Olivier in dem Film
Der Clan als der geldgierige
Hardemann, 1977.
(National Film Archive, London)

Während der Außenaufnahmen
zu *Ich liebe dich –
I love You – Je t'aime*, 1978.
(National Film Archive, London)

Noch immer will er die Stunts
selber spielen. In einer Szene aus
Ich liebe dich – I love You – Je t'aime.
(National Film Archive, London)

1979~1980

Als Lord Marchmain in der Fernsehserie *Wiedersehen mit Brideshead*, 1979.
(National Film Archive, London)

Mit Neil Diamond während der Dreharbeiten zu *The Jazz Singer*, 1979.
(National Film Archive, London)

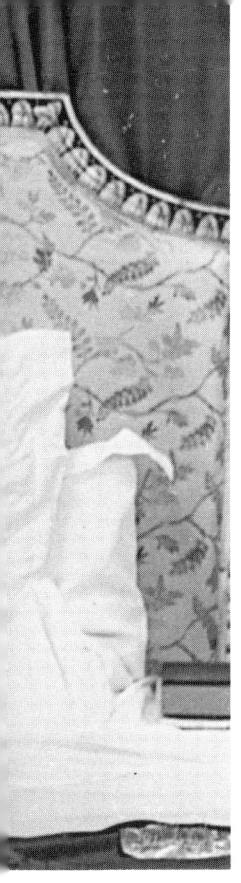

Joan und Richard
bei der Premiere von
Filumena in New York, 1980.
(Darleen Rubin)

Die Oliviers auf der Feier für
das Ensemble von *Filumena,* 1980.
(Darleen Rubin)

Laurence Olivier als der blinde Rechtsanwalt Clifford Mortimer
mit Alan Bates in *A Voyage Round My Father,* 1981.
(National Film Archive, London)

Mit Jackie Gleason in
Mr. Halpern and Mr. Johnson, 1982.
(National Film Archive, London)

Als König Lear in
der Fernsehversion des
Shakespeare-Dramas, 1982.
(Granada TV)

1984-1985

Mit Mary Evans
in New York, 1985.
(Aus der Sammlung von Laurence Evans)

1985 in Chichester bei der Enthüllung der
Olivier-Skulptur von Lawrence Holofcener (*links*).
(Aus der Sammlung von Lawrence Holofcener)

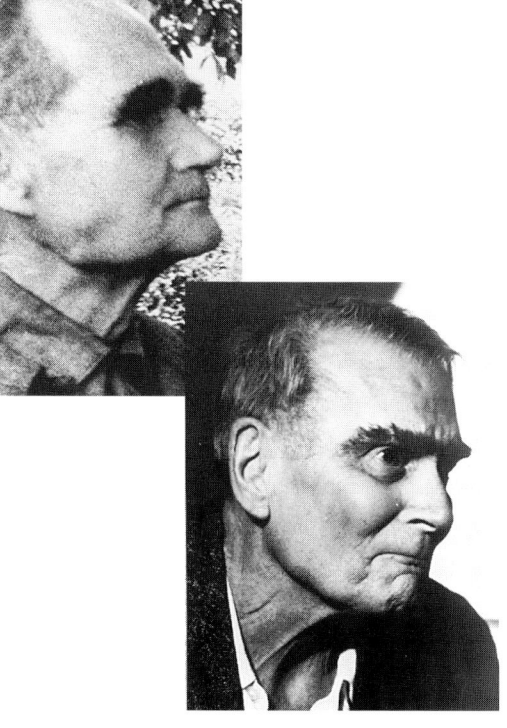

Mit dem Regisseur Robert Knights
während der Dreharbeiten zu *The Ebony Tower*, 1984.
(Aus der Sammlung von Robert Knights)

Rudolf Hess und Oliviers
Verkörperung dieses Mannes
in *Wild Geese II*, 1984.

Lord und Lady Olivier
mit ihren Kindern Julie-Kate,
Tamsin und Richard, 1985.
(R. Open / Camera Press)

Bei der Ankunft in Los Angeles
in Begleitung von Mary Evans, 1985.
(Globe Photos)

Laurence Olivier mit seinem Freund und Agenten Laurence Evans
in seinem Garten an seinem achtzigsten Geburtstag am 22. Mai 1987.
(Aus der Sammlung von Laurence Evans)

Laurence Olivier mit achtzig Jahren. *(Alistair Morrison / Camera Press)*

Frühjahr zu spielen. Als wäre dies noch nicht genug Druck, verhandelte er über den Kauf eines zweiten Hauses, eines Bauernhauses aus dem siebzehnten Jahrhundert mit vier Schlafzimmern, im ländlichen Sussex gelegen, für das er achttausendsiebenhundertfünfzig Pfund bezahlte. Das Geld hatte er aus Ersparnissen von seinen Filmrollen, denn sein Gehalt am National Theatre betrug nur etwas mehr als hundert Pfund die Woche. Wie es ihm mit all seinen Häusern bisher ergangen war, erforderte auch dieses viel Zeit zur Renovierung und Modernisierung. Um seine physische Belastbarkeit für diesen dichtgedrängten Terminkalender aufrechtzuerhalten, begann Olivier, zusätzlich zu seinem täglichen Lauf, dreimal wöchentlich ein Training mit Gewichten in einem Londoner Sportstudio zu absolvieren.

Dann gab es noch die regelmäßig stattfindenden Sitzungen, auf denen vor allem die Fortschritte des Neubaus des National Theatre an der South Bank besprochen wurden. Denys Lasdun[53], der in diesem Jahr als Architekt ausgewählt worden war, berichtete, daß Olivier ein Komitee zur Ausarbeitung der Pläne einsetzen wollte und außerdem die Ratschläge von George Devine, Peter Hall und Peter Brook einholte. Diese Sitzungen, die während des ganzen Jahres 1964 und darüber hinaus stattfanden, verliefen häufig sehr kontrovers, aber Olivier war ein geduldiger Vorsitzender, der niemandem seine persönlichen Neigungen aufdrängen wollte. Olivier gab einem Entwurf den Vorzug, der für die Schauspieler höchst gefährlich war. Im typischen postelisabethanischen Theater spielt der Schauspieler frontal zu seinem Publikum, doch ist er weit von ihm entfernt. Olivier fand es jedoch sehr viel aufregender, wenn der Schauspieler nicht mit seinem Publikum konfrontiert war, sondern auftrat, um es zu umarmen und sich von ihm umarmen zu lassen. Eine offene Bühne wie in Chichester würde das Gefühl vermitteln, daß Schauspieler und Publikum sich in demselben Raum befinden und nichts verborgen ist. Den Schauspielern würde das sehr viel mehr abverlangen, und genau das gefiel Olivier.

Als Olivier in Chichester *Onkel Wanja* gab, mußte er ständig an sein Publikum denken, weil es eine Inszenierung mit sehr viel Bewegung war und er die Zuschauer zu seiner Rechten, seiner Linken und vor sich hatte. Er liebte die Vorstellung von der Gefahr und dem Risiko, das dies für die Schauspieler bedeutete, doch seine erste Sorge war, daß jeder einzelne Zuschauer in der Lage war, zu sehen, zu hören und sich wohl zu fühlen. Und so wurde die Hauptbühne des National Theatre, das später Olivier Theatre heißen sollte, eine offene Bühne. Doch Tynan und andere argumentierten dagegen, daß sie dem Drama nicht gerecht würden, wenn sie solche Stücke ausschlössen, die sich im Grunde in einem Proszenium abspielen sollten, wie es das eher traditionelle Lyttleton Theatre möglich machte, das nach Oliver Lyttleton, dem Vorsitzenden des Aufsichtsrats des National Theatre von 1962 bis 1971, benannt war. Später beherbergte der Gebäudekomplex an der South Bank auch ein kleineres flexibles, galerieartiges Theater, das Cottesloe.

In dieser Zeit, da die Besprechungen zu architektonischen Fragen weitere Fortschritte machten, richtete Olivier verschiedene Kurse zu technischen, darstellerischen und bühnentechnischen Fragen für seine Schauspieler ein. Diesen stattete er häufig Besuche ab und machte einmal die Bemerkung, daß einige abwesende Ensemblemitglieder gut daran täten, sich diese Gelegenheit nicht entgehen zu lassen.

Das National Theatre gab seine erste Vorstellung im Old Vic am 22. Oktober 1963, und an diesem Abend beschenkte Olivier jedes Ensemblemitglied mit einer Flasche Champagner. Peter O'Toole, der gerade seinen Part als Heinrich II. in dem Film *Becket* abgedreht hatte und kurz zuvor durch *Lawrence von Arabien* zu Starruhm gekommen war, schlug sich durch einen fünfstündigen *Hamlet*. O'Toole war auf Tynans Vorschlag hin als Vertreter einer neuen Schauspielergeneration ins Ensemble aufgenommen worden. Er bewunderte und beargwöhnte Olivier, der sein exzessives Trinken lästig fand und oft, in O'Tooles Worten, »dieses grauäugige, kurzsichtige Starren, das einen zu Stein werden läßt«[54], auf ihn richtete. O'Toole wollte gern, daß das Stück gekürzt würde, wie es üblich ist; er wollte außerdem mit Bart auftreten, wie jeder andere Mann aus dem Ensemble, und mit seinem eigenen Haar. Zur Premiere spielte O'Toole die Rolle in voller Länge, glatt rasiert und mit weiß gefärbtem Haar. »So groß«, sagte der Schauspieler, »ist die Macht von Olivier.«

Glücklicher erwies sich die Zusammenarbeit mit Rosemary Harris als Ophelia, mit der Olivier seit *The Tumbler* eine herzliche und unkomplizierte Freundschaft verband. Die Harris berichtete, daß Olivier die Wahnsinnsszene mit ihr so probte, als handelte es sich um einen Auftritt von Vivien, die ihre Zustände hatte. Während er mit ihr allein probierte, ging er langsam um die Bühne herum: »Ich habe dieses alles sehr, sehr oft durchlebt«, sagte er leise. »Wenn jemand sich so verhält, dann möchtest du ihn in dem einen Moment umbringen und im nächsten liebkosen.«

Wie gewöhnlich war Olivier völlig in Arbeit eingespannt, er kümmerte sich vor allem um den *Hamlet*, für den er mit dem Chefbeleuchter Leonard Tucker eine spezielle Technik ausarbeitete, weil schlecht beleuchtete Schauspieler oft für manche Zuschauer nicht zu hören sind. »Mach Licht, mein Junge«, sagte er auf einer späten Probe zu Tucker, »ich kann sie nicht sehen.« Zehn Minuten später kam Olivier zurück: »Liebster Freund, ich kann sie noch immer nicht sehen.« Später kam er noch einmal, »wütend wie Richard III.«, erinnerte sich Tucker. »Mach das verdammte Licht an! Wenn man sie sehen könnte, verdammte Scheiße, könnte man sie auch hören!«[55]

Die erste Produktion erhielt gemischte Kritiken, denn das Old Vic war nicht gut geeignet für diese stark mit Requisite und Bühnenbildern ausgestattete Inszenierung. Am Premierenabend funktionierte die Bühnentechnik nicht richtig. Rosemary Harris als Ophelia und Michael Redgrave als Claudius erhielten höchstes Lob, aber Peter O'Toole wurde als ein zu rebellischer und zorniger Prinz verrissen, dem es an wirklich poetischer Tiefe fehle. Nach neun Wochen nahm Olivier die Aufführung aus dem Repertoire, doch die Spielzeit war durch die Erfolge der Stücke von Shaw und Tschechow, die aus Chichester übernommen waren, gerettet. Das National Theatre war in seine zukunftweisende Ära unter Oliviers weiser Führung eingetreten, obwohl es hinter der Bühne manche Spannungen gab und Schauspieler und Regisseure, ob anwesend oder abwesend, häufiger ihren Unmut äußerten.

Doch Olivier konnte seiner Vergangenheit nicht völlig entrinnen. In diesem Jahr bat Tarquin seinen Vater in einem Brief um Rat, da er an einem Buchmanuskript über seine Reisen in den Fernen Osten säße. Olivier behauptete, keine Zeit für eine Antwort zu haben, und bat seine Privatsekretärin Renée Gilmore, den Brief mit kurzgefaßten guten Wünschen zu beantworten. *The Eye of the Day* erschien 1964, und der Autor hatte es dennoch beiden Eltern gewidmet.

Eines Tages – zu Joans großer Empörung – besuchte Olivier Vivien in ihrem Haus in Sussex. Ihre Haushälterin erinnerte sich, daß Lady Olivier, wie Vivien sich immer noch nannte, ein üppiges Mittagessen vorbereitet hatte und eine Flasche von Oliviers Lieblingswein öffnete. Dann machten sie einen Spaziergang um den See auf ihrem Grundstück. Da Olivier kein Interesse hatte, ihr falsche Hoffnungen zu machen, war er freundlich zu ihr, aber zurückhaltend und etwas steif. Der Nachmittag wurde durch einen Anruf von Joan abrupt beendet, die ihn drängte, sich um eine andere Sache zu kümmern. Er brach sofort auf, und Vivien schaute seinem Wagen nach, wie er auf dem Torweg entschwand. »Das ist der Mann, den ich heiraten werde«, hatte sie dreißig Jahre zuvor gesagt, als sie ihn auf der Bühne sah, noch bevor sie sich kennengelernt hatten. »Und was glaubst du«, sagte sie zu John Gielgud am Tag nach Oliviers Besuch, »ich bin immer noch hoffnungslos verliebt.«

Vierzehntes Kapitel

1964 – 1967

Es kommt ein Moment ... da hört die Einbildung auf und die Wirklichkeit schafft sich Raum. Es ist schrecklich!

Edgar, in: August Strindberg, *Totentanz*

Von den großen Shakespeare-Rollen, denen sich Laurence Olivier bis 1964 noch nicht gestellt hatte, blieb Othello die größte Herausforderung. Bis dahin hatte er die Figur des Mohren eher als eine Folie für den heißblütigeren Jago angesehen, den er 1938 am Old Vic besonders gern gespielt hatte. Nun, ein Vierteljahrhundert später, würde er auf derselben Bühne endlich einen Charakter verkörpern, den in seiner Sicht mehr der Stolz als die Eifersucht in Aufruhr versetzte. Er wollte offensichtlich auch noch etwas anderes beweisen, wie die Mitglieder des Ensembles häufig empfanden, daß er nämlich der größte Schauspieler in ihrer Runde war. Einer seiner Schachzüge, um dieses Ziel zu erreichen, bestand darin, daß Olivier mit Frank Finlay einen Jago auswählte, der zuvor erst eine einzige Shakespeare-Rolle gespielt hatte, den Totengräber in *Hamlet*; da Finlay anspruchslos und unerfahren war, würde er ihm die Show nicht stehlen.

Als Olivier mit dem Regisseur John Dexter und dem Ensemble am 3. Februar zur ersten Leseprobe zusammenkam, lieferte er eine vollendete Vorstellung, wie Ensemblemitglied Edward Petherbridge[1] erinnert. »Er warf eine Handgranate«, schrieb Tynan[2] in einem Probenprotokoll, »eine phantastische Darbietung in voller Lautstärke, daß einem die Ohren glühten. Das Ensemble und ich waren in Ehrfurcht erstarrt.« Es war, daran besteht kein Zweifel, eine einzigartig gelungene Vorstellung: jede Geste, jede Wendung des Kopfes, jeder Blick besagten, daß jede Bewegung eine innere Entsprechung hatte. Für sein tiefes Stimmvolumen hatte Olivier seinen Brustkorb ausgedehnt, indem er sein Gewichtheben verdreifachte, außerdem hatte er seine Stimme trainiert und sie für die Rolle um eine ganze Oktave tiefer gelegt – genauso wie er sich für die Rolle des Archie Rice zwei Vorderzähne hatte abschleifen lassen. »Ich mußte schwarz sein«, beharrte Olivier.

> Ich mußte mich bis ins Innerste meiner Seele als Schwarzer fühlen. Ich mußte die Dinge aus der Sicht eines schwarzen Mannes sehen... Äußerliche Charaktermerkmale sind für mich eine Zuflucht – ein Hilfsmittel, wenn man nichts zu empfinden hat, wenn man auf der Bühne stehen muß und nichts als seinen Text hat, wenn es keine Hinweise gibt, wie man damit umgehen soll oder wie man sich bewegt. Ich baue mein Porträt von außen auf und benutze wenig Technik, Einfälle, Bilder; wenn das Porträt einmal Gestalt angenommen hat, beginnt es nach innen zu wandern.[3]

Die extremen körperlichen Anstrengungen dieses Winters forderten ihren Preis: Mit sechsundfünfzig Jahren wurde Olivier zum erstenmal von einer schweren Virusinfektion befallen, die ihn mehr als drei Wochen lang ans Haus fesselte und den Plan einer Vier-Städte-Tournee mit *Othello* noch vor der Londoner Premiere zunichte machte. Joan setzte währenddessen ihre Auftritte am National Theatre in mehreren Rollen fort, und es war nicht erstaunlich, daß Bühnenstab und Schauspieler Fragen zu klären hatten, die sie nun ihr stellten: »Was würde Sir Laurence uns jetzt raten...« Sie übernahm häufig die Aufgaben ihres Mannes, und niemand fand ihre Ratschläge unvernünftig.

Nach einer Woche mit Voraufführungen in Birmingham hatte *Othello* endlich am 21. April 1964 im Old Vic Premiere. Olivier verbrachte den Morgen im Sportstudio, erledigte dann ein paar geschäftliche Dinge und aß früh zu Mittag, es gab Steak und eine halbe Flasche Rotwein – die Abstinenz hatte er Weihnachten 1963 beendet. Dann beantwortete er Briefe und Telefonanrufe und ruhte sich drei Stunden lang aus. So sollte sein Tagesablauf während der ganzen Saison bleiben, wenn er den Mohren spielte. Um fünf Uhr begann er mit der aufwendigen, drei Stunden dauernden Prozedur der Maske, die er selbst kreiert hatte: Er rasierte sich die Haare von Brust, Armen und Beinen und verteilte dann Max Factor Nummer 2880, ein flüssiges schwarzes Make-up, über seinen ganzen Körper. Nachdem das getrocknet war, wurde ein helleres Braun darübergestrichen, und schließlich kam noch eine dritte Schicht, um der Haut einen mahagonifarbenen Schimmer zu verleihen. Dann verwendeten er und sein Garderobier meterweise weichen Stoff, um seine Haut zu polieren, bis sie glänzte (ein Pudermake-up wäre beim Schwitzen weggelaufen). Dann bemalte er seine Fingernägel mit einem blaßblauen Lack, deckte die Innenseite seines Mundes mit einem Blauviolett ab, setzte eine kleingelockte Perücke auf und färbte seine Handflächen und Fußsohlen rosa. Nach der Vorstellung, vier Stunden später, benötigte er noch einmal zwei Stunden, um die Maske wieder zu entfernen. Diese genau ausgefeilte Oberfläche der Figur war ein extremes Beispiel für Oliviers äußeren Zugang zu einer Rolle: Jedes kleinste Bestandteil seiner äußeren Erscheinung war minutiös kalkuliert und wurde genauestens von ihm überwacht.

Olivier kam auf die Bühne, und das Publikum schnappte einhellig nach Luft. Er bewegte sich wie ein Panther, spielte mit seinen Muskeln und rollte mit den Augen, dazu sprach er fieberhaft in einem Calypsorhythmus. Bei seinem ersten Auftritt hielt er eine Rose in der Hand, roch an ihr und schwang sie, als teilte er mit ihr sanfte Schläge aus, ein grandioser Einfall, um den Fremden zu charakterisieren, der zum Scheitern verurteilt ist, einen Mann, der sich so sehr an die Deklamation seiner unglücklichen Vergangenheit verliert, daß Jagos boshafte Anspielungen fast seine eigenen übertrieben negativen Erwartungen zu erfüllen scheinen.

Bei nur wenigen abweichenden Meinungen erhielt Olivier die euphorischsten Kritiken seiner Laufbahn:

»Er hat den letzten bisher unerreichten Gipfel gestürmt und dort seine Standarte fest und triumphierend aufgestellt.«[4]

»Er triumphiert in einer Rolle, die eine körperliche und schauspielerische Bravourleistung ist und zudem von beachtlicher gedanklicher Tiefe zeugt.«[5]

»Es ist eine Aufführung voller Anmut, Schrecken und Anmaßung. Ich werde von ihren Geheimnissen noch jahrelang träumen.«[6]

»Olivier hat tiefere Saiten angeschlagen, als ich je von ihm vernommen habe. Die enorme Vielfalt und der Rang seiner Ausdrucksmöglichkeiten machen die Aufführung zu einem unvergeßlichen Theatererlebnis.«[7]

»Man wird noch lange Zeit mit Bewunderung von der Kraft, der Leidenschaftlichkeit und Wahrhaftigkeit in Sir Laurence' Darstellung sprechen.«[8]

Innerhalb weniger Tage waren sämtliche Karten für die restlichen Othello-Vorstellungen dieser Spielzeit verkauft, und in den Kleinanzeigen der Zeitungen wurden hohe Preise für einen Platz geboten. An Tagen, an denen Olivier den *Othello* zu spielen hatte, zählte für ihn nichts anderes, erzählte William Gaskill. »Er war mehr in Anspruch genommen als je zuvor in seiner Laufbahn, und alles konzentrierte sich auf diese Vorstellung. Auch zu anderen Zeiten hatte er kein sonderliches Interesse an anderen Schauspielern, aber jetzt war sein Desinteresse übergroß.«

Dies war nicht nur eine Frage seiner Egozentrik: Er war mit einer sehr viel jüngeren Frau verheiratet und von einem Ensemble umgeben, dessen Durchschnittsalter bei zweiunddreißig lag, und daher war Olivier sich mehr als je zuvor seines Alters bewußt. »Ich hab für all diese Preise für Schauspieler im Grunde nichts übrig, außer wenn ich selbst sie bekomme«, sagte er, als Michael Redgrave[9] und Joan vom *Evening Standard* Auszeichnungen für ihre darstellerischen Leistungen erhielten. Dem Scherz lag nach Redgraves Ansicht eine Wahrheit zugrunde, denn er hatte beide Seiten an Olivier wahrgenommen, die Bescheidenheit und die Unbarmherzigkeit, mit der er um seine Stellung als hervorragendster Schauspieler seiner Zeit rang. Redgrave war ein Altersgenosse von Olivier und der einzige andere Ritter des Ensembles, er hatte vier große Rollen am National Theatre gespielt. Es war daher für viele ein Schock, als Olivier ihn nach einigen Hängern während der Vorstellungen von *Baumeister Solness* im Juni einfach entließ. Damals wußte noch niemand, auch Redgrave selbst nicht, daß die Ausfälle heimtückische Symptome der Parkinsonschen Krankheit waren, die neun Jahre später bei ihm diagnostiziert wurde und 1985 zu seinem Tod führte; Olivier und mehrere Ensemblemitglieder nahmen irrtümlich an, daß er zuviel trank. »Du verlierst deinen Verstand«, sagte Olivier eines Tages unverblümt zu ihm und fügte hinzu, daß er selbst die Rolle des Solness übernehmen würde, wenn Redgrave sich nicht mehr dazu in der Lage fühlte. Das war für Redgrave ein Schock, und voll Trauer über diese Gefühllosigkeit zog er sich aus dem Ensemble zurück; und um seine Würde zu wahren, erzählte er seinen Kollegen, daß er sich freiwillig dazu entschieden habe, weil die Rolle ihm zu anstrengend war. Nur seiner Frau Rachel Kempson gegenüber gestand er seine Empörung. »Ich bewundere ihn so sehr«, sagte Redgrave, »daß es tödlich für mich ist, wenn er glaubt, daß ich nicht gut bin, und selbst meine Rolle spielen will.«[10]

Die Gründe für Oliviers ungewöhnliche Härte sind nicht schwer zu erraten, denn zusätzlich zu der Eifersucht, mit der er seine Position verteidigte, hatte er noch einen privaten Grund, Redgrave zu verdammen; dieser war nämlich ein guter Ehemann und Vater und außerdem, wie weithin bekannt, homosexuell. Da Olivier sein Leben lang in dieser Hinsicht mit tiefer Verwirrung und Schuldgefühlen zu kämpfen hatte, ging seine Intoleranz so weit, daß er im Jahr 1968 sogar seine Pressevertreterin Virginia Fairweather unter dem windigen Vorwand der Inkompetenz entließ, als diese Frau, obwohl verheiratet, kurz zuvor entdeckt hatte, daß sie lesbisch war.

In diesem Jahr bestand Olivier darauf, einen Terminplan zu erfüllen, der einen Zwanzigjährigen zur Erschöpfung gebracht hätte. Er stand in Brighton früh auf, nahm nach seinem Frühsport den Zug zur Waterloo Station, wo er um halb elf Uhr eintraf; dort folgten nach einer Besprechung mit Tynan Proben und Interviews, außerdem absolvierte er sein Hanteltraining und hatte durchschnittlich dreimal die Woche Vorstellung am Abend. Wenn er keinen Auftritt hatte, blieb er dennoch oft in London, um sich Inszenierungen des National Theatre anzusehen, bei denen es während der Proben Schwierigkeiten gegeben hatte, etwa Peter Shaffers *The Royal Hunt of the Sun* und die Wiederaufnahme von Noël Cowards *Heufieber*. In einer Woche spielte er Captain Brazen und jeweils zweimal Othello und den Baumeister Solness, während der Sommersaison spielte er auf Chichesters schlechtbelüfteter, brütendheißer Bühne sechzehnmal den Mohren. Endlich im September ging er mit Joan und den beiden Kindern auf einen Mallorca-Urlaub; doch diese Ruhepause, die ihr von ihren Ärzten verordnet worden war, konnte eine problematisch verlaufende Schwangerschaft auch nicht retten, und gegen Ende Oktober erlitt Joan eine Fehlgeburt. Fast drei Jahre lang zeigte sie sich nicht mehr auf der Bühne.

Wieder in London, setzte Olivier seine zermürbenden Auftritte als Othello fort und leitete eine Neuinszenierung von Arthur Millers *Hexenjagd*, die im Januar Premiere hatte und sowohl von den Kritikern als auch vom Autor selbst gelobt wurde, der zu einem Besuch nach London kam. Seit sie sich zuletzt gesehen hatten, war Miller von Marilyn Monroe (die im August 1962 Selbstmord begangen hatte) geschieden worden und hatte ein Stück über diese Ehe geschrieben, das den Titel *Nach dem Sündenfall* trug. Miller und andere fanden Olivier so charmant wie immer, aber sichtbar erschöpft. Daran war vor allem sein Terminplan schuld, obwohl er sich in diesem Jahr entschieden hatte, daß die Sommerspielzeit 1965 in Chichester die letzte sein sollte, in der er als künstlerischer Direktor verantwortlich war. Doch außerdem gab es heftige Spannungen innerhalb des Direktoriums.

Immer offensichtlicher wurde der wachsende Einfluß, den Tynan auf Olivier ausübte, indem er zunehmend darauf drängte, Starregisseure zu engagieren. Seine Verhandlungen waren erfolgreich, Franco Zeffirelli für die Inszenierung von *Viel Lärm um nichts* zu gewinnen, ebenso Jacques Charon von der Comédie française für Feydeaus *Der Floh im Ohr.* Zwar gelang es Tynan nicht, Anna Magnani als Brechts *Mutter Courage* zu verpflichten, doch setzte er alles daran, das Repertoire mit anderen internationalen Berühmtheiten zu füllen, viele davon aus dem Filmgeschäft. Gaskill und Dexter fanden Tynans starsüchtige Initiativen anstößig und unproduktiv, und als die Pläne für die kommende Saison in Oliviers Haus in Brighton diskutiert wurden, sagte Gaskill offen seine Meinung. Er verstände Larrys Vertrauen in Tynans Rat, was die Auswahl der Stücke beträfe, sagte er, aber er hielte es nicht für angemessen, daß Tynan auch noch die Besetzung vorschrieb. Darauf verließ Olivier zornig das Zimmer. Nachdem er sich eine halbe Stunde lang mit Joan beraten hatte, kam er wieder herein und erklärte Gaskill ganz ruhig, daß Tynan in alle Aspekte des National Theatre einbezogen werden müsse. Gaskill verspürte keine Lust, innerhalb eines so geschlossenen Systems Kämpfe auszufechten, und so nahm er kurz darauf ein Angebot an, an das Royal Court Theatre zurückzukehren, wo er George Devines Nachfolge als künstlerischer Direktor antrat.

In diesem Zusammenhang darf Joans Einfluß nicht unterschätzt werden. Als Olivier sie kennenlernte, repräsentierte sie eine neue Schauspielergeneration, deren Geschmack und Methoden ihm zumeist fremd waren. Doch ihr zu gefallen war für ihn das Allerwichtigste: Indem er ihren erzieherischen und alles umfassenden Einfluß anerkannte und ihre Erwartungen erfüllte, erreichte er, bis dato ohne häusliche Melodramen, wieder genau das, womit Vivien ihn in ihrer besten Zeit versorgt hatte. Joan hatte dringend geraten, Tynan zu engagieren, nicht nur, um mögliche Kritik am National Theatre von vornherein zu zerstreuen, sondern weil sie seine innovativen Ideen zum Theater wirklich bewunderte. Während Olivier Tynans frühere ungezügelte Tiraden gegen Vivien niemals vergaß, war gerade das für Joan überhaupt kein Hinderungsgrund. Der Kritiker und die Ehefrau – beide aus sehr unterschiedlichen Gründen – waren nun vereint in einem gemeinsamen Motiv: Beide nahmen es übel, daß Vivien noch immer nicht aus Oliviers Gedanken vertrieben war und immer noch eine so große Rolle in seiner Erinnerung spielte.

Am 8. Januar 1965 heiratete der achtundzwanzigjährige Tarquin Olivier Riddelle Gibson in der Kirche St. Mary's am Cadogan Square. Die Presse rückte in Scharen an, als Olivier seinem Sohn zuliebe einwilligte, Jill zu begleiten. Auch Vivien, die immer eine sehr viel engere Bindung an Tarquin hatte als sein Vater, bestand darauf, der Zeremonie beizuwohnen, sehr zu Oliviers Mißfallen, der John Merivale gegenüber beklagte, daß er unmöglich mit drei Frauen dort erscheinen könne. Er hätte sich jedoch keine Sorgen machen müssen, denn als Joan erfuhr, daß Vivien auch kommen würde, lehnte sie es ab mitzugehen. Nach Merivales Erinnerung war Olivier den ganzen Tag von Angst geschüttelt, in der Gegenwart seines Sohnes und zweier Exfrauen überkam ihn Panik.

Zusätzlich zu seinen chronischen Schuldgefühlen wegen seiner gescheiterten Beziehungen hatte Oliviers Unbehagen seinen Grund auch noch darin, daß er dauernd fürchtete zu versagen, daß er persönlich oder beruflich ersetzt werden könnte, und so fühlte er sich ständig dazu getrieben, sich selbst zu beweisen. Dieses Verhalten legte er häufig an den Tag, selbst vor sehr viel weniger erfahrenen Schauspielern wie dem siebenundzwanzigjährigen Anthony Hopkins, der in diesem Frühjahr am National Theatre vorsprach. Hopkins hatte Szenen von Tschechow, Shaw und Shakespeare vorbereitet, und als er sagte, daß die letzte Szene aus dem *Othello* stamme, schnauzte Olivier: »Sie haben aber verdammt viel Mumm!«[11] Hopkins wurde gebeten anzufangen, und als er gerade begann, bat Olivier um eine Zigarette: »Es tut mir wahnsinnig leid«, sagte er offen heraus zu Hopkins. »Ich bin so nervös für den Fall, daß Sie besser sind als ich.« Nach dem Vorsprechen gab Olivier seine Zustimmung zu erkennen und forderte Hopkins auf, dem Ensemble beizutreten. Er sagte: »Ich glaube nicht, daß ich heute eine schlaflose Nacht haben werde, aber Sie sind wirklich verdammt gut.«[12]

In diesem Frühjahr nahm Olivier ein Angebot von Otto Preminger an, einen Polizeiinspektor in dem Film *Bunny Lake ist verschwunden* zu spielen. Darin ging es um eine Schülerin, die von ihrem Onkel gekidnappt wurde, weil er eifersüchtig auf die Zuneigung seiner Schwester zu ihrem eigenen Kind war. Es gab nichts an diesem Drehbuch von John und Penelope Mortimer, was jeder andere englische Schauspieler mittleren Alters nicht auch hätte bewältigen können, aber Olivier mußte unbedingt sein Bankkonto auffüllen, und außerdem freute er sich auf die Möglichkeit, im Off mit Noël Coward seine Späße zu treiben, der als perverser alter Hauswirt besetzt war, der eine Sammlung von makabren Geräten aus der Zeit de Sades besaß. Olivier fand, daß Preminger »ein richtiger Schinder war, der niemals lockerließ... ein wenig einfühlsamer Egoist, den Noël Coward und ich nicht besonders mochten«.

Diesem sechswöchigen Engagement folgte eine anstrengende und hastige Verfilmung seines *Othello* in den Shepperton Studios unter der Regie seines Old-Vic-Kollegen aus den Zeiten von Lilian Baylis, Stuart Burge, der im Vorjahr auch die Chichester-Inszenierung des *Onkel Wanja* für das Fernsehen aufgezeichnet hatte. Burge war unglücklich über den viel zu kurzen Zeitraum von drei Wochen, der ihm einschließlich Proben für die gesamte Produktion zur Verfügung stand, und das Ergebnis war vielleicht zu theatermäßig in seinen Großaufnahmen: Olivier schien in einem leeren Theater zu spielen. Als Dokumentation einer seiner umstrittensten Aufführungen behält es jedoch seinen Wert, wie schnell auch immer es zustande gekommen sein mag.

Die große Eile war deshalb nötig, weil für den Spätsommer ein wichtiges Engagement auf dem Programm stand: Das National Theatre war als erstes westliches Theaterensemble zu Auftritten in der Sowjetunion eingeladen. Am 5. September verkleidete sich Olivier zum Spaß als Chefsteward mit Mütze und Jacke und begrüßte vierundsechzig Mitglieder seiner Truppe an Bord der Maschine nach Moskau; dort traten sie mit drei Stücken achtzehnmal in zwei Wochen auf. Später vertauschte Olivier die Flugbegleiteruniform mit dem Overall eines kommunistischen Arbeiters und einer Bauernkappe.

Alle Stücke wurden in Englisch ohne Übersetzung aufgeführt, und nach der ersten Vorstellung des *Othello* kamen die Zuschauer zum Bühnenrand gestürmt, stampften mit den Füßen und klatschten begeistert, warfen Blumensträuße und applaudierten fünfunddreißig Minuten lang für immer neue Vorhänge. Die Ost-West-Beziehungen tauten für kurze Zeit auf, als Olivier in sorgfältig eingeübtem Russisch das Wort an die Menge richtete: »Genossen, es war unser langgehegter Traum, in Moskau zu spielen. Wir danken euch dafür, daß dieser Traum auf so wunderbare Weise wahr geworden ist.«

Es folgten Aufführungen von Harold Brighouses *Hobson's Choice*, und dann kam Congreves Stück *Liebe für Liebe* als Uraufführung des National Theatre zur Premiere; es sollte in der folgenden Saison in das Londoner Repertoire aufgenommen werden. Olivier übernahm die Rolle des geschwätzigen Tattle, und er spielte ihn als einen verblühten, weichlichen Dandy und gab sich mit Begeisterung den tuntigen Affektiertheiten seiner Rolle hin. Wie bei seinem Malvolio von Stratford und seinem Captain Brazen in *Der Werbeoffizier* genoß Olivier ganz offensichtlich die Gelegenheit, eine eindeutig schwule Figur zu verkörpern. Nach den zwei Moskauer Wochen flog die gesamte Truppe nach Berlin und zeigte zwei Stücke auf dem Berliner Theaterfestival. Am 1. Oktober waren sie wieder zu Hause am Old Vic.

Während der Aufführungen von *Othello* gegen Ende des Jahres 1965 waren zwei seltsame Dinge passiert. Einmal, und nur einmal, war Olivier in der Lage, auf der Bühne im richtigen Augenblick zu weinen – ein Effekt, den er sonst in seiner Karriere niemals erzielen konnte. Als er nach der Vorstellung einen Kollegen aus dem Ensemble aufsuchte, tanzte er fast vor Begeisterung: »Hast du gesehen? Hast du gesehen, was passiert ist? Ich hab's geschafft! Ich hab' geweint!«[13] Und bei einer noch denkwürdigeren Gelegenheit, als Maggie Smith, seine Desdemona, in seine Garderobe kam, um ihm zu einer einmalig beeindruckenden Vorstellung zu gratulieren, reagierte er mit einer Mischung aus leichter Verärgerung und Verwirrung: Er wußte, daß er überragend gewesen war, aber er wußte nicht, warum, und er hatte auch nicht die leiseste Ahnung, wie er das wiederholen sollte. Sie erinnerte sich, daß sein Gesichtsausdruck und seine Stimme fast unerträglich traurig wirkten, als wäre er auf einen großen Schatz gestoßen, nur um ihn gleich wieder zu verlieren.

Dieser Augenblick muß für Olivier bitter gewesen sein, gab er ihm doch ein Gefühl von seinem verletzlichen und unberechenbaren Talent. Bei all seiner genauen Kontrolle während der gesamten Vorstellung und seiner peniblen Vorbereitung auf jedes äußere Detail gab es dennoch etwas Geheimnisvolles. Und im Fall von Laurence Olivier, der wußte, daß er ein großer Darsteller war, bedeutete dies einen tragischen Moment, der einen gewaltigen inneren Aufruhr auslöste. Kurz nach diesem Abend überkam ihn eine fast lähmende Bühnenangst, deren erste Anzeichen ihn bereits für einen Augenblick während einer Vorstellung von *Baumeister Solness* befallen hatten; ironischerweise war es das Stück, bei dem er Redgrave wegen seiner Vergeßlichkeit hart kritisiert hatte. Zunächst fühlte er sich völlig atemlos, und dann schnürte es ihm die Kehle zu, lähmte ihm Mund und Zunge, und es befiel ihn eine klaustrophobische Angst, daß die ganze Welt immer näher auf ihn zurückte. Das belastete auch seinen *Othello,* und eines Abends flüsterte er auf der Bühne Frank Finlay zu: »Geh nicht von der Bühne, bleib seitlich in den Kulissen stehn, daß ich dich noch sehen kann, sonst lauf' ich weg, und egal, was du tust, schau mir nicht in die Augen, sieh mir über die Schulter.«[14] Er konnte die Vorstellung nur darum zu Ende spielen, weil er daran dachte, daß Noël Coward, Binkie Beaumont und andere Kollegen im Zuschauerraum saßen, und er fürchtete, sie zu schockieren. Später sagte Olivier, daß er 1965 und 1966, als die Angstattacken ihren Höhepunkt erreicht hatten, vor der Entscheidung stand, entweder seine Karriere aufzugeben oder dem Sturm zu trotzen und die Krise zu überstehen.

Daß die Bühnenangst ihn zu diesem Zeitpunkt mit solcher Macht überfiel, ist keineswegs verwunderlich, sie war ein natürlicher Ausdruck seiner vielen Ängste: vor dem Älterwerden, vor dem Verlust der Kräfte, der Selbstkontrolle und seiner Position. Die Unsicherheit, die alle Schauspieler bedroht und sie dazu treibt, ständig ihr Können zu perfektionieren, anderen gefallen zu wollen, eine allumfassende Bestätigung von so vielen Leuten wie möglich zu bekommen, dies alles überwältigte Olivier drei Jahre lang bei fast allen Vorstellungen. Würde seine Vergangenheit eine ausreichende Garantie für die Zukunft sein, würde sein Können Bestand haben? Im Herbst 1965 wünschte sich Joan noch ein Kind und sprach sogar von einer noch größeren Familie. Konnte Olivier mit achtundfünfzig Jahren noch gesunde Kinder zeugen oder überhaupt Nachwuchs haben? Die Angst des Schauspielers ist in ihrem Wesen eine Art inneres Schwindelgefühl, eine Furcht vor Impotenz und den damit verbundenen Nebenwirkungen, die eine ganze Reihe von psychosomatischen Symptomen zur Folge haben könnte: Bei Olivier drückte sich die Verspannung oft in Form von Darmkatarrhen aus, die sowohl durch Streß als auch durch unvernünftige Ernährungsweise ausgelöst werden können. Und von Ängsten war sein Leben reichlich erfüllt.

Mit Filmrollen war es natürlich etwas anderes, hier gab es nur kurze Takes und immer die Möglichkeit, sofort zu korrigieren, falls etwas nicht richtig gelaufen war. Im Dezember drehte er acht Tage lang und für eine Gage von zweihundertfünfzigtausend Pfund für den Film *Khartoum*, eine teure Wüstengeschichte, die auf der Welle des letzten Riesenerfolges von *Lawrence von Arabien* mitschwimmen sollte. Als Gegenpart von Charlton Hestons General Gordon spielte Olivier den Mahdi, einen fanatischen Araber, der im Jahr 1883 zweihunderttausend Derwische gegen ihre türkisch-ägyptischen Herrscher anführte. Der Produzent Julian Blaustein hatte gehofft, daß sie diese Szenen vor Ort in der Wüste des Nahen Ostens drehen könnten, doch Olivier hatte gerade erfahren, daß Joan schwanger war, und er wollte England jetzt nicht verlassen. Darum nutzte der Regisseur die Errungenschaften der modernen Kameratechnik und filmte Oliviers Szenen in Pinewood. Olivier verwendete noch einmal seine mühsam aufzutragende dunkle Othello-Maske, vergrößerte die Form seiner Lippen, das Volumen seiner Wangen, veränderte die Form der Augenlider und der Nase und nahm einen sorgfältig einstudierten sudanesischen Akzent an. Olivier zeichnete mit seinem Moslem das Bild eines furchterregenden, ungefilterten Fanatismus, er ließ ihn die Worte mit stählerner Härte zerschneiden und schien Himmel und Erde zu befehligen; doch

Heston berichtete, daß Olivier fürchtete, seinen Text zu vergessen. »Können wir nicht noch eine Probe machen, mein Junge?« fragte er mehrmals, bevor ein Take gedreht wurde. »Ich will sichergehen, daß ich es auch kann.«[15]

Trotz der fast ständigen Bühnenangst und der Empfehlung seines Arztes, Ferien zu machen, setzte Olivier sich unaufhörlich unter Druck, verpaßte keine Verwaltungssitzung, keine Besprechung mit Tynan, keine Vorstellung und keine Regieverpflichtung. Anfang 1966 sagte er zu, die Regie bei der Neuinszenierung von *Juno und der Pfau* zu übernehmen, das im April am National Theatre Premiere haben sollte. Außerdem gab er seine Zustimmung zu einem Fernsehinterview, das Tynan mit ihm für die BBC machen sollte. Da er sehr daran interessiert war, als *up to date* zu gelten, schloß er sich einem Protest gegen die Zensur der Royal-Court-Inszenierung von Edward Bonds *Gerettet* an, das mit Lord Chamberlain in Konflikt geraten war.

Am 7. Februar 1966 erschien er als Zeuge bei einer Magistratsanhörung zum Fall der English State Company. Ihr künstlerischer Direktor William Gaskill hatte das Stück herausgebracht und wurde beschuldigt, die Forderungen des Zensors, die dieser bereits vor der Produktion formuliert hatte, nicht befolgt zu haben; dabei ging es vor allem um die Streichung einer Szene, in der ein Baby in einem Kinderwagen zu Tode gesteinigt wurde. Doch bis zum Zeitpunkt der endgültigen Entscheidung war das Stück seinen kontroversen Kurs gelaufen. *Gerettet* wurde von vielen Prominenten verteidigt, darunter auch der Earl of Harewood, ein Cousin der Königin und Begründer des Edinburgh Festival. Oliviers Unterstützung, zu der ihm Tynan und Joan dringend geraten hatten, trug mit dazu bei, daß die Zensurbehörde des Lord Chamberlain ein paar Jahre später aufgelöst wurde.

Am 27. Januar, nach qualvollen Wochen, in denen Joan und das ungeborene Baby in Lebensgefahr schwebten, wurde die Geburt eingeleitet. Während Joan sich noch in einem bedrohlichen Zustand befand, wurde das Kind sofort getauft, denn sein Überleben war ebenfalls nicht gesichert; es erhielt die Namen Julianne Rose Henrietta Katherine und wurde später immer Julie-Kate genannt. Die Kosten für die private Pflege waren immens, und Olivier war froh über seinen Verdienst aus *Khartoum* und die steuerfreie Summe von hundertfünfundzwanzigtausend dänischen Kronen, die er anläßlich seiner Auszeichnung mit dem Sonning-Preis für seinen Beitrag zur europäischen Kultur erhalten hatte. Mit fünf Oliviers und Haushaltspersonal war es nun an der Zeit, an eine Vergrößerung des Wohnhauses am Royal Crescent zu denken, und so kaufte er im Januar 1967 das angrenzende Haus und veranlaßte die notwendigen Arbeiten, um beide Gebäude zu verbinden.

Am 21. Februar spielte Olivier zum erstenmal in Strindbergs grimmigem Stück *Totentanz* die Rolle des haßerfüllten, verbitterten Hauptmanns Edgar, der in einen lebenslänglichen Ehekrieg mit seiner ebenso schneidenden und rachsüchtigen Frau verstrickt ist. Viele Kritiker sahen in dieser Aufführung die subtilste Leistung seiner späteren Jahre; sie sollte sehr bald als Farbfilm aufgezeichnet werden. »Ich bin auch ein bißchen verheiratet gewesen, und das Stück kommt mir ganz realistisch vor«[16], sagte er später. »Es enthält keine Zeile, die ich nicht auch schon zu einer meiner Frauen gesagt hätte.«[17] Dies ist eine erstaunlich freimütige Bemerkung, wenn man bedenkt, welches der vorherrschende Tenor bei dieser Figur ist: »Vielleicht sind wir beide hierhergekommen, um uns gegenseitig zu quälen«, sagt Edgar in einer typischen Szene höhnisch zu seiner Frau.

Geraldine McEwan gegenüber, die einen wahren Drachen von Ehefrau spielte, majestätisch in ihrer Kälte und ergreifend in ihrer Gefühlsleere, blähte Olivier sich auf, brach in schallendes Gelächter aus, frohlockte, schnaubte, brüllte, stelzte eitel umher, schrie, wand sich in Herzkrämpfen und weinte um den Verlust einer Liebe, die nur eine Illusion war. Am Schluß der dreistündigen Aufführung, allein auf der Bühne, brach er mit Stoßseufzern zusammen und klagte, daß seine Leere ihn am Ende »einsam – einsam, ach, – einsam!« gemacht habe. Hier hatte Olivier nicht einen simplen Schurken gezeichnet, sondern einen Mann in seinem schrecklichen Haß, der dennoch Mitgefühl verdient hat. Im Laufe des Jahres 1967 konnte Olivier selbst die Sympathie seiner Freunde gebrauchen, denn Spannungen und traurige Anlässe häuften sich pausenlos.

Zunächst kam das wilde Spektakel um Rolf Hochhuths Stück *Soldaten*, von dessen Aufführung sich Tynan einen Imagegewinn des National Theatre als eines internationalen Ensembles versprach, das sich nicht scheute, auch kontroverse politische Stücke in Angriff zu nehmen; auch Joan befürwortete das Stück ganz entschieden. Doch gab es ein Problem: das Stück *Soldaten*, das Churchill für den Flugzeugabsturz während des Zweiten Weltkriegs verantwortlich machte, bei dem der polnische General Sikorski ums Leben kam, und ihn außerdem der verbrecherischen Inhumanität bei der Bombardierung von Dresden beschuldigte, dieses Stück war ganz einfach nicht gut, wie sogar Olivier feststellte. »Ich mag den Mist nicht«, sagte er zu seiner Frau, »aber ich rechne damit, daß es uns an den Rand der Scheidung bringt, wenn du glaubst, daß ich nur fürchte, mich mit etwas Neuem zu befassen. Du würdest mich deswegen verachten, oder?«[18] Seine Bemerkung hätte aus dem *Totentanz* stammen können.

So kam es, daß Olivier in seinem Bemühen, seinem literarischen Manager und seiner Frau einen Gefallen zu tun, und zu beweisen, daß er auf der Höhe der Zeit war, wie er es schon im Fall von *Gerettet* getan hatte, das Stück *Soldaten* verteidigte, als der Aufsichtsrat des National Theatre, dessen Vorsitz ein früherer Kabinettskollege von Churchill, Lord Chandos, innehatte, es entschieden ablehnte. Er bezeichnete es als einen Angriff auf den großen Helden und als Affront gegen die englische Kriegsgeschichtsschreibung. »Ich behaupte, daß dieses Stück eine sehr viel bessere Arbeit ist... als *Hexenjagd*... und sehr viel wichtiger«[19], sagte Olivier, indem er seine persönliche Meinung völlig revidierte und eine Stellungnahme zum besten gab, die Tynan für ihn ausgearbeitet hatte. Dieser behauptete gleichzeitig, daß der angesehene Historiker Hugh Trevor-Roper die Richtigkeit der Behauptungen des Stückes weitgehend bestätigt habe. Daß Trevor-Roper dies anschließend abstritt, tat Tynans Integrität keinen Abbruch und beeinträchtigte Oliviers Vertrauen in ihn nicht. Außerdem behauptete Hochhuth nicht sehr glaubwürdig, daß sich geheime Dokumente in einem Schweizer Tresor befänden (allerdings erst im Jahr 2017 für die Öffentlichkeit zugänglich), die seine Vorwürfe gegen Churchill bewiesen, eine Behauptung, die niemanden beeindruckte. Der Aufsichtsrat des National Theatre war verständlicherweise der Ansicht, daß Olivier viel zu sehr unter Tynans Einfluß stände, und das erschütterte ihr Vertrauen in sein Urteil. Das brachte ihn in eine unmögliche Situation: Er forderte Freiheit im Theater und wollte seine Autonomie als Direktor des National Theatre bewahren, und so war er zwischen drei Motiven hin und her gerissen – dem Patriotismus, dem Wert des Stückes und seinen Beziehungen zu Tynan und Joan.

Nachdem Hochhuth einige Szenen überarbeitet hatte, ohne jedoch seine These abzuschwächen, entschied der Lord Chamberlain, daß das Stück in Großbritannien nicht ohne die Einwilligung der Familie Churchill gezeigt werden könne, eine Bedingung, die, wie vorauszusehen, nicht erfüllt wurde. Nach entscheidenden Änderungen des englischen Zensurgesetzes im Jahr 1968 kam *Soldaten* schließlich zur Aufführung, doch wurde es wieder vom Spielplan genommen, als der Pilot von Sikorskis Flugzeug, der den Absturz überlebt hatte, eine Verleumdungsklage anstrengte. Das Schicksal des Stückes war nicht so wichtig wie der Krawall, den es am National Theatre auslöste, denn

Tynan, dessen eigene Position in Gefahr war, drängte Olivier, von seinem Posten zurückzutreten. »Tynan dachte, daß er die Leute manipulieren könne«, sagte Peter Hall[20] später, »aber er konnte es nicht, weil die Leute einfach ihre Aufzeichnungen über seine Manipulationen miteinander verglichen. Er hatte versucht, das National Theatre wie einen Renaissancehof zu führen, an dem er selbst den Staatssekretär spielte oder den ersten Kardinal mit Olivier als Papst. Indem er herumwirkte wie ein nicht sehr machiavellistischer Machiavelli, war er für Larry wirklich nicht sehr hilfreich.«

Mit dieser traurigen Episode begann Tynans allmählicher Niedergang, sein Einfluß als literarischer Leiter des National Theatre ließ langsam nach. »Das Entscheidende ist, daß Ken, der den ganzen Wirbel um das Stück verursacht hatte, nicht von sich aus zurücktrat«, sagte Gaskill, der sicherlich niemals davor zurückschreckte, kontroverse Stücke zu verteidigen und auf die Bühne zu bringen. Anläßlich dieser Affäre enthüllte sich die ganze Komplexität der Beziehung zwischen Olivier und Tynan, wie Gaskill, Hall und andere fanden.

Olivier sah sich also im Mittelpunkt einer politischen Auseinandersetzung, die in keinem Verhältnis zu den Verdiensten des Stückes stand und schließlich in einem kuriosen Dilemma endete, in dem es weder Bösewichte noch Sieger gab. Chandos, der dem Gedächtnis Churchills unerschütterlich die Treue hielt, mochte Olivier, doch mißtraute er Tynan und bewunderte ihn keineswegs. Als klar wurde, daß Tynan gelogen hatte, was die Bekräftigung der historischen Wahrheit des Stückes betraf, schlug Chandos zu und rief den Lord Chamberlain zu Hilfe. Olivier sagte, er werde seine Frau um Mitarbeit bitten, um eine Waffenpause von sechs Monaten zu garantieren. Tynan hätte mit einigem Recht argumentieren können, daß er nur getan habe, wofür Olivier ihn engagiert hatte, nämlich mit der Zeit Schritt zu halten und das Repertoire in neue Richtungen zu erweitern, auch in waghalsige.

Olivier unterstützte beide, Tynan und Joan, und versuchte außerdem, auf zwei Hochzeiten gleichzeitig zu tanzen: einmal als treuer Untertan Ihrer Majestät und einmal als zeitgemäßer künstlerischer Direktor. Wenn er in jeder Hinsicht scheiterte, lag es nicht daran, wie Chandos glaubte, daß er blindes Vertrauen in Tynan gesetzt hatte, sondern vielmehr daran, daß er sich verpflichtet fühlte, sich selbst zu beweisen gegenüber einem sehr viel jüngeren Kollegen und einer sehr viel jüngeren Frau. Da er sein Ego weitgehend in Schach hielt, war er zwischen unerbittlichen Feinden gefangen, und das machte ihm sein ganzes weiteres Leben angst. In seinen Memoiren widmete er dieser Angelegenheit einen sechsundzwanzigseitigen Anhang.

Hinter der ganzen Angelegenheit liegen sehr viel subtilere Gründe als nur theaterpolitische, und die haben vielleicht mit den Motiven von Kenneth Tynan und Joan Plowright zu tun, sind aber als Argumente nicht zum Zug gekommen; beide stellten die bestürzende Behauptung auf, daß *Soldaten* die Gestalt Churchills nur sympathischer mache. »Meine Frau, die sechsunddreißig Jahre alt und sehr einfühlsam ist«, sagte Olivier[21], »kann die Einwände nicht verstehen. In ihren Augen wird Churchill in diesem Stück nicht herabgewürdigt; im Gegenteil hat es ihre Bewunderung für ihn noch verstärkt.« Da Joan nichts von einer geistlosen Fanatikerin an sich hatte, ist es schwer zu beurteilen, wie sie zu dieser seltsamen Ansicht gekommen ist, und sie selbst hat sich niemals dazu geäußert. Es kann sogar sein, daß Joan und Tynan Olivier als eine Art zweiten Churchill ansahen, einen eigensinnigen, aber geheiligten Vertreter einer früheren Generation, dessen Reputation in Frage zu stellen sie sich aufgerufen fühlten. Anders ausgedrückt, eine solche Provokation hätte ihrem höchst streitbaren Geist gefallen, gegen den auch und vor allem Olivier nicht immun war. Ähnliche Gefühle, die allerdings tiefer mit seinem erotischen Verhältnis zur Macht verwoben waren, mögen Tynan geleitet haben. Die beiden Verbündeten wurden dann allerdings zeitweise Gegner und arbeiteten jeder auf seine Weise weiter für Oliviers Interessen, wenn auch nicht ausschließlich. Auch gute Menschen, sagte schon Aischylos, neigen dazu, einem Freund den Erfolg zu neiden.

Während Olivier in diesem Frühjahr auftrat, Regie führte, vorsprechen ließ und schwierige Verwaltungsprobleme zu lösen hatte, fühlte er sich nicht ganz wohl; es begann mit ständigen Schmerzen im unteren Rückenbereich, die sich über den ganzen Unterleib ausweiteten. Diese Symptome deutete er als Zeichen von Anspannung und Erschöpfung. Ende April flog er für zwei Tage nach Kanada, um an der Eröffnungsfeier zur Weltausstellung in Montreal teilzunehmen, zu der das National Theatre mit einigen Aufführungen zu einem späteren Zeitpunkt eingeladen war. Am 2. Mai kehrte Olivier mit noch stärkerem Unwohlsein zurück, und drei Wochen später, an seinem sechzigsten Geburtstag, während er als Regisseur mit einem neuen Ensemble in Proben für Tschechows *Drei Schwestern* steckte, mußte ein Arzt gerufen werden. Nach ersten ergebnislosen Untersuchungen wurde eine Biopsie vorgenommen, durch die ein Prostatakrebs im Frühstadium diagnostiziert wurde. Nun gab es keine Frage mehr, daß Olivier seine sämtlichen Aktivitäten auf der Stelle einschränken mußte, und es wurden Entscheidungen über eine Therapieform getroffen.

1967 war die Standardbehandlung bei Prostatakrebs ein radikaler chirurgischer Eingriff, dem eine Reihe von medikamentösen Kuren mit recht unangenehmen Nebenwirkungen folgte. Die Behandlung machte die Patienten grundsätzlich impotent, und so war Olivier ängstlich darauf bedacht, eine Alternative zu finden. Es gab tatsächlich eine experimentelle hyperbarische Sauerstoff-Bestrahlungstherapie, der sich Olivier am St. Thomas Hospital als ambulanter Patient dreimal wöchentlich drei Wochen lang unterziehen konnte.

Als er Virginia Fairweather mitteilte, daß seine Auftritte und Regieverpflichtungen der nächsten Zeit gestrichen werden müßten, fragte sie ihn, welcher Grund dem Ensemble und der Presse gegenüber genannt werden sollte. Olivier antwortete, daß unbedingt die Wahrheit gesagt werden müsse, denn er wollte anderen mit ähnlichem Leiden Mut machen, weil er hoffte, für die neue Behandlungsmethode das erfolgreiche Versuchskaninchen zu sein. Am 16. Juni gab das National Theatre die Nachricht von seiner Krankheit und der Therapie bekannt, und es wurde außerdem darauf hingewiesen, daß Olivier einige seiner Verpflichtungen zeitweilig nicht wahrnehmen könne.

Die Behandlung, der sich Olivier in diesem Juni unterziehen mußte, war verhältnismäßig schmerzlos, aber sie hatte etwas Erschreckendes und erinnerte in mancher Hinsicht an George Orwells Zukunftsvisionen. Er wurde in eine düstere Kammer gelegt, kaum größer als ein Sarg; darin war gerade Platz für ein Sprechgerät und einen Sauerstoffschlauch, und er mußte bewegungslos liegenbleiben, während riesige Zylinder um ihn herumschwangen und die Strahlung präzise auf die erkrankte Körperstelle zielten. Sein Verhalten gegenüber dem Publikum, der Presse und Bekannten war vergnügt und herzlich, während er im Privaten nicht so heiter war. »Ich erinnere mich an seine Reaktion, als er gerade von dem Krebs erfahren hatte«[22], sagte Joan später. »Er war nicht geschockt. Er hatte so ein Gefühl, als hätte er es nicht anders verdient; es war etwas, das ihm bestimmt war. Nur kam es früher, als er erwartet hatte.«

Indem Olivier von »dem Krebs« redete, »dessen ich mich schuldig gemacht habe«[23], interpretierte er die Krankheit als eine Art Bestrafung für Fehlverhalten. Diese Reaktion ist nicht ungewöhnlich, aber bei ihm kam außerdem noch hinzu, daß er seine Erkrankung für ein Zeichen von Schwäche hielt und fürchtete, Kollegen und Zuschauer zu enttäuschen, wenn er nicht zu seinen Vorstellungen auf der Bühne erschien. Soweit die Behandlung es zuließ, setzte er darum seine Arbeit fort. Dies war seine Art, sich gegen die Krankheit aufzulehnen. Außerdem mußte das Leben für ihn einfach weitergehen. »Die Schauspielerei«, sagte er später in diesem Jahr, »ist eine Art von masochistischem Exhibitionismus, der in mir angelegt ist, und ich kann offenbar nicht damit aufhören.«[24] Man konnte ihn auch nicht davon abhalten, trotz der unvermeidlichen Nebeneffekte der Behandlung auf die Proben für *Drei Schwestern* zu gehen; auf die Nachricht, daß Anthony Hopkins, der während seiner Abwesenheit die Rolle des Edgar im *Totentanz* übernommen hatte, in der Zwischenzeit berühmt geworden war, reagierte er mit gemischten Gefühlen. Er war außerdem nicht bereit, seine Regieverpflichtungen zurückzuschrauben. Ein Arzt begleitete ihn bei seinem Besuch im Old Vic für die Tschechow-Probe, und nach den erlaubten eineinhalb Stunden drängte er Olivier zur Rückkehr. Der ignorierte die Aufforderung, und nach einer weiteren Stunde drängte der Arzt erneut. »Guter Mann«, sagte Olivier übertrieben würdevoll, »Sie und ich, wir sind beide Profis. Ich bin in Ihrem Theater gewesen, nun sind Sie in meinem, und ich habe meine Arbeit noch nicht erledigt.«[25]

Doch seine Gesundheit hielt den Anstrengungen nicht stand. Am 20. Juni wurde er in Brighton krank und mußte mit einer Lungenentzündung rasch nach London gebracht werden. Während er in das Krankenhaus aufgenommen wurde, beklagte er sich in sarkastischem Ton, daß er hierhergekommen war, um von einem Krebs geheilt zu werden, von dem er wußte, daß er ihn hatte, nur um eine Lungenentzündung zu bekommen, die er nicht haben wollte. Joan wurde sofort klar, daß eine Einlieferung ins Krankenhaus, nachdem er vorher ambulant behandelt worden war, für die Journalisten ein schlechtes Zeichen sein müßte, und darum kündigte sie eine Pressekonferenz an. Dort gab sie einen detaillierten Bericht seines Befindens und beantwortete jede Frage direkt und offen. Sie zerstreute alle Gerüchte und bat die Reporter ausdrücklich, in ihren Artikeln[26] zu betonen, daß Olivier im St. Thomas Hospital bleiben müsse, bis die Lungenentzündung ausgeheilt und die nächste Phase der Krebsbehandlung abgeschlossen sei. Mit diesem Schachzug beabsichtigte sie, ihn im Krankenhaus festzuhalten, wenn sie ihm erst diese Artikel zeigte.

Als Douglas Fairbanks Jr. Olivier am Sonnabend, dem 8. Juli, in seinem Krankenzimmer besuchte, wurde ein Anruf von John Merivale durchgestellt. Vivien sei tot. Sie war allein in ihrer Wohnung am Eaton Square 54 gestorben. Als Todesursache wurde auf dem Totenschein chronische Lungentuberkulose angegeben. »Es gab einen langen, traurigen Augenblick«, erzählte Fairbanks, »und dann sagte Larry: ›Arme, liebe kleine Vivien.‹ Ich hatte den Eindruck, daß ihr gemeinsames Leben wie ein Film durch seinen Kopf lief.«[27]

Seit 1963 vor allem war Viviens Leben ungeregelt und unglücklich geworden. Sie war mit Merivale nach Indien gefahren; sie war in dem amerikanischen Film *Das Narrenschiff* als eine verblühte Matrone, die Angst vor dem Altwerden hat, aufgetreten; und sie hatte zweimal am Broadway gespielt, einmal war sie hinter der Bühne in so verwirrtem Zustand angetroffen worden, daß man sie unter Zwang zurück nach London zur Behandlung brachte. Doch in den Monaten vor ihrem Tod war eine seltsame Ruhe über sie gekommen. Sie sprach davon, an die Bühne zurückzukehren, und sie hatte sogar ein paar Freunde eingeladen; am 27. Juni fand Coward sie »blaß, aber hübsch, und sie rauchte, was sie eigentlich nicht tun sollte«.[28]

Niemand hatte damit gerechnet, daß Vivien so plötzlich sterben würde, und Olivier, der sich gerade erst mit seiner eigenen Sterblichkeit konfrontiert sah, war sichtlich erschüttert. Sie war dreiundfünfzig Jahre alt, und obwohl sie zerbrechlich wirkte, hatte sie den Eindruck gemacht, als wäre sie allein durch die Kraft ihres unbezwinglichen Willens unzerstörbar. Olivier leugnete niemals die Anregungen, die Vivien in sein Leben gebracht hatte, und ebensowenig vergaß er, wieviel er gesellschaftlich, kulturell und intellektuell durch sie gelernt hatte. In beinahe jeder Hinsicht hatte sie ihn weitergebracht – sein überragendes Talent ausgenommen, das sie immer anerkannt hatte. Sie hatte Olivier zu einer Zeit kennengelernt, als sie beide ziemlich verzweifelt nach Rettung suchten, die sie in der Liebe zu finden glaubten; und obwohl sie an einem Image Geschmack zu finden schienen, das sie selbst und Millionen andere für wahr hielten, erwies sich dieses Image am Ende als ein Falschspiel. Ihre leidenschaftliche Liebe füreinander war so unerschütterlich, daß sie Bestandteil des Mythos geworden war, doch zuletzt konnte sie weder den unvermeidlichen Einbruch der Realität verkraften noch die eigentlich positiven Auswirkungen dessen, was sie sich gegenseitig zu geben hatten – eine gewisse Befreiung aus ihren früheren Begrenztheiten.

Später schrieb Olivier: »Es ist unmenschlich, unmoralisch, ein Ding mehr zu lieben als die Menschen, die Arbeit, den Geist, die Kunst, meine Toten.«[29] Seine Toten – seine kostbaren Toten, wie er betonte –, das waren vor allem seine Mutter und Vivien. An jenem Juliabend verließ er sofort sein Krankenhausbett und fuhr direkt zum Eaton Square. »Ich stand da und betete um Vergebung für all das Übel, das zwischen uns entstanden war... denn ich konnte nicht anders als zu glauben, daß ich irgendwie die Ursache für Viviens Verwirrungszustände war.«[30]

Bis ans Ende ihres Lebens bestand Vivien darauf, daß sie die rechtmäßige Lady Olivier sei, und sie behielt sein Foto auf ihrem Nachttisch und seine alten Briefe, die sie immer und immer wieder las. Ein paar Freunde sagten ihr, daß sie besessen und unrealistisch sei und in der Illusion ihrer Vergangenheit lebe; doch dies war ein Thema, über das sie nicht mit sich reden ließ. Sie lachte ihr Gegenüber einfach nur an, als wollte sie die Äußerung als kindisch abtun oder als sei sie völlig unverständlich. In ihrer Hinterlassenschaft befanden sich einige kostbare Schmuckstücke und Kunstwerke aus ihrem früheren Leben in Durham Cottage und Notley Abbey, die unverzüglich von Vivien Mary, The Lady Olivier, an Sir Laurence, ihren ewigen Ritter, ihren über alles Geliebten, ihren Larry-boy, zu übergeben seien.

FÜNFZEHNTES KAPITEL

1967 – 1974

Sie warten darauf, daß ich gehe... aber ich werde nicht sterben.

Antonio, in: Eduardo de Filippo, *Samstag, Sonntag, Montag*

Auf Viviens Beerdigung – es war ein katholischer Gottesdienst in der Kirche St. Mary am Cadogan Square – war Olivier ein bedrückter Trauergast. Er beachtete die Presseleute nicht und versuchte, Viviens Mutter Gertrude, ihre Tochter Suzanne und ihren ersten Ehemann Leigh Holman zu trösten, doch er selbst benötigte vor allen anderen Trost. Am nächsten Morgen sollte er eine weitere tragische Nachricht erfahren: Cecil Tennant war bei einem Autounfall auf dem Rückweg von der Beerdigung tödlich verunglückt. Tennant war Oliviers Geschäftspartner bei der LOP und ein langjähriger Freund, zuvor war er Agent bei MCA gewesen, bis die Agentur 1961 aufhörte, Künstler zu vertreten. Seitdem war er Oliviers inoffizieller Berater.

Jetzt galt es, die praktischen Erfordernisse des Lebens in Angriff zu nehmen, die noch in diesem Sommer eine sofortige Entscheidung notwendig machten. Dazu gehörte die Wahl eines Agenten. Es überraschte niemanden, daß er sich an seinen engen Freund Laurence Evans wandte, der Vivien in ihren letzten Lebensjahren vertreten hatte. Evans galt als einer von Londons angesehensten Agenten, nicht nur wegen seines besonderen Verhandlungsgeschicks, sondern auch, weil er einen Ruf von unangreifbarer Integrität und Aufrichtigkeit besaß; er verfügte über eine umfangreiche und beeindruckende Kundenkartei, zu der John Gielgud, Ralph Richardson, John Mills, Ingrid

Bergman, Rex Harrison, Alec Guinness, Peter Hall und Wendy Hiller gehörten. Seine Freundschaft mit Olivier bestand nun schon seit fast vierzig Jahren, seit den Tagen von *Too Many Crooks*. Er hatte die Geschäftsführung des Old Vic übernommen, als Olivier die ersten Spielzeiten während des Krieges zu überstehen hatte, und später war er Produktionsleiter bei *Heinrich V.* gewesen. Seitdem hatte Olivier seinen Rat in Anspruch genommen. Darüber hinaus schätzte er seinen sprühenden Humor und verließ sich auf die Beständigkeit seiner Freundschaft; auch Evans' Frau Mary brachte ihm diese Zuneigung entgegen, und Olivier schätzte und bewunderte sie sehr für ihre Diskretion und ihr Verständnis. Die beiden waren bis an sein Lebensende seine engsten Freunde.

Von der ersten Woche an war Laurence Evans mit seinem neuen Klienten stark beschäftigt, dem neben seinen Engagements am National Theatre zahlreiche Filmrollen angeboten wurden. Evans handelte von Anfang an beachtliche Gagen für ihn aus. Oliviers nominelles Gehalt am National Theatre entsprach dem der anderen Schauspieler: für jede Vorstellung erhielt er zweiundvierzig Pfund. Bei seinen Filmgagen handelte es sich jedoch um ganz andere Summen. Von 1967 bis 1971 erhielt Olivier, der, abgesehen von *Totentanz*, nur kleinere Rollen in sieben Filmen gespielt hatte, eine Gesamtsumme von dreihunderttausend Pfund, und das für weniger als acht Wochen Dreharbeit in vier Jahren. Mit drei Kindern, zwei Häusern und dem hohen britischen Steuersatz war dies ein gutes, doch kein fürstliches Einkommen; daraus erklärt sich auch, warum er 1972 und 1973 ein Siebenhunderttausend-Dollar-Angebot annahm, in mehreren amerikanischen Fernsehwerbespots für Polaroidkameras aufzutreten, allerdings mit der Klausel, daß sie niemals in Großbritannien gezeigt werden dürften.

Am 30. September 1967 startete eine Truppe des National Theatre ihre Kanada-Tournee. Sie sollten vor insgesamt fünfundachtzigtausend Leuten in vierundachtzig Vorstellungen spielen, und Olivier hatte dabei drei Rollen zu verkörpern: den kleinen Part des Dieners Etienne in Feydeaus Farce *Der Floh im Ohr,* eine komische Figur mit Bowler-Hut und kurzer, enger Jacke, die an Chaplin erinnerte; den Tattle in *Liebe für Liebe* und den Edgar im *Totentanz.* In Vancouver, Edmonton und Winnipeg bewies Olivier trotz seiner reduzierten Kräfte ein erstaunliches Durchhaltevermögen, doch als sie in Montreal ankamen, war er sichtlich erschöpft und sah plötzlich um zehn Jahre älter aus. Er hatte sich schon immer darüber geärgert, wenn die Schauspieler und der Bühnenstab während der Vorstellung hinter der Bühne miteinander redeten, doch gewöhnlich hatte er sie dann freundlich und in vertraulichem Ton zur Ruhe gemahnt, aber jetzt auf der Tournee geriet er außer sich vor Zorn über ein solches Verhalten. Am nächsten Tag entschuldigte er sich zwar für seinen Ausbruch, doch seine engsten Mitarbeiter, darunter Diana Boddington, die seit den Kriegsjahren am Old Vic Bühnenmeisterin bei ihm war, machten sich ernste Sorgen, denn er war ständig gereizt und niedergeschlagen.

Seine besorgniserregende Verfassung war vor allem seiner Krebstherapie und den damit verbundenen Ängsten zuzuschreiben. Dennoch akzeptierte er für den Winter eine kurze, aber wichtige Rolle in dem Film *In den Schuhen des Fischers*, nach dem Bestseller von Morris West. Der gut gemachte Film erzählt die Geschichte eines russischen Priesters, gespielt von Anthony Quinn, der Papst wird und die Kirche in ein neues Zeitalter führt. Er wurde im Winter in Rom gedreht, und Olivier erhielt zweihunderttausend Dollar für elf Drehtage. Olivier spielte den politisch gerissenen sowjetischen Premierminister, der einen Priester aus dem Gefängnis befreit, mit der Undurchdringlichkeit des kalten Kriegers, die zugleich eine andere Menschlichkeit durchschimmern ließ, den Mann im Zwiespalt zwischen Verdammung und Brüderlichkeit. Wie er einen Trinkspruch mit einem übertrieben beiläufigen Charme ausgibt, wobei er harte gutturale Hs ausstößt und mit starrem und wissendem Blick auf seine engstirnigen Kollegen schaut, eine solche Darbietung benötigte ein Minimum an Technik für die größtmögliche ernst-komische Wirkung.

Wenn Olivier nicht am Drehort in Cinecittà benötigt wurde, hetzte er zu einem nahegelegenen Tonstudio, wo Franco Zeffirelli *Romeo und Julia*[1] verfilmte. Olivier hatte bei Zeffirelli angefragt, ob nicht eine Möglichkeit für ihn bestände, bei dem Projekt mitzumachen, und er war höchst erfreut, als Zeffirelli ihn bat, einen Prolog aus dem Off zu lesen. Er synchronisierte außerdem die Stimme des Lord Montague, weil der italienische Schauspieler Antonio Pierfederici einen zu starken Akzent hatte, und mit dem Eifer eines Kindes, das unbedingt dabeisein wollte, übernahm er auch noch die Synchronisation mehrerer kleinerer Rollen, ja sogar einiger Stimmen aus der Menge. Diese kurzen Synchronauftritte machte er ohne Bezahlung und ohne Nennung seines Namens, nur aus Freude, dabeizusein.

Als Laurence Evans in der Filmbranche wissen ließ, daß Laurence Olivier in der nächsten Zeit für Filmrollen zu haben sei, häuften sich die Angebote für die nächsten zwei Jahre. Seine erste Rolle war der Viereinhalb-Minuten-Part als ehebrecherischer, versoffener Sir John

French in Richard Attenboroughs Satire über den Ersten Weltkrieg *Oh! What a Lovely War*. In dem patriotischen Streifen *Luftschlacht um England* spielte er eine sehr viel ernsthaftere Rolle als Luftmarschall Sir Hugh Dowding, dessen Strategie 1940 die Royal Air Force in die Lage versetzte, der deutschen Luftwaffe Widerstand zu leisten. In einem halben Dutzend Szenen, die insgesamt weniger als fünf Minuten ausmachten, kreierte Olivier die Figur eines pflichtbewußten Mannes, der zwar von Patriotismus beseelt ist, aber angewidert vom Krieg, der mit einer verzweifelten Entschiedenheit sagt: »Unsere jungen Männer müssen deren junge Männer in einem Verhältnis von vier zu eins abschießen.« Dann folgten zwei weitere Rollen: ein minutenlanger Auftritt als sadistischer Lehrer Creakle in einer amerikanischen Fernsehverfilmung von *David Copperfield* und als Armeearzt Tschebutikin, ein verwahrloster alter Mann, der seine verlorene Jugend zurückholen will, in der Verfilmung der National-Theatre-Inszenierung von *Drei Schwestern*, bei der er in Shepperton Regie führte. Er stand zum erstenmal wieder hinter der Kamera seit seinem Film *Der Prinz und die Tänzerin.**

All diese Filmrollen und viele andere in den letzten zwanzig Jahren seines Lebens nahm er nur wegen des Geldes an, wie er sagte, und nur wenige sind erinnernswert. »Ich mache mir Sorgen um meine Kinder und die Zukunft, wenn ich sterbe und nichts hinterlasse und meine Frau allein ist mit drei hilflosen Kleinen.«[2] Andere Gründe nannte er nicht, wie zum Beispiel, daß er trotz seiner generellen Sparsamkeit auch einen Hang zum Luxus hatte (»ein Mercedes – sehr hübsch, ich mag den«). Doch es gab noch andere Überlegungen: Filme erlaubten ihm, mit all seinem handwerklichen Können zu arbeiten, sich aufzulehnen wie Edgar im *Totentanz,* »noch bin ich nicht tot!« Als er 1970 gefragt wurde, ob seine verschiedenen Erkrankungen ihn dazu veranlaßten, sich allmählich zurückzuziehen, antwortete er knallhart: »Sie werden mich rausschmeißen müssen. Ich habe keine Lust, meinen Garten umzugraben oder Golf zu spielen.«[3] Diese Zähigkeit und Ausdauer hielten ihn auch davon ab, von seinen Beschwerden Aufhebens zu machen, ebensowenig wie er je Zugeständnisse wegen seines Alters gefordert hat. Ganz im Gegenteil, als seine Kräfte allmählich nachließen und sein Gedächtnis ihm häufiger Schwierigkeiten machte, verdoppelte er seine Anstrengungen, lehnte Stuntmen oder Doubles ab

---

* Olivier hatte auch Probeaufnahmen für die Rolle des *Paten* gemacht. »Er hatte ein höhnisches Grinsen um seinen Mund und ein zufriedenes Strahlen im Blick«, berichtete der Schauspieler Robert Duvall, der ihn beim Drehen der Szene beobachtete und seinen perfekten italienischen Akzent hörte. Doch als Olivier erkrankte, bekam Marlon Brando die Rolle.

und probte noch gründlicher. »Geh mir aus dem Weg!«[4] schrie er einen Schauspieler an, der unter seiner Regie 1968 in *Liebes Leid und Lust* mitspielte. »So macht man das!« und damit kletterte er auf einen drei Meter hohen Bühnenbaum und schwang sich zu Boden.

Aber es gab Rückschläge. Nachdem er einen Tag lang seine Unterleibsschmerzen zu ignorieren versucht hatte, wurde er am 23. Februar von Edinburgh, wo er den Edgar spielte, nach London geflogen. Dort wurde sofort eine Blinddarmoperation vorgenommen, und es folgte auch diesmal eine Lungenentzündung, die ihn sehr schwächte. Seine häufigen Atemwegsinfektionen und zusätzlich sein starkes Rauchen in früheren Zeiten hatten zu einem chronischen Lungenleiden geführt, das seine ständige Kurzatmigkeit bewirkte.

Als er in das deprimierende Büro in der Aquinas Street zurückkehrte, mag er sich gewünscht haben, daß er im St. Thomas Hospital geblieben wäre. Peter Brook, mit dem Olivier eine herzliche Zusammenarbeit verband, war mitten in den Vorbereitungen für eine extrem moderne Inszenierung von Senecas *Ödipus* mit John Gielgud in der Hauptrolle. Mit seiner gefeierten Aufführung des *Marat/Sade* von Peter Weiss und dadurch, daß er die sozialpolitischen Ziele des Theaters der Grausamkeit verfocht, hatte Brook, der von Tynan unterstützt wurde, zahlreiche Kontroversen ausgelöst. Während der Proben hatte Brook seine Schauspieler aufgefordert, sich alle Arten von Schrecken und Gewalt auszudenken, er ließ sie Urschreie ausstoßen und Tiere nachahmen und forderte Improvisationen nach ihren Erinnerungen. Die Schauspieler schlossen sich dieser Probenmethode mit unterschiedlicher Begeisterung an, nur Gielgud hielt sich heraus. Brook fragte ihn, ob er sich gar nichts Erschreckendes vorstellen könne. »Und ob, Peter, es gibt was«, antwortete der Schauspieler. »Wir haben in zwei Wochen Premiere.«[5]

Das Ereignis war für Olivier als zunehmend belagerten Direktor des National Theatre eine ziemliche Belastung. Er hatte immer freimütig zugegeben, daß sein Zugang zum Theater eher instinktiv als intellektuell sei. »Ich bin einer der ungebildetsten Männer, die Sie je getroffen haben«, sagte er einmal zu einem Kritiker. »Ich habe außer Textbüchern nichts gelesen, und ansonsten bin ich ein Ignorant.«[6] Dies war vielleicht der beste Weg, um dem Ansturm akademischer Einwände zu begegnen, aber das lebenslängliche Studium von Sophokles, Shakespeare, Sheridan, Tschechow, Ibsen und Shaw, neuerdings auch Osborne, Ionesco und Anouilh bedeutete auch eine Bildung. Olivier vertraute wieder seinem Instinkt, als er entschieden Einspruch erhob gegen das Finale von Brooks *Ödipus,* bei dem ein riesiger goldener Phallus enthüllt wurde, um den die Darsteller herumtanzten und dabei *God Save the Queen* sangen und später die Zuschauer aufforderten, auf der Bühne mitzutanzen. Olivier hielt dies für jugendlichen Leichtsinn, nicht so sehr wegen des schlechten Geschmacks als vielmehr wegen der antitheatralischen Wirkung. Tynan hatte, wie so oft, die Trumpfkarte in der Hand, um doch für den Theaterschock zu sorgen, den er haben wollte: Brook würde sich sicherlich bei der Presse beschweren, wenn Olivier weiterhin gegen das Projekt opponierte. Angesichts dieser Drohung kapitulierte Olivier und akzeptierte »den Schlag, der meinen Untergang einleitete«[7], wie er es später formulierte. *Ödipus* wurde ziemlich gleichgültig aufgenommen, und es gab eine Reihe von ironischen Artikeln in Zeitungen und Zeitschriften, die die Ansicht vertraten, daß Sir Laurence auf die Theaterleitung verzichten und lieber schauspielen sollte.

In diesem Herbst führte er Koregie in dem Stück *The Advertisement* von Natalia Ginzburg, in dem Joan eine Hauptrolle spielte; die meisten Proben überließ er Donald MacKechnie, denn er brachte außerdem *Liebes Leid und Lust* auf die Bühne, das letzte von drei Shakespeare-Stücken, die er je inszeniert hat. Am 30. Januar 1969 übernahm er die kleine komische Rolle des gerissenen Scheidungsanwalts in Somerset Maughams Stück *Home and Beauty*. Da er keine Anstrengung scheute, entwarf er sich wieder einmal eine phantastische falsche Nase, vergrößerte seine Lippen mit Gummipolstern, setzte sich eine unkonventionelle Perücke und einen Kneifer auf und sprach in einem exotischen jüdischen Eastend-Akzent. Sein zehnminütiger Auftritt grenzte an Kitsch, aber das Stück hielt seiner Possenreißerei stand, und niemand im Zuschauerraum wäre darauf gekommen, daß er noch immer an starker Bühnenangst litt, die nicht zuletzt dadurch ausgelöst war, daß er Schwierigkeiten hatte, sich den Text zu merken. »Ich komme diesmal so langsam mit dem Lernen voran«, stöhnte er. »Eine einzige Szene kostet mich drei Wochen. Meine Frau kann dreiundzwanzig Seiten an einem einzigen Abend auswendig lernen, und als ich jung war, lernte ich den Romeo in zwei Tagen.«[8]

»Ich sah ihn hinter den Kulissen an einem Tisch sitzen«, erzählte das Ensemblemitglied Robert Stephens, »und verzweifelt seine Dialoge aus dem Textbuch rekapitulieren. Ich sagte zu ihm: ›Komm, wir müssen weitermachen!‹ und er sah auf und sagte: ›Dies ist kein Beruf für einen erwachsenen Menschen.‹«[9] Aber diese »Art von masochistischem Exhibitionismus«, wie er es einmal genannt hatte, beherrschte ihn noch immer, und das war gut so, denn es sollten noch größere

Aufführungen auf ihn zukommen, und diese einzelne komische Szene ermutigte ihn, den *Totentanz* im April wiederaufzunehmen. Als ein böses Vorzeichen erlitt er einen momentanen Blackout auf der Bühne, doch bestand er darauf, daß dies seiner allgemeinen Erschöpfung zuzuschreiben sei. Er hetzte in einem Vierundzwanzig-Stunden-Trip nach New York, um eine Tony-Sonderauszeichnung für das National Theatre und seinen Beitrag dazu entgegenzunehmen. Seine Gastgeber waren der Produzent Alexander H. Cohen und dessen Frau, die Schriftstellerin Hildy Parks, die sich fürsorglich um ihn kümmerte. Bei seiner Rückkehr war Olivier blaß und fühlte sich bedenklich unwohl. Kurz danach mußte er sich der unerfreulichen Prozedur einer Hämorrhoidenoperation unterziehen.

Im Mai starb Lewis Casson im Alter von dreiundneunzig Jahren, und als Olivier dies hörte, ging er sofort zu Sybil, um sie zu trösten. Seit dieser Zeit wurden seine Freundschaften immer wichtiger, was darin zum Ausdruck kam, daß er die Freunde immer häufiger besuchte und ihnen seine Zuneigung mit einer neuen und uneingeschränkten Offenheit zeigen konnte. »Die Schauspielerei ist in vieler Hinsicht ein bestialischer Beruf«, sagte er zu einem Journalisten.

> Ich spreche dabei nicht von dem Konkurrenzkampf, dem Risiko, arbeitslos zu sein, dem grausamen Pech und dem berauschenden Glück (das schlimmer ist), von den Eifersüchteleien, den Spannungen, dem Herzblut und den Tränen, nein, die meine ich nicht. Das alles gehört zu den Berufsrisiken auf vielen anderen Lebenswegen. Aber im Theater ist es außergewöhnlich schwer, Freundschaften aufrechtzuerhalten.[10]

Am 16. Januar begleitete er die Truppe des National Theatre nach Los Angeles, um die Inszenierungen von *Drei Schwestern* und *The Beaux' Stratagem* von Farquhar zu begleiten, aber er gehörte diesmal nicht zum Ensemble, und nach den Pressekonferenzen kehrte er nach London zurück, um mit den Proben zu *Der Kaufmann von Venedig* zu beginnen. Für die Regie hatte er Jonathan Miller[11] gewonnen, den begabten jungen Arzt, der Schauspieler geworden war und dann Regisseur, dessen Inszenierungen von klassischen und zeitgenössischen Stücken in England und Amerika hoch geschätzt wurden. Miller nahm das Angebot unter der Bedingung an, daß er den *Kaufmann* im 19. Jahrhundert ansiedeln würde, und Olivier war von dieser Idee so begeistert, daß er sich entschloß, den Shylock selbst zu spielen.

Als die Proben begannen, sah Miller, daß Olivier genauso behandelt werden wollte wie alle anderen Ensemblemitglieder: »Er kehrte nie den Star heraus, und obwohl er immer eine Fülle von Vorschlägen und kleinen hilfreichen Tips parat hatte, drängte er sich niemals auf.« Jeder Vorschlag, den er zur Regie beizutragen hatte, sollte einen anderen Schauspieler besser zur Geltung bringen, und er betrachtete eine Szene nie unter dem Aspekt, wie er in einem besseren Licht erscheinen könnte. Doch obwohl Olivier der Regie gegenüber eine ungewöhnlich kollegiale Haltung einnahm, war er der Ansicht, daß die Art seiner Darstellung völlig seine eigene Angelegenheit sein sollte. Olivier charakterisierte seine Figur auf der Basis des berühmten Films *Disraeli* von George Arliss und legte sich dafür eine besondere Maske zu: eine vorspringende Hakennase, chassidische Schläfenlocken, einen Bart und falsche Zähne. Er übte auch eine Sprechweise ein, die er für ein typisch jüdisches Englisch hielt. »Das wäre sehr vulgär gewesen«, sagte Miller Jahre später. »Da ich selbst Jude bin, konnte ich ihm sagen: ›Larry, du weißt selbst, daß dies nur ein Klischee ist, nicht alle Juden sehen so aus und hören sich so an.‹«

In Jonathan Miller hatte Olivier einen Regisseur, der nicht nur sehr aufmerksam war, sondern auch keinerlei Furcht hatte, seine Kritik zu äußern. Daher wurde sein Auftritt im *Kaufmann von Venedig* ein entscheidender Entwicklungsschritt in seiner Kunst. Wenn Olivier weiterhin ein Stereotyp vorführen wolle, sagte Miller, dann solle er das nur tun; aber Miller riet ihm davon ab und schlug Alternativen vor. Olivier war einverstanden:

> Langsam brachte er mich dazu, mich selbst so zu sehen, wie andere mich sahen. Ich hatte ein ganzes Gebirge von Manierismen geschaffen und mich selbst damit als Person zum Verschwinden gebracht, eine Gewohnheit, in die alte Schauspieler sehr leicht verfallen. Miller öffnete mir die Augen... Hier war ich, der Schauspieler, der sich immer seiner Originalität wegen selbst gepriesen hatte, und dort war ein junger Regisseur, der mir erzählte, daß ich so originell war wie die Zeitung von gestern... Das war eine Lektion, die ich sehr wohl begriffen habe.[12]

Bis auf eine Reihe falscher Zähne legte Olivier allmählich die gesamte übertriebene Maske ab und ersetzte sie durch Gesten und stimmliche Variationen, die Miller ihm vorschlug. Diese Veränderungen waren für eine etwas verwirrende, aber schließlich doch gelungene Dokumentation der Inszenierung verantwortlich, wie Anthony Crickmay, der offizielle Fotograf vom *Kaufmann*, berichtete. Täglich wurde ihm mitgeteilt: »Olivier hat seine Maske verändert, du mußt auf der Probe heute abend neue Fotos machen.«

Miller gab Olivier viele wichtige Hinweise zur Entwicklung der Figur des Shylock. Als erstes schlug er Olivier vor, in einen ausgelassenen kleinen Tanz zu verfallen (wie Hitler es in Compiègne tat, als Frankreich kapitulierte), wenn Shylock die Nachricht erhält, daß Antonio seine Schiffe verloren hat. Dann brachte ihn Miller auf die Idee des herzerweichenden Schreis hinter den Kulissen, der eine Synthese bedeutete für die Rolle und für das ganze Stück. Das Ergebnis war eine völlig neue Sichtweise dieser Figur – nicht der stereotype Bösewicht, sondern ein verachteter und verhärteter Realist –, und dies wäre vielleicht nicht passiert ohne das glückliche Zusammentreffen eines Regisseurs von inspirierter Freimütigkeit mit einem Schauspieler von tiefgreifender Demut. Der Respekt und die Ergebenheit einem Mann gegenüber, dessen Bildung Olivier zutiefst bewunderte, führten zu einem uneingeschränkten Erfolg.

Auf den Proben gab es keine Ängste, berichtete Miller, und sicherlich ist nichts passiert, was auf die schrecklichen Ereignisse hindeutete, die unmittelbar nach dem Premierenabend passierten. Der Regisseur beobachtete Olivier von der Seitenbühne und sah ihn fast erstarrt vor Bühnenangst, der Schweiß lief ihm herunter, sein Atem ging unregelmäßig. Seine Augen wurden leer, und es trat eine entsetzliche Stille hinter der Bühne ein, denn alle, die Olivier sahen, fürchteten, daß er nicht weitermachen könnte. Aber er tat es, und von der zweiten Vorstellung an wurde ihm das Beruhigungsmittel Valium verschrieben, das damals für mild genug gehalten wurde, um auch bei wiederholtem Gebrauch die Gefahr einer Abhängigkeit auszuschließen. Die Panikattacken, bei älteren Schauspielern, manchmal sogar auch bei jüngeren, ziemlich verbreitet, in Oliviers Fall aber ungewöhnlich heftig, waren ein weiteres Hindernis, das er zu überwinden hatte und das ihn mehr bedrohte als jedes gefährliche Bravourstück oder ein Fechtkampf. Aber er weigerte sich fast ein Jahrzehnt lang, Bühnenangst und Krankheit zuzugeben, und indem er immer weiter gegen die Angst ankämpfte, überwand er sie schließlich.

Nachdem schon jahrelang die Rede davon gewesen war, wurde Olivier im Juni dieses Jahres anläßlich der Geburtstagsfeierlichkeiten der Königin die Peerswürde verliehen; die Zeremonie der Investitur sollte neun Monate später stattfinden. »Dafür habe ich fünfzig Jahre gearbeitet«[13], sagte der neue Baron, The Right Honourable The Lord Olivier, und Richard Burton vertraute er an, daß er seit sehr langer Zeit schon »dafür bestimmt war, der erste geadelte Schauspieler zu sein«[14]. Damit hatte er nun ein weiteres Ziel erreicht, und sofort nach der

Ankündigung sandte er einen Brief an alle Mitglieder des National Theatre, in dem er ihnen mitteilte, daß die Ehrung nichts daran änderte, wie er persönlich angesprochen würde. Die meisten nannten ihn wie früher »Sir«. Er hatte sich natürlich weiterhin mit den Anforderungen der National-Theatre-Verwaltung herumzuschlagen, und eine der weniger angenehmen Wochen seiner Karriere mußte er im Juni als Gastgeber mit dem schwedischen Regisseur Ingmar Bergman verbringen, den Tynan bekniet hatte, *Hedda Gabler* auf die Bühne zu bringen. Tynan hieß Bergman bei einem gemeinsamen Essen mit dem Ensemble kurz willkommen und reiste dann ab. Er überließ dem überarbeiteten Olivier die Aufgabe, den Gast zu Empfängen und Proben zu begleiten. »Olivier wollte meine Idee für das Stück wissen«, beschwerte sich Bergman später, »und dann wollte er es übernehmen und selbst inszenieren, in meiner Choreographie.«[15] Zutreffender ist wohl, daß Bergman unbedingt nach Hause wollte, weil er eine Filmverpflichtung hatte und *Hedda Gabler* ein langweiliges Stück fand, das er um ein Viertel kürzte.

Eine plötzliche Rippenfellentzündung brachte Olivier im Sommer wieder ins St. Thomas Hospital; er bekam eine schwere Thrombose im rechten Bein, das schmerzhaft und gefährlich anschwoll. Das Blutgerinnsel fesselte ihn sechs Wochen lang ans Bett, und seine Ärzte bestanden darauf, daß er ein Jahr lang nicht spielte und seine offiziellen Aktivitäten radikal einschränkte. Wie vorauszusehen, war dies für die Leitung des National Theatre ein schwerer Schlag, denn sie waren auf Oliviers regelmäßige Mitarbeit angewiesen, weil sie ständig in irgendwelche Kontroversen verwickelt waren, sei es um den Fortgang des Neubaus an der South Bank, sei es um die öffentlichen Zuschüsse, die schwankenden Zuschauerzahlen und die Unwägbarkeiten beim Ausbalancieren des Spielplans mit populären, klassischen und umstrittenen modernen Stücken. »Seit man mir gesagt hat, daß ich ein Jahr lang nicht spielen darf, könnte ich heulen!«[16], sagte Olivier im Herbst. Doch seine Ruhepause dauerte nicht so lange, wie die Ärzte verordnet hatten, und zum Jahresende unterzeichnete er einen Vertrag für fünf Tage Dreharbeiten an dem Film *Nikolaus und Alexandra*; er hatte eine kleine Rolle als Fürst Witte, den großen Geist der russischen Regierung, der Rußland seine erste Verfassung gab und Ratgeber des letzten Zaren war.

Olivier brauchte alles politische Geschick, das er nur aufbringen konnte, um mit der ersten Aufgabe des Jahres 1971 fertig zu werden. Tynan war für ein Stück von Fernando Arrabal mit dem Titel *Der Ar-*

chitekt und der Kaiser von Assyrien eingetreten, für das der Begriff »absurd« hätte erfunden worden sein können. »Ich halte es für reinen Müll«, sagte Olivier zu Anthony Hopkins, einen der beiden Darsteller in dem Stück, »aber Ken ist ganz wild darauf, und ich bin sicher, daß ihr beiden Jungs [Hopkins und sein Partner Jim Dale] euren Spaß dran haben werdet.«[17] Ohne Buch und mit einem Dolmetscher, der die Regieanweisungen vermittelte, mußten Hopkins und Dale auf der Bühne Kämpfe ausfechten, sich allmählich ausziehen, sich dann mit Fallschirmseide bedecken, auf einem Gabelstapler meditieren, einen Elefanten aus brasilianischer Baumrinde formen, langwierige unsinnige Reden halten und sich schließlich sichtbar dem Kannibalismus hingeben. Auf die Frage, wie er dieses grausige Ende auf die Bühne zu bringen gedenke, stürmte Regisseur Victor Garcia davon, wobei er ärgerlich in verschiedenen Sprachen vor sich hin brummte, daß Olivier keine Phantasie habe.

»Ich kann keine verdammte Nacht mehr schlafen«[18], klagte Olivier Hopkins gegenüber, als die Premiere im Februar immer näher rückte. »Was macht dieser kleine Scheißer Arrabal da eigentlich?« Als Hopkins antwortete, daß er nicht die entfernteste Vorstellung von dem Thema des Stückes oder seiner Grundidee habe, daß es auch keine richtigen Proben gegeben habe und daß er nicht übel Lust hätte, den Regisseur umzubringen, sagte Olivier: »Warte, bis ich heute zur Probe komme, dann kannst du ihn umbringen!« Garcia war an dem Tag nicht auf der Probe. Die Schauspieler sollten ihren Auftritt improvisieren, um mehr »menschliche Authentizität« zu erzielen, und der Übersetzer erwähnte irgend etwas wie »Chinesisch«. »Er mag die Chinesen«, sagte Olivier zu Hopkins. »Er will einen Chinesen als Gabelstaplerfahrer im Stück haben.«

Garcia hatte von Hopkins verlangt, den größten Teil des Stückes fast nackt aufzutreten, und auf der letzten Entkleidungsprobe watete der Schauspieler durch eine vierseitige Rede von überwältigender Zusammenhanglosigkeit, während er die Rinde von einem Baum abpellte. Zweieinhalb Stunden später wollte ein ziemlich ratloser Olivier gehen, doch sagte man ihm, daß dies nur der erste Akt gewesen sei. Er war nun sehr wütend auf Tynan.

Wie Olivier vorausgesehen hatte, brachte die Aufführung dem schwindenden Ansehen des National Theatre in der Spielzeit 1970/71 keinen Auftrieb. »Es herrschte eine Atmosphäre, als sei das Theater in zwei Lager gespalten«[19], beschrieb Christopher Plummer seinen Eindruck. Die Kritiker sprachen von schlechtem Zusammenspiel des Ensembles, mäßiger Besetzung bei den jungen Schauspielern und mittelmäßigen Inszenierungen; die Zuschauer blieben scharenweise weg, wie Samuel Goldwyn es einmal ausgedrückt hat. Oliviers Krankheiten machten Verschiebungen und Umbesetzungen notwendig; die Sommerspielzeit am New Theatre, an dem er einst Triumphe gefeiert hatte, wurde ein Reinfall, auch wegen seiner Inszenierung von Giraudoux' *Amphitryon 38*, die ein Kritiker »erbarmungslos mittelmäßig«[20] nannte. Ein Vergleich der Zuschauerzahlen zeigt die Unterschiede: In den ersten vier Jahren von Oliviers Leitung des National Theatre wurden dort achtundzwanzig Stücke gezeigt, von denen zweiundzwanzig unbestrittene Erfolge waren; in den nächsten vier Jahren wurden ebenso viele Stücke angeboten, doch nur die Hälfte davon konnte man erfolgreich nennen. Seltsame Inszenierungen von entlegenen, veralteten Stücken, die weder der Kritik noch dem Publikum gefielen, hatten das Repertoire überlastet.

Um die Last von Oliviers Schultern zu nehmen, wurden John Dexter und Michael Blakemore zu Kodirektoren bestellt, und um den Theaterhaushalt wieder aufzubessern, wurde eine seit langem geplante, höchst aufwendige Einstudierung des Musicals *Schwere Jungen, leichte Mädchen* abgesetzt; Olivier hätte gern den Nathan Detroit darin gespielt, und er und ein riesiges Ensemble hatten bereits mit umfangreichen Tanz- und Gesangsübungen begonnen. Statt dessen machte Tynan den klugen Vorschlag, O'Neills Tragödie *Eines langen Tages Reise in die Nacht* in den Spielplan aufzunehmen, für die das National Theatre die englischen Aufführungsrechte besaß; das Fünf-Personen-Stück benötigte nur ein Bühnenbild und hatte eine grandiose Hauptrolle für Olivier als erfolglosen Schauspieler und frustrierten Ehemann und Vater James Tyrone. Da die Rolle enorme Anforderungen an sein Gedächtnis und sein Stehvermögen stellte, wurde die Probenzeit ungewöhnlich lang. Tynan setzte sich für noch drei andere Stücke ein, die für das Jahr 1972 weitere Erfolge sicherten: Tom Stoppards neues Stück *Jumpers,* eine Neuinszenierung des Stücks *Reporter* von Hecht und MacArthur, und Jonathan Millers Aufführung von *Die Lästerschule.*

Bevor die Proben zu *Eines langen Tages Reise in die Nacht* begannen, hielt Olivier am 20. Juli 1971 seine einzige Rede vor dem House of Lords. Peter Plouviez, ein Funktionär und späterer Generalsekretär der englischen Schauspielergewerkschaft Equity, hatte Olivier um Unterstützung gebeten, gegen die Pläne der Heath-Regierung, die Macht der Gewerkschaften drastisch zu beschneiden, zu opponieren und dafür einzutreten, daß Schauspieler weiterhin ihre Gewerkschaftspflicht behalten konnten. Plouviez fand Olivier krank und offensichtlich unter Schmerzen leidend, er trug eine Halsstütze wegen einer Halswirbelverletzung und beginnender Arthritis und Hausschuhe wegen des schmerzenden Beins. Doch wie immer bei wichtigen Gelegenheiten, steigerte er sich zu Hochform; seine Ansprache bewirkte keine Änderung der Gesetzgebung, doch dies kann kaum Oliviers barocker und ziemlich unverständlicher Ausdrucksweise zugeschrieben werden: »Ich möchte Eure Lordschaften bitten, anmerken zu dürfen, daß es mit der Ritterlichkeit, für die das Haus Eurer Lordschaften so berühmt ist, in größtem Widerspruch stände, Eure Artigkeit hintanzustellen und dem scheuesten Jungfernredner von vierundsechzig Jahren die Nachsicht zu verwehren.«[21]

Doch als im Herbst die Proben zu *Eines langen Tages Reise in die Nacht* begannen, hatte Olivier keineswegs die Energie und Frische eines Jungfernredners. Einerseits fand er das Stück zu lang und zu trübselig, und andererseits hatte er keine große Lust, einen gescheiterten und kauzigen Ex-Schauspieler zu spielen. Da er immer noch leicht humpelte und weiterhin die Halsstütze tragen mußte, lernte er zunächst seinen Text auswendig und begann erst dann O'Neills düstere Dialoge mit Regisseur Michael Blakemore und dem Ensemble (Constance Cummings als Mary, Ronald Pickup als Edmund und Denis Quilley als Jamie) zu proben. Sie saßen drei Wochen lang an einem Tisch, bevor die eigentlichen Bühnenproben beginnen konnten, doch auch schon in diesem frühen Stadium war Oliviers Darbietung gestaltet und durchgeformt, und sein amerikanischer Akzent war perfekt. Er neigte allerdings dazu, zu dominierend aufzutreten, und daher legte Blakemore ihm vorsichtig nahe, in den ersten drei Akten das Tempo etwas zurückzunehmen, um auf den vulkanischen vierten hinzuarbeiten.

Zunächst bereitete Olivier, wie es typisch für ihn war, eine aufwendige Maske vor. Aber diesmal benötigte er nicht den Rat des Regisseurs, um auf kosmetische Veränderungen zu verzichten; sogar vor Kostümproben ließ er alle Andeutungen von falschen Nasen, künstlichen Zähnen oder veränderten Wangenpartien weg, er klebte sich nicht einmal einen Bart an. Er verwandelte sich, indem er die Figur in seinem Inneren fand, berichtete Constance Cummings, und nicht, indem er zuerst an die äußeren Details ging.

Das Zusammentreffen von Rolle und Schauspieler brachte Olivier natürlich dazu, des Mannes Sparsamkeit und seinen Hang zum Risiko herauszuarbeiten, Charakterzüge, die er in einem einzigen Bravourstück zeigte: In O'Neills Text steht, daß Tyrone das Licht ausmacht, und Olivier trieb an dieser Stelle den Part und sich selbst weiter. Er besprach mit dem Regisseur Blakemore und dem Bühnenbildner Michael Annals, die Bühne so herzurichten, daß er mit ziemlicher Anstrengung auf einen Tisch steigen kann, um eine Glühbirne herauszuschrauben. Wenn er bei den Proben wieder vom Tisch herunterstieg, beobachteten ihn die Kollegen mit erschreckten Gesichtern. Aber Olivier zwang seinen Körper zu tun, was er wollte. Diese Szene gehörte ganz und gar zu der Rolle, zu dem prahlerischen Gehabe des ehemals agilen Schauspielers Tyrone, aber es zeigte ebenso Laurence Olivier, der auftrumpfte, als wollte er sagen: »Ich bin vierundsechzig, aber ich kann solche Sachen noch immer.«

Und er konnte noch mehr. Neben den täglichen Proben von fünf Stunden hatte er in diesem Herbst auch seine Verpflichtungen in der Theaterleitung, die er morgens und in den Pausen erledigte. Dabei behielt er sein Kostüm für Tyrone an, damit es zur Premiere schon etwas abgewetzt aussah. »Jede Minute, die wir bei den Proben pausierten, verbrachte er in seinem Büro«, berichtete Constance Cummings[22], »und es war zu der Zeit eine fast untragbare Belastung für ihn, Schauspieler, Produzent, Regisseur und Theaterleiter zu sein, er war wirklich für alles verantwortlich.« Anfang Dezember befürchtete man, daß er nicht mehr die Kraft haben würde, die Premiere am einundzwanzigsten durchzustehen.

Doch alle Bedenken waren umsonst, denn der Ruf des National Theatre wurde auf glanzvolle Weise wiederhergestellt. Das Ensemble gab zu Weihnachten eine vollendete Darbietung mit der Premiere von *Eines langen Tages Reise in die Nacht*, an der Spitze Oliviers Auftritt als der von Schuldgefühlen gequälte, enttäuschte und schließlich anrührende alte Schauspieler, der unfähig ist, mit seiner Familie umzugehen. Im Wechsel von Nachsicht und moralischer Entrüstung war sein Tyrone ein Ausbund von Widersprüchen, einmal liebevoll, einmal arrogant, einmal fürsorglich, einmal egozentrisch. Noch nie hatte Olivier in einer Rolle so viel weinen müssen wie in dieser; noch nie waren seine Seufzer und seine abweisenden Blicke so bewegend, noch nie seine kleinsten Pausen so genau gesetzt.

Seine Fähigkeit, sich beständig zu erneuern, war wirklich höchst bewundernswert. Olivier hatte es geschafft, sich von seinen Königsrollen in die Archie-Rice / Graham-Weir-Phase weiterzuentwickeln und nun zu dieser völlig durchgestalteten Figur eines amerikanischen Einzelgängers. Tyrone war genau die Art Mann, die Olivier nie hatte werden wollen, ein besessener Geizkragen, der den Kontakt zu sich selbst und seiner Vergangenheit verloren hat, ein abgerissener, zu alt geratener Schuljunge, der von seinen Illusionen einer glanzvollen irisch-katholischen Abstammung herumtönt, während er zugleich darüber klagt, daß er seine Frau an ihre Morphiumsucht verloren hat. »Dies würde ich einen meiner autobiographischen Jobs nennen«, sagte Olivier einmal, »dieser Typ war mir überhaupt nicht fremd. Ich mußte mir seine exzentrischen Gewohnheiten nicht erst ausdenken. Ich kannte sie alle.« Seiner Familie ging es genauso, denn seine Tochter Tamsin schrieb ihm ein Briefchen, nachdem sie ihn in der Vorstellung gesehen hatte: »Liebster Daddy, nun wissen wir, warum Du zu Hause immer so streng darauf achtest, daß die Lichter ausgemacht werden. Du hast für Dein Stück geprobt.«[23] Olivier verkörperte nicht nur Tyrone mit seiner übertriebenen Sparsamkeit, sondern er verfügte auch über diese paradox wirkenden plötzlichen Ausbrüche von Großzügigkeit. »Zu Frauen war er mit Champagner recht freigebig, besonders in den späten Nachtstunden«, erinnert sich seine Freundin, die Romanautorin Edna O'Brien, »doch am nächsten Morgen besah dann der Puritaner in ihm den Schaden, der sich in der Zahl der leeren Flaschen kundtat.«[24] Die Rolle war ihm auf den Leib geschrieben, kein Zweifel. Tom Pate, der Verwalter des National Theatre, sagte, daß es Olivier schwerfiel, während einer Vorstellung aus seiner Rolle wieder herauszukommen: Wenn er zwischendurch anrief, um nach den Verkaufszahlen zu fragen, sprach er in Tyrones amerikanischem Akzent.

Während Olivier in diesem Winter den Tyrone spielte und außerdem noch von Besprechungen am Old Vic zu Vorstellungen im New Theatre hastete, konnte man ihn häufig zwischen zwei Akten, sogar zwischen den Szenen, eingenickt finden. Er hatte sich entschieden, mehrere Nächte jede Woche in London zu bleiben, dafür hatte er sich eine Wohnung gemietet in Roebuck House, Victoria. Dennoch lud er nach jeder Vorstellung Cummings, Pickup und Quilley zu sich in die Garderobe ein auf einen Schluck Jack Daniels, einen amerikanischen Whiskey, der ganz und gar zu seiner Rolle als Tyrone paßte. Trotz seiner Erschöpfung schien Olivier wieder in Höchstform zu sein.

Aber er war es nicht, und er wußte das. Die Vorstellungen laugten ihn aus, und die Bedingungen für die Leitung des National Theatre wurden immer unerfreulicher. Im August 1971 sagte er zu Kollegen, daß er Joan dazu überreden wollte, die künstlerische Leitung des National Theatre zu übernehmen – eine Idee, die sie als lächerlich bezeichnete, weil sie weder das Temperament noch die Ausbildung für eine solche Position hätte. Seit 1968 war Joan in nur sechs Rollen des Repertoires aufgetreten und war bei einem ungewöhnlichen neuen Stück Koregisseurin gewesen; ansonsten war sie zu jener Zeit eine sehr beschäftigte Mutter, deren Name außerhalb Londons nicht sonderlich bekannt war. Erst in den folgenden Jahren sollte sie wieder aktiver und erfolgreicher auf der Bühne und im Fernsehen werden. Doch trotz ihrer demonstrativen Zurückhaltung waren viele Leute der Ansicht, daß sie es war, die ihren Mann bedrängte, sie als seine Nachfolgerin ins Spiel zu bringen[25]. In einem langen Gespräch mit Peter Hall in Brighton im Juni 1973 erklärte sie zum Beispiel mit Nachdruck, daß sie gern mehr machen wolle als nur schauspielern, sie wolle auch Regie führen und ein Theater leiten. Nach diesem Gespräch war Hall davon überzeugt, daß sie den Posten der künstlerischen Leiterin unbedingt haben wollte. Sie hatte schon seit Jahren einen großen Einfluß auf das Ensemble des National Theatre, wie der Produzent Derek Grainger, ein Freund der Familie und bei mehreren Projekten mit Olivier tätig, sagte, und dieser Einfluß weitete sich aus auf die Auswahl der Stücke, der Darsteller und der Regisseure. Doch Olivier hatte natürlich nicht die Macht, seinen Direktorenposten auf sie zu übertragen, und als ihr Name in offiziellen Kreisen bei Gelegenheit fiel, war das Echo nicht besonders groß.

Daß Olivier ihren Namen ins Spiel brachte, war nicht das einzige Anzeichen dafür, daß er bereits wußte, daß sein Rückzug aus der Theaterleitung mehr oder weniger nahe bevorstand. Sir Max (später Lord) Rayne, ein einflußreicher Geschäftsmann und Immobilientycoon, war nach Lord Chandos' Tod im Jahr 1972 Vorsitzender des Aufsichtsrats geworden, und Olivier bot sofort, wenn auch etwas halbherzig, pro forma seinen Rücktritt an. Rayne erwiderte darauf, daß Olivier zumindest noch so lange bleiben sollte, bis das South Bank Art Centre eröffnet würde, was für 1974 vorgesehen war, aber erst 1976 stattfand. In der Zwischenzeit war Olivier nach dem Mißverfolg von vier Produktionen des National Theatre (noch vor *Eines langen Tages Reise in die Nacht*) vorsichtig geworden: »Vier Flops nacheinander«, sagte er zu Tynan, »jetzt müssen sie mich ganz einfach rausschmeißen.«[26] Tynan beobachtete während des ganzen Jahres 1971, daß Olivier »grübelte und sich vorstellte, wie sie sich heimlich trafen und Kriegsrat über ihn hielten. Aber in seinem Hinterkopf war immer der unausgesprochene Gedanke, den Danton in Büchners *Dantons Tod* (das am 3. August Premiere hatte) äußert: ›Sie werden's nicht wagen.‹«[27]

Alle Institutionen neigen dazu, eine Atmosphäre zu schaffen, in der die Leute es vermeiden, unangenehme Aufgaben zu übernehmen, weil sie befürchten, entweder für zu kühn oder für zu feige gehalten zu werden, und eifersüchtig über ihren eigenen Ruf wachen. Im nächsten Jahr folgten am National Theatre eine Reihe kleinlicher und manchmal geradezu hinterhältiger Schachzüge aufeinander, die jeden verletzten, am meisten Olivier. In der schlimmsten Phase der Verwicklungen war er nicht immer sein bester Anwalt, während Tynan das aus verschiedenen Gründen sehr gut konnte. Als uneheliches Kind, das den Namen seiner Mutter trug, schloß Tynan sich häufig berühmten und kreativen Vaterfiguren an, denen er Respekt entgegenbrachte – Orson Welles gehörte zu ihnen –, aber keiner nahm ihn so sehr in Anspruch wie Olivier, und keiner ordnete sich intellektuell so willig unter wie der erste Lord der Bühne. Da aber Olivier sich geweigert hatte, ihn Regie führen zu lassen, und da er ihm, real oder eingebildet, die berufliche und emotionale Unterstützung entzogen hatte, fühlte Tynan sich von Oliviers väterlicher Zuwendung abgeschnitten. Obwohl er sicherlich seine eigene einflußreiche Position am National Theatre sehr schätzte, entschloß er sich, wieder ganz zum Schreiben zurückzukehren. Außerdem wollte er nicht »einer von vielen Planeten sein, die um eine verlöschende Sonne kreisen«[28], wie er es unverblümt nannte.

Als Olivier aber mehr oder weniger ernsthaft in Erwägung zog, sich zurückzuziehen oder zumindest die Verantwortung mit mehreren Direktoren wie Blakemore zu teilen, war er sich nicht über die weitere Entwicklung im klaren. Lord Goodman, Aufsichtsratsmitglied des National Theatre, hatte sich, während Olivier im August mit Thrombose im Krankenhaus lag, an Peter Hall gewandt, damals einundvierzig Jahre alt, ehemaliger Direktor der Royal Shakespeare Company und zudem ein international erfolgreicher Theater- und Opernregisseur. Goodman fragte ihn, ob er interessiert wäre, falls die Position des künstlerischen Direktors frei würde. Selbstverständlich, antwortete Hall. Aber er würde zunächst nur als Oliviers Assistent und mit dessen Billigung kommen wollen. Unter einer gewissen Geheimhaltung – vor allem Olivier sollte von nichts wissen – wurden die Gespräche fortgeführt, und gegen Ende des Jahres 1971 fanden private Verhandlungen über Halls Vertrag als Direktor des National Theatre statt. Gleichzeitig trat Tynan dafür ein, daß Blakemore Olivier an die Seite gestellt würde, um sein Erbe anzutreten und das National Theatre zu übernehmen, aber erst dann, wenn Olivier selbst es für richtig hielt, seinen Rücktritt zu erklären. Blakemore, dreiundvierzig Jahre alt, hatte bereits viele Stücke auf die Bühne gebracht, bevor er vier Inszenierungen für das National Theatre machte und zum stellvertretenden Direktor ernannt wurde. Diesen Vorschlag unterbreitete Tynan Rayne, der ihn unter dem absurden Vorwand global ablehnte, daß er Blakemore nicht kenne; und am 2. Februar teilte Olivier Rayne wieder halbherzig mit, daß er an seinen Rücktritt denke. Da die Entwicklungen immer verknoteter und verdeckter wurden und Olivier, Tynan und ihre Kollegen am National Theatre immer entschiedener von Rayne und dem übrigen Aufsichtsrat ignoriert wurden, erwies sich Tynans Haupteinwand als richtig: Indem Olivier es ablehnte, selbst einen Nachfolger zu benennen, spielte er dem Vorstand direkt in die Hände. »Einen Tag trat er zurück, den anderen Tag beschloß er zu bleiben«, erinnerte sich Peter Hall.

> Währenddessen stand es nicht gut um die Dinge. Er war wirklich nicht in der Lage, das Theater zu leiten... Die Verhandlung zog sich ewig hin, alles im geheimen, sechs Monate lang, und als Lord Rayne Larry schließlich mitteilte, daß ich bereit sei, seine Nachfolge anzutreten, unter der Bedingung, daß er das National Theatre auf der South Bank eröffnete, da war es ihm sehr recht, wie ich glaube, und zugleich war er sauer.[29]

Die Sache stand kurz vor ihrem Höhepunkt, als Olivier Mitte März 1972 für eine Woche nach Rom flog, um für einen kurzen Auftritt als nüchtern distanzierter Duke of Wellington in Robert Bolts Film *Lady Caroline Lamb* vor der Kamera zu stehen. Für fünf Drehtage erhielt er zwanzigtausend Pfund, und er hatte eine Schlafzimmerszene mit der Titelheldin zu spielen, die von niemand anders dargestellt wurde als von Bolts Ehefrau Sarah Miles. Als Olivier ankam, wußte er genau, wie er diese Rolle spielen wollte, erinnerte sich Bolt, und obwohl er sich die Regieanweisungen anhörte, stand seine Meinung fest. »Wir hatten hundert Statisten in einer seiner kleinen Szenen, und Olivier grüßte jeden mit vollendeter Höflichkeit. Er hatte etwas an sich wie eine königliche Hoheit auf Besuch.«[30]

Während der Dreharbeiten war Olivier sehr in Sorge wegen eines möglichen Coups am National Theatre. In seiner Abwesenheit wandte sich Peter Hall an seinen eigenen Agenten, der zufälligerweise auch Laurence Evans war. »Was soll ich tun?« fragte ihn Hall und informierte ihn zum erstenmal über das Angebot, bat ihn aber um Geheimhaltung, was Evans natürlich in eine unhaltbare Situation gegenüber Olivier brachte. Darum rief Evans sofort Binkie Beaumont an, der auch zum Aufsichtsrat des National Theatre gehörte, und bekundete ihm sein tiefes Mißfallen über die Intrige. Wenn der Aufsichtsrat nicht auf der Stelle Olivier informierte und ihn in den Prozeß des Direktoriumswechsels mit einbezöge, betonte Evans, würde er selbst mit Olivier sprechen.

Das erwies sich jedoch als unnötig. Bei seiner Rückkehr nach London wurde Olivier zu Rayne gebeten, der ihm geradeheraus mitteilte, daß die Theaterleitung Peter Hall als seinen Nachfolger auf dem Posten des künstlerischen Direktors wünschte. Olivier war bis ans Ende seines Lebens über diese einseitig getroffene Entscheidung verärgert. Er befand sich in einer Situation, die jener durch Lord Eshers berüchtigten Brief von 1948 hervorgerufenen Lage ähnelte, als er, Richardson und Burrell vom Old Vic entlassen wurden. Rayne verlangte von Olivier Stillschweigen in der Öffentlichkeit, solange Halls Vertragsverhandlungen noch andauerten, und er gehorchte – aber nur für den Moment. In der Zwischenzeit erhielt Tynan, der sich zum Urlaub in Frankreich aufhielt, einen Telefonanruf: Irgend jemand aus dem Aufsichtsrat hatte dem *Observer* die Nachricht zugespielt, daß Peter Hall Oliviers Nachfolger werden sollte. Er war wie Olivier außer sich, daß sie nicht um ihre Meinung gefragt worden waren, und beklagte sich unter Freunden genauso über die unglücklichen Folgen von Oliviers unklugem Verhalten wie über den Mangel an gutem Benehmen seitens der Theaterleitung.

Nun trug Olivier seinerseits dazu bei, daß die Sache sich weiter verwirrte, indem er am 12. April vor versammeltem National-Theatre-Ensemble verkündete, daß Peter Halls Ernennung noch keineswegs sicher sei, daß er selbst den Posten als künstlerischer Direktor behalten werde und daß niemand während seiner Amtszeit seinen Job verlieren werde. Von dieser Versammlung berichtete der gerissene Tynan der begierig wartenden Londoner Presse. Innerhalb einer Woche gab der Aufsichtsrat schlichtweg bekannt, daß die Verhandlungen abgeschlossen seien und Peter Hall als designierter Direktor 1973 an das National Theatre kommen werde, um die Position des Direktors zu übernehmen, sobald Olivier die Einweihung des South-Bank-Gebäudekomplexes im Frühjahr 1974 vollzogen habe. Die Proszeniumsbühne werde den Namen Lyttleton tragen, zu Ehren des ersten Präsidenten und seiner Familie, und, so endete die Pressemitteilung, das Hauptgebäude, das Amphitheater, werde den Namen Olivier Theatre tragen, »um Laurence Oliviers außerordentlichen Beitrag zum National Theatre zu würdigen«. Aber Olivier, der wohl befürchtete, daß sein Einfluß sofort dahinschwände, bestand darauf, daß mit Halls Eintreffen im Frühjahr 1973 sie beide als Co-Direktoren bestätigt würden.*

---

* In seiner Autobiographie *Bekenntnisse eines Schauspielers* erwähnt Olivier diese Ereignisse mit berechtigtem Zorn, aber er irrt sich erheblich in Daten und Zeiträumen. Beispielsweise wurde ihm 1972 nicht eine Frist von sechs Monaten gewährt, um sein Direktorium zu beenden (Seite 298); tatsächlich hat er sich erst im Herbst 1973 offiziell von seinem Posten zurückgezogen.

In der Öffentlichkeit blieb Olivier beherrscht, unter Freunden ließ er seiner Wut freien Lauf. Richard Attenborough fiel es auf, daß er in dieser Saison einen zutiefst verletzten Eindruck machte, die Zurückweisung hatte ihn gebeugt, als würde er von einem großen Gewicht erdrückt. Mit ihrer bekannten Prägnanz sagte Joan später, daß Olivier »völlig erschlagen war«[31] von den Ereignissen dieses Jahres.

»Der Putsch war auf eine erschreckend offensive Weise geführt worden«, sagte Jonathan Miller. »Olivier machte in der Öffentlichkeit gute Miene dazu, aber viele Jahre später haben wir darüber gesprochen, und er kochte noch immer vor Wut. Er hätte damals direkt in den ganzen Vorgang einbezogen werden müssen, und er wußte das.« Robert Bolt sagte es deutlicher: »Die ganze Sache war moralisch gesehen eine Schande.« Und Peter Hall[32], der Olivier eigentlich sehr mochte und bewunderte, war dadurch in eine sehr unangenehme Situation gebracht worden.

Bei all den großen Erfolgen seiner Direktoriumszeit am National Theatre hatte Olivier viele Kollegen vor den Kopf gestoßen. Er hatte zwar nicht immer die Rampenlichter nur auf sich selbst gerichtet – von den neunundsiebzig Produktionen seiner Amtszeit hat er in zwölf Stücken gespielt und bei acht Inszenierungen Regie geführt –, aber im Grunde war es eine Alleinherrschaft. Die nächste Generation großer Talente (Anthony Hopkins, Derek Jacobi, Ronald Pickup, Denis Quilley und andere) hielt er zumeist an ihrem Platz und sagte ihnen, daß sie noch nicht reif seien für die großen klassischen Rollen. Sie alle waren potentielle Nachfolger und haben später bedeutende Karrieren gemacht, aber während Oliviers Zeit waren sie meist reduziert auf das Niveau von ständigen Nebendarstellern, sie waren die Höflinge rund um den Sonnenkönig. Die Wahrheit ist, daß Laurence Olivier andere niemals wirklich geführt hat, wie Noël Coward, John Gielgud und Tyrone Guthrie ihn geführt hatten.

»Das Merkziel der Betrachter«, wie Ophelia den verwirrten Hamlet nennt, hatte Olivier die Last von Ruhm und Verehrung zu tragen; er war daran gewöhnt, die bewundernden Blicke der anderen auf sich gerichtet zu fühlen, aber es kostete ihn erhebliche Energie, sie einfach nur hinzunehmen. Dies ist oft der Preis für den Erfolg in vielen Berufen. Bei Schauspielern sind die Risiken noch größer. Abhängig vom Applaus der anderen und ebensosehr den Angriff auf sein Können wie den Verlust seiner Begabung fürchtend, berührte Olivier die äußersten Grenzen seines Metiers, seine Verletzlichkeit und sein Selbstwertgefühl kämpften ständig mit seinem offenbar grenzenlosen Talent. Und aus diesem Komplex entsprang sein verzehrendes Bedürfnis nach

Kontrolle, Überlegenheit, sein unbedingter Wille, besser und anerkannter zu sein als jeder andere Darsteller. »Er war ganz sicher ein
großartiger Schauspieler«, sagte Peter Hall später, »aber ich glaube
nicht, daß er ein genialer Theaterleiter war.« Hall hatte das Problem
im Kern getroffen. Olivier hatte seine Fehler als Manager am St.
James's Theatre zugegeben, und seine Erfolge am National Theatre
standen wohl in keinem Verhältnis zu seinen Fähigkeiten auf diesem
Gebiet. Er hatte mit schwierigen politischen Verhältnissen zu kämpfen, mußte ständig um finanzielle Unterstützung und unsichere Bud-
gets zittern, bekam eine miserable Bezahlung und hatte seit 1967 auch
noch Probleme mit seiner Gesundheit, so daß man sagen kann, daß er
seine Aufgabe erstaunlich gut gemeistert hat. Sein Ruhm und seine
häufigen Auftritte, Tynans Ratgeberfunktion und das große Glück,
mit Kollegen wie Gaskill, Dexter und Blakemore zusammenarbeiten
zu können, all das waren Faktoren, die sicherlich zu den bedeutenden
Erfolgen seiner Amtszeit beigetragen haben. Jedenfalls war diese Ära,
auf lange Sicht gesehen, weit erfolgreicher als seine sechs Jahre am
Steuer des Old Vic. Aber hier muß man gerechterweise fragen, wieviel
man denn von einem Menschen verlangen kann: Hätte er bessere
Fähigkeiten als Literaturkritiker, Geschäftsführer oder Manager gehabt, wäre er vielleicht kein so großer und inspirierter Schauspieler
gewesen.

Oliviers praktische Intelligenz war außerordentlich gewitzt, und er
hatte einen ausgeprägten Sinn dafür, was auf der Bühne richtig oder
falsch war, doch viele Leute, die mit ihm arbeiteten, hegten ihm
gegenüber sehr zwiespältige Gefühle, wie das bei einem mächtigen
Anführer häufig vorkommt. Miller sagte über ihn:

> Er war jemand, der durch die Kraft seiner Persönlichkeit und die
> Größe seines Talents die subjektive Rolle eines Vaters übernehmen
> konnte. Das hatte zur Folge, daß viele von uns eine starke Liebe zu
> ihm empfanden und sich danach sehnten, seine Anerkennung zu
> bekommen, zugleich aber auch vatermörderische Anwandlungen
> hatten. Eines Tages sagte er: »Das ist sehr gut« zu irgend etwas und
> lächelte, und für die nächsten drei Wochen breitete sich nun ein
> Glanz über das Leben des Gelobten. Aber wir wußten auch, daß er
> selbstsüchtig, intrigant und hinterhältig sein konnte, aber auf einer
> höheren Ebene und niemals auf eine gemeine Weise. Er war voller
> Ängste, und das machte ihn neidisch und manchmal herrschsüchtig.

Wenn man Olivier in einem heiklen Gespräch »mein lieber Junge«
oder »geschätzter Freund« sagen hörte, so bedeutete das häufig mehr

als nur einen sarkastischen Hinweis. Doch keiner dieser Widersprüche in seiner Person rechtfertigte die Behandlung, die ihm die Leitung jener Institution zukommen ließ, der er sich ganz und gar hingegeben hatte.

Genau in dieser schwierigen und verletzenden Zeit, als er fünfundsechzig wurde, erhielt Olivier seine höchste Gage bis dahin, zweihunderttausend Dollar für seinen Auftritt als Gegenspieler Michael Caines in dem Film *Mord mit kleinen Fehlern* nach dem Theaterthriller *Sleuth* von Anthony Shaffer; die Regie führte Joseph L. Mankiewicz, gedreht wurde im Frühjahr und Sommer in Pinewood. Am Anfang gab es Schwierigkeiten, denn Olivier konnte sich nicht einmal vier Zeilen Text merken. Andere geistige Fehlreaktionen oder Ausfälle konnte man nicht feststellen, und es herrschte eine ziemlich schlechte Stimmung, bis man darauf kam, daß der Verlust des Kurzzeitgedächtnisses mit den hohen Dosen Valium zu tun hatte, die Olivier fast zwei Jahre lang genommen hatte. »Um Gottes willen, hör mit den Pillen auf!« bekniete ihn Caine bei den Proben. Olivier tat es, und nach wenigen Tagen war alles in Ordnung.

Sein Partner war ein hochbegabter und angenehmer Verbündeter. (»Am ersten Tag können Sie mich Lord Olivier nennen«, sagte er zu Caine, »danach bin ich dann Larry.«[33]) »Ich hätte ihn nicht gern im Theater herausgefordert«, bemerkte Caine später, »aber nachdem wir ein paar Tage miteinander gearbeitet hatten, sagte ich zu ihm: ›Schau, Larry, es gibt keine Möglichkeit, wie ich dich überrennen könnte, aber ich steck' auch nicht zurück.‹« Olivier stimmte zu, ihm gefiel dieser Vorschlag, und am nächsten Tag wollte er beweisen, daß er sich der Energie seines neununddreißigjährigen Partners gewachsen fühlte. Er nahm eine höchst dramatische Szene mit einer heftigen Konfrontation zwischen den beiden Männern in Angriff. »Wie ein Wirbelwind«, sagte Caine.

> Er überwältigte mich! Es war erschreckend, wie er sich auf mich stürzte, und er hörte nicht auf! Er war wie eine Naturgewalt. Plötzlich war er diese andere Person, dieser junge Darsteller, der alles zeigt, was er kann, und mir wurde klar, daß es genau darum ging bei all den Risiken und Gefahren. Aber ich mußte doch die Szene stoppen und ein paar Minuten verhandeln, um mich wieder zusammenzureißen. Von dem Augenblick an habe ich beschlossen, daß ich mit ihm zu kämpfen hätte bis zum Unentschieden und keine Zugeständnisse zu machen, statt ihn einen überwältigenden Sieg mit dem Film davontragen zu lassen.

Diese Spannung gab dem Film natürlich einen Biß und einen Suspense, die noch über Shaffers großartig ausgedachten Plot hinausgingen, *Mord mit kleinen Fehlern* gab Olivier neue Energie und brachte ihm eine Oscar-Nominierung. Nach einem Urlaub mit der Familie auf Korfu ging er mit Schwung wieder ins Studio, um *Eines langen Tages Reise in die Nacht* aufzuzeichnen und die Erzählerstimme zu der sechsundzwanzigteiligen Fernsehserie *The World at War* zu sprechen, womit er im Frühjahr 1973 immer wieder beschäftigt war.

Doch Olivier war während der vereinbarten Zeit der gemeinsamen Geschäftsführung immer wieder in seinen Gefühlen hinsichtlich seines Rücktritts hin und her gerissen, wie Peter Halls Tagebuch von 1973 berichtet. Anfang Januar war Olivier erschöpft und drauf und dran abzutreten, doch am 22. Januar war er schon wieder nicht mehr sicher, daß er tatsächlich wie vereinbart im Herbst gehen würde. Neun Tage später änderte er schon wieder seine Meinung, doch den ganzen Februar über schwankte er unschlüssig. »Es ist schwer zu sagen, was die Gründe für Larrys Unschlüssigkeit sind«, notierte Hall am 26. Februar. »Sicherlich in manchen Fällen – und dies ist ein solcher – eine machiavellistische Liebe zur Intrige. Es gefällt ihm, unartig zu sein.«[34]

Oliviers schwer faßbarer Wankelmut hatte seinen eigentlichen Grund wohl in der Furcht. »Er war ein Künstler und von launischem Temperament wie alle Künstler«, sagte John Goodwin, der früher am Old Vic Oliviers Pressereferent war, dann Chef der Öffentlichkeitsarbeit bei der Royal Shakespeare Company und schließlich beim National Theatre.

> Er fürchtete, daß Hall, der von einem Konkurrenzunternehmen kam, ein persönlicher Konkurrent sei, und es war schmerzlich für ihn, mitansehen zu müssen, wie jemand den Posten gerade in dem Moment übernimmt, auf den er gewartet und von dem er geträumt hatte. Natürlich stellte sich dann heraus, daß es nicht der Moment war: Es sollten noch die schrecklichen Verzögerungen bei der Fertigstellung des South-Bank-Neubaus eintreten, und je länger sich die Sache verzögerte, desto kranker und ungeeigneter wurde Olivier für den Verwaltungsposten.

Niemand hatte hierfür mehr Verständnis als Peter Hall selbst: »Erzähl mir nichts über die britische Krankheit des Hinauszögerns! Das ist es, was Larry so verletzt und durcheinandergebracht hat, das hat uns allen Wunden zugefügt.« Es ließ in Olivier eine richtige Paranoia entstehen, so daß er keinem mehr traute, angefangen bei den Aufsichtsratsmitgliedern bis hin zu den Architekten und Handwerkern, den alten und neuen Verwaltungsleuten und sogar zu den jüngsten und unerfahrensten Mitgliedern des Ensembles. Im Frühjahr 1973 sah Olivier jeden um ihn her schief an. So war es nicht verwunderlich, daß er in diesem Jahr dreimal seine Meinung änderte, ob er den König Lear spielen wollte oder nicht.

Schließlich entschied sich Olivier anzukündigen, daß er von der Leitung des National Theatre am 31. Oktober zu Gunsten von Peter Hall zurücktreten werde. Doch es gab noch immer eine seltsame Unentschiedenheit in Oliviers Entschluß, wie Hall feststellte: Einerseits wollte er, daß man seinen Weggang als seine eigene Entscheidung ansah, und gleichzeitig wollte er Mitgefühl erwecken, indem er den Eindruck machte, daß er rausgeschmissen worden sei. Am 13. März wurde eine Pressekonferenz einberufen, und Olivier kündigte seinen Rücktritt an, gleichzeitig teilte er mit, daß Tynan sich in der nächsten Spielzeit vom National Theatre zurückziehen werde.

Es war eine Zeit, in der vieles zu Ende ging, und nichts traf Olivier härter als der Tod seines langjährigen Freundes und unbeirrten Verbündeten Noël Coward. Er starb im März im Alter von vierundsiebzig Jahren. Coward war es gewesen, der ihm die Rolle gab, die ihm im Jahr 1930 so sehr geholfen hatte, und obwohl ihr Kontakt in den letzten Jahren nur noch sporadisch war, wußte Olivier immer, daß der Freund niemals wirklich weit weg war. »Noëlie« war oft ins National Theatre gekommen, hatte jeden Karriereschritt und jeden Erfolg Larrys unterstützt, hatte ihn in den schwierigsten Tagen mit Vivien bestärkt, und obwohl er Joan offensichtlich nicht mochte − er fand sie herrschsüchtig und ehrgeizig −, war er glücklich über Oliviers Zufriedenheit und Freude an seiner Rolle als Vater. Wie toll ihre Streiche in den frühen Jahren, wie schwierig auch immer ihre freundschaftlichen Beziehungen gewesen sein mögen, niemals hat es einen Schatten von Schuld oder Reue, nie etwas anderes gegeben als tiefsten gegenseitigen Respekt und zärtliche Zuneigung. Nur wenige Freundschaften aus der Theaterwelt haben in Cowards oder Oliviers Leben auf so liebevolle Weise eine so lange Zeit überdauert; kaum eine ist von den anderen Freunden so sehr mißverstanden worden. Als Olivier auf Noël Cowards Beerdigung am 24. Mai in St. Martin-in-the-Fields am Trafalgar Square sprach, war seine Rede sichtlich von starken Gefühlen erschüttert. Durch ihre unterschiedlichen terminlichen Verpflichtungen drohten Olivier und Joan (in seinen Worten) »wie Schiffe zu werden, die nur nachts aneinander vorbeifahren«[35], und darum mußte er sich mehr und mehr auf die Unterstützung seiner Freunde verlassen. Den Verlust eines so kostbaren Freundes wie Noël Coward spürte er besonders empfindlich.

Im Sommer 1973 machte Olivier eine Fernsehaufzeichnung vom *Kaufmann von Venedig*. »Es ist eine Komödie«, belehrte er das Publikum vor der Kamera in einer merkwürdigen Einführung, »vollgestopft mit allen möglichen Gewürzen und Ingredienzien, mit der Einfachheit eines Märchens. Es fließt über von glänzenden und dunklen Edelsteinen.«

Im Juli besuchten die Oliviers Zeffirelli im italienischen Positano, um mit ihm über seine Inszenierung von Eduardo de Filippos Komödie *Samstag, Sonntag, Montag* zu sprechen, die er für das National Theatre im Herbst vorbereitete. Zeffirelli begleitete die Oliviers zurück nach Brighton, und er hatte Trüffeln im Gepäck, von denen er wußte, daß Olivier sie sehr schätzte.

> Ohne nachzudenken, verwendete ich das italienische Wort *tartufi*, und Larry hatte sofort die Assoziation zu Molières Tartuffe, dem religiösen Heuchler aus dem berühmten Theaterstück. Ohne zu zögern, stürzte sich Larry in eine italienische Stegreifkomödie, eine Art Commedia dell'Arte, in der alle Figuren, angefangen mit dem Antihelden Tartuffi, aus der italienischen Küche stammten... Die Geschichte drehte sich um eine schöne Maid namens Tagliatella und ihre Zofe Pastatina. Die niedliche kleine Tagliatella war die Tochter des alten Panettone, und, ach, was hatten sie nicht für Probleme mit ihren liebeskranken Dienern Risotto, Tortellino und Spaghetto. Weitere Schwierigkeiten gab es mit einem neapolitanischen Arzt namens Maccherone und dem Priester Don Raviolo... Ich schlug die Ankunft von drei ausländischen Freiern vor: Le Comte de Foie Gras, Lord Salmon und Prince Kaviar. Larry nahm sie sofort genüßlich auf, denn nun konnte er der Mischung noch drei starke fremde Akzente hinzufügen.[36]

Bei anderer Gelegenheit war Zeffirelli Zeuge einer ähnlich amüsanten Begebenheit mit einem unheilvolleren Beiklang. Olivier war ein gewaltiger Trinker, »sehr zu Joans Ärger«, wie Zeffirelli bemerkte. Dies wurde eines Abends der Ausgangspunkt für eine neue Rolle – »Der Poet der Whiskyflasche«.

»Darf ich ein kleines bißchen von dieser goldenen Flüssigkeit haben, von diesem Nektar der Götter? Doch wer würde nein sagen zu dem winzigsten Schlückchen, der kleinsten Träne?« Olivier kniete sich vor Joan nieder: »My Lady, würdet Ihr mir einen winzigen Tropfen zukommen lassen, das schiere Nichts?« Er hob eine Flasche Sodawasser hoch: »Doch was ist das? Die feinste kleine Brause, ein perlendes Glänzen zu meinem goldenen Glas.« Schließlich ließ Joan, deren Erlaubnis Olivier offenbar brauchte, sich erweichen. Doch einen Augenblick später hörte man draußen einen lauten Krach, und Zeffirellis Diener eilte herbei und sagte, daß Olivier gestürzt sei und im Sterben läge. »Blödsinn«, sagte Joan, ohne von ihrem Kartenspiel aufzuschauen, »er hat sich gerade eine neue Rolle ausgedacht.« Obwohl Olivier den Sturz für den melodramatischen Effekt gespielt hatte, hatte er sich doch recht übel am Bein verletzt.

Die Oliviers verbrachten einen ruhigen Sommer in ihrem neuen Landhaus in Ashurst, Sussex, wo sie im Garten arbeiteten und den Swimmingpool genossen und Olivier Hecken pflanzte und den Goldfischteich aushob, wobei er ganz glücklich mit Matsch beschmiert war. Die erholsamen Wochen des Nichtstuns nahmen ein aufregendes Ende, denn bei ihrer Rückkehr nach Brighton im späten September erwischten sie einen Einbrecher, der durch eines der oberen Fenster floh, nachdem er Olivier ins Gesicht geschlagen hatte. Widerwillig entschloß sich Olivier, in Royal Crescent teure Alarmanlagen einbauen zu lassen.

Zur selben Zeit hatte Olivier mit den Proben zu der kurzen, aber effektvollen komischen Rolle des italienischen Großvaters Antonio begonnen, des Herrenausstatters und gekonnten Possenreißers in Eduardo de Filippos Stück *Samstag, Sonntag, Montag*. Die Premiere am 31. Oktober fiel zusammen mit seinem letzten Tag als Direktor des National Theatre. Er stand jetzt jeden Morgen um sieben Uhr auf, um vier Stunden an einer zwanzigminütigen Rede für seine Rolle als rasender trotzkistischer Revolutionär in dem Stück *The Party* von Trevor Giffiths zu lernen. Außerdem hatte er beschlossen, die Regie bei J. B. Priestleys *Eden End* zu übernehmen, einer Inszenierung für das Frühjahr, bei der Joan eine Hauptrolle spielen sollte.

Die Rolle des Tagg in *The Party* hatte er auf Joans Anraten übernommen. Dabei handelte es sich um eine geschwätzige Erkundung der Reaktion der englischen Linken auf die damaligen politischen Unruhen in Frankreich; das Bemerkenswerteste an dem Stück war vielleicht, daß es die Sprache der Gosse in die Sphäre des National Theatre einführte. »Es ist das erste Mal, daß das Wort ›Fotze‹ auf der Bühne des National Theatre ausgesprochen wird«, sagte Olivier zu Griffiths. »Das ist nicht Ihr Ernst?« erwiderte der Autor. »Nun ja«, sagte Olivier, »zumindest in einem Stück.«[37]

Olivier beherrschte seine lange, schulmeisterliche Rede auf der ersten Probe am 5. November vollständig, doch später fehlten ihm häufiger Textzeilen, wie es aber jedem Schauspieler ergangen wäre, der mit solch trockener Materie konfrontiert wäre wie: »...eine revolutionäre Perspektive in der Möglichkeit einer sozialistischen Gesellschaft und der Schaffung des sozialistischen Menschen, und wir müssen die vereinte Kraft der imperialistischen Expansion ins Auge fassen, die sich hinter der ausgeklügeltsten Vernichtungstechnologie und der aktiven Opposition des verbürgerlichten Proletariats massiert...«

»Wenn er nicht mehr weiß, wie es im Text weitergeht«, schrieb Ensemblemitglied Clive Merrison in sein Probentagebuch vom November, »wird er feuerrot im Gesicht, schlägt sich klatschend an die Stirn, drückt sich die Knie an die Brust und zieht die Augenbrauen so fest zusammen, daß man seine Augen nicht mehr sieht. Er leidet offenbar entsetzlich. Kann es nicht ertragen, daß sein Gedächtnis nicht mehr so scharf ist, wie es mal war.«[38] Im Falle des Stücks *The Party* hätte Olivier wohl etwas geduldiger mit sich selbst sein sollen.

Er spielte weiter im Repertoire den Großvater der Alten Welt und den Revolutionär der Neuen Welle, doch zu Beginn des Jahres 1974 fühlte er sich plötzlich erschöpft und ungewöhnlich alt, wie er mehreren Freunden gestand. Er sah seiner Abschiedsvorstellung am 21. März in *The Party* entgegen, seinem Rückzug aus dem Ensemble des National Theatre und dem Anfang einer langen Ferienzeit. Allerdings hatte er nicht die Absicht, dies zu seinem letzten Theaterauftritt zu machen – obwohl es schließlich so kommen sollte. Nach dem Applaus traf Peter Hall ihn hinter der Bühne. »Er drehte sich um und sah mich an, Schrecken im Gesicht. Für eine hundertstel Sekunde sah ich ihm die wahre Reaktion an: ›Was haben *Sie* hier zu suchen? Verlassen Sie die verdammte Bühne!‹[39] Dann kam wieder die Maske des Schauspielers zum Vorschein und schaute überrascht, erstaunt.« Hall geleitete Olivier vor das Publikum: »Ich bitte Sie, sich zu erheben«, sagte er, und dann gab es eine lautstarke und lange Ovation. Olivier antwortete mit einer kurzen, aber fein ziselierten Ansprache, seine Syntax war die eines Milton würdig. Er kniete nieder und küßte die Bühne, seine Herrscherin, seine große Geliebte, und dann ging in dem Theater, wo er vor fast vierzig Jahren einen ebenso großen Applaus für seinen Hamlet, Heinrich V., Macbeth und Coriolan empfangen hatte, der Vorhang des Old Vic langsam herunter.

Im glanzlosen Probensaal knallten dann die Champagnerkorken, und Olivier wurde ein Abschiedsgeschenk überreicht, eine Eismaschine für seine Hausbar. Ein Klavier wurde hereingeholt, und kräftige, sentimentale Melodien erfüllten den Raum, bis Olivier vorschlug, ein Medley aus Noël-Coward-Liedern zu spielen. Er sang leise *I'll See You Again* und *Some Day I'll Find You*, und dann – ja, die Kollegen konnten es beschwören, daß er hart schluckte und einen Seufzer unterdrückte – ging er zu *If Love Were All* über und verweilte bei Cowards freundlicher Selbstbelustigung:

> But I believe that since my life began
> The most I've ever had ist just
> A talent to amuse.

> Doch glaube ich, seit mein Leben begann,
> War das Größte, was ich je hatte,
> Das Talent zu unterhalten.[40]

Sechzehntes Kapitel

Lady Pitts: Was ist mit dir los?
Sir Joseph: Der Tod, meine Liebe. Die erste natürliche Sache, die
mir seit einem halben Jahrhundert widerfährt.

James Bridie, *Daphne Laureola*

D as Ende von Laurence Oliviers zehnjähriger Herrschaft als
Direktor des National Theatre wurde formell am Abend des
4. April 1974 begangen, nachdem die Premiere von *Eden End* stattgefunden hatte, einem Stück über eine Familienzusammenkunft und die
Rückkehr einer Schauspieler-Tochter auf der Flucht aus einer gescheiterten Ehe. Das Stück war wegen einer Paraderolle für Joan und zu
Ehren von J. B. Priestleys achtzigstem Geburtstag ins Programm genommen worden. Olivier spielte es mit einer an Tschechow gemah-
nenden Nachdenklichkeit und Wehmut, die seiner eigenen Stimmung
in dieser Spielzeit sehr gut entsprach. Kein sehr bedeutendes Stück,
und dennoch widmete Olivier ihm alle Aufmerksamkeit für die kleinsten Details, er spürte Priestley sogar in einer Kneipe in Yorkshire auf,
um ihn zu fragen, ob Frauen in der englischen Provinz um 1912 Lip-
penstift und Rouge benutzt hätten. Nach dem ersten Abend über-
reichten ihm Peter Hall und das Ensemble des National Theatre ein
silbernes Modell des entstehenden Olivier-Theaters, das am South
Bank Arts Centre gebaut wurde.

Doch Olivier blieb nicht lange müßig. George Cukor, der neun
Filme mit Katharine Hepburn gedreht hatte, schickte ihr ein Drehbuch zu einem Fernsehspiel mit dem Titel *Love among the Ruins*

von James Costigan. Da sie der Ansicht war, daß die männliche Hauptrolle ideal für Laurence Olivier sei, schickte sie Cukor mit dem Buch nach London. Olivier las es, und Cukor fragte ihn listig: »Larry, was würdest du zu Kate als deiner Partnerin sagen?« Eine originelle Idee, antwortete Olivier. »Ich weiß nicht, was wir gemacht hätten, wenn Olivier es abgelehnt hätte«[1], sagte die Hepburn später. *Love Among the Ruins* spielt im Jahr 1911 und handelt von einer einst berühmten Schauspielerin (Hepburn), die einen erfolgreichen Anwalt (Olivier) bittet, sie bei einer falschen Anklage wegen eines gebrochenen Eheversprechens gegen einen jungen Abenteurer zu verteidigen. Wie der Zufall es will, hatte sich das inzwischen ältere Paar vor vielen Jahren kennengelernt, und sie hatten damals eine kurze Romanze miteinander, was sie zu seinem Mißfallen wieder vergessen hat. In einem bewegenden und komischen Prozeß gewinnt er den Fall zu ihren Gunsten, und nun folgt das vorhersehbare romantische Ende.

Die fadenscheinige Geschichte – die im nächsten Jahr die amerikanischen Emmy-Auszeichnungen einstrich –, ruhte ganz und gar auf den Schultern der beiden Stars Hepburn und Olivier (sie damals fünfundsechzig, er siebenundsechzig), die den Film weit über das hinaushoben, was er eigentlich zu bieten hatte. »Ich habe mit zwei Flaschen gearbeitet, Hepburn und Olivier«, witzelte Cukor, »aber da sie es nicht konnten, habe ich es ganz gut hingekriegt.«[2] Das tat auch Olivier, der mit einer komischen Beweglichkeit spielte, Treppen hinauf- und hinuntersprang, mit furchtsamer Zurückhaltung auf seine lange verlorene Liebe blickte und eine Art von flehentlicher Hingabe mit ungekünstelter Demut verband.

Als die Aufnahmen in Pinewood im Juli abgeschlossen waren, fuhren die Oliviers wieder zu Zeffirelli nach Italien. Doch ihre Erholung war von verstörenden Vorzeichen getrübt, denn Olivier bemerkte seltsame körperliche Veränderungen. Eines Nachmittags hatte er ohne jede Vorwarnung entsetzliche Schmerzen im Rücken, und schließlich sackten die Beine fast unter ihm weg. Er legte sich hin, und am nächsten Morgen ging es ihm besser, obwohl er leichtes Fieber hatte. Als er zur Entspannung ein Bad nahm, entdeckte er an seinen Ellbogen und Knien rote Punkte. Er dachte zunächst daran, etwas Falsches gegessen zu haben. Doch schon bald breiteten sich die Flecken über Hals, Stirn und Augenlider aus.

Als er im September wieder in Brighton war, hatte sich der Ausschlag so stark ausgebreitet, daß er den Dermatologen Dr. Pat Hall-Smith aufsuchte. Während der Untersuchung konnte Olivier kaum die Arme über seine Schultern heben, und wenn er sich aus einem Stuhl oder von der Liege erheben wollte, ging das nur mühsam und unter Schmerzen. Als er am 8. Oktober hinter die Bühne ging, um Joan zur Wiederaufnahme von *Samstag, Sonntag, Montag* am Queen's Theatre zu gratulieren, lehnte er es ab, sich fotografieren zu lassen, über sein ganzes Gesicht verteilt hatte er große rote Stellen wie Wunden, und jeder Schritt bedeutete für ihn eine Anstrengung.

Während dieser Zeit hielt Olivier sich tapfer, aber er war auch etwas unrealistisch, weil er glaubte, daß es sich um eine allergische Reaktion handelte – worauf allerdings, das konnte er sich nicht im entferntesten vorstellen. Doch Hall-Smith vermutete eine collagene Gefäßerkrankung im Zusammenhang mit muskulärer Dystrophie und überwies Olivier zu der angesehenen Diagnostikerin Dr. Joanna Sheldon. Nach Labortests und einer Muskelbiopsie, nach sorgfältiger Untersuchung der Geschwüre an seinem Bein, der beunruhigenden Schwäche seiner Halsmuskeln und den starken Schmerzen in seinen Händen teilte Dr. Sheldon Olivier mit, daß er unter einer akuten Dermatomyositis leide, einer schweren Bindegewebserkrankung. Gewebeschwund und Verlust der Muskelfunktion sind die üblichen Folgen, oft fortschreitend, manchmal jedoch mit gewissen Heilungs-chancen. Doch kann der gesamte Körper so schwer in Mitleidenschaft gezogen werden, daß nicht nur die Beweglichkeit eingeschränkt ist, sondern auch das Schlucken und Atmen beeinträchtigt werden. Selbst wenn der Erkrankte auf eine Behandlung anspricht, kehrt die Krank-heit doch meist zurück und ist oft tödlich, da die Muskeln weiter schwinden, die Ernährung nicht mehr gewährleistet werden kann und die Atmung versagt.

Dermatomyositis ist eine seltene Krankheit, und 1974 waren ihre Ursachen noch nicht sehr gut erforscht. In den Vereinigten Staaten er-kranken etwa fünf bis neun Personen von einer Million daran; ausgiebige Studien wurden 1989[3] erstellt. Die Ergebnisse wurden im *Journal of Rheumatology* veröffentlicht und stellten drei entscheidende Fakto-ren heraus, die zum Ausbrechen der Krankheit beitragen, wobei jeder auch für Oliviers Fall zutreffend war: eine vorausgegangene bösartige Entzündung (sein Prostatakrebs), gewohnheitsmäßig starke musku-läre Inanspruchnahme (sein Gewichtheben dreimal in der Woche) und emotionaler Streß in der jüngsten Vergangenheit (die letzten achtzehn Monate am National Theatre).

Mitte Oktober lag Olivier im Royal Sussex County Hospital in Brighton zur gründlichen Behandlung. Er bekam täglich achtzig Milli-gramm des Kortikosteroids Prednisone, um die durchgreifende Ent-zündung seines Organismus in den Griff zu bekommen. Die Nebenwirkungen waren äußerst unangenehm: Anschwellen der Beine, aufgedunsenes Gesicht, starker Durst und, am schlimmsten von allem, Stimmungsschwankungen und Halluzinationen. Zeitweise war Olivier völlig gelähmt und unfähig zu sprechen, wurde durch einen Schlauch durch Nase und Schlund ernährt und hatte nicht die Energie, um auf die geringste Berührung zu reagieren. Als schließlich seine Atmung gefährlich beeinträchtigt war, schien der Tod tatsächlich sehr nahe. »Es war wirklich eine Art von totalem Nervenzusammenbruch«, sagte Joan ein paar Jahre später. »Es war, als hätte er völlig aufgegeben, und es schien nicht mehr viel für ihn zu geben, wofür es sich noch zu kämpfen lohnte.«[4]

Vier Monate mußte er im Krankenhaus bleiben, und dann begann eine intensive Physiotherapie. Wie ein Patient nach einem Schlaganfall mußte er die einfachsten Bewegungen wieder erlernen; es war anstrengend und sehr schmerzhaft, und außerdem erniedrigend für einen so aktiven und stolzen Mann, nicht mehr gehen, nicht mehr alleine essen und nicht durch reine Willensanstrengung einfach aufstehen oder sich setzen zu können. Jeder Mensch würde eine solche Situation beunruhigend und quälend finden, doch für den immer aktiven und unabhängigen Olivier war es unerträglich. Dennoch nahm er die Krankheit wie die Therapie mit stoischer Ruhe hin, und obwohl er sich langsam erholte, ergaben sich ständig Nebenwirkungen. Am schlimmsten war dabei der starke Schmerz, der durch die leichteste Berührung der Haut ausgelöst wurde. Olivier hatte immer das fortschreitende Alter und den damit verbundenen Kräfteverlust gefürchtet, doch nun hatte er es mit einer Krankheit zu tun, die ihm den einfachsten und elementarsten menschlichen Kontakt unmöglich machte, sogar ein Händeschütteln.

In seinen Memoiren spricht Olivier von dem Problem der vorzeitigen Ejakulation, das ihn lange Zeit plagte. Dieses pikante Detail, das er zweifellos in der Überzeugung bekannte, Offenheit verstehe sich für einen modernen Weltstar von selbst (vergleichbar seiner Bemerkung, daß er eine Zeitlang versucht hatte, »durch Ficken seine Liebe zu Vivien zu neuem Leben zu erwecken«[5]), enthüllte wahrscheinlich mehr, als beabsichtigt war. Denn in Wahrheit verhielt es sich so, daß Olivier nach dem ersten Ansturm leidenschaftlicher Liebe zu Vivien keinen großen Wert auf die körperliche Intimität gelegt hatte, denn während seines gesamten Erwachsenenlebens war er nur selten für irgend jemanden emotional zugänglich. Darüber hatte Vivien sich immer beklagt: daß Intimität und Gemeinsamkeit, vom Sex nicht zu reden, seiner Karriere eindeutig untergeordnet wurden. Seine Geliebten bestätigten, daß Olivier kein sehr engagierter Liebhaber war, seine Techniken waren mechanisch, fast ritualisiert. Vorzeitige Ejakulation (wie das Auftreten vorübergehender Frigidität bei Frauen) ist häufig ein Zeichen dafür, daß keine wirklich leidenschaftliche Zuneigung empfunden wird, sondern im Grunde das Gegenteil: eine unbewußte Ablehnung von Sex als etwas, das man hinter sich bringen muß, zeitweise sogar völlig unterläßt; bestenfalls kann Sex als eine Bekundung von Zuneigung verstanden werden, schlimmstenfalls als eine Ausübung von Macht, die ein Mann in Wirklichkeit lieber auf andere Weise zum Ausdruck bringen würde. Oliviers Distanziertheit war wohl nicht überraschend bei einem Mann, der im Rollenspiel so Großartiges leistete – vor allem bei der Verkörperung von Männern, die überlebensgroß in ihrem Edelmut, ihren Bedürfnissen und ihrer Grausamkeit waren.

Schauspieler fragen sich oft, da sie ständig in andere Persönlichkeiten schlüpfen, wer sie eigentlich selbst sind; in den Bibliotheken biegen sich die Regale unter dem Gewicht der Schauspieler-Autobiographien, die von Selbstzweifeln voll sind, die von den Identitätskrisen und Verstörungen der Darsteller zeugen. Olivier hatte sein Leben der Aufgabe gewidmet, unterschiedliche männliche Figuren überzeugend zu verkörpern, und auf gewisse Weise hatte er sich dabei immer mehr von sich selbst entfernt. Und jetzt stand sein Leben, das in vieler Hinsicht so beneidenswert gewesen war, unter einer seltsam zutreffenden medizinischen Indikation.

Die Geschichte seines Liebeslebens stellt sich tatsächlich als ein Geflecht aus Schüchternheit, Unsicherheit und Rückzug dar, was er auf der Bühne ständig zu überwinden suchte. Nach einer unglücklichen Kindheit, nach dem Schock durch den Tod seiner Mutter und den Problemen mit seiner »Weichlichkeit« in seinen Schülerjahren wurde er ein Schauspieler-Lehrling; aber er fühlte sich lange Zeit fehl am Platze in der großen Gesellschaft, trotz der liebevollen Beschützerrolle, die etwa Noël Coward bei ihm einnahm. Die Ehe mit Jill Esmond war in der Folgezeit auch nicht dazu angetan, seine männliche Attraktivität oder seine gesellschaftliche Annehmbarkeit zu bestätigen, und erst die überraschende und leidenschaftliche Beziehung zu Vivien Leigh ermöglichte ihm eine »herrschaftliche Periode«; und dennoch war auch dies ein Lebensabschnitt, in dem er sich nicht völlig wohl fühlte. Seit den sechziger Jahren war Olivier dann überwiegend von jüngeren Kollegen umgeben, die ihm mit einer Art Verehrung gegenübertraten. Dieses Verhaltensmuster schuf eine irgendwie unwirkliche Situation, eine Apotheose der Kunst. »Er sagt, er wisse nicht genau, wann er spiele und wann nicht«, bemerkte Joan, »und ich weiß es auch nicht immer. Es ist ein bißchen unheimlich, wirklich.«[6]

Wäre Olivier nicht krank geworden und wäre er außerdem nicht gezwungen gewesen, das Theater, seine einzige große Liebe, für immer zu verlassen, er hätte vielleicht niemals bemerkt, daß da eine große Leere in seinem Leben gähnte, daß es ihm an Beständigkeit fehlte und an Regelmäßigkeit in den menschlichen Kontakten. Da er souverän und unabhängig war, beherrschend und isoliert, ohne sich dessen bewußt zu sein, hatte er seine Arbeit als eine Zuflucht benutzt, hatte seine Genialität in der Vielseitigkeit erprobt; dies war sein Weg, seine eigene schwer faßliche Identität zu finden. In dieser Hinsicht waren die zwei entscheidenden Rollen seines Lebens Heinrich V. und Archie Rice: der Held, der seine Truppen mustert, und der Feigling, der seine Familie ins Unglück stürzt. Diese beiden Figuren bildeten die Synthese seiner Persönlichkeit und zeigten seine eigenen Beziehungen. Abwechselnd ein sprachmächtiger Redner und »ein Doktor der Fäkalsprache«, wie Noël Coward ihn nannte, war Olivier sein Leben lang hin und her gerissen zwischen den Extremen seines Selbstbewußtseins.

Daraus erklärt sich zumindest teilweise, warum ihn drei andere Figuren so stark faszinierten, Ödipus, Richard und Hamlet; in ihnen steckte die ganze explosive Kraft von Ärger, Zorn und Grausamkeit, denen er sich im wirklichen Leben niemals auszusetzen getraute und die er niemals zu einem realen Bestandteil seiner eigenen Persönlichkeit machte. Es war der Zorn über den Tod seiner Mutter, über die Distanziertheit seines Vaters und dessen Wiederverheiratung; sein Ärger über seine bisexuellen Neigungen; sein kalkulierter Besitzanspruch auf die Vorrangstellung auf der Bühne, die ihn, wie er wohl spürte, von vielen üblichen menschlichen Gemeinsamkeiten abschnitt. Daher war die durch die Dermatomyositis verursachte Unmöglichkeit jeder körperlichen Berührung eine Art Zeichen für die abwehrende Haltung, die er ein Leben lang bekundet hatte.

Das schüchterne, spindeldürre Kind, von einem Elternteil durch den Tod verlassen, vom anderen innerlich zurückgewiesen, durchforschte im Laufe seines Lebens unzählige Identitäten. Die Schauspielerei hatte seinem Leben Sinn und Ziel gegeben. Aber sie hatte ihn auch in Verwirrung gestürzt, denn seine vorherrschende Realität waren die Wörter, Gedanken und Taten seiner Figuren, und da Olivier mit Leib und Seele Schauspieler war, glaubte er, daß die Kunst sein Leben sei. »Wirkliche Menschen sind Künstler«, hatte er 1942 gesagt. »Ge-

wöhnliche Leute nicht.« Daraus sprach natürlich jugendlicher Über-
schwang, der unkritische Schuljunge, der noch in der Uniform der
Marineflieger steckte. Menschliche Beziehungen und Gefühle, ein
Verständnis für Wunder und Mysterien, der Reiz der Möglichkeiten,
all dies war für ihn nur durch die Theaterstücke zugänglich, die er
sah, las und auf der Bühne spielte. Doch nur wenig von dieser menschlichen Tiefe kam über seine Kunstfertigkeit hinaus an die Oberfläche,
und jede intimere Beziehung war gekennzeichnet von Verlust, Enttäuschung, Frustration oder absichtlicher Beendigung. Er verlor immer
mehr das Zutrauen und die Nähe zu anderen und machte sich immer
abhängiger von seinen Verkleidungen, von der nächsten Rolle, vom
frisch gestalteten Gesicht. »Im Innersten meines Herzens weiß ich
nur«, gestand er spät in seinem Leben, »daß ich alles andere als sicher
bin, wann ich spiele und wann nicht, oder sollte ich es ehrlicher aus-
drücken, wann ich lüge und wann nicht... Ich vermute, daß ich nur
dann eine gewisse Freiheit von all dem habe, wenn ich spiele.«[7]
Genau darin liegt das entscheidende Paradox im Leben eines kreativen Menschen, denn wohl nur, wenn er sich nicht sein ganzes Leben
mit all dem auseinandergesetzt hat, kann er es in seiner Kunst aufge-
hen lassen. Nur weil bei Olivier so vieles im dunklen blieb und ihm
nicht ausgetrieben wurde, konnte er so viel Leidenschaft in sein künstlerisches Können legen. »Ich glaube an das Theater«, sagte er, »weil es
am ehesten geeignet ist, dem Denken Glanz zu verleihen... Ein
Schauspieler muß ein ungeheures Verständnis haben, durch Eingebung oder Beobachtung oder durch beides, und das stellt ihn auf eine
Stufe mit einem Arzt, einem Priester oder einem Philosophen.«[8] Olivier stammte aus einer bürgerlichen Familie, er war durch seinen
Ruhm ein Adeliger geworden, ein König der Bühne im Applaus und
schließlich ein wirklicher Lord. Und nun sollte er seine authentische
Würde erlangen in dem letzten Reifungsprozeß durch den Schmerz,
wo er die Hingabe erfuhr und nicht die Schmeichelei. Not würde nicht
Schwäche bedeuten, sondern Stärke.

Die Bedürftigkeit, die er seit langem kannte, mußte nun mit anderen Augen gesehen werden, sie bedeutete eine Herausforderung und
diente anderen Zwecken als dem beruflichen Erfolg. Von nun an zeigte
sich eine Veränderung in seinem Charakter, die dadurch gekennzeichnet war, daß er einen anderen Zugang zum Rollenspiel und zu seinem
wirklichen Leben bekam. Bevor diese grausame Krankheit ausbrach,
waren all seine Bedürfnisse in seiner Kunst zum Ausdruck gekommen,
indem er von den äußeren Details zur Erforschung des Inneren fortschritt. Er formte seine Persönlichkeit durch seine Rollen. Nach seiner

Genesung drückte er seine Bedürfnisse in seinem Leben aus, indem er mit ganz neuen inneren Wahrnehmungen nach außen ging, jetzt formte sein eigener Charakter die Rollen, und nicht nur die Rollen, sondern sein Leben und seine Beziehungen. Er hat nie wieder auf der Bühne gespielt. Aber es gab einen Neubeginn, eine wahre Komponente seiner Persönlichkeit, die bis dahin unterdrückt worden war, kam jetzt zum Vorschein. Er legte die kunstvollen Masken seiner großen Rollen beiseite und begann – mit allem Einsatz und mit wahrer Größe –, nur er selbst zu sein.

In diesem Jahr gewann er allmählich seine geheimnisvolle Spannkraft zurück, die man von ihm kannte, und wie er Prostatakrebs, Lungenentzündung und Thrombosen überwunden hatte, erholte er sich auch jetzt. Als die Dosierung seiner Medikamente herabgesetzt wurde und er zur Stärkung seines Immunsystems ein spezielles Präparat bekam, gingen die ungünstigen psychologischen und emotionellen Nebenwirkungen zurück, doch auch dieses Medikament hatte Auswirkungen, unter denen er litt. Da er von diesen Medikamenten für den Rest seines Lebens bestimmte Dosierungen zu sich nehmen mußte, litt er an chronischer Schwäche und einem beängstigenden Hang zu Blutergüssen, außerdem blutete er leicht.

Die erste Hälfte des Jahres 1975 verbrachte er mit seiner Rehabilitation, unterzog sich einer Bewegungstherapie, einer Hydrotherapie und umfangreichen Massagen, zudem mußte die Medikation ständig überprüft werden. »Wir dachten alle, er würde nie wieder arbeiten«, sagte Laurence Evans, »so malten wir uns aus, daß er demnächst, wenn es ihm besser ginge, Opernregie machen würde, was ihn immer schon interessiert hatte. Wir gaben ihm Tonbänder und Partituren, und er sprach mutig davon, in Covent Garden zu inszenieren.« Von Februar bis zum Sommer hielt sich Olivier meist in Brighton oder im Landhaus in Ashurst, Sussex, auf. Seine einst volle Baritonstimme war nun nur noch ein hohes, dünnes Flüstern. Er hatte dreißig Pfund abgenommen, er ging sehr langsam und ermüdete schnell; die wenigen Besucher waren schockiert, wie erschreckend wenig von diesem Mann übriggeblieben war, der immer grenzenlose Energie verströmt hatte.

Aber er setzte sich selbst Ziele in seinem Swimmingpool. Er wollte sich nicht mit bloßem Herumpaddeln oder passiven Übungen bescheiden, und im April versuchte er die ersten Züge. Eines Abends, nicht lange nach seinem achtundsechzigsten Geburtstag, traf ihn seine erstaunte Pflegerin im Pool an, wie er gerade zehn Längen schwamm.

Bald schnitt er wieder die Hecken, half dem Gärtner, einen Ziergarten in der Form von dem in Tschechows *Drei Schwestern* anzulegen, und telefonierte mit Laurence Evans, um mit ihm über Filmarbeit zu reden. Er unternahm in jeder Hinsicht alle Anstrengungen, um wieder zu Kräften zu kommen, obwohl jede Betätigung schmerzhaft war. Niemals war er auf Mitleid aus, er beklagte sich selten und bestand darauf, daß er wieder ein so erfülltes Leben führen wollte, wie es nur möglich war.

Joans Bruder David Plowright, der Direktor der Granada Television, hatte in weiser Voraussicht vorgeschlagen, daß Olivier nach seiner Genesung in die Studios nach Manchester kommen könnte, um ein paar Fernsehspiele zu produzieren. Im Frühjahr und Sommer 1975 nahm Olivier die Gelegenheit wahr, viel früher, als irgend jemand erwartet hätte. Mehrmals wöchentlich traf er sich mit dem Produzenten von Granada Television, Derek Grainger, und bald waren sie sich einig über ein halbes Dutzend Fernsehspiele, die im Laufe der nächsten zwei Jahre produziert werden sollten.

Ende Juni verkündete er, daß er nach London gehen wolle, um John Schlesingers Inszenierung von Shaws *Haus Herzenstod* zu sehen. Oliviers Gang war noch immer unsicher, und seine Stimme klang angestrengt und gepreßt. Doch Peter Hall fand ihn aufgeweckt und humorvoll, und sein Geist hüpfte von einem Thema zum nächsten. Olivier bat auch darum, mit ihm eine Fahrt zur Baustelle des neuen National Theatre zu machen. »Es muß Larry viel Mut gekostet haben«, kommentierte Peter Hall, »nach einem Jahr hierherzukommen und sie alle wiederzusehen, wo er selbst so völlig anders aussah, sich so hinfällig fühlte und außerhalb dieses wunderbaren Ortes stand, den er selbst geschaffen hatte.«[9] Sein Mut zeigte sich auch auf einer praktischen Ebene, denn er hatte beschlossen, daß er nicht nur dem Namen nach Produzent von Fernsehfilmen sein wollte. Er unternahm zwei kurze Reisen nach Amerika, um die Idee der »Besten Stücke des Jahres« an Fernsehanstalten zu verkaufen und Stars von Bühne und Film für sein Vorhaben zu gewinnen. Er verhandelte über Kostümentwürfe und Dekorationen, sprach mit Komponisten und machte sich mit der neuesten Kameratechnik vertraut; er begann wieder, Vorsprechen für Schauspieler abzuhalten, und verbrachte viele Stunden damit, die Texte für die Fernsehspiele zu kürzen und sich Einstellungen für den kleinen Bildschirm zu überlegen. Bühnenauftritte waren eine Sache der Vergangenheit, aber Laurence Olivier hatte nicht die Zeit, sich nostalgischen Träumen hinzugeben. Er hatte wieder einmal vor, ein Mann auf der Höhe der Zeit zu sein, und wenn jüngere Leute es schafften, finanzielle Riesenerfolge (gelegentlich sogar künstlerische) im Fernsehen zu landen, dann konnte er das auch.*

Wie Antonio in dem Stück *Samstag, Sonntag, Montag* (eines der Stücke und eine der Rollen, die er für Granada Television ausgewählt hatte), konnte er sagen: »Sie warten darauf, daß ich gehe, aber ich werde nicht sterben!« Ganz im Gegenteil: »Ich muß spielen, um atmen zu können. Ich kann erst aufhören, wenn Er da oben mich wegrafft.«[10] Das erwies sich als eine unbegründete Furcht.

Im September riefen John Schlesinger, einer der Direktoren am National Theatre und Filmregisseur, und der amerikanische Produzent Robert Evans bei Olivier an, um ihn zu fragen, ob für ihn die Nebenrolle des Nazi-Schurken Dr. Szell in dem Film *Der Marathon Mann* in Betracht käme, den sie demnächst produzierten. Olivier lehnte ab, kam aber schließlich zum Essen, wollte jedoch nur einen Kaffee haben.

> Er war entsetzlich entkräftet, und als ich seine ganz hohe Altmännerstimme hörte, war mir klar, daß es ihm unmöglich sein würde, mit uns zu arbeiten. Aber er wollte die Geschichte kennenlernen, also ging ich sie mit ihm durch. Seine Augen funkelten bei der Vorstellung, diesen monströsen Schurken zu spielen, und er wurde sehr theatralisch und ein bißchen tuntig, als er darauf beharrte, wieviel Spaß es ihm machen würde, diesen bösen Mann zu spielen. Und da sah ich, unmittelbar vor meinen Augen, wie der alte Schauspieler wieder zum Leben erwachte und sich erholte![11]

Zum Erstaunen aller gelang es Olivier, die medizinische Untersuchung für den Film zu überstehen, die die Krankenversicherung verlangte, und so wurde der Produktionsbeginn auf den Spätherbst in New York festgesetzt. Doch bevor Olivier den Vertrag mit Paramount für *Der Marathon Mann* unterzeichnete, spielte er eine kleine Rolle als Sherlock Holmes' Nemesis Professor Moriarty in *Kein Koks für Sherlock Holmes,* wo er für zwei Drehtage fünfundsiebzigtausend Dollar bekam. »Ich wollte sicher sein«, sagte er damals, »daß ich nicht in Tränen ausbrechen und heulend vom Set rennen würde, oder daß ich keine Probleme hätte, mir eine Textzeile zu merken. Ich war dankbar, in diesem Film mitspielen zu können – um winzigkleine Babyschritte zu machen.«[12] In seiner Szene sieht Olivier schrecklich aus,

---

* Laurence Evans hatte für Olivier als Produzenten der Fernsehspiele ein Gehalt von 25 000 Pfund jährlich ausgehandelt, zusätzlich 12 500 Pfund für die amerikanischen Senderechte und insgesamt für Schauspieler- und Produktionslizenzen eine halbe Million Dollar.

aber er spielte den listigen Moriarty großartig, völlig berauscht von seinem hinterhältigen Plan. Daraufhin unterzeichnete er stolz den Vertrag für *Der Marathon Mann* und flog im November nach New York, nachdem er zugeben mußte, daß die Tage seiner Bühnenauftritte vorüber waren: »Dafür braucht man eine ganz besondere Energie, die ich nicht mehr habe, während Filme und das Fernsehen eine kürzere Konzentrationszeit erfordern.«[13]

Olivier reiste allein, denn Joan hatte Bühnenauftritte in London, aber er wurde in New York von alten Freunden aufgenommen. Am 27. November, dem Thanksgiving-Tag, hatten Garson Kanin und Ruth Gordon zunächst die Befürchtung, daß ihn ein Essen bei Sardi's und der Besuch eines Broadway-Musicals zu sehr erschöpfen könnten, doch Olivier lud anschließend seine Freunde und das Ensemble noch in den Club 21 zu ein paar Drinks ein. Er besuchte auch Douglas Fairbanks Jr., Lillian Hellman, Irene Selznick und andere; Bette Midler machte einen großen Eindruck auf ihn, er mochte ihre knallige Unflätigkeit und die Ironie, mit der sie die Vulgäre spielte. Für Olivier hatte Amerika keinen anderen Star hervorgebracht, der ihn so sehr an englische Music Halls erinnerte wie Bette Midler.

Bei den Außenaufnahmen zu *Der Marathon Mann* in der West Forty-Seventh Street hatte Olivier sich mit neugierigen Menschenmengen, der herbstlichen Kühle und den normalen Verzögerungen und Wiederholungen beim Filmemachen herumzuschlagen. Lotta Palfi-Andor[14], die deutsche Schauspielerin, die eine Frau spielt, die Szell in der Öffentlichkeit wiedererkennt, erzählte, daß Olivier zwischen den Aufnahmen still im Gotham Book Mart saß, nur mühsam atmen konnte, sich unwohl fühlte und unbedingt jemanden bei sich haben wollte. Doch wenn sie für Aufnahmen nach draußen gingen, war er wie verwandelt, erinnerte sie sich, als machte er einen Satz ins Leben, und jeder war darüber erstaunt.

Zu Schlesinger verhielt sich Olivier wie ein dankbarer Lehrling. »Wenn ich ihm klarmachen mußte, daß er hier oder da wirklich übertrieben habe, sagte ich zu ihm: ›Larry, könnten wir diese Stelle vielleicht ein bißchen intimer machen?‹ Und er antwortete: ›Du meinst, das Fett vom Schinken abschneiden, mein lieber Junge? Du weißt, es gibt nicht viele Leute, die mir solche Dinge sagen, weil ich den Ruf habe, so perfekt zu sein, daß ich keine Regie brauche, aber ich brauche sie, ich brauche sie wirklich, wie jeder andere auch.‹« Als das ganze Filmteam nach Los Angeles übersiedelte, damit Olivier nicht den Winter in New York verbringen mußte, war er, in Schlesingers Worten, »ein alter Löwe, der sich von Tag zu Tag mehr erholte«.

Der Marathon Mann hat seine schrecklichsten Momente in den wenigen Szenen mit Olivier, der einen gewohnheitsmäßigen Menschenquäler spielt, der noch immer zu monströsen Grausamkeiten fähig ist, der Alptraum von einem eiskalten, sadistischen Zahnarzt. Bei seinem Versuch, dem Helden (Dustin Hoffman) eine Information abzuluchsen, stellt er mehrmals eine verschlüsselte Frage: »Sind Sie in Sicherheit?«, jedesmal in einem anderen Tonfall. Diese Sequenz verursachte die einzige Mißstimmung zwischen Olivier und Hoffman. Unermüdlich um Realismus bemüht, hatte der jüngere Schauspieler verschiedene stimmungsverändernde Mittel zu sich genommen, um erschöpft, benebelt und schmerzverzerrt zu wirken, »doch das machte uns Schwierigkeiten mit den Großaufnahmen, und wir mußten eine Menge Einstellungen wiederholen«, erinnerte sich Schlesinger. Diese Situation verleitete Olivier zu dem boshaften Kommentar: »Meine Güte, warum spielt der gute Junge nicht einfach?!« Bei seiner eigenen Rolle gab es nur ein Problem, weil sein Versuch, mit deutschem Akzent zu sprechen, mißlang; es klang eher wie Irisch oder Spanisch, und daher entstand eine Verzögerung, weil ein Großteil von Oliviers Dialogen nachsynchronisiert werden mußte.

In Los Angeles wohnte Olivier bei seinem amerikanischen Filmagenten Ben Benjamin[15], einem Kollegen von Laurence Evans. Bei der Arbeit und gesellschaftlichen Begegnungen mußte er die Leute immer wieder darauf hinweisen, daß sie ihm wegen seiner überempfindlichen Haut nicht einmal die Hand schütteln dürften. Schlesinger sorgte schließlich dafür, daß er während der Dreharbeiten einen Platz für sich allein hatte, und er saß dort meist und krümmte sich vor Schmerz.

Nach seiner Rückkehr nach England 1976 arbeitete Olivier täglich an den Vorbereitungen für die Fernsehspiele. Trotz seiner anhaltenden Hinfälligkeit stand er an einem kalten Wintermorgen auf dem Dach eines Bürogebäudes in Manchester, um die Hintergrundszenerie für den Vorspann aufzunehmen: den Granada-Television-Turm und den Sonnenaufgang über Salford, worüber die Worte »Laurence Olivier zeigt« gelegt werden sollten. Er arbeitete in einem Stil, wie er es in den vierziger Jahren am Old Vic getan hatte, in den Fünfzigern als Manager der LOP und danach am National Theatre: Er nahm alles selbst in die Hand, wählte die Titelmusik von Händel aus, kümmerte sich um die graphische Gestaltung, hielt Besprechungen mit seiner alten Freundin Beatrice Dawson ab, die die Kostüme für seine Filme entworfen hatte und die er für die Fernsehserie engagiert hatte. Er dachte nicht an sein eigenes Wohlbefinden und behandelte die Krankheit wie eine Herausforderung bei der Bewältigung einer Rolle; es war ein Duell, bei dem er gewinnen mußte.

Als im März 1976 das Lyttleton – das erste der drei neuen Theater des National Theatre – endlich an der South Bank eröffnet wurde, blieb Olivier der Einweihungsfeier fern. Aber nicht aus Groll, sondern weil er sich eine Woche in Tunesien aufhielt, wo er in einer kleinen Rolle als Nikodemus in der Fernsehserie *Jesus of Nazareth* auftrat. Der Regisseur Franco Zeffirelli war erschrocken, daß er so blaß und schwach war, und als sie sich zusammensetzten, um die ersten Kopien anzusehen, gab Olivier zu erkennen, wie sehr er bei jeder Einstellung gelitten habe. »Natürlich nichts«, fügte er mit einem theatralischen Seufzer hinzu, »im Vergleich zu den Leiden Unseres Herrn.«[16] Anthony Quinn, der den Kaiphas spielte, berichtete, daß Oliviers Beine deformiert waren und schmerzten und er zeitweise keinen Schritt gehen konnte. Eines Abends im Restaurant vertraute Olivier ihnen an, daß er sich sehr einsam und unglücklich fühle, trotz der vielen Rollenangebote, und Quinn war erstaunt darüber, daß er in seinem hinfälligen Zustand allein reiste.[17]

Als Olivier im April wieder in Manchester war, fühlte er sich keineswegs besser, aber er setzte seine Arbeit unverdrossen fort. Er spielte den alternden, schwulen Designer Harry Kane in Harold Pinters Stück *Die Kollektion,* seiner ersten Fernsehproduktion. Olivier hatte das einstündige Stück ausgewählt, weil es sprachlich irgendwie schräg und ungewöhnlich war und sich von den üblichen Videoproduktionen abhob, wie seine Partnerin Helen Mirren[18] erzählte. Noch immer war er der absolute Schauspieler-Manager, der sich um alles kümmerte, von der Kameraeinstellung bis zum Synchronisieren.

Zu allen war er herzlicher, dankbarer für gute Zusammenarbeit und persönliche Zuwendung, als er es je zuvor in seinem Leben gewesen war. Er zeigte keinerlei Allüren des großen alten Mannes des Theaters; er war einfach ein Lohnarbeiter, der froh darüber war, einen Job zu haben und von seinen Kollegen gut aufgenommen zu werden. Als Natalie Wood und ihr Mann Robert Wagner am 19. Mai in London eintrafen, um als Maggie und Brick in einer Fernsehfassung von Tennessee Williams' *Die Katze auf dem heißen Blechdach* aufzutreten, holte Olivier sie um sechs Uhr morgens am Flughafen Heathrow ab, gab später ihnen zu Ehren ein offizielles Essen und verhielt sich allgemein ebenso überschwenglich wie Big Daddy, die Rolle, die er selbst in dem Stück übernommen hatte. Doch Maureen Stapleton, die Big Mama im Stück, berichtete, daß seine Gedächtnislücken ihm die Proben zur Qual machten.[19] Da sie schon in vielen Williams-Aufführungen mitgewirkt hatte, bat Olivier sie, ihm bei den Feinheiten des Südstaatendialekts Hilfestellung zu leisten.

Nach Beendigung der Proben flog er nach Amsterdam, um eine kleine Rolle als holländischer Arzt in dem Film *Die Brücke von Arnheim* zu übernehmen, wobei er für sechs Drehtage zweihunderttausend Dollar erhielt. Auf dem Rückweg flog er über Paris, wo er ein paar undeutliche Dialogstellen aus dem *Marathon Mann* nachsynchronisierte. Zurück in Manchester, begannen die Aufnahmen von *Die Katze auf dem heißen Blechdach,* doch er hatte ständig Schwierigkeiten mit dem Text. In der endgültigen Fassung war er jedoch entspannt und fehlerlos, sein Südstaatenakzent der polternden Art der Figur wie auf den Leib geschrieben. Als sterbender Familientyrann, der ins Schwärmen gerät über »das Vergnügen mit Frauen – ich werde eine Frau finden, die ich in Nerz hülle, ich werde sie nackt ausziehen und mit Brillanten überhäufen«, war er unübertrefflich komisch und wunderlich.

Nach einem Sommerurlaub mit seiner Familie in Kalifornien, wo sie Carol Burnetts Haus an der Küste von Malibu gemietet hatten, kehrte Olivier nach London zurück und war mehr denn je erpicht auf Arbeit, wobei er seine unbändigen Schmerzen so gut es ging ignorierte. Es war wie eine Ironie des Schicksals, daß Film und Fernsehen, die Medien, denen er früher eine so offene Verachtung entgegengebracht hatte, nun seine Zuflucht waren und ihm »einen Grund gaben weiterzumachen«, wie er sagte. Aber Olivier genoß auch die kollegiale Atmosphäre seiner Arbeit; im Theater kann man ständig für sich sein, am Abend gibt man mit anderen kurz eine gemeinsame Vorstellung, und dann geht man wieder auseinander. Jetzt aber verbrachte er den ganzen Tag mit Schauspielern und Filmteams, und sein Bedürfnis nach Gesellschaft war so groß, daß er das Zusammensein dadurch ausdehnte, daß er Schauspieler und Regisseure zum Essen und zu Drinks einlud. Alten Freunden wie Laurence und Mary Evans und neuen Freunden wie Natalie Wood und Robert Wagner bekundete er offen seine herzliche Zuneigung, was für ihn wichtiger war als je zuvor, wie weh ihm jetzt auch jede körperliche Berührung tat und wie lange auch dieses Bedürfnis von der Persönlichkeit des großen Theatermannes unterdrückt worden war. Als hätte die Krankheit ihm eine Lektion erteilt, die er gut begriffen hatte, nämlich die Gnade des zwischenmenschlichen Kontakts schätzen zu lernen. Er erfuhr eine neue Stärke, indem er Dienste anzunehmen lernte.

Im Oktober wurde endlich das Olivier-Theater am National Theatre eröffnet. Die Mitarbeiter versuchten, ihn in die Ereignisse und Vorbereitungsarbeiten des Monats einzubeziehen, erinnerte sich John Goodwin, doch ohne Erfolg.[20] Er lehnte ab, nicht nur wegen seiner gemischten Gefühle, sondern auch wegen seiner Hinfälligkeit. Oliviers Abwesenheit war offenkundig bis zur offiziellen Eröffnung, an der die Königin teilnahm. Für diese Einweihungsfeier traf er seine Vorbereitungen mit verbissener Entschlossenheit. Als er gebeten wurde, eine kurze Rede zu halten – und zwar auf eben der Bühne, auf der er so gern selbst gespielt hätte – , mußte er sich nun mit einer geschriebenen Ansprache begnügen, die sorgfältig auf kleinen Karten abgedruckt wurde. Doch als er erfuhr, daß Peter Hall seine Rede nicht ablesen würde, sagte er zu Diana Boddington, seiner Bühnenmeisterin seit 1944: »Ich muß es auch so machen. Ich werde sie verdammt gut auswendig lernen.«[21] Am Morgen des 25. Oktober schlüpfte eine gebeugte, fast kahle Gestalt ins Olivier Theatre und bat die Bühnenarbeiter, für einen Moment im Zuschauerraum Platz zu nehmen. Und dann probte Lord Olivier vor Diana Boddington und einigen verwunderten anderen Leuten seine kurze Dankrede.

Als die Gala zur offiziellen Eröffnung begann, war es nicht sicher, ob Oliviers Zustand es ihm erlauben würde, daran teilzunehmen, und ob er überhaupt auf die Bühne kommen könnte. »Ich fühlte mich wie ein Geist«[22], sagte er ein paar Wochen später über diesen Abend, aber an seinem Verhalten war nichts Gespenstisches zu entdecken. Er hatte darauf bestanden, daß Joan ihm in den lavendelfarbenen Mietwagen half, und trotz eines sturzflutartigen Regengusses mischte er sich unter die Menge, um die Ankunft der Königin zu erwarten. Abwechselnd rot und aschfahl von den Nachwirkungen der Steroide, wirkte Olivier entsetzlich geschwächt und verwirrt, doch er mobilisierte neue Kräfte für diese Gelegenheit, und er stand nach seiner etwas atemlosen Ansprache aufrecht auf der Bühne, während der Applaus fünf Minuten andauerte.

Nach Oliviers Rede folgte eine Aufführung von Goldonis *Il Campiello,* das von Kritikern und Publikum katastrophal aufgenommen wurde, aber es wäre für jedes Stück schwierig gewesen, wie Peter Hall bemerkte, nach dem Auftritt des ersten künstlerischen Direktors des National Theatre noch zu bestehen. Nach diesem Ereignis betrat Olivier das Theater, das nach ihm benannt wurde, nur noch zwei- oder dreimal, und er tat es nicht sehr freudig. Einmal traf ihn Michael Caine[23] im Foyer und fragte ihn scherzhaft, ob er für die Karten bezahlen müsse, und Olivier antwortete ärgerlich: »Ja, ich muß die Scheißkarten bezahlen!« (»Ich habe den Ruf, die Sprache eines Leichtmatrosen zu haben«, sagte er einmal, »ich bin nicht besonders stolz darauf, aber es ist mir schon zur Gewohnheit geworden, fürchte ich.«[24])

Zurück in Manchester, führte er für Granada Television Regie bei Stanley Houghtons Stück *Hindle Wakes,* in dem seine Freundin und Mentorin Sybil Thorndike 1912 aufgetreten war. Sie war im Juni dieses Jahres gestorben, und während der Dreharbeiten erzählte Olivier hübsche Geschichten von ihr. Ähnlich hielt er es mit anderen Schauspielerfreunden, die in diesem Jahr gestorben waren, was ihn stark berührt hatte: Edith Evans, Margaret Leighton, Roger Livesey und seine alte Flamme aus der *Heinrich-VIII.*-Inszenierung von 1925, Angela Baddeley.

Das Jahr 1977 begann mit drei Auftritten in Fernsehspielen, die er selbst produzierte: als der lebensmüde, whiskytrinkende Doktor neben Joanne Woodward als Lola in William Inges *Komm wieder, kleine Sheba**; als Sir Joseph Pitts, eine kleinere Rolle mit Joan als seiner Frau in *Daphne Laureola,* das er Edith Evans zu Ehren ausgesucht hatte, die 1949 in seiner Inszenierung die Hauptrolle gespielt hatte; und schließlich den alten Herrenausstatter in *Samstag, Sonntag, Montag,* für den Olivier trotz der neapolitanischen Haarpracht und einer typisch italienischen Gestik keinen anderen als einen amerikanischen Akzent hinkriegte. Die Fertigstellung dieses letzten Stückes fiel mit seinem Geburtstag im Mai zusammen.

Bevor Joan in diesem Sommer mit den Proben für ihre Hauptrolle in einer anderen Komödie von Eduardo de Filippo, *Philomena Marturano,* begann, die im Herbst Premiere haben sollte, reiste sie nach Italien, um Urlaub zu machen. Olivier hatte jedoch ein Angebot von dem amerikanischen Filmregisseur Daniel Petrie[25], der ihn schließlich überredete, die Rolle eines vulgären, aber überaus mächtigen Autofabrikanten in dem Film *Der Clan* zu übernehmen; die Dreharbeiten sollten im Juli und August in Detroit, Newport (Rhode Island) und Los Angeles stattfinden. Seine Gage war die höchste bisher, sie betrug für acht Wochen vierhunderttausend Dollar.

Der dreiundzwanzigjährige Sohn des Regisseurs, Donald Petrie[26], der später selbst Filmemacher wurde, war während der gesamten Produktion Oliviers Chauffeur. Trotz der starken Schmerzen in seinen Händen, der ständigen Blutergüsse, die sich als Nebeneffekte der Dermatomyositis zeigten, und dem erneuten Auftreten eines Blutgerinnsels im Bein, lud Olivier meist Donald Petrie oder seinen Vater oder sogar beide zum Essen ein und arbeitete an seinem amerikanischen Akzent,

---

* Der Granada-Television-Vertrag garantierte NBC wenigstens zwei amerikanische Stücke.

während er ein Steak und eine Flasche Wein genoß. Dabei verfiel er oft in Erinnerungen an Vivien. Schon früher während der Dreharbeiten hatte er ihren zehnten Todestag erwähnt, und wenn er von ihr sprach, erzählte Petrie später, benötigte er offensichtlich eine Bestätigung, daß er sich ihr gegenüber nicht so übel verhalten habe. Seine Erinnerungen erfüllten Olivier mit Trauer, und er sprach von Vivien, als lebte sie noch, als sei sie noch immer das Glanzlicht in seinem Leben.

Im weiteren Verlauf des Films ergab es sich glücklich, daß Olivier viele Szenen in einem Rollstuhl zu spielen hatte. Jedoch nicht die Rückblenden in die vierziger Jahre des Helden. »Immer wenn er gehen mußte«, berichtete der Regisseur, »machte sein Bein ihm Schwierigkeiten. Zwischen den Szenen schlief er, wann immer er konnte, und wenn ich zu ihm ging, um ihn zu wecken, dann konnte er sich nur schwer erheben, schwankte im Stehen und ging langsam auf seine Position. Aber wenn ich ›Action!‹ rief, dann war es, als hätte man einen Schalter angedreht – ein wahres Wunder! – und er war lebendig, ganz in seiner Rolle und voller Energie.«

Von diesem Zeitpunkt an war Olivier darum bemüht, Menschen um sich zu haben, und mied die Einsamkeit; das ist unter älteren Menschen ein vertrauter Zug, aber bei ihm war es besonders ausgeprägt. Die Petries und andere wußten, daß er unweigerlich die Abende ausdehnen wollte, so lange es ging, noch ein Glas Chivas bestellen, egal, wie spät es war und wie früh er am nächsten Morgen raus mußte. Und ganz anders als in den Zeiten mit Vivien, wo die Geselligkeiten einen gewissen Glanz hatten, ließ er jetzt die Fragen der Etikette außer acht und zog es vor, sich auf leichte Weise zu entspannen und gut zu unterhalten. Als Donald Petrie ihn fragte, welche Art von Zerstreuung er in Los Angeles vorzöge, sagte Olivier: »Ich würde alles darum geben, wenn ich *Star Wars* sehen könnte. Die kleine Carrie Fisher ist ganz allerliebst, sie hat mit mir in *Komm wieder, kleine Sheba* gespielt.« In seiner eigenen Rolle als der tyrannische Industrieboß in *Der Clan* entwickelte er inzwischen wieder soviel Lebendigkeit, daß er gefährlich nahe an die große Pose kam. Er hatte sein Stimmvolumen weitgehend wiedererlangt und konnte einen bedrohlich komischen Unterton in solche Sätze legen wie: »Treiben Sie Ihren Spaß mit mir, junger Mann, und ich breche Sie in der Mitte durch!« Inmitten der glamourhaften Vulgarität der Geschichte spielte er einen Paten aus Grosse Pointe, der sich weigert, etwas von seiner Macht abzugeben, obwohl er alt und gebrechlich ist.

Olivier selbst war ebenso dickköpfig. Obwohl ihn das Filmen sehr erschöpft hatte, kehrte er nach London zurück und bat Evans gleich um ein weiteres Engagement. Zufällig hatten Produzent Robert Fryer und Regisseur Franklin Schaffner gerade ein Drehbuch geschickt, das auf Ira Levins Roman *The Boys from Brazil* basierte; darin gab es eine Rolle, die für Olivier nach seinem bedrohlichen Schurken in *Der Marathon Mann* ideal zu sein schien: ein jüdischer Nazijäger aus Wien, nach dem Vorbild von Simon Wiesenthal gestaltet, der den berüchtigten Dr. Mengele ausfindig macht (der von Gregory Peck gegen den Typ gespielt wird). Der Film sollte im Herbst in Wien gedreht werden, und Olivier sollte siebenhundertfünfundzwanzigtausend Dollar bekommen. Doch unmittelbar vor seiner Abreise − es war der Vorabend von Joans Premiere zu *Philomena Marturano,* das sie fast zwei Jahre lang spielen sollte − brach Olivier in seinem Haus in Brighton zusammen und kam sofort mit starken Schmerzen ins Krankenhaus: Es handelte sich um Nierensteine.

Als er im Dezember aus dem Krankenhaus entlassen wurde, fühlte er sich entsetzlich krank und sah sehr elend aus, erinnerte sich Laurence Evans[27], der ihn zu den ersten Drehtagen nach Wien begleitete. Nach einem Leben in ständiger Aktivität wußte Olivier nichts anderes mit sich anzufangen. Außerdem war er ein einsamer Mann, denn in den letzten Jahren hatte er zunehmend getrennt von seiner Frau, ihrer Arbeit und ihren Freunden gelebt.

Er war jetzt gebrechlicher denn je, dennoch schleppte er sich zu den Dreharbeiten zu *The Boys from Brazil.* Seine Magerkeit und sein vom Schmerz gezeichneter Ausdruck gaben der Rolle noch eine zusätzliche Prägnanz. Während der gesamten Dreharbeiten ging es ihm erschreckend schlecht, wie Fryer[28] berichtete, aber er beklagte sich niemals und war immer textsicher. Die Schlußszene mit einem dramatischen Höhepunkt, einem Handgemenge mit Gregory Peck, stellte Anforderungen, die eigentlich über seine Kräfte gehen mußten: Lieberman ist durch einen Schuß Mengeles verletzt, er muß sich drehen, taumeln und neben einer Couch zusammenbrechen.

»Du kannst hier auf das Sofa fallen, Larry«[29], sagte Schaffner. »Wäre es nicht besser«, antwortete Olivier, »wenn ich mich drehe und dann gegen die Couch falle, vielleicht auf die Lehne, und dann von der Couch runterfalle auf den Boden?« Schaffner, der um Olivier fürchtete, sagte, das sei nicht nötig. »Es wäre aber viel besser, Frank«, beharrte Olivier. »Ich kann das schaffen. Mach dir keine Sorgen, ich schaffe das.« Nach einigen Proben und mehreren Einstellungen mit verschiedenen Kameraperspektiven beendete Olivier die Szene des erbitterten Ringkampfs mit Peck, der sich bemüht hatte, seinen Partner nicht an den Händen zu packen oder sonst irgendwie seine empfindliche Haut in Mitleidenschaft zu ziehen. »Gut geblufft«, sagte Peck anerkennend, als er ihm auf die Beine half. »Wie Tristan und Isolde«, flüsterte Olivier in kokettem Ton. Wann immer Schaffner versuchte, Oliviers Szenen etwas leichter zu gestalten, sagte dieser: »Blödsinn, du machst dir zu viele Sorgen um mich.«

Olivier übte seinen Wiener Dialekt mit Marcella Markham[30] ein, einer Schauspielerin, die häufig Kollegen bei Aussprache und Dialekten geholfen hatte. Er bestand darauf, daß sie während der gesamten Dreharbeiten dabei war, nicht nur im Studio, wo er sich nach jeder Szene ihre Zustimmung und ihren Rat holte, sondern auch beim Essen und bei Produktionsbesprechungen. Als die Dreharbeiten sich in das Jahr 1978 hinzogen, hatte Marcella Markham den Eindruck, daß Olivier sich in sie verliebt hatte. Er machte keine Annäherungsversuche, aber er bestellte häufiger für sie beide ein Champagnerfrühstück unter dem Vorwand, mit ihr an seinem Akzent arbeiten zu müssen. Und er sprach viel von seiner großen Leidenschaft, die er einst für Vivien hatte, und wie sehr er Champagner mit ihrem damaligen Zusammenleben verband. Marcella hatte den Eindruck, daß er nach Liebe hungerte.

Ihre Vermutung über Oliviers Gefühle bestätigte sich, als das Produktionsteam im Februar 1978 nach London übersiedelte. Er besuchte sie eines Nachmittags zu Hause und brachte ihr eine Gardenie mit, in der er eine kleine Schachtel von Harrods versteckt hatte und eine Karte dazu, auf der er ihr erklärte, daß das kleine Geschenk ein Zeichen seiner Liebe und Dankbarkeit sein solle. Die Schachtel enthielt einen diamantenbesetzten Ring in Form eines vierblättrigen Kleeblatts und war ein weit aufwendigeres Geschenk, als er seit seinen Zeiten mit Vivien jemals jemandem gemacht hatte. Er zeigte ihr ein Foto von sich, das erst vor kurzem aufgenommen worden war, und machte sie auf seinen unglücklichen Gesichtsausdruck aufmerksam. »Wenn es dich nicht gäbe, meine Liebe«, flüsterte er, »würde ich mich immer noch so fühlen.«

Dies war eine schwierige Situation für Marcella, die seine Gefühle nicht erwiderte, und als sie ihm sagte, daß sie sich demnächst verloben werde, war Olivier sichtlich verärgert. »Na ja«, sagte er, »in ein paar Jahren ist das alles vorbei – Sex, die Beziehung, alles. Es hält nicht stand. Was soll's also?« Marcella hatte den Eindruck, daß er an seiner Einsamkeit stärker litt als an irgendeiner Krankheit. Er liebte seine Kinder aus tiefstem Herzen und sprach oft mit Stolz von ihnen, erzählte Marcella, aber sie waren so viel jünger und lebten ein ganz anderes Leben. Olivier empfand eine schreckliche Distanz zu ihrer Welt.

Auch Laurence Evans und andere bestätigten, daß er unter seiner Einsamkeit litt. Daher war Olivier begeistert, als sein sechzehnjähriger Sohn Richard während der Schulferien zu ihm nach Wien kam, während dort *The Boys from Brazil* gedreht wurde.

Niemand war überrascht, als Olivier 1978 weitere Filmrollen annahm. Als erstes spielte er einen verrückten alten Kauz in George Roy Hills[31] *Ich liebe dich – I love you – Je t'aime,* der im Sommer in Paris, Venedig und Verona gedreht wurde. Wenn er nicht vor der Kamera stand, mußten ständig seine Beine massiert werden wegen der drohenden Thrombose, doch er bestand darauf, seine Stunts selbst zu spielen, beispielsweise eine rasante Talfahrt mit dem Fahrrad, bei der alle den Atem anhielten. Nach einem anstrengenden Drehtag war er immer noch fit für einen Drink und das Nachtleben. Bei solchen Gelegenheiten belohnte Olivier seine Kollegen mit einer Fülle hinreißender Geschichten, flirtete mit den Kellnerinnen und erging sich weiterhin in Erinnerungen an sein Leben mit Vivien.

Von September 1978 bis Februar 1979 nahm Olivier ein Angebot von nahezu einer Million Dollar an, es war die Rolle des Professors van Helsing in John Badhams *Dracula.* Der Film wurde in Cornwall und in der Nähe von London gedreht, Frank Langella spielte die Rolle der ewigen transsylvanischen Schreckensgestalt. »Die Zeitungen kritisieren mich und fragen: ›Warum macht er so einen Mist?‹« sagte er damals.

> Ich will Ihnen sagen warum: um die Schulausbildung von drei Kindern zu bezahlen, eine Familie zu ernähren und für ihre Zukunft zu sorgen. Es gibt nichts unter meinem Niveau, wenn es gut bezahlt ist. Ich habe mir das Recht erworben, jede verdammte Chance zu ergreifen, die sich mir bietet, in der Zeit, die mir noch bleibt. Gott sei Dank gibt es den Film. Ich bekomme ein Vermögen dafür, und genau das ist es, was ich will, denn ich habe mein Leben lang über meine Verhältnisse gelebt.*[32]

Ohne die Unterstützung von Marcella Markham war Oliviers holländischer Akzent fast ebenso mißlungen wie das ganze Drehbuch, aber er zwang sich durch etliche strapaziöse Szenen und bestand immer wieder darauf, wie Badham[34] erzählte, wenn irgendwelche körperlichen Anstrengungen gefordert waren, die auch zu leisten. Dennoch mußten die Drehzeiten auf sein Befinden abgestimmt werden, so daß er nur

---

* Daß er die Filme gemacht habe, um für seine Familie zu sorgen, war, wie Joan später behauptete, »die pure Ausrede... Er hat sich am Ende kaum noch darum geschert. Er wollte ganz einfach arbeiten«.[33]

ein paar Stunden um die Mittagszeit arbeitete, denn mehr konnte er nicht schaffen.

An den Wochenenden besuchte Olivier häufiger Laurence und Mary Evans oder blieb in einem Gasthaus in Cornwall. Als Badham ihn fragte, warum er nicht nach Brighton gehe, antwortete er: »Nein, mein Lieber, Brighton ist tot.« Er meinte damit nicht die Stadt, in der er sich immer wohl gefühlt hatte, sondern das Leben zu Hause. Er und Joan waren wirklich wie Schiffe geworden, die nachts einfach aneinander vorbeifahren. In der zweiten Jahreshälfte bot er dann sein Haus in Royal Crescent zum Verkauf an; er begründete den Schritt mit finanziellem Druck durch Steuern, Arztkosten und Schulgebühren. Bald darauf zogen die Oliviers auf Joans Vorschlag hin in ein Haus in St. Leonard's Terrace in Chelsea, nur wenige Meter von Durham Cottage entfernt.

Am 29. März flog Olivier mit dem Ehepaar Evans nach Los Angeles. Im Laufe der Jahre hatte er elf Nominierungen für den Oscar erhalten, zuletzt für den *Marathon Mann* und *The Boys from Brazil,* einen Sonder-Oscar für *Heinrich V.* und eine Auszeichnung für die beste Schauspielerleistung als Hamlet. Auf der einundfünfzigsten jährlichen Verleihungsfeier am 9. April überreichte ihm Cary Grant einen Ehren-Oscar »für sein Gesamtwerk, für die einzigartigen Erfolge seiner ganzen Karriere und seinen lebenslangen Beitrag zur Filmkunst«. Nachdem mehr als zwanzig Ausschnitte aus seinen verschiedenen Filmrollen vor dem zahlreich versammelten Publikum und mehr als einer Milliarde Fernsehzuschauern weltweit über die Leinwand gegangen waren, stieg Olivier langsam zur Bühne des Dorothy-Chandler-Pavillons hinauf; sein Gesicht war aufgedunsen von den Steroidspritzen, er trug einen Bart, den er sich für die Rolle des Zeus in dem lächerlich blödsinnigen Film *Clash of the Titans* wachsen ließ. »Ach, meine lieben Freunde«, begann er seine sorgsam vorbereitete und einstudierte Rede, die mit seinen üblichen altertümlichen Redewendungen durchsetzt war.

> Soll ich hiernach wirklich noch etwas sagen? Cary, mein lieber alter Freund seit so vielen Jahren – seit den ersten Jahren unserer Arbeit hier in diesem Land [sie hatten sich vielleicht zweimal getroffen] –, ich danke dir für diese schöne Einführung und die Mühe, die du dafür auf dich genommen hast, und all deine herzlichen Worte. Herr Präsident und verehrte Mitglieder der Akademie und des Komitees, liebes Publikum, meine höchst edlen und bewährten guten Herren [die letzten sieben Worte waren aus *Othello*], liebe Kollegen, liebe

Freunde, liebe Mitschüler! Im großen Reichtum, dem weiten Firmament der Großzügigkeit dieses Landes, mag die heute getroffene Wahl zukünftigen Generationen wie eine exzentrische Belanglosigkeit erscheinen, aber diese bloße Tatsache – die wunderbare, reine, menschliche Freundlichkeit – sollte wie ein wunderschöner Stern an diesem Firmament betrachtet werden, der in diesem Augenblick auf mich herabscheint und mich ein wenig benommen macht, mich aber zugleich mit Wärme erfüllt und einem ungewöhnlichen Stolz; es ist eine euphorische Freude, die so viele von uns ergreift, wenn sie den ersten Atemzug des majestätischen Erglühens eines neuen Morgens verspüren. Aus dem Hochgefühl dieses Augenblicks, in der Tröstung, in dem wunderbaren Gefühl, das meine Seele und mein Herz in diesem Moment ergreift, danke ich Ihnen für dieses große Geschenk, das mir bei diesem glanzvollen Anlaß hier einen so großartigen Part zuweist. Danke.

Olivier gab zu, daß seine Umgangssprache niemals so formell war wie seine Redeweise bei offiziellen Anlässen. Aber seine blumige Ausdrucksweise und auch sein geschwollener Schreibstil sollten dazu dienen, den Teil seiner Persönlichkeit zu zeigen, der seinen adeligen Status zum Ausdruck brachte, vielleicht sollten sie aber auch die Unsicherheit eines unzureichend gebildeten Mannes ausgleichen. Er sprach so, wie es seiner Ansicht nach für einen Lord angemessen war, aber im Privatleben fühlte er sich wohler und natürlicher mit einer einfacheren und urwüchsigeren Sprache, und es ist bezeichnend, daß er nach seiner Einkleidung und dem Treueschwur zum Baron Olivier das House of Lords nur ein einziges Mal aufsuchte. Als Sohn eines Pfarrers war Olivier in seinem Herzen immer (wie sein Vater) ein verhinderter Aristokrat, ein Möchtegern, dessen Traum vom Adelstitel schließlich doch noch in Erfüllung ging, sich aber am Ende als trügerisch und nicht lohnend herausstellte: Der wahre Olivier sagte: »Nennt mich Larry«, und er meinte es so.

Bei diesem Amerikaaufenthalt erhielt er auch von Filmex, dem Los Angeles Film Festival, eine Auszeichnung für sein Lebenswerk. Es wurden große und kleine Partys zu seinen Ehren gegeben, veranstaltet von Natalie Wood und Robert Wagner, von George Cukor, Elia Kazan und von Paul Newman und Joanne Woodward. Zwei Wochen lang sonnte sich Olivier in der Verehrung seiner amerikanischen Kollegen. Dann kehrte er nach England zurück und arbeitete eine Woche lang für dreihunderttausend Dollar an dem mythologischen Filmepos *Clash of the Titans,* das vor allem eine Vorführung von Spezialeffekten war. Er war nervös und reizbar, neigte dazu, alle Leute einzuschüchtern, als wollte er nicht wirklich dabeisein, wie seine Partnerin Claire Bloom bemerkte. Wenn man die Qualität des Drehbuchs bedenkt, mag sie recht gehabt haben.

In dieser Saison wandte sich Olivier öffentlich und verärgert gegen Kenneth Tynan, der seine Absicht angekündigt hatte, eine Biographie Oliviers zu schreiben. In der Ansicht, daß Tynan vorhabe, bis dahin unbekannte Informationen aufzudecken, vor allem über Jill, Vivien und seine eigene Freundschaft mit Olivier, verweigerte Olivier nicht nur jede Zusammenarbeit, sondern drängte auch Freunde und Kollegen, sich nicht für Interviews zur Verfügung zu stellen. Tynan, der schon an jenem Lungenemphysem litt, das ihn bald umbringen sollte, gab den Plan wieder auf, und Olivier erklärte sich schließlich bereit, seine Memoiren zu schreiben, nicht zuletzt in der Hoffnung, dadurch irgendwelche ähnlichen Bücher zukünftig verhindern zu können. Das Buch beschäftigte ihn zwei Jahre und erschien 1982. *Bekenntnisse eines Schauspielers* (dt. München 1985) war ein Meisterwerk der Improvisation und der Erfindungsgabe, es enthielt eine Menge Irrtümer und offenkundige Auslassungen. »Er erzählt darin alles«, sagte Tarquin Olivier einsichtsvoll, »und gibt absolut nichts preis.« Und Olivier sagte zu seiner Verteidigung: »Ich hatte in meinem Leben so viel zu verbergen, daß ich allen Grund hatte, bei Interviewern nervös zu sein. Immer lief da irgendeine Liebesgeschichte oder sonst was, daß ich fürchtete, man könnte mich darüber ausfragen.«[35]

An seinem zweiundsiebzigsten Geburtstag aß Olivier mit dem Ehepaar Evans in einem Restaurant in der Charlotte Street und führte mit ihnen ein Gespräch darüber, warum seine dritte Ehe schiefgegangen war. Er wollte mit seinen Kindern so viel wie möglich zusammensein, aber Joan und er hatten sich bereits inoffiziell getrennt. Wenn nötig, wurde Olivier von Krankenschwestern betreut, und seine Frau und er führten weitgehend getrennte Haushalte in zwei Häusern; sie traten nur noch gemeinsam in der Öffentlichkeit auf, wenn es dem guten Eindruck diente.

Am 2. Juli lud er Mary Evans zum Tennisturnier in die königliche Loge ins Wimbledon Stadion ein, später kam Laurence Evans dazu, und sie aßen gemeinsam im Wilton's Restaurant zu Abend. Nicht zum erstenmal sprach Olivier an diesem Abend von Scheidung, weil er überzeugt war, daß es in seiner Ehe einen irreparablen Bruch gab und daß Joans Liebe in eine andere Richtung ginge. Die Evans' versuchten ihn davon abzubringen. Sie meinten, er müsse an sein Alter und seine Krankheit denken und auch daran, daß sich eine Scheidung durch die negative Publicity ungünstig auf seine Kinder auswirken würde. Für den Augenblick stimmte Olivier zu. Doch einige Monate später wandte er sich an seinen Rechtsanwalt Laurence Harbottle und gab folgende Anweisung: Lord Olivier wünschte seine Ehe zu beenden.

Irgendwie gelangte die Nachricht an die Presse, und die Oliviers versuchten, die Sache zu vertuschen: Er behauptete, er habe im Spaß mit der Scheidung gedroht, falls sie am National Theatre spielte. Doch Oliviers Gefühle änderten sich nicht, wenn er auch der Presse zu Gefallen immer wieder Bemerkungen eines treusorgenden Ehegatten einfließen ließ. »Wenn es auch den Anschein hat, daß Larry und ich einige Zeit in verschiedenen Ländern arbeiten, schaffen wir es doch, ungestörte Wochenenden mit den Kindern zu verbringen«[36], sagte Joan. Doch wurden solche gemeinsamen Zeiten immer seltener, und so hatte Olivier noch mehr Grund, wie er den Evans' erklärte, sich von seinem unglücklichen Privatleben durch die Arbeit an Filmen abzulenken, wie unattraktiv diese auch immer sein mochten.

Er mußte nicht lange warten, denn das absurdeste Projekt seiner Karriere sollte bald beginnen. Der politisch rechtsstehende koreanische Prediger Reverend Sun Myung Moon, der ein starkes Interesse daran hatte, ein Filmprojekt über den Kampf seines Landes gegen den Kommunismus zu fördern, überzeugte japanische Geldgeber, einen Film zu finanzieren, der die Kriegstaten von General MacArthur zum Thema hatte. Olivier erhielt in diesem Sommer eine Million Dollar für vier Wochen Arbeit in Seoul. Bei einer atembeklemmenden Luftfeuchtigkeit hatte er die dickste Maske seiner ganzen Laufbahn zu tragen, um der Erscheinung des Generals annähernd ähnlich zu sehen; Lippen und Wangen aus Plastik hinderten ihn daran zu essen. Wenn Olivier nicht vor der Kamera stand, berichtete der Regisseur Terence Young, sein Freund seit der Arbeit an *Heinrich V.,* lag er auf einem Feldbett und war vor Schmerzen und Erschöpfung zu keiner Bewegung fähig. Die Dreharbeiten fanden bei einer Hitze von fast fünfzig Grad statt, und Olivier schien dem Tode nahe. Doch wenn nötig, wurde er fünfzig Jahre jünger und spielte seine Rolle, ohne sich zu beklagen. Die letzten Szenen wurden im Herbst in Rom aufgenommen, und kurz danach übernahmen die »Moonies« den Film *Inchon* für dreiundzwanzig Millionen Dollar, schnitten ihn mit dem unprofessionellen, aber begeisterten Eifer von Schulkindern und brachten mehrere Jahre später einen Film in die Kinos, den sein Regisseur Young nicht wiedererkannte und der für das Publikum völlig unverständlich war.

Von diesem Fiasko erholte Olivier sich schnell und trat schon im Dezember als Lord Marchmain in der Fernsehverfilmung von Evelyn

Waughs Roman *Wiedersehen mit Brideshead* auf. Mit dieser Rolle eines Patriarchen, der Frau und Kinder verlassen hatte, aber auf seinen Familienbesitz zurückkehrt, um dort zu sterben, gab Olivier eine Vorausschau auf sein eigenes Ende, wie er es nannte: In einer Szene legt er eine große Beichte ab und bekennt seine Sehnsucht nach dem vernachlässigten Glauben. Als Lord Marchmain, der nach Atem ringt und dem die Augen brennen vor Schuldgefühlen und Gewissensbissen, findet Olivier zu einem seiner beiden letzten großen darstellerischen Erfolge. »Frei wie die Luft«, murmelt er seiner Partnerin Phoebe Nicholls als seiner Tochter Cordelia zu,

> sagen sie, so sei der Tod. Ich war einst frei, und jetzt bringen sie mir meine Luft in einem eisernen Behälter. Ich habe im Namen der Freiheit ein Verbrechen begangen. Cordelia, was ist aus unserer Kapelle geworden? Ich habe sie für deine Mutter gebaut. Als ich fortging, habe ich sie betend in der Kapelle zurückgelassen. Es war ihre. Ihr Platz. Ich bin nie zurückgekommen, um ihre Gebete nicht zu stören. Sie sagten, wir hätten im Weltkrieg für die Freiheit gekämpft. Ich hatte meinen Sieg. War das ein Verbrechen?

Und als Cordelia antwortet, sie sei der Meinung, daß Marchmains Vernachlässigung seiner Familie wirklich ein Verbrechen gewesen sei, füllt sich Oliviers Blick langsam mit Entsetzen, einem Schmerz, wie Emily Dickinson schrieb, der »einen Anflug von Leere« hatte. Die wohl beeindruckendste Szene der zwölfstündigen Fernsehserie war sein simuliertes Sterben Augenblicke später, wo er nicht mehr fähig ist zu sprechen und sich schließlich selbst mit dem Kreuzzeichen segnet. In der Schwere von Oliviers Armen, in der Stille seiner Gesichtszüge und in seinem nicht mehr wahrnehmbaren Atem vermittelte er ein Bild des Glaubens, das mehr Tiefe hat als das reine Ritual und das von einer Hoffnung zeugte, die im Tod wieder zum Leben erwacht.

Aber dieses war nur ein kurzer Aufschub zwischen Katastrophen. Im Januar 1980 war Olivier wieder in Los Angeles, in Begleitung von Mary und Laurence Evans, die dafür sorgten, daß er im Hotel L'Ermitage gut untergebracht war. Bei dem Projekt, für das er engagiert war, sollte er eine Variation seiner nun willkommenen Rolle als alter jüdischer Gentleman spielen; er war Neil Diamonds Vater in dem Film *The Jazz Singer*, einem Remake der Al-Jolson-Story. Hierfür bekam Olivier ebenfalls eine Million Dollar. Unterwegs machte er auf Joans dringende Bitte hin in Boston halt, wo Franco Zeffirelli die amerikanische Inszenierung von *Philomena Marturano* abgeschlossen und sich schnellstens zu einem Urlaub nach Rio aufgemacht hatte. Olivier übernahm nun nominell die Regie während der Vorauffführungen der Komödie außerhalb New Yorks. Dafür mußte er zwischen Hollywood und New York hin und her fliegen und er erschien auch zu Joans Broadway-Premiere am 3. Februar, um allen Gerüchten über ihre Ehe entgegenzutreten. Das Stück, das in London zwei Jahre lang gelaufen war, wurde in New York nach vier Wochen abgesetzt.

Joan beschloß, nach England zurückzukehren, statt ihren Mann nach Los Angeles zu begleiten, wo er *The Jazz Singer* weiterdrehte, der nicht eben von harmonischer Zusammenarbeit geprägt war. Der Regisseur Sidney J. Furie, der häufig ein halbes Dutzend Kameras für eine einzige Szene brauchte und beinahe fünfundsiebzigtausend Meter Film verdrehte, hatte das Budget für die Produktion katastrophal überzogen. Olivier wurden täglich Drehbuchänderungen ausgehändigt, und es herrschte eine hysterische Atmosphäre auf dem Set. »Larry war drauf und dran, den ganzen Job hinzuschmeißen«, berichtete Evans, »und eines Tages, als kurz vor Drehbeginn wieder ein paar neue Seiten eintrafen, las er sie und sagte mehr oder weniger scherzhaft: ›Ich kann diesen Scheiß nicht lesen!‹« Der Film wurde nur dadurch gerettet, daß Evans die Idee hatte, Richard Fleischer (einen Freund, der aber nicht sein Klient war) die Regie übernehmen zu lassen, und nach einigen Verzögerungen wurde fast der ganze Film neu gemacht, beginnend mit dem 17. März, was vor allem dadurch notwendig wurde, wie Fleischer sehr schnell feststellte, weil Olivier sich schamlos in den Vordergrund spielte. »Irgendwann verlor er mit mir und sich selbst die Geduld«, berichtete Fleischer, »und er sagte leise: ›Warum geb' ich die ganze Sache nicht einfach auf? Warum muß ein alter Mann wie ich unbedingt noch spielen?‹«[37]

Der ständige telefonische Kontakt mit den Evans' und mit Marcella Markham, die wieder als Dialogtrainerin bei ihm war, richtete seine Lebensgeister wieder auf. Müde, allein und verzweifelt auf Gesellschaft aus, verbrachte er die Abende mit Mitgliedern des Filmteams und hoffte auf die Zuwendung von Freunden wie Marcella, Natalie Wood und Robert Wagner, die ihn zu einem verlängerten Wochenende mit nach Las Vegas nahmen. Für die restlichen Drehtage hatte sich seine Stimmung wieder aufgehellt, und seine altvertraute gute Laune kehrte zurück. Zu einer jungen Schauspielerin, die sich beschwerte, daß sie nicht ernst genommen würde, weil sie eine Blondine sei, sagte Olivier mit gespielter Unschuld: »Aber meine Liebe, das war doch Ihre eigene Entscheidung!« Und als er einmal in ein Restaurant kam, wohin er von einem Schauspieler genötigt worden war, den er nicht leiden konnte, schnaufte er, sah in die Runde und brummelte, zu Marcella gewandt: »Dies ist die Art von Lokal, stell' ich mir vor, wo man ›Happy Birthday‹ singt.«

Am 6. März fand in London ein Treffen der Rechtsanwälte und Berater des Ehepaars statt, und Joan hatte ihren Sohn Richard gebeten, dort in ihrem Namen bekanntzugeben, was bereits überall in der Öffentlichkeit bekannt war: daß sie zukünftig weder auf Preisverleihungen für ihren Mann auftreten, noch ihn auf seinen Reisen begleiten werde.

Siebzehntes Kapitel

1980 – 1989

Die Alten sind vergeßlich; doch wenn alles
Vergessen ist, wird er sich noch erinnern.
Mit manchem Zusatz, was er für Stücke tat...

Heinrich V.; IV, 3

Im April 1980 fuhr Olivier mit seiner Sekretärin Shirley Luke und Laurence und Mary Evans für eine Woche nach Venedig, um die letzten ausstehenden Sequenzen von *Wiedersehen mit Brideshead* zu drehen. Auf dem Heimweg, während eines Besuchs bei David Niven an der Französischen Riviera, befiel ihn ein plötzliches Fieber und eine kleine, aber schmerzhafte Harnwegsinfektion. Da er lieber seinen eigenen Arzt zu Rate ziehen wollte, fuhr er sofort nach London zurück. Er mußte sich ins Bett legen und wurde mit Antibiotika behandelt.

Während seiner Genesung begann er ernsthaft an seiner Autobiographie zu arbeiten, für die er einen Vertrag abgeschlossen hatte. Sein Verleger George Weidenfeld hatte mit Mark Amory[1], dem Literaturredakteur des *Spectator,* eine Absprache getroffen, als Ghostwriter mit Olivier zusammenzuarbeiten. Doch nach mehreren Monaten fast täglicher Treffen fuhr Olivier zu einem Besuch der Waltons nach Ischia, und dort traf er die Entscheidung, das Buch allein zu schreiben. Amory wurde aus der Mitarbeit entlassen, und jedes Wort der *Bekenntnisse eines Schauspielers* stammt von Olivier selbst.

Im Sommer 1981, nachdem er von der Königin die höchste Auszeichnung des Landes, den Order of Merit erhalten hatte, fühlte er sich zuversichtlich genug über den Fortschritt seines Buches, daß er sich die Zeit nehmen konnte, in dem Fernsehspiel *A Voyage Round*

433

My Father mitzuspielen. Das Stück von John Mortimer ist eine auto-
biographische Darstellung der Beziehung des Autors zu seinem blin-
den Vater, der Rechtsanwalt war. Als die Dreharbeiten in Mortimers
eigenem Haus in Buckinghamshire begannen, ging es Olivier entsetzlich schlecht, sein Kreislauf war schwach und sein Gedächtnis unzuverlässig. Am frühen Nachmittag war er so ermüdet und unkonzen-
triert, daß häufig weitere Aufnahmen für den Tag ausfallen mußten,
wie der Regisseur Alvin Rakoff[2] berichtete. Alle an diesem Projekt Beteiligten dachten, es könnte nicht zu Ende geführt werden, denn je
häufiger er sein Stichwort vergaß, desto weniger konnte er Ratschläge
ertragen. Aber er wußte, daß er Fehler machte, und darüber war er
entsetzt. »Schließlich war er so übelgelaunt, frustriert und mitgenommen«, erzählte Rakoff, »daß er mich bat, alle Leute aus dem Raum zu
schicken, und dann kamen wir überein, große Tafeln mit seinem Text
hinter der Kamera aufzustellen. Doch trotz all dieser Schwierigkeiten
war er erstaunlich, und es gelang ihm dennoch, immer wie ein Blinder
auszusehen.« Vielleicht war Olivier wegen der Erschwernisse, die er
ohne es zu wollen während der Dreharbeiten hervorgerufen hatte, so
besonders kooperativ bei der Nachproduktion, als sein Text nachsynchronisiert werden mußte, um Fehler zu korrigieren, die sich beim
Filmen ergeben hatten.

Etliche seiner letzten Rollen, zum Beispiel Lord Marchmain, Clifford
Mortimer und König Lear, spiegelten die großen Veränderungen
wider, die sich in Laurence Oliviers Charakter in seinen letzten Jahren
vollzogen. Seine äußeren Erfolge waren erreicht und unumstößlich;
nur sein Innenleben und seine Gefühlswelt wollten die Herausforderung. Olivier betrachtete die große schauspielerische Leistung als den
einzigen Mechanismus, durch den er sich selbst wahrnehmen und aus-
drücken konnte, und diese Belastung hatte er jahrzehntelang zusammen mit der Bürde des Ruhms getragen; dadurch hatte sich eine gewisse Zurückgezogenheit in seiner Persönlichkeit ausgeprägt, und dieser Zug war durch seine unaufhörlichen Krankheiten wahrscheinlich
noch verstärkt worden. Aber wie er einmal zu einem Journalisten gesagt hatte: »Dein Geist dehnt sich in dem Maße aus, wie dein Körper
zusammenschrumpft, und du stellst dich darauf ein, indem du im
Alter gibst, was du in deiner Jugend nicht geben konntest.«[3]
   Und so gab es bei Laurence Olivier statt eines tragischen Nieder-
gangs einen bemerkenswerten Aufstieg. Er gab seinen Adelsrang auf,
aus »Sir« wurde »Larry«, denn er entdeckte, daß dieselben vorsichti-
gen Handlungen und sanften Ausdrucksweisen, die für Großaufnah-

men im Fernsehen und im Film notwendig waren, ihn im wahren Leben seinen Freunden näherbrachten und seine Gefühle stärkten. Falsche Nasen, Verkleidungen, Titel, öffentliches Ansehen, gediegener Umgang, all dies hatte nun keine Bedeutung mehr für ihn. Jetzt gelangen ihm die Dinge durch ein allmähliches *rallentando;* früher hatte er die Notwendigkeit der Verlangsamung nicht wahrgenommen, weil er unablässig tätig war, jetzt fand er Stärke in der Schwäche und akzeptierte Hilfe von Freunden und Kollegen. Seine Fähigkeiten ließen nach, doch indem er im Alter gab, was er in der Jugend nicht hatte geben können – das offene Eingeständnis, daß er von der Zuneigung anderer abhängig war –, wurde er ein lebender Beweis für die Weisheit, daß ein gelebtes Leben mehr wert ist als die Schaffung eines Kunstwerks.

In dieser Hinsicht ist sein Porträt des Exzentrikers Clifford Mortimer eine seiner am tiefsten empfundenen Charakterisierungen, die einem Porträt von Olivier selbst am nächsten kommt. Mutig zeigte er Gleichgültigkeit gegenüber Schmerz und Trauer, machte Witze über Sex, predigte über alles von der Gartenpflege bis zur Gesetzgebung, regte sich über Dummköpfe auf, lenkte die Aufmerksamkeit der Leute nach seinem Belieben. Diese Figur war auf unheimliche Weise mit ihm selbst verschmolzen, und sein mühsames Atmen gehörte einerseits zu Clifford Mortimers Krankheit und stand andererseits für Oliviers Tapferkeit während der Dreharbeiten. Durch sorgsam gesetzte Pausen und eine fast losgelöste Stille wird dieses Porträt zutiefst bewegend. »Was regst du dich auf?« fragt ihn die zukünftige Frau seines Sohnes in Gegenwart der ganzen Familie. »Warum regst du dich auf über die ganze Gartenarbeit, wenn du sie doch nicht sehen kannst? Warum lauft ihr alle herum und tut so, als sei er nicht blind?« Olivier als Mortimer steht unter Schmerzen auf und geht auf das Mädchen zu, streckt die Arme aus und findet es, tätschelt ihm sanft die Schulter und sagt mit einer gezwungenen und trockenen Stimme, aber ohne jedes Selbstmitleid: »Würdest du mich mitnehmen in das Wäldchen im Westen? Ich hätte gerne eine Beschreibung der Magnolie. Würdest du das tun, willst du meine Augen sein?« *A Voyage Round My Father* ist nicht einen Augenblick lang prätentiös; das schauspielerische Vermögen zeigt sich hier auf dem höchsten Punkt der inneren Wahrheit.

Im Frühjahr 1982 verbrachte Olivier vier Tage in Wien für einen Kurzauftritt in der Fernsehserie *Wagner* als ein Minister am Hof zu Lebzeiten des Komponisten. Zum erstenmal seit seinem Film *Richard III.* arbeitete er wieder mit John Gielgud und Ralph Richardson zusammen, die ebenfalls ihre Starauftritte hatten. Die Presse wurde mit einer Fülle phantastischer Informationen über das rührende Wiedersehen überhäuft, und das Trio spielte mit vollendeter Verstellung seine lebenslange Freundschaft vor.

Ebenfalls genau kalkuliert war Oliviers Reise nach New York in diesem Herbst, sie diente der Werbung für sein Buch *Bekenntnisse eines Schauspielers*. Bei einem Essen mit seinem amerikanischen Verleger Michael Korda[4] und dem Agenten Milton Goldman wurde Olivier nahegelegt, seine öffentlichen Auftritte für sein Buch ganz nach seinem Belieben zu gestalten. So entschloß sich Olivier, die Rolle eines etwas wunderlichen Engländers zu spielen, der zum erstenmal in Amerika ist. Was genau ist eine gebackene Kartoffel? fragte er einen Kellner im Gallagher's, was sind *hash browns,* was sind Lyonneser, was sind *cottage fies*? Es bestellte daraufhin alle acht verschiedenen Kartoffelsorten, die auf der Karte standen – und Viviens Lieblingseiscreme. Korda wurde schnell klar, daß Olivier einfach keine Lust hatte, auf eine lange Publicitytour für sein Buch zu gehen, und daher spielte er die Rolle eines Mannes, der unmöglich in der Öffentlichkeit auftreten konnte.

Durch diese Reise wurde die Filmarbeit an seinem *König Lear,* den er fürs Fernsehen in den Granada-Studios in Manchester verfilmte, für einige Zeit unterbrochen. Dies war ein jahrelang gehegter Plan von ihm gewesen, und seit dem vergangenen Winter hatte er sich darauf vorbereitet, langsam den Text gelernt und zu jeder Zeile die richtige Gestik einstudiert. Dorothy Tutin[5], die die Goneril spielte, erinnerte sich, daß Olivier bei Probenbeginn im Mai 1982 »an der Einsamkeit eines kleinen Jungen zu leiden schien, der sich verlaufen hat, und das nützte seiner einzigartigen darstellerischen Leistung«. Er benutzte seine eigene hinfällig Gesundheit und seine Kurzatmigkeit für den gealterten, verwirrten Lear. Er beschrieb den Abstieg des alten Königs in den Wahnsinn als eine Art von geistiger Epiphanie. Im Widerstand gegen Winde und Regenmaschinen wurden er und Lear eine Einheit in dieser Inszenierung, die wie eine impressionistische Halluzination, wie ein Traumbild angelegt war, in dem Holzhäuser, Pferde und sturmdurchbraustes Heideland aus dem wabernden Dunst aufsteigen. Und mitten darin und darüber hinweg scheint Oliviers gereifte Verletzlichkeit durch; seine Interpretation ist von einer menschlichen Zartheit erfüllt, die, wie er selbst wußte, seine Bühnendarstellung dieser Rolle von 1946 übertraf. Er wirkte in jedem Augenblick inspiriert, als wäre er tatsächlich Lear geworden. Dazu schrieb er wenig später:

Ich trage eine unsichtbare Theaterkrone, die ich mag, an der ich hänge und von der ich mich nicht trennen will. Genauso wie ich entschlossen war, die Erinnerung an Henry Irving auszulöschen und das Scheinwerferlicht auf mich zu lenken... so war ich dabei, meinen eigenen Wahnsinn und Tod im König Lear zu erproben... dieser ist ein selbstsüchtiger, jähzorniger alter Mistkerl, genau wie ich. Es ist genau die richtige Rolle für mich. Meine Familie würde dieser Äußerung zustimmen.[6]

In diesem Frühjahr stand als erstes auf seinem Terminplan die Filmarbeit an einem in Amerika finanzierten Zwei-Personen-Stück fürs Fernsehen, *Mr. Halpern and Mr. Johnson,* das in einem Studio in Bristol unter der Regie von Alvin Rakoff gedreht wurde. Sein Partner war niemand anders als Jackie Gleason.* Diese Arbeit wurde für einen Tag unterbrochen, an dem Olivier in einer kleinen Rolle als Admiral in der Prozeßszene des Films *Meuterei auf der Bounty* auftrat. Nachdem Dr. Heather Cooper auf Rakoffs Bitten die Steroide und eine ganze Reihe anderer Medikamente, die Olivier zu jener Zeit einnahm, abgesetzt hatte, wurde er während der zweiwöchigen Dreharbeit von Tag zu Tag stärker. Rakoff überzeugte ihn außerdem davon, daß er sich des automatischen Stichwortgebers bedienen sollte, einer Anzeigetafel direkt hinter der Kamera, die ihn von der Last des Auswendiglernens befreite; Olivier machte in allen nachfolgenden Film- und Fernsehproduktionen davon Gebrauch. Der stämmige amerikanische Fernsehkomiker und der hochgeehrte britische Lord hatten zu Beginn leichte Schwierigkeiten mit ihren Rollen. Olivier als kürzlich Verwitweter trifft den Mann, mit dem seine Frau eine lange und intime Freundschaft hatte. Doch schon bald entdeckten Olivier und Gleason, daß sie viele Gemeinsamkeiten hatten, etwa ihre Liebe zu gutem Whisky und Wein und ihr gewagter Humor, wie Alvin Rakoff sich erinnerte. »Sie hatten eine Menge wüster Geschichten auf Lager und lachten dreckig und laut, sehr zum Entsetzen der feinen älteren Damen. Manchmal mußte man Olivier bitten, ein bißchen leiser zu sein, weil er wirklich sehr schmutzige Witze bis in die letzte Ecke des Restaurants hinausposaunte.«

Nachdem Olivier von seiner Medikamentenabhängigkeit befreit war, fühlte er sich gesünder bei der Arbeit an *Mr. Halpern and Mr. Johnson* als bei jedem anderen Projekt seit Jahren, und die seltsame

---

* Von 1981 bis 1983 erhielt Olivier insgesamt fast fünf Millionen Dollar für sechs größere Auftritte in Filmen und Fernsehspielen, drei kleinere Rollen, zwei größere Interviews und die damit verbundenen Auslandsrechte. Ein Großteil dieser Summe ging für Steuern drauf.

Mischung in seiner Freundschaft mit Gleason beflügelte ihn. Nachdem sie eine ziemlich schwierige Dialogszene hinter sich gebracht hatten, umarmte ihn Gleason freundschaftlich, was für ihn ganz untypisch war, und Olivier erwiderte die Geste, was auch für ihn untypisch war, zuerst mit leichter Überraschung, dann mit Dankbarkeit. »Es war ein sehr bewegender Moment zwischen diesen beiden so unterschiedlichen Profis«, sagte Rakoff, »und als wir schon nach drei Drehwochen mit allem fertig waren, sagte Larry fast wehmütig zu mir: ›Schade, ich hatte gerade angefangen, Jackie wirklich zu mögen.‹« Als das Produktionsteam auseinanderging, erhielt Rakoff einen handschriftlichen Brief von Olivier, in dem er ihm für die größte Freude der letzten Zeit dankte. Er fügte hinzu, daß er sobald wie möglich noch so eine Rolle spielen wolle, damit die nächste Generation von Fernsehzuschauern ihn zumindest als einen Komödianten in Erinnerung behielte. Rakoff revanchierte sich noch im selben Jahr mit einem weiteren Fernsehfilm, *A Talent for Murder,* mit Angela Lansbury in einer Hauptrolle. Das Stück wurde in vier Tagen gedreht und stellte sich für alle Beteiligten als Enttäuschung heraus, denn die Rollen waren unbefriedigend und die Dialoge von der Art, daß die Leute ständig solche Sachen sagten wie »Warum? Warum nur? Es ist alles so sinnlos!« Olivier lieferte zwischendurch schnell noch eine kleine Fernsehrolle als römischer Patrizier während der *Letzten Tage von Pompeji* ab.

Preise und Ehrungen häuften sich nun unweigerlich: die Albert-Medaille von Prinz Philip, ein halbes Dutzend Emmys von der Amerikanischen National Academy of Television Arts and Sciences, *Evening Standard* und Variety Club-Auszeichnungen, Ehrentitel, ein Pressepreis des Hollywood Golden Globe und die Umbenennung des Society-of-West-End-Theatre-Preises in Olivier-Preis. Am 25. April 1983 wurde er von der Film Society of Lincoln Center in New York mit einem Sonderpreis ausgezeichnet; seine Dankrede war eine noch stärker ziselierte Ausarbeitung seiner Oscar-Rede von 1979. Am folgenden Abend war er Ehrengast eines Dinners im Weißen Haus; Präsident Reagan und seine Frau hatten dreißig Gäste zum Essen und zu einer Vorführung des *König Lear*[7] eingeladen.

Trotz zweier Krankenhausaufenthalte, die wegen wiederkehrender Thrombosen und einer Rippenfellentzündung während der vergangenen drei Monate notwendig waren, reiste Olivier in Begleitung seines Sohnes Richard auf ein Schloß in der Nähe von Limoges. Dort filmte er die Rolle eines alten englischen Malers für die Fernsehfassung von

John Fowles' *The Ebony Tower*. Als bärtiger Alter mit schütterem Haar, bärbeißig und streitsüchtig, füllte Olivier die Rolle perfekt aus. Er war zwar nervös und unsicher, aber er wurde geschickt von Robert Knights[8] geführt und vom Ensemble ermutigt; seinen Kollegen gestand er, daß er nichts von Malerei oder Kunstgeschichte verstünde und auch kein sonderliches Interesse daran hätte, obwohl Vivien versucht hatte, es in ihm zu wecken. Diese Bemerkungen riefen Erinnerungen an sein Leben in Notley Abbey in ihm wach, wie er dem Regisseur und den Leuten aus dem Team erzählte, wo er mehr als einmal aufgewacht sei und Viviens Platz neben sich leer gefunden habe. Er habe den Garten nach ihr abgesucht, erzählte er, in der Erwartung, daß sie sich dort irgendwo erhängt habe.

Als er am 10. Oktober in Frankreich die Nachricht erhielt, daß Ralph Richardson gestorben war, löste dies ebenfalls starke Erinnerungen bei ihm aus. Olivier erzählte seinen Kollegen eine Fülle von Geschichten und Anekdoten, die fast sechzig Jahre zurückreichten; denn wenn er auch kaum noch eine Dialogzeile korrekt im Gedächtnis behalten konnte, erinnerte er sich doch lebhaft und bis in die farbigsten Einzelheiten an seine Zeit mit Richardson am Birmingham Repertoiretheater, wo sie während ihrer Auftritte in *Der Widerspenstigen Zähmung* ihre Witze rissen, lange Nächte durchzechten und im Auto über den Piccadilly bretterten. Er erzählte von ihrer unterschiedlichen Auffassung des *Othello* und dem leidenschaftlichen Kuß, und er beschrieb ausgelassen, wie sie darin zu wetteifern schienen, wer die meisten Flugzeuge im Krieg demolierte, und schließlich erzählte er, wie Ralphie ihn »eines Nachts in Paris beinahe umgebracht hätte«.

»Es ist nun mal so, du kannst keine Kunst machen, ohne dich in Gefahr zu begeben!« sagte Olivier und wiederholte einen Satz aus dem Drehbuch des Films, den sie gerade machten. Richardson hatte erst kürzlich zu einem Freund gesagt, er habe »keine Vorstellung, wer der wirkliche Laurence sei«[9], und dennoch hatten die beiden Schauspieler eine gemeinsame Geschichte, die jedes Auf und Ab des modernen britischen Theaters mitgemacht hatte. »Ich bin wohl als nächster dran«[10], sagte Olivier. Er kehrte nach London zurück und weinte auf Richardsons Gedächtnisgottesdienst in Westminster Abbey am 17. November, und er weinte ebenso, als er einen Bibeltext zur Erinnerung an David Niven las, den geistreichen Freund, den er seit dem Film *Stürmische Höhen* kannte und der ihn durch die traumatischen Hollywood-Zeiten mit Vivien begleitet hatte.

Diese Todesfälle machten ihn zutiefst betroffen, wie Mary Evans erzählte, und Olivier verbrachte einen Großteil der Zeit in Erinnerungen. Dann traf ihn ein weiterer schmerzlicher Schlag: Eine Schlinge aus fibrösem Gewebe drohte ihm einen Harnleiter abzuklemmen, und darum mußte im Dezember eine schwierige Nierenoperation im St. Thomas Hospital vorgenommen werden. Kaputte Nieren hin oder her, er freute sich über einen Besuch von Robert Wagner, dessen Frau Natalie Wood kürzlich bei einem Bootsunglück ums Leben gekommen war. Im Krankenzimmer tranken die beiden eine Flasche Jack Daniels wie damals in Manchester, erzählte Wagner.

> Ich war gekommen, um ihn aufzumuntern, aber er tröstete mich. Er war in so vieler Hinsicht einsam. Aber wenn er seine Arme um einen legte, machte er es einem möglich, ihn in seiner Einsamkeit zu erreichen. Dann war er ganz einfach Larry, ohne Titel, ohne Ruhm.

So hatte schon Michael Caine ihn beschrieben: Olivier war »einfach ein Kumpel wie alle andern«.

Aber seine Krankheiten änderten nichts an den familiären Verhältnissen, und darum begleiteten ihn die Evans' im darauffolgenden Februar nach New York zu einer Star-Gala in der Radio City Music Hall. Dort bereitete man Olivier für sein Erscheinen auf der Bühne eine langanhaltende und stürmische Ovation. »Jetzt möchte ich Joanie anrufen!« sagte er stolz, doch als der Anruf durchgestellt wurde, erklärte das Hausmädchen: »Lady Olivier sagt, sie sei gerade beim Essen.« Da trat eine lange Stille im Raum ein, bevor Olivier sich seinen Freunden zuwandte und leise sagte: »Joan hatte gedacht, ich würde mit Siebzig sterben. Leider hab' ich das nicht getan.« Seine Freundin Angela Fox sagte über diese Jahre: »Seine Einsamkeit war gewaltig wie sein Talent.«[11]

Weihnachten 1984 war Olivier wieder in seinem Haus in Sussex, wo er in seinem heizbaren Swimmingpool entschlossen seine Bahnen schwamm. Er hatte den Pool überdachen lassen, so daß er das ganze Jahr über schwimmen konnte. Er hatte sich auch entschieden, den Kritikern zu antworten, die an seinem Buch *Bekenntnisse eines Schauspielers* den Mangel an ernsthafter beruflicher Stellungnahme beklagt hatten. Er setzte sich hin und machte Tonbandaufnahmen, die zu einem weitschweifigen, geschwätzigen Buch arrangiert wurden, das 1986 unter dem Titel *On Acting* erschien. Das Buch, das von dem Schauspieler Gawn Grainger zusammengestellt wurde, ist erstaunlich ehrlich über seine Unzulänglichkeit als Filmschauspieler, aber es enthüllt auch einen gehässigen Zug an Olivier, der aus seinem übertriebenen beruflichen Ehrgeiz zu erklären ist. Über Gielgud schrieb er zum

Beispiel: »John ist ein ganz reizender Mann, der immer schreckliche Sachen über mich sagt.«[12] Dies ist ein Vorwurf von himmelschreiender Ungerechtigkeit, denn während ihres Schauspielerlebens war Olivier Gielgud gegenüber niemals großzügig und immer voller Kritik, Gielgud aber war immer höflich und voll des Lobes. Olivier hat wohl an diesen unangenehmen Charakterzug gedacht, als er sich selbst im amerikanischen Fernsehen 1980 in übertriebener Weise charakterisierte: »Ich bin kein besonders netter Mensch, ich mag mich ganz einfach nicht«[13], ein Eingeständnis, das häufig in *Bekenntnisse eines Schauspielers* und in vielen Interviews wiederkehrt. Solche Ablehnung bewirkte natürlich immer heftige Proteste, aber in seinen letzten Lebensjahren gestand Olivier seinen Neid gegenüber anderen Schauspielern. »Cary Grant!« sagte er nicht lange nach Grants Tod mit bemerkenswerter Ehrfurcht zu Alvin Rakoff. »Der hatte wirklichen Erfolg. Von seiner Größe hatte ich nie etwas.«

Das Nachlassen seiner Kräfte trug sicherlich dazu bei, daß Olivier davon überzeugt war, daß er für einen Film nicht mehr viel zu bieten hätte, obwohl die Produzenten immer noch sehr erpicht darauf waren, seinen einträglichen Namen im Vorspann nennen zu können. Evan Lloyd[14], der 1984 den Film *Wild Geese II* produzierte, war höchst erfreut, daß Olivier die Rolle von Rudolf Heß übernahm; bei der Geschichte handelte es sich um ein Komplott, ihn aus dem Spandauer Gefängnis herauszuschleusen. Olivier hörte sich Aufnahmen von Heß' Stimme an, denn er hielt es für besonders wichtig, den richtigen Tonfall zu treffen, und studierte eine Menge Fotos. Heß' Sohn Wolf Rüdiger sagte hinterher, daß die Ähnlichkeit verblüffend groß gewesen sei. Und obwohl Olivier enorme Schwierigkeiten mit dem Dialog hatte, arbeitete er stundenlang an seiner langen Rede, und als er sie schließlich vortrug, waren das Ensemble und das ganze Team in andächtiges Schweigen versunken, wie sein Partner Edward Fox[15] erzählte, und es flossen viele Tränen.

Innerhalb von achtzehn Monaten spielte Olivier außerdem noch kleinere Rollen, etwa William III. in *Peter der Große* und den Chef des britischen Geheimdienstes in *Jigsaw Man,* besonders seltsam war allerdings sein Erscheinen als Hologramm in dem Musical *Time*. Mit einem Einkommen von insgesamt zwei Millionen Dollar für zehn Tage Arbeit an diesen Projekten konnte er es sich erlauben, das Haus in St. Leonard's Terrace zu verkaufen und seine Familie in einem luxuriöseren Haus am Mulberry Walk in Chelsea unterzubringen. Es hatte eine große Empfangshalle, fünf Schlafzimmer, ein Arbeitszimmer, eine Wohnung für das Hauspersonal und einen zum Süden liegenden Garten, das Haus wurde weitgehend von Joan und den Kindern bewohnt, während Olivier die meiste Zeit in Sussex verbrachte, wo er von seinem Zimmer aus auf seinen geliebten Garten schaute und einen herrlichen Ausblick auf die Landschaft von Sussex hatte. Die Oliviers hatten die einstige Mälzerei, die am Ende einer langen, steinigen Zufahrt versteckt lag, umgebaut und erweitert, und 1985 war es eine friedvolle Anlage, wo er Gawn Grainger seine Anekdoten diktieren konnte, Freunde zum Champagnerfrühstück einlud und seine Gäste damit überraschte, daß er täglich in seinem geheizten Swimmingpool zehn bis zwanzig Bahnen schwamm. Doch sehr häufig überkam ihn beim Essen mit Freunden eine unüberwindliche Müdigkeit, und er mußte seine Pflegerin bitten, ihn ins Bett zu bringen.

Die letzten vier Jahre seines Lebens waren eine unberechenbare Mischung aus erfreulichen Momenten mit ein paar engen Freunden und Zeiten mit unerträglichen Schmerzen und dem allmählich fortschreitenden Verlust all seiner Erinnerungen, bis auf die am weitesten zurückliegenden. Da war er in der Lage, Einzelheiten vom Leben an Bord der Berengaria aus dem Jahr 1930 zu beschreiben oder die Geographie von Birmingham nach dem Ersten Weltkrieg nachzuzeichnen, doch am liebsten und ausführlichsten (und manchmal schuldbewußt) redete er von seinem Leben mit Vivien. Wie der Regisseur des letzten Films hieß oder was nur wenige Stunden zuvor passiert war, das allerdings entfiel seinem Gedächtnis auf der Stelle. Hinzu kamen die Auswirkungen seiner schlechten Durchblutung und seine langjährige Abhängigkeit von Steroiden, die gelegentliche kurze Ohnmachten und muskuläre Dysfunktionen bei ihm auslösten, obwohl er alle Anstrengungen unternahm, normalen Alltagsaktivitäten nachzugehen.

Manchmal ging es ihm wochenlang erstaunlich gut, zum Beispiel zur Silberhochzeit von Laurence und Mary Evans im März 1985. Vor einer großen Versammlung von Freunden und Klienten sangen Evans und Olivier Lieder aus dem Standardrepertoire und hielten die ganze Gesellschaft bei bester Laune. »Lol Evans und ich haben dieses Duett schon seit Jahren drauf«[16], erzählte er einem Reporter am nächsten Tag, »und ich habe mich dabei so gut gefühlt, daß nichts mich bremsen konnte!« Im August fuhr er nach Edinburgh, wo Richard für das Rahmenprogramm der Festspiele kleine Stücke inszeniert hatte und Olivier sich geduldig der Presse und dem Publikum stellte, während er das Scheinwerferlicht eindeutig auf seinen Sohn lenkte.

Aber er fiel auch wieder Schwindelanfällen zum Opfer und stürzte gefährlich, und einmal schnitt er sich so übel das Bein auf, daß er durch den Notarzt behandelt werden mußte, um die starke Blutung zum Stillstand zu bringen; wenig später bei den Dreharbeiten zu der kleinen Rolle des Harry Burrard, eines alten Music-Hall-Entertainers im Stil des Archie Rice aus der Fernsehserie *Lost Empires,* fiel er von der Bühne des Buxton Opera House in Derbyshire und riß sich den linken Ellbogen böse auf. »Er ist nur froh, daß es nicht sein Trinkarm ist«[17], teilte seine Sekretärin der Presse mit. Der Fernsehauftritt selbst zeigt auf fast grausame Weise, wie hinfällig Olivier ist, wenn er sichtlich von Schmerz gepeinigt und kurzatmig daherkommt, lächerlich kostümiert und mit Rouge überschminkt wie ein irr gewordener Pierrot in seiner Rolle als Harry, der von gelangweilten Zuschauern durch Gejohle von der Bühne getrieben wird.

Im März 1985 fuhr er wieder mit dem Ehepaar Evans nach Los Angeles, wo er bei der Oscar-Verleihung den besten Film präsentierte. Nachdem Jack Lemmon ihn vorgestellt hatte, dankte er dem Publikum mit kurzen und einfachen Worten, und seine kleine Ansprache war ein erfrischendes Korrektiv für die bombastische Extravaganz dieses Abends und Oliviers eigene übertriebene Auftritte früherer Zeiten: »Ich danke Ihnen für einen so wundervollen Empfang. Ich hoffe, daß ich mich dieses Anlasses nicht als zu unwürdig erweise.« Er vergaß dann, die fünf Nominierungen für den Preis zu verlesen, und verkündete sofort: »*Amadeus!*« Dies war ihm so unangenehm, daß er schon am nächsten Abend aus Hollywood abreiste. Zwei Tage später, am 23. März, erfuhr er, daß Michael Redgrave nach mehr als zehnjährigem Kampf mit der Parkinsonschen Krankheit gestorben war, und er stand von einem Mittagessen auf, um ein Beileidstelegramm an Rachel zu schicken.

Olivier fühlte sich zu dieser Zeit in seinen alten Kreisen sehr wohl, und in Los Angeles bestand er darauf, Viviens Freundin und Mitarbeiterin Sunny Lash zu besuchen. Während eines gemeinsamen Essens im Bel-Air-Hotel wollte er hauptsächlich über Vivien reden, wie Sunny erzählte, und verlangte immer wieder eine Bestätigung, daß er kein »böser Junge« gewesen sei, weil er sie verlassen habe. Er arbeitete, sagte er für das Wohlergehen seiner Familie, und er fügte still hinzu, nein, seine Frau gehe nicht mehr mit ihm auf Reisen. Er traf sich auch mit Constance Cummings in Hollywood, doch sie hatte das Gefühl, als sie sich über die Ereignisse des vergangenen Jahres unterhielten, daß er sich plötzlich in eine andere Welt in seinem Innern zurückgezogen hatte. Aber als sie ihm eine Frage über das Old Vic während des Krieges stellte, öffneten sich plötzlich alle Türen, und er war wieder ganz klar und wach.

Solche kleinen Fehlleistungen konnten allerdings extreme Auswirkungen haben, so am 5. Mai 1985, als er in Chichester der Übergabe eines Bronzereliefs von Lawrence Holofcener beiwohnte, auf dem achtundzwanzig Olivier-Rollen dargestellt sind. In jener Woche hatte er mehrfach Joan als Vivien angesprochen, und schließlich hatte er offenbar ihre Geduld überstrapaziert, denn sie reiste ab zu einem Urlaub auf Mallorca. Noch immer spielten Lord und Lady Olivier mit Würde ihre Rollen vor der Öffentlichkeit, sie stellten sich sogar gemeinsam für Interviews vor die Kamera für eine Sendung zu ihrem fünfundzwanzigjährigen Hochzeitstag im Jahr 1986, die ihnen zwanzigtausend Pfund einbrachte, und gingen freundlich miteinander durch den Garten ihres Hauses, den er so sehr liebte.

Doch vor allem hegte er den inzwischen unrealistischen Wunsch zu arbeiten, wie sich Laurence Evans erinnerte:

> Er rief mich täglich in meinem Londoner Büro an, um zu fragen: »Hast du irgendwas für mich?« und ich antwortete: »Heute nicht, Larry, vielleicht morgen.« Und dann sagte er: »Weißt du, ich kann in den Zug steigen und zu dir kommen, wenn du einen Job für mich hast.« Aber natürlich war das 1986 völlig unmöglich.

Voll Stolz nahm Olivier an der Taufe einer britischen Lokomotive teil, die am Bahnhof Euston im Juni nach ihm benannt wurde, und er verließ sein Bett nach einer Rippenfellentzündung im Sommer 1986, um Tamsins Schauspieldebüt in Chichester beizuwohnen, wo sie als Zweitbesetzung spielte und einen kurzen Auftritt hatte. Ende Juli mußte er wieder wegen Nierenstörungen ins Krankenhaus, und eines Nachmittags wandte er sich an Mary Evans und sagte ruhig: »Mein Mut – ist hin.« Aber im Gegenteil, am 4. August war er wieder zu Hause und konnte es kaum erwarten, die Genesungskarten und -briefe zu beantworten.

In diesem Jahr verfaßte Olivier sein Testament. Er bedachte Krankenschwestern, Sekretärinnen, angeheiratete Verwandte und ein paar Cousins. Erinnerungsstücke aus seiner persönlichen Habe überließ er zehn Freunden, zu denen die beiden Evans, Peggy Ashcroft, John Mills, Rachel Kempson Redgrave, Peter Rogers und Meriel Richardson gehörten. Ein frühes Regiebuch von *Hamlet* vermachte er John Gielgud, und dem National Theatre und dem Garrick Club hinterließ er Porträts von sich. Für seine Kinder richtete er ein Treuhandvermögen ein, aber Joan vermachte er nur ihre gemeinsam erworbenen Möbel und Ausstattungsstücke, keine Kunstwerke, kein Silber oder

Gold, kein Porzellan, keine historischen Stücke, antiquarische Bücher oder Erinnerungsstücke aus der Theaterzeit. Sie sollte das Recht haben, während ihrer Witwenschaft das Malthouse weiter zu bewohnen, bis sie sich entschied, es zu räumen (das Haus in Mulberry Walk gehörte ihnen gemeinsam). Es wurde jedoch in seinen Gesamtbesitz eingeschlossen, der schließlich mit knapp mehr als einer Million Pfund bewertet wurde und von vier Treuhändern verwaltet werden sollte. Als er auf dem Gartenfest zu seinem Geburtstag dieses Jahres gebeten wurde, die wichtigsten Dinge seines Lebens neben der Schauspielerei zu benennen, antwortete er: »Frauen, Shakespeare und Gartenarbeit«. Als aber das Mikrophon eingeschaltet wurde und der Interviewer seine Frage wiederholte, antwortete Olivier mit liebenswürdigem Ernst: »Meine Frau und meine Kinder«.

»Die Leute erwarten von ihm, daß er immer so weiter macht, aber er will wirklich nicht mehr«, sagte Laurence Evans gegenüber der Presse, als Olivier 1987 eingestand, daß Film- und Fernseharbeit seine Kräfte übersteige. Aber in diesem Mai nahm er ein halbstündiges Hörspiel von Peter Barnes (No End to Dreaming) über einen polnischstämmigen Amerikaner auf, der seinem Psychiater einen Kindheitstraum erzählt. Für Olivier war dies ein passendes Stück Erinnerung, denn zu dieser Zeit sprach er hauptsächlich von seinen Eltern, von Barry Jackson, Noël Coward, Tyrone Guthrie und Ralph Richardson; alle Nebendarsteller seines Lebens schienen seine Räume zu füllen. Sie besuchten ihn, wie er seinen Besuchern häufig dankbar mitteilte, und wenn er sich manchmal Freunden wie Mary Evans gegenüber beschwerte, daß Vivien zu spät zum Essen gekommen sei, dann lächelte er resigniert und zuckte mit den Schultern: Er war ja an ihre Verspätungen gewöhnt, wahrscheinlich war sie beim Einkaufen und würde gleich kommen. Sie müßten noch einen Tropfen Champagner trinken, während sie auf sie warteten. Auch seine Briefe waren voll von Erinnerungen. In einem Schreiben an einen Cousin, der noch immer in einem Haus in Kensington lebte, das schon seit Generationen in Familienbesitz war, rief er die Erinnerung an Wochenendbesuche wach, wenn er aus St. Edwards zurückkam. Seine »kostbare Mami« war gestorben, als er zwölf Jahre alt war, schrieb er, und hätte er nicht seine Tante Margaret gehabt, dann wäre er wirklich verwaist gewesen.

Sein achtzigster Geburtstag im Mai wurde mit einer Gala im National Theatre gefeiert, und auch dieser Anlaß hatte etwas von einem lebenden Erinnerungsalbum. John Mortimer hatte eine Revue geschrieben, in der er satirisch die Aufführungsstile von Shakespeare-Stücken charakterisierte und kleine Varieté-Nummern dazwischenstreute. Von seinem Logenplatz aus sah sich Olivier die Darbietung mit sichtlicher Gleichgültigkeit an, bis schließlich zum Finale seine Tochter Julie-Kate aus einem riesigen Kuchen heraussprang, um ihm herzliche Glückwünsche zu überbringen. Hierüber lachte er und freute sich, und dann füllten sich seine Augen mit Tränen, als der Abend mit einem Beitrag von Peggy Ashcroft zu Ende ging, seiner Kommilitonin auf der Central School und seiner späteren Julia. Sie war mit Lilian Baylis' Gewand und Hut angetan und ging langsam auf Oliviers Sitz zu. »Das hast du sehr gut gemacht, Larry«, sagte sie, und sie sprach für Lilian Baylis, für sich selbst und für Millionen. »Ehrfurcht und Staunen – das hast du uns gegeben, Ehrfurcht und Staunen.« Dann ließ er sich zur Bühne geleiten, nahm stürmische Ovationen entgegen und wollte gar nicht wieder gehen, hob seine rechte Hand zum Dank und machte Gesten, als finge er Schmetterlinge. Die Zuschauer wären beglückt noch eine weitere Stunde geblieben, und er wäre gerne bei ihnen geblieben.

Wenig später gab es an der Bühnentür einen ziemlichen Aufruhr. Olivier wollte das Theater verlassen, aber Joan[18] machte ihn auf die Menge von Fans und Fotografen aufmerksam: »Wenn du da rausgehst, wirst du gelyncht. Willst du gelyncht werden?« Aber Olivier ließ sich nicht abbringen: »Ich will nur ein bißchen frische Luft schnappen.« Irgend jemand zeigte ihm einen Balkon über der Bühnentür, und kurz darauf konnte die Menge ihn dort erblicken. Er stand dort wie ein siegreicher Romeo auf dem Balkon seiner Geliebten und winkte ihnen zu, als die Hochrufe ihm entgegenbrausten.

Unvermeidlich ließ in den Jahren 1987 und 1988 seine Aktivität immer mehr nach. Aus dem Erdgeschoß seines Hauses in Sussex verfolgte er den Lauf der Zeit, beobachtete den Wechsel der Jahreszeiten in seinem Garten von seinem Schreibtisch aus, häufiger noch von seinem Bett. Von seinen Pflegerinnen unterstützt und von seinen Kindern ermutigt, versuchte er, eine Tonbandaufnahme mit Shakespeare-Sonetten zu machen, aber seine Stimme war gebrochen und kurzatmig, und so gab er das Projekt wieder auf. Immer wieder versetzte er die Leute in Erstaunen, zum Beispiel auf dem Weihnachtsfest 1987 bei den Evans. Als nach dem Essen Weihnachtslieder angestimmt wurden, erhob sich Oliviers Stimme über die der anderen mit der Inbrunst eines Chorknaben, und er führte den ganzen Chor an: »*Oh, come all ye faithful, joyful and triumphant...*« Und das schien er auch zu sein.

Und dann kam schließlich die letzte Vorstellung. Am 17. Oktober

1988 fühlte er sich stark genug, um für einen Tag einen alten Soldaten im Rollstuhl zu spielen; gedreht wurde im Garten des Darrenth Park Hospitals in Kent. Es handelte sich um einen Kurzauftritt in Derek Jarmans Film *War Requiem*, eine nichtfiktionale Collage von Bildern zu Benjamin Brittens Messe. Der Produzent Don Boyd erinnerte sich an Oliviers Freude über den plötzlichen Energiestoß, den er verspürte; er erzählte vergnügt über seine Arbeit mit William Walton bei den Tonaufnahmen für *Heinrich V.* Am selben Tag nahm er mit großem Einfühlungsvermögen Wilfred Owens Gedicht *Strange Meeting* auf, das zu den ersten Bildern des Films zu hören ist:

> ... All deine Hoffnung
> War auch mein Leben; sieh, ich jagte wild
> Nach aller wilden Schönheit dieser Welt...
> An meiner Freude freuten viele sich...
> Mut war mein Teil — ich lebte im Geheimnis,
> Weisheit mein Teil — und königliche Fülle.

Im folgenden Februar schrieb er an Boyd, daß er sehr glücklich wäre, mehr Arbeiten dieser Art machen zu können, wenn sich so etwas für ihn finden ließe. Doch am meisten, so endete das Schreiben, war er ihm dankbar für seine Freundlichkeit. Der Brief, den er langsam mit Bleistift und schwacher Hand geschrieben und dann mit Tinte nachgezogen hatte, war unterzeichnet mit »Larry Olivier«. Doch *War Requiem* sollte sein letztes künstlerisches Zeugnis sein. Zusätzlich zur Inszenierung von achtunddreißig Stücken, sechs Filmen und sechs Fernsehspielen hatte er hunderteinundzwanzig Rollen auf der Bühne gespielt, war in achtundfünfzig Filmen und in fünfzehn Fernsehstücken aufgetreten und hatte zweiundvierzig Radiosendungen gemacht. »Ich denke, ich sollte wohl müde sein«, sagte er zu Laurence Evans.

Das kristallklare Gedächtnis, das für seine bemerkenswerte Karriere von so entscheidender Bedeutung war, hatte ihn im Frühjahr 1989 vollends verlassen; in der Nacht des 18. März stürzte er ganz fürchterlich. Trotz der damit verbundenen Risiken hatte man keine Wahl: Er mußte operiert werden, um seine gebrochene Hüfte zu ersetzen. Mary und Laurence Evans saßen neben ihrem Telefon und warteten auf Neuigkeiten aus dem Krankenhaus; der Anruf kam am nächsten Abend. Zu ihrem Erstaunen war es Olivier selbst, der sie bat, ihn am nächsten Tag zu besuchen und — Champagner mitzubringen. Anfang April war Olivier wieder zu Hause und versuchte mutig, mit Hilfe von

Krücken und einem Gehgestell herumzuhumpeln, aber die Schmerzen waren einfach zu stark. Seine Schwester Sybille war am 10. April im Alter von siebenundachtzig friedlich gestorben, aber diese Nachricht schien nicht wirklich bei ihm anzukommen. Er nahm kaum noch seinen zweiundachtzigsten Geburtstag am 22. Mai wahr.

Während Joan im Juni zu Dreharbeiten in Amerika war, bat er oft darum, zum Essen oder zum Tee zu den Evans hinübergefahren zu werden, und am späten Nachmittag nahm er dankbar ein Glas Champagner zu sich. Er saß zufrieden in der Wärme ihres Hauses und ihrer Freundschaft und erzählte lustige Geschichten über das Old Vic, über Sam Goldwyn, über einen Tag im Chor von All Saints oder auf der Bühne des New Theatre.

Am 1. Juli war Olivier nicht mehr in der Lage, sein Bett im Malthouse zu verlassen, aber sein bewundernswerter Mut hatte ihn noch nicht ganz verlassen. Als er zu schwach war, um ein Glas zu heben, half ihm seine Pflegerin und schüttete ihm aus Versehen etwas Flüssigkeit auf die Wange. Als ihm ein Rinnsal zum Ohr hinlief, blinzelte er, und dann – mit Bezug auf das Spiel im Spiel bei Shakespeare, wenn der König Gift in sein Ohr geträufelt bekommt – drehte er sich langsam um und sagte: »Meine Liebe, wir spielen hier nicht den verdammten *Hamlet*!«[19]

Fast den ganzen folgenden Sonnabend war er ohne Bewußtsein. Am Abend dieses 8. Juli versagten Oliviers Nieren ihren Dienst, und als die Ärzte sagten, daß das Ende nahe sei, rief Richard Laurence und Mary Evans an, die am Sonntag nachmittag im Malthouse eintrafen. Mary setzte sich zu Olivier ans Bett, während ihr Mann sich mit Richard, seiner Frau und seinen Schwestern beriet. Für einen aufflackernden Moment reagierte Olivier auf Mary, lächelte sie schwach an und nahm ihre Hand. Dann kam Laurence Evans herein. »Nun, mein lieber Freund«, sagte Evans und begrüßte ihn mit ihrem vertrauten Spruch, der für sie beide seit sechzig Jahren eine kostbare Erinnerung war: »Was hast du seit *Too Many Crooks* gemacht?« Aber er bekam keine Antwort, nur ein tiefes unregelmäßiges Atmen. Joan, die in Los Angeles bei den Dreharbeiten zu ihrer brillanten komischen Darstellung einer zänkischen Slawin in *I Love You to Death* war, befand sich bereits auf dem Heimweg, nachdem Evans ihren Regisseur am Sonnabend angerufen hatte, um ihn über die Lage zu informieren. Sie kam am Montag nachmittag im Malthouse an.

Es war in Südengland während der vergangenen Wochen für die Jahreszeit viel zu kühl gewesen, und ohne Oliviers Betreuung schien der Garten in einem Zustand der Verwilderung, verwelkt, ungepflegt und es sah so aus, als würde er nie wieder blühen. Doch am Wochenende hatte es einen kurzen Regenschauer gegeben, und im Sonnenlicht gingen stündlich Knospen auf. Am Vormittag des 11. Juli 1989 wurde ein Priester gerufen. Während des Gebets wurde Oliviers Atmung schwerer, aber er empfand keine Schmerzen mehr.

Die Szene erinnerte an die letzten Augenblicke des heimatlosen und verstockten, doch am Ende gläubigen Lord Marchmain in *Wiedersehen mit Brideshead*. Doch dies war kein eisiges Schloß in Yorkshire, und bei Laurence Olivier gab es in seiner letzten Stunde keine großartige Geste, keine aufgesetzte Pose und keine ehrfürchtige Bemühung. Nachdem sich der Morgennebel verzogen hatte, kam die Sonne gegen Mittag durch, legte einen hellen Lichtstrahl über seinen geliebten Garten und in den stillen Raum. Einen Augenblick lang schien er zu flüstern, und dann war Stille. Durch die offenen Fenster kamen die zarten Klänge und Willkommensdüfte des Sommers, der nun in voller Blüte stand, und eine warme Brise strich über die Ebenen von Sussex.

DANKSAGUNG

Meine Heiligenlitanei versammelt viele großzügige Menschen aus England und Amerika.

Schauspieler, die mit Laurence zusammen auf der Bühne gestanden haben, gaben mir einzigartige Einblicke in die Entstehungsgeschichte vieler Inszenierungen. Sie haben mich bei sich zu Hause, in ihren Büros oder im Theater hinter der Bühne empfangen und teilten mir ihre Erfahrungen offen und voller belebender Details mit. Ich danke den folgenden Personen für ihre Interviews, für die Einblicke in ihre privaten Erinnerungsalben und ihre Korrespondenz: Dame Peggy Ashcroft, Maxine Audley, Claire Bloom, Michael Caine, Alexander Clark, Constance Cummings, Peter Cushing, Denholm Elliott, Douglas Fairbanks Jr., Gwen Ffrangçon-Davies, Edward Fox, Sir John Gielgud, Sir Alec Guinness, Julie Harris, Rosemary Harris, Katharine Hepburn, Charlton Heston, Georgina Jumel, Harold Kasket, Rachel Kempson (Lady Redgrave), Alexander Knox, Basil Langton, Alec McCowen, Sarah Miles, Sir John and Lady Mills, Helen Mirren, Terence Morgan, Lotta Palfi-Andor, Ronald Pickup, Anthony Quinn, Michael Redington, Mercia Swinburne Relph, Jean Simmons, Maureen Stapleton, Susan Strasberg, Frances Tannehill, Ann Todd, Dorothy Tutin, Robert Wagner und Jeanne Watts.

Autoren, Regisseure und Produzenten von Theater- und Filmproduktionen arbeiteten mit Olivier in ganz verschiedenen Bereichen zusammen, und ihre Einblicke und Eindrücke, die ebenfalls in Interviews festgehalten wurden, ergänzten den Text in vieler Hinsicht. Hierfür danke ich: Robert Anderson, John Badham, Robert Bolt, Don Boyd, Stuart Burge, Alexander H. Cohen, Richard Fleischer, Robert Fryer, William Gaskill, Sir Peter Hall, George Roy Hill, Robert Knights, Euan Lloyd, Alexander MacKendrick, Arthur Miller, Jonathan Miller, John Mortimer, John Osborne, Hildy Parks, Daniel

Petrie, Alvin Rakoff, John Schlesinger, Dale Wassermann und Terence Young.

Die folgenden Freunde, Kollegen und Mitarbeiter Laurence Oliviers lieferten sehr wichtige Details und reiches Material, und ich bin ihnen ebenfalls dankbar, daß sie mir Interviews gewährten:

Mark Armory, R. B. Appleton, Arthur Barbosa, Felix Barker, Ben Benjamin, Diana Boddington, Anthony Crickmay, Elaine Dundy, Leslie Evershed-Martin, Virginia Fairweather, Angela Fox, Lynda Gilby, Renée Gilmore, John Goodwin, Lawrence Holofcener, Jean Howard, Joyce Howard, Michael Korda, Robert Kreise, Joseph Laitin, Sir Denys Lasdun, Sunny Lash, Evelyn Light, Marcella Markham, J. D. Newhouse, Donald Petrie, Floyd Phelps, Peter Plouviez, Douglas Rae, Pieter Rogers, Carew Wallace, Richard Wyatt und Talli (Mrs. William) Wyler.

Praktische Unterstützung ganz unterschiedlicher Art, Vermittlung von Kontakten und hilfreiche kreative Vorschläge erhielt ich von:

Pierre Barillet, Barry Burnett, Larry Dalzell, Mitch Douglas, Anne Edwards, Sue Edwards, Lewis Falb, Gene Feldman, Stephen Galloway, Stella Heiden, Ruth Anne Henderson, Kay Hutchins, B. Larsson, Seth Lerner, Don Moore, Roland Oberlin, Ivy Pamphilon, Dorothy River, Arnold Sundgaard und Andrew Zeller.

Die Mitarbeiter wichtiger Archive, Bibliotheken und Fotosammlungen wie auch die Archivare privater Sammlungen waren ohne Ausnahme entgegenkommend und leisteten wertvolle Hilfe bei meinen Nachforschungen. Ich danke all denen, die mir ihre Zeit und ihre Unterstützung gewährt haben: Der Belegschaft der British Newspaper Library, Colindale; Mary Corliss vom Museum of Modern Art's Film Stills Archives; den Verwaltungsangestellten der Central School of Speech and Drama – Robert Fowler, Stephen Hazell und Linda Cookson; Enid Foster, Bibliothekarin an der British Theatre Association; Carolyn Grimaldi und Fred Tumas vom Museum of Broadcasting, New York; der Belegschaft des Tyrone Guthrie Memorial Theatre, Minneapolis; Stephen Pickles vom Institute of Education, Universität London; Dr. C. C. G. Rawll, Rektor und Archivar von All Saints; Margaret Street, London; Allen Reuben, Culver Pictures; dem Personal der Sammlung Billy Rose Theatre Collection der New York Public Library im Lincoln Centre; der Fotografin Darleen Rubin; dem Lehrkörper der St. Edward's School, Oxford; dem Lehrkörper der Forschungsbibliothek der University of California, Los Angeles; und Ray Whelan, Globe Photos.

Der Einfluß von Shakespeares Werken auf das Leben Laurence Oliviers kann nicht hoch genug eingeschätzt werden, und daher danke ich Professor Gerald M. Pinciss, City University, New York, einem führenden Wissenschaftler und Autor wichtiger Bücher und Monographien über Shakespeare. Er interpretierte die Dramen umfassend und machte Olivier sowohl für seine Darstellung als auch für seine Regie auf wesentliche Punkte aufmerksam; er las große Teile des ersten Entwurfs zu diesem Buch und gab entscheidende Anregungen.

Der bekannte Chirurg und Onkologe Dr. Barry Mann beantwortete wichtige medizinische Fragen und stellte klärende Informationen über Oliviers Krankheit zur Verfügung.

Seit Beginn der Nachforschungen erhielt ich regelmäßig große Unterstützung und Anregungen durch Laurence Evans, der sechzig Jahre lang Oliviers engster Freund war. Darüber hinaus waren sie beruflich seit der gemeinsamen Arbeit an einem frühen Tonfilm miteinander verbunden, ebenso während ihrer Jahre in Hollywood, ihrer Zusammenarbeit bei der Verfilmung von *Heinrich V.* und am Old Vic während und nach dem Krieg; ihre berufliche Beziehung und ihr persönliches Vertrauen fanden ihren höchsten Ausdruck, als Laurence Evans auch noch Oliviers Agent und Manager wurde. Er versorgte mich mit unschätzbar wichtigem Material, gab mir zahlreiche persönliche Interviews und Telefonauskünfte über den Ozean hinweg und stellte viele wichtige Kontakte für mich her. Laurence und Mary Evans gaben mir mit ihren Tagebüchern wertvolle Hilfe, um Oliviers Konturen in seinen letzten Jahren zu zeichnen; sie wurden mir zu aufrichtigen Freunden, während ich in London lebte und dieses Buch vorbereitete; und ich erinnere mich dankbar an die vielen Gelegenheiten, bei denen ich ihre Gastfreundschaft und die Wärme in ihren Heimen in London und Sussex genießen durfte.

Elaine Markson, meine Agentin, ist eine kluge und vertraute Freundin; ihre Begleitung meiner Karriere, ihre offene Zuneigung und ihr erhebender Humor bereichern mein Leben täglich mehr, als ich es beschreiben kann; sie gab dem Wort Geduld eine neue Bedeutung. Sie und ihre Mitarbeiterinnen – Geri Thoma, Lisa Callamaro, Karin Beisch und Sally Wofford – sind stets fröhlich und unermüdlich. Ich bin dankbar, ein so aufrichtiges und kluges Team hinter mir zu haben.

Kirtley Thiesmeyer, mein Rechtsberater, versorgt mich beständig mit klugen Ratschlägen und ist zugleich ein guter Kamerad; man kann als Autor nicht besser betreut werden, noch könnte jemand einen treueren Freund finden.

Beim Verlag HarperCollins in New York war Gladys Justin Carr, die Vizepräsidentin und Mitverlegerin, eine ideale Lektorin – begeisternd, unterstützend und konstruktiv, sie und der Cheflektor Thomas Miller gaben zahlreiche wertvolle Anregungen zur Verbesserung des Textes. Ihre Assistentin Tracy Devine erledigte mit Hingabe die vielfältigen täglichen Aufgaben, die mir die Arbeit erleichterten.

Bei HarperCollins in London hatte ich das Glück, freundlich und klug von Simon King und Carol O'Brien betreut zu werden; sie und der Verleger Robert Lacey, die vom ersten Tag an großes Interesse an diesem Buch bekundeten, trugen viele wichtige Anmerkungen und Beobachtungen bei.

Zuletzt noch ein Wort zum Namen auf der Widmungsseite. Im Jahr 1988 begann Douglas Alexander für mich als Forschungs- und Bibliotheksassistent zu arbeiten. Während er mir bei der Erledigung der täglichen Pflichten zur Vorbereitung eines Buches eine unschätzbare Hilfe war, bemerkte ich schnell, daß er mit vielen Talenten begabt war. Darum forderte ich ihn auf, mir auch bei größeren Herausforderungen zu assistieren. Und so wurde er mein engster Mitarbeiter als Mitherausgeber und Co-Autor bei Arbeiten für Film und Fernsehen. Es war eine der besten Entscheidungen, die ich je getroffen habe; in bezug auf diese Biographie ist es völlig unmöglich aufzuzählen, wieviel ich ihm verdanke. Er las jedes Kapitel und äußerte gehaltvolle und berechtigte Kritik, die den Text verständlicher machte und verbesserte. Daraufhin überarbeitete er die erste Fassung auf kluge und einfühlsame Weise. Noch wichtiger schätze ich seine Loyalität mir und meiner Arbeit gegenüber ein, seine kollegiale Kameradschaft, seinen Humor, seine Ernsthaftigkeit und seine liebenswürdige Art. Deshalb widmet der Autor dieses Buch in Dankbarkeit Douglas Alexander.

D. S.
Los Angeles
28. Juni 1991

Anmerkungen

Kapitel 1: 1907 – 1920

1. Erinnerungen von Sybil Thorndike, zitiert in Logan Gourley (Hrsg.), Olivier, New York, 1974, Seite 23.
2. Die Kirche in Dorking und Umgebung (1912), zitiert in: Lord Olivier schlief hier, Dorking Advertiser vom 7. März 1980.
3. Charles Wyndham, zitiert in: Percy Hutchinson, Maskerade, London 1936, Seite 58.
4. R.C.K. Ensor, England 1870 – 1914, Oxford, 1936, Seite 526 f.
5. Curtis Bill Pepper, Gespräche mit Olivier, New York Times Magazine vom 25. März 1979, Seite 56.
6. Olivier: Das Terry Coleman Interview, The Guardian vom 8. April 1970.
7. LO, in: Time vom 29. Dezember 1975, Seite 59.
8. vgl. John Mortimer, In Character, London 1984, Seite 59 f.
9. Laurence Olivier, in: Bekenntnisse eines Schauspielers, New York, 1982, Seite 18.
   (Im weiteren wird dieser Titel mit dem Kürzel CA = Confessions of an Actor bezeichnet)
10. Sybille Olivier-Day in: Richard Meryman, First Lord of the Stage, Life vom 8. Dezember 1972, Seite 65.
11. Zu LOs Angst vor dem Vater, vgl. Hal Burton (Hrsg.), Great Acting, New York, 1967, Seite 12.
12. vgl. Melvyn Bragg, Laurence Olivier, London, 1984, Seite 20.
13. vgl. Sidney Dark, Mackay of All Saints, London, 1937, Seite 116.
14. LO, in: Olivier, The Observer vom 2. Februar 1969.
15. Erinnerungen von Laurence Naismith, BBC-TV-Ehrung für Laurence Olivier, 1984.
16. Handbuch für Lehrer der Grundschulen (Suggestions for the Consideration of Teachers and Others Concerned in the Work of Public Elementary Schools), Erziehungsbehörde, London 1914, Rundschreiben 873, Seite 13.
17. Handbuch für Grundschullehrer, a.a.O., Rundschreiben 808, Seite 7.
18. Handbuch für Grundschullehrer, a.a.O., Seite 20.
19. in: Sidney Dark, a.a.O., Seite 127 f.
20. Evelyn Light zu Donald Spoto am 15. Januar 1990.
    (Donald Spoto: im folgenden DS abgekürzt)
21. LO, in: Hal Burton, a.a.O., Seite 11
23. Henry Ehrlich, Sir Says, Look, 27. Januar 1970, Seite 24.
24. Sybille Olivier-Day, in: Richard Meryman, a.a.O.

454

1. LO in einem Gespräch mit Barbara Walters in der NBC-TV Today Show, zitiert in einem Artikel der Sunday Times, London vom 15. Juli 1973.
2. CA, a.a.O., Seite 9.
3. Elizabeth Sprigge, Sybil Thorndike Casson, London, 1971, Seite 134.
4. Das 1899 entstandene Gedicht von William Butler Yeats wurde der Sammlung »The Wind Among the Reeds« entnommen. Vgl. Richard J. Finneran, William Butler Yeats: Die Gedichte, New York, 1983; Übersetzung: W.B. Yeats, Ausgewählte Gedichte, Werke I, Hrsg. Werner Vordtriede, Luchterhand, 1970.
   Hätt' ich die reichgestickten Himmelstücher
   Gewirkt aus goldenem und silbernem Licht
   Die blauen und die matten und die dunklen Tücher,
   Von Nacht und Licht und halbem Licht,
   Ich breite die Tücher dir zu Füßen:
   Doch weil ich arm bin, hab ich nur die Träume;
   Die Träume breit' ich aus vor deinen Füßen.
   Tritt leicht darauf, du trittst auf meine Träume.
5. Edith Craig und Christopher St. John, in: Die Erinnerung von Ellen Terry, New York, 1932, Seite 53.
6. Sybil Thorndike, vgl. Logan Gourlay, a.a.O., Seite 24.
7. Richard F. Wyatt zu DS am 11. Januar 1990.
8. J.D. Newhouse zu DS am 17. Januar 1990.
9. CA, a.a.O., Seite 32.
10. LO in einem Interview mit Melvyn Bragg, London Weekend Television / South Bank Show Special (Produktion und Regie Bob Bee), 1982.
11. Carew Wallace zu DS am 15. Januar 1990.
12. vgl. »Stratford« von H.F.B. Mackay im All-Saints-Gemeindeblatt, Mai 1922.
13. vgl. Times, London vom 29. April 1922.
14. vgl. Daily Telegraph vom 29. April 1922.
15. vgl. Birmingham Post vom 29. April 1922.
16. vgl. Herald, Stratford-upon-Avon vom 5. Mai 1922.
17. vgl. R.D. Hill, A History of St. Edward's School (Die Geschichte der St. Edward's School), in: St. Edward' School Society, Oxford, 1962, Seite 198.
18. CA, a.a.O., Seite 34.
19. Garry O'Connor, Olivier, In Celebration, New York, 1987, Seite 89.
20. R.D. Hill, a.a.O., Seite 198 f.
21. CA, a.a.O., Seite 15, vgl. auch Hal Burton, a.a.O., Seite 12.
22. Laurence Irwing, Precarious Crust, London, 1971, Seite 182.
23. Mrs. Patrick Campbell My Life and Some Letters, New York, 1922, Seite 33.

24. Elsie Fogerty zitiert im Programmheft zur Galavorstellung der Central School of Speech and Drama, 10. November 1981.

25. John Gielgud zu DS am 4. November 1989

26. Peggy Ashcroft zu DS am 24. Januar 1990.

27. vgl. Norman MacDermott, Everymania, Society of Theatre Research (Gesellschaft für Theaterforschung), London, 1975, Seite 9.

28. CA, a. a. O., Seite 37, vgl. auch LO im Vorwort zu Marion Cole, Foggy: Das Leben der Elsie Foggerty, London, 1967, Seite IX.

29. Richard Meryman, in: Actor for the Ages, Life vom Dezember 1982, Seite 142.

30. Evelyn Ascherson in der BBC-TV-Sendung über LO, 1984.

31. Erinnerungen von George Colouris, in: Michael Billington, Peggy Ashcroft, John Murray, London, 1988, Seite 19.

32. Interview mit Athene Seyler in der BBC-TV-Sendung über LO, 1984.

33. Felix Barker, The Oliviers (Die Oliviers), Philadelphia, 1953, Seite 37.

34. Sybil Thorndike, in: Logan Gourlay, a. a. O., Seite 25.

Kapitel 3: 1927 – 1930

1. Barry V. Jackson, Vorwort zu: Bache Matthews, A History of the Birmingham Repertory Theatre, London, 1924, Seite XIV.

2. ebenda, Seite 170.

3. Gwen Ffrangçon-Davies zu DS am 14. November 1989.

4. Erinnerungen von Denys Blakelock, Finding My Way, London, 1958. Seite 31.

5. Garry O'Connor, Ralph Richardson, Limelight, New York, 1985, Seite 53.

6. Ralph Richardson, Chimes at Midnight, Sunday Times, London vom 21. Oktober 1973.

7. ebenda.

8. LO in einem Interview mit Melvyn Bragg, in: London Weekend Television / South Bank Show Special, 1982.

9. Kritik des Stückes »Bird in Hand« von R. Crompton Rhodes in der Birmingham Post vom 25. September 1925.

10. Clare Eames, in: Denys Blakelock, Larry the Lamb, a. a. O., Seite 9.

11. Hal Burton, a. a. O., Seite 13.

12. Raymond Massey, A Hundred Different Lifes, Toronto, 1979, Seite 69 f.

13. Hal Burton, a. a. O., Seite 15.

14. vgl. Times, London vom 31. Januar 1929.

15. Charles Morgan, Beau Geste to the Stage, New York Times vom 17. Februar 1929, IX, Seite 2.

16. Alexander Clark zu DS am 30. Mai 1990.

17. J. Brooks Atkinson, The Play, Times vom 12. September 1929, Seite 35.

18. John Mason Brown in einem Artikel der Evening Post, New York vom 12. September 1929.

19. Denys Blakelock, Round the Next Corner, London, 1967, Seite 56.
20. »The Bioscope« vom 6. August 1930, Seite 27.
21. Laurence Evans zu DS am 5. Januar 1990.
22. vgl. die Erinnerungen von Noël Coward, in: Plays: Two, Anmerkungen zu Private Lifes, London, 1979.

Kapitel 4: 1930 – 1933

1. Richard Briers, Coward and Company, London, 1987, Seite 27.
2. ebenda, Seite 37.
3. ebenda, Seite 22.
4. Noël Coward, in: Kenneth Harris, Olivier, The Observer vom 9. Februar 1969; vgl. auch Sheridan Morlay, A Talent to Amuse. A Biography of Noël Coward, Boston, 1969, Seite 147; vgl. auch LO, in: Hal Burton, a.a.O., Seite 15.
5. Cole Lesley, The Life of Noël Coward, London, 1976, Seite 137 f.
6. Jill Esmond, What I Think of Marriage, Daily Herald vom 22. Mai 1930.
7. CA, a.a.O., Seite 85 f.
8. Hal Burton, a.a.O., Seite 169.
9. CA, a.a.O., Seite 85 f.
10. Noël Coward, Present Laughter, Garden City, 1937, Seite 337.
11. ebenda, Seite 338.
12. CA, a.a.O., Seite 83.
13. Charles Castle, Noël, London, 1972, Seite 115.
14. Rudy Behlmer (Hrsg.), Memo from David O. Selznick, Hollywood, 1989, Seite 32.
15. Sheridan Morlay, Tales from the Hollywood Raj, New York, 1983, Seite 80.
16. LO, On Acting, New York, 1986, Seite 251.
    (Dieser Titel wird im folgenden mit OA abgekürzt)
17. Douglas Fairbanks Jr. zu DS am 29. März 1990.
18. Charles Champlin, Olivier Better Than Ever, Los Angeles Times vom 19. Januar 1976.
19. Erinnerungen von Helen Hayes, in: Arthur Marx, Goldwin. A Biography of the Man Behind the Myth, New York, 1976, Seite 265.
20. OA, a.a.O., Seite 141.
21. Erinnerung an LO in der Central School, in: Laurence Kitchin, Mid-Century Drama, London 1960, Seite 50.
22. CA, a.a.O., Seite 95.

Kapitel 5: 1933 – 1935

1. vgl. Sheridan Mourlay, Tales from the Hollywood Raj, a.a.O., Seite 89.
2. CA, a.a.O., Seite 93.

3. vgl. Norman Zierold, Garbo, New York, 1969, Seite 67.
4. DeWitt Bodeen, Laurence Olivier, Artikel in Films in Review, Bd. 30, Nr. 10, Dezember 1979, Seite 580.
5. ebenda.
6. John Cottrell, Laurence Olivier, Englewood Cliffs, N. J., 1975, Seite 64.
7. Florence Fisher Parry, in einem Artikel der Pittsburgh Press, vgl. Robert Tanitch, Olivier, New York, 1985, Seite 45.
8. Brooks Atkinson, Style and Pace in Jed Harris's Staging of Mordaunt Shairp's »The Green Bay Tree« – Tragedy of Character and Environment, New York Times vom 29. Oktober 1933, II, Seite 1.
9. Constance Cummings zu DS am 9. November 1989.
10. Interview mit Greer Garson in einer BBC-TV-Sendung über LO, 1984.
11. vgl. London Times vom 31. Mai 1935, Seite 14.
12. ebenda.
13. vgl. Emlyn Williams, in: Garry O'Connor, Olivier: In Celebration, a. a. O., Seite 155.
14. ebenda, Seite 158.
15. John Gielgud, Backward Glances, London, 1989, Seite 23.
16. CA, a. a. O., Seite 100.
17. John Gielgud zu DS am 4. November 1989.
18. CA, a. a. O., Seite 34.
19. Hal Burton, a. a. O., Seite 13.
20. vgl. den Artikel in der London Sunday Times vom 20. Oktober 1935.
21. vgl. London Times vom 18. Oktober 1935.
22. St. John Ervine, Observer vom 18. Oktober 1935.
23. Alec Guinness zu DS am 19. Januar 1990.
24. Interview mit J. C. Trewin in einer BBC-TV-Sendung über Laurence Olivier, 1984.
25. vgl. New York Times vom 18. Oktober 1935, Seite 27.
26. John Gielgud (mit John Miller und John Powell), An Actor and His Time, New York, 1986, Seite 178.
27. Ronald Hayman, in: Playback, London, 1973, Seite 156 f.
28. John Gielgud, Today, London vom 12. Juli 1989, Seite 1.
29. W. A. Darlington, Sunday Telegraph vom 29. November 1935.
30. Charles Morgan, New York Times vom 29. Dezember 1935, IX, Seite 1.
31. Alan Dent, Preludes and Studies, London, 1942, Seite 83.
32. Charles Morgan, New York Times vom 29. Dezember 1935, IX, Seite 1.
33. LO in einem Interview zu seinem 80. Geburtstag in einer Sendung der Granada Television, 1987 (Produzent: Derek Granger und Roy Roberts, Regie: Eugene Ferguson).
34. Vivien Leigh in einem Interview mit David Lewin für den Daily Express am 17. August 1960 (Vivien Leigh im folgenden mit VL abgekürzt).
35. vgl. Hugo Vickers, Vivien Leigh, Boston, 1988, Seite 57.
36. Ann Edwards, Vivien Leigh, New York, 1978, Seite 56.
37. Fabia Drake, Blind Fortune, London 1978, Seite 82.

Kapitel 6: 1936 – 1938

1. Richard Findlater, The Players Kings, London, 1971, Seite 211.
2. Michael Korda zu DS am 3. April 1990.
3. Michael Redgrave, in: Logan Gourley, a. a. O., Seite 68.
4. Alexander Knox zu DS am 2. November 1989.
5. vgl. das Programm des Old Vic Theaters, The Old Vic: A Short History, Herbst 1989.
6. Richard Findlater, a. a. O., Seite 213.
7. Sybil Thorndike auf der Kassette »The Old Vic«, vgl. das Programm des Old-Vic-Theaters, a. a. O.
8. vgl. den Artikel »Five Seasons of the Old Vic« aus Saturn Press, London, 1950, Seite 3.
9. vgl. die Kassette »The Old Vic: Story of a Theatre«, London, Nr. WHC007.
10. vgl. LO, Over the Water, in: Harcourt Williams (Hrsg.), Vic-Wells: The Work of Lilian Baylis, London, 1938, Seite 28.
11. ebenda.
12. Peter Roberts (Hrsg.), Lilian Baylis Centenary Festival, Gedenkprogrammheft, 1974, Seite 29.
13. ebenda.
14. Zur psychoanalytischen Lesart von »Hamlet« vgl. Ernest Jones Essay, der erstmals in Essays in Applied Psychology, 1923, veröffentlicht wurde.
15. James Forsyth, Tyrone Guthrie, London, 1976, Seite 155.
16. Tyrone Guthrie, A Life in the Theatre, New York, 1959, Seite 187.
17. Stuart Burge zu DS am 16. November 1989.
18. Michael Redgrave, In My Mind's I, New York, 1983, Seite 108.
19. OA, a. a. O., Seite 91
20. in: Richard Findlater, a. a. O., Seite 213.
21. vgl. Oswald Frewens Tagebucheintrag vom 28. Juni 1937, zitiert in: Hugo Vickers, a. a. O., Seite 77.
22. OA, a. a. O., Seite 100, 96.
23. Shakespeare und Laurence Olivier, Theatre World, Bd. XVI, Nr. 1, 1967, Seite 68. Vgl. auch Richard Findlater, a. a. O., Seite 213.
24. Simon Callow, Charles Laughton. A Difficult Actor, London, 1989, Seite 138.
25. Erinnerungen von Basil Dean, in: Basil Dean, Mind's Eye, London, 1973, Seite 251.
26. vgl. Rex Harrison, Rex, New York, 1975. Seite 51.
27. James Forsyth, a. a. O., Seite 159.
28. Interview mit J. C. Trewin in einer Sendung der BBC-TV über LO, 1984.
29. CA, a. a. O., Seite 101.
30. vgl. Hugo Vickers, a. a. O., Seite 87.
31. Basil Langton zu DS am 11. Mai 1990.

32. Richard Findlater, a. a. O., Seite 214.
33. OA, a. a. O., Seite 108.
34. Audrey Williamson, a. a. O., Seite 93.
35. Garry O'Connor, Ralph Richardson, a. a. O., Seite 89.
36. ebenda, Seite 88, vgl. auch Felix Barker, a. a. O., Seite 166, und James Forsyth, a. a. O., Seite 165, und Olivier in: Theatre World, zitierter Artikel 72.
37. vgl. Mark Amory, in: The Independent, London, vom 12. Juli 1989.
38. James Agate, in: Richard Findlater, a. a. O., Seite 215.
39. CA, a. a. O., Seite 104.

Kapitel 7: 1938 – 1940

1. A. Scott Berg, Goldwyn, New York, 1989, Seite 325.
2. ebenda.
3. Zitat von Billy Wilder in einer Fernsehdokumentation von William Wyler.
4. LWT-Fernsehsendung, 1982 (Melvyn Bragg), vgl. auch OA, a. a. O., Seite 259.
5. OA, a. a. O., Seite 258.
6. OA, a. a. O., Seite 260.
7. »Ich bin noch nicht...«, in einem Artikel von Bosley Crowther, Mr. Olivier Comes Clean, New York Times vom 26. März 1939.
8. Rudy Behlmer (Hrsg.), Memo from David O. Selznick, New York, 1972, Seite 186.
9. Sunny Alexander Lash zu DS am 8. März 1990.
10. Douglas Fairbanks Jr., Salad Days, New York Seite 344.
11. Zu LO und seinen Vater vgl. CA, a. a. O., Seite 29.
12. Rachel Kempson in dem Film »Vivien Leigh: Scarlett and Beyond« von Gene Feldmann und Suzette Winter, Wombat Production für Turner Pictures, Inc., 1990.
13. Lord Lothian's Antworttelegramm an die britische Presse wurde z. B. nachgedruckt in: Sheridan Morley, The Other Side of the Moon: The Life of David Niven, New York, 1985, Seite 103.
14. Joan Fontaine, No Bed of Roses, New York, 1978, Seite 116.
15. Sheridan Morley, Gladys Cooper, London, 1979, Seite 184.
16. Rudy Behlmer, a. a. O., Seite 292.
17. Gerichtsaufzeichnungen, notiert im Daily Telegraph, London, am 30. Januar 1940.
18. OA, a. a. O., Seite 262.
19. Bosley Crowther, Artikel a. a. O.
20. Garson Kanin, Hollywood, New York, 1974. Seite 99 ff.
21. Thoda Cocroft, Great Names, Chicago, 1941, Seite 243.
22. vgl. dazu den Artikel von Russell McLauchlin in den Detroit News vom 20. April 1940.

23. Joan Shepard zu DS am 13. Juli 1990.
24. Felix Barker, a. a. O., Seite 215.

Kapitel 8: 1940 – 1945

1. in: Sheridan Morley, Gladys Cooper, a. a. O., Seite 195.
2. Joseph Laitin zu DS am 16. April 1990.
3. in: James Forsyth, a. a. O., Seite 183.
4. in: CA, a. a. O., Seite 120.
5. in: Richard Huggett, Binkie Beaumont, Eminence Grise of the West End Theatre, London, 1989, Seite 275.
6. in: Garry O'Connor, Ralph Richardson, a. a. O., Seite 105.
7. in: Ronald Hayman, Playback, a. a. O., Seite 163.
8. Terence Young zu DS am 16. Januar 1990.
9. in: Susanna Walton, William Walton, Behind the Facade, Oxford, 1988, Seite 94.
10. in: Jesse L. Lasky mit Pat Silver, Love Scene, New York, 1978, Seite 147.
11. in: Susanna Walton, William Walton: Behind the Façade, Oxford, 1988, Seite 94.
12. LO, The Making of Henry V, in: Andrew Sinclair (Hrsg.), Henry V, London, 1984.
13. in: Ivor Montagu, With Eisenstein in Hollywood, Berlin, 1968, Seite 90.
14. Laurence Evans zu DS am 3. Januar 1990.
15. in: John Gielgud, Vivian Leigh, Scarlett and Beyond, a. a. O.
16. Rachel Kempson zu DS am 15. Oktober 1989.
17. Diana Boddington zu DS am 15. Januar 1990.
18. oft zitiert, vgl. OA, a. a. O., Seite 121 f.
19. vgl. John Mills, BBC-TV-Sendung von 1984; vgl. auch Logan Gourlay, a. a. O., Seite 10; Mills, Up in the Clouds, Gentlemen Please, New Haven, 1981, Seite 194.
20. in: Garry O'Connor, Ralph Richardson, a. a. O., Seite 118.
21. LO in der Dick-Cavett-Show (ABC-TV) von 1980.
22. Zitat von LO in Life, The Great Sir Laurence, 1. Mai 1964, Seite 98.
23. ebenda, Seite 24 f.
24. erwähnte Bronson Albery gegenüber Basil Langton, dann zu DS am 11. Mai 1990.
25. in: OA, a. a. O., Seite 200.

Kapitel 9: 1945 – 1947

1. vgl. Elizabeth Sprigge, Sybil Thorndike Casson, London, 1971, Seite 253 f.; und John Casson, Lewis and Sybil: A Memoir, London, 1972, Seite 228 f.

2. R.B. Appleton zu DS am 25. Oktober 1989.
3. Virginia Fairweather zu DS am 25. November 1989.
4. in: Virginia Fairweather, Olivier. An Informae Portrait, New York, 1969, Seite 128.
5. Harry Andrews, in: Garry O'Connor, Olivier: In Celebration, New York, 1987, Seite 66.
6. Ralph Richardson zu Melvyn Bragg, LWT South-Bank-Sendung über LO, 1982.
7. Logan Gourlay, a.a.O., Seite 109 f.
8. LO an seinem 80. Geburtstag in einem Interview von Derek Granger und Roy Roberts (Regie: Eugene Ferguson) für Granada TV, 1987.
9. in: OA, a.a.O., Seite 30 und 90 f.
10. Garson Kanin, zitiert in: Garry O'Connor, Darlings of the Gods, London, 1984, Seite 33.
11. Frances Tannehill zu DS am 30. Mai 1990.
12. Lewis Nichols in der New York Times vom 21. Mai 1946, Seite 19.
13. Laurence Evans zu DS am 3. Januar 1990.
14. Terence Morgan und Georgina Jumel zu DS am 10. November 1989.
15. in: Graham Payn and Sheridan Morley, a.a.O., Seite 65.
16. United Press-Veröffentlichung, zitiert in der New York Post vom 3. Dezember 1946; vgl. auch die New York Times vom 26. November 1946, Seite 35, und Los Angeles Times vom 4. Dezember 1946.
17. Terence Young zu DS am 16. Januar 1990.
18. in: Garry O'Connor, Ralph Richardson. An Actor's Life, a.a.O., Seite 141.
19. in: Anthony Holden, a.a.O., Seite 213.
20. in: Richard Buckley (Hrsg.), Self-Portrait with Friends: The Selected Diaries of Cecil Beaton, New York, Seite 1979, Seite 187 f.
21. John Mills in der BBC-TV-Sendung über LO (Produzent: Bridget Winter), 1984.
22. Jean Simmons zu DS am 12. März 1990.
23. in: Brenda Cross (Hrsg.), The Film HAMLET, London, 1948, Seite 48.
24. in: Brenda Cross, a.a.O., Seite 12 und 15.
25. Sally Ann Howes zu DS am 26. Dezember 1989.
26. in: Hugo Vickers, a.a.O., Seite 174.

Kapitel 10: 1948 – 1952

1. in: Garry O'Connor, Darlings of the Gods, a.a.O., Seite 42.
2. in Melbourne gefilmte Unterhaltung, die im Rahmen der BBC-TV-Sendung über LO, 1984, gezeigt wurde.
3. in: CA, a.a.O., Seite 169.
4. ebenda, Seite 158.
5. in: Hugo Vickers, a.a.O., Seite 199.

6. in: Elia Kazan, A Life, New York, 1988, Seite 387.
7. Stephen Watts, Enter the Oliviers (Diffidently), New York Times Magazine vom 16. Dezember 1951, Seite 46.
8. Felix Barker zu DS am 18. Nobemver 1989.
9. Seine Kritik aus dem Jahr 1951 veröffentlichte Kenneth Tynan in seinem Buch »A View of the English Stage«, London, 1984, Seite 107 – 110.
10. Stephen Watts, a. a. O.
11. Elaine Dundy zu DS am 20. März 1990.
12. Pressebericht über VL, u. a. im Daily Graphic vom 8. Oktober 1951.
13. Alec McCowen zu DS am 17. November 1989.
14. ebenda.

Kapitel 11: 1953 – 1955

1. in: CA, a. a. O., Seite 87.
2. Sunday Dispatch, London, vom 29. März 1953.
3. in: CA, a. a. O., Seite 194.
4. ebenda.
5. Peter Ustinovs Erinnerungen in: Garry O'Connor, Olivier: In Celebration, a. a. O., Seite 83.
6. in: Graham Payn und Sheridan Morley, a. a. O., Seite 215.
7. Logan Gourley, a. a. O., Seite 133.
8. Milton Shulman, Evening Standard vom 6. November 1953.
9 John Barber, Have the Oliviers Lived on Too Little for Too Long?, Daily Express vom 8. Juni 1955.
10. in: Virginia Fairweather, Olivier. An Informal Portrait, New York, Seite 22.
11. zitiert in: Roger Manvell, Shakespeare and the Film, London 1971, Seite 48.
12. Claire Bloom zu DS am 29. Mai 1990.
13. Zitat von LO zu Laurence Evans, dann zu DS am 3. Januar 1990.
14. Maxine Audley zu DS am 17. November 1989.
15. W. A. Darlington, New York Times vom 1. Mai 1955.
16. Trader Faulkner, Peter Finch: A Biography, New York, 1979, Seite 161.
17. Harold Hobson, Nonpareil, Sunday Times vom 12. Juni 1955.
18. Kenneth Tynan, Macbeth. Kritik, wiederveröffentlicht in: A View of the English Stage, a. a. O., Seite 157.
19. John Gielgud zu DS am 4. November 1989.
20. in: Graham Payn und Sheridan Morley, a. a. O., Seite 278.
21. in: World Theatre XVI / 1, 1967, Seite 63.
22. in: Graham Payn und Sheridan Morley, a. a. O., Seite 278.

Kapitel 12: 1956 – 1959

1. in: Arthur Miller Timebends, New York, 1987, Seite 416.
2. ebenda, Seite 471.

3. in: Richard Findlater, At the Royal Court, London 1981, Seite 19.

4. Daily Express vom 22. Mai 1980.

5. Susan Strasberg zu DS am 23. April 1990.

6. Joan Plowright, My Larry, TV-Times, London, Bd. 137, Nr. 52 (23. Dezember 1989 bis 5. Januar 1990), Seite 127.

7. in: John Osborne, The Entertainer, London, 1961, Einleitung.

8. in: Richard Findlater, a. a. O., Seite 40.

9. vgl. u. a. Logan Gourley, Seite 174, und William Gaskill, A Sense of Direction. Life at the Royal Court, London, 1988, Seite 72.

10. Time vom 29. Dezember 1975, Seite 59; vgl. auch Meryman, a. a. O., Seite 146.

11. Maxine Audley zu DS am 17. November 1989.

12. in: Graham Payn und Sheridan Morley, a. a. O., Seite 358.

13. in: Radie Harries, Radie's World, New York, 1975, Seite 233.

14. in: Hal Burton (Hrsg.), a. a. O., Seite 16.

15. in: CA, a. a. O., Seite 10.

16. Joan Plowright, a. a. O., Seite 127.

17. Tony Richardson in der BBC-TV-Sendung über LO, 1984.

18. Sue Fox, A Hard Act to Follow, Sunday Times, London, vom 2. Oktober 1983, Seite 10.

19. ebenda, Seite 9; und Linda Christmas, Acting is Not Enough, Lays and Players, Nr. 346 (Juli 1982), Seite 12.

20. ebenda, Seite 9; und Linda Christmas, Acting is Not Enough, Lays and Players, Nr. 346 (Juli 1982), Seite 12.

21. zitiert in: Sue Fox, A Hard Act to Follow, London Sunday Times vom 2. Oktober 1983, Seite 10.

22. Daily Telegraph vom 27. November 1957.

23. Daily Telegraph vom 3. Dezember 1957.

24. Basil Langton zu DS am 11. Mai 1990; vgl. auch Dick Williams, Olivier's Return Magnet for Mimes, Mirror-News, Los Angeles, vom 10. März 1959, Seite 7.

25. Maurice Zolotow, The Olivier Method, New York Times vom 7. Februar 1960, Teil 2, Seite 1.

26. New York Times vom 13. Februar 1958, Seite 22.

27. in: Graham Payn und Sheridan Morley, The Noël Coward Diaries, a. a. O., Seite 379.

28. Terence Young zu DS am 16. Januar 1990.

29. in: Kirk Douglas, The Ragman's Son, New York, 1988, Seite 291.

30. Dr. Arthur Conachy, Aufzeichnungen über den psychischen Zustand von VL vom 20. Juni 1961.

31. in: Graham Payn und Sheridan Morley, The Noël Coward Diaries, a. a. O., Seite 392 f.

32. zitiert in: Garry O'Connor, Olivier: In Celebration, Seite 161.

33. David Lewin, The Big Step I'm Taking, Daily Express vom 18. November 1958.

34. in: Michael Meyer, Not Prince Hamlet, London, 1989, Seite 161.
35. in: Graham Payn und Sheridan Morley, The Noël Coward Diaries, a.a.O., Seite 391 f.
36. Peter Ustinov, Dear Me, Atlantic Monthly Press, Boston, 1977, Seite 300.
37. Talli Wyler zu DS am 19. Juli 1990.
38. Curtis Bill Pepper, a.a.O., Seite 57.
39. Alfred Bester, Sir Larry, Holiday, Februar 1960.
40. in: Godfrey Winn, The Positive Hour, London, 1970, Seite 393.
41. zitiert in: Peter Hall, Olivier. Exit the Emperor, New York Times vom 2. Dezember 1959.
42. in: Graham Payn und Sheridan Morley, The Noël Coward Diaries, a.a.O., Seite 68.
43. zitiert in einer Associated-Press-Veröffentlichung (vgl. z. B. Los Angeles Times) vom 2. Dezember 1959.
44. zitiert in: Garry O'Connor, Olivier a.a.O., Seite 68.

Kapitel 13: 1960 – 1963

1. Charlton Heston zu DS am 6. März 1990.
2. Maurice Zolotow, a.a.O., Seite 3.
3. John Mills, in: Logan Gourlay, a.a.O., Seite 11; vgl. auch Mills, a.a.O., Seite 247.
4. zitiert von Lynn Haille (Hrsg.), in: Olivier at Work, a.a.O., Seite 48.
5. Rosemary Harris zu DS am 20. Juni 1990.
6. Zur Probenarbeit siehe Charlton Heston, The Actors Life, Journals 1956 – 1976, New York, 1979, Seite 112.
7. Zum Verkauf von Notley Abbey siehe Daily Mail vom 1. März 1960.
8. in: Barbara Leaming, Orson Welles, a.a.O., Seite 456.
9. von Elaine Dundy erwähnt im Gespräch mit DS am 20. März 1990.
10. David Lewin, Sex, Guilt and Olivier, Daily Mail am 18. Oktober 1982, Seite 7.
11. häufig zitiert, vgl. u. a. den Daily Express vom 15. August 1960.
12. Daily Express vom 15. August 1960.
13. Rachel Kempson Redgrave zu DS am 15. November 1989.
14. Virginia Fairweather zu DS am 25. November 1989.
15. LO in der BBC-TV-Sendung von 1984.
16. in: Graham Payn und Sheridan Morley, a.a.O., Seite 441.
17. Howard Taubmann, New York Times vom 6. Oktober 1960, Seite 50.
18. Margaret Hall zu DS am 19. Oktober 1990.
19. Anthony Quinn zu DS am 1. November 1990.
20. Anthony Quinn, in: Peter Occhiogrosso, Tell It to the King, Playboy vom April 1988.
21. zitiert im UPI News Service; vgl. auch Vivian Leigh Wins Divorce from Sir Laurence Olivier, Los Angeles Examiner vom 3. Dezember 1960.

22. Leslie Evershed-Martin zu DS am 20. November 1989.
23. Leslie Evershed-Martin zu LO am 11. Januar 1961.
24. in: Leslie Evershed-Martin, The Impossible Theatre, London und Chichester, 1971, Seite 82.
25. Joan Plowright, a. a. O., Seite 130.
26. Richard Meryman, a. a. O., Seite 146; vgl. auch Harold Hobson in der Los Angeles Times vom 24. November 1963; zitiert auch im Gespräch von Laurence Evans mit DS am 3. Januar 1990.
27. in: Melvyn Bragg, Laurence Olivier, a. a. O., Seite 24.
28. Dale Wasserman zu DS am 12. November 1990.
29. Julie Harris zu DS am 30. Juli 1990.
30. in: Leslie Evershed-Martin, The Impossible Theatre, a. a. O., Seite 114.
31. Sarah Miles zu DS am 28. November 1989.
32. Lynda Gilby zu DS am 16. Juni 1990.
33. zitiert von Virginia Fairweather zu DS am 23. November 1989.
34. oft von LO zitiert, z. B. zu Rosemary Harris, dann zu DS
35. in: Leslie Evershed-Martin, a. a. O., Seite XIV.
36. The Tatler am 4. Dezember 1963.
37. z. B. zitiert von Peter Evans, Daily Express vom 7. August 1963.
38. zitiert von Virginia Fairweather im Gespräch mit DS am 15. November 1989.
39. Peter Hall in der BBC-TV-Sendung über LO, 1984; vgl. auch Peter Hall zu DS am 25. Januar 1990.
40. häufig zitiert, z. B. LO in: OA, a. a. O., Seite 354 und 356.
41. Peter Glenville, in: Logan Gourlay, Olivier, a. a. O., Seite 104 und 106.
42. zitiert z. B. in: Lady Olivier Pours, Kolumne von Earl Wilson, New York Post vom 20. Februar 1980, Seite 32.
43. Daily Mail vom 6. Dezember 1962.
44. in: Graham Payn and Sheridan Morley, a. a. O., Seite 519.
47. zu Peter Evans, Daily Express vom 7. August 1963.
46. Ronald Pickup zu DS am 20. November 1989.
47. in: Simon Callow, Charles Laughton, a. a. O., Seite 218.
48. Erinnerungen von John Osborne in Gourlay, a. a. O., Seite 218.
49. Tony Richardson, zitiert in: ebenda, Seite 165.
50. Elia Kazan, in: Kenneth Tynan, The Sound of Two Hands Clapping, New York, 1975, Seite 130.
51. in: Kenneth Tynan, Othello. The National Theatre Production, New York; Nachdruck in den Profiles von Kenneth Tynan, London, 1989, Seite 205.
52. William Gaskill zu DS am 23. Januar 1990.
53. Denys Lasdun zu DS am 9. November 1989.
54. in: Kenneth Tynan, The Sound ot Two Hands Clapping, a. a. O., Seite 130.
55. Leonard Tucker, in: Olivier at Work, a. a. O., Seite 24.

Kapitel 14: 1964 – 1967

1. Erinnerungen von Edward Petherbridge, in: Plays and Players, a.a.O., Seite 8.
2. in: Kenneth Tynan, Othello, The National Theatre Production, Nachdruck in Profiles, a.a.O., Seite 207 f.
3. in: OA, a.a.O., Seite 153.
4. Daily Mail vom 22. April 1964.
5. The Herald vom 22. April 1964.
6. Daily Express vom 22. April 1964.
7. The Guardian vom 23. April 1964.
8. Sunday Times vom 26. April 1964.
9. zitiert von Michael Redgrave, in: Logan Gourley, Olivier, a.a.O., Seite 72.
10. Rachel Kempson Redgrave zu DS vom 15. November 1989.
11. in: Quentin Falk, Anthony Hopkins. Too Good To Waste, London 1989, Seite 30.
12. ebenda, Seite 325.
13. zitiert von Alec McCowen zu DS am 17. November 1989.
14. LO in der BBC-TV-Sendung, 1984.
15. Charlton Heston zu DS am 6. März 1990.
16. Thomas Quinn Curtis, Olivier Rewrites Doctor's Script, New York Times vom 1. Februar 1967, Seite 28.
17. in: Michael Meyer, a.a.O., Seite 229.
18. in: Kathleen Tynan, The Life of Kenneth Tynan, London 1988, Seite 253.
19. in: CA, a.a.O., Seite 319.
20. Peter Hall zu DS am 25. Januar 1990.
21. LO beim Treffen des National-Theatre-Vorstandes am 24. April 1967; vgl. auch CO, a.a.O., Seite 319.
22. Richard Meryman, Actor for the Ages, a.a.O., Seite 69.
23. zitiert in: Sir Laurence Olivier. His Ills and His Wills, Los Angeles Times vom 5. November 1967.
24. in: Theatre Crafts, Bd. 2, Nr. 3 (Mai-Juni 1968), Seite 10 f.
25. in: Virginia Fairweather, a.a.O., Seite 169.
26. Zeitungsberichte über LOs Erkrankung u.a. in: Daily Mail vom 21. Juni 1967; Daily Express vom 20. Juni 1967; New York Post vom 21. Juni 1967.
27. Douglas Fairbanks, Jr., zu DS am 29. März 1990.
28. in: Graham Payn and Sheridan Morley, a.a.O., Seite 651.
29. in: CA, a.a.O., Seite 185.
30. in: CA, a.a.O., Seite 274 f.

Kapitel 15: 1967 – 1974

1. in: Franco Zeffirelli, Zeffirelli, London, 1986, Seite 229.

2. Terry Coleman, in: Show, Juni 1970, Seite 45.
3. Margaret Harford, Olivier Only Has Time to Build Stage, Los Angeles Times vom 21. Januar 1970.
4. zitiert von Edward Fox zu DS am 4. Januar 1990.
5. zitiert in: Peter Hay, Theatrical Anecdotes, New York und Oxford, Seite 242.
6. Kenneth Harris, Olivier, The Observer Review vom 2. Feburar 1969.
7. in: CA, a. a. O., Seite 271.
8. Robert Musel, Join Us, Richard, I'm Going to Be Interviewed, TV Guide vom 11. Oktober 1969, Seite 16.
9. in: Lynn Haill (Hrsg.), a. a. O., Seite 46.
10. Kenneth Harris, a. a. O.
11. Jonathan Miller zu DS am 27. Dezember 1989.
12. LO, The Observer vom 14. Juni 1970.
13. LO zitiert in: The Observer vom 14. Juni 1970.
14. in: Melvyn Bragg, Richard Burton, A. Life, Boston 1988, Seite 340.
15. in: L. L. und E. J. Marker, Ingmar Bergman: Four Decades in the Theatre, Cambridge, 1982, Seite 225; vgl. auch Michael Meyer, a. a. O., Seite 213.
16. Ronald Hastings, Olivier Not to Act for 12 Months, Daily Telegraph vom 30. September 1970.
17. in: Quentin Falk, Anthony Hopkins, a. a. O., Seite 57.
18. ebenda, Seite 58.
19. ebenda, Seite 61.
20. Irving Wardle, New York Times vom 25. Juni 1971, Seite 18.
21. in: CA, a. a. O., Seite 339 f.
22. Constance Cummings zu DS am 9. November 1989.
23. Richard Meryman, in: First Lord of the Stage, Life vom 8. Dezember 1972.
24. Sunday Telegraph vom 16. Juli 1989.
25. zu Joans ambitiösen Zielen vgl. John Goodwin (Hrsg.), Peter Hall's Diaries, New York, 1984, Seite 46.
26. in: Kathleen Tynan, a. a. O., Seite 303.
27. ebenda, Seite 303 f.
28. ebenda, Seite 302.
29. Peter Hall zu DS am 25. Januar 1990.
30. Robert Bolt zu DS am 28. November 1989.
31. Peter Lewis, Why Olivier Was Sacked – Twice, Sunday Telegraph vom 16. Juli 1989.
32. Peter Hall zu DS am 25. Januar 1990.
33. Michael Caine zu DS am 23. Januar 1990.
34. in: John Goodwin (Hrsg.), Peter Hale's Diaries, a. a. O., Seite 30 ff.
35. Victor Davis, Live Can Be a Giggle, Daily Express, 7. November 1973.
36. in: Franco Zeffirelli, a. a. O., Seite 258 f.
37. in: Lynn Haill (Hrsg.), Olivier at Work, a. a. O., Seite 68.

38. in: Clive Merrison, Building the Party, Plays and Players, Nr. 366, März 1948, Seite 27.
39. in: John Goodwin (Hrsg.), a. a. O., Seite 86.
40. Gedichtzeilen aus: If Love Were All, aus Bitter Sweet, in: Noël Coward, The Lyrics of Noël Coward, London, 1965, Seite 73.

Kapitel 16: 1974 – 1980

1. Katharine Hepburn zu DS am 9. April 1990.
2. George Cukor in dem Beiheft zur CBS / FOX Video-Laserdisk des 1975 gedrehten Fernsehfilms Love Among the Ruins. Verleih ABC Video 1990.
3. zur Dermatomyositis vgl. Michael G. Lyon, Daniel A. Bloch, Brooke Hollak und James F. Fries, Predisposing Factors in Polymyositis-Dermatomyositis. Results of a Nationwide Survey, Journal of Rheumatology, Bd. 16, Nr. 9, Sept. 1989, Seite 1218 – 1224.
4. Joan Plowright zu Melvyn Bragg, South Bank / LWT Show, 1982.
5. in: CA, a. a. O., Seite 220.
6. Michiko Kakutani, Distinct, Separate, Yet One, New York Times vom 27. Februar 1980, Seite C23.
7. Milton Shulman, Olivier Reveals All – Almost, New Standard vom 5. Oktober 1982; vgl. auch Peter Cowie, Olivier, at 75, Returns to Lear, New York Times vom 1. Mai 1983, Seite 25.
8. in: Garry O'Connor, Darlings of the Gods, a. a. O., Seite 60; vgl. auch LOs Ansprache in der Old Vic School am 24. Januar 1947.
9. ebenda, Seite 189.
10. Felix Barker, Laurence Olivier, Spellmont 1984, Seite 10.
11. John Schlesinger zu DS am 24. April 1990.
12. Mel Gussow, Olivier, Prince of Players, Recalls his Slings and Arrows, New York Times vom 10. Dezember 1975, Seite 57.
13. Evening Standard vom 21. November 1975.
14. Lotta Palfi-Andor zu DS am 1. Mai 1990.
15. Ben Benjamin zu DS am 26. April 1990.
16. in: Franco Zeffirelli, a. a. O., Seite 285.
17. Anthony Quinn zu DS am 1. November 1990.
18. Erinnerungen aus The Collection: Helen Mirren zu DS vom 14. Mai 1990.
19. Maureen Stapleton zu DS am 20. März 1990.
20. zu LOs Zurückhaltung, was die Eröffnungszeremonien betraf, äußerte sich am 27. November 1989 John Goodwin gegenüber DS.
21. zitiert von Diana Boddington gegenüber DS am 15. Januar 1990.
22. London Sunday Times vom 28. November 1976.
23. zitiert von Michael Caine gegenüber DS am 23. Januar 1990.

24. Arthur Unger Hello, New York Calling Mr. Lord Olivier, Christian Science Monitor vom 3. Dezember 1976, Seite 34.

25. Daniel Petrie zu DS am 22. März 1990.

26. Donald Petrie zu DS am 25. April 1990.

27. Laurence Evans zu DS am 4. Januar 1990.

28. Robert Fryer zu DS am 28. April 1990.

29. vgl. Bernard Drew, Lord Laurence Olivier as Nazi Hunter, American Film, Bd. III, Nr. 9 (Juli – August, 1978), Seite 54; vgl. auch Donald Zec, King Larry, Daily Mirror, London, vom 16. März 1979.

30. Marcella Markham zu DS am 12. Juni 1990.

31. George Roy Hill zu DS am 30. März 1990.

32. Curtis Bill Pepper, a. a. O.; vgl. auch Rex Reed, Olivier: After the Accolades, Money, New York Sunday News vom 21. Oktober 1979, Seite 22; wiederveröffentlicht in: Brian Pendreigh, Oscar Winner's Four Decades in Film History, The Scotsman vom 12. Juli 1989.

33. zitiert in: Simon Garfield, Family Drama With Olivier in the Wings, Independent on Sunday vom 25. November 1990, Seite 4.

34. John Badham zu DS am 23. Februar 1990.

35. Roderick Mann, Lord Olivier: Of Lies and Acting, Los Angeles Times vom 19. Oktober 1980; ebenso London Sunday Express vom 19. Oktober 1980.

36. Cosmopolitan vom Mai 1980.

37. Richard Fleischer zu DS am 23. März 1990.

Kapitel 17: 1980 – 1989

1. Mark Amory zu DS am 8. November 1989.

2. Alvin Rakoff zu DS am 19. November 1989.

3. Curtis Bill Pepper, a. a. O.

4. Michael Korda zu DS am 3. April 1990.

5. Dorothy Tutin zu DS am 10. Januar 1990.

6. in: OA, a. a. O., Seite 144 und 339.

7. Peter Cowie, Olivier, at 75, Returns to Lear, New York Times vom 1. Mai 1983, Seite 25.

8. Robert Knights zu DS am 19. Juni 1990.

9. in: Michael Meyer, a. a. O., Seite 261.

10. in: Garry O'Connor, Ralph Richardson, a. a. O., Seite 241.

11. Angela Fox zu DS am 26. Dezember 1989; vgl. auch ihr Buch »Completely Foxed«, London, 1989, Seite 177.

12. in: OA, a. a. O., Seite 192.

13. in der ABC-TV-Show Barbara Walters Special vom 17. Juni 1980.

14. Euan Lloyd zu DS am 11. Januar 1990.

15. Edward Fox zu DS vom 4. Januar 1990.

16. Evening Standard vom 5. März 1985.

17. Daily Mail vom 14. November 1985, Seite 19.
18. Antony Sher, Stars Upstages Form the Stalls at Birthday Party, The Independent vom 12. Juli 1989.
19. Janet Sinclair, R. N., zu Donald McKechnie bei LOs Gedenkfeier am 20. Oktober 1989.

Bibliographie

Barker, Felix, Laurence Olivier, Tunbridge Wells, 1984
– , The Oliviers, Philadelphia 1953
Beaton, Cecil, The Happy Years, Diaries 1944–1948, London 1972
Behlmer, Rudy (ed.), Memo from David O. Selznick, Los Angeles 1989
Benedetti, Jean, Stanislavski. A Biography, London 1988
Berg, A. Scott, Goldwyn, New York 1989
Bergan, Ronald, The Great Theatres of London, London 1987
Billington, Michael, Peggy Ashcroft, London 1988
Blakelock, Denys, Finding My Way, London 1958
– , Round the Next Corner, London 1967
Bloom, Claire, Limelight and After, New York 1982
Brady, Frank, Citizen Welles, New York 1989
Bragg, Melvyn, Laurence Olivier, London 1984
Briers, Richard, Coward and Company, London 1987
Brown, John Russell (ed.), Focus on Macbeth, London 1982
Buckley, Richard (ed.), Self-Portrait with Friends. The Selected Diaries of
    Cecil Beaton, New York 1979
Burton, Hal (ed.), Great Acting, New York 1967
Callow, Simon, Charles Laughton. A Difficult Actor, London 1987
Casson, John, Sybil and Lewis. A Memoir, London 1972
Castle, H.G., Fire Over England, London 1982
Chambers, E.K., The Elizabethan Stage, Oxford 1923
– , William Shakespeare. A Study of Facts and Problems, Oxford 1930
Clark, Sandra (ed.), Hutchinson Shakespeare Dictionary, London 1986
Clinch, Minty, Burt Lancaster, London 1984
Cocroft, Thoda, Great Names, Chicago 1941
Cole, Marion, Fogie. The Life of Elsie Fogerty, London 1967
Cottrell, John, Laurence Olivier, Englewood Cliffs, N.J. 1975
Coward, Noël, The Lyrics of Noël Coward, London 1965
– , Present Laughter, Garden City, N.Y. 1937
Craig, Edith / Christopher St. John, Ellen Terry's Memoirs, New York 1932
Cross, Brenda (ed.), The Film HAMLET, London 1948
Cushing, Peter, Peter Cushing. An Autobiography, London 1986
Dalakas, Marinos C. (ed.), Polymyositis and Dermatomyositis, Boston 1988
Daniels, Robert L., Laurence Olivier. Theatre and Cinema, New York 1980
Dark, Sidney, Mackay of All Saints, London 1937
Darlow, Michael / Gillian Hodson, Terence Rattigan. The Man and His
    Work, London 1979
Dent, Alan, Preludes and Studies, London 1942
Douglas, Kirk, The Ragman's Son, New York 1988
Drake, Fabia, Blind Fortune, London 1978
Dundy, Elaine, Finch, Bloody Finch, New York 1980

472

Edwards, Anne, Vivien Leigh, New York 1977

Elsom, John, Post-war British Theatre, London 1976

Ensor, R. C. K., England 1870–1914, Oxford 1936

Evershed-Martin, Leslie, The Impossible Theatre, London 1971

– , The Miracle Theatre, Newton Abbot 1987

Fairbanks, Douglas, Jr., Salad Days, New York 1988

Fairfield, Sheila, The Miracle Theatre. The Chichester Festival Theatre's Coming of Age, London 1987

– , The Streets of London, London 1983

Fairweather, Virginia, Olivier. An Informal Portrait, New York 1969

Falk, Quentin, Anthony Hopkins. Too Good to Waste, London 1989

Faulkner, Trader, Peter Finch. A Biography, New York 1979

Findlater, At the Royal Court, London 1981

– , The Player Kings, London 1971

Fisher, Clive, Gielgud Stories, London 1988

Fontaine, Joan, No Bed of Roses, New York 1978

Forbes, Bryan, Dame Edith Evans, Boston 1977

Forsyth, James, Tyrone Guthrie, London 1976

Fox, Angela, Completely Foxed, London 1989

Galloway, Peter / Christopher Rawll, Good and Faithful Servants. The Vicars of All Saints' Church, Margaret Street, Worthing 1988

Gaskill, William, A Sense of Direction. Life at the Royal Court, London 1988

Gielgud, John, Backward Glances, London 1989

Gielgud, John / John Miller / John Powell, An Actor and His Time, New York 1986

Goodwin, John (ed.), The Complete Guide to Britain's National Theatre, London 1977

– , Peter Hall's Diaries, New York 1984

– , A Short Guide to Shakespeare's Plays, London 1989

Goodwin, Tim, Britain's Royal National Theatre. The First 25 Years, London 1988

Gordon, Ruth, An Open Book, New York 1980

Gottfried, Martin, Jed Harris. The Curse of Genius, Boston 1984

Gourlay, Logan, Olivier, New York 1974

Granger, Stewart, Sparks Fly Upward, New York 1981

Guthrie, Tyrone, A Life in the Theatre, New York 1959

Haille, Lynn (ed.), Olivier at Work. The National Years, London 1989

Hamilton, Ronald, Now I Remember, London 1983

Harris, Radie, Radie's World, New York 1975

Harrison, Rex, Rex, New York 1975

Hay, Peter, Theatrical Anecdotes, Oxford 1987

Hayman, Ronald, John Gielgud, London 1971

– , Playback, London 1973

Heston, Charlton, The Actor's Life. Journals 1956–1976, New York 1979

Hill, R. D., A History of St. Edward's School 1863–1963, Oxford 1962

Hirsch, Foster, Laurence Olivier On Screen, New York 1984

Holden, Anthony, Olivier, New York 1988

Huggett, Richard, Binkie Beaumont. Éminence Grise of the West End Theatre, London 1989

Jenkins, Alan, The Twenties, London 1974

Kanin, Garson, Hollywood, New York 1974

Kazan, Elia, A Life, New York 1988

Kemp, Thomas C., Birmingham Repertory Theatre, Birmingham 1948

Kiernan, Thomas, Sir Larry, New York 1981

Kitchin, Laurence, Mid-Century Drama, London 1960

Korda, Michael, Charmed Lives, New York 1979

Landstone, Charles, Off-Stage, London 1953

Lasky, Jesse L. / Pat Silver, Love Scene, New York 1978

Leaming, Barbara, Orson Welles, New York 1983

Lesley, Cole, The Life of Noël Coward, London 1976

Lewis, Roger, Stage People, London 1989

Loney, Glenn, 20th Century Theatre, New York 1983

McBean, Angus, Vivien Leigh. A Love Affair in Camera, Oxford 1989

MacDermott, Norman, Everymania, London 1975

McLeish, Kenneth, Longman Guide to Shakespeare's Characters, London 1985

Madsen, Axel, William Wyler, New York 1973

Manvell, Roger, Shakespeare and the Film, London 1971

Marker, L. L. / E. J. Ingmar Bergman, Four Decades in the Theatre. Cambridge 1982

Marx, Arthur, Goldwyn. A Biography of the Man Behind the Myth, New York 1976

Massey, Raymond, A Hundred Different Lives, Toronto 1979

Matthews, Bache, A History of the Birmingham Repertory Theatre, London 1924

Meyer, Michael, Not Prince Hamlet, London 1989

Miller, Arthur, Timebends, New York 1987

Miller, Jonathan, Subsequent Performances, London 1986

Mills, John, Up in the Clouds, Gentlemen, Please, New Haven 1981

Montagu, Ivor, With Eisenstein in Hollywood, Berlin 1968

Montgomery, John, The Twenties, London 1957

Morley, Margaret, The Films of Laurence Olivier, Secaucus, N. J. 1977

Morley, Sheridan, Gladys Cooper, London 1979

– , The Great Stage Stars, London 1986

– , The Other Side of the Moon. The Life of David Niven, New York 1985

– , A Talent to Amuse. A Biography of Noël Coward, Boston 1969

– , Tales from the Holywood Raj, New York 1983

Mortimer, John, Character Parts, London 1987

– , In Character, London 1984

Niven, David, Bring On the Empty Horses, New York 1975

Norton, Graham, London Before the Blitz, London 1970
O'Connor, Garry, Darlings of the Gods, London 1984
– , Olivier, In Celebration, New York 1987
– , Ralph Richardson. An Actor's Life, New York 1985
Olivier, Laurence, Confessions of an Actor, New York 1982
– , Henry V, by William Shakespeare, London 1984
– , On Acting. New York 1986
Payn, Graham / Sheridan Morley (ed.), The Noël Coward Diaries, Boston 1982
Priestley, J. B., Particular Pleasures, London 1975
Purser, Ann, Looking Back at Popular Entertainment 1901–1939, East Ardsley 1978
Redgrave, Michael, In My Mind's Eye, New York 1983
Roberts, Peter, The Best of Plays and Players, 1953–1968, London 1988
Sanderson, Michael, From Irving to Olivier, New York 1984
Spoto, Donald, The Dark Side of Genius. The Life of Alfred Hitchcock, Boston 1983 (dt., Alfred Hitchcock, München 1986)
Sprigge, Elizabeth, Sybil Thorndike Casson, London 1971
Tanitch, Robert, Olivier. The Complete Career, New York 1985
Trewin, J. C., The Birmingham Repertory Theatre, London 1963
– , Peter Brook. A Biography, London 1971
Tynan, Kathleen, The Life of Kenneth Tynan, London 1987
Tynan, Kenneth, Othello. The National Theatre Production, New York 1966
– , Profiles, London 1989
– , The Recruiting Officer. The National Theatre Production, London 1965
– , The Sound of Two Hands Clapping, New York 1975
– , A View of the English Stage, London 1975
Ustinov, Peter, Dear Me, Boston 1977
Vickers, Hugo, Vivien Leigh, Boston 1988
Walker, Alexander, Vivien Leigh, London 1987
Walton, Susanna, William Walton. Behind the Façade, Oxford 1988
Wapshott, Nicholas, Peter O'Toole, London 1983
Weinreb, Ben / Christopher Hibbert, The London Encyclopaedia, London 1983
Wiley, Mason / Damien Bona, Inside Oscar, New York 1987
Williams, Harcourt (ed.), Vic-Wells. The Work of Lilian Baylis, London 1938
Williamson, Audrey, Old Vic Drama, London 1948
Winn, Godfrey, The Positive Hour, London 1970
Young, Stark, Theatre Practice, New York 1926
Zeffirelli, Franco, Zeffirelli, London 1986
Zierold, Norman, Garbo, New York 1969

REGISTER

477

478

483